Susanna

J.-C. Prêtre

Susanna

Der Prozeß des Vorbilds

Texte von

Michel Butor, Yves Christe, Alain Grosrichard, Lóránd Hegyi, Marc Le Bot, Achille Bonito Oliva

Übersetzungen von

Uli Aumüller, Isabell Lorenz, Grete Osterwald, Helmut Scheffel

Inhalt

Danksagung

Die Veröffentlichung dieses Werkes wurde ermöglicht durch die außergewöhnliche finanzielle Unterstützung von

Unigestion S.A., Genf

und die folgenden Institutionen und Personen:

Alain Balestra, Genf
André Baumberger, Lausanne
Libia Cardenas de Mariani, Paris
Commission de décoration de l'Hôpital cantonal universitaire, Genf
Michael Drieberg (M.M.C. S.A.), Genf
Du Pont de Nemours International S.A., Genf
Ebel S.A., La Chaux-de-Fonds
Euroventures-Genevest, Genf
First Securities S.A., Genf
Gespac S.A., Genf
Heritage, Finance & Trust Company, Lausanne
Michel Knapp, Genf
Oscar J. Kneubühler, Prangins
André L'Huillier, Genf
Jacques et Sylvia Michel, Russin
Jean-Claude Mocellin, Genf
Christian, Jean-Jacques, Thierry Perrin, Nyon
Yves et Claudine Rytz, Crans/Céligny
Société de Banque Suisse, Genf
Suntrust Investment Co. S.A., Genf

sowie durch die hilfreiche Mitarbeit von:

Ast + Jacob AG (Bern), Valentina Anker (Genf),
Martin et Ursula Gubler (Weinfelden), Doris Holy (Cuisine Art) (Genf),
Claude Jordan (Sorrento, Australien), César Menz (Bern),
Louis Ody (Genf), Marianne Pidoux (Lausanne),
Philippe Prêtre (Corseaux), Dieter Ronte (Hannover),
Enrico Toti (Siena), Monique Voirol (Genf).

Die Ausstellung *Susanna* von J.-C. Prêtre im «Museum Moderner Kunst – Palais Liechtenstein» in Wien und der Katalog wurden von der Schweizer Kulturstiftung «Pro Helvetia» unterstützt.

Dem bereitwilligen Entgegenkommen der Museen verdanken wir die Möglichkeit der Reproduktion der Werke für die Susanna-Ikonographie.

Allen sei an dieser Stelle der herzliche Dank des Künstlers und der Autoren ausgesprochen.

Lóránd Hegyi

Vorwort

Seit der Geburt der Moderne entwickelt sich die Bestrebung zur Innovation (die Erneuerung der Formsprache und neue Strategien der Bedeutungsstrukturen) und die Neuinterpretation der Tradition (die «große kollektive Geschichte der europäischen Kulturgemeinschaft») Hand in Hand.

Wenn das Museum moderner Kunst die Variationen von Jean-Claude Prêtre präsentiert, versucht es diesen Aspekt der Kunst des 20. Jahrhunderts in den Vordergrund zu stellen. Der Ausgangspunkt für diesen Bilderzyklus ist das berühmte, rätselhafte, unbeschreiblich schöne Bild von Tintoretto *Susanna und die Alten*. Die Aktualität der Ausstellung in Wien besteht auch in der Tatsache, daß das Tintoretto-Bild hier im Kunsthistorischen Museum hängt.

Der Schweizer Künstler Jean-Claude Prêtre beschäftigt sich seit einem Jahrzehnt mit der Problematik der Umdeutung des Tintoretto-Bildes. Sein Bildzyklus besteht aus 121 Tafeln, das 121. Werk ist das Buch «Suzanne».

Bild und Text sind ebenso untrennbar in diesem Werk wie das Vorbild und die neuen Bilder.

Die Autoren des Buches setzen sich mit dem Thema aus unterschiedlichen Blickwinkeln auseinander. Die Geschichte aus dem Alten Testament und der kunstgeschichtliche Überblick der bildnerischen Aufarbeitung des Themas (auch von dem Maler und Kunsthistoriker Jean-Claude Prêtre zusammengefaßt) bilden das Hauptthema des ersten Kapitels: «Histoire d'une femme modèle». Im zweiten Teil: «Aujourd'hui Babylone», schreiben verschiedene Autoren über den aktualisierten Mythos und über die kulturgeschichtliche beziehungsweise poetische Relevanz «des alten Themas».

Die Grundfrage von Jean-Claude Prêtre ist eigentlich diese Relevanz: wie tief sind die Wurzeln des Mythos in unserem kulturellen Bewußtsein und wie aufnahmefähig sind die großen alten Geschichten, um in unserem heutigen Leben aktuelle Perspektiven und Lebensstrategien integrieren zu können? Das Mittel, diesen gedanklichen Kontext zu visualisieren, ist für den Maler Jean-Claude Prêtre die Kunstgeschichte.

Die Ausstellung im Museum moderner Kunst bietet die Möglichkeit einer neuen Zusammenarbeit zwischen den Bundesmuseen. Wie im Buch haben ebenso für die Ausstellung Künstler und Wissenschaftler, Schriftsteller und Kulturpolitiker zusammengearbeitet. Mein Dank gilt jedem der am Projekt «Susanna» mitgewirkt hat. Letztendlich ist das Bewußtmachen verschiedener aktueller und aktualisierbarer kulturgeschichtlicher «Reserven» unser Ziel.

I Geschichte einer vorbildlichen Frau

Susanna und das Urteil Daniels

13 In Babel lebte ein Mann mit Namen Jojakim. [2]Er hatte eine Frau genommen, die Susanna hieß, die Tochter Hilkijas; sie war überaus schön und gottesfürchtig, denn [3]ihre Eltern waren gerecht und hatten ihre Tochter nach dem Gesetz des Mose erzogen. [4]Jojakim war sehr reich und besaß einen Garten, der seinem Haus benachbart war. Die Juden pflegten sich bei ihm in großer Zahl zu treffen, weil er der Angesehenste von allen war. [5]Als Richter waren im jenem Jahre zwei Älteste aus dem Volke bestellt, von denen galt das Wort des Herrn: «Die Ungerechtigkeit ging von Babel, von Ältesten und Richtern aus, die sich als Leiter des Volkes ausgaben. [6]Diese amteten im Hause Jojakim, und alle, die einen Rechtsfall hatten, gingen zu ihnen. [7]Wenn sich nun gegen Mittag das Volk verlaufen hatte, dann betrat Susanna den Garten ihres Mannes und ging darin umher. [8]Die beiden Ältesten schauten aber jeden Tag nach ihr, wenn sie eintrat und umherging; da gerieten sie in Begierde nach ihr. [9]Sie verkehrten ihren Sinn und richteten ihre Augen falsch, so daß sie nicht zum Himmel schauten und seiner gerechten Gerichte nicht gedachten. [10]Alle beide waren ihretwegen liebeswund, doch keiner verriet dem andern seinen Schmerz; [11]denn sie schämten sich doch, ihr Verlangen zu verraten, daß sie mit ihr zusammenkommen möchten. [12]So lauerten sie täglich um die Wette, sie zu sehen. [13]Eines Tages sagte der eine zum anderen: «Wir wollen nach Hause gehen; denn es ist Essenszeit!» Sie gingen also weg und entfernten sich voneinander; [14]doch drehte jeder um, und so trafen sie wieder zusammen; nun mußten sie sich erklären, da gestanden sie einander ihr Verlangen. Daraufhin verabredeten sie Zeit und Gelegenheit, wo sie jene (Susanna) wohl alleine treffen könnten. [15]Als sie nun auf einen günstigen Tag warteten, geschah es, daß jene wieder einmal, wie gewöhnlich nur von zwei Mädchen begleitet, hereinkam und im Garten ein Bad zu nehmen verlangte, weil es heiß war. [16]Es war aber sonst niemand dort als nur die beiden Ältesten, die versteckt waren und ihr auflauerten. [17]Da trug sie den Mädchen auf: «Holt mir nun Öl und Balsam und verschließt das Tor des Gartens, daß ich mich baden kann.» [18]Sie taten, wie jene aufgetragen: sie verschlossen das Tor des Gartens und gingen selbst zur Seitenpforte hinaus, um das Verlangte zu holen: sie wußten nicht um die Ältesten, weil sie ja versteckt waren.

[19]Sobald nun die Mädchen hinausgegangen waren, erhoben sich die

1 Hier beginnen die griechischen Zusätze.
5 *Wort des Herrn* Welche Schriftstelle hier gemeint ist, bleibt unklar.

beiden Alten, eilten zu ihr hin [20] und
sagten: «Siehe, das Tor des Gartens ist
geschlossen, und niemand sieht uns.
Wir brennen von Verlangen nach
dir: drum sei uns zu Willen und gib
dich uns hin! [21] Sonst sagen wir als
Zeugen gegen dich aus, ein Jüngling
sei bei dir gewesen und darum habest
du die Mädchen von dir wegge-
schickt.» [22] Da seufzte Susanna auf
und klagte: «Von allen Seiten bin ich
bedrängt; denn wenn ich dieses tue,
ist mir der Tod gewiß; tue ich es aber
nicht, so kann ich euren Händen
nicht entrinnen! [23] Doch ist es immer
noch besser für mich, es nicht zu tun
und in eure Hände zu fallen, als vor
dem Herrn zu sündigen.» [24] Nun
schrie Susanna mit lauter Stimme,
aber auch die beiden Alten schrien
ihr entgegen. [25] Der eine lief gar hin
und öffnete das Tor des Gartens.
[26] Wie nun die Leute aus dem Hause
das Schreien im Garten vernahmen,
eilten sie durch die Seitentür herbei,
um zu schauen, was ihr zugestoßen
sei. [27] Als aber die Alten ihre Erklä-
rungen gaben, da fühlten sich die
Diener sehr beschämt; denn nie
zuvor war über Susanna etwas Derar-
tiges geredet worden.

[28] Als sich dann am folgenden Tage
das Volk bei ihrem Gatten Jojakim
versammelte, kamen auch die beiden
Alten, erfüllt von der frevelhaften
Absicht, gegen Susanna die Todes-
strafe zu erwirken. [29] Sie beantragten
vor dem Volke: «Schickt nach
Susanna, der Tochter Hilkijas, welche
die Frau des Jojakim ist!» Man
schickte nach ihr. [30] Da kam sie selbst
mit ihren Eltern, ihren Kindern und
all ihren Verwandten. [31] Susanna war
aber eine ungewöhnlich blühende
und hübsche Erscheinung. [32] Um sich
an ihrer Schönheit zu ergötzen,
befahlen nun die Gesetzesfrevler, sie
zu entschleiern; sie war nämlich ver-
schleiert. [33] Ihre Angehörigen aber
und alle, die sie sahen, weinten.
[34] Nun erhoben sich die beiden Alten
inmitten des Volkes und legten ihr
die Hände auf das Haupt. [35] Sie aber
schaute weinend zum Himmel auf,
denn sie vertraute von Herzen auf
den Herrn. [36] Die Alten sagten nun
aus: «Während wir allein im Garten
umhergingen, kam diese mit zwei
Mägden herein, verschloß das Tor
des Gartens und schickte die Mägde
weg. [37] Dann kam zu ihr ein junger
Mann, der versteckt gewesen war,
und legte sich mit ihr nieder. [38] Wir
waren gerade in einer entfernten
Ecke des Gartens; als wir den Frevel
sahen, liefen wir zu ihnen hin. [39] Wir
ertappten sie beim Verkehr, konnten
aber jenen (Mann) nicht festneh-
men, weil er stärker war als wir, das
Tor öffnete und entwich. [40] Diese
jedoch faßten wir und fragten sie:
«Wer war der junge Mann? [41] Sie
wollte es uns aber nicht verraten. Das
bezeugen wir.»

Die Versammlung schenkte ihnen
Glauben als Ältesten des Volkes und
Richtern. So verurteile man Susanna
zum Tode. [42] Sie aber rief mit lauter
Stimme und betete: «Ewiger Gott,
der das Verborgene kennt und alles
weiß, bevor es noch geschieht; [43] Du
weißt, daß sie falsches Zeugnis wider
mich abgelegt haben. Siehe, ich muß
sterben, obwohl ich nichts von dem
getan, was diese Böses wider mich
erdichtet haben.»

[44] Der Herr erhörte ihr Rufen.
[45] Als man sie zum Tode führte,

34 *legten ihr die Hände auf das Haupt* Die Steinigung, der die Auflegung der Hände vorausgeht, mußte von der ganzen Gemeinde ausgeführt werden.

erweckte Gott den heiligen Geist
eines noch recht jungen Mannes mit
Namen Daniel; 46 dieser rief mit lau-
ter Stimme: «Ich bin unschuldig am
Blute dieser Frau!» 47 Da wandte alles
Volk sich zu ihm und fragte: «Was
sollen die Worte bedeuten, die du
gesprochen hast?» 48 Nun trat er mit-
ten unter sie und sprach: «So törich
seid ihr, Israeliten? Ohne Untersu-
chung und ohne genauere Kenntnis
des Sachverhaltes habt ihr eine Israe-
litin verurteilt? 49 Kehrt zum Gericht
zurück! Denn diese haben falsches
Zeugnis wider sie abgelegt!»

50 Da kehrte das ganze Volk eilends
wieder um. Die Ältesten sagten nun
zu ihm: «Setze dich hierher in unsere
Mitte und gib uns Weisung; denn dir
hat Gott die Würde des Alters verlie-
hen!» 51 Da sprach Daniel zu ihnen:
«Sondert sie weit voneinander, ich
will sie verhören!» 52 Als nun einer
vom anderen gesondert war, rief er
den einen von ihnen heran und
sprach zu ihm: «Du in langer Bosheit
Altgewordener! Nun kommen deine
früher begangenen Sünden an den
Tag, 53 da du ungerechte Urteile fäll-
test und die Unschuldigen verurteil-
test, die Schuldigen aber freisprachst,
wo doch der Herr sagt: Einen
Unschuldigen und Gerechten sollst
du nicht töten. 54 Nun also, wenn du
diese wirklich gesehen, sag an: Unter
was für einem Baume sahst du sie
miteinander buhlen?» Er sagte:
«Unter einem Mastixbaum.» 55 Daniel
aber sprach: «Recht gelogen hast du
auf den eigenes Haupt. Dich wird der
Engel Gottes mitten durchspalten;
schon hat er von Gott Befehl dazu
erhalten!» 56 Nun ließ er ihn gehen
und befahl, den anderen herbeizu-
führen; zu ihm sagte er: «Du Sproß
Kanaans, nicht Judas! Dich hat die
Schönheit verführt, und böses Ver-
langen hat dein Herz verkehrt. 57 So
habt ihr es mit Töchtern Israels
machen können, und jene haben aus
Angst mit euch gebuhlt; doch eine
Tochter Judas nahm eure Bosheit
nicht duldend hin. 58 Sage mir also:
Unter was für einem Baume ertapp-
test du sie, miteinander buhlend?»
Jener sagte: «Unter einer Eiche.»
59 Daniel aber sprach zu ihm: «Recht
hast auch du auf dein eigenes Haupt
gelogen; denn der Engel Gottes steht
mit dem Schwert bereit, dich mitten
durchzuschneiden, um so euch beide
zu vertilgen.»

60 Da brach die ganze Versamm-
lung in laute Zurufe aus und pries
Gott, der jene rettet, die sich auf ihn
verlassen. 61 Nun schritt man gegen
die zwei Alten ein, weil Daniel sie aus
ihrem eigenen Munde als falsche
Zeugen überführt hatte. 62 Man ließ
sie, dem Gesetz des Mose gemäß, die
Strafe erleiden, die sie ihrem Näch-
sten zugedacht hatten. Man tötete sie.
So wurde an jenem Tage unschuldi-
ges Blut gerettet. 63 Hilkija aber und
seine Frau lobten Gott wegen ihrer
Tochter Susanna – ebenso wie ihr
Mann Jojakim und alle ihre Ver-
wandten –, weil kein unsittliches Tun
bei ihr gefunden worden war.

64 An jenem Tag und auch weiter-
hin stieg Daniel hoch in der Achtung
des Volkes.

54 Hier und in v. 58-59 Wortspiel im Griechischen zwischen «Mastixbaum» *(schinos)* und «durchspalten» *(schisei)*, ferner zwischen «Eiche» *(prinos)* und «durchschneiden» *(kataprise)*.

Yves Christe

Susanna vor Susanna

Die Susanna-Geschichte gehört zu den griechischen Zusätzen zum Buch Daniel. In der ökumenischen Übersetzung der Bibel wird sie zusammen mit anderen deuterokanonischen Schriften wie dem Buch der Weisheit oder dem Buch Jesus Sirach, die nicht in den jüdischen Kanon aufgenommen und auch in der protestantischen Tradition als apokryph galten, an das Ende des Alten Testaments verwiesen. In der katholischen Bibel, der Vulgata, die im Abendland an die Stelle alter Übersetzungen der Septuaginta trat, nimmt sie das 13. Kapitel des Buches Daniel ein. Der Lateinische Text von Hieronymus ist eine Übersetzung der griechischen Theodotion-Fassung, da am Ende des 4. Jhds. die Septuaginta-Fassung, die erst 1772 wiederentdeckt wurde, nicht mehr vorlag. Heutige moderne Bibelausgaben sind also nur Übersetzungen eines ziemlich späten Textes aus dem 2. Jhd. v. Chr.

Zweifelnde Fragen, manchmal heftige Polemiken über ihre Echtheit haben nicht verhindert, daß die Susanna-Geschichte zusammen mit anderen Episoden aus dem Leben Daniels sehr früh in das Bildrepertoire der frühchristlichen Kunst eingeht. Bilder von Daniel in der Löwengrube und von den drei Jünglingen im Feuerofen sind seit dem 3. Jhd. belegt, während Susannen-Darstellungen erst vom Anfang des 4. Jhds. in der Capella greca der Katakombe der hl. Priscilla (Abb. 1, 2) und in der des hl. Callistus in einer Region, die sich erst nach 300 entwikkelt hat, erhalten sind. In der Capella greca, einer Doppelgrabkammer, die nie als Kultstätte gedient hat, sind drei Szenen festgehalten: der Verführungsversuch im Garten, Susanna von den Alten ergriffen und vor dem Volk angeklagt, Susanna und Daniel als Oranten, Gott dankend (WM 14)[1]. In der Eusebiuskrypta der Callistus-Katakombe (Abb. 3) tritt Susanna zwischen den beiden Alten vor den erhöht stehenden jungen Daniel. Einer der Ankläger ist gerade überführt worden; man sieht ihn,

Abb. 1

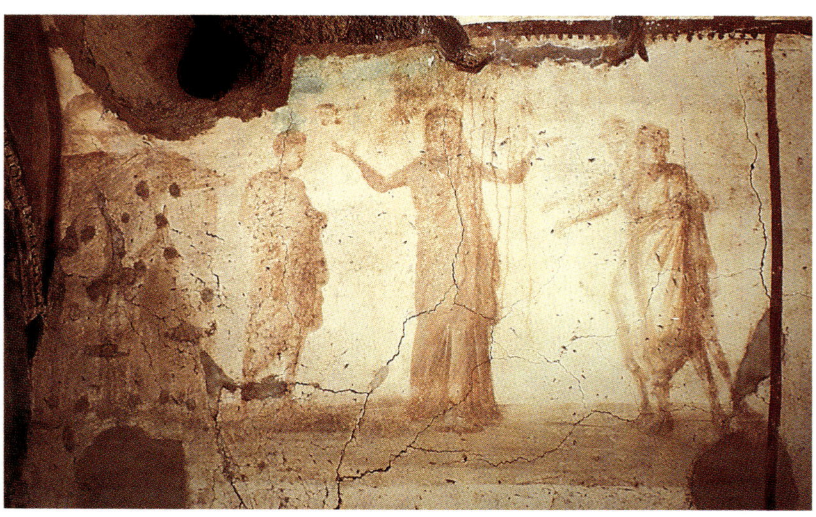

zum Zeichen der Verwirrung die Hand am Kinn, nach rechts abgehen. Susanna ist barhäuptig, ihr Haar ist zu einem Knoten aufgesteckt (WM 86). Sie ist nicht verschleiert, wie in der Szene in der Capella greca, wo die Alten sie ergreifen. Dieses Detail in ihrer Aufmachung verweist auf die Verse 31 und 32 der Erzählung: «Susanna war aber eine hübsche Erscheinung. Um sich an ihrer Schönheit zu ergötzen, befahlen nun die Gesetzesfrevler, sie zu entschleiern; sie war nämlich verschleiert.»

In anderen römischen Katakomben, in Domitilla, Petrus und Marcellinus, auf dem *Coemeterium maius* finden sich weitere Einzelszenen: Susanna als verschleierte Betende, von den Alten beobachtet oder angegangen und das Urteil Daniels. Mitunter sind die Alten, z.B. in Petrus und Marcellinus (Abb. 4) (WM 232,3), in der Verführungsszene als leichtfüßige junge Männer dargestellt. Vielleicht sind sie mit den Dienern von Jojakim, Susannas Mann, verwechselt worden, die ihrer Herrin zu Hilfe eilten, als sie im Garten Schreie hörten. Das könnte man zumindest glauben, wenn man die knappe Version in der Grabstätte an der via Labicana mit der ersten Szene des Susanna-Zyklus auf dem karolingischen Kristall im British Museum vergleicht. Allerdings sind die Alten aus dem 13. Kapitel Daniel wie die Alten in der Apokalypse in der frühchristlichen Kunst oft sehr jung, und wahrscheinlich hat der Steinschneider der Lothar-Scheibe sie aus Verständnislosigkeit für diesen antiken Brauch in Diener verwandelt. Beeindruckend in Wilperts reichhaltiger Dokumentation der Grabkammern ist noch die allegorische Darstellung in der Katakombe des Prätextat, in der Susanna als unschuldiges Lamm zwischen zwei mageren Wölfen zu sehen ist, die die Inschrift *senioris* als die Alten kenntlich macht (Abb. 5).

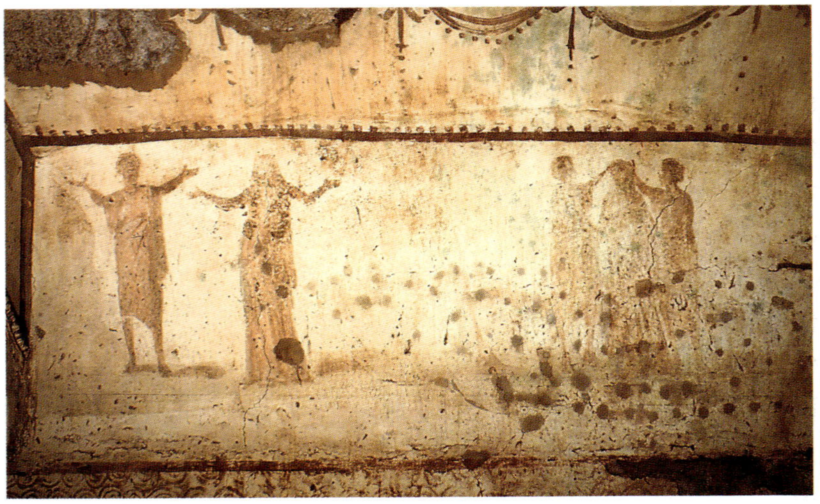

Abb. 2

Abb. 3

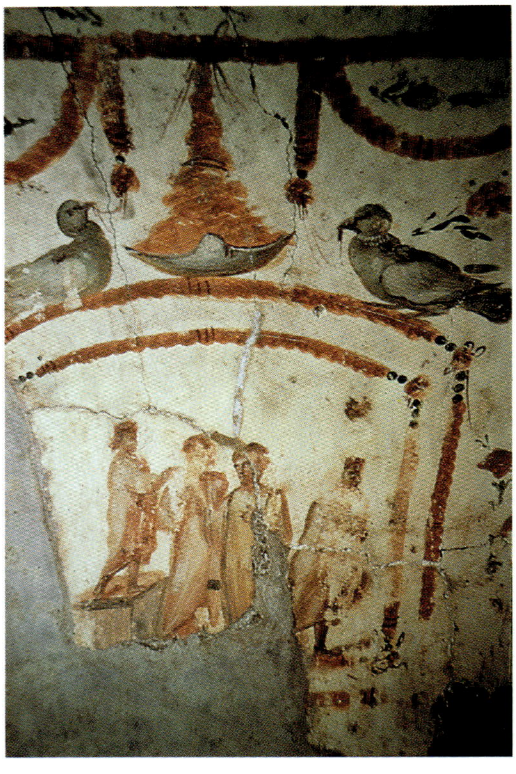

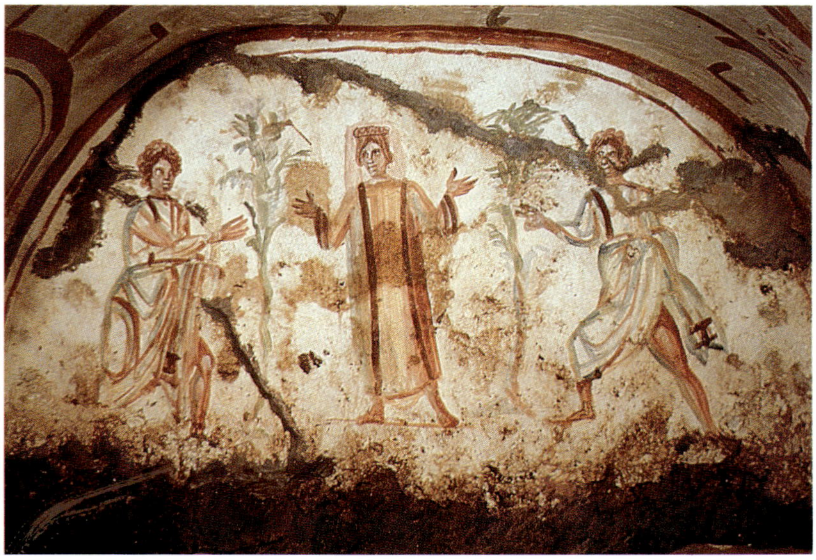

Abb. 4

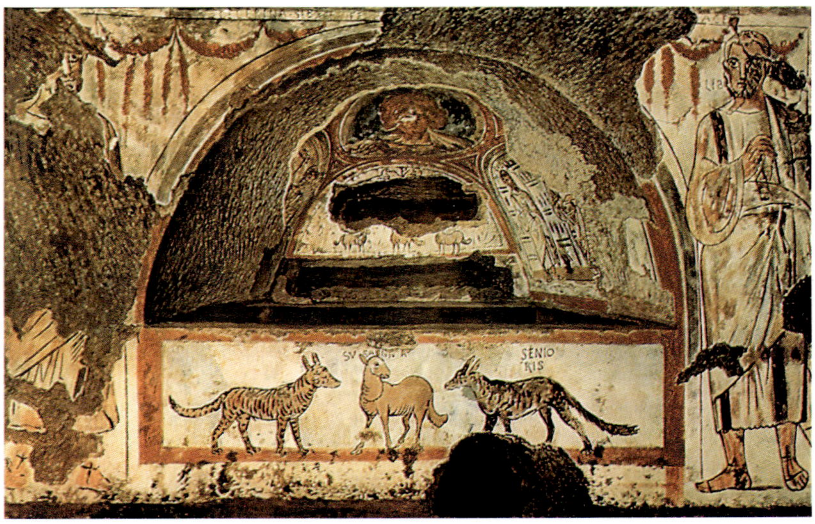

Abb. 5

In der Grabbildhauerei des 4. Jhds. waren die Mißgeschicke der allzu schönen Frau Jojakims Gegenstand zahlreicher Darstellungen. Ein Dutzend Sarkophage oder Sarkophagdeckel in Rom, Gerona, Narbonne, Arles und früher in Cahors zeugen für den Erfolg dieser erbaulichen Geschichte. Zwei Episoden scheinen besonders beliebt gewesen zu sein: Susanna und die Alten im Garten und die Steinigung der beiden Verführer, die in der Grabmalerei unbekannt war. In der ersten beobachten die beiden hinter einem Baum versteckten Alten Susanna, die von Kopf bis Fuß in ihre Palla, einen großen Schleier, gehüllt ist. Die stehende junge Frau wandelt durch ihren Garten und hält manchmal ein Buch oder eine Schriftrolle. Wenn die Alten sich ihr nähern und sie ansprechen, wirkt sie von diesem Eindringen überrascht. Sie ist immer in ihre Palla gewickelt. Auf zwei Sarkophagen, einem in Arles (WS 195,5) und einem verschollenen, der früher in Cahors stand, bildet das Urteil Daniels das Gegenstück zu dem des Pilatus. Das Nebeneinander ist offenbar nicht zufällig. Susanna wird als unschuldig Angeklagte Christus gegenübergestellt, auch er das Opfer einer falschen Anklage. In Arles wie auf dem berühmten «Sarkophag der zwei Brüder» im Vatikan ist Christus nicht abgebildet. Das heißt, daß man der Gestalt Daniel, dem unbestechlichen, mutigen Richter im Gegensatz zum feigen Pilatus, huldigen wollte.

Von den anderen Kunstwerken des 4. Jhds. mit Abbildungen zum Leben Susannas ist eine Elfenbeinkassette von ca. 370 im Museum von Brescia bemerkenswert. Auf der unteren Bordüre der Stirnseite des Kästchens wird Susanna als verschleierte Orante von den als junge Männer dargestellten Alten beobachtet oder angegangen. Dann wird sie von zwei Personen, die ich zögere als Alte zu identifizieren, vor einen Richter, vielleicht Daniel, geführt. Und die Bilder von Susanna als verschleierte Betende zwischen zwei Bäumen auf einer ganzen Serie von Goldgläsern fassen in emblematischer Form, in der der *pietas*, der Frömmigkeit im weitesten Sinn die-

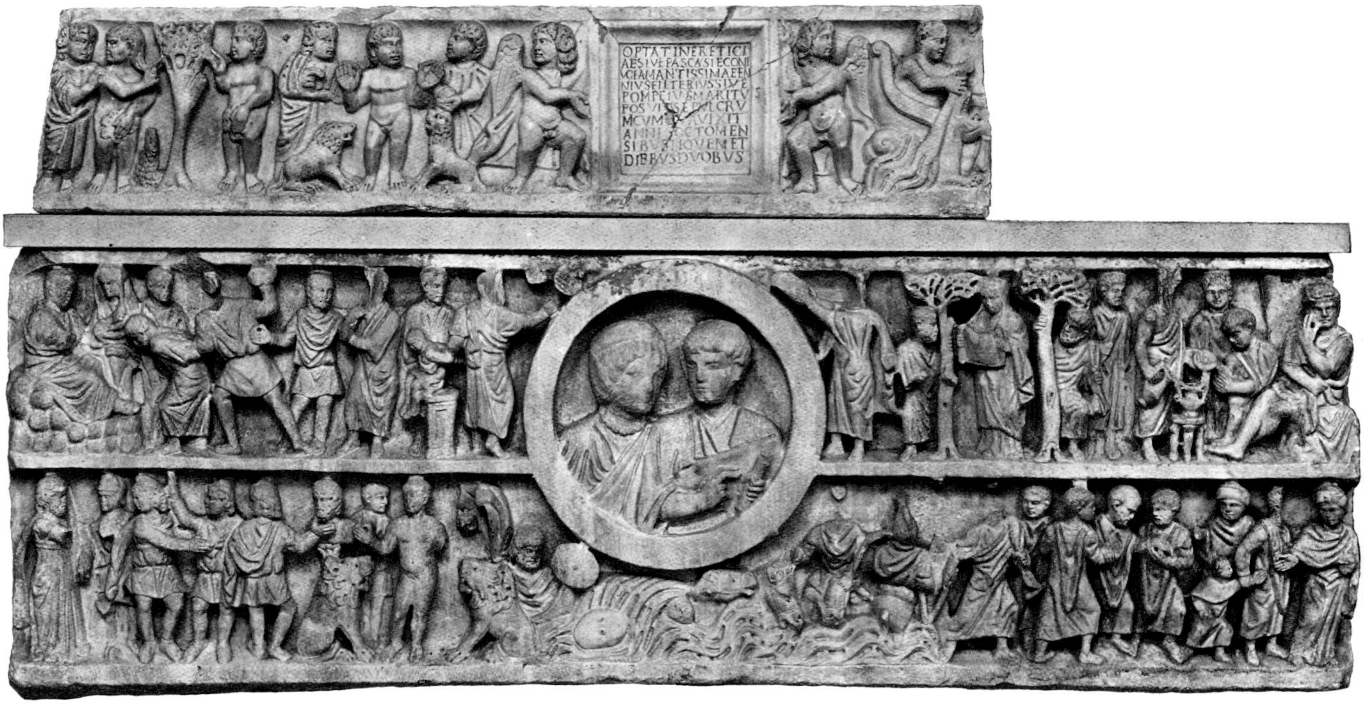

Abb. 6

ses Begriffs, die Gartenszene, das Gebet zu Gott und die wiedergefundene Heiterkeit zusammen.

In der Katakombenmalerei, in den Reliefs auf den Sarkophagen oder auf der Kassette von Brescia sind die Episoden aus dem Leben Susannas eingebunden in andere biblische Begebenheiten, Szenen aus dem Alten Testament, Wunder Christi oder Illustrationen zur Apostelgeschichte. Es kommt vor, daß mehrere Szenen zusammenstehen, wie auf dem Sarkophag im Museum von Arles (WS 195,4) oder auf dem Deckel von Narbonne (WS 124,3), aber sie hängen nur sehr selten miteinander zusammen, so daß sie eine lange Erzählsequenz bilden. Auf dem Sarkophag von Arles (Abb. 6), um 370, leitet das Urteil des Pilatus über zur Gartenszene. Zwischen zwei Bäumen, hinter denen sich zwei Bärtige verstekken, eher Männer im reifen Alter als Alte, widmet sich Susanna in langer Tunika und Palla der Lektüre. Die Erzählung wird durch die Gesetzgebung an Moses und die Opferung Isaaks unterbrochen, die das Doppelporträt der Verstorbenen einrahmen, und setzt sich links mit dem Urteil Daniels und der Festnahme oder der Steinigung eines der Alten fort. Meines Wissens ist der Sarkophag von San Felice in Gerona (Abb. 7) das einzige erhaltene Denkmal, auf dem die Anordnung der Themen einer erzählerischen Logik folgt. Wie auf dem Sarkophag von Arles und dem Deckel von Narbonne wird von rechts nach links abgelesen. Die verschleierte Susanna, ein aufgeschlagenes Buch in der linken Hand, ist von den wieder einmal als junge Männer dargestellten Alten überrascht worden. Danach wird sie ergriffen und von ihren abgewiesenen Freiern vor dem Volk beschuldigt, ehe sie vor einen Richter tritt. Dann wird sie von dem Propheten, der ihr die Hand auflegt, für unschuldig erklärt, während ihre Ankläger zur Richtstätte geführt werden. Der Sarkophag von Gerona scheint mir zu einem ziemlich späten Zeitpunkt entstanden, ähnlich wie der aus Servanne in Arles, der auf seinem unteren Band einen Zyklus aus der Passionsgeschichte zeigt.

Offensichtlich sind jedoch die meisten Episoden aus dem Leben Susannas einem Erzählmuster, einem Bilderzyklus aus dem Buch Daniel nachgeahmt, den man, von den in der Grabkunst des 4. Jhds. verstreuten Zitaten ausgehend, rekonstruieren könnte. Im allgemeinen finden sich vor Beginn des 5. Jhds. keine erzählenden Zyklen nach dem Alten oder dem Neuen Testament. Sie treten erst um das Jahr 400 auf, zu einem Zeitpunkt, da die Susanna-Geschichte keine Beachtung mehr zu finden scheint. Ein aufmerksames Studium der sehr reichhaltigen, aber verstreuten Dokumentation der christlichen Kunst des 4. Jhds. läßt jedoch das Vorhandensein sehr detaillierter Erzählzyklen in kostbar ausgestatteten Handschriften für den Privatgebrauch vermuten. Das geht jedenfalls aus der Veröffentlichung der Malereien in der neu entdeckten Katakombe an der via Latina in Rom hervor, einem privaten Hypogäum aus konstantinischer Zeit, das in seinen ursprünglichen Teilen Szenen aus der Genesis und vom Exodus enthält, deren erzählerischer Charakter mit Sicherheit die Nachahmung derartiger Handschriften verrät. Die Entdeckung der Malereien in Dura Europos am Euphrat, einem außerordentlichen Denkmal aus der ersten Hälfte des 3. Jhds., zwingt uns, die Abfassung solcher Zyklen nach der Bibel sehr früh, vielleicht in der jüdischen Welt der Diaspora, anzusetzen.

Die Geschichte Susannas läßt eine ähnliche Entwicklung erkennen. Die Badeszene, die die zumindest teilweise Nacktheit der jungen Frau erforderte, ist kaum festgehalten worden. Um die Lüsternheit der beiden «Alten» auszudrücken, hat man sich darauf beschränkt, sie hinter einem Baum versteckt darzustellen, von wo sie eine stets verschleierte Susanna ohne deren Wissen belauschen. Das Bild veranschaulicht die Verse 11 und 12 des 13. Kapitels: «... denn sie schämten sich doch, ihr Verlangen zu verraten, daß sie mit ihr zusammenkommen möchten. So lauerten sie täglich um die Wette, sie zu sehen.» Den Fortgang der Handlung, die anstößige Schilderung der

Abb. 7

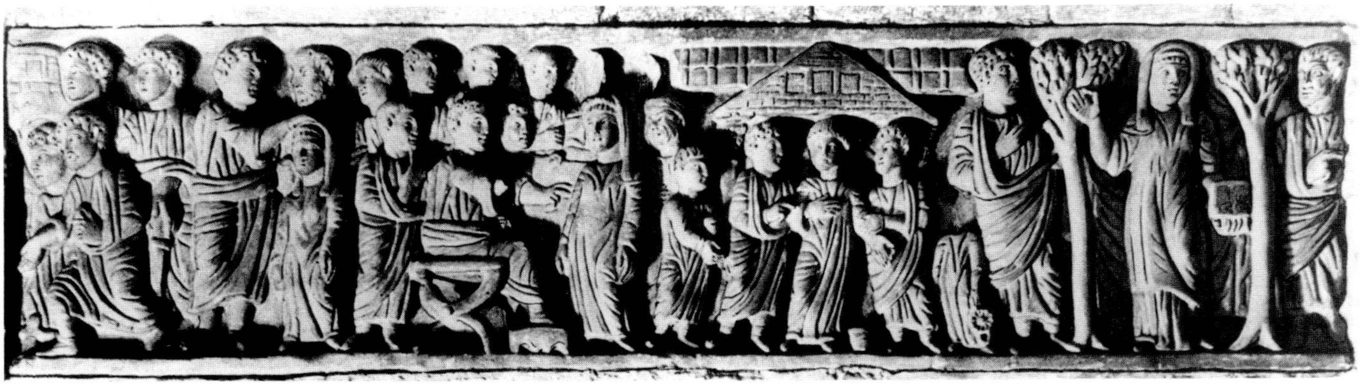

Verse 15 bis 27 darzustellen, war heikler. Sie ist indes auf einer gravierten Glasschale, der Schale aus Homblières bei Abbeville abgebildet, die bisher wenig beachtet wurde. Vier biblische Szenen sind im Kreis um ein Christogramm angeordnet: die Versuchung Evas, Daniel zwischen zwei Löwen, Daniel, der den Drachen von Babylon vergiftet, und schließlich Susanna, völlig nackt, vor einer kegelförmigen Erhebung zwischen zwei Alten in kurzer Tunika stehend, die ihr winken, näher zu kommen. Susannas Haltung auf der Schale aus Homblières wie die der sie einrahmenden Alten sind fast identisch mit denen in einer Arkosol-Lünette in einer 1955 an der via Latina (Abb. 8) entdeckten Grabkammer. Susanna ist nackt, die Arme hängen am Körper herab, sie steht vor einer großen Brunnenschale und Büschen, von denen nur noch der obere Teil zu sehen ist. Die beiden Alten sind ihr zugewandt und scheinen zu sprechen.

Alle hier erwähnten Bilder stammen aus dem 4. Jhd., mit Ausnahme vielleicht der Schale aus Homblières, die später entstanden sein könnte. Vom ersten Akt des Dramas in Jojakims Garten sind zwei Szenen besonders beachtet worden: die der hinter einem Baum stehenden oder kauernden «Alten», die eine schöne, reiche Intellektuelle belauschen und manchmal ansprechen, während sie noch verschleiert ist; die viel seltenere des Verführungsversuchs, in der die beiden Ältesten einer bei ihrer Toilette überraschten jungen Frau einen unsittlichen Antrag machen.

Das zweideutige Bild der ohne ihr Wissen von den Alten beobachteten

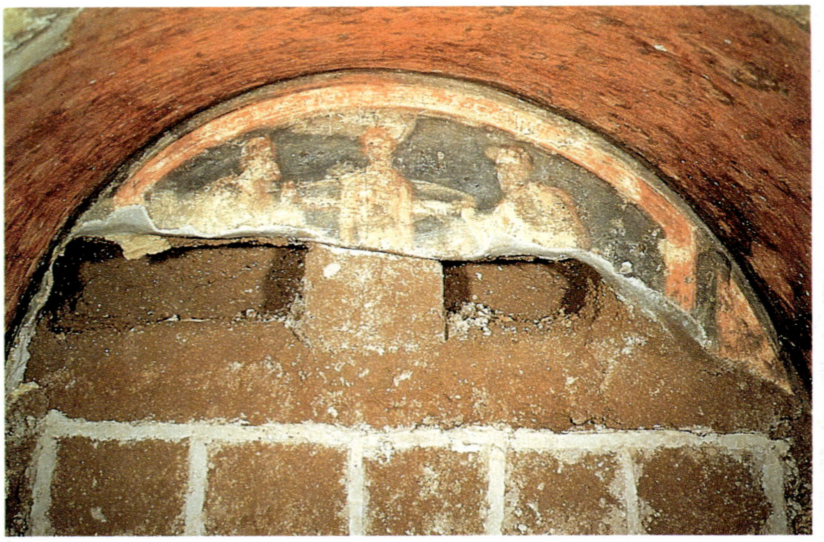

Abb. 8

nackten Frau ist in der frühchristlichen Kunst unbekannt. Zu einem verwandten Thema kenne ich nur ein derartiges Bild: das von David, der von einer Terrasse oder aus einem Fenster seines Palastes eine etwas dicke, nackte Bathseba am Rand ihres Badebeckens sitzen sieht. Wie durch ein Wunder ist diese pikante kleine Szene in einer Handschrift, aus dem 9. Jhd., dem *Paris grec 923*, von keinem Liebhaber erotischer Darstellungen ausgeschnitten worden.

Meistens wird Susanna, als verschleierte Betende zwischen zwei Bäumen stehend, von den Alten eingerahmt. In der vereinfachten Variante auf den Goldgläsern steht Susanna allein zwischen den Bäumen. Dieses Stereotyp wird auf einer anderen gravierten Glasschale, der Schale von Podgoritza, heute im Museum von Leningrad, sogar zu einer bloßen Orantenfigur vereinfacht. Wie auf der Schale aus Homblières umgibt ein Florilegium von biblischen Themen ein zentrales Medaillon, das hier eine Opferung Isaaks zeigt. Die von einer falschen

Anklage, *de falso crimine*, freigesprochene Susanna ist eine reine emblematische Gestalt. Das Repertoire der Schale von Leningrad ist das der Grabkunst des 4. Jhds.

Danach verschwinden die Bedrängnisse der keuschen Susanna bis zur Mitte des 9. Jhds. aus der christlichen Kunst, wo sie auf einem Objekt von außergewöhnlicher Qualität, einem Diskus aus Bleikristall von 11,2 cm Durchmesser, der sich im British Museum in London (Abb. 9) befindet, Gegenstand einer sehr detaillierten Umsetzung sind. Sieben im Kreis, auf vier Ebenen um ein Medaillon angeordnete Episoden erzählen Susannas ganze Geschichte, von dem Angriff, dessen Opfer sie war, bis zur feierlichen Verkündung ihrer Unschuld. Für uns ist die Episode in dem umfriedeten Garten recht aufschlußreich. Die beiden Alten reden auf die junge Frau ein und schlagen ihr ihren Handel vor. Sie steht ihnen gegenüber und zeigt mit dem Finger auf sie, während sie in der linken Hand noch die Salbenfiolen hält, die ihre Dienerinnen ihr gebracht haben. Susanna ist von Kopf bis Fuß bekleidet. Zwei von einer Inschrift als solche kenntlich gemachte Diener eilen von rechts herbei. Sie halten die Äste eines der Bäume, die der Einfriedung Schatten geben, und biegen sie auseinander – eine ungewöhnliche Geste, in der die Mißdeutung des Steinschneiders

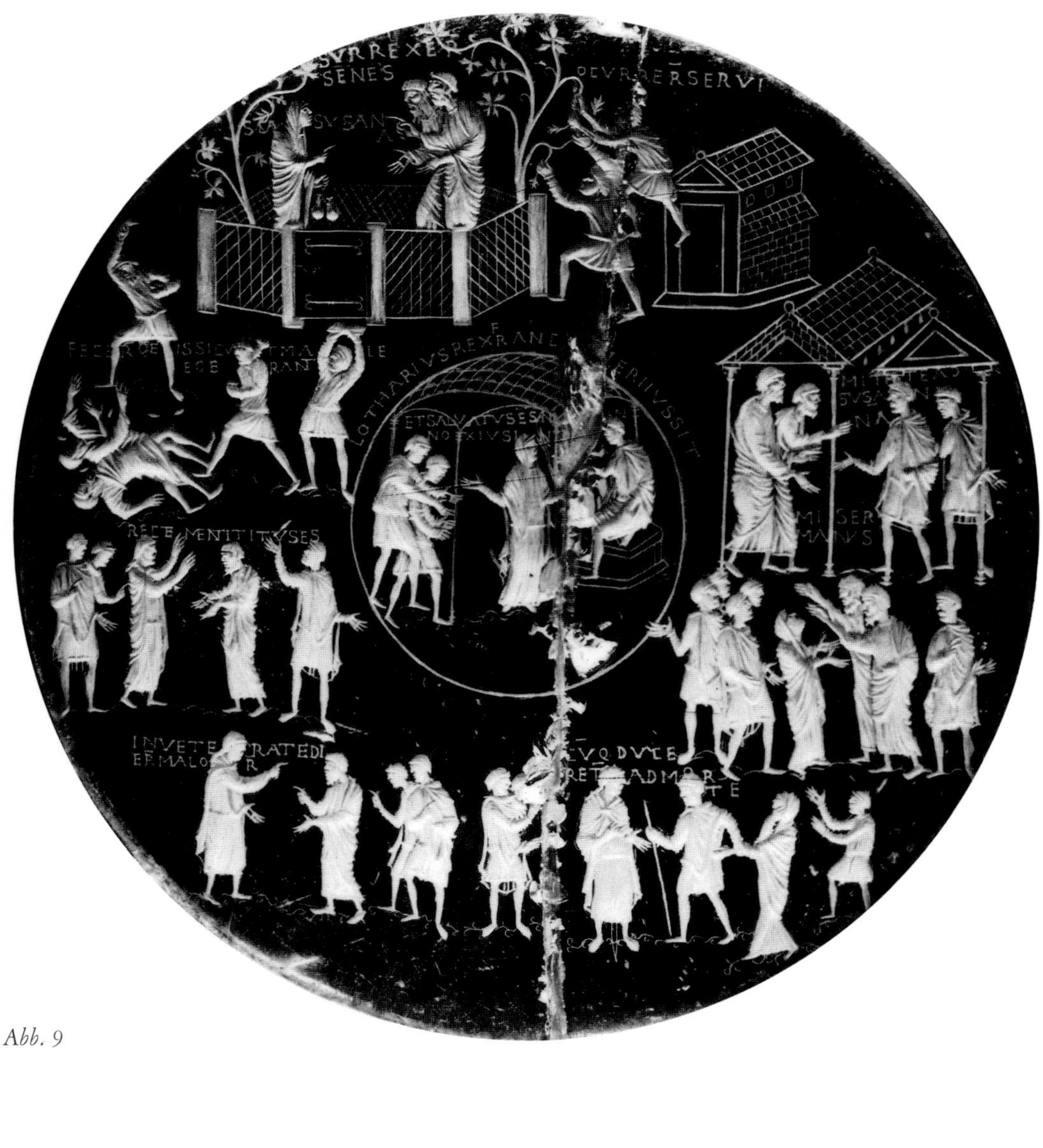

Abb. 9

erkennbar wird. Auf dem antiken Vorbild waren die Diener in Wirklichkeit junge Alte, die Susanna durch die auseinandergebogenen Zweige eines Strauchs belauschten. In der zweiten Szene verlangen sie Susannas Vorführung vor Gericht. In Gegenwart von fünf als *milites*, Edelleuten des karolingischen Hofes, gekleideten Zeugen, beschuldigen sie dann die noch immer verschleierte junge Frau, die die Augen gen Himmel hebt und die Geste der Betenden macht. Rechts unten auf der Schreibe begegnet Susanna auf dem Weg zu ihrer Hinrichtung Daniel, der links, in der Fortsetzung dieser Episode, den ersten Alten überführt. Der andere wird ebenfalls verurteilt, und zusammen sühnen sie mit der Steinigung. In dem Medaillon, das die Mitte des Diskus schmückt, ist die reingewaschene Susanna als Orante, beinah *en face*, zwischen zwei Personen dargestellt, die sich vor ihr und einem auf einer Erhöhung thronenden Richter verneigen, der weder vom Typus noch vom Gewand her mit dem Daniel der vorangehenden Szenen übereinstimmt. Er ist wie ein Herrscher, wie ein junger karolingischer Fürst gekleidet.

Der Bergkristall von London ist ein Schmuckstück von großer Kostbarkeit, das von Lothar, dem Enkel oder Urenkel Karls des Großen in Auftrag gegeben wurde: *Lotharius rex Francorum fieri iussit*. Wentzel zufolge, einem der besten Kenner der mittelalterlichen Glyptik, ist sein Entstehungsdatum schwer zu bestimmen, es sei denn, man schenkt einer oft wiederholten romanesken Hypothese Glauben, die in diesem Brustschmuck ein Versöhnungsgeschenk König Lothars an seine unfruchtbare Gemahlin sehen möchte, die er wegen Inzest hatte anklagen lassen, um sich von ihr trennen zu können. In dem Fall könnte das Jahr 865 festgehalten werden. Damit ließe sich die Anwesenheit des Herrschers in der Mitte des Medaillons erklären, obwohl wahre oder falsche Geschichten von Blutschande und Ehebruch in der Familie Karls des Großen und seiner Nachfahren nicht selten sind.

Szenen aus dem Leben Susannas tauchen sporadisch im 10. und 11. Jhd. wieder in zwei spanischen Bibeln auf, der von San Isidoro de Leon aus dem Jahr 960 und der Bibel von Roda in Katalonien, die um die Mitte des 11. Jhds. entstanden ist und sich heute in der Bibliothèque Nationale in Paris befindet. Die Bebilderung dieser beiden Handschriften ist überaus kostbar und sehr ins einzelne gehend, ganz besonders das Buch Daniel, in dem das Leben Susannas zusammengefaßt vorkommt. Ich kenne keine Beispiele in der romanischen oder gotischen Baukunst, außer einem Kirchenfenster in Saint-Alban aus dem 14. Jhd., in dem das Urteil Daniels dem des König Salomo gegenübergestellt ist.

Die ikonographische Auswertung der romanischen und gotischen Handschriften steckt noch in den Anfängen. Manche von ihnen bergen sicherlich Bilder von Susanna, die noch auf ihren Finder warten.

Die Ikonographie der Verse 1 bis 64 des 13. Kapitels des Buches Daniel ist erst sehr partiell erforscht worden. Zum 4. Jhd. liegt die präzise Untersuchung von Schlosser vor, doch es fehlt eine Gesamtübersicht, ein systematischer, umfassender Katalog der Susannen-Darstellungen vom Beginn des 4. bis zur Mitte des 15. Jhds. Man ist nämlich übereingekommen, die Entstehungszeit dieses neuen Bildes - Susanna nackt im Bade, von den beiden Alten beobachtet -, das zunehmend ein eigenständiges Sujet, ein weltliches und nicht mehr religiöses Thema wird, gegen Ende des Mittelalters, am Anfang der Renaissance zu situieren. Die zufällige Entdekkung der Malereien an der via Latina mit ihrer nackten Susanna vor einem Brunnen zeigt indessen, daß wir vor Überraschungen nicht sicher sind.

Die Bedeutung der Bilder aus der Susanna-Geschichte in der frühchristlichen Kunst kennen wir nicht, oder, genauer gesagt, wir können sie nur vermuten. Das Gleiche ließe sich über die Bilder auf dem Bergkristall des König Lothar sagen. Susanna wurde sehr früh als eine allegorische Figur der Kirche, als ein Paradigma für das Heil erkannt und zugleich als ein Bild der Keuschheit, der verhöhnten Keuschheit, als ein Vorbild für völliges Gottvertrauen bei schwersten Prüfungen. In der emblematischen Figur, wo sie allein, als Betende zwischen zwei Bäumen zu sehen ist, hat man eine Allegorie der Glückseligkeit im Jenseits, ein

[1] In J. Wilpert: *Die römische Malerei der Katakomben*, Freiburg 1903, (= WM, gefolgt von der Nummer der Tafel) und *I sarcofagi cristiani antichi*, (= WS und Tafelnummer) finden sich hervorragende Reproduktionen der meisten in diesem Aufsatz erwähnten Kunstwerke. Das Bild der nackten Susanna an der via Latina wurde von A. Ferrua publiziert: *Un nuovo cubicolo dipinto della via Latina.* In: *Rendiconti della Pontificia Accademia Romana di Archeologia*, Bd. 45 (1972-1973), Rom,

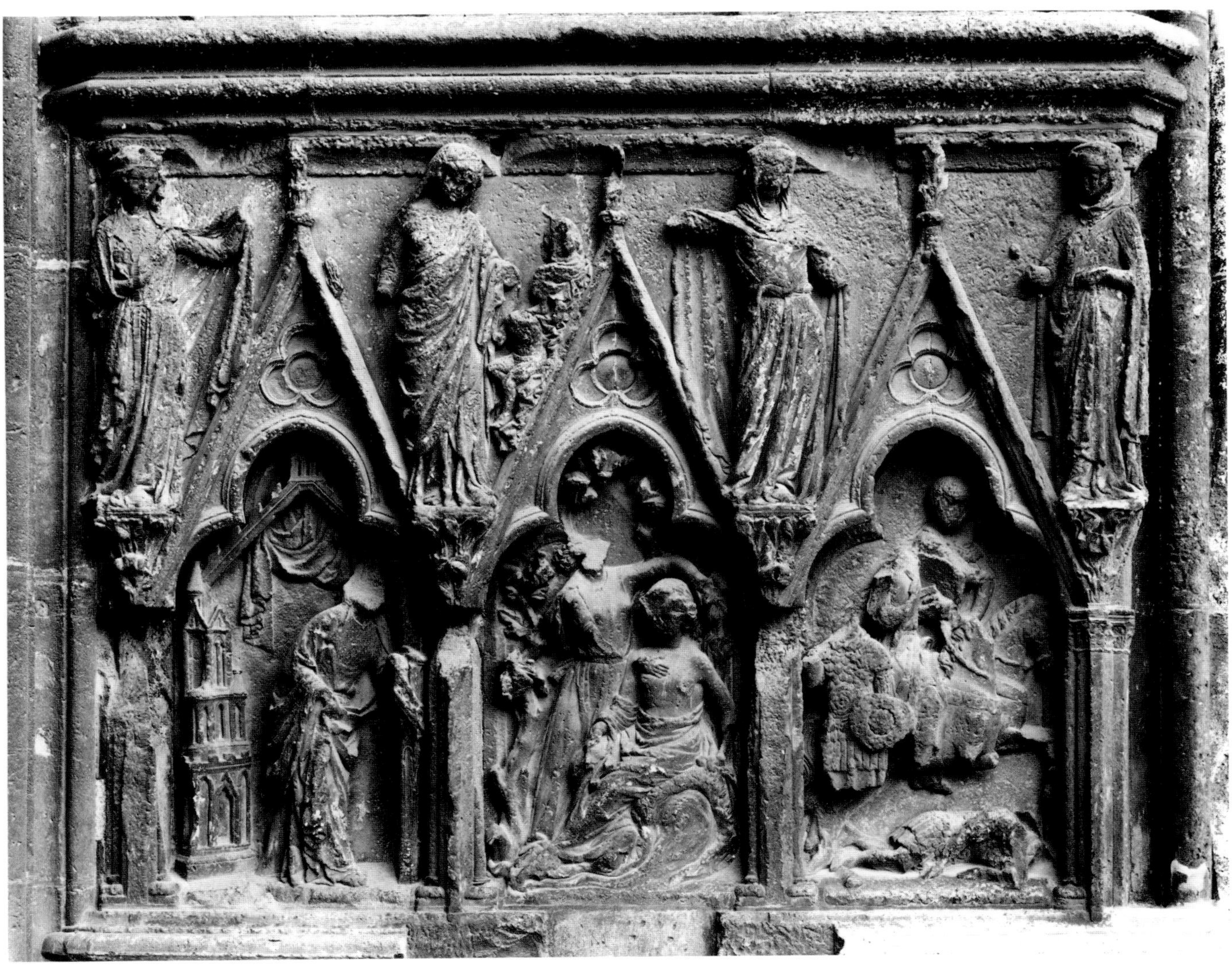

paradiesisches Bild zu erkennen geglaubt.

Das semantische Feld der narrativen oder bloß allusiven Darstellungen Daniels und Susannas ist zu groß und zu ungenau bestimmt, als daß wir ihren moralischen, typologischen oder anagogischen Sinn verstehen könnten, die nach der klassischen Formel für die mittelalterliche Exegese aus der Wörtlichkeit des Textes und seines Bildes hervortreten oder sich darunter verstecken. Doch bevor man zwischen den Zeilen lesen kann, muß man einen Text haben und wenn möglich einen gesicherten Text. Eine kritische Ausgabe der Susannen-Ikonographie steht noch aus. Man müßte auch über ein genaues Verzeichnis verfügen, um ihr Verschwinden zu verstehen, das in der mittelalterlichen Kunst vielleicht nur scheinbar ist, sowie ihr Wiederauftauchen in der Kunst der Renaissance, und um den Zeitpunkt zu erkennen, zu dem Susanna jene strahlende, zugleich aber bittere und unnahbare Eigenständigkeit erlangt hat, die im gierigen, ohnmächtigen Blick ihrer schändlichen Bewunderer offenbar wird. Aber das hieße schon zwischen den Zeilen lesen und die Susanna von Tintoretto mit der Bathseba von Rembrandt verwechseln.

Aus dem Französischen
von Uli Aumüller

1974, S. 183-185, Abb. 10. Der Aufsatz von H. Schlosser: *Die Daniel-Susanna-Erzählung in Bild und Literatur der christlichen Frühzeit* wurde veröffentlicht in: *Tortulae*, 30. Supplementheft zu *Römische Quartalschrift*, Rom-Freiburg-Wien 1965, S. 243-249. Mit dem Bergkristall des König Lothar befaßt sich der Beitrag von H. Wentzel: *Der Bergkristall mit der Geschichte der Susanna*. In: *Pantheon*, Bd. 28, München 1970, S. 365-371, wo jede Episode im einzelnen abgebildet ist. Über die Glasschalen von Homblières und Podgoritza informiert das *Dictionnaire d'Archéologie chrétienne et de Liturgie* von Cabrol und Leclercq, Bd. 3, 2, Abb. 3333 und 3336. Eine Zusammenfassung bietet der Artikel *Susanna* von H. Schlosser in: *Lexikon der christlichen Ikonographie*, Rom-Freiburg-Wien 1968-1976.

Abb. 1

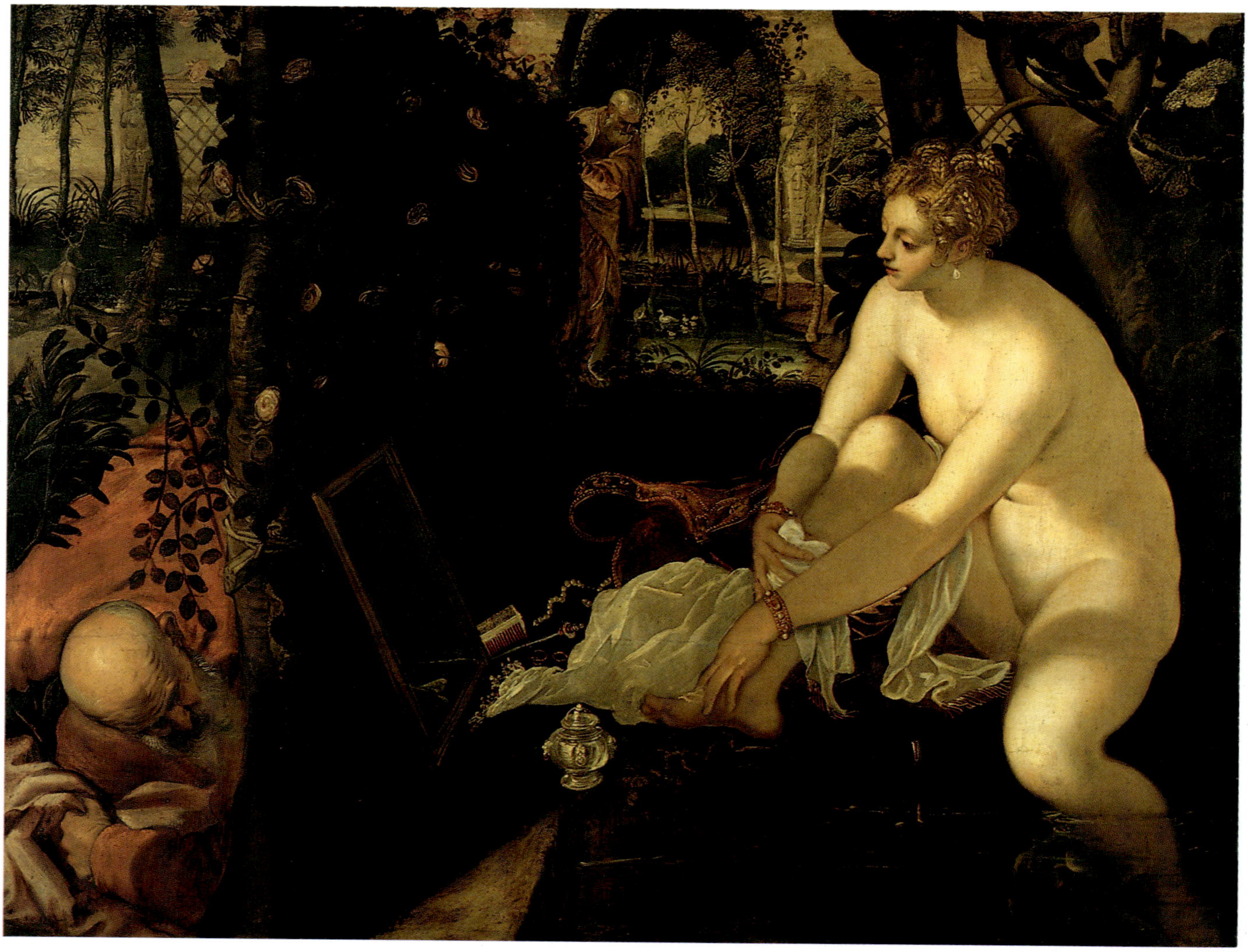

Jean-Claude Prêtre

Susanna durch Susanna

Versuch einer Ikonographie

Prospektion – Retrospektion

Ich bin Maler. Mein Element ist die Malerei. Seit mehreren Jahren ist das Thema meiner Malerei: Susanna. Nicht irgendeine Susanna: eine bereits gemalte Susanna. Nicht von irgend jemand: von Tintoretto, auf seinem Bild *Susanna und die beiden Alten* im Wiener Kunsthistorischen Museum (Abb. 1).*

Von dieser *Susanna* bin ich ausgegangen, um die meinen zu malen. Ich habe einhunderteinundzwanzig gezählt; in Wirklichkeit sind es sehr viel mehr, da manche dieser *Susannen* Diptycha, Triptycha oder auch Polypticha sind und einige dieser Polypticha aus vier, sieben, dreizehn, einundzwanzig *Susannen* bestehen. Trotzdem sind es in meinen Augen nur 121.

Warum so viele *Susannen*? Warum diese *Susannen* nach der von Tintoretto? Warum habe ich gerade sie, ich, die von ihm, für eine Serie von Variationen gewählt, von denen die letzte immer die vorletzte war? Hatte nicht vielmehr sie mich gefesselt? Gab es nicht vielmehr etwas in seiner Kunst, das mich gezwungen hatte, sie zu fixieren, sie auf jede nur mögliche Art und Weise mit dem Pinsel in der Hand zu befragen? Woher kam das Verlangen, sie meinerseits zu malen, da sie doch schon gemalt war? Warum sollte ich sie ihm wegnehmen, ich, der sie ihm doch nur verderben konnte? Was fand ich an ihr? Was suchte ich in ihr, ohne es zu finden? Was in ihr nährte mein Verlangen, sie zu malen und erneuerte meine Freude am Malen überhaupt?

Diese Fragen – und noch viele andere – sind mir gekommen, je weiter ich vordrang. Ich beantwortete sie jeweils neu, aber jedes Mal mit einer anderen *Susanna*. Oft beantwortete ich sie sogar im voraus, ohne zu wissen, daß ich sie beantwortete. Meine Antworten waren meine Bilder, sie gingen nicht den Fragen voraus, sondern der Formulierung der Fragen.

Um zu erreichen, daß ich sie für mich selbst deutlich formulieren konnte, mußte ich versuchen, sie aufzuschreiben. Ohne deshalb mit Malen aufzuhören, begann ich Notizen zu machen. Über Susanna, die meinigen, die seinige, die meinigen nach der seinigen, über die seinige.

Die seinige kannte ich seit langem – aus der Ferne. Ich bin nach Wien gefahren. Zunächst ganz einfach, um sie aus der Nähe zu sehen. Dann bin ich abermals zu ihr zurückgekehrt. Unsere Beziehungen haben angefangen sich zu verändern. Bei jeder Reise wurden sie etwas komplizierter. Statt sie mir näherzubringen, sie mir ver-

*Genauere Angaben zu den reproduzierten Werken finden sich im Verzeichnis der Abbildungen (S. 118-127). – Dem italienischen Bildtitel *Susanna e i due Vecchioni* entsprechend und in Übereinstimmung mit der «Typologie» des Autors (s. S. 32) werden die Wiener Susanna und alle Bilder des gleichen Typus durchgehend mit *Susanna und die beiden Alten* bezeichnet. (Anm. d. Üb.)

trauter zu machen, entfernte mich meine Arbeit als Maler Schritt für Schritt von ihrer reinen Honigmischung. Sie wurde mir fremd. Ich kam mit einem Bild von ihr im Kopf und in der Absicht, zu überprüfen, ob meine Erinnerung richtig war, ob die Reproduktion, die ich bei mir zu Hause hatte, dem Original entsprach, ob mir nicht ein Detail entgangen wäre. Jedesmal bereitete sie mir Überraschungen.

Jedesmal war ich von einer physischen Eigenschaft des Gemäldes verblüfft: seiner Transparenz, seiner Honigaura. Dabei glaubte ich doch, mir inzwischen diese *Susanna* angeeignet zu haben. Ich hatte sie wieder und wieder bearbeitet, hatte sie mißhandelt, verdorben, korrumpiert, in alle möglichen Zustände versetzt. Wenn ich sie wiedersah, war davon nichts zu bemerken. Im Gegenteil. Sie erschien noch sublimer in ihrer Transparenz. Das verunsicherte mich. Ihre wunderbare Evidenz, ihre unerreichbare Vollkommenheit liessen mich an mir selbst zweifeln. Was hatte meine Arbeit für einen Sinn? Wohin sollte sie mich führen? Warum weitermachen? Es war absurd...

Doch es war zu spät, um noch zurückzuweichen, selbst wenn die Sache, wegen der ich mich in meine Unternehmung gestürzt hatte, von vornherein verloren war. Vielleicht war es gerade das Wissen, daß sie verloren war, das mich unwiderstehlich dazu antrieb weiterzumachen, zu suchen. Trotz all meiner Zweifel war ich sicher, daß ich schließlich einen Ausweg finden würde, daß mir Tintoretto spaltbreit eine Tür geöffnet hatte.

Zu der Zeit, als ich meine siebente Variation malte, das heißt 1984, habe ich angefangen, etwas gründlicher Notizen zu machen. Geschriebene Spuren einer Suche, die sich im Wesentlichen im Malen vollzog, sie haben mir geholfen, etwas klarer zu sehen. In ihrer integralen Form gebe ich sie etwas später wieder.

Und außerdem habe ich den Text über die *Susanna* in Wien geschrieben, zur gleichen Zeit wie die ersten Arbeitsnotizen. Ihn habe ich seither nicht mehr verändert. Ich drucke ihn ab, wie er geschrieben wurde. Man kann ihn an seinem Platz in dieser Ikonographie lesen.

Diese Ikonographie ist die logische und chronologische Folge meines Textes über die Wiener *Susanna*, der aus den wiederholten Retrospektionen entstanden ist, die mich umso näher zu ihr zurückführten, je weiter ich, indem ich die meinigen hervorbrachte, in meiner Arbeit der Prospektion fortschritt. Ich malte eine Susanna, zwei, drei vier Susannen, dann machte ich einen Besuch bei der *Susanna* in Wien. Ich fuhr wieder nach Hause. Ein paar Schritte vorwärts, ein paar *Susannen* mehr, dann abermals Rückkehr zu der alten. Für einen neuen Aufbruch: abermals ein paar Schritte vorwärts, und Rückkehr zur alten und so fort.

Doch bald kehrten sich die Dinge um. Die Retrospektion überwog die Prospektion. Ein Blick nach vorn, zwei Blicke zurück. Dann drei, dann vier... Zurück, wohin? Nicht nur, von meinen eigenen *Susannen* ausgehend, zu der des anderen, zu denen des anderen (auch er hat mehrere gemalt), sondern auch zu denen, die sie vor oder nach ihm gemalt haben.

Ich war wie ein Kind, das einen Koffer geöffnet hat, ohne zu ahnen, was für einen Schatz er enthält, und ohne dessen Reichtum ermessen zu können. Was zunächst nur einfache Neugier war, wurde zu einer verschlingenden Leidenschaft. Ich wollte alle diese *Susannen* kennenlernen. Nicht eine sollte mir entgehen. Ich habe Kataloge durchforscht, habe Dissertationen gelesen, Museen durchstöbert. Ich entdeckte immer neue, aller Arten, jeden Alters. Denn manche führten mich weit in die Vergangenheit zurück: bis zu den Anfängen der Geschichte unserer Malerei, zu der Epoche, als das Susanna-Thema sich reduzierte auf die Verbildlichung eines Textes und auf die Illustrierung der Goldenen Legende Susannas, sie zwar gewiß schon als Frau preisend, doch als eine heilige Frau, die ihren Körper verhüllt, um ihre schöne Seele umso mehr bewundern zu lassen, deren Tugend die Kirchenväter beim Kommentieren des *Buches Daniel*, ihrer gemeinsamen Quelle, als Beispiel, als Vorbild, als Symbol gegeben hatten.

Natürlich kannte ich diese Quelle bereits. Was ich aber nicht wusste und was ich bei der Erforschung des immensen chronologischen Feldes entdeckte, in dem mein verstreuter Schatz ruhte, war, warum und wie die biblische Susanna christliches Thema geworden war, unter welchen apologetischen Gestalten dieses christliche Thema dargestellt, in Stein gehauen oder gemalt worden war, unter welchen Umständen die Heilige allmählich einer Frau Platz gemacht hatte, die schließlich emanzipiert wurde und deren geheiligte Natur von nun an allein in der Schönheit begründet war, die die Malerei ihr verlieh.

Die bedrohte, angegriffene, zu Unrecht verurteilte und von einem Propheten mit Kinderaugen rehabilitierte Susanna ist immer als ein exemplarisches Opfer dargestellt worden. Daß es ihr Schicksal war, der Malerei als Opfer ausgeliefert zu werden, daß ich nach so vielen anderen aus diesem Opfer das meine machen wollte, und daß ich mir beim Abmühen mit ihr bewußt wurde, daß ich selbst das zustimmende Opfer war, dies alles machte mich nachdenklich.

Ich hätte mich damit begnügen können, über diese Malerei der Geschichte der Susanna sowie über die Geschichte dieser Malerei nachzudenken. Aber ich spürte, daß diese Malereien mir ermöglichen würden, die Geschichte der Malerei selbst in ihrer Spur zu rekonstruieren. Ich hatte das Bedürfnis, mich in dieser Geschichte zu orientieren, um mich in meiner eigenen neu zu orientieren, um den Faden zu entwirren, der mich mit Susanna und damit mit der Malerei verband. Dieser Faden hatte sich zu Beginn an einen Text geknüpft, dann gelöst, dann auf andere Weise neu geknüpft, Anlaß für eine Vermehrung von Bildern. Dann war er abgerissen.

Es ergab sich, daß ich diesen Faden neu geknüpft hatte, auf meine Weise. Mit meinem Können als Maler, das einzige, das ich ein wenig beherrsche. Nein. Ich war hingerissen von diesen Bildern, den Ergebnissen des Könnens der anderen: ich wollte das anderen zur Kenntnis bringen.

Aber warum sollte ich, der ich kein Schriftsteller bin und kein professioneller Historiker, es riskieren, eine Ikonographie zu schreiben? Meinen Schatz ausbreiten, das war schon sehr viel. All diese Bilder zu reproduzieren, alle, das hätte genügt. Nach meinen Vorstellungen genügte das nicht. Ich wollte mir die Freude machen, sie nicht nur zu zeigen, sondern darüber zu sprechen. Von einigen ganz besonders. Natürlich von der *Susanna* Tintorettos, doch das hatte ich bereits aufgeschrieben. Auch noch von bestimmten anderen, den ältesten oder den neueren, den modernen, weil sie mich bewegten, mich selbst aus dem einen oder anderen Grund betrafen. Diesen habe ich mehrere Seiten gewidmet. Den anderen ein paar Zeilen. Jede hatte Anrecht zumindest auf ein Wort, einen respektvollen, freundschaftlichen oder auch bedauernden Gruß. Mehrere auf ein komplizenhaftes Augenzwinkern.

Sicher habe ich ein paar Ungerechtigkeiten begangen, sind mir Irrtümer oder Auslassungen unterlaufen. Vielleicht Ungeschicklichkeiten? Das war unvermeidlich.

Ich veröffentliche diese Seiten, so wie sie mir gekommen sind. Ein wenig im Rohzustand. Mit ihren Vorzügen und ihren Mängeln. Ich eröffne also für das Publikum so etwas wie eine Grabungsstätte.

Die Typen

Die keusche Susanna. Susanna im Bade. Susanna und die beiden Alten. Das Urteil Daniels. Die Steinigung der beiden Alten. Das sind die «Typen», die von den Künstlern festgelegt, ausgewählt und genutzt wurden seit Susanna als Thema in die Geschichte ihrer Kunst getreten ist. Unter diesen verschiedenen Typen befindet sich jedoch einer, der sich nach und nach auf Kosten der anderen durchgesetzt hat und schließlich nahezu exklusiv geworden ist: der Typus *Susanna und die beiden Alten.*

Man muß sich fragen wann und warum die Malerei dazu gekommen ist, ihm ein solches Privileg zuzugestehen. Doch nehmen wir nichts vorweg. Vor der Geschichte der Ikonographie *Susannas* gibt es die Geschichte der Susanna, die im *Buch Daniel* berichtet wird. Von diesem Buch muß man ausgehen, denn darin haben die ersten Kommentatoren den Stoff gefunden, um die Figur oder vielmehr die Figuren Susannas zu entwerfen, die seit der Antike und durch das Mittelalter hindurch als Referenzmodelle gedient haben, nicht nur für eine im strengeren Sinne religiöse Literatur, sondern auch für Erzählungen, Legenden, Dramen, Mysterienspiele einerseits und andererseits natürlich auch für diverse bildnerische Darstellungen: Fresken, Flachreliefs, Skulpturen, Mosaike, Buchmalereien.

Die erste Literatur

Am Anfang also *Das Buch Daniel.* Die katholischen und protestantischen Bibeln machen aus Daniel einen der vier großen Propheten, (die drei anderen sind Jesaja, Jeremia und Ezechiel). Es heißt, er habe im sechsten Jahrhundert vor unserer Zeitrechnung während der Herrschaft Nebukadnezars in Babylon gelebt. Doch schon der heilige Hieronymus (347-420), einer der vier Kirchenväter und Übersetzer der Bibel ins Lateinische (*Vulgata*), war der Meinung, das Leben Daniels sei nur ein Gewebe aus wandernden Fabeln. Ebensowenig wie das *Buch* gehört sein mutmaßlicher Autor in den Augen der Tradition zu einer legitimierten Kategorie. Im Gegenteil, der Text ebenso wie sein Urheber stehen außerhalb: sie gehören in den Bereich des Mythos.

Wenn es als ziemlich gesichert gilt, daß die Geschichte Susannas keinerlei historische Grundlage hat, so wissen wir doch, daß sie alte biblische Motive und Themen der universalen Kultur aufgreift. Susannas Keuschheit ist ein Gegenstück zu der Josephs gegenüber Potiphars Frau, ihr Bad zu dem Bathsebas, die von dem alten König David belauert wird, und das Urteil Daniels zu dem Salomons. Gleich ihm war Daniel erst zwölf Jahre alt, als er sein erstes Urteil abgab, das die beiden Richter überführte und die Schuldlosigkeit der keuschen Susanna bewies. Schließlich erinnert die Geschichte von Susanna und den Alten an die Lots und seiner Töchter, denn diese ist die genaue Umkehrung der anderen. Was die Themen der frühreifen Klugheit eines Kindes sowie das der Verleumdung einer unschuldigen Frau betrifft, so gehören sie zu ganz und gar traditionnellen Topoi.

Im übrigen illustrieren die Handlungen Susannas und Daniels lediglich die Bedeutungen der Etymologie ihrer Namen: im Hebräischen bedeutet Susanna «Tochter der Lilien» und Daniel «Gott ist mein Richter».

Susanna wurde im zweiten Jahrhundert durch den heiligen Cyprian von Antiochien bekannt gemacht, der sie in seinem Gebet für die Sterbenden nennt. Der *ordo commendationis animae* hatte einen entscheidenden Einfluß auf die Kunst der Katakomben: «Herr, empfange die Seele Deines Knechtes, befreie sie von allen Gefahren, wie Du Susanna befreit hast von der falschen Beschuldigung.» Die Geschichte der Susanna wird noch in unseren Tagen in der Montagsmesse der fünften Fastenwoche gelesen. Es sei angemerkt, daß das für die Messe an diesem Tag gewählte Evangelium die Episode der ehebrecherischen Frau aus dem Johannis Evangelium betrifft (Kap. 8, Vers 1-11).

Zu dieser Zeit des Beginns der Geschichte der Susannadarstellungen ist der Künstler vor allem ein Gläubiger, sich seines Glaubens bewußter als der Sprache, die es ihm ermöglicht, ihn auszudrücken: seine Kunst ist der Ausdruck des Geistes des biblischen Textes und der Schriften der ersten Kirchenväter. Von den Szenen der Geschichte und des Gedankengebäudes, die diese Schriften bilden, verbildlicht er nur eine rein spirituelle Aura.

Aber ebensowenig wie der heutige Agnostizismus und Atheismus den Sinn unserer zeitgenössischen Kunst ausschöpfen können, kann der damalige Glaube für sich allein die schöpferische Einbildungskraft erklären, die die Maler der Katakom-

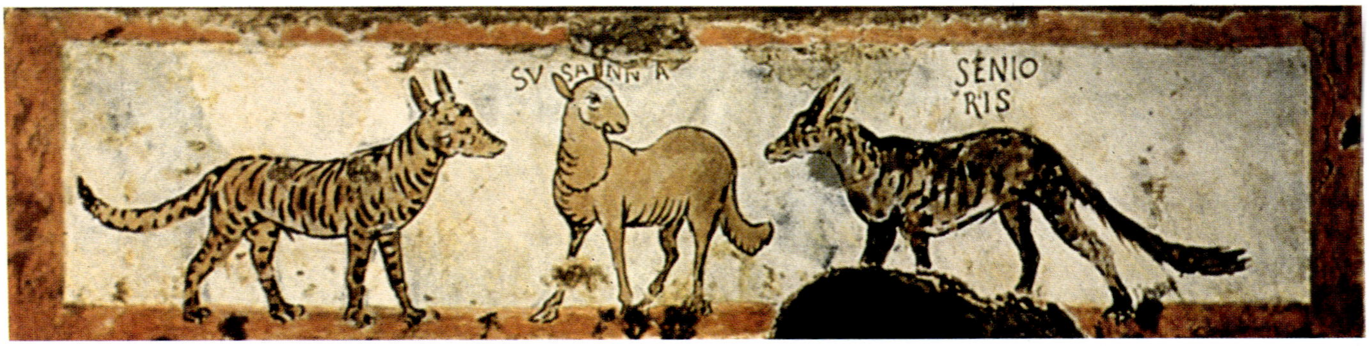

Abb. 2

ben oder später die der prächtigen Buchmalereien der Christenheit bewiesen haben.

Die Kirchenväter übermitteln ein Bündel verschiedenartiger, doch konvergierender Züge, durch die Susanna jeweils erscheint als *Susanna castitas tentata et victrix*, *Susanna tacens*, *Susanna liberata*, und *Susanna figura ecclesiae*.

Beim heiligen Cyprian, der mit seinen Werken die Absicht verfolgte, den Mut der Christen angesichts der Verfolgungen zu stärken, ist Susanna *victrix* im doppelten Sinne: Siegerin über den Tod und Siegerin über die Begierde. Als Beispiel weiblicher Keuschheit ist sie das Gegenstück zu Joseph, der Potiphars Frau entflieht. Siegerin ist sie auch für den heiligen Zeno, der 360 Bischof in Verona war, weil sie nicht der Versuchung unterlag wie Eva, die Urmutter, ebenso wie für Eugippius und den heiligen Augustin (354-430), weil sie, obwohl vom Tode bedroht, den Nachstellungen der Alten widerstand.

Der heilige Ambrosius (340-397) spricht von Susanna *tacens*: wie Christus vor Pilatus schwieg, hat Susanna vor Daniel und denen, die sie verurteilten, geschwiegen.

Der heilige Hippolytus (170-235) und der heilige Isidor von Sevilla (560-636) identifizieren Susanna mit der *ecclesia*: Susanna zwischen den beiden Alten, das ist die Kirche zwischen Juden und Heiden.

Dieser typologischen Bilderfolge muß man die des heiligen Johannes Chrysostomus (340-407) hinzufügen, der die schönen Metaphern vom verschlossenen Garten (*hortus conclusus*) und von der Quelle (*fons signatus*) aus dem *Hohelied* (4, 12) abwandelt, um Susanna mit der Jungfrau Maria zu vergleichen und dabei die des Lamms zwischen den Wölfen hinzufügt (Abb. 2). Die schon sehr früh vom heiligen Zeno gepriesene Susanna *liberata* ist vor allem präsent in den Gebeten der Märtyrer und Sterbenden sowie in der Liturgie bei Taufe und Tod. Susanna ist die Seele des Gläubigen, dem sein Glaube Kraft gegeben hat bis die Wahrheit siegt, bis sie aus den Schlingen des Bösen befreit und durch die göttliche Gnade gerettet wird.

Diese verschiedenen Gebetsformeln beruhen auf dem exemplarischen Bild von einer Susanna, die die Kirchenväter in ihren Schriften einzig, unveränderlich, unwandelbar gewollt haben, Bindeglied zwischen den Menschen und dem göttlichen Jenseits, eine emblematische Inkarnation der Gewißeit der verheißenen Wiederauferstehung.

Bevor Konstantin I. (270-337) am Anfang des vierten Jahrhunderts die Ausübung der christlichen Religion erlaubte, hatten die verfolgten frühen Christen keine Möglichkeit, ihren Glauben offen zu praktizieren, und konnten deshalb keine dazu bestimmten Gebäude errichten, sie versammelten sich in Häusern von Glaubensbrüdern. Reste davon hat man in der gesamten westlichen römischen Welt gefunden.

Die erste christliche Kunst

Die erste spezifisch christliche Kunst entsteht im zweiten Jahrhundert in den unterirdischen Begräbnisstätten, den Katakomben: Die für den Kult der Toten bestimmten Gänge und Säle waren mit Wandmalereien geschmückt, und die Sarkophage, die man dort unterbrachte, mit Flachreliefs. Entgegen dem, was man lange geglaubt hat, ist es nicht sicher, daß die Katakomben während der Christenverfolgungen als geheime Kirchen benutzt worden sind. Sicher ist indessen, daß infolge der offiziellen Erlaubnis, Kirchen und Martyrien zu bauen, die Reliquien von Märtyrern seit dem vierten Jahrhundert an diese neuen Stätten überführt wurden.

Die ersten Fresken, auf denen Susanna dargestellt ist, tauchen gegen Ende des dritten Jahrhunderts auf: so die der *Capella graeca*, noch vor 311, später verbunden mit der *Priscilla-Katakombe* (siehe Abb. 1, 2, S. 19-21). Hier beginnt Susanna als Hauptheldin einer neuen Kunst ihr ikonographisches Abenteuer.

Die Kunst des frühen Christentums hat eine große Zahl von Susanna-Darstellungen hervorgebracht: gemalte in den Katakomben, skulptierte auf den Sarkophagen, gravierte auf kleinen handwerklichen Gegenständen aus Gold und Silber, aus Elfenbein, Glas oder Ton.

Bis auf das Fresko der *Capella Graeca* der *Priscilla-Katakombe* (in der man, wie auf den Sarkophagen, einen erzählenden Zyklus mit mehreren Szenen findet), enthalten die Katakomben nur Darstellungen der Episode der Agression. Man sieht Susanna mit erhobenen Armen zwischen zwei Bäumen, hinter denen sich die Alten verstecken. Um die symbolische Dimension des Motivs zu verstärken, ist die Form schematisiert: sie ist starr, frontal, symmetrisch. Der verblüffendste Zug ist sicher die Verweigerung der Tiefenillusion.

Diesen Typus der Agression findet man auch auf den meisten kleinen handwerklichen Gegenständen. Oft handelt es sich um einen reduzierten Typus, bei dem nur die beiden Bäume übriggeblieben sind, zu beiden Seiten, wie in der Reliefversion, der von vorn gesehenen Susanna als Adorante.

Wenn sie im Profil in einer weniger rigiden und in der Breite ausgedehnteren Komposition erscheint, nicht unbedingt im Gebet, sondern in unterschiedlichen Haltungen und umgeben von sich bewegenden und individualisierten Personen, haben wir es mit dem erzählerischen Typus der Episode des Gerichts zu tun. Dieser Typus wird vor allem bei den Flachreliefs der Sarkophage und den kleinen handwerklichen Gegenständen genutzt. Oft ist diese Episode der der Agression benachbart und zu beiden können noch andere Szenen, etwa die der Steinigung, hinzukommen.

Auf Sarkophagen aus der Zeit vor Konstantin findet man die Geschichte der Susanna nicht. Die erzählenden Zyklen entstehen erst mit dem Erkennen des moralischen Wertes Susannas, auf den Sarkophagen nach Konstantin, die den Künstlern zudem eine größere Oberfläche für die Entfaltung ihres Talents bieten.

Die Zyklen der Grabmäler sind angeregt von Darstellungen in illuminierten biblischen Manuskripten (*Genesis* in Wien, *Codex Rossanensis*, *Sinopensis*).

Das *Mosaik der Kuppel von Santa Costanza*, der *Sarkophag des Thermenmuseums*, das *Silberreliquiar von Santa Nazaro in Mailand*, die *Lipsanotheca in Brescia* (Abb. 3) sind alles Werke, die die Szene des Tribunals darstellen.[1]

Das Mittelalter

Vom frühen Mittelalter bis zum Ende des Mittelalters werden zunächst die Formen aus den Anfangszeiten der christlichen Ära fortgesetzt, dann folgen auf die hieratische Strenge der Personen, die auf den Sarkophagen dargestellt oder auf die Wände der Katakomben oder der ersten Kirchen gemalt wurden (cf. das aus dem 7. Jhdt. stammende Fresko der Kirche des Propheten Elias in Jaroslawl) neue Auffassungen, die eine Reaktualisierung des Themas mit sich bringen.

Susanna wird immer noch in den Gebeten, genannt die für die Getauften gesprochen werden oder in der Liturgie für die Sterbenden und die Toten : *libera, Domine, animam servi tui sicut liberasti Susannam de falso crimine.*

Abälard (1079-1124) nennt sie als Beispiel für tapfere Keuschheit und Gottesfurcht, wenn er in seiner *Hortatio virginum* genannten Predigt für die Frauen um *gratias et castitas Susannae* fleht.

So sehr die ersten Darstellungen Susannas durch eine gewisse Gleichförmigkeit der Inhalte, Formen und Materialien charakterisiert waren, so sehr wurden diese im Mittelalter und zu Beginn der Renaissance diversifiert und vervielfacht.

Sie wird gezeichnet, gemalt, graviert, in Holz geschnitzt, in Stein und Alabaster geschnitten, auf Kirchenfenstern eingefaßt (siehe Fenster von Bron und von Saint-Josse-Ten-Noode (Abb. 4)), in Tapisserien gewebt, auf Dalmatika gestickt (Abb. 5), in Bestecke ziseliert (Abb. 6), auf Schalen und diverse Gegenstände. Sie schmückt Kaminsteine (Abb. 7), Platten (Abb. 8) und

[1] Vlg. die Studie von Yves Christ zur Ikonographie der frühen christlichen Kunst (S. 19-28).

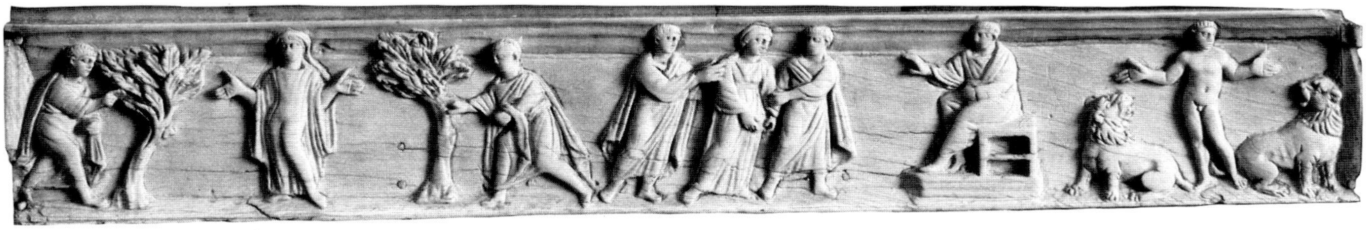

Abb. 3, Ausschnitt

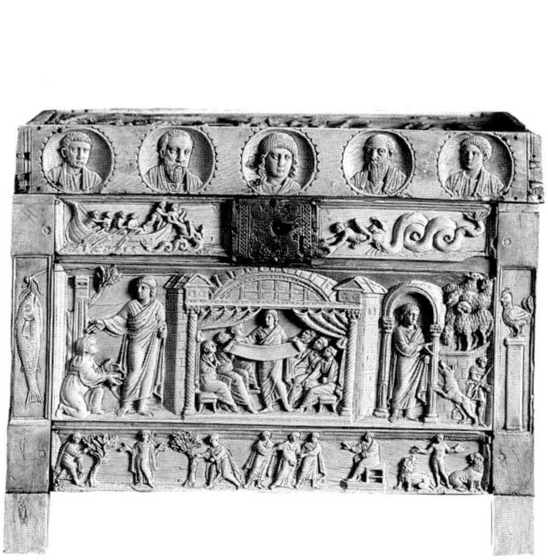

Abb. 3

Keramiken (Abb. 9). Vor allem aber ist sie ein Lieblingsthema der Illuminatoren (Abb. 10 und 11).

Typologische und legendäre Susanna

Abgesehen von der Malerei vollzieht sich hier die wirkliche Reaktualisierung des Themas. Diese bringt zwei Arten von Neuerungen mit sich: die eine ist verbunden mit der typologischen Darstellung der Texte theologischer Exegese, die andere mit der legendären Darstellung der Erzählung.

Ob es sich um die Schrift oder die Miniaturmalerei handelt, die Buchkunst bringt zwei deutlich voneinander unterschiedene Werktypen hervor: einerseits Text und Bild, die typologisiert, kodifiziert, unwandelbar in bezug auf Christus sind und das Fortleben der patristischen Tradition im 13. und 14. Jahrhundert sichern – *die moralisierte Bibel* (cf. *Bible moralisée* von Paris, die *Lateinische moralisierte Bibel* von Wien, die *Niederländische historische Bibel*), die *Biblia pauperum* und die *Concordantia caritatis* (cf. *Concordantia von Lilienfeld*, die *Tituli* von St. Alban) – und andererseits Text und Bild, die illustrierend, pittoresk, freier und dynamischer sind, die eine aus variablen und persönlichen Details bestehende Geschichte erzählen – die Geschichtenbibel und das Stundenbuch des 15. und 16. Jahrhunderts – (cf. *La Fleur des Histoires* von Jean Mansel de Hesdin von Genf (Abb. 12), *Les Heures de Marguerite de Clisson*, *Les Heures de Laval*, *Les Heures du Connétable Anne de Montmorency* von Chantilly (Abb. 13)).

In der typologisierten Sicht von Bernard de Clairvaux, Abt der 1115 gegründeten Abtei gleichen Namens, ist Susanna der Gegentypus zu der ehebrecherischen Frau, der Christus begegnet, und sie wird, wie vom heiligen Hippolytus und vom heiligen Isidor von Sevilla, mit einem Lamm zwischen zwei Wölfen verglichen. In der Sicht der *Biblia Pauperum* ist sie der Gegentypus zu Christus in Getsemane und nimmt das jüngste Gericht vorweg.

In den gereimten Übersetzungen der Bibel oder in den poetischen Erbauungstexten, die zu einer Art unterhaltsamer Zerstreuung werden (wie in der *Historia Scholastica* von Petrus Comestor, einer Kurz-Fassung der Heiligen Schrift, die um 1179 erschien), findet die Geschichte Susannas einen neuen Ausdruck. Weniger statisch und weniger schematisch als bei den theologischen Betrachtungsweisen läßt die neue legendäre Susanna mehr und mehr Raum für subjektive Erfindungen und für eine Darstellung des Alltäglichen. Dieser zugleich unterhaltsame und pädagogische Aspekt findet sich in einem *Versus de Susanna* von Petrus von Riga, in dem *Tractatus metricus de Susanna* von Alanus de Melsa, im 14. Jahrhundert in einem Gedicht des Schotten Huchown (von dem ich eine eigenschöpferische Seite festhalte, die mein Interesse erweckt: der Dichter verweilt lange, um die Arten der allerseltensten, fremdartigsten und wunderbarsten Bäume aufzuzählen, die sich in Susannas Garten befinden), und im 15. Jahrhundert

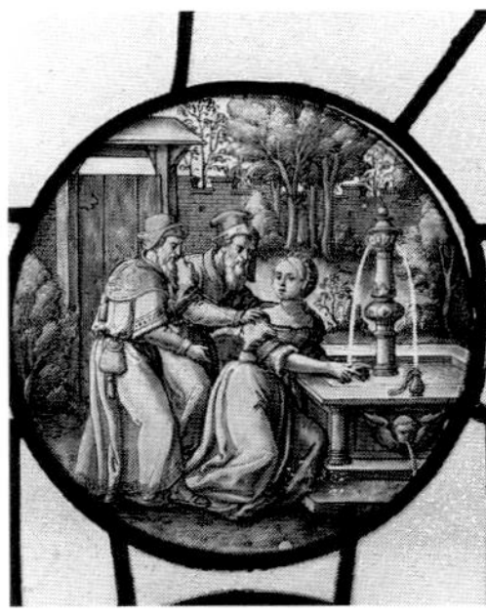

Abb. 4

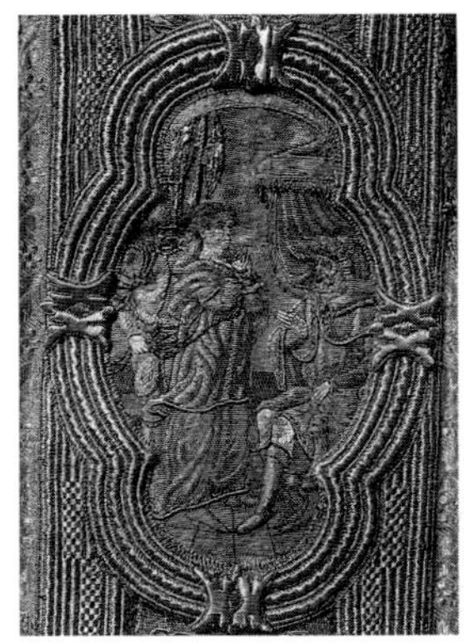

Abb. 5

Abb. 6

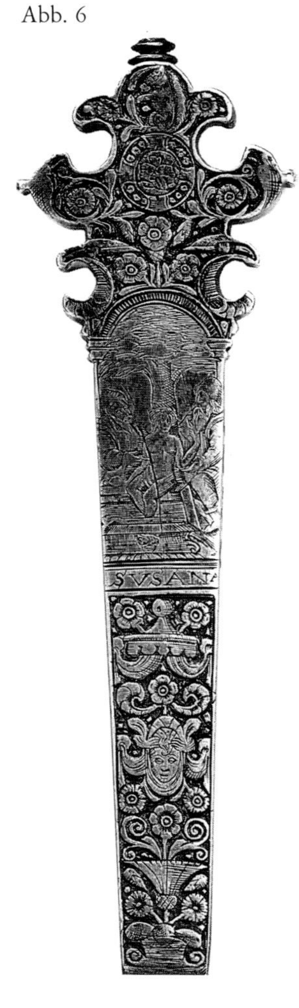

schließlich im 61. Kapitel des *Mistère du Vieil Testament.*

In Deutschland werden mit Luthers Bibelübersetzung und deren Verbreitung in der Reformation Schauspiele angeregt. Susanna wird zu einem ihrer bevorzugten Themen. Luther selbst hat sich dafür ausgesprochen und erklärt, ihre Geschichte sei ein schönes religiöses Gedicht. Die Schaubühne galt damals als eine moralische Institution, besonders geeignet, die Jugend zu erziehen, gute Ehefrauen und gute Familienväter heranzubilden und eine Idee davon zu vermitteln, was eine gerechte Justiz und eine ehrbare Verwaltung sein soll. Die Gerichtsszene ebenso wie manche sinnlichen oder auch derben Einzelheiten (wie in dem Schauspiel von Johannes Placentino, das 1534 in Antwerpen erschien, und auch in dem von Cornelius Schonaüs, 1598 in Harlem), sind anscheinend vom Publikum jener Zeit sehr geschätzt worden.

Diese Schauspiele und Lehrkomödien, die dank der lateinischen und deutschen Drucke verbreitet werden, sind regelrecht in Mode: so *Die History von der fromen gottsförchtigen Frouwen Susanna* von Sixt Birck, die 1532 in Basel aufgeführt wurde, oder 1535 Paul Rebhuhns *Geistlich spiel, von der gotfurchtigen und keuschen frawen Susannen* oder auch die 1578 gespielte *Susanna, commoedia nova, sacra et lectu iucunda atque utilis.*

Heiligkeit und Schönheit Susannas

In diesen Stücken wird Susannas Schönheit – eine Schönheit, die den

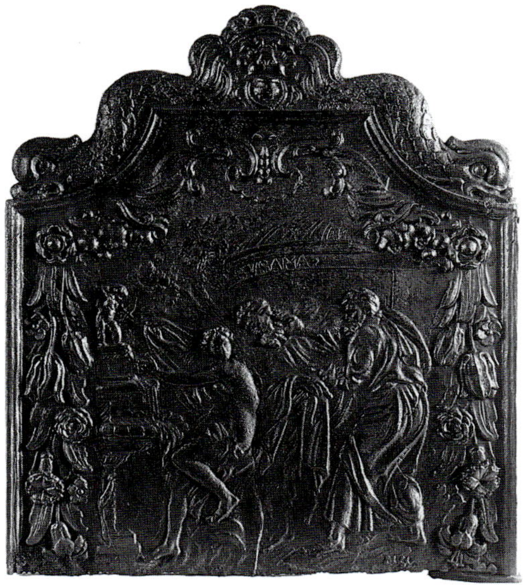

Abb. 7

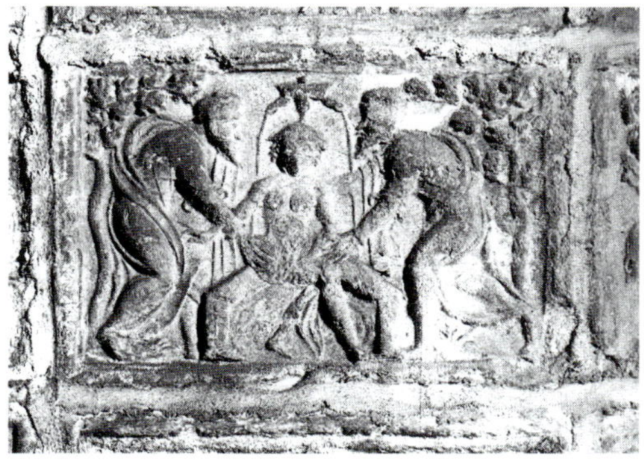

Abb. 8

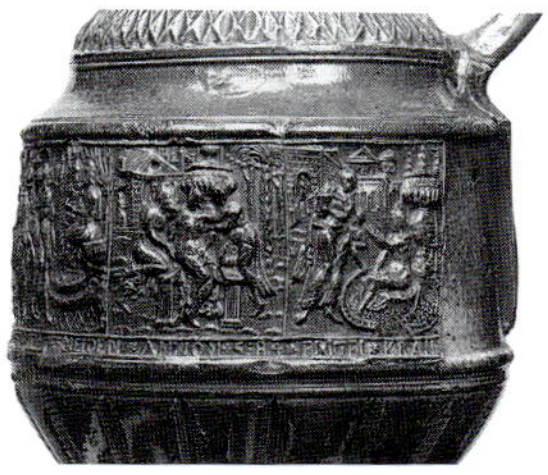

Abb. 9

Abb. 12

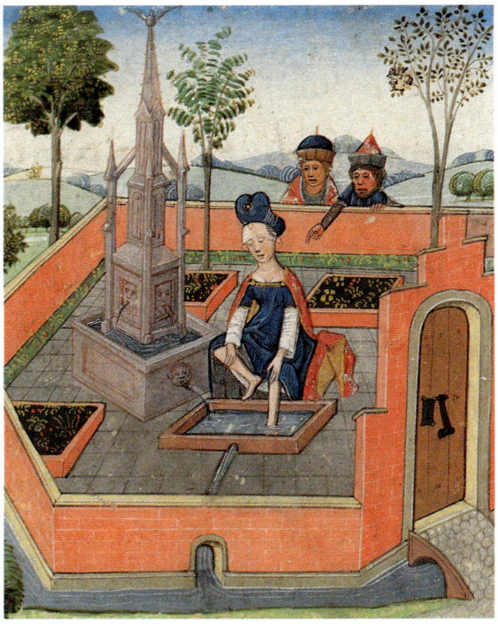

Frauen des Alten Testaments so oft geschadet hat – mehr und mehr zum Zentrum, um das sich die anderen Elemente kristallisieren. Eine Schönheit, die Robert Aylett in einem epischen Gedicht ebenfalls preist, indem er von einer Susanna spricht «mit Lippen und Wangen, die Lilien gleichen».

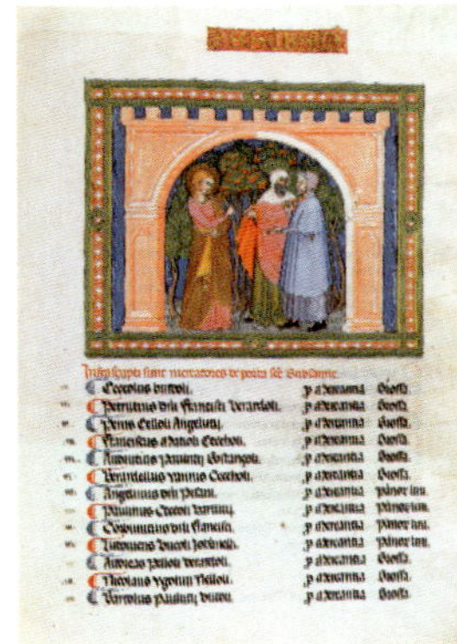

Abb. 10

Trotz des geistigen Unterschieds, der sich zwischen der typologischen und der legendären Susanna zeigt, bleibt das formale Prinzip das gleiche: man bedient sich der erzählenden Darstellungstechnik. Diese aus aneinandergereihten Bildern bestehende Darstellung bildet ein Echo auf den epischen Bericht und die Theaterkunst, die beide das Verfahren der Nebeneinanderstellung unabhängiger «Tableaus» benutzten, und wohl noch mehr auf die früheren illustrierten Vorbilder.

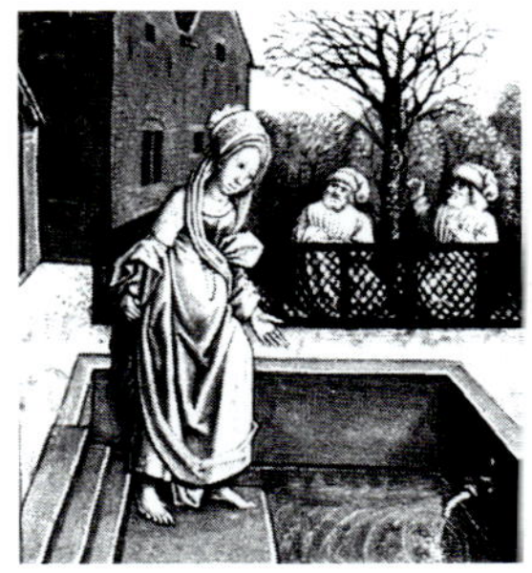

Abb. 11

Die Werkstätten der Miniaturkunst entstanden in der Abgeschiedenheit der Klöster vor der gemeinhin so genannten «Karolingischen Renaissance»: die Buchmaler verbringen ihr Leben damit, Texte zu kopieren und sie nach Vorbildern zu illustrieren, die es gegeben haben soll (byzantinische Manuskripte, solche aus den ägyptischen oder syrischen Klöstern, oder von Johannes Chrysostomus). Der Miniaturen malende Mönch arbeitet für sein Kloster oder für einen grossen Herrn, also für einen sehr engen Kreis von Personen, die dieselben Überzeugungen haben wie er.

Abb. 13

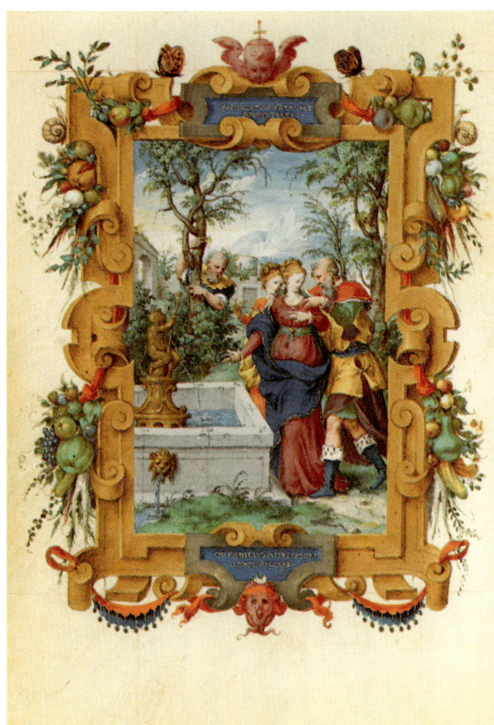

Im Mittelalter ist das Thema abermals gewissermaßen unterirdisch präsent, so wie zur Zeit der Katakomben: die typologische Susanna wirkt noch ein wenig wie die Tochter der Susanna als Orante, weil sie wie diese durch eine Reihe von genauen Imperativen definiert wird. Doch wegen ihrer Zugehörigkeit zum scholastischen System spielt diese Susanna der moralisierten Bibeln der patristischen Kultur schon nicht mehr die wesentliche Rolle, die die Susanna des frühen Christentums spielte: die neuen Figuren des Heils und der Erlösung sind die von Abraham und Moses.

Wenn Susanna in der Kleinkunst auch allgegenwärtig ist, so hat sie doch viel von ihrer früheren Bedeutung verloren. Das Spirituelle schwächt sich ab, dafür gewinnt das Irdische an Gewicht. Sie ist Anlaß für eine Ausgestaltung der Details der Geschichte, für poetische und didaktische Abwechslungen. In der großen Bildhauerkunst der Kathedralen kommt sie kaum vor. Als Büste kann man sie auf einem Flachrelief im Ulmer Münster sehen. In Amiens erscheint sie in einer Archivolte gleichsam zur episodenhaften Aufwertung des Lebens Daniels.

Die Einschränkungen, die sich die Künstler der Katakomben und die Maler der mittelalterlichen Miniaturen auferlegt hatten, weichen allmählich einer Ausdrucksfreiheit, die sich vor allem bemüht, in den Miniaturen den pittoresken Aspekt des *Buches* darzustellen. Bis auf wenige Ausnahmen verliert diese Kunst das an spiritueller Wahrheit, was sie an Bewegungsfreiheit gewinnt, und bereitet damit die Welt vor, in der Susanna aufhört, eine Heilige zu sein, um eine Frau zu werden.

Der lange Monolog der Malerei, die Susanna darstellte, indem sie auf die Ursprünge der christlichen Bilderwelt zurückging, hat einen neuen Wert für sie freigelegt: den ästhetischen. Damit ist der Kontext geschaffen, daß *Susanna pulchra*, die schöne Susanna, geboren werden kann, hinter der Venus zu ahnen ist. Als Schlußfolgerung des ersten Buches seiner *Metamorphose der Götter* schrieb André Malraux, die profane Kunst dieser Epoche habe «eine malerische Welt, in der Venus eine Rivalin der Jungfrau Maria werden kann» entdeckt. Die ethische Susanna tritt vor der neuen Herrschaft der ästhetischen Susanna, der *Susanna pulcherrima* in den Hintergrund. Einst eine typologisierte Darstellung der Jungfrau Maria, dann Zeichen für einen Wandel der religiösen Sensibilität, tauscht Susanna nun ihre spirituelle Transzendenz gegen eine künstlerische.

Die tugendhafte Ehefrau, die fromme Mutter verwandeln sich in eine mit allen physischen Reizen versehene Schönheit. Daher ihr Erfolg bei den Malern. Die *Susanna pia* und *proba* war schwer zu malen. Die *Susanna pulchra* hingegen ist dafür wunderbar geeignet.

Indem sie die Figuren der Schönheit an die Stelle der des Glaubens setzt, scheint die Malerei sich darauf vorzubereiten, das einst von der Bibel und der Kirche Gegebene nur noch von sich selbst zu erwarten. Zwischen dem Augenblick der ersten romanischen Ausdrucksform des religiösen Gefühls und dem, als Darstellungen auftauchen, bei denen die Jungfrau Maria ihre Rivalin in Venus

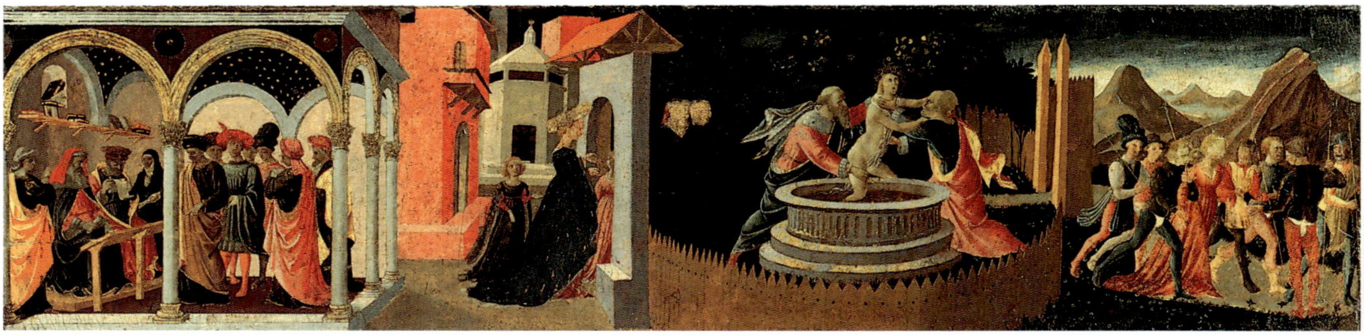

Abb. 15

findet, beginnen die Goldschmiede, denn dies waren jene frühen Maler, den Prozeß, der die Möglichkeit eröffnen sollte, die Domäne dessen zu umgrenzen, was wir noch heute «die Malerei» nennen.

Weit davon entfernt, die Darstellungen der üppigen Märchenwelt der Buchmalerei fortzusetzen und zu nutzen, interessieren sich die späteren Maler merkwürdigerweise nur noch für einige Themen, unter denen die «Toilette» und das «Bad» eine bevorzugte Stellung einnehmen.

Venus geht durch die mittelalterliche Buchkunst: Nachfahrin der «Frauen im Schwitzbad» und der Madonna in den *Paradiesgärten*, wird sie, reinkarniert als Susanna, die Venus in den *natürlichen Gärten*.

Doch vor der Metamorphose Susannas in Venus – oder genauer die der Venus in eine venushafte Susanna – bevor ihre Bedeutung sich endgültig wandelt und sie sich «entspiritualisiert», um sich zu «irrealisieren», bleibt sie noch für einige Zeit die Vertraute des erzählerischen Geistes der Illuminatoren und behält den religiösen Ausdruck, der aus den Quellen der christlichen Kunst kommt.

Die letzten überlebenden Heiligen der christlichen Kunst

Daß Susanna noch eine Heilige ist, zeigt sich durch den Heiligenschein auf dem Fresko von Pinturicchio, das er zwischen 1492 und 1494 im Heiligensaal des Borgia-Appartements im Vatikan (Abb. 14) gemalt hat, auf den *Szenen der Geschichte Susannas* von Domenico Di Michelino in Avignon (Abb. 15), auf der *Susanna im Bade* von Francesco Martini in Siena (Abb. 16), auf *Daniels Urteil* von Matteo Balducci im Louvre (Abb. 17), auf *Susannas Keuschheit* von Lorenzo Lotto aus dem Jahre 1517 in den Uffizien (Abb. 18), ebenso wie auf seiner *Castae Susannae liberatio* in Bergamo (Abb. 19), auf der Folge der acht Tapisserien mit der *Geschichte der heiligen Susanna* im Museum von Marmottan, die zwischen 1518 und 1523 für den Seigneur Bégnine de Cirey gewebt wurden (Abb. 20), auf der *Susanna im Bade* von Albrecht Altdorfer aus dem Jahre 1526 (Abb. 21) und auf der *Geschichte der Susanna* von Hans Schöpfer aus dem Jahre 1537 (Abb. 22), beide in München.

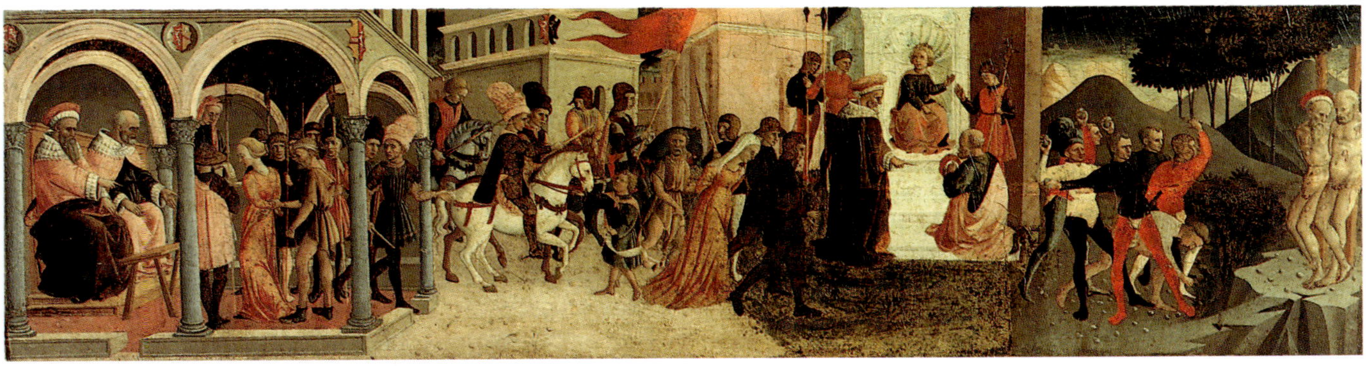

Abb. 15

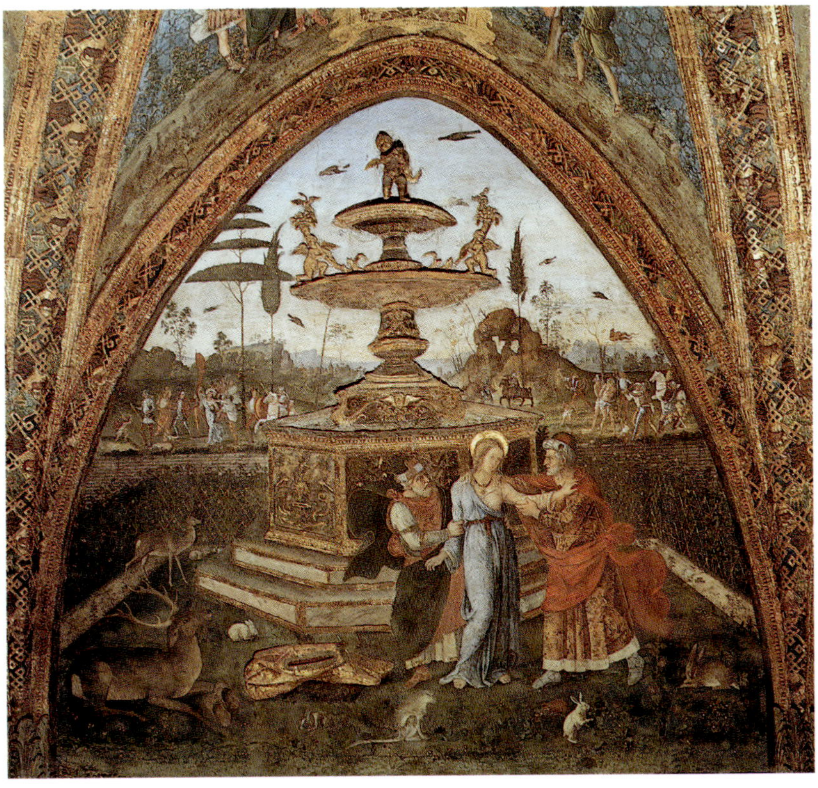

Abb. 14

Es ist geht nicht um einem Einfluß, sondern um die Fortdauer des erzählerischen Geistes der Bilderwelt der Manuskriptminiaturen. Diese ersten Werke zeigen bereits einige charakteristische Züge, die zukünftige laizistische Entwicklungen andeuten, wenngleich die christliche Aura der Vergangenheit noch keineswegs überdeckt wird.

Die formale Anordnung der Personen ist variabel: manche Kompositionen greifen die im Zentrum stehende Susanna aus den Anfängen der christlichen Ära auf, mit den Alten zu beiden Seiten; andere zeigen eine Konfrontation von rechts oder von links – jeweils von hinten – mit den Alten, die eine näher oder weiter entfernte kompakte Masse bilden. Anzumerken ist, daß die Alten noch nicht differenziert sind, so wie sie es später sein werden: sie erscheinen wie Zwillingsbrüder, die nahezu ununterscheidbar sind, Ausdruck der gleichen gesellschaftlichen Rolle und des gleichen unwiderstehlichen Verlangens.

Die wunderbare Susanna im «Temenos» von Pinturicchio (Abb. 14), blau gewandet wie die Madonna, mit der Aureole einer Heiligen, aufgerichtet wie die erste Orante zwischen den Alten und von ihnen mit Gewalt gepackt, zeigt einen Bildaufbau, der schon nicht mehr der der frühen religiösen Fiktion ist.

In diesem Fresko aus dem letzten Jahrzehnt des fünfzehnten Jahrhunderts findet man im Keim zahlreiche Elemente, die für die Ikonographie Susannas charakteristisch werden: die Szene der Agression, der Brunnen, die Anordnung des Gartens, das natürliche Dekor und die poetische Anwesenheit einiger Tiere finden sich wieder bei Tintoretto, bei Leandro Bassano und bei Guidobono.

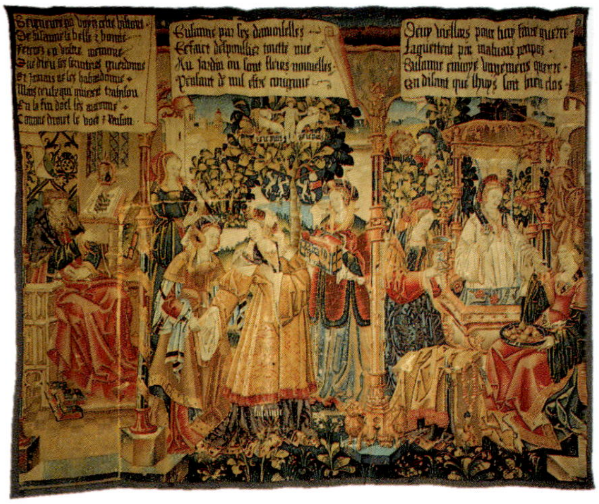

Abb. 20

Die Malerei ist nur dann Malerei, wenn sie ein System aus Zeichen ist, das seine eigene Autonomie hat und das der Maler zu seiner Sprache macht: was wir sehen, wird uns allein durch das Werk sichtbar gemacht. So sehen wir zum Beispiel bei Mattheo Balducci, wie die Feder am Hut des kleinen Trommlers rechts auf die Hellebarde antwortet, die selbst eine Antwort auf die Palme ist, die wiederum eine auf das Gewölbe ist, das eine Antwort auf die Hinterbacken der Person ist, die uns den Rücken zukehrt. So verwandelt das darstellerische Prinzip, das die Zeichen und die Bedeutungen zu gleichgestimmten Echos bringt, eine Tribunalszene in eine geheimnisvolle Symphonie.

Das Gemälde von Lorenzo Lotto ist charakteristisch für die Darstellungen zu Beginn des Cinquecento. Während die nördlichen Darstellun-

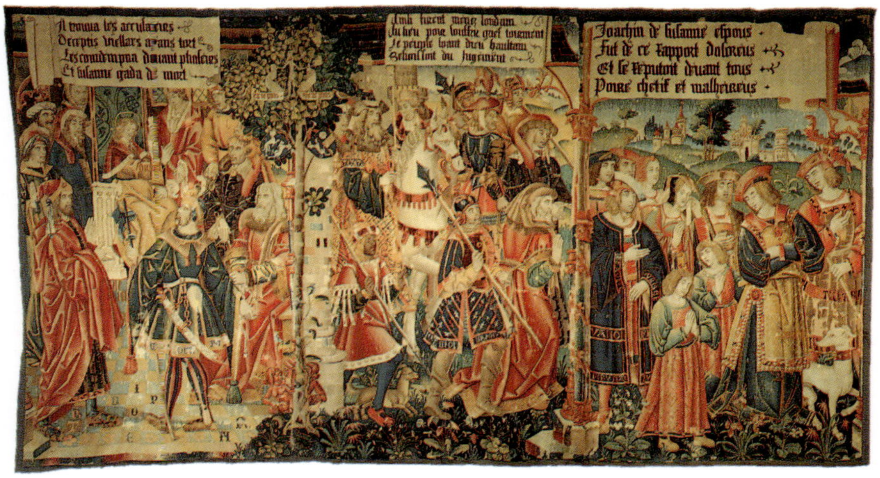
Joachim de susanne espous
Fut de ce rapport doloreus
Et le reputoit devant tous
Povre chetif et malheureus

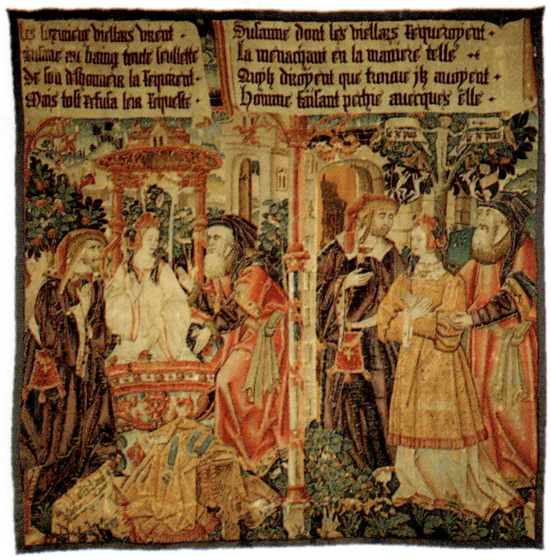
Susanne dont les viellars requeroyent
La menachant en la maniere telle
Homme faisant pechie avecques elle

gen aus der gleichen Zeit noch eine bekleidete junge Frau zeigen – wie etwa die von Michiel Coxcie in Karlsruhe (Abb. 23) – ist hier Susanna bereits nackt. Diese Nacktheit unterstreicht die Bedeutung ihrer Gesten: mit der linken Hand zieht sie schamhaft den Schleier zu ihren Brüsten, indes sie mit der anderen eine Geste der Beschwichtigung oder Abwehr macht, um die Agressoren zurückzuhalten. Banderolen geben eine zusätzliche Auskunft über ihre Keuschheit: «Satius duco mori quam pecare Heu me». Desgleichen ist die Mauer, die den intimen Raum begrenzt, in dem sie sich aufhält, eine Anspielung auf den *hortus conclusus*. Die sehr genau ausgearbeitete Anordnung der Architektur und der Gartenanlagen, die rings um den abgegeschlossenen Raum zu sehen sind, verstärkt den Eindruck, daß ihre Agressoren fest entschlossen sind: die Zahl der Hindernisse, die sie überwinden mußten, unterstreicht die moralische Bedeutung von Susannas Reaktion.

Die Zeichnung *Accusationis Susannae* (Studie für die *Castae Susannae liberatio*) von 1524 wurde 1530 als Marketerie von dem Maler Luciano Gazio da Imola ausgeführt. Das Werk greift mit Variationen die Motive des Gemäldes in den Uffizien auf: etwa das Motiv des Gartens und des von einer Mauer umschlossenen Raumes des Bades, in dem Susanna – hier angegriffen und auf der Flucht – von den beiden Richtern überrascht wird. Der ganze obere Teil des Werkes weicht jedoch vom Gemälde ab und veranschaulicht mit grösserer Treue die Gegebenheiten des Bibeltextes, denn hier wird durch die Tiefenperspektive das hinter dem Garten Liegende freigegeben und werden vorhergehende Szenen gezeigt: die sich entfernenden Dienerinnen und die lauernden Alten einerseits und andererseits das Haus Jojakims links und ein heidnischer Rundtempel rechts, den Statuen von Pallas und Venus krönen. Diese doppelte Architektur- und Skulpturenkonfrontation versinnbildlicht die Situation der Juden im Exil und insbesondere die Susannas, die vor der Wahl steht: entweder den Alten nachgeben oder ihre Tugend um den Preis ihres Lebens verteidigen.

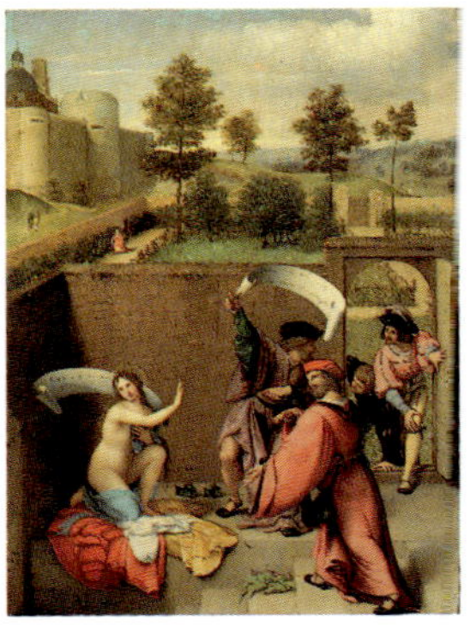
Abb. 18

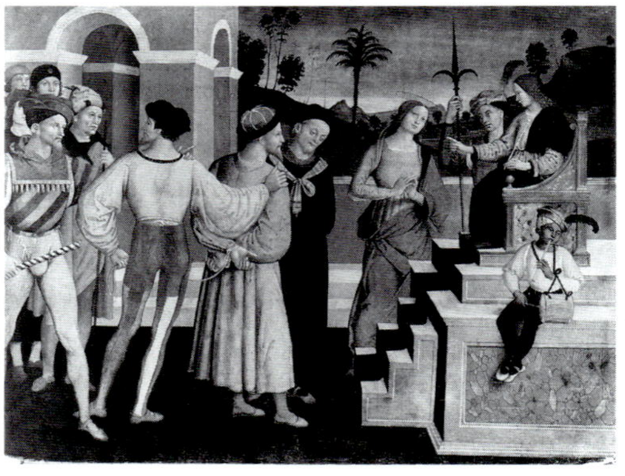
Abb. 17

Abb. 23
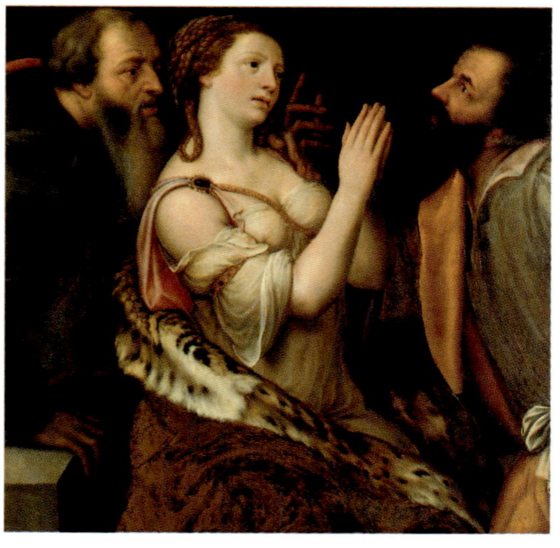

Bei Lotto sind die architektonischen Elemente gewöhnlich ein Symbol der Ordnung. Der Garten ist von einer Mauer umgeben – *muro castitatis* – die Natur ist vom Menschen reglementiert: die Ordnung stellt sich der Unordnung entgegen, die Tugend dem Laster. Die jüdische Welt Susannas ist eine Vorausnahme der christlichen Welt Lottos, in der die *virtus* einer der wesentlichsten Werte ist. Die Tiefenperspektive, die er uns bietet, ist nicht in der Absicht konzipiert worden, uns ein Gefühl der Allwissenheit zu vermitteln, sondern um uns die Möglichkeit zu geben, die im Widerstreit liegenden Kräfte der *virtus* und des *vitium* besser zu erfassen und uns aufzufordern, über das *exemplum* seiner moralischen Allegorie nachzudenken.

Albrecht Altdorfer

Auf dem Gemälde Albrecht Altdorfers (Abb. 21) beobachten die beiden unter dem Laubwerk versteckten, kaum sichtbaren Alten das Fußbad Susannas. Das wirkliche Thema des Bildes ist jedoch die außergewöhnliche imaginäre Renaissancearchitektur, die den ganzen gemalten Raum beherrscht und die verschiedenen Episoden der Geschichte birgt: insbesondere die Szene der Verurteilung und die der Steinigung der Alten. Über das ganze Gebäude verteilte Neugierige wohnen den Ereignissen bei. Der Maler scheint die Vorstellung vermitteln zu wollen, sein Sujet liege anderswo: in einer allgemeineren Welt, es bestehe in einem Dialog des Vergehenden mit dem Beständigen, des Zerfließenden mit dem Festen: des Himmels mit der Architektur. Es befinde sich auf der entgegengesetzten Seite der ein wenig lächerlichen Aufregung der Menschen, deren alltägliche Handlungen – seien sie zärtlich oder grausam – uns dank dieser Distanzierung als gleichartig erscheinen. Dann wür-

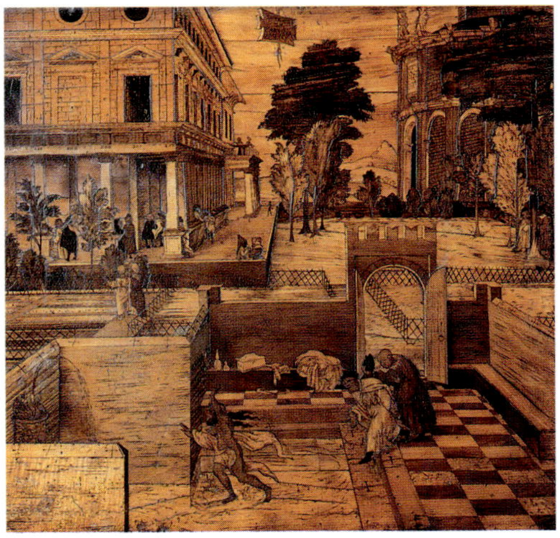

Abb. 19

Abb. 16

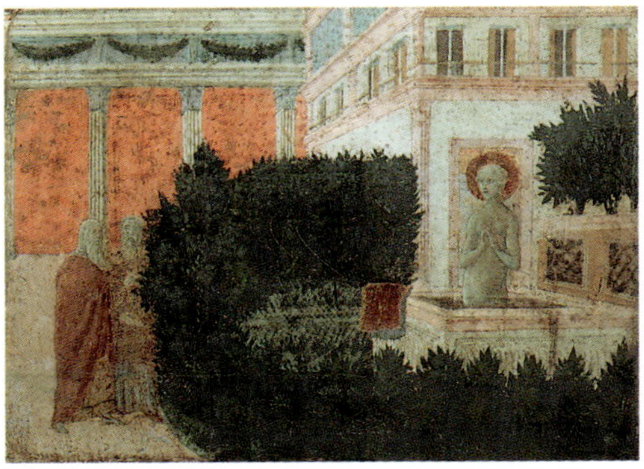

den die Personen und die Szenen der biblischen Geschichte dem Maler nur dazu dienen, auf seinem Bild die Intensitäten warmer und kalter Farben in Bewegung zu versetzen. Man kann tatsächlich sagen, daß für Altdorfer dieses Thema mehr noch als in den Handlungen der Personen, überall auf dem Gemälde aktiv ist, vor allem in der Malerei selbst, in diesem Zusammenklang der zeitlosesten Blautöne des himmlischen Raumes mit den ocker-grau-weinroten Tönen des Raumes, den die Menschen bewohnen.

Die Szene des Tribunals

Der erzählende Typus des «Tribunals» benutzt eine sich in die Breite erstreckende Komposition und ermöglicht eine additive Darstellung zahlreicher Personen. Er ist viel weniger verbreitet als der Typus der beim Bad Überraschten. Er ist die Weiterführung der erzählenden Zyklen auf den Sarkophagen aus der frühchristlichen Zeit und der mittelalterlichen Buchmalereien. So oft er in der Vergangenheit auch dargestellt wurde, er wird nun selten.

Die meisten der Bilder aus dem 16. und 17. Jahrhundert, die dieses Beispiel für Gerechtigkeit zum Thema haben – mit der Szene des Tribunals, das mit der Steinigung der Alten endet – bevorzugen die Darstellung von Daniels Urteil. Bis auf das Flachrelief aus Alabaster von Guyot de Beaugrant *Geschichte der keuschen Susanna*, 1529-1531 (Abb. 24), sind die wenigen Werke dieses Typus die Gemälde von Lucas van Leyden *Daniel überzeugt die Richter von Susannas Unschuld* in Bremen (Abb. 25), von Ambrosius Francken I *Die von Daniel gerechtfertigte Susanna* in Brüssel (Abb. 26), von Francesco Vanni *Geschichten der keuschen Susanna* in Siena (Abb. 27), von Le Valentin *Susannas anerkannte Unschuld* im Louvre (Abb. 28), von Sebastiano Ricci *Susanna vor Daniel* in Turin (Abb. 29) und von Paul Troger *Daniel verteidigt Susanna* in Salzburg (Abb. 30).

Andere Gemälde, die die gleiche Episode darstellen, legen den Akzent auf die Beschuldigung durch die Alten, was zur Folge hat, daß die Figur Susannas wieder in den Mittelpunkt gestellt wird: so *Die keusche Susanna* aus der flämischen Schule

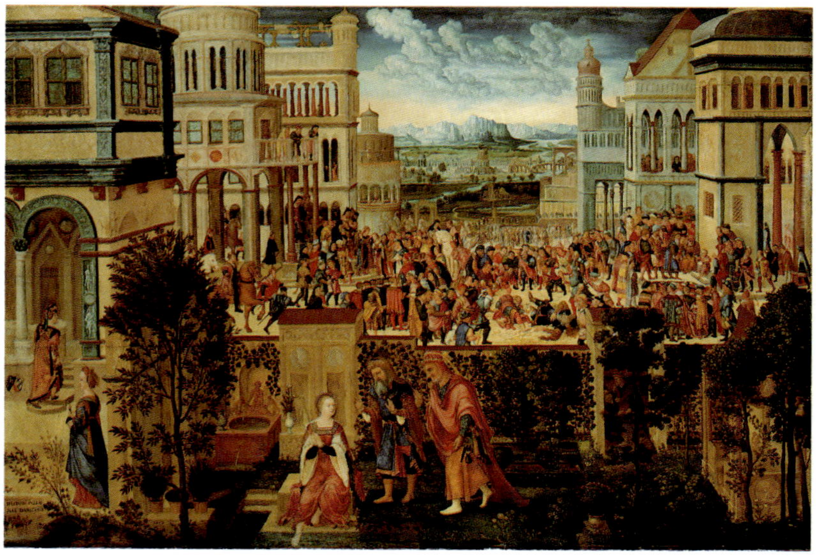

Abb. 22

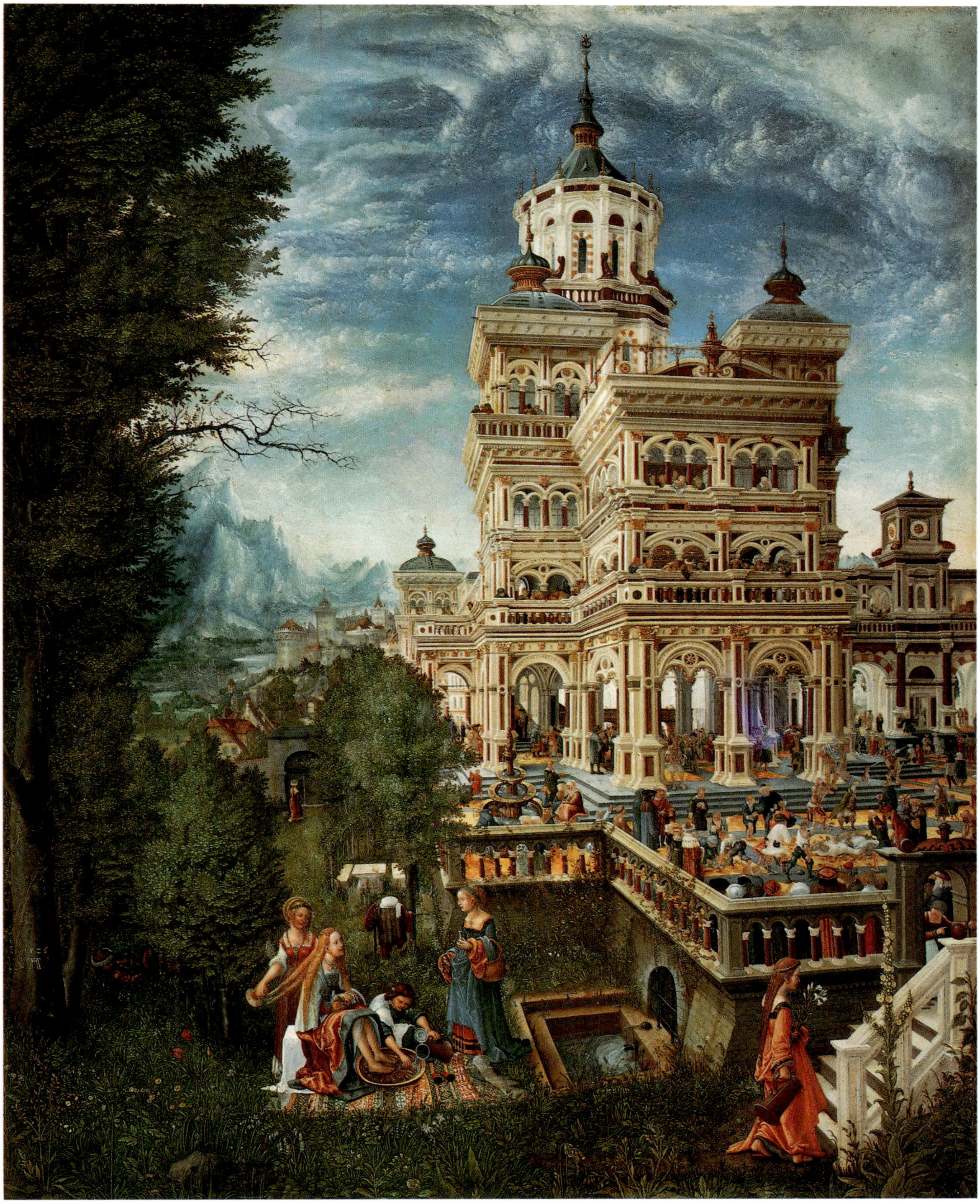

Abb. 21

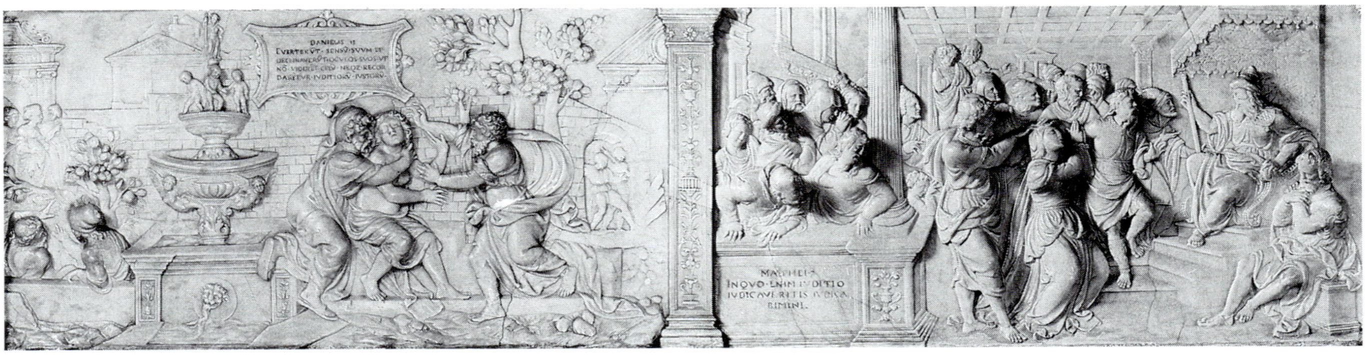

Abb. 24

des 16. Jahrhunderts in München (Abb. 31), die beiden Werke von Antoine Coypel *Susanna des Ehebruchs beschuldigt* und *Susanna, beschuldigt von den Alten*, das eine in Madrid, das andere in Saint-Quentin (Abb. 32 und 33) und schließlich von Franz Anton Maulbertsch *Susanna vor den Richtern* in Wien (Abb. 34).

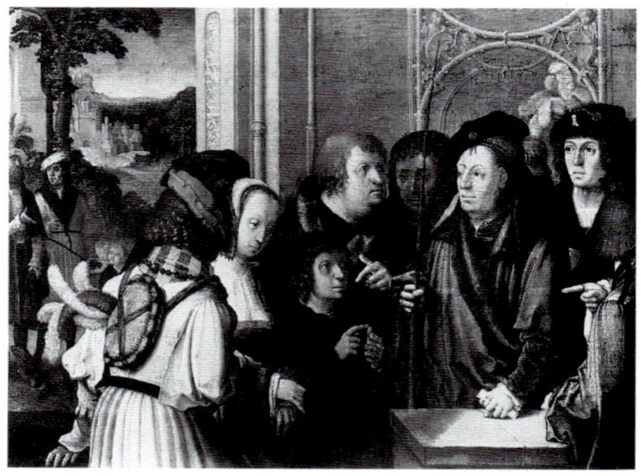

Abb. 25

Das Bild von Lucas van Leyden, das im Zweiten Weltkrieg zerstört wurde, zeigt Daniel in dem Augenblick, als er die Aufschiebung der Vollstreckung des Todesurteils erreicht hat. Die von ihm Beschuldigten protestieren. Der hinter Daniel stehende zeigt, zweifelnd dem Richter zugewandt, mit dem Finger auf ihn, der andere, von dem man rechts nur die Hand sieht, macht die gleiche Geste. Die Szene verweist eher auf die Schauspiele von Sixt Birk und Paul Rebhuhn als auf den Bibeltext.

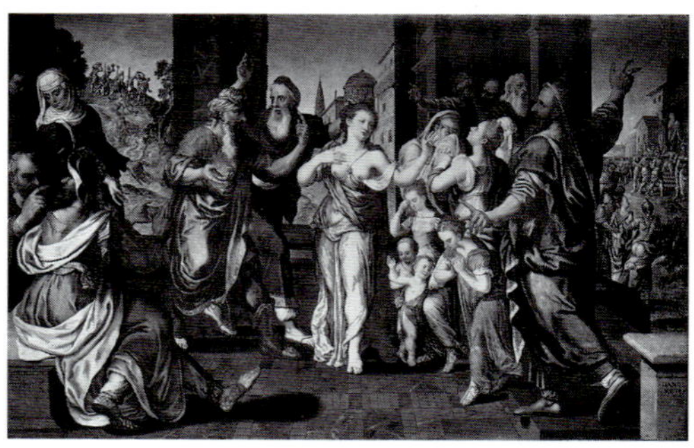

Abb. 31

Auf dem Gemälde von Ambrosius Francken I hat Daniel gerade sein Urteil gesprochen. Die Alten werden mit gefesselten Händen, begleitet von Hellebardenträgern und von der Menge bedrängt – Gelegenheit für den Maler zu einer Galerie von Portraits –, zum Ort ihrer Hinrichtung geführt, den man in der Tiefe des Bil-

Abb. 30

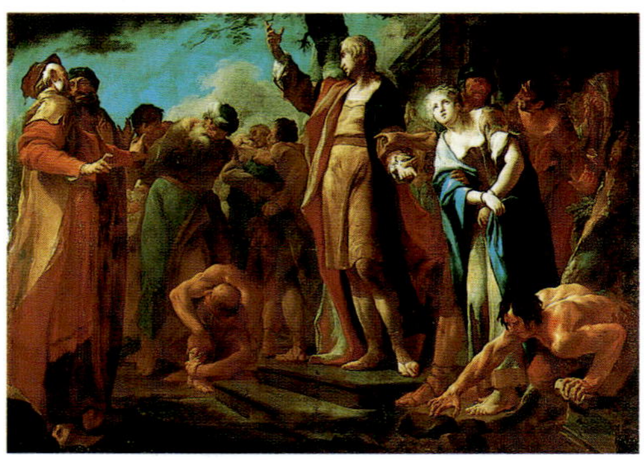

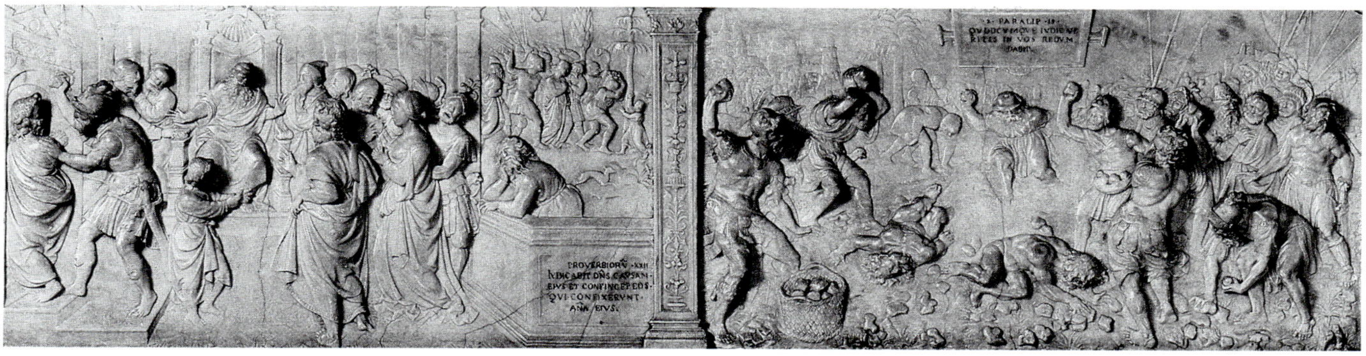

des rechts erkennt, dort, wo die Perspektiven zusammenlaufen, die es diagonal teilen. Die Steinigung findet in der Dämmerung auf einem allegorischen Berg statt, den ein goldenes Licht mit seinem letzten Schein erhellt, wie es den Kalvarienberg erhellen könnte.

Bemerkenswert ist das einschneidende hermetische Dreieck, das zwei aufgerichtete Hellebarden bilden und in dem sich die beiden alten Männer befinden, der eine zusammengeknickt in der Spitze, der andere flehend auf der Basis.

Für Le Valentin ebenso wie für Lucas van Leyden und Ambrosius Francken I haben die Symbolik der Handgesten und das Portrait vorran-

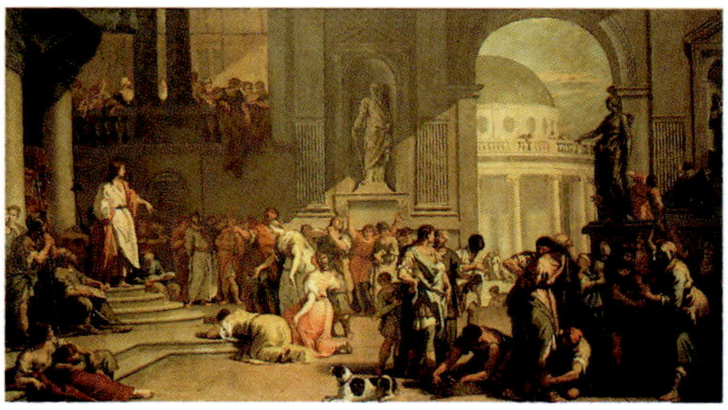

Abb. 29

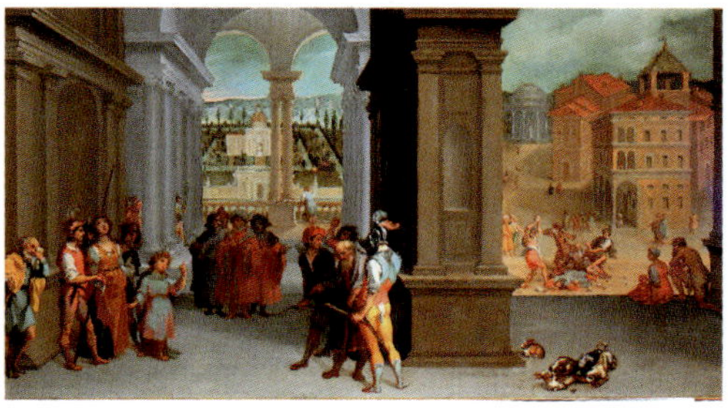

Abb. 27

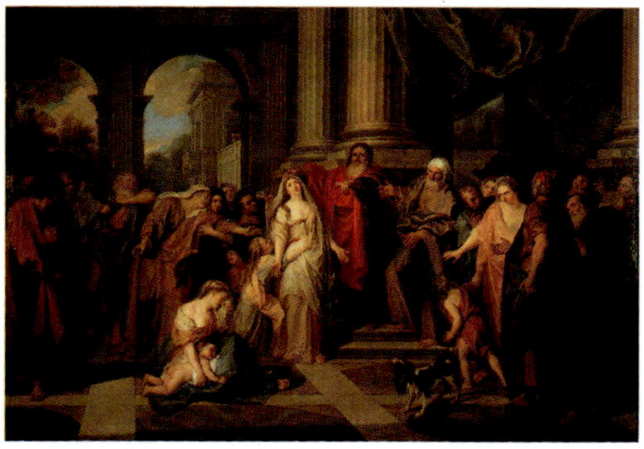

Abb. 32

Abb. 33

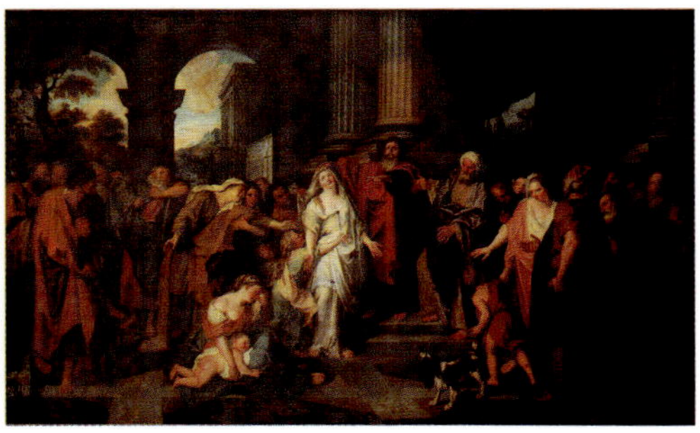

Abb. 34

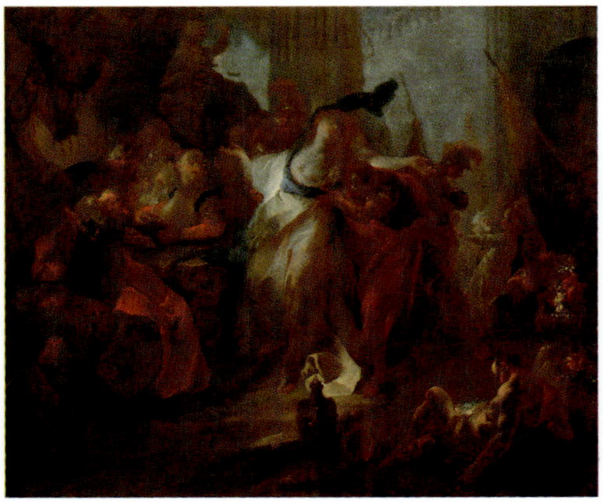

gige Bedeutung. Nicht nur der Darstellung der Hand galt ihre besondere Sorgfalt, durch die Verschiedenartigkeit ihrer Stellungen konnte sie sowohl sehr unterschiedliche Bedeutungen vermitteln, als auch ein formales Zeichen sein, das inmitten und in Beziehung zu anderen eine vom Maler bewußt festgelegte Rolle spielt.

Das Gemälde von Le Valentin ähnelt einer Theaterszene, die durch die erregten und exzentrischen Haltungen der Personen dramatisiert und durch ein allgemeines Dunkel unterstrichen wird: während Daniel anklagt, scheint das Kind rechts, das sich zwischen den Protagonisten der Szene und uns befindet, unseren Blick fesseln zu wollen, um ihn in eine andere Lesart des Bildes hineinzuziehen.

Die venushafte Susanna

Das Mittelalter, das die Nacktheit des Körpers in der Kunst nicht gekannt hat, kannte sie im Leben: die Kirche hatte nichts gegen lebende Bilder, sie mißtraute mehr der Versuchung, die aus dem Schmuck der Körper entsteht.

Die Renaissance ermöglicht die Nacktheit Susannas in der Kunst. Eine Nacktheit, die durch jüngere Venusdarstellungen vorbereitet worden war: *Geburt der Venus* von Botticelli (1485), *Ruhende Venus* von Giorgione (1508), *Venus von Urbino* von Tizian (1538), und in der Antike durch die Verfolgungen von Nymphen, wie sie insbesondere Ovid beschrieben hat. Schon fast ganz aus seiner religiösen Puppe geschlüpft, tritt der weltliche Traum in die Phase einer radikalen Metamorphose: Venedig, Rom und der Norden bringen die Siege der Welt der Kunst über die Welt der Religion, der Welt der Frau über die Welt der Heiligen.

Vom Anfang der christlichen Ära bis zum 15. Jahrhundert war Susanna, wie wir gesehen haben, mit dem Bereich des Geheiligten verknüpft: als Heilige war sie eine seiner Vermittlerinnen gewesen. Vom 16. Jahrhundert an verringert sich ihre spirituelle Macht, ein neues Ideal gewinnt Form: Susanna bleibt kanonisiert, doch die Kanons, aus denen sie ihren Ruhm gewinnt, sind nicht mehr dieselben. Es sind die des Schönen, die für den Körper gelten, nicht mehr die für die Seele geltenden.

Abb. 26

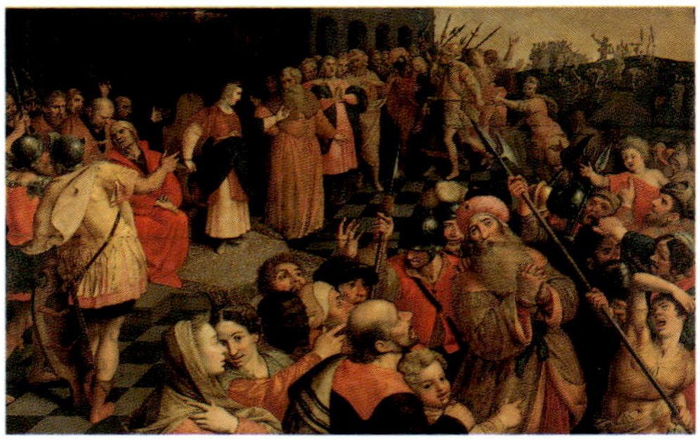

Abb. 28

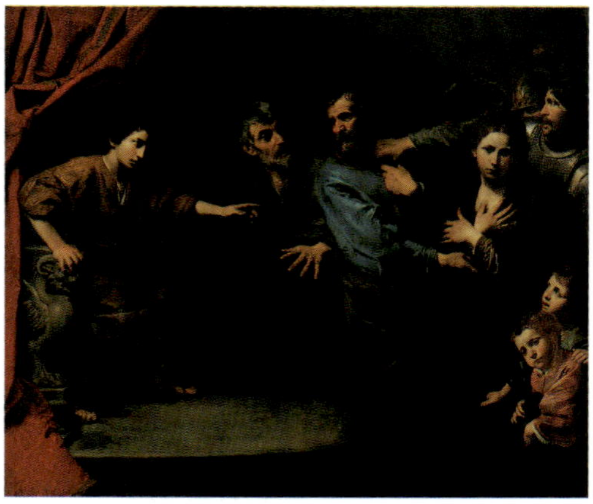

Es tauchen in der Tat Formen der griechischen Skulpurenkunst wieder auf, die bisher vergessen waren. In unserem Fall zwei Aphroditen: die *Aphrodite von Knido* des Praxiteles, die gerade ihr Bad nehmen will, in einer Hand ein Tuch, mit der anderen ihr Geschlecht verbergend (gerade dadurch die Aufmerksamkeit darauf lenkend) und die *Venus* der Medici in den Uffizien die in der Folgezeit einen so grossen Einfluß auf die Kunst der Renaissance ausüben sollte. Bildhauerisch gewiß weniger eindrucksvoll, doch von noch stärkerer erotischer Zweideutigkeit als die des Praxiteles verbirgt die *Venus* der Medici von Kleomenes nicht nur ihr Geschlecht sondern auch ihre Brüste und lenkt damit, gleich der *Aphrodite von Knido*, die Aufmerksamkeit auf das, was sie verbergen möchte.

Andere hellenistische Formen spielen mehr oder weniger eine Rolle für die Darstellung der Susanna vom 16. bis zum 18. Jahrhundert: die *Kauernde Aphrodite* von Doidalses von Bithynien, die *Verwundete Niobide*, die *Venus anadyomene* und manche Tanagrafiguren aus Kleinasien. Die Evokation einer jungen Frau, die sich krümmt, um sich nur noch mehr darzubieten, war schon in der Antike fast zu einem Stereotyp geworden. In der Renaissance erlebt diese Evokation eine unter dem Blickwinkel der erotischen Dimension umso bedeutungsvollere Wiederkehr, als die Ikonographie die Anwesenheit zweier lüsterner alter Männer und ein Wasserbecken in einem Garten verlangt: alles Elemente, die dazu beitragen, die Atmosphäre des Sinnlichen zu verstärken, die schon bei den antiken Venusdarstellungen vorhanden war, und die Szene des Voyeurismus so wie die des Vergewaltigungsversuchs zu legitimieren.

Vom 16. Jahrhundert an entwikkelt sich in Italien, in Flandern, Frankreich, Deutschland und England das zu Beginn durch zwei Darstellungstypen ausgedrückte Thema – venetianische Darstellung der Voyeurismusszene und römische des Vergewaltigungsversuchs – zu einer fortschreitenden Vermischung der beiden Darstellungen miteinander. Einer Susanna, die entschlossen ist zu widerstehen bis zum Tod, tritt eine Susanna gegenüber, die ohne Überzeugung protestiert, die fast einwilligt und sich ihren Agressoren fast unterwirft. Zahlreiche Abstufungen zwischen diesen beiden extremen Haltungen wurden dargestellt: als die künstlerisch am überzeugendsten erscheinen mir jene, bei denen die Komplexität und Vieldeutigkeit der Gefühle ihr Echo in der Malerei selbst finden.

Voyeurismus und Vergewaltigungsversuch, Sehen und mit Gewalt Nehmen, diese Schlüsselbegriffe für die Susannageschichte hat es in der Geschichte der Kunst zu allen Zeiten gegeben. Es besteht eine mythische Tradition der Eroberung der Frau durch den Mann, die von der einfachen Szene des Belauerns oder der Verführung – für die es zahlreiche mit den Abenteuern des Zeus oder Apollos verknüpfte Beispiele gibt – bis zu der Szene der Entführung reichen, die nichts anderes ist als eine verhüllte Vergewaltigung. Die Entführung, verknüpft mit den heroischen

Geschichten der Kolonisierung: *Raub Helenas durch Paris*, *Raub der Sabinerinnen*, *Raub der Töchter des Leukyppos*, der *Ios* und der *Europa* zum Beispiel - ist eine Gewalttat, die an wahrscheinlich nicht einwilligenden Frauen begangen wird und die in den Darstellungen entdramatisiert, wenn nicht sogar glorifiziert wurde.

Die niederländischen Werke unterscheiden sich von denen des Mittelalters und des deutschen 16. Jahrhunderts durch den Akzent, der der Darstellung eines Aktes oder Halbaktes gegeben wird, der in einer szenischen Konstruktion dramatisiert ist, die eine axiale Komposition und exzentrische Verdrehung, mehr oder weniger bewegte Gestik der Personen und den Kontrapunkt der Landschaft miteinander kombiniert. Die Stellung der Alten im Verhältnis zu der Frau, ihre Nähe oder relative Ferne ermöglicht jedesmal eine anders nuancierte Bedeutung.

So die *Susanna* in der Art von Vincent Sellaer im Louvre (Abb. 35), zu der die Johann Rottenhammer zugeschriebene *Susanna* in Epinal (Abb. 36), die *Susanna* der Uffizien von Frans Floris (Abb. 37), die von Jean Massys in Bergues (Abb. 38) und die eines Unbekannten in Blois (Abb. 39) Gegenstücke bilden.

Willem Key

Mit der *Susanna* von Willem Key von 1546 im Schloß Pommersfelden (Abb. 40) wird das Neue, das sich angekündigt hatte, realisiert: der Akt wird autonom, seine klassische Form findet die Unabhängigkeit. Es ist der Anfang der Monumentalität und der Permutation der Inhalte: das Schöne vollendet sich hier.

Es sei angemerkt, daß die «Mysterienspiele» 1547 abgeschafft wurden. Das Datum markiert das Ende einer bestimmten Welt der Spiritualität und den Beginn einer anderen.

Abb. 35

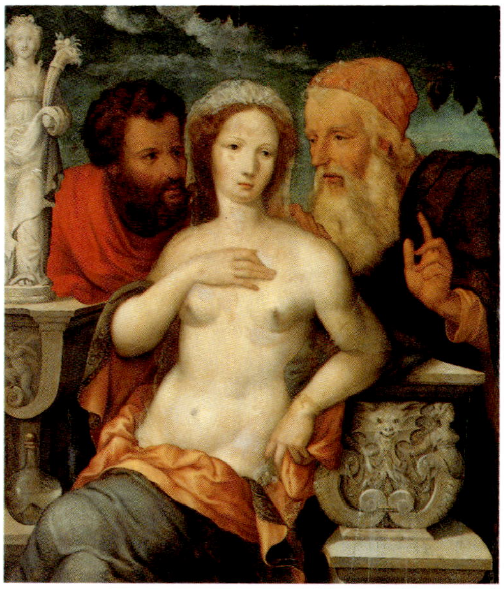

Abb. 36

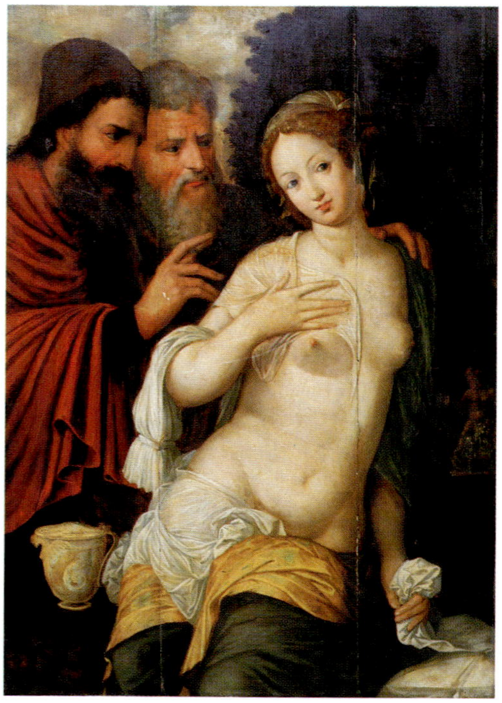

Die ruhige Aggression ist nicht charakteristisch für den Norden, wo sie tätlich und heftig ist: darin nähert sich das Gemälde von Willem Key der venetianischen Sicht, in der die Nacktheit ohne Anzeichen schamhafter Haltungen gezeigt wird. Die Angst vor einem unerwünschten Beobachter, die Szene der Aggression finden sich in der venetianischen Malerei nicht: sie sind typisch für die römische und die des Nordens. Des Nordens, wo man in Gewalttätigkeit und Sinnlichkeit, sogar in Grobheit miteinander rivalisiert. Die Szene des Belauerns ist Venedig eigen, bevor sie auch nach Flandern und anderswohin gelangt.

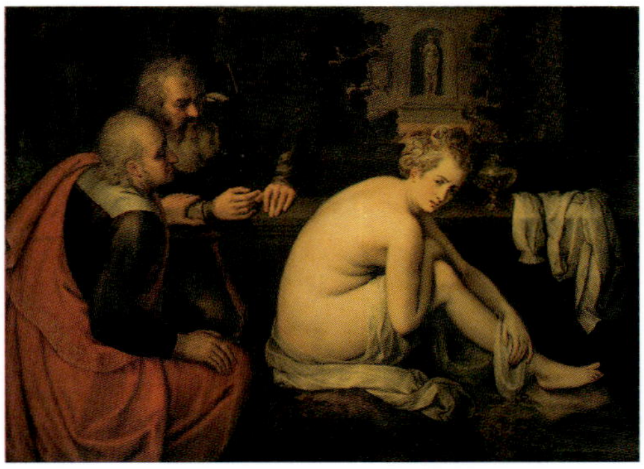

Abb. 37

Venedig

In Venedig bietet sich Susanna fast leichtfertig den Blicken dar... In Venedig insistiert man nicht, zwingt sich nicht gewaltsam auf: man begnügt sich damit, aus der Ferne zu beobachten, und wenn man sich nähert, dann um zu verführen, zu überzeugen, sogar zu verhandeln.

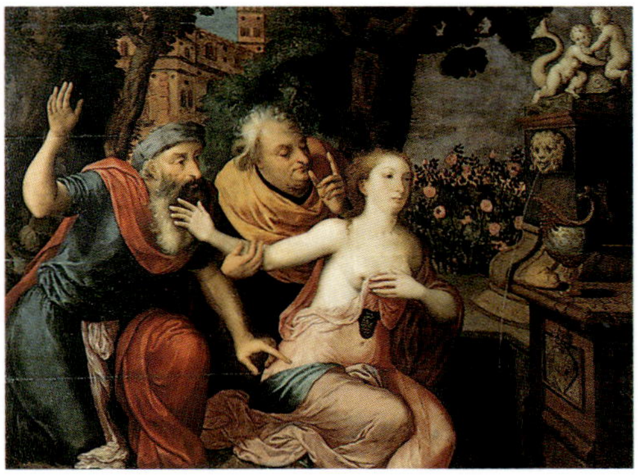

Abb. 38

Die Werke von Tintoretto, von Veronese, Bassano und Tizian, dessen verlorengegangene *Susanna* von seinem Gehilfen Bernadino Benalio am 9. Februar 1514 erwähnt worden ist: «El ditto (Tiziano) fa disegnare e intagiare molte belle hystorie divote cioe la submersione di pharaone, la Hystoria di Susanna...», und die durch ihre Konzeption gewiß zur venetianischen Tradition gehörte, sind alle ganz und gar charakteristisch für eine der beiden wesentlichen Darstellungstypen des Themas: für den

Abb. 39

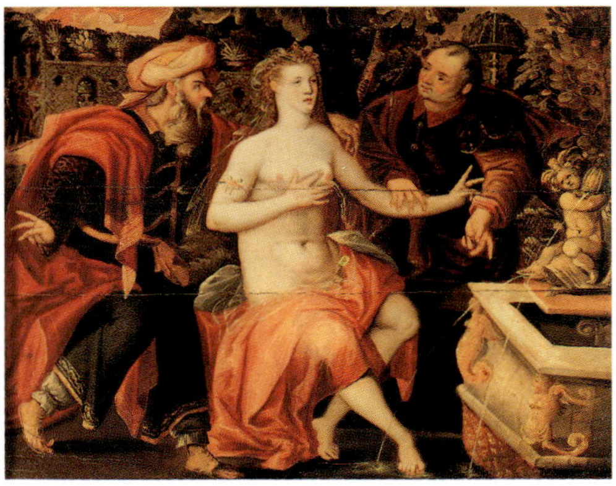

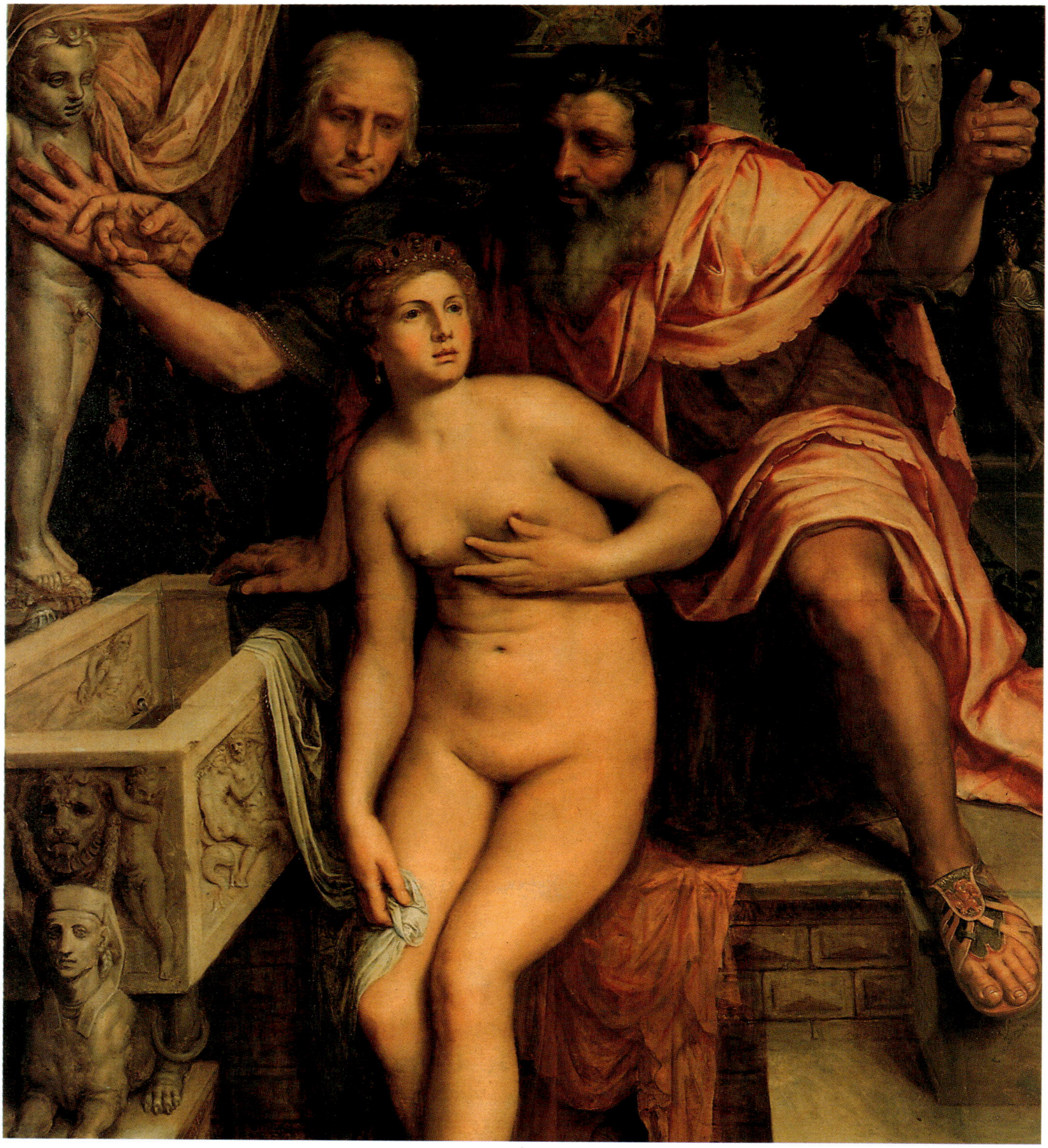
Abb. 40

Typus der belauerten Susanna im Gegensatz zu dem der angegriffenen. Beide Typen finden sich ebenso im Norden wie im Süden. Dieser Unterschied der Konzeption ist besonders auffällig in Italien: in Venedig im Vergleich zu Rom, und im Norden: in Holland im Vergleich zu Flandern.

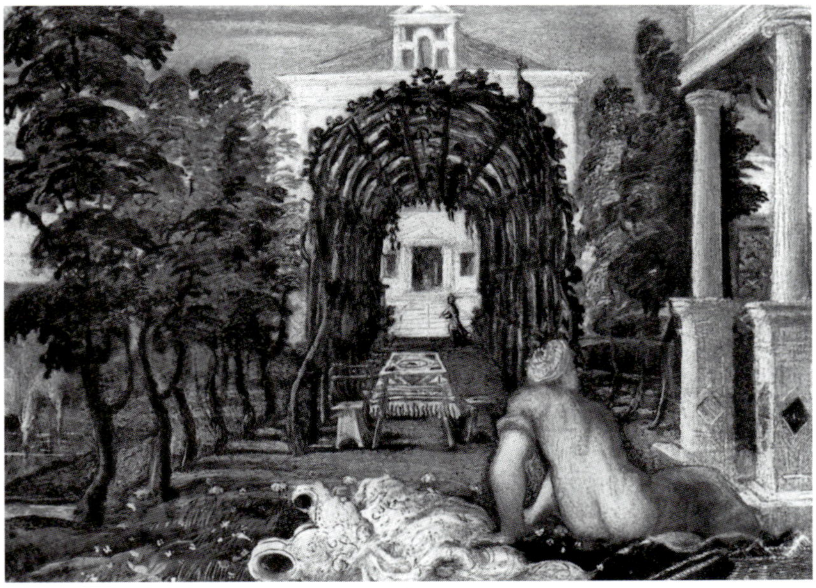

Abb. 41

Tintoretto

Tintoretto schuf fünf Werke über das Thema. Bis auf das in Madrid zeugen alle von derselben Konzeption. Man zögert noch, ein sechstes hinzuzufügen, das gewiß von ihm stammt, aber bis heute ohne Titel geblieben ist (Abb. 41).

Von der Mitte des 16. Jahrhunderts an, genau 1550, beginnt er also eine Folge von fünf Gemälden über das Thema mit seiner *Susanna und die beiden Alten* (Abb. 42). Von vornherein setzt er eine neue Konzeption durch, weil er sich von dem entfernt, was bereits zu einer Tradition geworden war, und weil er an eine andere, allgemeinere wieder anknüpft, die des Motivs der Venus und der Frau bei der Toilette, wofür Bathseba und Diana die wichtigsten Referenzfiguren sind.

Auf den Gemälden in Paris, Wien, Washington und München ist die Erscheinung Susannas, ob nun von ihren Dienerinnen begleitet oder nicht, die wahre Absicht der Malerei.

Auf dem Gemälde des Louvre wird Susanna nicht mehr bei ihrer Beschäftigung gestört: sie scheint im Gegenteil natürlich und vertrauensvoll, denn sie hat auf den angenommenen Betrachter des Bildes einen Blick gerichtet, der nicht die geringste Scham erkennen läßt. Sich den bemühten Händen ihrer sie bewundernden Dienerinnen überlassend, ahnt sie nichts von der Bedrohung durch die beiden im nahen Wald versteckten Alten.

Durch die deutliche Trennung der beiden Gruppen verstärkt der Maler den verwerflichen Aspekt der Haltung der Voyeure und unterstreicht das Verbot, das über dieser Szene schwebt.

Eine weitere wesentliche Neuerung: die natürliche Umgebung.

Abb. 42

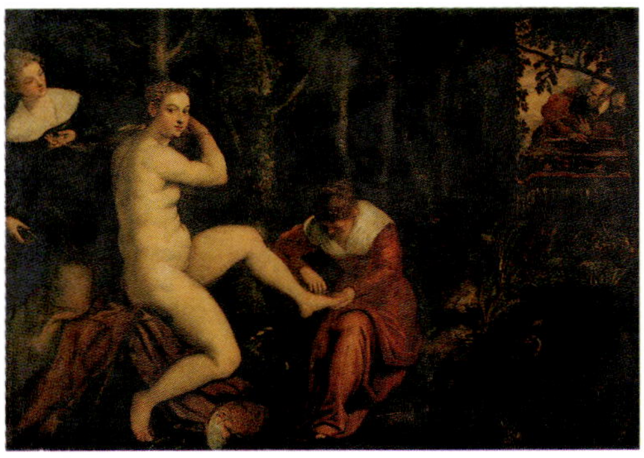

privilegierten Augenblick außerhalb jeder allzu nachdrücklichen Bedeutung dargestellt, einen gewissermassen bedeutungslosen und bezaubernden Augenblick für die drei Akteure des folgenden Dramas. Er bestätigt dadurch, daß die biblische Erzählung vielleicht nur ein Vorwand für ihn ist und die Funktion des Gemäldes durchaus darin besteht, eine andere Bedeutung zu enthüllen als die des Textes.

Es wird angesichts des Aufbaus des Bildes deutlich, daß eine seiner Absichten darin bestand, den Betrachter zum Nachdenken über seine Beziehungen zur Malerei zu bringen, über seine Beweggründe zum Befragen von Bildern. Um seine Zwecke zu erreichen, hat Tintoretto eine gewisse Distanz zu seinem Sujet genommen, indem er die Szene in einen allgemeineren Rahmen stellte, in dem der Betrachter seinen Platz hat. Durch ein subtiles Beziehungssystem hat er ihn in den Aufbau seines Bildes eingeschlossen. Es funktioniert wie eine Art Falle, deren Mechanismus sich schließt, sobald er ihm gegenüber steht. Damit tritt der Betrachter in die Komposition des Gemäldes ein und spielt zusammen mit den anderen Personen unwillkürlich die Rolle, die der Maler ihm zugedacht hat. Ohne den Betrachter wäre das Bild unvollständig geblieben. Jetzt ist er eines seiner aktiven Elemente geworden, das Bild kann seinen ganzen Sinn gewinnen.

Aber, so wird man einwenden, bleibt nicht jedes Bild ohne Betrachter unvollständig? Gewiß, doch nicht auf dieselbe Weise. In diesem Fall hat der Maler in das Flechtwerk der perspektivischen Konstruktion mit den vermischten Arabesken von Körpern und Natur, unter den zahlreichen, vom sinnlichen Spiel des Schattens und des Lichts gestreiften Details, hinter dem Zauber des Clairobscur der Szene eine vierseitige Figur gezeichnet und sie so angeordnet, daß einer ihrer Winkel sich nach vorn bis zu der Stelle verlängert, wo wir uns befinden (siehe Abb. auf der gegenüberliegenden Seite: a). Weil die Linien dieser unsichtbaren Figur uns unweigerlich erreichen, aus uns den Punkt machen, von dem aus sich alles ordnet und in den alles mündet, ist ihr Winkel, den wir einnehmen und der also nicht zu dem realen Gemälde gehört, ebenso wichtig wie die anderen, die von den drei Personen des Bildes eingenommen werden. Damit erlangen wir in dem Augenblick, da uns dieser Ort, wie jeder Ort vor jedem Gemälde, dazu verurteilt, von diesem nur den Gegenstand zu sehen, die Gewißheit, daß der Maler uns sehr wohl ebenso berücksichtigt hat wie die anderen Elemente und uns physisch und symbolisch mit seiner Darstellung verknüpft hat. Die Figur, in der wir unseren Platz haben, die sich aber zunächst unserem Blick entzog, tritt unmerklich bei dem wiederholten Weg hervor, den unsere Augen bei der Entdeckung der beiden gegensätzlichen Sehvorgänge zurückzulegen haben. Direkter Weg, der von unseren Augen zu der edenhaften Nacktheit der sich selbst betrachtenden jungen Frau führt, indirekter Weg über die Augen der beiden lauernden alten Männer. Der Maler zwingt damit den Betrachter nicht

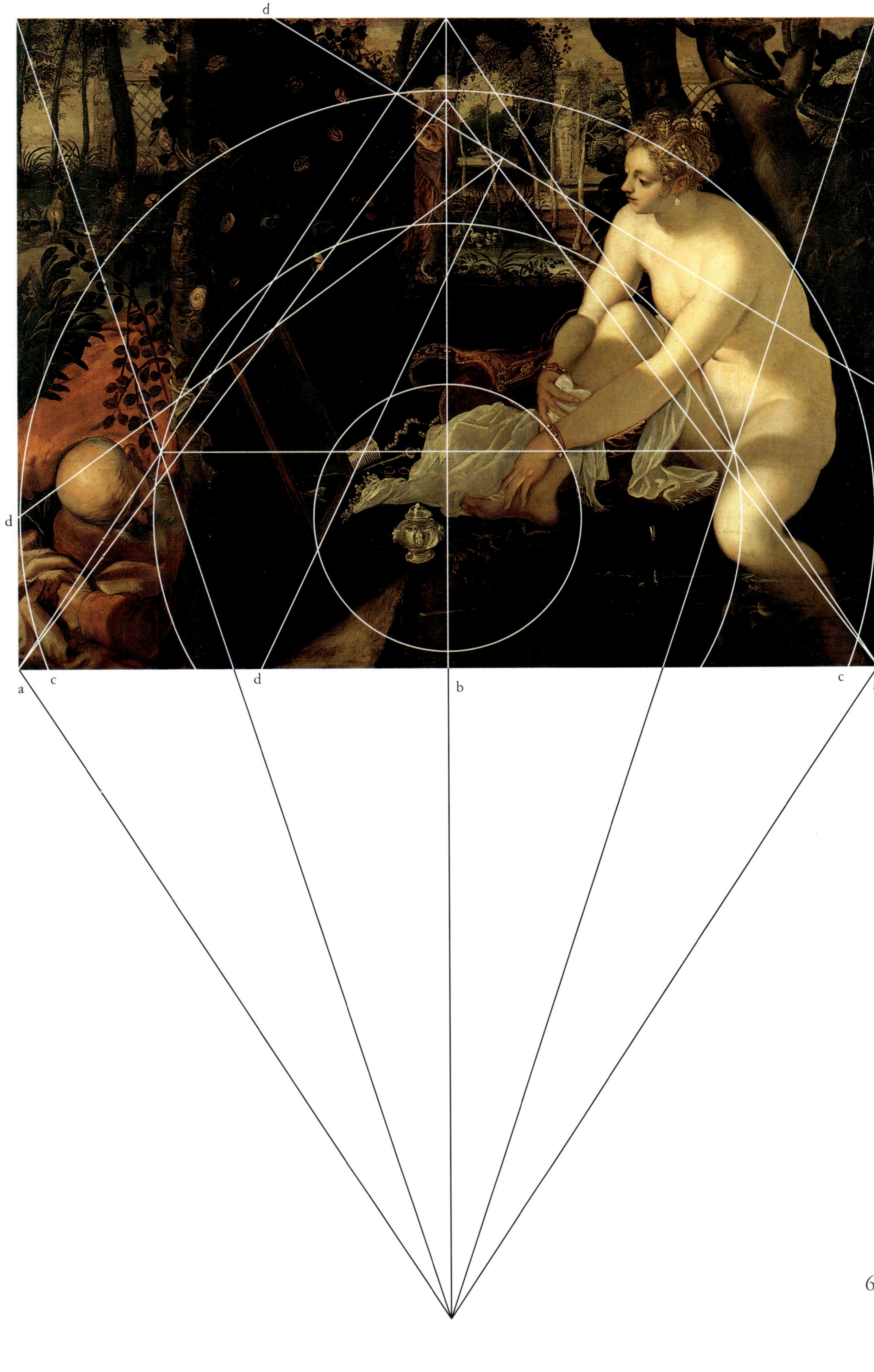
d
d
a
c
d
b
c
a

nur über die Bedeutung des Gemäldes nachzudenken, sondern auch über sein Statut als privilegierter Betrachtender. Mit jedem Augenblick entsteht zwischen dem Sehenden und dem Bild eine immer vieldeutigere Beziehung. Ein komplexes Netz von ebenso genauen wie ausweglosen Bedeutungen überrascht den Wahrnehmenden und hüllt ihn ein. Bald wird er nicht mehr wissen, wer er ist: Betrachter oder Mitwirkender des Bildes, ein lüsterner Alter auf der Lauer bei einem verbotenen Schauspiel? Oder wollte der Maler auf eine allgemeinere Weise zu verstehen geben, daß jeder Betrachter eines Bildes immer gleichzeitig ein Voyeur auf der Suche nach einem verbotenen Vergnügen ist und ein Neugieriger in der Erwartung einer Enthüllung, der einen Mangel oder sogar eine Schuld eingesteht?

Betrachten wir, gleich dem Alten, der sich genau in der Mitte des Bildes uns gegenüber befindet, Gegenstück innerhalb des Bildes zu unserer Anwesenheit vor dem Bild, fiktives Äquivalent auf der anderen Seite der Szene, Susanna mit der gleichen Begehrlichkeit? (Siehe Abb.: b).

Tintoretto läßt uns sehen, was dem Blick der Alten entzogen ist, aus uns macht er unfreiwillige Voyeure. Doch unsere Begierde ist von anderer Art. Wir versuchen nicht wie die Alten, die geheime Falte Susannas zu entdecken, die vom Gesichtspunkt der Malerei aus nur eine weitere Falte ist. Wir versuchen, die Bedeutung zu erfassen, die von dem Ensemble der zusammenwirkenden Zeichen des Gemäldes verborgen und zugleich enthüllt wird: während die beiden Alten gegen die Unsichtbarkeit von Susannas Falte stoßen, stoßen wir gegen die Unsichtbarkeit des der malerischen Fiktion inhärenten Systems.

Zwei weitere auf den ersten Blick unsichtbare Figuren kommen zu der ersten hinzu: die eine ist ein Halbkreis, in dem rechts Susanna und ihr Spiegel herrschen und links der sich uns am nächsten befindende alte Mann (siehe Abb.: c). Dieser Halbkreis folgt der Krümmung von Susannas Rücken und umgreift in seinem Verlauf den symbolischen Schädel des Alten links. Seine Funktion besteht darin, die Personen des Bildes einzufassen, um unser Interesse in der Intimität der Szene festzuhalten, indes die andere Figur uns befiehlt, diese zu verlassen. Diese zweite Figur (siehe Abb.: d), die durch die Perspektivenlinien des Bodens, des Spiegels und der Hecke vorgezeichnet wird, ist der ersten, vierseitigen Figur eng benachbart. Während deren Spitze auf der Höhe der Augen des von uns am weitesten entfernten Alten liegt, überschreitet die andere die Szene und entflieht in den Hintergrund durch den Bogen der Garteneinfassung, um ihre Bahn in der fernen Natur gewissermassen außerhalb des Bildes zu beenden...

Die Konstruktion dieser Figuren ist insofern außergewöhnlich, als ihre Hauptwirkung darin besteht, dem Gemälde eine durchdringende symbolische Grundstruktur zu geben, die das Wesentliche der in der Bibel beschriebenen Konfrontation widerspiegelt. Narzißmus, Voyeurismus, Vergewaltigungsversuch, «Mise en abyme» der Malerei werden versinnbildlicht durch die beiden Figuren des Kreises und des Dreiecks.

Das Bewußtsein davon erhalten wir schlagartig wie durch eine Erleuchtung: sie unterbricht für einen Augenblick eine Kontemplation, zu der wir sogleich wieder zurückkehren, um abermals und immer wieder mit derselben Verzauberung die Art Ewigkeit zu erleben, die Susanna über sich selbst hinaus projiziert... Doch wenn auch Tintorettos außergewöhnliche Fähigkeit, Körper, vertraute Gegenstände, architektonische und natürliche Elemente mit der ihm eigenen Meisterschaft darzustellen, uns diese beiden einander entgegengesetzten und sich wechselseitig steigernden Figuren vergessen läßt, können wir doch nicht vergessen, daß sich hinter der scheinbaren Ausgeglichenheit und Ruhe - wie bei dem Bild Altdorfers in München - ein Drama anbahnt, das umso beunruhigender ist, je mehr alles dazu beiträgt, es in Vergessenheit geraten zu lassen.

Schließlich der Angelpunkt, um den sich alles ordnet, das Bild im Bild: der Spiegel.

Im vorliegenden Fall ist der Spiegel paradoxerweise auf doppelte Weise abwesend: als eine widerspiegelnde Fläche, da er nichts widerspiegelt, abwesend als ein Objekt, das in einer Perspektive dargestellt ist, die die Kraftlinien bestimmt, mit deren Hilfe die Hauptszene des Gemäldes konterkariert wird. Das Spiegelbild ihrer selbst, das Susannas Aufmerksamkeit fesselt, wird uns für immer unbekannt bleiben. Für uns ist der geneigte Spiegel blind. Seine Leere verdoppelt den Narzißmus der jungen Frau: ihr Spiegelbild gehört für immer nur ihr. Für uns gibt es keine Spiegelung, die die Maße eines in sich selbst verliebten Körpers wiederholt, uns bleibt ein zeitloses Dunkel, eine schwindelerregende Abwesenheit, von der aus die Arbeit des Denkens sowohl beginnen als auch abgebrochen werden kann. Für uns ist der Spiegel ein Loch, durch das der Gedanke von einer Konfrontation der konträren Blicke des Narzißmus und des Voyeurismus ebenso entschwinden kann wie der von den zahlreichen Wirkungen, die solche Konfrontationen auf uns ausüben.

An dieser Stelle meiner Überlegungen über den Spiegel wurde die Arbeit des Schreibens über die Wiener *Susanna* abgebrochen. Die 121 Variationen, die man im zweiten Teil dieses Buches findet, sind gewissermaßen die Antwort, die das Malen auf die Provokation durch das Rätsel des Spiegels gegeben hat...

Abb. 44

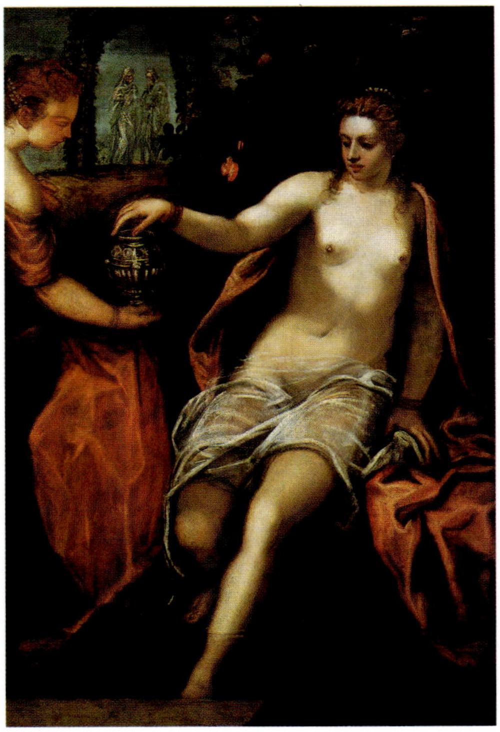

Auf keinem anderen seiner *Susanna*-Bilder hat Tintoretto die Arglosigkeit und Natürlichkeit der Nacktheit so zur Schau gestellt und die Anwesenheit der alten Männer so minimalisiert - sie sind gerade eben in der Ferne in dem Laubenbogen angedeutet - wie auf seiner *Susanna und die beiden Alten* in Washington, 1575, (Abb. 44). Auf keinem seiner anderen Bilder hat Susanna selbst eine solche Bedeutung.

Auf der Wiener *Susanna* erschienen der Spiegel und das Parfumgefäß jeweils auf ihre Weise, so die Architektur des Bildes unterstützend. Hier vollzieht sich der gesamte Bildaufbau einzig um das abermals zitierte und zugleich glorifizierte Parfumgefäß.

Wie die Mehrzahl der anderen Kompositionen Tintorettos vermeidet auch die *Susanna und die beiden Alten* von München (Abb. 45) jede Form der dramatischen Darstellung: sie ist damit ebenfalls repräsentativ

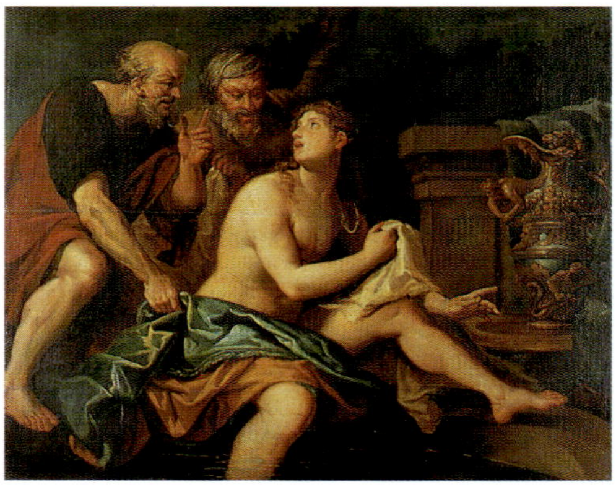

Abb. 48

Abb. 46

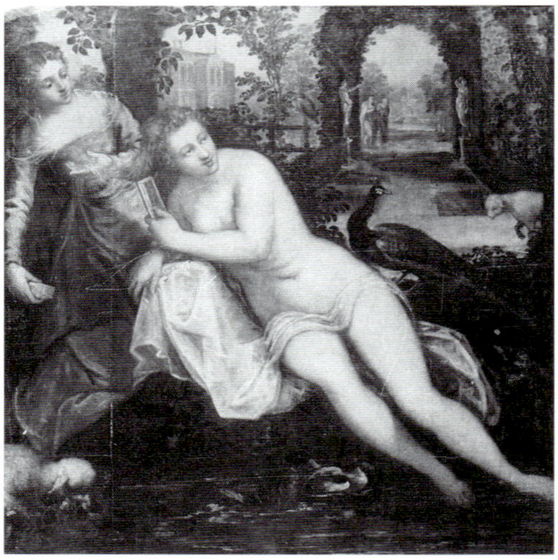

Abb. 45

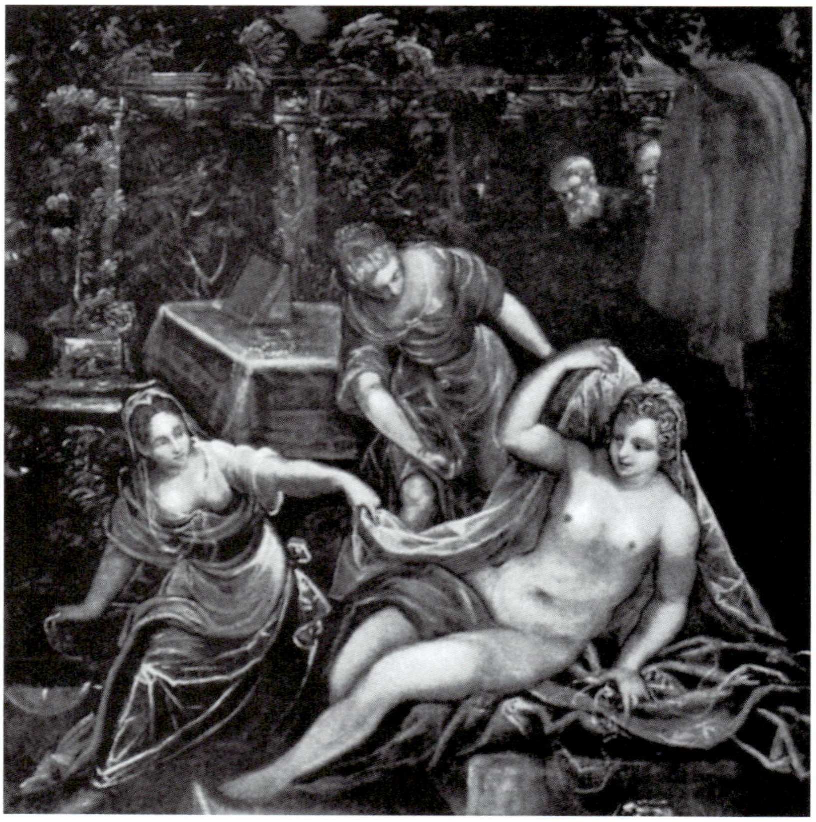

Abb. 47

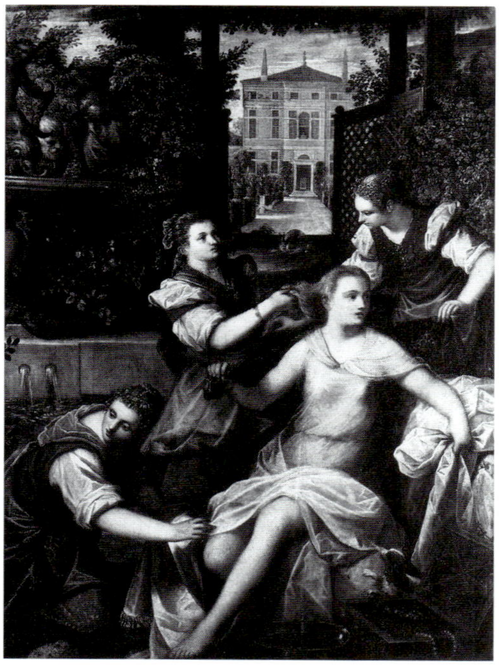

für den Typus, für den der venetianische Maler der großartigste Vertreter ist.

Von den drei Gemälden aus der Schule Tintorettos - in Amiens (Abb. 46), Dresden (Abb. 47) und Metz (Abb. 48) - entspricht das erste am genauesten den Konzeptionen des Meisters. Es wird ihm im übrigen von einigen Spezialisten immer noch zugeschrieben. Das letzte hingegen, das den Typus der Agression darstellt, ist ihm schwerlich zuschreibbar. Zu diesen Gemälden kann man noch die köstliche, naive kleine *Susanna* von Van Osten in Brüssel (Abb. 49) hinzuzählen.

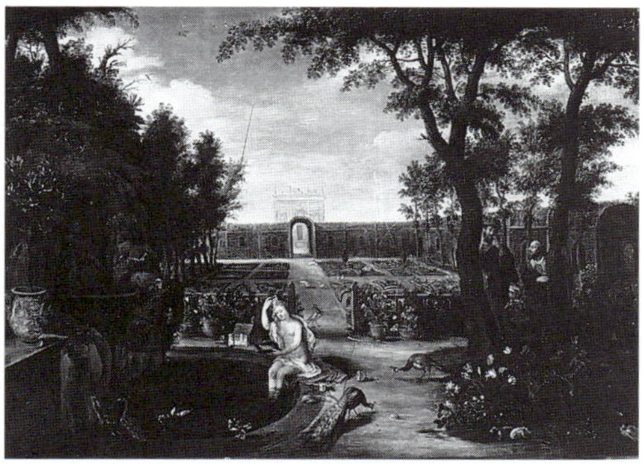

Abb. 49

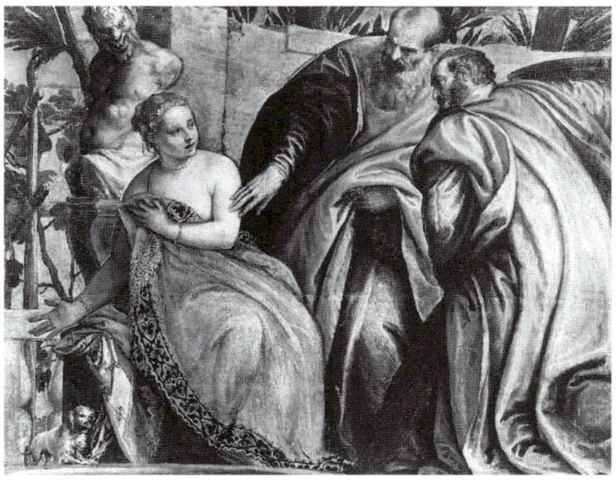

Abb. 50

Veronese

Im Gegensatz zu Tintoretto interessiert sich Veronese für den Typus der Konfrontation. Eine in Wahrheit relativierte Konfrontation, da es sich eher um eine Szene der Verführung handelt, um eine Unterhaltung oder eine etwas bewegte Verhandlung.

Wenn auch die Architektur, die Kleidung, das Verhalten der Personen in die Realität der Epoche gehören, erhalten diese alltäglichen Elemente durch ein Trompe-l'œil Spiel, durch eine Theatralisierung den Charakter des Irrealen, das sie auf eine gewisse Weise mit der Zeitlosigkeit Tintorettos verbindet.

Man könnte annehmen, die venetianische Malerei - die von Giorgione, Tintoretto, Tizian, Jacopo Bassano und besonders die von Veronese - verdanke alles dem Theater. Doch dem ist nicht so, im Gegenteil, denn Theatersäle wurden in Venedig erst lange nach ihrem Tod eröffnet.

Abb. 51

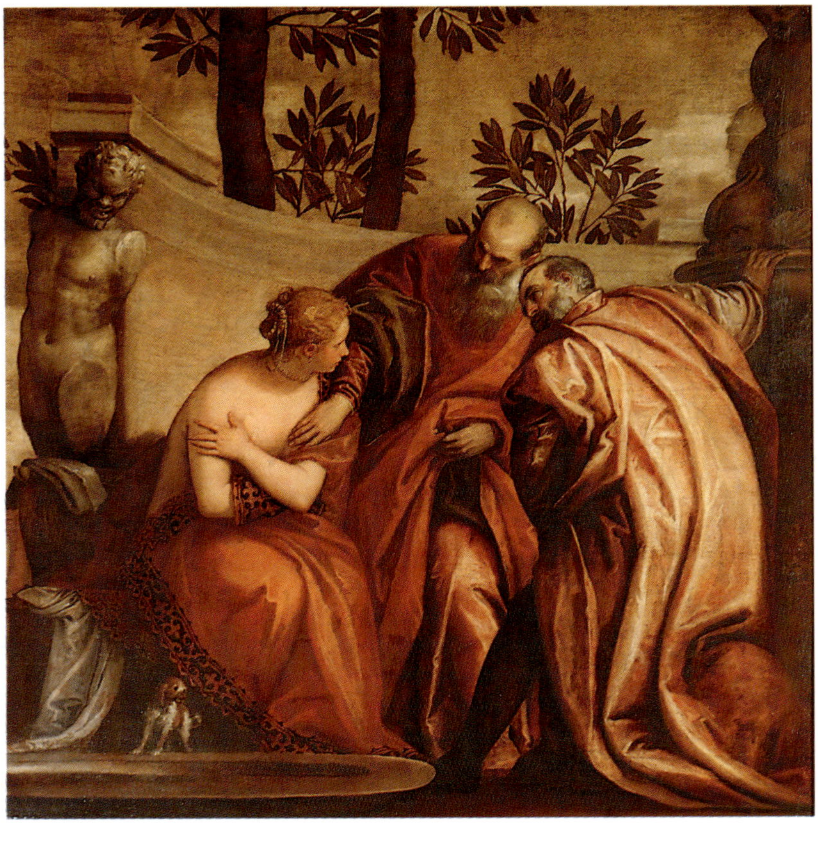

Die fünf bekannten Gemälde Veroneses wurden ungefähr zwischen 1575 und 1584 konzipiert.

Die *Susanna und die beiden Alten* der Sammlung Giorgio Doria in Genua (Abb. 50) und die des Louvre (Abb. 51) - von der die Sebastiano Riccis de Chatsworth (Abb. 52) eine bewegende Interpretation darstellt - fixieren noch nicht den Veronese eigenen Typus: vor einer Architektur, die kein Dekor zu sein scheint, unterhalten sich die prächtig gekleideten Alten in einem bei ihm überraschenden Ton. Die junge Frau scheint sich durch ihre abweisende Haltung gegen die Worte ihres Gesprächspartners mit einer natürlichen Entschlossenheit aufzulehnen.

Abb. 52

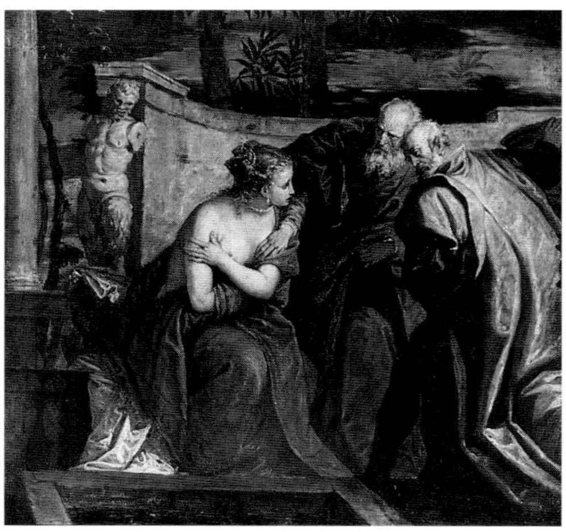

Abb. 53

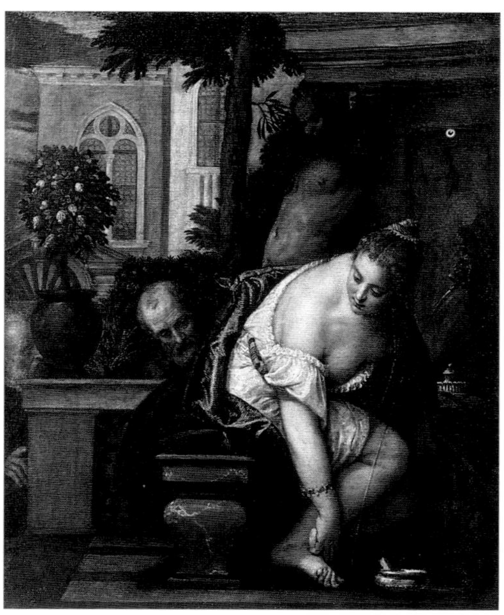

Bei Veronese keine Toilette, keine Badeutensilien wie bei Tintoretto, außer auf der *Susanna im Bade* in Dresden (Abb. 53), die als eine Synthese der Konzeptionen der beiden Meister erscheint.

Susanne Maas[1] verweist das Bild des Louvre in die Umgebung Veroneses. Ihrer Argumente betreffen die außergewöhnliche Verwendung des monumentalen quadratischen Formats, das Veronese sonst ausschließlich für mythologische oder allegorische Kompositionen gebraucht. Weitere Argumente: die ungewöhnliche Neutralität der von einer merkwürdigen Pansherme abgeschlossenen Mauer, sowie die unangebrachte Geste eines der alten Männer.

Ich bin jedoch weiterhin der Überzeugung, daß das außergewöhnliche Gemälde von Veronese selbst ist. Bei der Lebhaftigkeit des Gesprächs der drei Personen scheinen die Körper und der Faltenwurf den Gegenstand ihres Gesprächs zu zeichnen. Veronese ist es gelungen, insgeheim das Auftauchen des Verbotenen in den Falten ihrer sich miteinander vermischenden Gewänder zu evozieren. Eine Evokation, die durch das quadratische Format noch deutlicher wird, weil deren Ursprung in einer Figur liegt, die die Form der Ellipse und des Kreises miteinander verbindet.

Das Bild in Wien *Susanna und die beiden Alten* (Abb. 54) gehört zu einem Zyklus von zweimal fünf

[1] Susanne Maas «Das Bildthema der Susanna bei Rubens» Dissertation, Christian-Albrecht-Universität Kiel, 1974.

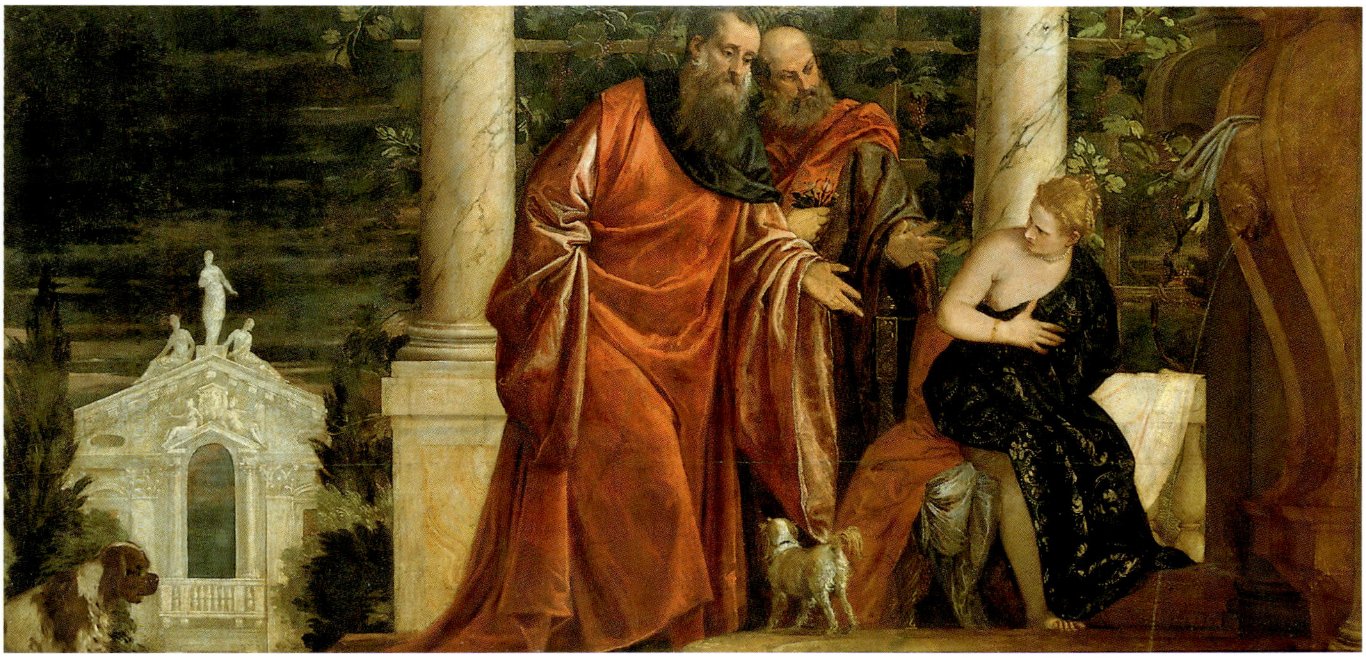

Abb. 54

Gemälden, die Geschichten aus dem Alten und Neuen Testament behandeln. In dieser Malerei wird der Eindruck von Theaterszenen gleichzeitig durch die Enge des Raumes, innerhalb dessen sich die Personen bewegen, durch ihre sehr formellen Gesten sowie auch durch Einrahmung und Blickwinkel noch verstärkt.

Dieses Gemälde und das aus dem Prado (Abb. 55) haben einen erheblichen Einfluß auf die späteren Werke in Italien und in den nördlichen Ländern. Zwar gibt es auch weiterhin, wie schon bei Tintoretto, eine Gleichförmigkeit in der Bekleidung, doch werden jetzt die Physiognomien differenziert. Auf dem Wiener Gemälde ist der linke alte Mann nachdenklich, seine beherrschte Rede steht im Gegensatz zu der Haltung seines Komplizen, der verschlagen aussieht (ist er nicht mit einem Lilienstrauß gekommen?), indes die Szene auf dem Bild in Madrid umgekehrt ist: der Alte links gestikuliert, sein Gesicht ist kantig, der Mund bedrohlich, die Stirn gerunzelt, er ist extrovertiert im Gegensatz zu dem anderen, der von gemäßigterem Temperament und introvertiert ist.

Abb. 55

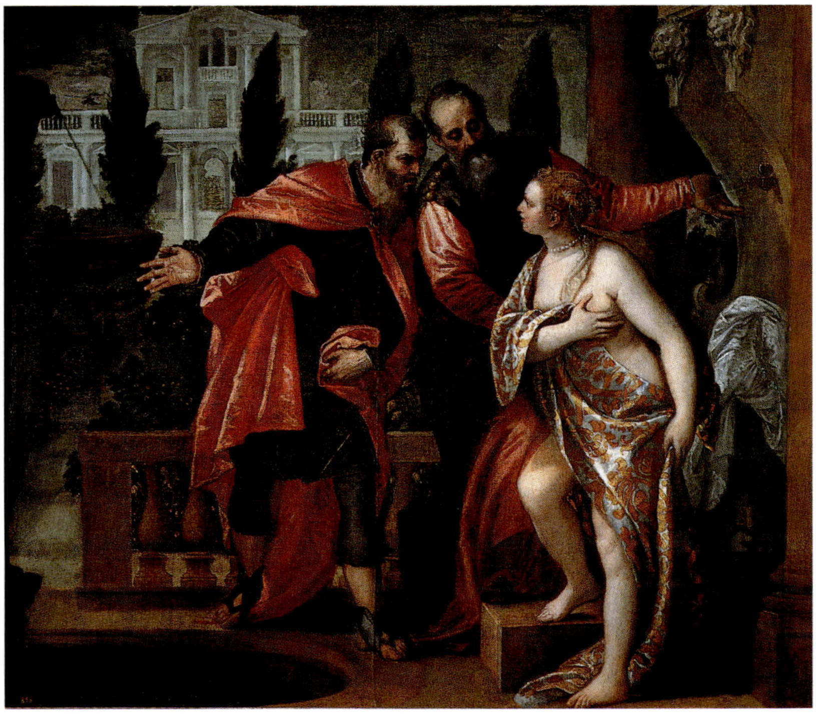

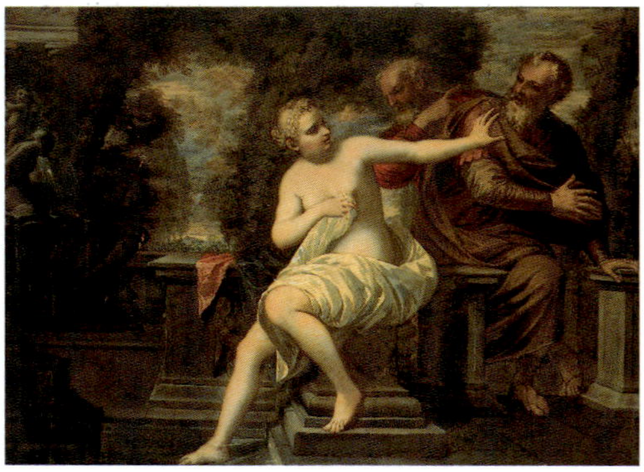

Abb. 56

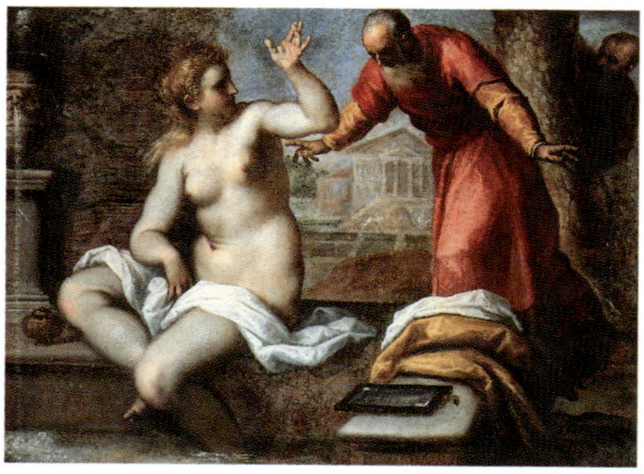

Abb. 58

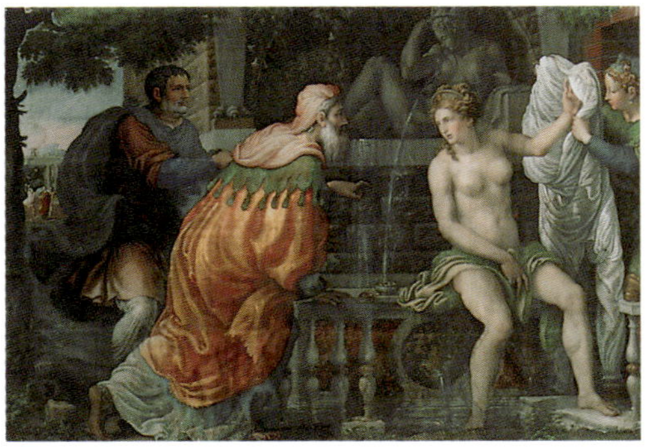

Abb. 60

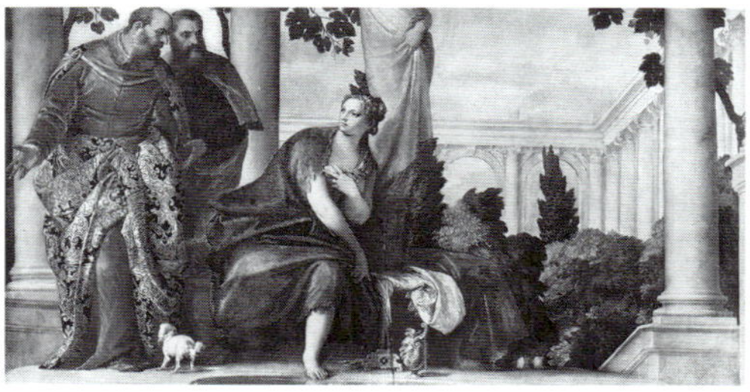

Abb. 57

Abb. 59

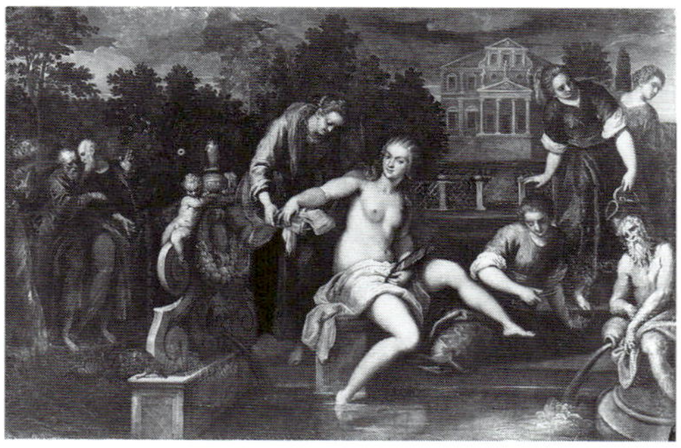

In Wien macht Susanna eine Bewegung des Zurückweichens. In Madrid bietet sie die Stirn: sie hört zu, was man ihr zu sagen hat. Die Konventionen sind stärker als die biblische Geschichte: selbstsichere Vertreterin ihrer Sache, wohlhabende Ehefrau, bekundet sie weder Scham noch Schmerz. Susanna, eine moderne Venetianerin, die gegenüber der Macht des Mannes ihre eigene Rolle spielt. Auf beiden Bildern ist sie mit kostbaren goldbestickten Stoffen bekleidet, die nur eine Brust freilassen.

Oft begleitet und unterstreicht ein kleiner Hund das Wechselspiel der Bilder. Manchmal dient er dem Maler dazu, die Monumentalität der Personen hervorzuheben, manchmal nutzt er seine Reaktion auf die beiden Alten.

Die venetianische Schule

Die *Susanna und die beiden Alten* in Rom aus der Schule Veroneses

Abb. 64

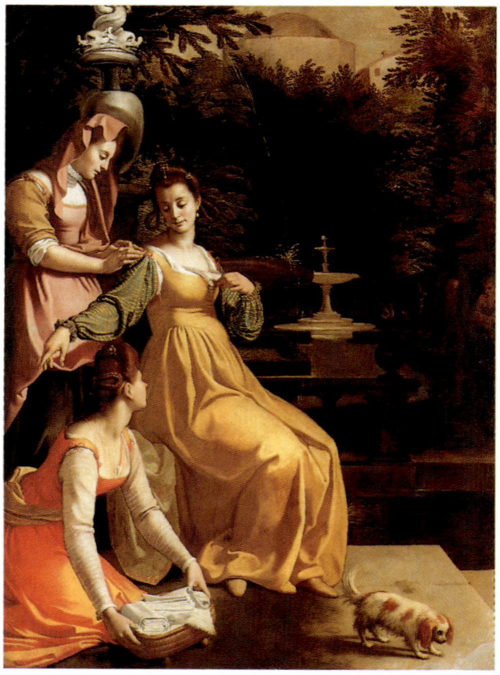

(Abb. 56) und die in Genua (Abb. 57) – ursprünglich ebenfalls in der Galerie Doria –, die von Palma dem Jüngeren in Siena (Abb. 58) und im Louvre, die von Antonio Campi in Brescia (Abb. 60) von Jacopo Bassano in Nîmes (Abb. 61) – vibrierend vom venetianischen Genie der späten Tizians –, die von Leandro Bassano in München (Abb. 62), ein Bild, auf dem man die unterscheidenden Merkmale des Tintoretto erkennt: die blendende – hier kaum zweideutige – Nacktheit Susannas, die uns gleich der im Louvre furchtlos anblickt, die Dienerinnen, die abseits stehenden Alten, die Tiere, die edenhafte Landschaft, und auch die *Susanna* in Bergues (Abb. 63), die wegen der Verwandtschaft in der Komposition mit dem Stich in Bologna (Abb. 70) Annibale Carracci zugeschrieben wird, jedoch weniger das Thema der Aggression darstellt als die symbolische Trennung des Raumes, die charakteristisch ist für die dieses Thema behandelnden Bilder aus der Römischen Schule, die

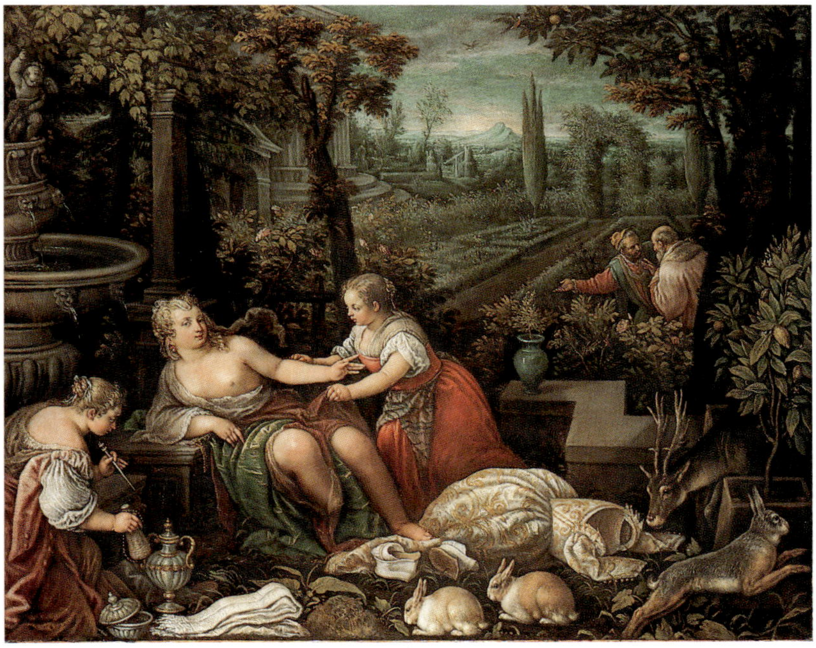

Abb. 62

Abb. 63

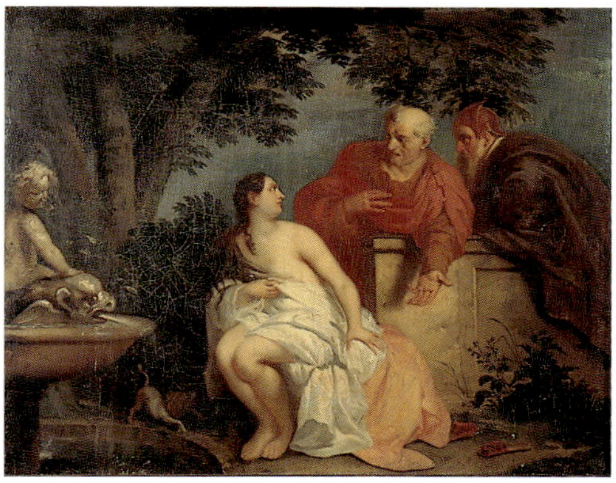

Abb. 65

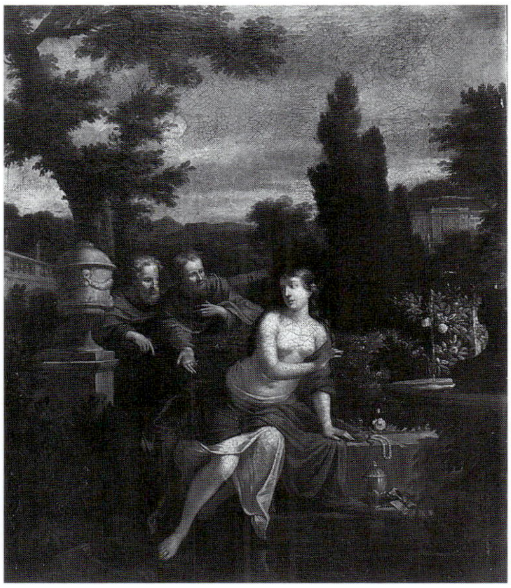

Abb. 61

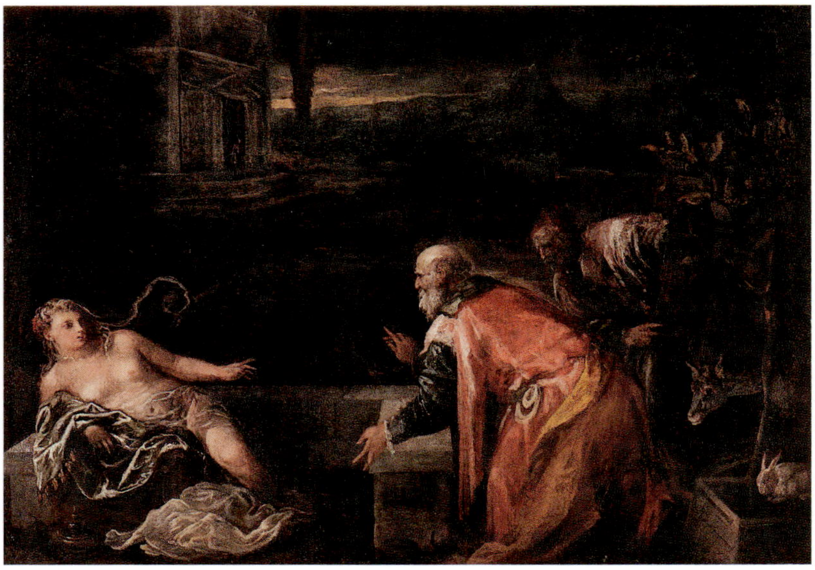

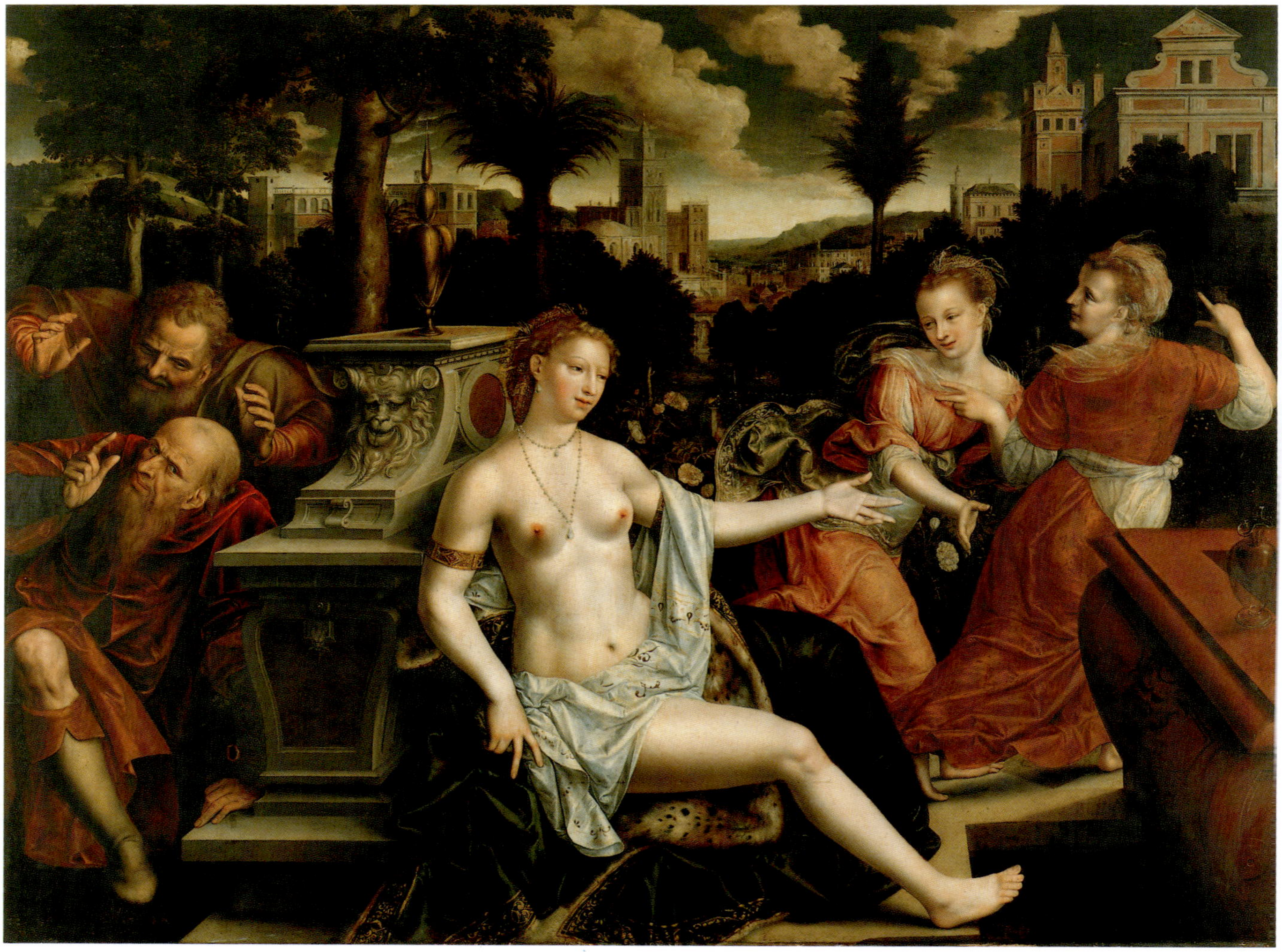

Abb. 66

von Jacopo Da Empoli in Wien (Abb. 64) und schließlich auch die aus der Venetianischen Schule in Chatsworth (Abb. 65) beziehen sich alle auf die großen venetianischen Vorbilder, die einen, indem sie deren Motive zusammenbringen, die anderen, indem sie deren Unterschiede akzentuieren und das eine oder andere charakteristische Merkmal besonders hervorheben.

Zehn Jahre nachdem Tintoretto seine Wiener *Susanna* schuf, malt Jan Massys seine *Susanna*, die in Brüssel hängt (Abb. 66) und uns als ein Meisterwerk der manieristischen Stilisierung erscheint. Durch seine Arabesken bringt er die Windungen der Körper und die der Draperien ebenso in Einklang wie die Linien der Architektur und der Landschaft und schafft eine Symphonie ihrer subtilen und scharfen Umrisse.

Im Gegensatz zu den Venetianern, die bei ihrem Malprozeß die Zeichen der Herstellung, die Spuren der Arbeit, einen sichtbaren Strich bevorzugt haben, verschließt Massys in dieser Hinsicht sein Gemälde auf eine solche Weise, daß durch die Linienführung sich alles mit allem verbindet, wodurch er eine Autonomie der Malerei erkennen läßt, die sich von dem dargestellten Gegenstand zu lösen beginnt.

Die toskanisch-babylonische Umgebung vom Renaissancetypus bildet hier einen idealen Rahmen für eine

Susanna, die nichts anderes ist als eine weitere Reflexion der Malerei über sich selbst.

Rom

Die *Susanna und die beiden Alten* der Galerie Doria in Rom (Abb. 67) und die in Chatsworth (Abb. 68), die Domenichino zugeschrieben werden – die jedoch auch von Annibale Carracci sein könnten angesichts der Münchner *Susanna im Bade* des ersteren (Abb. 69) – fixieren die charakteristischen Merkmale der römischen Darstellung des Themas, Merkmale, die sich bereits auf dem Stich von Annibale, 1590, (Abb. 70) fanden. Die dort dargestellte Geste der Scham, die bei den Venetianern nicht üblich ist, zeugt von einem ganz anderen Bewußtsein, das sich in Übereinstimmung mit der literarischen Quelle befindet. Die untere Hälfte des Bildes ist dem Raum des Bades gewidmet, der obere Teil ist den Alten und dem Naturdekor vorbehalten. Diese Konzeption ist der römischen Darstellung eigentümlich. Im allgemeinen teilt eine Balustrade den Raum deutlich in zwei Teile: symbolische Teilung, die den privaten Bereich Susannas mit verschiedenartigen architektonischen Elementen – Becken, Brunnen und für das Bad geeignete Behälter – abtrennt von dem äußeren Bereich, der von den Alten und der Landschaft eingenommen wird.

Annibale Carracci

Wie der Stich von Bologna zeigen das Gemälde der Galerie Doria und

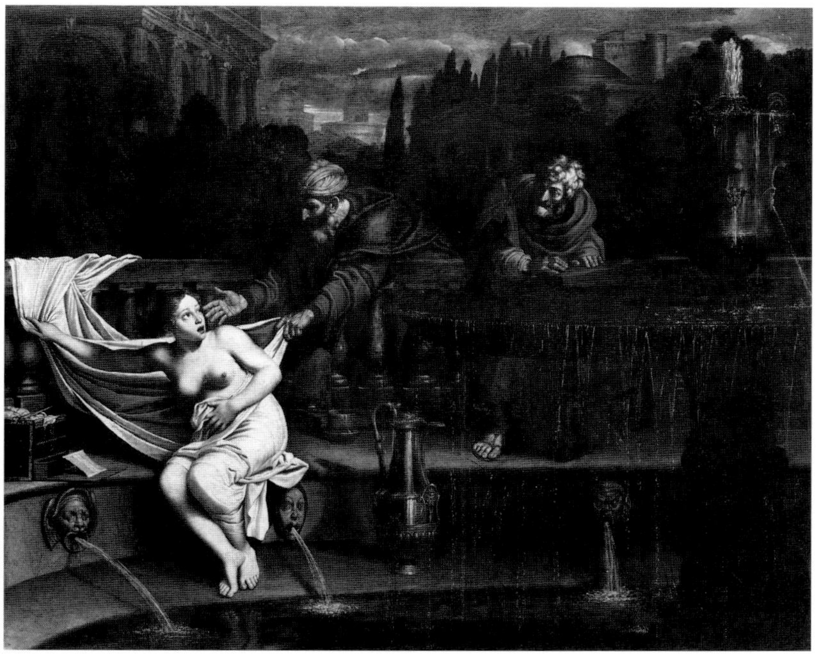

Abb. 69

Abb. 68

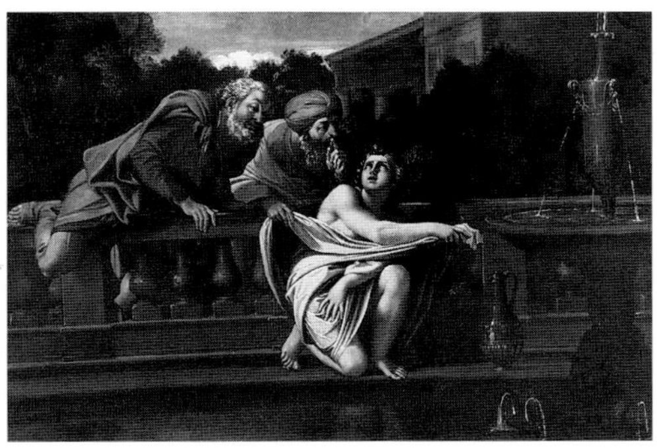

Abb. 70

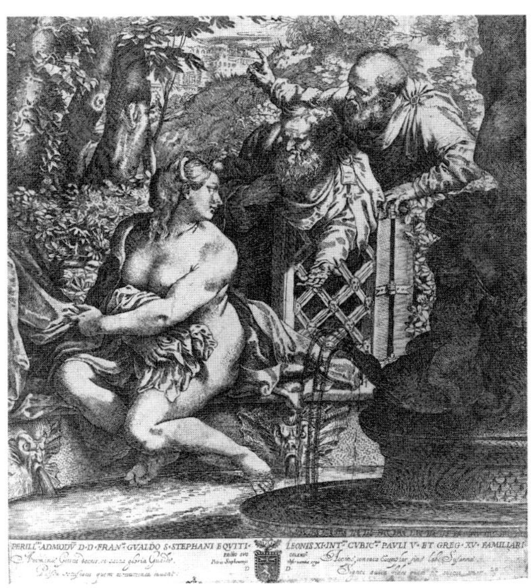

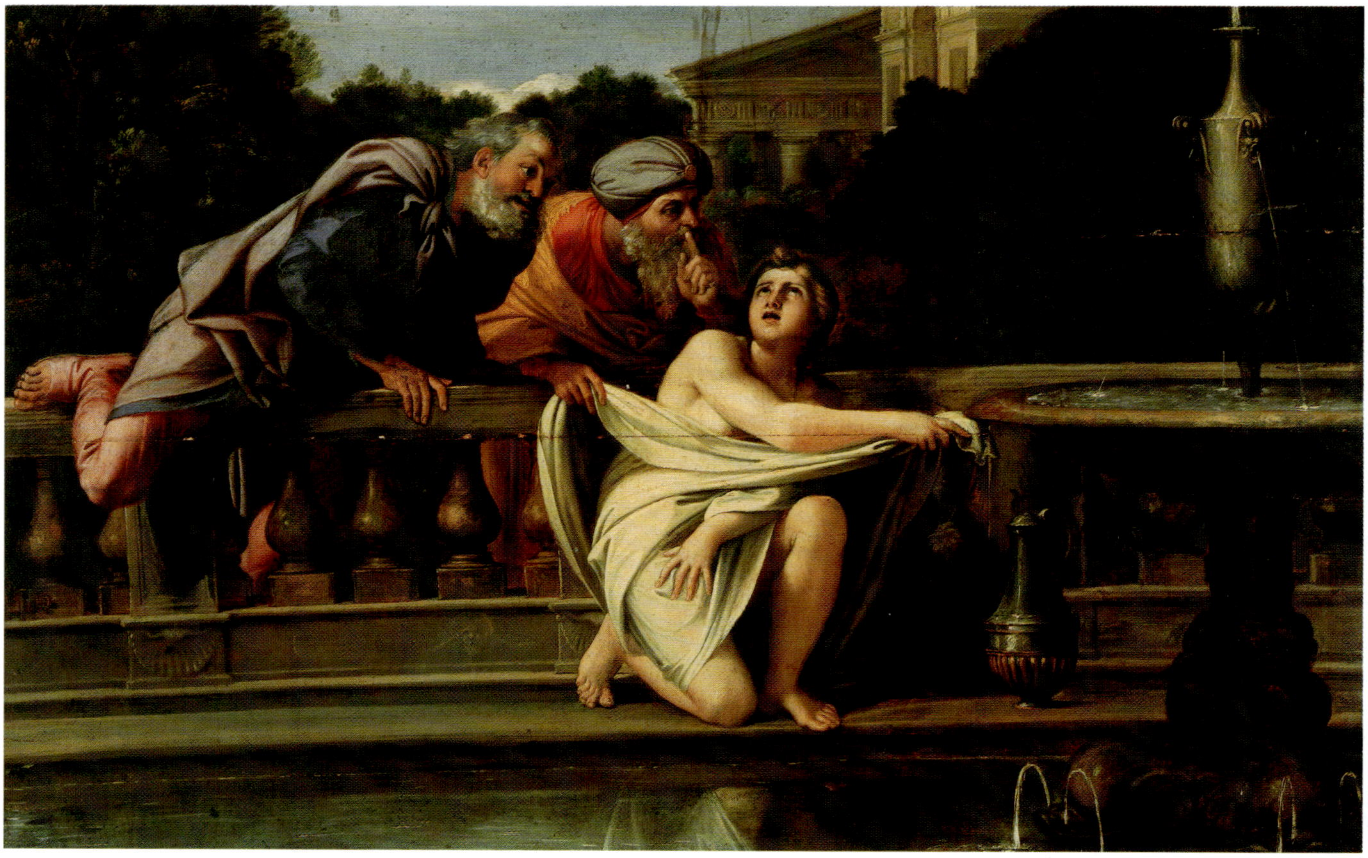

Abb. 67

das in Chatsworth Susanna mit einem kleinen Knoten auf der Stirn, was charakteristisch ist für die Darstellung der mythologischen Personen Annibals. Das deutlich in zwei Bereiche geteilte Bild unterstreicht den dramatischen Aspekt der Situation: Susanna ist allein, ziemlich weit entfernt von ihrem Haus, das man hinter den Alten sieht, ganz besonders bedroht von einem der aufdringlichen Männer, der gerade über die Balustrade klettert.

Das Motiv der Balustrade gab es bereits bei Veronese und bei Gregorio Pagani (Abb. 71) als dekoratives Element. Hier wird es zur symbolischen Bedeutung der Abtrennung benutzt.

Der nüchterne Bereich des Bades, der seiner üblichen Accessoirs entledigt ist, antwortet auf die thematische Strenge des biblischen Berichts. Im Einklang damit steht die Monochromie der Farbe Susannas, die dadurch mit ihrem eigenen Bereich ebenso gleichgesetzt wird wie die

Eindringlinge mit dem ihren durch die lebhafte Polychromie der drei Primärfarben.

Sich etwas voneinander unterscheidend, der eine verschlagen umsichtig, den Finger vor dem Mund, mit der anderen Hand versuchend, Susannas Badetuch wegzuziehen, der andere, impulsiver, seiner Begierde folgend, die Balustrade überkletternd, so erscheinen die beiden Alten auf den meisten anderen Bildern. Insbesondere auf dem von Ludovico Carracci *Susanna und die beiden Alten* in London (Abb. 72), dem aus der Schule Carraccis in München (Abb. 72), dem von Baldassare Croce im Rom (Abb. 74), von Rutilio Manetti in Siena (Abb. 75). All diese Bilder zeigen gleichzeitig die Verzweiflung einer keuschen und frommen jungen Frau, wie sie in der Bibel festgelegt ist. Doch muß hier auf den veränderten Gesichtsaudruck der *Susanna* von Ludovico Carracci hingewiesen werden, der etwas Neues einführt: auf Angst und Erschrecken folgt in der Tat die Andeutung eines sehr rätselhaften Lächelns, dem Leonardo ganz sicher zugestimmt hätte. Indem er es einem knieenden Körper mit leuchtenden Rundungen verleiht, der sich mit dem Rücken den Blicken zweier zudringlicher Männerfiguren aussetzt, diesen Eindruck der Verfügbarkeit noch durch die Lockerung der Hand verstärkt, die den Stoff, den man ihr entziehen will, nicht mehr wirklich festhält, hat Ludovico eine erotische Nuance in die Susanna-Ikonographie eingeführt. In der Mischung aus Idealisierung und Realismus erscheint das Bild als eine Synthese römischer Widersprüche.

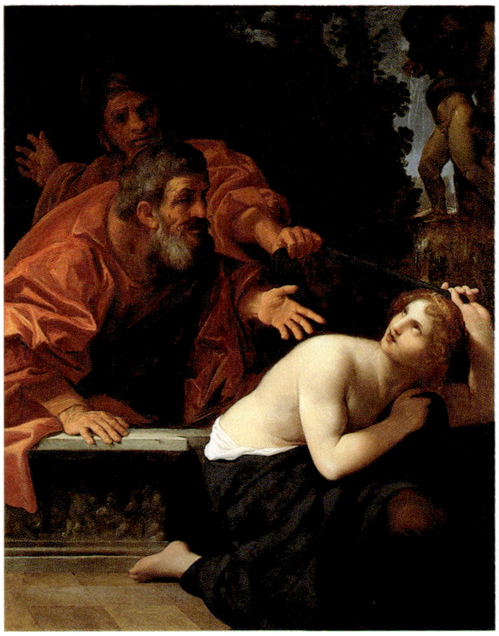

Abb. 72

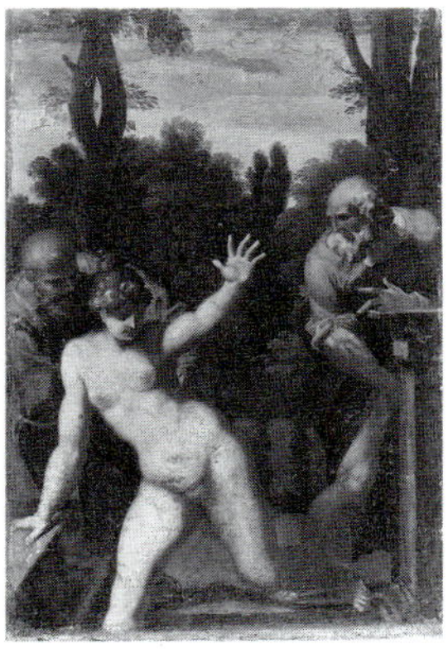

Abb. 73

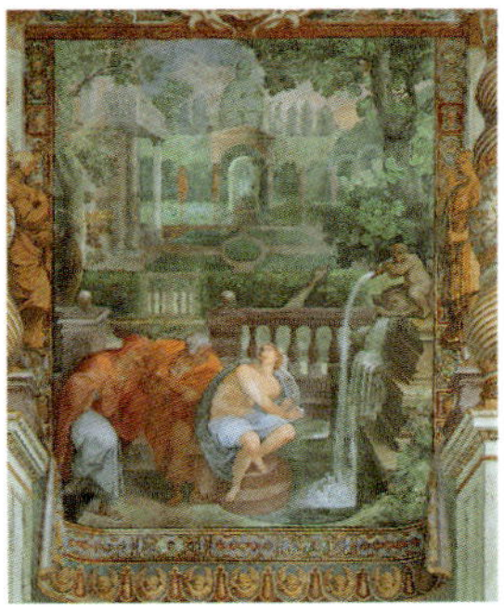

Abb. 74

Abb. 71

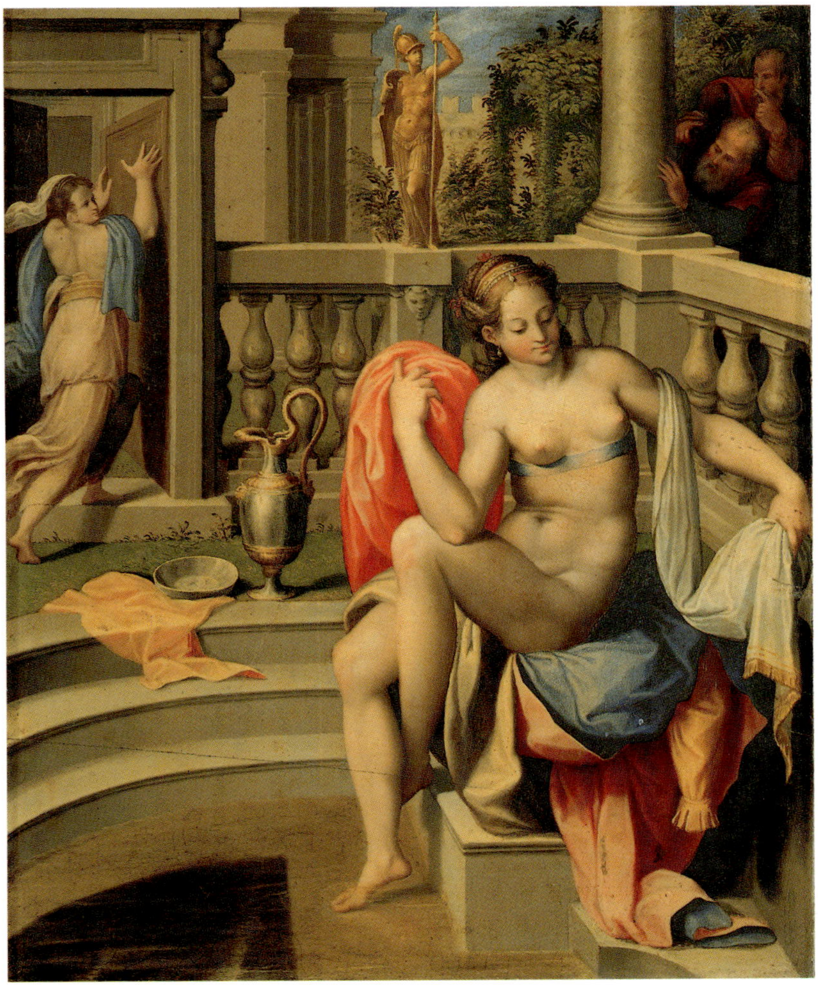

Domenichino

Die *Susanna im Bade* von Domenichino in München (Abb. 69), der Mitarbeiter von Annibale Carracci in der Galeria Farnese in Rom war, wurde in der Casa d'Agucchi zwischen 1604 und 1607 geschaffen, in der Zeit, als der letztere seine *Abhandlung über die Malerei* schrieb – ein Umstand, der durch die Beschreibung Belloris gesichert ist.

Das Gemälde ist mit dem aus der Galerie Doria verwandt, wenn auch der Bereich des Bades hier nicht so hermetisch abgetrennt ist wie dort. Mit ihm tauchen die venetianischen Toiletten-Accessoires wieder auf, vor allem aber eine Betonung der römischen charakteristischen Merkmale: eine dramatisierte Form der Agression, die durch den pathetischen Ausdruck der einen Schrei ausstossenden Susanna unterstrichen wird, die nicht mehr, wie bei Annibale Carracci, idealisiert ist, sondern im Ausdruck ihrer Reaktion als Opfer realistisch ist. Tatsächlich scheint die zusammengekauerte Susanna vergeblich auf eine Hilfe von Himmel zu hoffen. Sie ist in ihrer Qual idealisiert – ein wenig verwandt der *Maria Assunta* in Santa Maria de Populo von Rom –, den Mund schmerzlich etwas geöffnet, den Blick pathetisch zum Himmel gerichtet: ein Ausdruck, den man auch bei der *Susanna* von Sisto Badolocchio in Sarasota (Abb. 76) findet.

Zu dieser Verwandtschaft sind noch zwei weitere hinzuzufügen. Bekanntlich war Annibale sehr gebildet und kopierte viele antike Vorbilder: seine *Susanna* erinnert durch ihren Gesichtsausdruck an die *Tochter Niobes* und durch die Haltung ihres Körpers an die *Kauernde Venus*.

Bei Domenichino vollzieht sich Susannas Metamorphose durch den Verzicht auf Idealisierung, zumindest, was den Ausdruck der Gefühle betrifft. Ihn scheint der Ausdruck der tatsächlichen Empfindungen stärker zu interessieren. Bei ihm hält Susanna ihr Badetuch mit beiden Händen fest, macht zugleich eine Geste der Scham, indem sie die Knie zusammendrückt und sich erheben will, um zu entfliehen. Das Verhalten ist ganz und gar anders als das auf dem Gemälde der Galerie Doria, das ihm zugeschrieben wird, das aber wohl eine Kopie von Annibale oder dessen eigenes Bild ist.

Andererseits vollendet Domenichino die Arbeit der Differenzierung der beiden Alten, die mit Veronese begonnen hatte, indem er endgültig

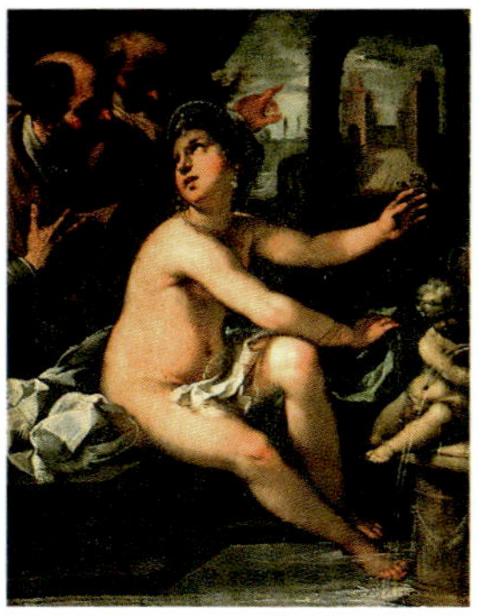

Abb. 75

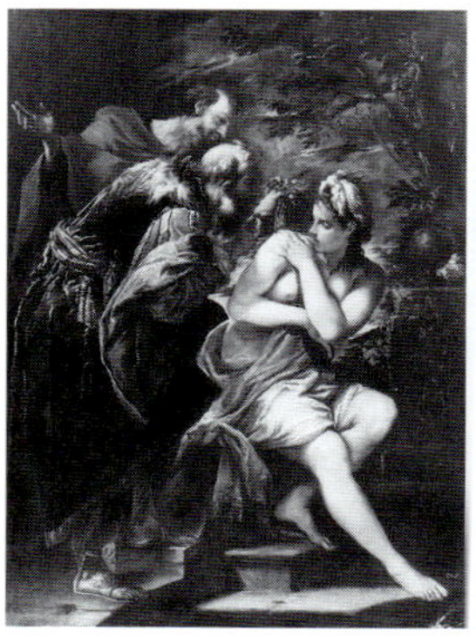

Abb. 81

Abb. 76

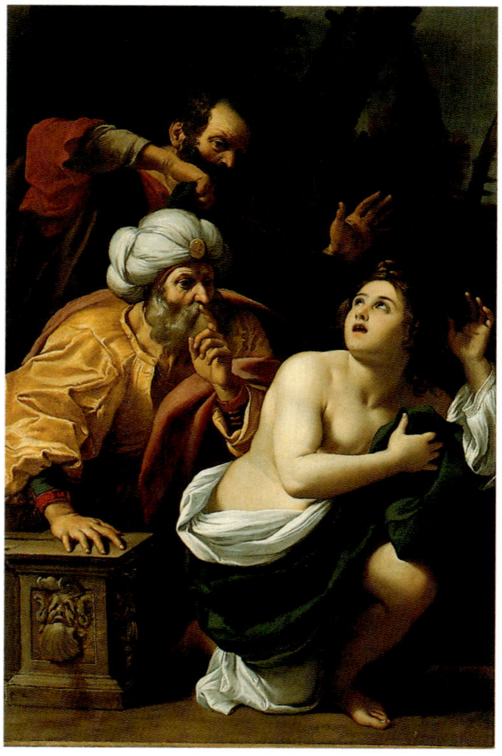

den Gegensatz ihrer Charaktere und ihrer Physiognomien darstellt: ein etwas älterer, bedächtigerer, verschlagener, kaltblütiger Mann steht im Gegensatz zu einem etwas jüngeren, impulsiveren, robusteren, unüberlegten, heißblütigen.

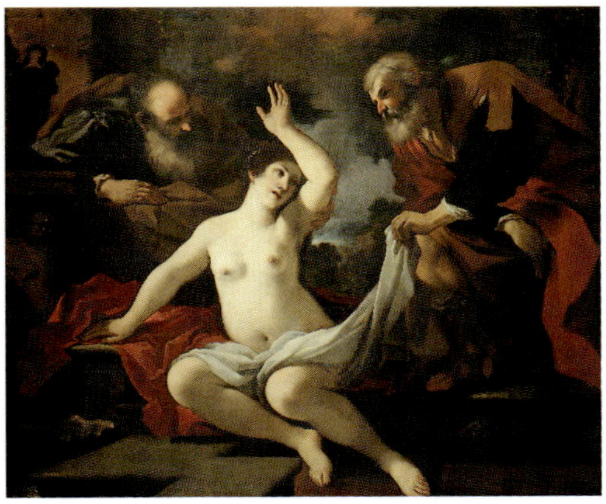

Abb. 77

Die römische Schule

Dem rätselhaften Lächeln der *Susanna* von Ludovico Carracci entspricht das Neue in der Haltung der *Susanna* von Guernico. Im Vergleich zu seinen beiden späteren Bildern *Susanna und die beiden Alten* in Florenz (Abb. 77) und der in Parma (Abb. 78) bringt seine *Susanna im Bade* in Madrid (Abb. 79) - von der die in München (Abb. 80) entweder eine Kopie oder eine ihr sehr nahekommende Variation zu sein scheint - etwas Neues in der Haltung und in der Beziehung der drei Personen zueinander.

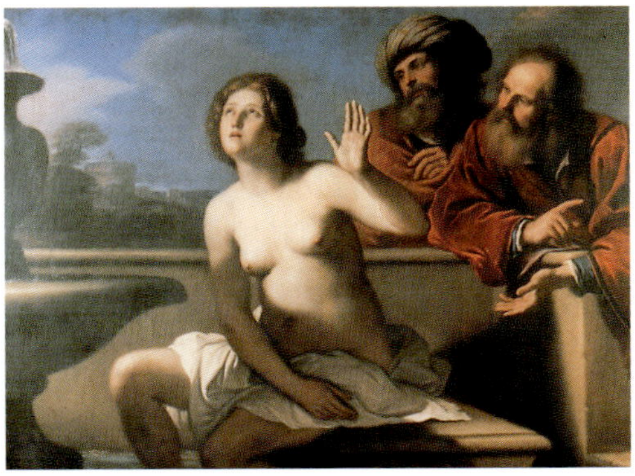

Abb. 78

Das jugendliche Aussehen Susannas - das man auch bei Antonio Burrini in Bologna (Abb. 81) findet -, unterstrichen durch eine schelmische Haltung, sowie die Verträumtheit, in der sie alles sie Umgebende vergessen zu haben scheint, das Fehlen von Schmuck oder Bade-Accessoires, die vorgetäuschte Aufteilung des Gemäldes durch eine unterbrochene Balustrade, der Alte, der dem Betrachter des Bildes Schweigen gebietet, das Erstaunen des anderen angesichts einer so edenhaften idealen Nacktheit, vor der er niederkniet, der Hirtenstab, den er in der Linken hält, Synektoche seiner Männlichkeit, all diese diversen Elemente deu-

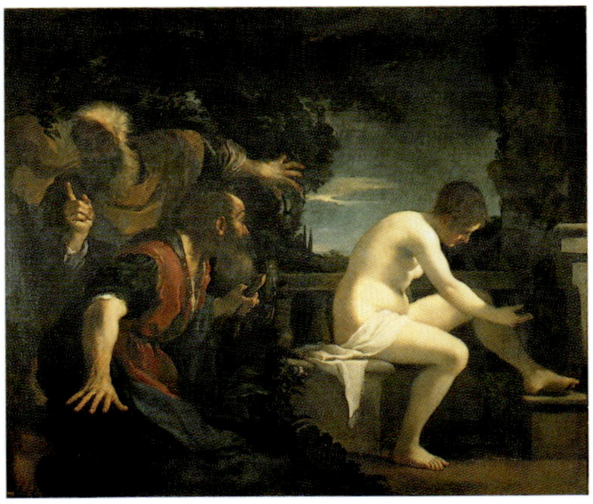

Abb. 79

Abb. 80

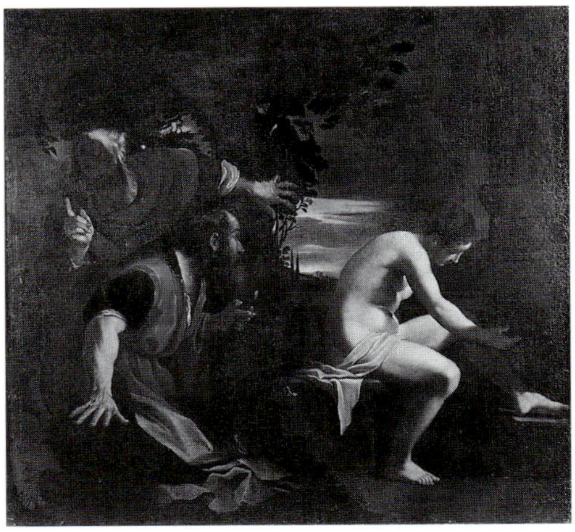

ten eher auf Anregungen durch die mythologischen Erzählungen von Ovid über die Belauerung und Verfolgung der Nymphen als auf die durch das biblische Thema.

Zwischen der *Susanna im Bade* von Massimo Stanzione in Frankfurt (Abb. 82) – der die Werke von Annibale Carracci gut kannte und ein Freund Guido Renis war – und den beiden *Susannen* dieses letzteren in London (Abb. 83) und Florenz (Abb. 84), die beide 1621 gemalt wurden, entsteht durch die Haltung der Personen eine Art Verwandtschaft. Das Thema ist, wie bei Veronese, der Versuch der Verführung durch die Rede und mit Sanftheit. Die Haltung des alten Mannes links hat für uns nichts Überraschendes, denn man begegnet ihr häufig. Dagegen ist die des Mannes rechts für Reni ungewöhnlich: er legt beruhigend eine Hand auf die Schulter der jungen Frau, indes auf dem Bild von Stanzione sie den Eifer des zudringlicheren Alten zu besänftigen sucht. Die Haltung des Körpers und die Bewegung der Hände, die das schützende Tuch festhalten und das Begehren der Alten bremsen, sind vergleichbar. Bei Reni ist die Atmosphäre allerdings ruhiger und die Einrahmung enger.

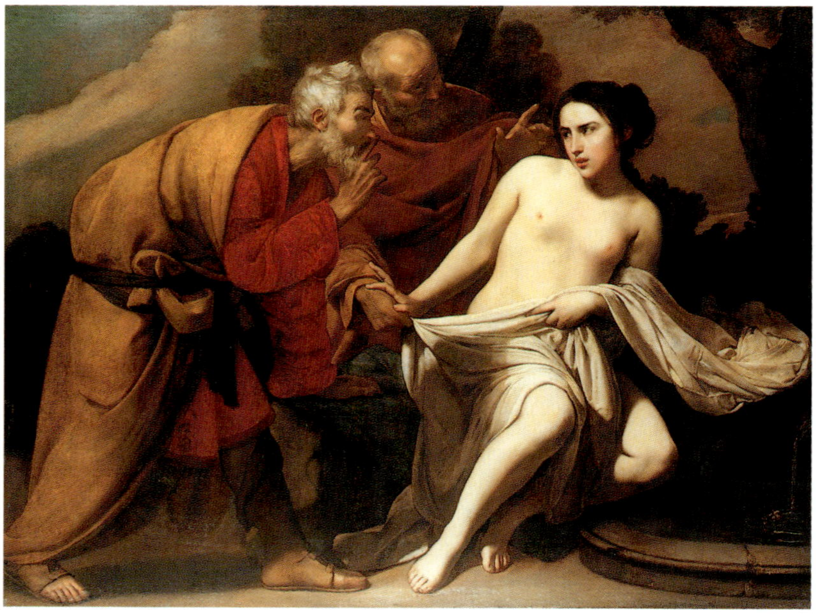

Abb. 82

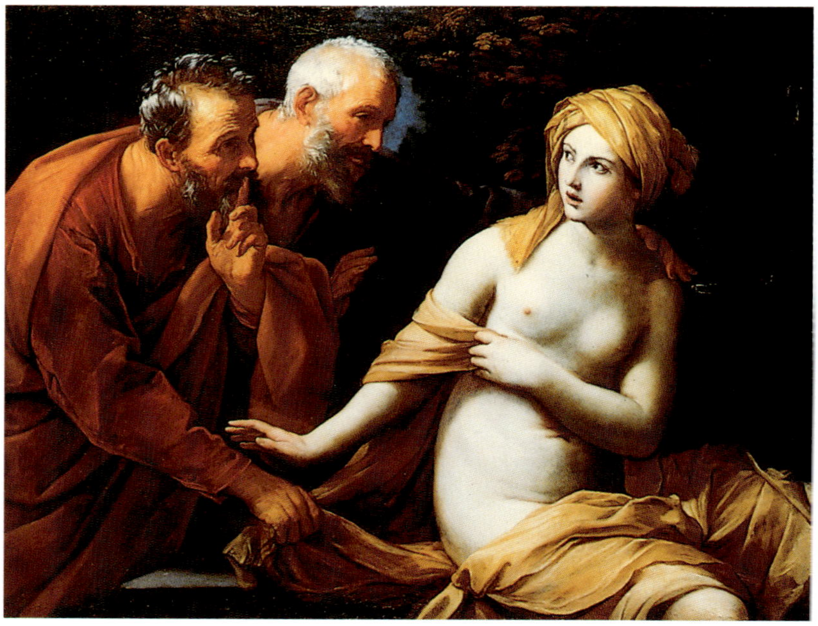

Abb. 83

Abb. 84

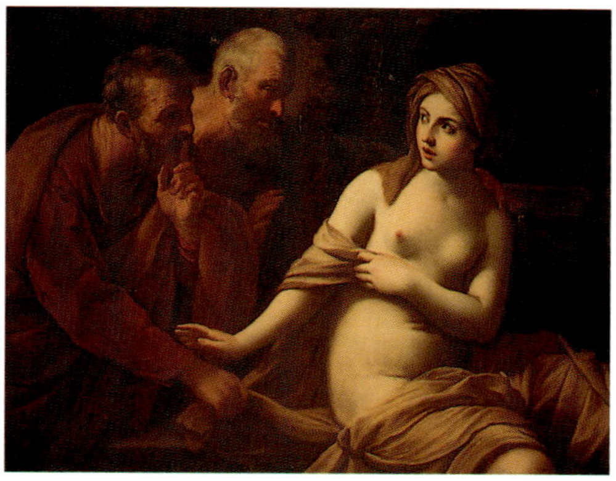

Mit dieser Konzeption aus der Nähe gesehener Personen läßt sich eine Reihe anderer *Susannen* vergleichen: die von Guercino in Parma (Abb. 78), von Francesco Padovanino in Venedig (Abb. 85), von Giovanni Billivert in Florenz (Abb. 86), von Christofano Allori in München und die von Matthia Preti der Stiftung Longhi in Florenz, die Guercino und Le Valentin nahekommt – noch näher sogar Caravaggio – und die durch ihr heftiges konstrastierendes Clair-obscur an Georges de la Tour denken lässt.

Artemisia Gentileschi

Der Fall von Artemisia Gentileschi ist einmalig: nicht weil sie die erste, sondern weil sie die einzige Malerin ist, die Susanna gemalt hat, und das mehrmals. Das erste und das letzte ihrer Bilder sind *Susannen*. Gewiß kann man eine *Susanna* von Elisabeth Sirani in Bologna sehen (Abb. 88), doch unter dem Blickwinkel der Innovation zählt in meinen Augen nur die *Susanna* von Artemisia in Pommersfelden (Abb. 89).

Diese kann ihr mit Sicherheit zugeschrieben werden. Sie trägt ihre Signatur und ein Datum: 1610. Sorgfältige Analysen haben die Echtheit der Signatur und die Genauigkeit der Datierung bestätigt. Doch das Bild bleibt problematisch. Artemisia war erst siebzehn Jahre alt, als sie es malte (vielleicht sogar erst dreizehn). Nun ist es ein Meisterwerk an malerischer Geschicklichkeit. Wie ein solches Wunder erklären?

Manche Kunsthistoriker sind der Meinung, Orazio, der Vater Artemisias, habe seiner Tochter geholfen, die damals seit einem Jahr seine Schülerin war (diese Praxis war in jener Zeit geläufig, denn die Meister griffen direkt in das in Arbeit befindliche Werk ihrer Schüler ein, um ihnen die Geheimnisse der Verfertigung eines Bildes zu zeigen). Die Hypothese ist plausibel. Durch ihre formale Konzeption – Farbe und Strenge der Komposition – stehen die Werke Orazios aus dieser Zeit der *Susanna* von Artemisia tatsächlich sehr nahe.

Wenn man jedoch die wenigen Akte Orazios – etwa seine *Danae* in Cleveland oder seine *Magdalena* in Wien – mit dem Artemisias vergleicht, bemerkt man, daß die des Vaters idealisiert sind, indes der der Tochter von einem bedingungslosen Realismus ist. Außerdem sind Orazios weibliche Figuren unaktiv und keineswegs heftig. Sie gehören zu meditativen Szenen. Artemisias

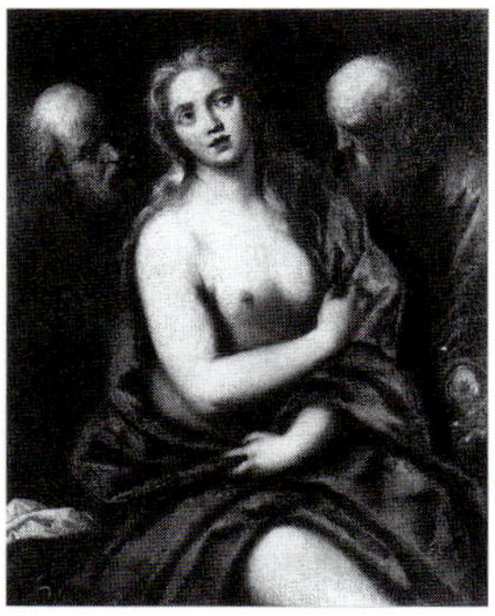

Abb. 85

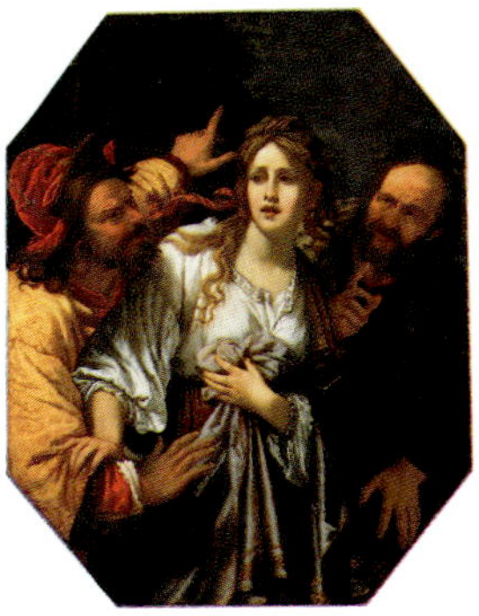

Abb. 86

Abb. 87

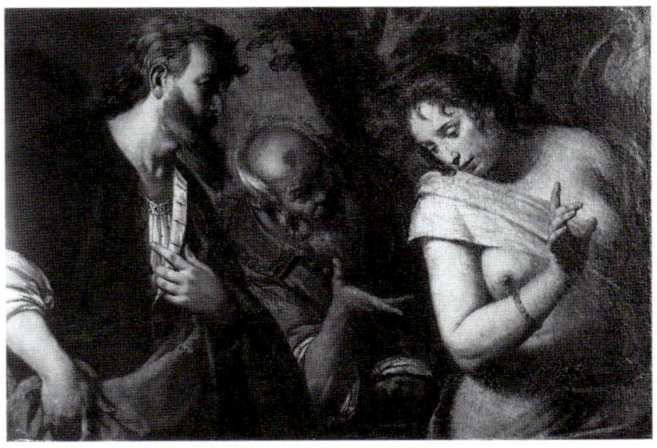

Abb. 88

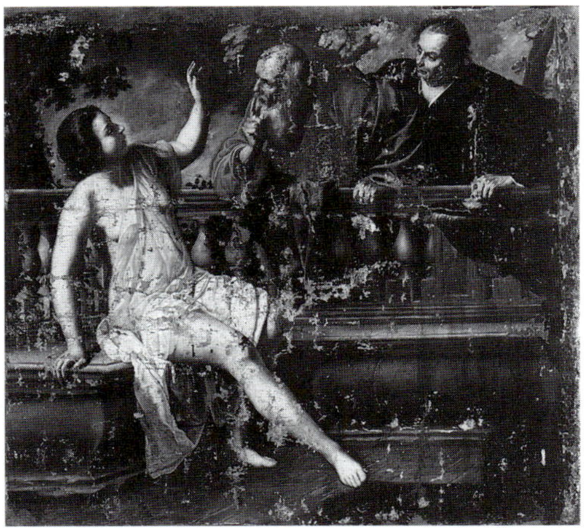

Werk dagegen ist voll von dramatischen, sogar blutrünstigen Darstellungen.

Wenn sich auch die Konzeption der *Susanna* von Artemisia in die Nachfolge jener aus dem Kreis der Carracci einfügt, die sie kannte – mit dem nüchternen zweigeteilten Raum und den antiken und modernen Prototypen (cf. der *Sarkophag des Orest* im Palazzo Giustiniani oder die *Vertreibung von Adam und Eva* von Michelangelo in der Sixtinischen Kapelle) – gelingt es ihr doch, eine in meinen Augen ergreifende Nacktheit darzustellen.

Warum? Weil sie mit Natürlichkeit die vielfältigen kulturellen Parameter, die in einer weiblichen Aktstudie im Atelier unvermeidlich sind, in eine Synthese bringt. Als Frau war Artemisia nicht der Vorschrift unterworfen, die den Männern den Zugang zu weiblichen Modellen verbot (ein Verbot, daß bekanntlich von vielen Künstlern fröhlich umgangen wurde). Bei einer genaueren Betrachtung dieses Aktes erscheint es evident, daß Artemisia sich eines Modells bedient hat, das von ihr mit aller naturalistischen Wahrheit wiedergeben wurde. In diesem Sinne ist die dargestellte profane Figur der heiligen Figur der Vergangenheit näher als der zu ihrer Zeit üblichen idealisierten Venus.

Tatsächlich keinerlei Anspielung auf Venus, kein Körper, der sich verbirgt, um sich besser zu zeigen, sondern Ausdruck einer heftigen Empfindung und der Unruhe, wie Artemisia ihn sowohl auf dem *Sarkophag des Orest* – von dem sich im übrigen auch Orazio für seinen *David* in Dublin hatte anregen lassen – als auch auf der *Vertreibung* in der Sixtina gesehen hatte. Die *Susanna* von Artemisia ist also weit entfernt von den Darstellungen, bei denen sie verfügbar oder sogar zustimmend zu sein scheint – so wie sie zum Beispiel auch Giuseppe Cesare Cavaliere d'Arpino dargestellt hatte, ein Freund der Familie Gentileschi und manieristischer Maler, bei dem Caravaggio in seiner Anfangszeit gearbeitet hat. Diese Darstellung voller verwirrender erotischer Analogien hat Artemisia nicht sehr beeindruckt. Sie selbst sucht ganz das Gegenteil von dem, wonach er strebte (Abb. 90).

Artemisias Gemälde erscheint uns als das sublime Meisterwerk, das sowohl die römischen Konzeptionen vollendet, als auch die in der Bibel vorhandene Empfindung erneuert und dazu die leichte Zweideutigkeit hinzufügt, die notwendig war, um ein moderneres Werk zu schaffen als ihre Vorgänger.

Das Gemälde zeigt einen ganzen Komplex an Gefühlen, bei dem sich in Ablehnung, Erchrecken, Scham, und vor allem auch – angedeutet durch den gebeugten armen Körper Susannas – die Anwesenheit eines schwindelerregenden Zweifels, einer Neugier für das sie Bedrohende vermischen. Diese neue Susanna, Beute unerträglicher Widersprüche, ruft bei uns ebenfalls widersprüchliche Reaktionen von Mitgefühl, Achtung und zwiespältiger Identifikation hervor. Eine Identifikation, die wir schwerlich wiederfinden bei der *Susanna* von Simone Cantarina in Bologna (Abb. 91) oder bei der des anonymen Bolognesers im Palazzo Abb. 89

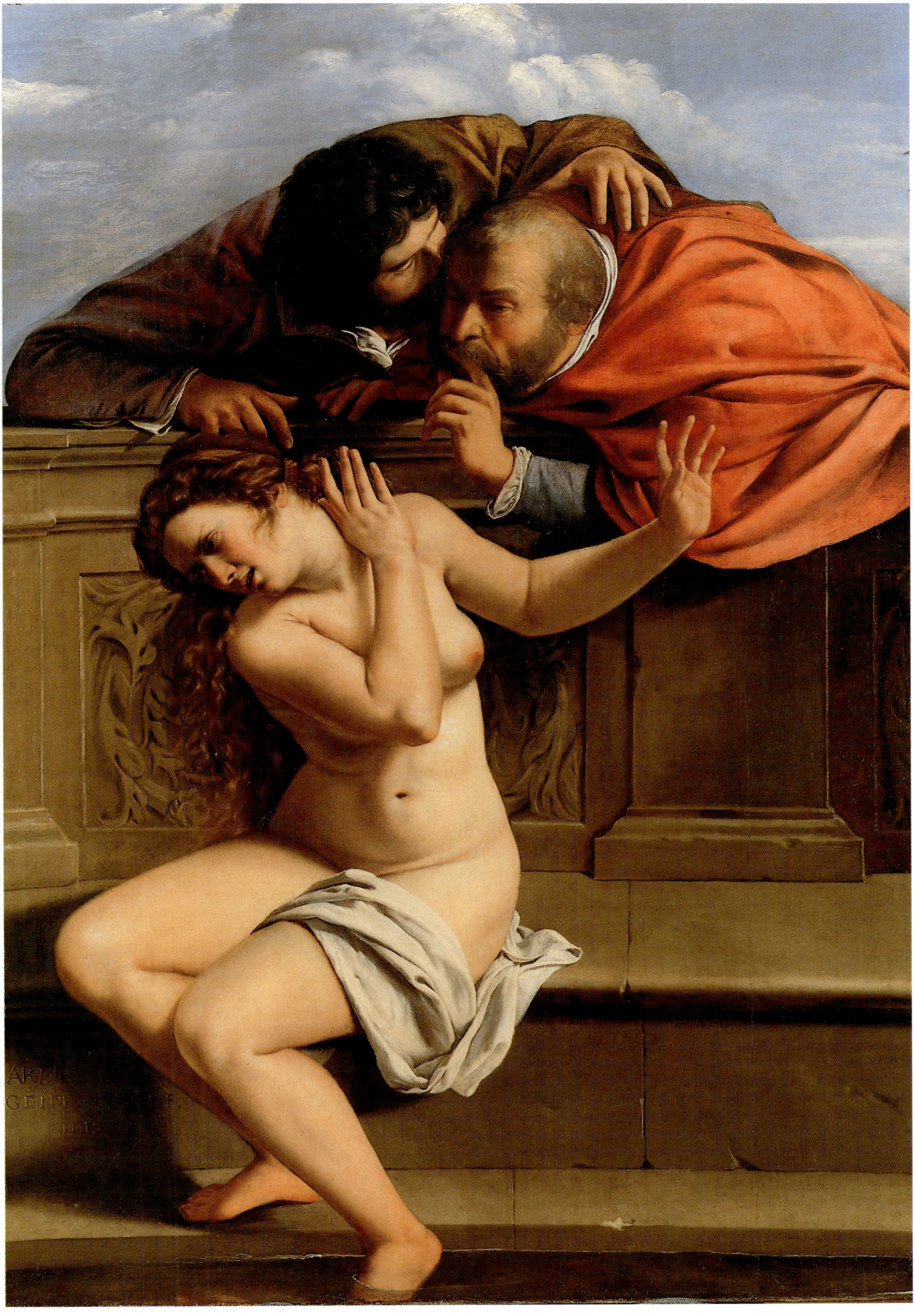

Corsini in Rom, denn beide haben von der Artemisias nur die Form, aber nicht den Gehalt entliehen.

Die folgende anekdotische Geschichte kann nach meiner Meinung die Vieldeutigkeit des Ausdrucks Susannas erhellen: im Mai 1611 wurde Artemisia von Agostino Tassi vergewaltigt, der deshalb für achtzehn Monate ins Gefängnis wanderte, und das nach einem öffentlichen Prozeß, bei dem die Zeugenaussagen zumindest widersprüchlich gewesen waren. Es wurde deutlich, daß Tassi sich bei seinem Verführungsunternehmen von seinem Freund Cosimo Quorli hatte helfen lassen: wie in der Bibelgeschichte hatten die beiden Kumpane Artemisia gedroht, sie würden sie, falls sie ihnen nicht willfährig wäre, sexueller Beziehungen mit mehreren anderen beschuldigen! Nach den Aussagen Orazios sei die noch minderjährige Artemisia von dem genannten Tassi «viele Male» vergewaltigt worden, während sie selbst behauptete, zur Zeit der Tat mit siebzehn Jahren noch Jungfrau gewesen zu sein.

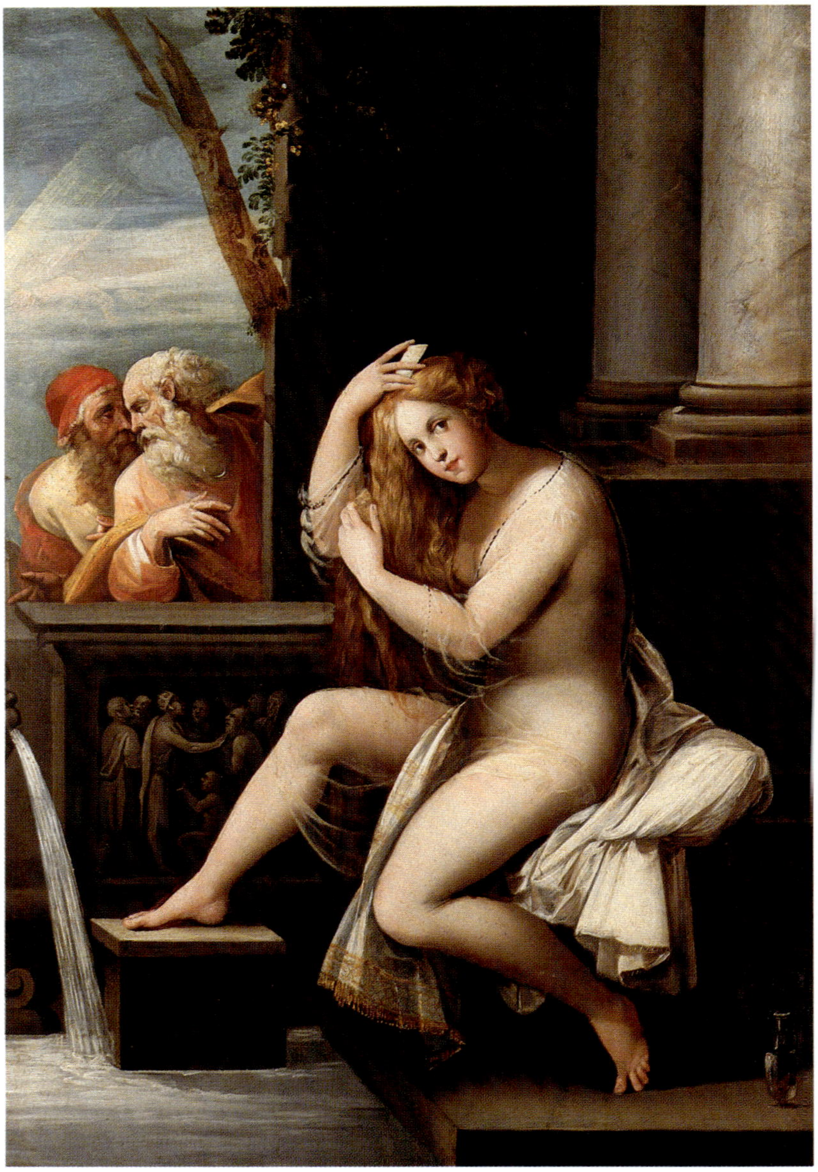

Abb. 90

Bei ihrem Prozeß war Artemisia sehr realistisch und sprach selbst von den Umständen mit einem gewissen Humor. Sie erzählte, daß sich Tassi nach der Vergewaltigung verpflichtet habe, sie zu heiraten, und daß sie, weil sie sich nun als seine Frau betrachtete, eingewilligt habe, aufs neue von ihm «vergewaltigt» zu werden. Bis zu dem Tag, als er ihr erklärte, er wolle sie nicht heiraten. Zu diesem Zeitpunkt vertraute Artemisia sich ihrem Vater an, der, da er sich noch stärker verletzt fühlte als seine Tochter, unverzüglich ein Verfahren gegen Tassi beantragte. Die doppelten, mit einem Schloß versehenen Schellen an ihren Daumen betrachtend, sprach sie den Satz: «Das ist der Ring, den du mir geschenkt hast, das sind deine Versprechungen!» Angesichts Artemisias mit den Daumenschellen an den Fingern bemühte sich Tassi, ein finsteres Bild von ihr zu geben und behauptete, er sei keineswegs der einzige, der mit ihr geschlafen habe, und sie habe sich sehr gern auch von anderen verführen lassen...

Nach dem Prozeß bemühte sich Orazio, den Skandal rasch in Vergessenheit geraten zu lassen, indem er seine Tochter mit einem Florentiner verheiratete, was nicht verhindert hat, daß die Geschichte der libertinen Artemisia über Jahrhunderte hin weitererzählt wurde.

Soweit die Fakten. Was kann man daraus schließen?

Die Überschneidung des Datums des Prozesses mit dem der Entstehung des Gemäldes stellte für die Experten seit jeher ein Problem dar. Die Historikerin Mary D. Garrard[3] hat folgende Hypothese aufgestellt: das Gemälde sei 1611 nach der Vergewaltigung gemalt worden. Orazio habe das wirkliche Datum verfälscht, zum einen, um seine Tochter als frühreifes Genie erscheinen zu lassen, zum anderen, um die peinliche Beziehung zwischen Ursache und Wirkung, zwischen der Vergewaltigung und der Darstellung des biblischen Themas zu vertuschen. Sie fügt jedoch hinzu, die sexuelle Bedrängung, der Artemisia ausgesetzt war – tägliche Angriffe Tassis und seines Freundes Quorli wie auch einer Anzahl anderer Freier seien für sie ein hinreichend wichtiges Element geworden, um sich ihrer eigenen Verletzlichkeit bewußt zu werden, was ihr die Möglichkeit gegeben habe, ihre *Susanna* darzustellen und später ihre «kastrierende» *Judith*, auf der Holofernes ein Ersatz für Tassi sei.

Artemisia malte später noch vier andere Versionen des Themas, von denen die letzte auch ihr letztes Gemälde ist: ein sublimes Gesamtwerk zwischen einem ersten und letzten Bild mit der Darstellung Susannas.

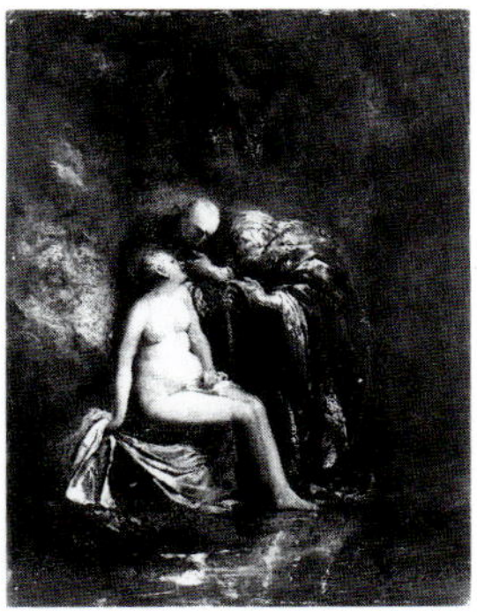
Abb. 92

Die Maler des Nordens

Die beiden italienischen Darstellungstypen der Susanna gibt es im 16. Jahrhundert auch in Deutschland, Flandern und in den Niederlanden. Liselotte Popelka[4] hat überzeugend nachgewiesen, daß für die Künstler der nördlichen Länder die Literatur ebenso wie das Theater Vorbilder lieferten, jedoch für die italienische Kunst solche Vorbilder kaum prägend waren.

In Deutschland ist die Zahl der Werke sehr klein, genannt sei die *Susanna* von Michael Willmann (Abb. 92) und die von Johann König in Nürnberg (Abb. 93). Sehr viel zahlreicher waren die Bilder in den

[3] Mary D. Garrard: *Artemisia Gentileschi*, Princeton University Press, Princeton, New Jersey.
[4] Liselotte Popelka: *Susanna hebraea*, Dissertation, 1956, Universität Wien, Österreich.

Abb. 91
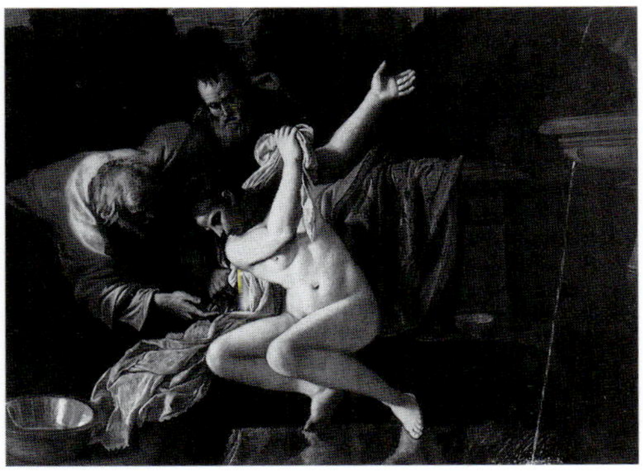

Abb. 93
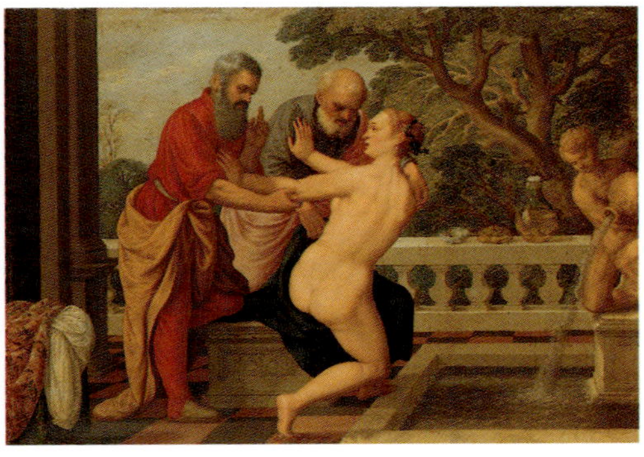

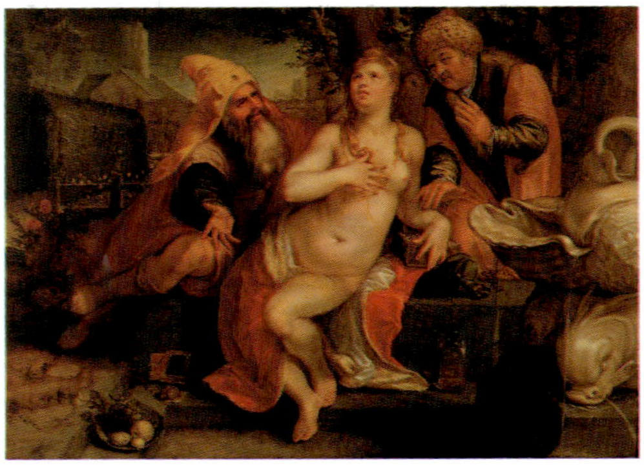

Abb. 94

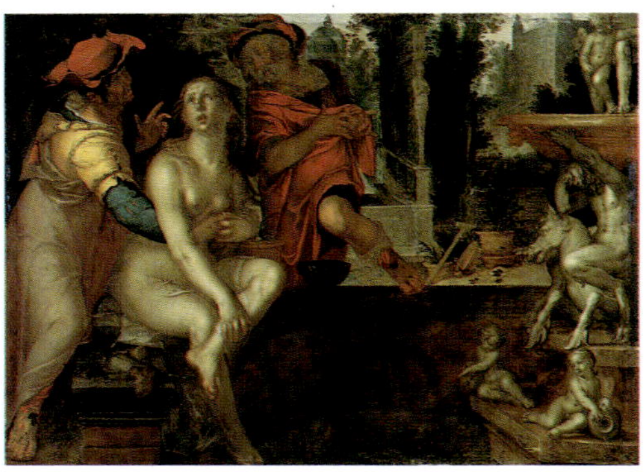

Abb. 97

Niederlanden und Österreich infolge der engen Verbindungen zwischen diesen beiden Ländern. Vor Rubens und den Künstlern des Barock sind zu nennen: die pathetische und pittoreske *Susanna* von Hendrick Goltzius in Douai (Abb. 94), die als ein Ausdruck des populären Dramas von C. Schonaüs erscheint und an die *Susanna* seines Schülers Pieter Fransz de Grebber in Bourg-en-Bresse (Abb. 95) erinnert, die *Susanna im Bade* von Cornelis von Harlem in Nürnberg (Abb. 96), auf der der Künstler seine ganze manieristische Virtuosität entfaltet - komplizierte Verwindungen, Verkürzungen, Verformungen, ebenso befremdliche wie unwahrscheinliche Handstellungen -, die beiden *Susannen* von Joachim Uytewael in Gouda (Abb. 97) und in Arras (Abb. 98), die des Flamen Hendrick de Clerck in Amsterdam (Abb. 99) sowie die der flämischen Schule zugeschriebene vom Ende des 16. Jahrhunderts in Nîmes (Abb. 100).

Im allgemeinen werden, bis auf wenige Ausnahmen, bei Rubens ebenso wie bei anderen Malern der nördlichen Länder die von Urbanität geprägte venetianische Szene wie auch die gemäßigte Aggression der römischen Szene zugunsten der Darstellung einer tatsächlichen Aggression aufgegeben.

Rubens

Eine große Zahl sich auf Susanna beziehender Werke sind Rubens zugeschrieben worden, doch nur einige davon sind wirklich von ihm. Kleine Skizzen und monumentale Formate wechseln von seiner ersten italienischen Periode bis zu den späten Werken von 1636 miteinander ab, wobei die Zeit zwischen 1614 und 1618 die fruchtbarste ist.

Aus der Zeit seines Aufenthaltes in Rom stammt seine *Susanna und die*

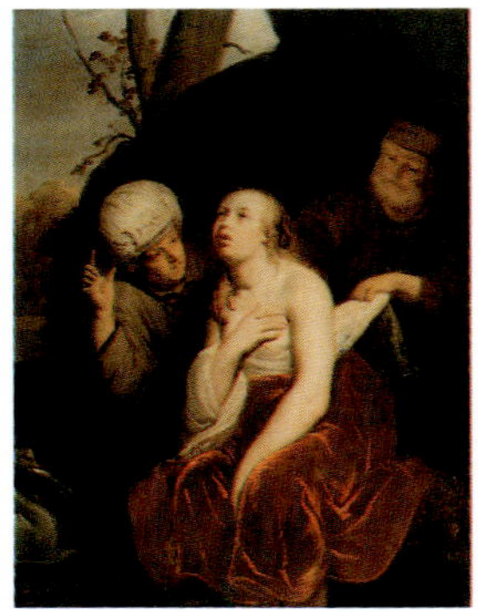

Abb. 95

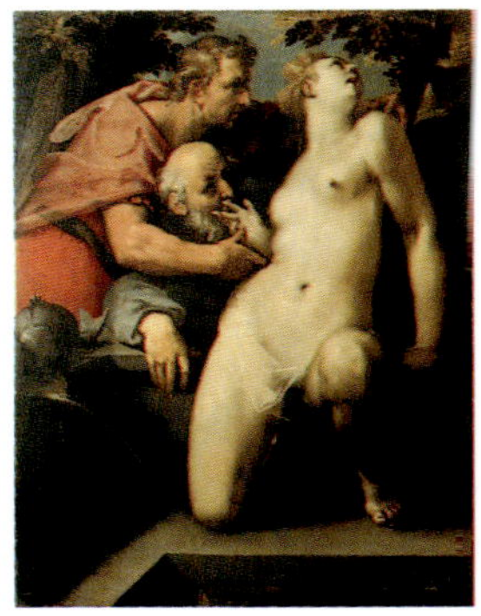

Abb. 96

Abb. 99

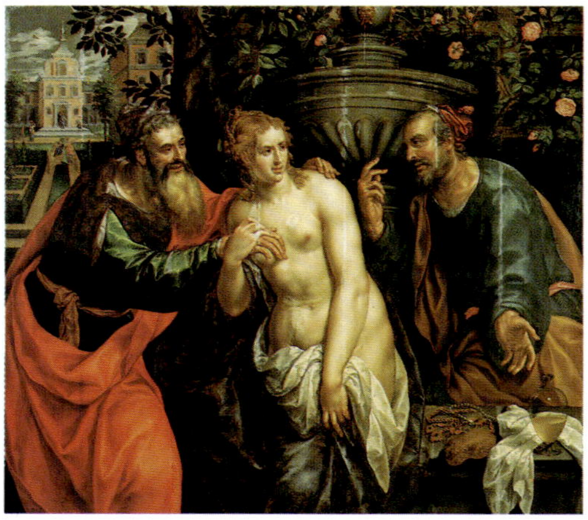

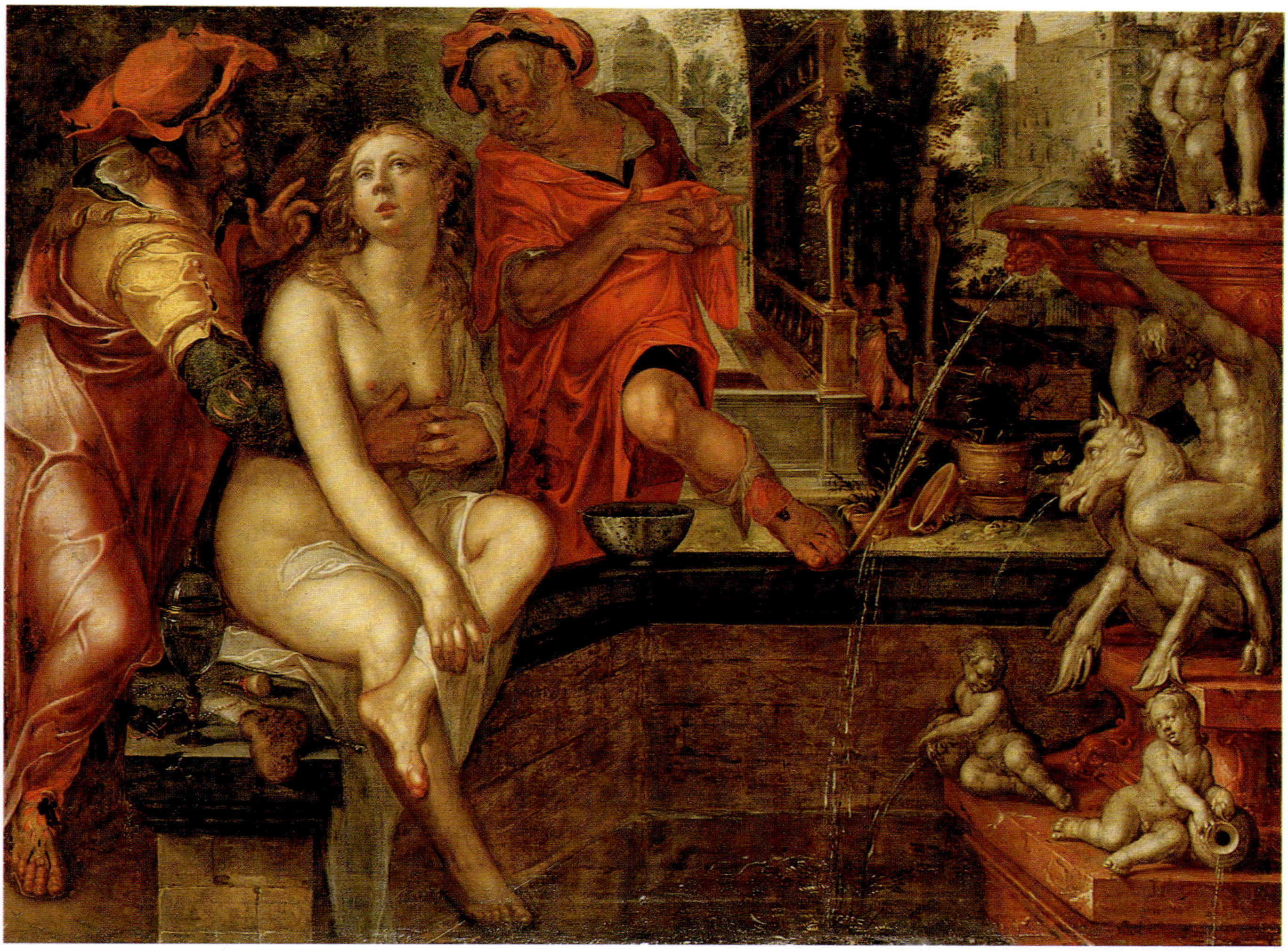

Abb. 98

beiden Alten der Galerie Borghese (Abb. 101). Das kleinformatige Bild zeigt – für ihn charakteristisch – die Szene der Aggression inmitten weniger architektonischer und landschaftlicher Elemente, die auf die venetianischen Darstellungen Tintorettos Bezug nehmen.

Das Bild zeugt von zweifachem Einfluß: einem venetianischen, in der Darstellung Susannas und der Behandlung des Raumes, und von einem römischen insofern, als sie von einer lebhaften Erregung, insbesondere von Angst, erfaßt ist, zudem sind die alten Männer differenziert und auf derselben Seite angeordnet, einer von ihnen hält den Zeigefinger vor den Mund, wie bei Annibale Carracci, und Bade-Accessoires fehlen. Ausserdem erkennt man einerseits die Anspielung auf die antike Statue des *Dornausziehers* und andererseits den Caravaggio-Stil, den Rubens sehr schätzte und der dem Bild seine Tonalität gibt.

Abb. 100

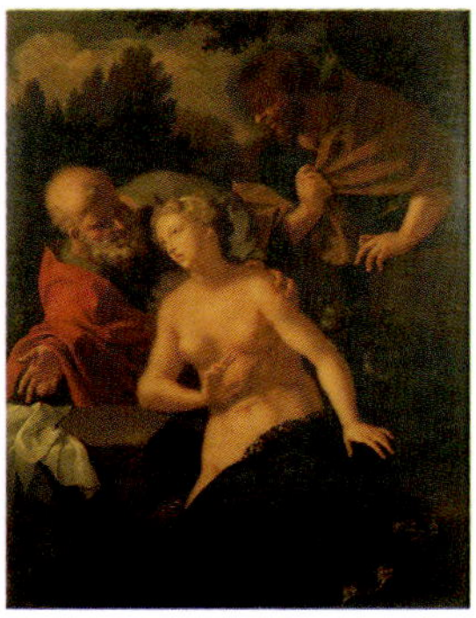

Unter dem dreifachen italienischen Einfluß - Venedigs, Roms, Caravaggios - außerdem noch ältere Elemente aufgreifend, hat Rubens eine erste *Susanna* gemalt, die doch ihre eigene Originalität besitzt.

Die *Susanna im Bade* der Academia San Fernando in Madrid (Abb. 102) ist ein großformatiges Werk, das die Personen in natürlicher Größe zeigt. Wegen der wirklichkeitsgetreuen Darstellung des Ausdrucks dieser Personen und wegen der Komposition mit den Alten zur Rechten und Susanna zur Linken kann man diese *Susanna* mit der von Domenichino in München vergleichen. Bei dem erkennbaren römischen Einfluß in der Aufteilung des Raumes durch eine Balustrade, die einer der Alten überklettert, und in der Anordnung der Figuren, ist das Bild doch vor allem von einer Art barocker Konvulsion erfaßt, die die Protagonisten ebenso wie die diversen Elemente des Bildes miteinander verbindet, wodurch die offenkundige Wildheit der tatsächlichen Agression einer gesuchten Wirkung des Ganzen untergeordnet wird. Die Agression ist überall.

Im Gegensatz zu den italienischen Malern, die die Psychologie der Alten nuancierten indem sie einen bedachtsameren Mann einem impulsiveren gegenüberstellten, zeigt Rubens zwei Männer, die von derselben libidinösen Begierde besessen sind. Er treibt damit den natürlichen Antagonismus zwischen der Scham und der Schwäche der jungen Frau - hier noch verstärkt durch die Unstabilität der Figur - und der brutalen Entschlossenheit ihrer Agressoren ins Extrem.

Eine ikonographische Nuance ist festzuhalten: der Hermelinmantel (Privileg des Adels, so wie die Lilie Symbol der Treue und moralischer Standhaftigkeit ist).

Die *Susanna* in Stockholm (Abb. 103) stammt von 1614. Sie erinnert an die in Rom. Die Szene spielt in einer Grotte mit einer Umgebung ohne jedes Accessoire. Das Wasser, die Grotte und Susanna verweisen uns auf eine gleichartige poetische Konzeption der Weiblichkeit, bei der Venus und Diana miteinander rivalisieren.

Susanna ist dabei, sich zu erfrischen: die drei Personen sind alle gleichermaßen überrascht. Das Erstaunen der Alten erinnert an etwas bei Guercino. Entgegen der üblichen niederländischen Darstellung der tatsächlichen Aggression

Abb. 101

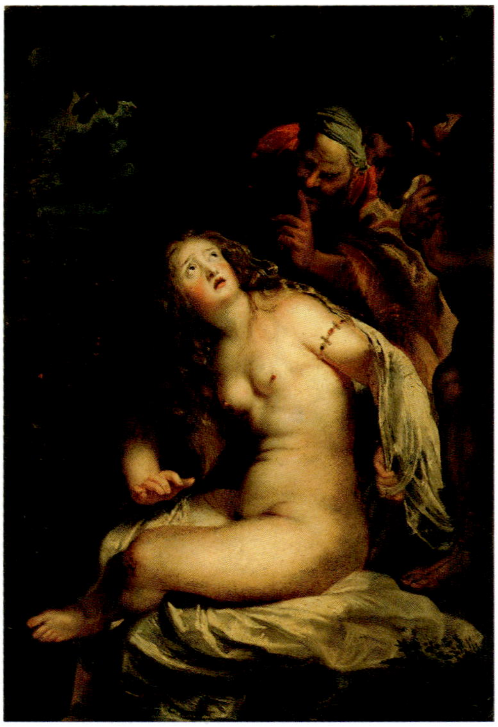

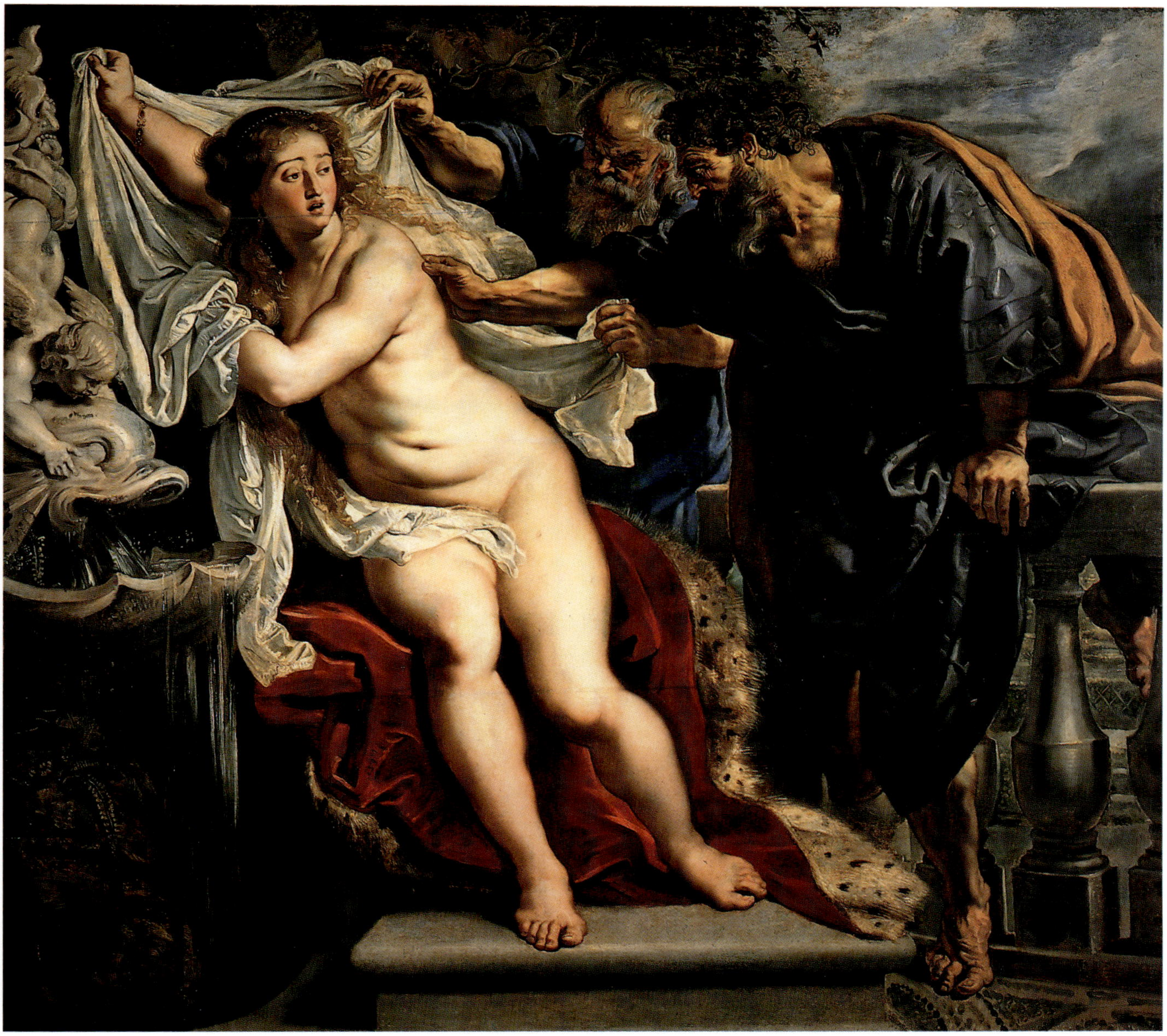

Abb. 102

zeigt der Maler hier zwei Männer – zwei Hirten? –, die von dem entdeckten Wunder verblüfft sind. Der Mund des jüngeren steht offen, die Hände des anderen scheinen ein entzücktes Staunen auszudrücken, Susanna hingegen ist erschreckt und schamhaft, sie preßt die Kniee zusammen, zieht mit einer Hand ihr Badetuch zum Bauch und macht mit der anderen eine Geste des Sich-Schützens. Der antiken *Kauernden Venus* nahestehend, bezeugt die *Susanna* von Stockholm, gleich der von Annibale Carracci, die genauen Kenntnisse, die Rubens über das Thema hat.

D.A. Schmidt und Susanne Maas sehen in der Leningrader *Susanna* (Abb. 104) ein Original und in der der Galerie Sabauda in Turin dessen Kopie (Abb. 105), das Museum der Eremitage weist es der Rubensschule zu. Auf beiden Versionen wird Susanna zwischen den beiden Alten dargestellt – was für Rubens ungewöhnlich ist. Hier gibt es keinen Ausweg mehr wie bei den vorhergehenden Gemälden. Vor ihr das Wasser, hinter ihr die Balustrade, die Alten zu beiden Seiten, bricht Susanna zusammen, machtlos, resigniert, gefangen von den beiden lüsternen Kumpanen, die sich bemühen, ihr das Tuch zu entreißen, mit dem sie sich bedeckt.

Die düsteren Zypressen auf der rechten Seite des Bildes zeichnen sich mit ihren dunklen Umrissen vor der Dämmerung ab und geben dem Drama Susannas eine finstere Note. Man wird an die eine oder andere Grablegung Christi erinnert oder an Tizians *Dornenkrönung* in München.

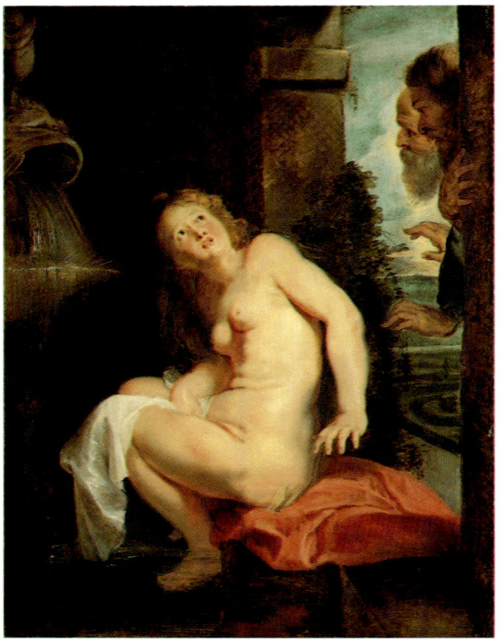

Abb. 103

Abb. 104

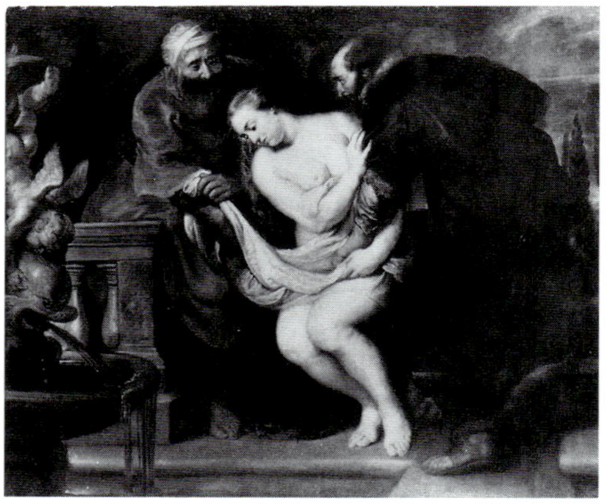

Abb. 105

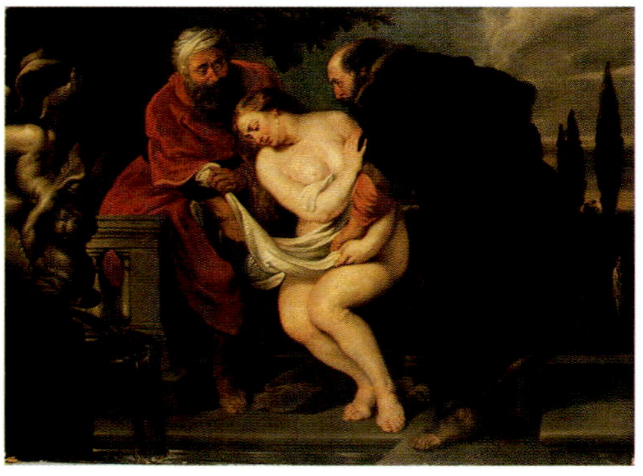

Die verschlungenen Hände des Opfers und eines der Aggressoren machen die Szene besonders pathetisch, ein Pathos, das man wiederfindet auf der Studie in Öl von Delacroix im Museum von Lille (Abb. 106).

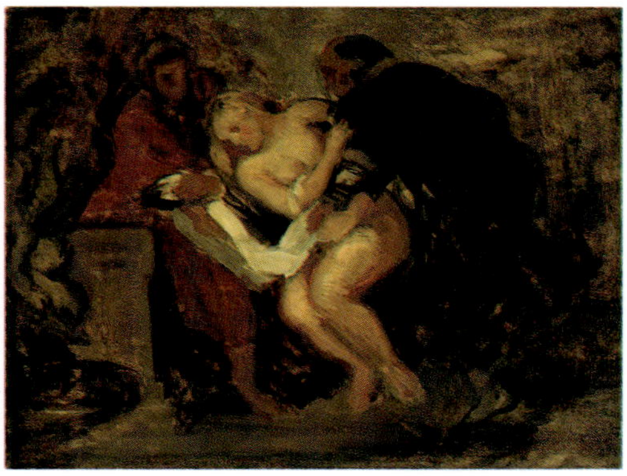

Abb. 106

Mit der späten *Susanna* in München (Abb. 107), die reicher an heterogenen Motiven ist, bringt Rubens eine neue Thematik ins Spiel, auch wenn er alle Besonderheiten seiner eigenen früheren Bilder in einer Synthese vereint.

Die Grotte, der Brunnen, die Accessoires für die Toilette der Venus, ihre Perlen, die idyllische venetianische Landschaft, der kleine Hund von Veronese, die römische Balustrade, das antike Motiv der *Kauernden Venus* der Akt schräg von hinten gesehen, der den Betrachter anblickt wie bei Tintoretto (mit einer Nuance von Angst, die es bei ihm nicht gab), die inzwischen übliche Verschiedenartigkeit der beiden Männer, die kraftlose Begierde des älteren, die im Gegensatz steht zu der groben Robustheit des jüngeren, – all diese Elemente waren uns bereits vertraut.

Abb. 107

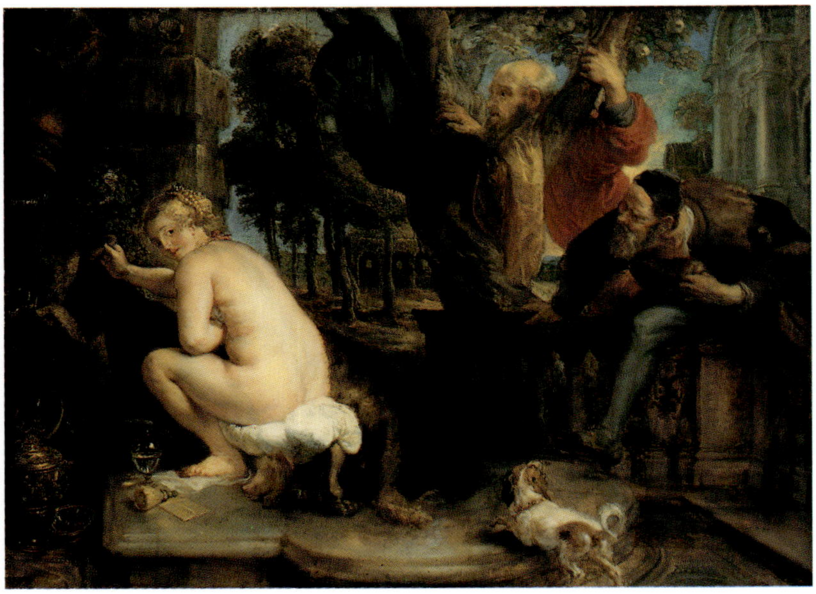

Das Neue liegt in einer Reihe von Einzelheiten, deren Begründung man sicher im persönlichen Leben des Künstlers suchen muss. Rubens ist über sechzig Jahre alt, er lebt zusammen mit seiner zweiten Frau, Helene Fourment, die sehr viel jünger ist als er. Diese Konstellation überlagert die biblische Erzählung auf ideale Weise. Sein Alter, konfrontiert mit der Jugend seiner Frau – bald sich als Versager sehend wie der verwirrte Alte in der Baumgabel, bald nach dem Bild des Jüngeren, seinem Trieb folgend – scheint von dem Maler in Betracht gezogen worden zu sein, der uns damit also ein doppeltes Selbstportrait gäbe vor seiner jungen Frau Helene als *Susanna*, die er gleichzeitig als Eva und als Venus zeigt, sich selbst ironisch und ein wenig grausam in dem senilen Alten unter einem typologisierten Apfelbaum, fasziniert von einer verführerischen Eva oder sogar ihr hörig. Rubens könnte dann mit Helene als *Susanna* suggerieren, daß es in der Geschichte Susanna ist, die aus den alten Männern ihre Opfer macht, eine Interpretation, die allerdings kühn die aus dem *Buch Daniel* überkommene Bedeutung umkehrt.

Die Rubens-Schule

Die beiden Werke aus der Rubens-Schule, die *Susanna und die beiden Alten* in Stockholm (Abb. 108) – von der sich eine sehr ähnliche Version in Leningrad befindet (Abb. 109) – und die *Susanna im Bade* in München greifen die Darstellung des Themas in der Art des Meisters auf. Anzumerken ist, daß die symbolische römische Balustrade durch diverse dekorativere architektonische Elemente ersetzt worden ist und durch Embleme der *Vanitas*: Papagei, Pfau, Perlenketten, kostbare Schmuckstücke, edle Stoffe und Gefäße.

In der Folgezeit macht sich dann, neben dem italienischen Einfluß, der von Rubens bemerkbar. Am Anfang des siebzehnten Jahrhunderts ist er manchmal erheblich, fehlt mitunter aber auch ganz.

Die *Susanna* von Pieter Lastmann in Berlin (Abb. 111) – dessen Malerei den jungen Rembrandt sehr beeinflußt hat – ist viel stärker von seinem Aufenthalt in Italien und seiner Bewunderung für Caravaggio geprägt als etwa von Rubens. Die *Susanna* von Jan Van Noort in Leipzig (Abb. 112) – der wahrscheinlich ein Schüler Rembrandts war und

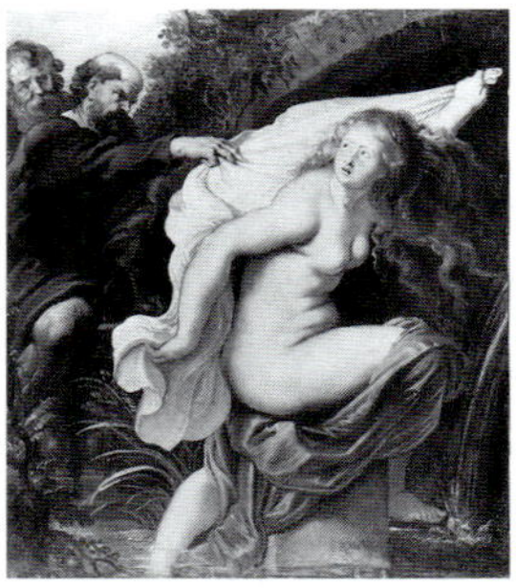

Abb. 109

Abb. 110

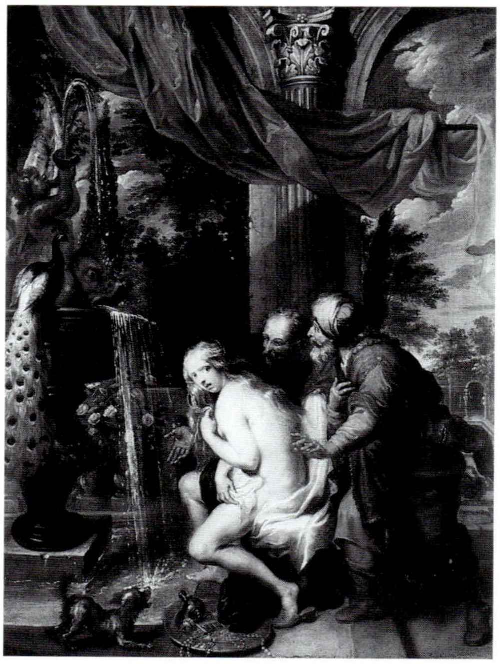

Abb. 108

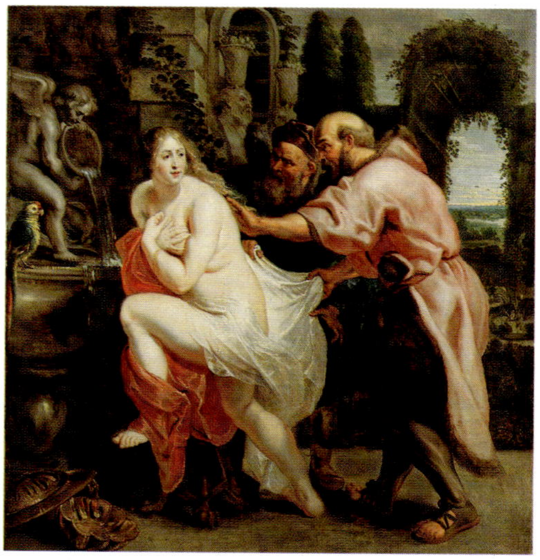

bekannt ist für seine Stiche, die er nach Werken Lastmanns machte, sowie für seine Nymphendarstellungen – ist hingegen typisch für die den Venetianern nahestehende holländische Schule: Susanna als Chrysalide der Venus scheint geheimnisvoll leuchtend und mit vielen vagen Anspielungen einem purpurnen Blumenkelch zu entsteigen, indes – für einige Augenblicke noch – andere Früchte unter dem gewittrigen Himmel leuchten.

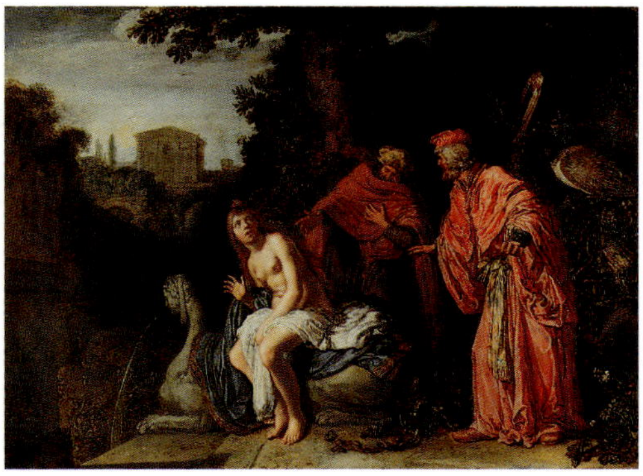

Abb. 111

Honthorst

Die faszinierende *Susanna* von Gerritt van Honthorst der Galerie Borghese in Rom (Abb. 113), die mit 1655 datiert ist, zeigt eher einen römischen Einfluß. Susannas Schrei, ihr Badetuch und die beturbanten Alten erinnern mehr an die Komposition Domenichinos in München und durch die Nahansicht der Personen an Guido Reno, als an die Bilder von Rubens. Auf Guido Reni beziehen sich auch die *Susanna* aus der norditalienischen Schule im Museum von Besançon (Abb. 114) und die von Pietro Liberi in Kassel (Abb. 115).

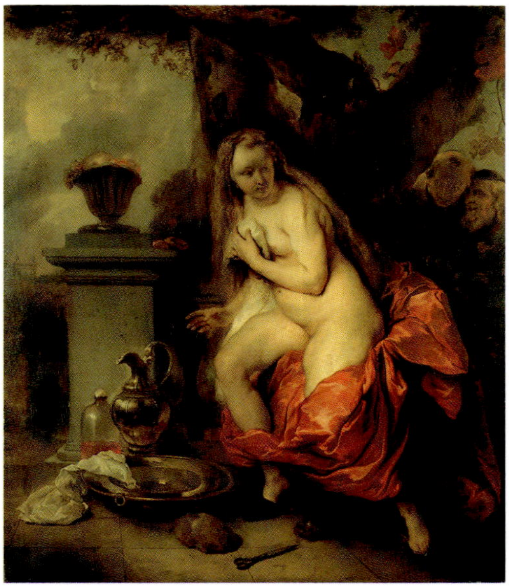

Abb. 112

Hinzuweisen wäre auf die etwas androgyne Figur Susannas bei Honthorst: eine Mehrdeutigkeit, die vorher noch niemals darstellerisch genutzt worden ist.

Das Bild ordnet sich von dem rechten Winkel eines rechtwinkligen Dreiecks aus, dessen Spitze von den Falten des Tuches gebildet wird, an dem Susanna mit der linken Hand zieht. Genau in dem 90°-Winkel dieser Figur, die die Komposition des

Abb. 114

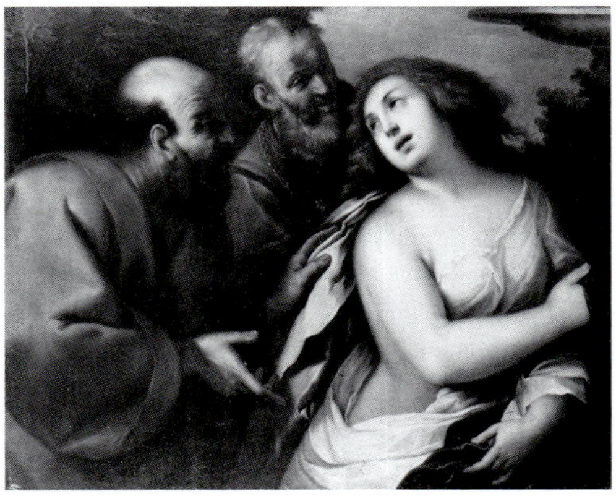

Bildes bestimmt, liegt das von den Alten so begehrte V.

Einen Gegensatz zu der erzählerischen *Susanna* aus der flämischen Schule in Bourges (Abb. 116), die – wie im Mittelalter – die verschiedenen Episoden der Geschichte innerhalb eines architektonischen Raumes vor einer an Leonardo erinnernden Landschaft zeigt, bildet die Nahansicht der *Susanna im Bade* von Anthomis van Dyck in München (Abb. 117). Sie erinnert ein wenig an Rubens durch die Korpulenz Susannas, ihre gekreuzten Beine, die Haltung der Arme, ihren Ausdruck der Scham und die Differenzierung des Verhaltens der Männer. Wenn uns der goldbestickte Purpurstoff auf Veronese und Rubens verweist, so lassen uns die ein wenig nachlässig umherliegenden Pantoffeln an die *Susanna* von Rembrandt in Den Haag denken (Abb. 118). Trotzdem hat der Maler ein eigenständiges Bild geschaffen.

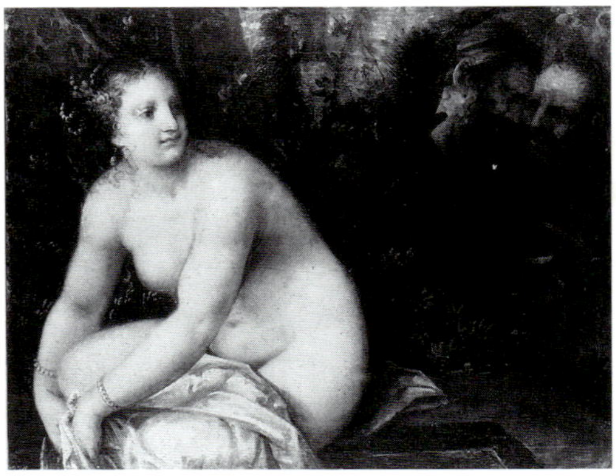

Abb. 115

Abb. 116

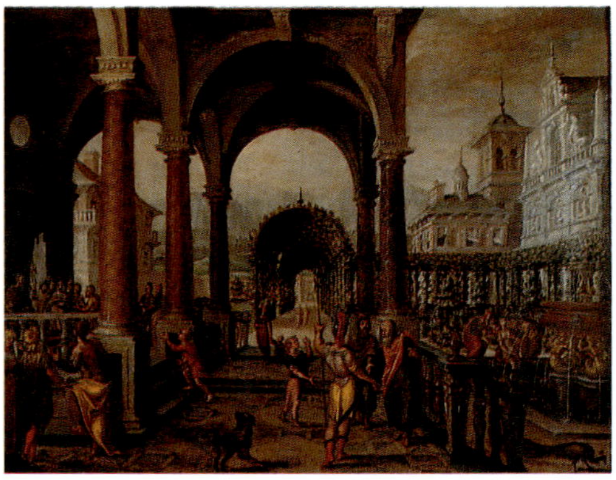

Jacob Jordaens

Abb. 117

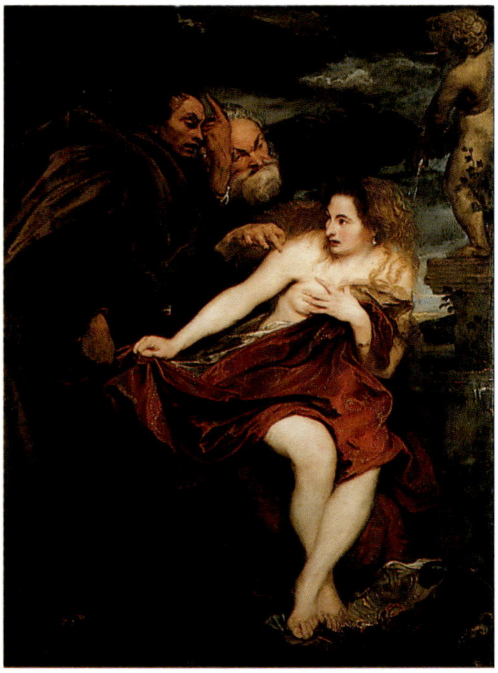

Wie Veronese, Tintoretto und Rubens hat Jacob Jordaens mehrere Variationen des Themas gemalt. Bis auf seine *Susanna* in Verona (Abb. 119) haben seine Bilder alle etwas Burleskes, so daß aus der Geschichte der schönen Jüdin ein finsteres Barocktheater wird. In der Tat bildet die heroische Schönheit Susannas nicht mehr, wie bei den anderen Malern, den Kontrapunkt zur Begierde der beiden lüsternen Komplizen. Im Gegenteil, indem Jordaens die Attribute der Eitelkeit

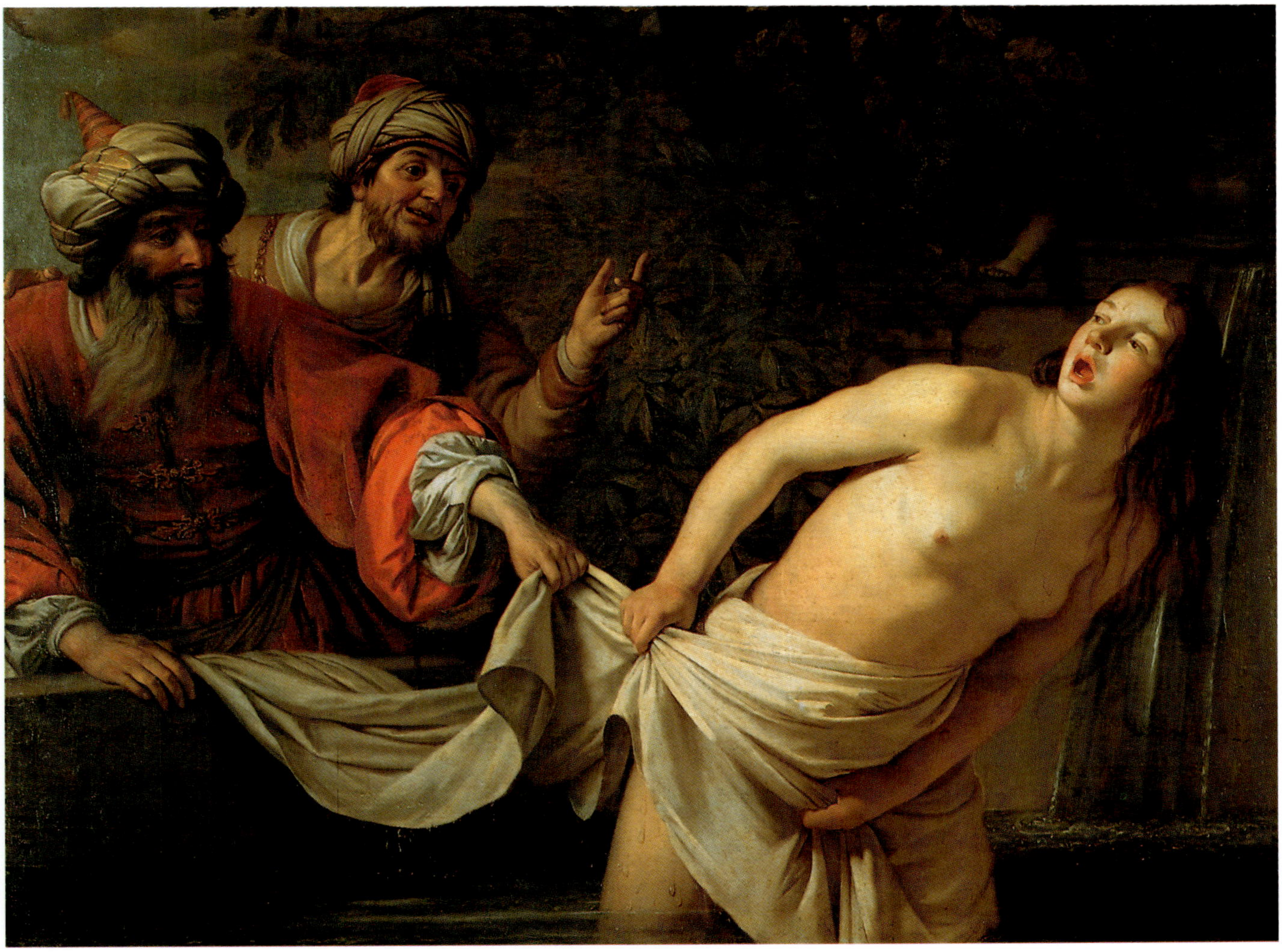

Abb. 113

häuft – Spiegel, Perlenketten, kostbaren Schmuck, edle Stoffe und Gefäße, Pfauen, Papageien, Luxushunde – und indem er aus Susanna eine zustimmende und laszive Mitspielerin macht, wird aus der biblischen Szene eine Parodie, mit der die Malerei aufhört, die früheren moralischen Bedeutungen darzustellen oder vorzuführen: das Heilige vermischt sich nun nicht mehr mit dem Schönen wie bei der von den vorhergehenden Malern gepflegten Mehrdeutigkeit.

Die *Susanna* in Verona zeigt jedoch, gegenüber den später folgenden, ihre Zugehörigkeit zur Tradition. Die beiden durch die Balustrade bezeichneten Bereiche sind nicht gleich wie bei der römischen Darstellung und entsprechen einander nicht wie bei Rubens. Susanna kauert auf dem Boden und ist umso mehr von den sie überragenden Alten bedroht, als die trügerisch wiegende Bewegung des schützenden Tuches, das einer von ihnen ergriffen hat, die Unsicherheit ihrer fötalen Position noch unterstreicht. Ein umgestürztes Gefäß vor ihren Füßen betont die Mißlichkeit ihrer Lage. Hinzukommen die traditionellen Attribute der Eitelkeit: ein Papagei, ein Junopfau, ein Fruchtkorb – wie bei Lastmann – und ein kleiner Hund.

An der *Susanna* in Brüssel (Abb. 120) sieht man deutlich die Entwicklung zur Parodie. Selbst wenn Susanna noch einige Anzeichen von Scham hat, indem sie ihren Busen zusammendrückt und ihre etwas matronenhaften Beine zusammenpreßt, macht sie doch keinerlei Geste der Verteidigung. Man könnte sagen, daß sie angesichts dieser armen Alten, die sie durch ihre kümmerliche Begierde bedrohen, nicht in allzugroßer Gefahr ist...

Auf diesem Gemälde von Jordaens wie auf allen anderen von ihm findet sich immer die *Vanitas* durch den Aufmarsch ihrer Symbole.

Diese Symbole sind auch auf der *Susanna* in Lille (Abb. 121) zu sehen.

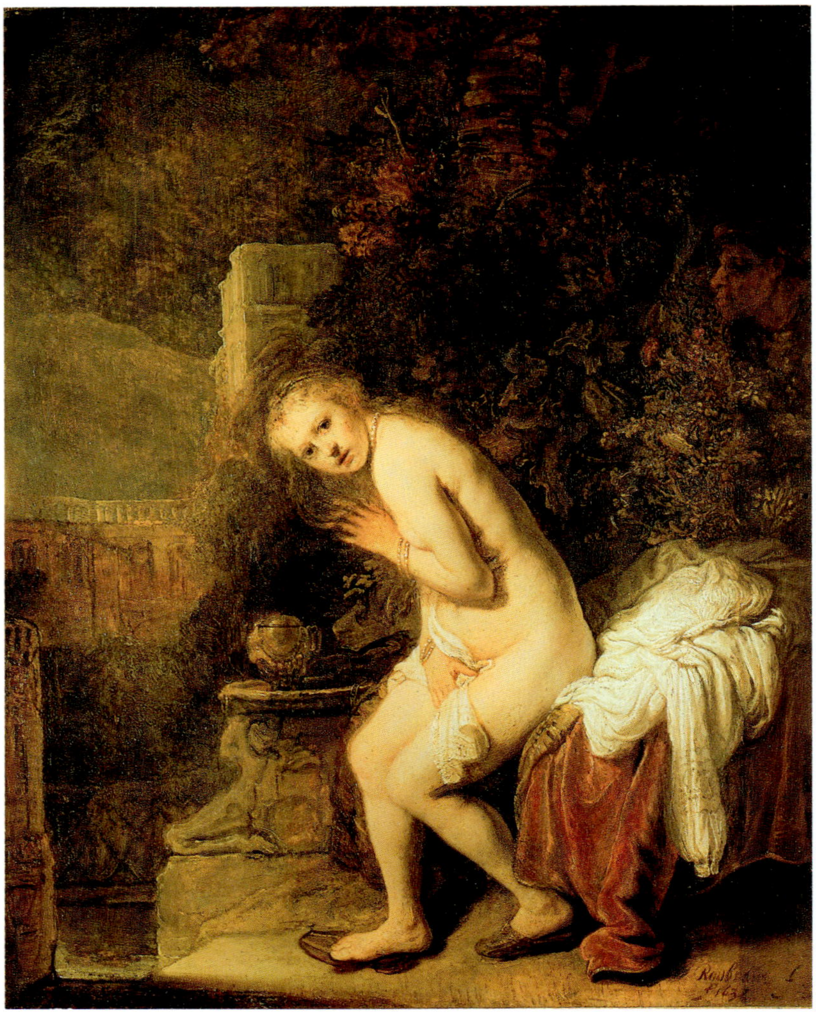

Abb. 118

Abb. 119

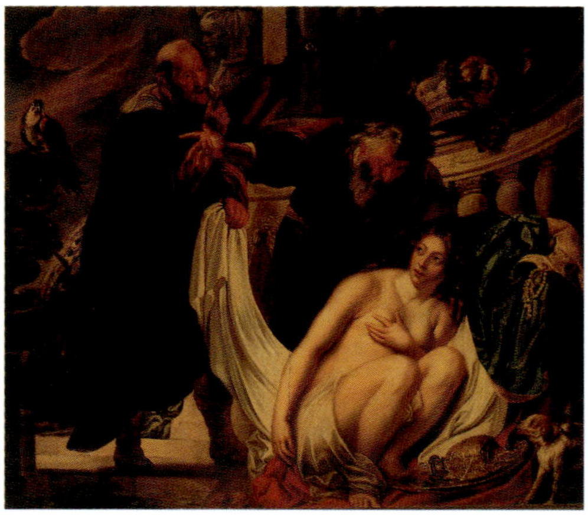

Sie erscheinen uns wie ein am Rand eines Brunnens aufgebautes großes Stilleben, in dessen Mitte das Trio die heilige biblische Szene und deren bekannte, inzwischen klassische Darstellungen des Themas parodiert. Man findet hier – gewissermaßen in der Tonlage der Ironie – den schmerzlichen, pathetisch zum Himmel gerichteten Blick Susannas, den der römischen Schule eigenen, vor den Mund gehaltenen Zeigefinger eines der beiden Lüstlinge, das Gespräch von Veronese – der körperliche Kontakt mit Susanna wurde vermieden und eine Verhandlung bevorzugt – sowie eine mehr und mehr karikaturistische Differenzierung der beiden Alten: der eine listig, nahezu zahnlos, besessen von wilder Begierde, der andere faunisch, von einer wolkigen Aura umgeben, in der das Licht sich konzentriert, wodurch er im Kontrast zu einer etwas diabolischen Erscheinung wird.

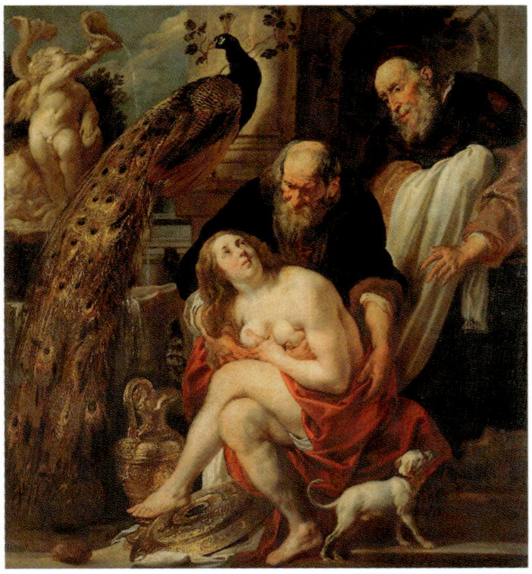

Abb. 120

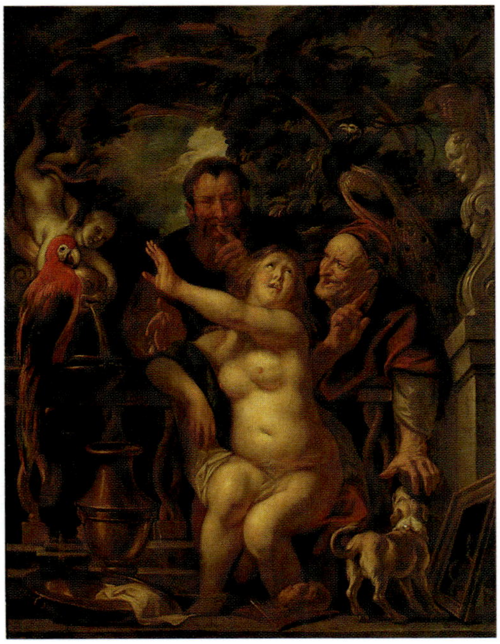

Abb. 121

Die *Susanna* in Kopenhagen von 1653 (Abb. 122) und die im Jagdschloß Grunewald von 1657 (Abb. 123), die eine Replik zur ersteren im Hochformat ist, mit einigen Variationen in der Anordnung der bei Jordaens üblichen Bildelemente, verrät seine Kenntnis der Münchner *Susanna* von Rubens. So wie dort überklettert einer der Alten die Einfassung des Fensters des Badepavillons, indes Susanna den Kopf nach hinten wendet – den Blick dabei allerdings nicht auf den Betrachter gerichtet –, doch mit ihrer Toilette fortfährt, als geschähe gar nichts, nur ein amüsiertes Lächeln auf den Lippen.

Das Burleske erreicht hier einen Höhepunkt. Die karikaturistische und komisch-satirische Dimension interessiert uns nicht sonderlich als eine der Ausdrucksformen der Malerei, aber sie berührt uns Moderne durch ihren zur Schau gestellten Bruch mit einer etablierten Maltradition. Eine parodistische Haltung, die später im übrigen von Arnold Böcklin mit seiner *Susanna* in Oldenburg wieder aufgegriffen wird (Abb. 124).

Rembrandt

In Holland ist Rembrandt der große wirkliche Nachfolger der Venetianer – ohne jede Neigung zum Spott. Seine *Susanna im Bade* in Den Haag (Abb. 118), die erste der beiden bekannten, ist auf ihre Weise ebenso faszinierend wie die Tintorettos in Wien. Susanna ist als schamhaftes junges Mädchen dargestellt, das überrascht wird vom Betrachter des Bildes. Damit hat Rembrandt ihn noch unmittelbarer als Tintoretto mit seiner Wiener *Susanna* als Mitspieler in der Szene und als Protagonisten in das Geheimnis der Malerei einbezogen.

Innerhalb eines Raumes mit unbestimmten Anhaltspunkten und in einer phosphoreszierenden Dunkelheit erschüttert uns die als Nachfahrin der venetianischen Erscheinungen dargestellte Susanna durch ihre Einsamkeit. Wie bei den Venetianern beobachtet ein in den Büschen eben angedeuteter Mann aus einem gewissen Abstand die Szene. Susanna, mit Perlen geschmückt – die jedoch eher an ihre verborgene Weiblichkeit erinnern als an den konventionellen Wunsch, geschmückt zu erscheinen –, wird mit den zeitüblichen Pantoffeln als eine alltägliche, und zugleich durch die Tiefe ihrer Menschlichkeit als zeitlose Frau dargestellt. So wie die Landschaft real und irreal erscheint, ist Susanna konkret und legendär zugleich.

Auf phantastische Weise real ist auch die Landschaft der *Susanna* in Berlin (Abb. 125), so wie es die von geheimnisvollen goldenen Lichtern durchlöcherte Nacht ist, in der die

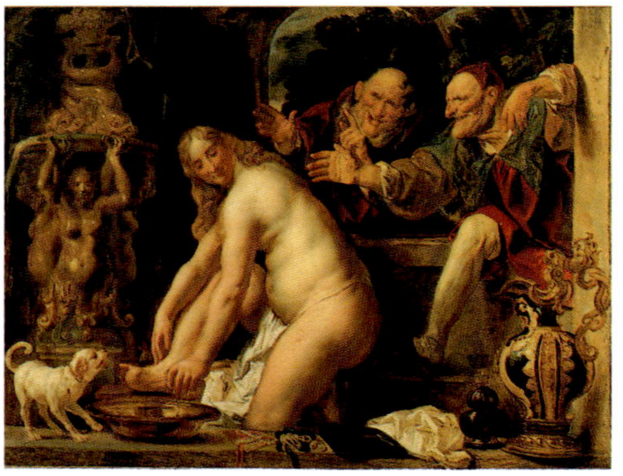

Abb. 122

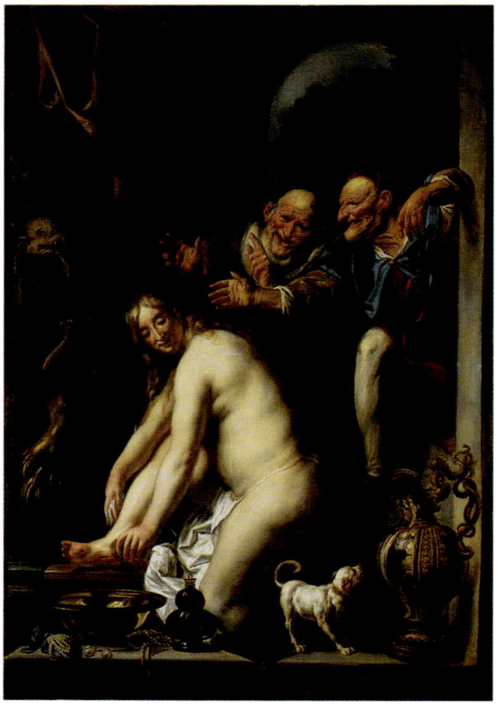

Abb. 123

Abb. 124

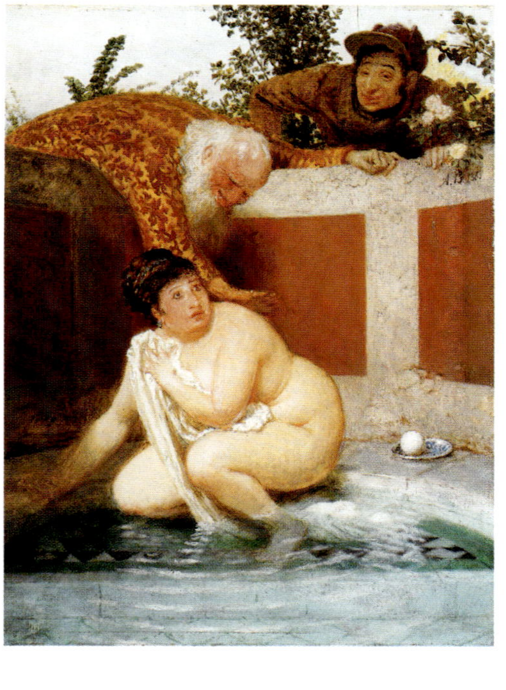

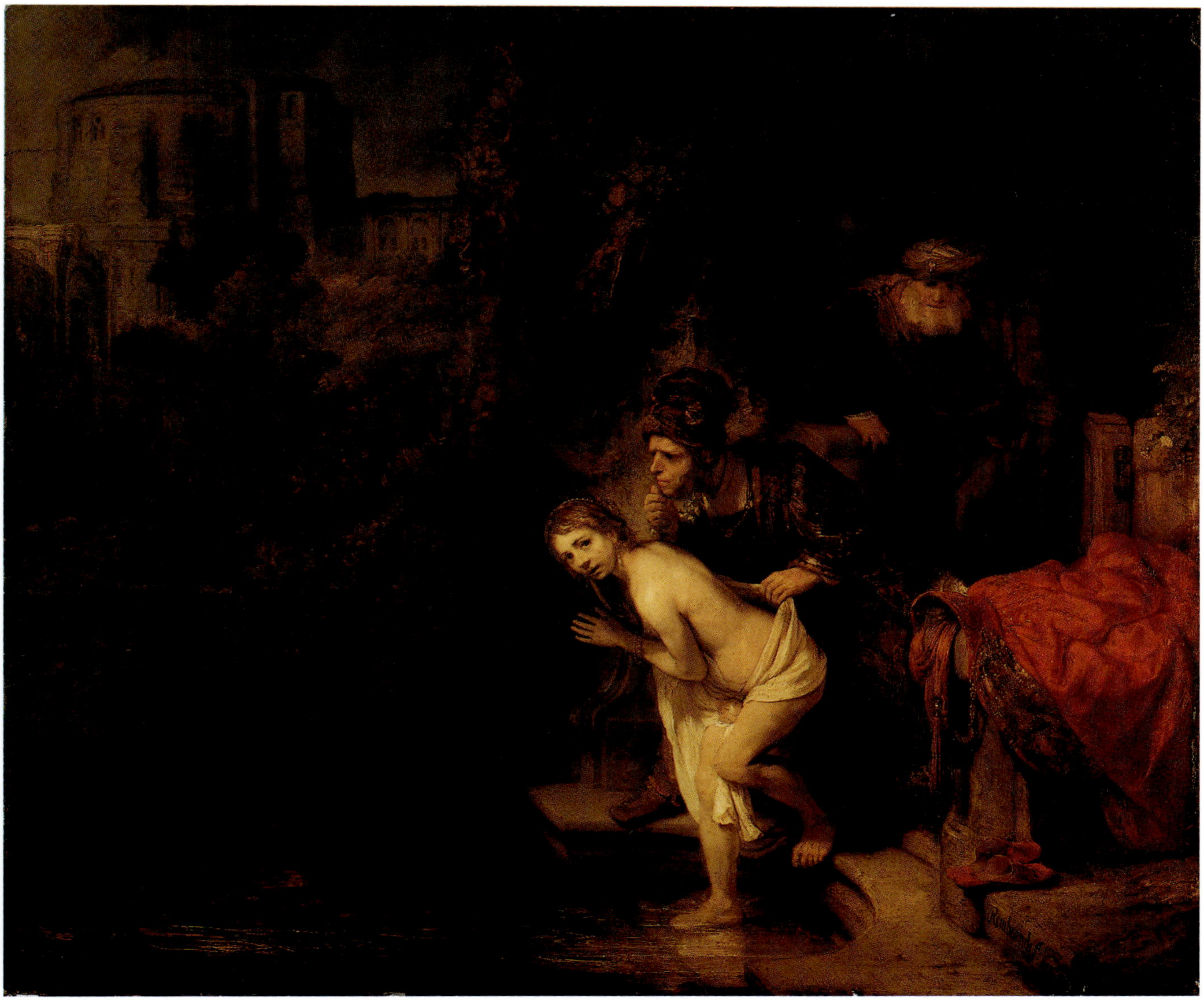

Abb. 125

alten Männer eine noch ganz kindliche Susanna überraschen. Die Dämmerung rings um die Szene, erleuchtet nur durch das Aufglühen eines warmen schimmernden Lichtes am Rande des Bildes, lenkt die Aufmerksamkeit ganz auf die junge Frau, die gerade das Wasser betritt. Das mächtige purpurfarbene Gewand zur Rechten wie auch die Pantoffeln von gleicher Farbe sind Vorzeichen für das sich ankündigende Drama.

Unter rein ikonographischem Blickwinkel betrachtet, steht die *Susanna* von Berlin – von der sich eine Portraitstudie in der Art Rembrandts in Bayonne befindet (Abb. 126) – ganz im Gegensatz zu der in Den Haag, denn sie zeigt die römische Szene der Aggression, indes das Thema der anderen die venetianische Szene der Belauerung ist. Damit hat Rembrandt in zwei Gemälden die beiden grundsätzli-

Abb. 126

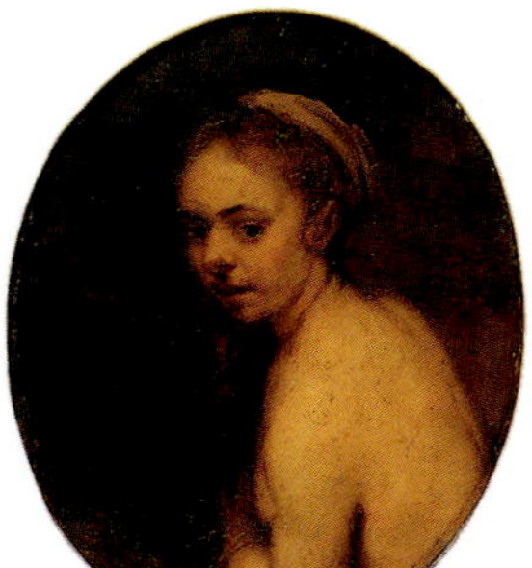

chen Darstellungsformen des Themas zusammengefaßt.

Vermischungen

Die *Susanna* von Govaert Flinck in Berlin (Abb. 127), einem Schüler Rembrandts, wiederholt nur vordergründig das Aufleuchten der Farbe des Meisters. Mit seiner *Susanna* in Glasgow (Abb. 128) faßt der ebenfalls von Rembrandt beeinflußte Jacob van Loo die beiden italienischen Darstellungstypen zusammen, wobei er von der Berliner *Susanna* nur den Purpurfleck zitiert.

Die *Susanna* von Stocade in Leipzig (Abb. 129), der Rom und Venedig besuchte und vor allem wegen seines Talents als Portraitist beliebt war, die von Peter Lely in Birmingham (Abb. 130), der die Malerei van Dycks besonders schätzte, die von Gérard Wigmana in Potsdam (Abb. 131), die von Arnold Houbraken in Manchester, der als Kunstschrifsteller besser denn als Maler war, sowie die von Van der Burg in Toulouse (Abb. 133) bringen alle keine wirklich neuen Elemente, ausser in manchen Details: Stellung der Hände, Ausdruck der Gesichter oder Art der Szenenbegrenzung.

Mit dem Ende des siebzehnten und dem Beginn des achtzehnten Jahrhunderts scheint die ein Jahrhundert vorher so reiche Quelle zu versiegen. Zwar gibt es immer noch viele Italiener, fast ebensoviele Franzosen – die vorher doch so selten waren –, ebensoviele Holländer, doch kaum noch Flamen und Deutsche und nur einen Österrei-

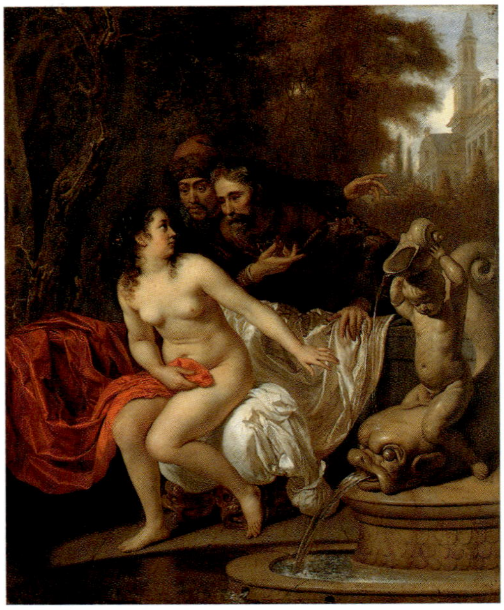

Abb. 128

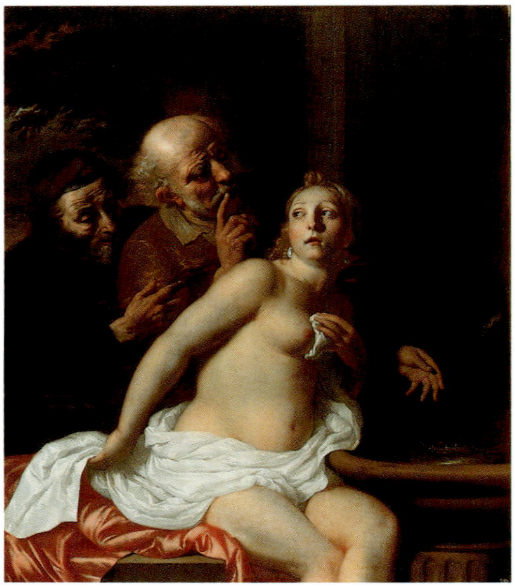

Abb. 129

Abb. 130

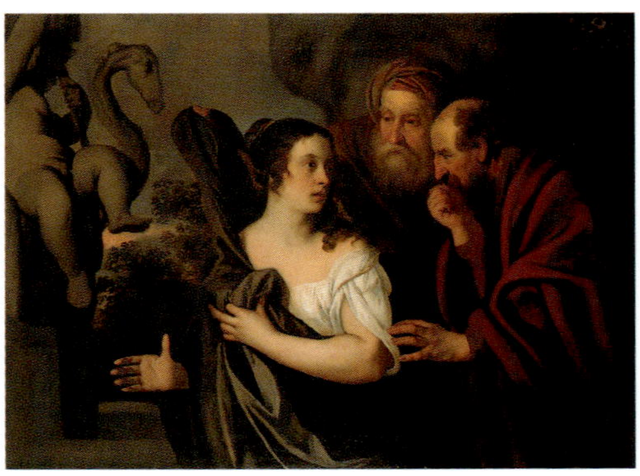

Abb. 127

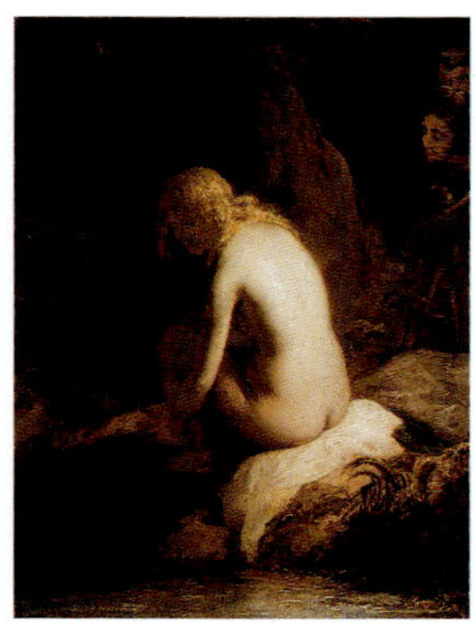

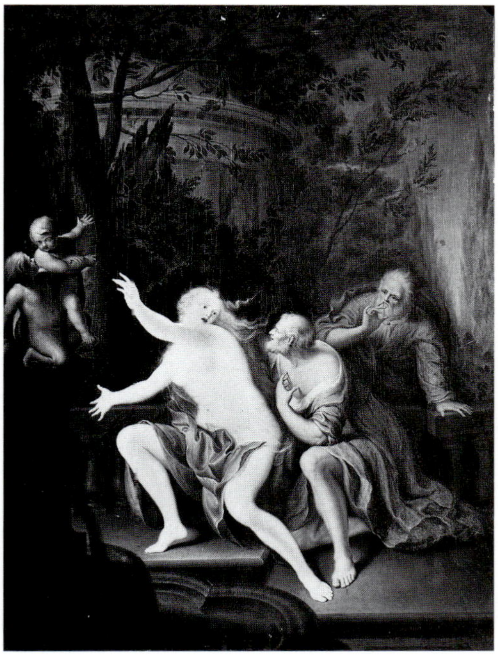

Abb. 131

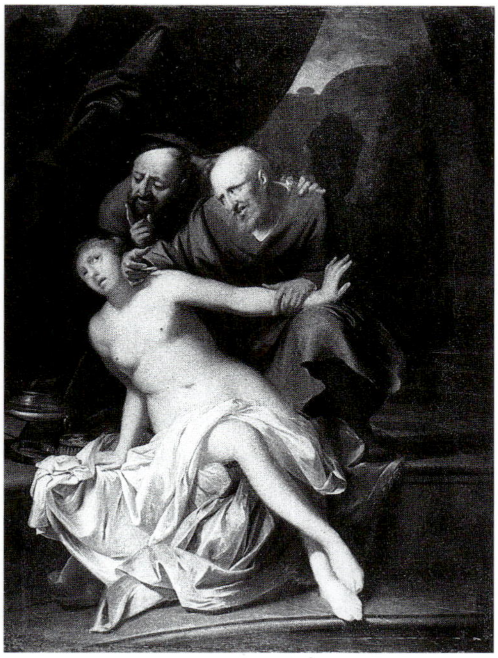

Abb. 133

cher. Ob nach venetianischer oder römischer Tradition und unter Nutzung aller inzwischen von Flamen und Niederländern vorgenommenen Nuancierungen gemalt, Veränderungen in der Darstellung Susannas sind nun nur noch rein stilistischer Art. Eine radikale Neuerung – Delacroix und Manet ausgenommen – vollzieht sich erst sehr viel später, als die Malerei die Typen und die Themen zerschlägt.

Auf die bewegten und sinnlichen *Susannen* des Wieners Johann Michael Rottmayr (Abb. 134), eines typischen Vertreters der Wiener barocken Schule, und des Napolitaners Martino Altomonte (Abb. 135), beide in der Galerie im Belvedere, antworten die *Susanna* von Francesco Trevisani in Pommersfelden (Abb. 136) und in Venedig die von Gregorio Lazzarini (Abb. 138), der ein Lehrmeister Tiepolos war, dessen *Susanna* sich in Hartford befindet (Abb. 139).

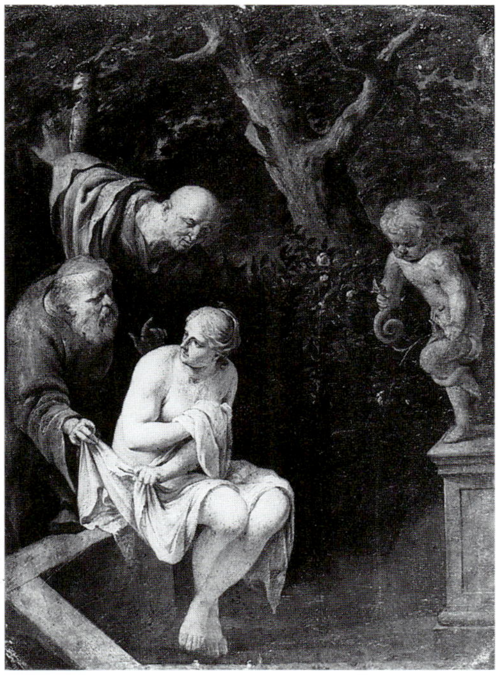

Abb. 132

Abb. 134

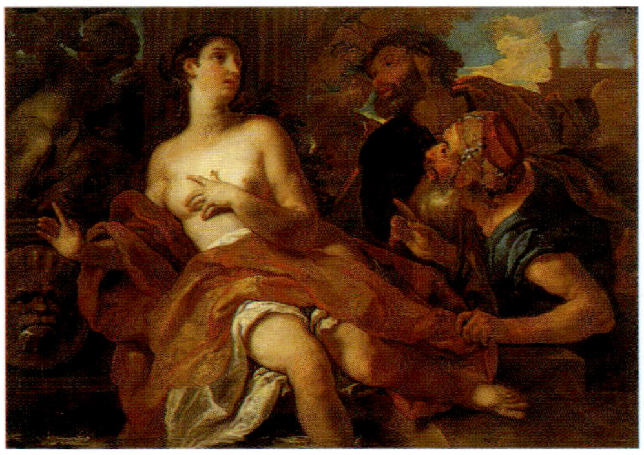

Die *Susannen* von Rottmayr und Trevisani sind angeregt vom römischen Typus. Von den Vorbildern unterscheiden sie sich dadurch, daß seltsamerweise die Blicke aller drei Protagonisten zum Himmel gerichtet sind. Bei Aldomonte hingegen blikken die Protagonisten einander an, indes die *Susannen* von Lazzarini und Tiepolo nach dem Vorbild derer von Giordano in Dresden (Abb. 140) und Guidobono im Louvre (Abb. 141) eine Wendung des Kopfes in Richtung auf ihre Aggressoren andeuten, begleitet von einer Geste des Zurückweichens und der Flucht. Bei Tiepolo macht einer der beiden Alten die gleiche Geste des Tauschhandels – dein Körper gegen meinen Schmuck… – wie auf der *Susanna* von Antonio Burrini in Bologna (Abb. 81).

Guidobono, der das Priesteramt aufgab, um Maler zu werden, nuanciert seine *Susanna* durch ein unbestimmtes fahles Mondlicht, das mit dem üblichen Dämmerlicht oder dem von Sonnenuntergängen bricht.

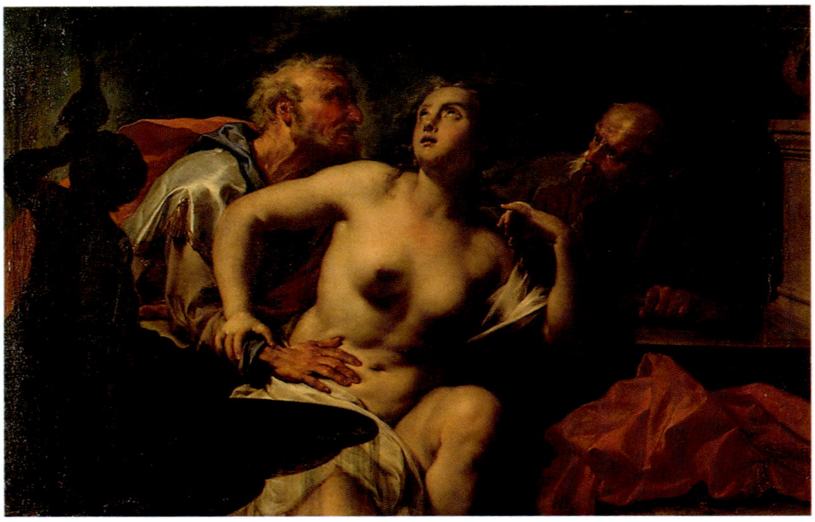

Abb. 136

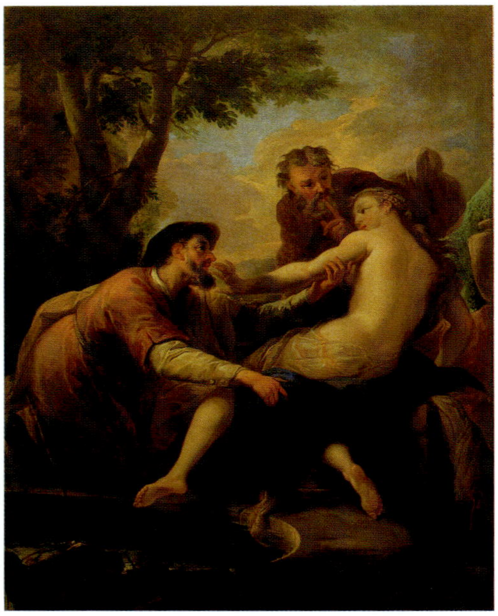

Abb. 135

Abb. 139

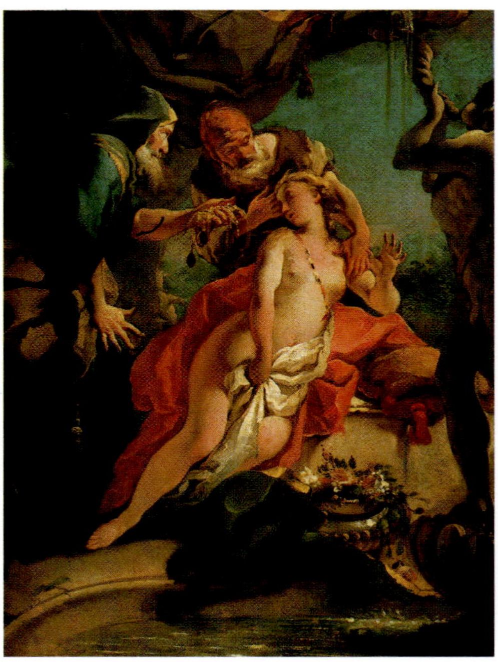

Abb. 138

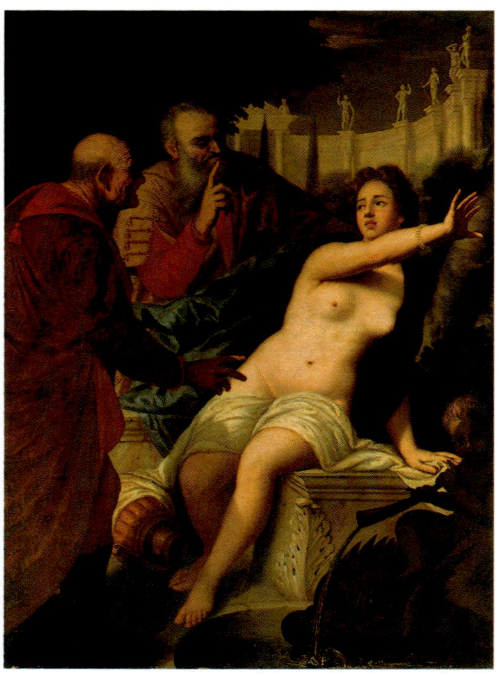

Eine onirische oder auch mystische Beleuchtung Susannas, von der auch das Fell zweier mit einer Schildkröte konfrontierter Hasen zu ihren Füßen erhellt wird.

Ob Darstellungen der Aggressionszene – immer noch die häufigsten – oder solche des Voyeurismus, Neuerungen gibt es nur im Stil und in den Details, die von einem Bild zum andern variieren. Mit der Zeit geraten die etablierten Kennzeichnungen durcheinander.

Das gilt für die *Susannen* aus der italienischen Schule in Epinal (Abb. 142) und in Besançon (Abb. 143), für die aus der deutschen Schule in München (Abb. 144), für die «caravaggiohaften» *Susannen* von Giambattista Piazetta in Bremen (Abb. 145) und in Florenz (Abb. 146), für die leuchtende *Susanna* in Chatsworth des unvergleichlichen Koloristen Sebastiano Ricci (Abb. 147), eines Schülers von Guido Reni (sicher eine der ergreifendsten Darstellungen in der ganzen ikonographischen Geschichte des Themas, zu der es in Parma eine ferne Variation von seiner Hand gibt (Abb. 148)), und das gilt auch für die

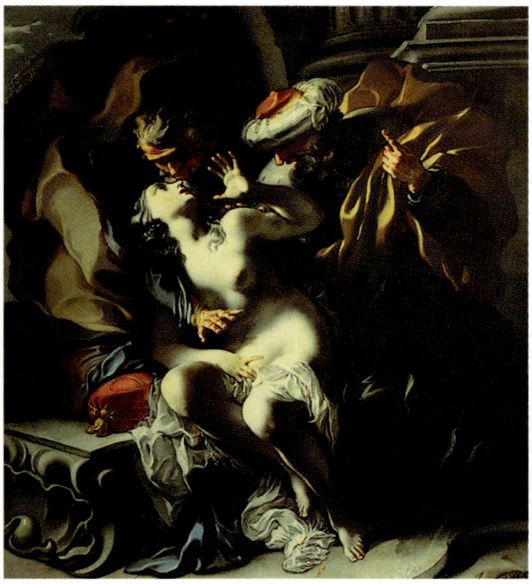

Abb. 142

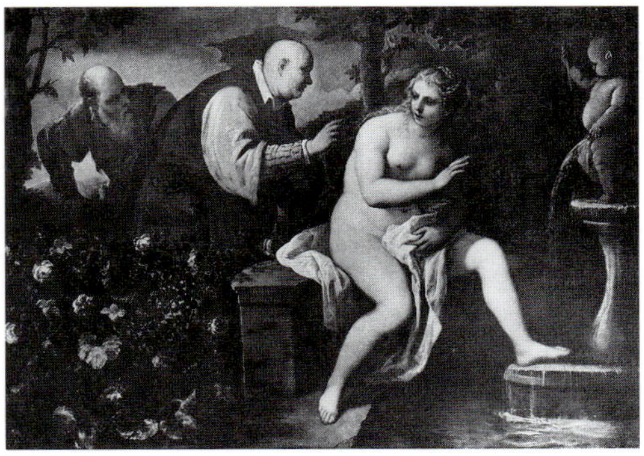

Abb. 140

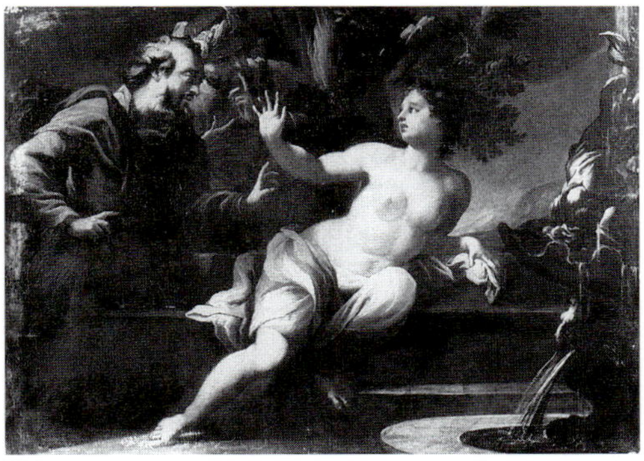

Abb. 143

Abb. 141

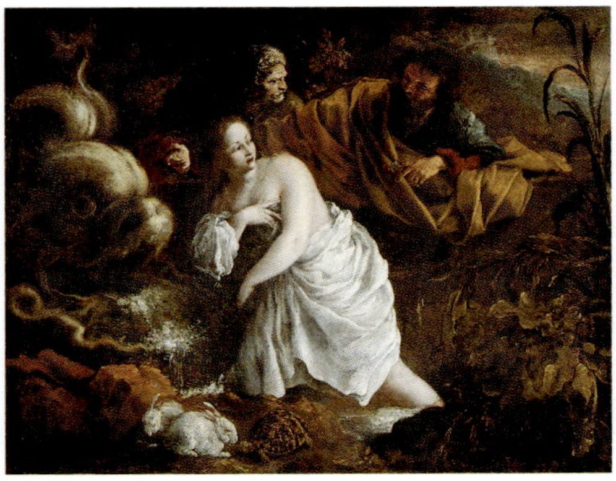

Abb. 144

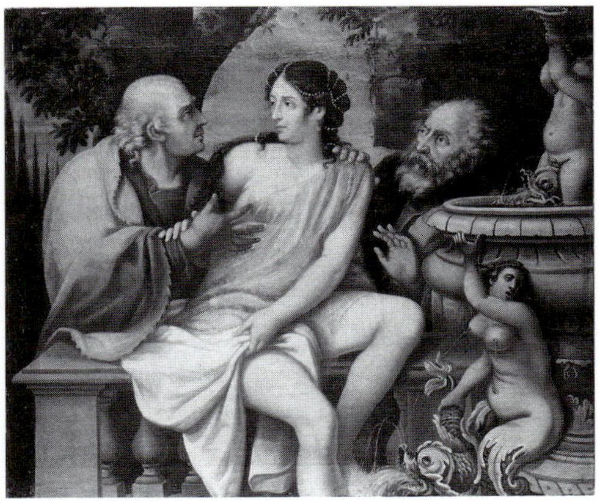

seines Schülers Giovanni-Antonio Pellegrini in Würzburg (Abb. 149), die durch ihre fließende Farbe und den Rokokoschimmer Tiepolo ankündigt, sowie für die von Jacopo Amigoni in Berlin (Abb. 150), den Bewunderer Riccis und großen Reisenden mit internationaler Karriere.

Die *Susanna* in Annecy (Abb. 151) von dem frühreifen Simon Vouet, der in Rom Erfolg hatte und für die Familie Doria in Genua arbeitete, wurde noch vor der symbolisierten römischen *Susanna* des Franzosen Nicolas Bertin gemalt (Abb. 152). Nachdem auch er in Rom seine Studien gemacht hatte, wurde er von Ludwig XIV. mit der Ausschmückung des Trianon-Schlosses beauftragt. Einen Gegensatz zu seiner *Susanna* bildet die familiärere *Susanna am Brunnen* von François Lemoine in Bourges (Abb. 137), auch er «Premier Peintre du Roi» in Versailles, der zehn Jahre vor seinem Selbstmord sich den

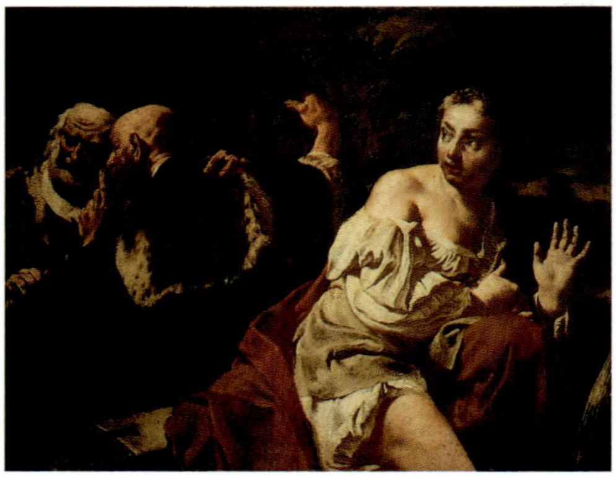

Abb. 146

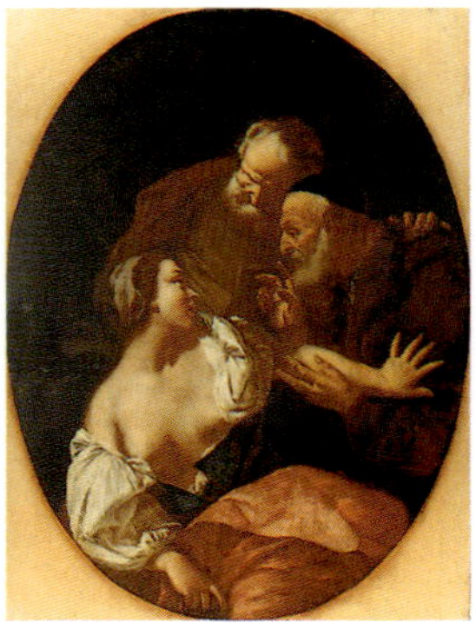

Abb. 145

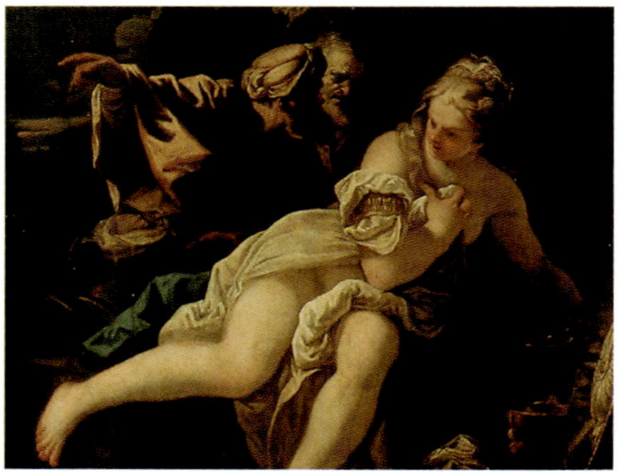

Abb. 148

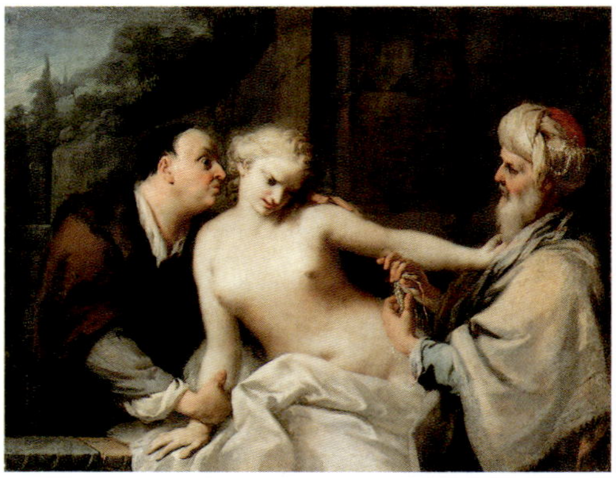

Abb. 150

Abb. 152

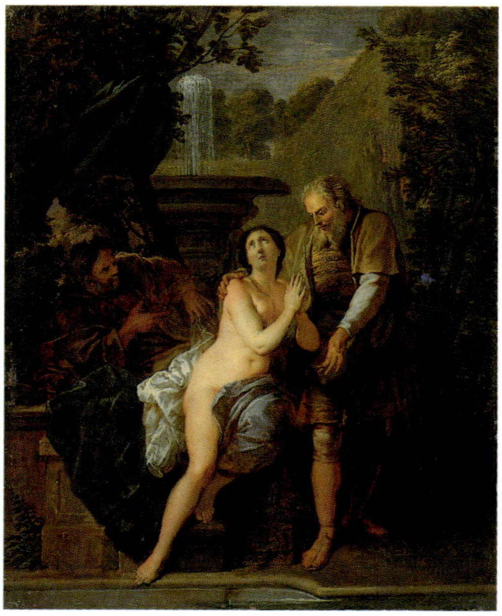

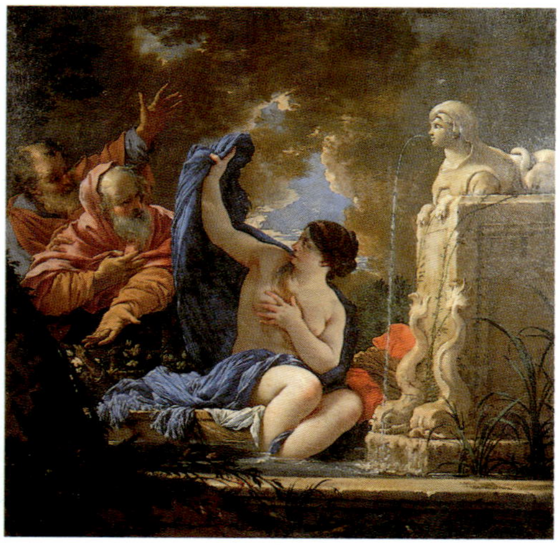

Abb. 151

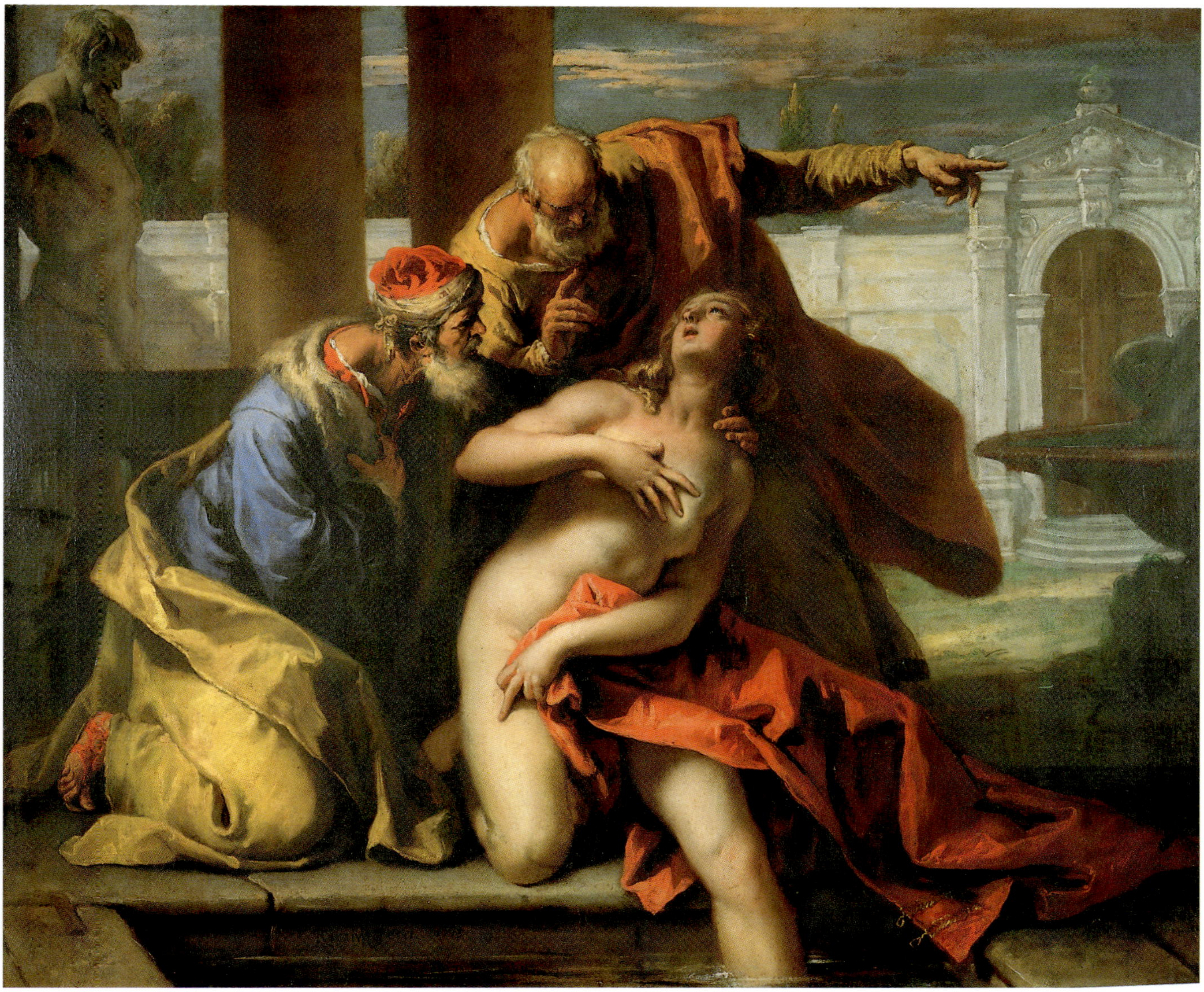

Abb. 147

Abb. 149

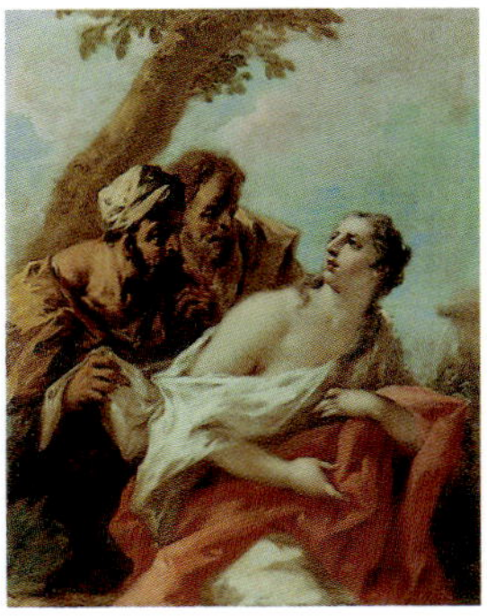

«Prix de l'Académie» mit dem reichen und mondänen Jean-François de Troyes teilte, dessen *Susanna* in Rouen (Abb. 154) eine subtile Synthese diverser gegensätzlicher Einflüsse ist. Eine zweite, dramatischere Version befindet sich in der Eremitage in Leningrad (Abb. 154) und eine dritte, die früher entstand als die beiden anderen und mit 1715 datiert ist, befindet sich im Puschkin-Museum in Moskau.

Die *Susanna* von Nicolas Verkolje in Quimper (Abb. 155), voller Natürlichkeit in ihrem anmutigen passiven Widerstand, ist paradoxerweise angeregt von den venetianischen *Susannen* Adriaen van der Werffs in Montpellier (Abb. 156) und in Budapest (Abb. 157), deren hieratischer Stil die neoklassizistische Kunst vorwegnimmt und die *Susanna* seines Schülers Frans-Bartholomaeus Douven in Kassel (Abb. 158) beeinflußt hat. Die *Susannen* des Niederländers van der Werff rivalisieren in ihrer

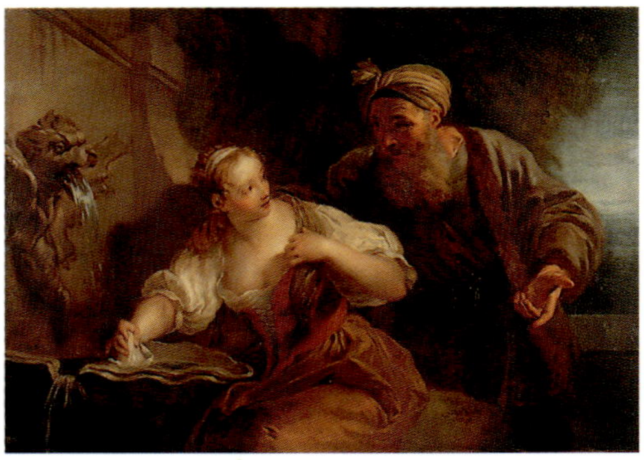

Abb. 137

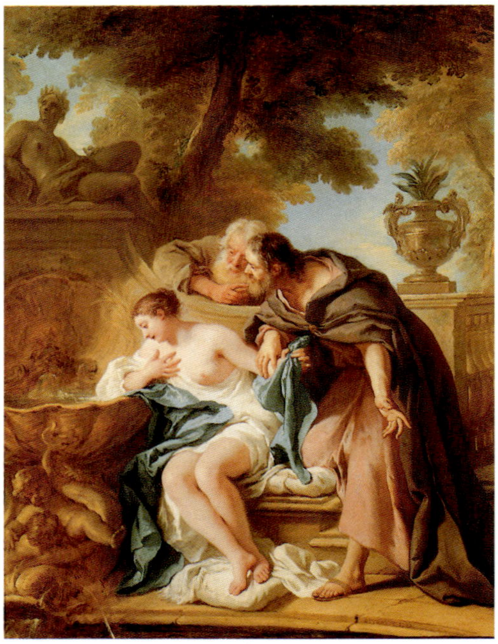

Abb. 153

Abb. 158

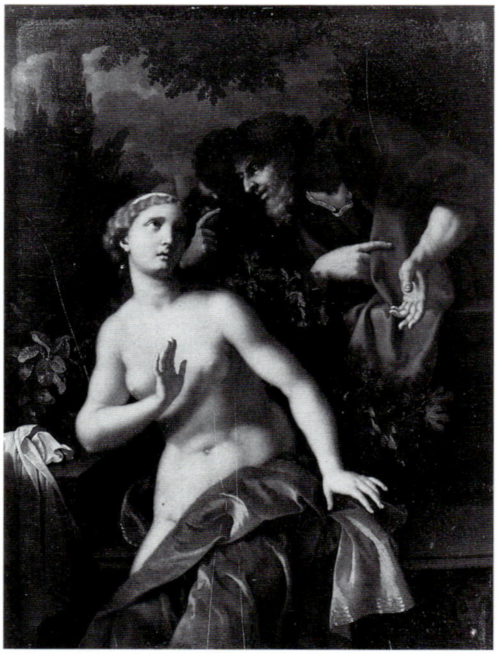

Abb. 154

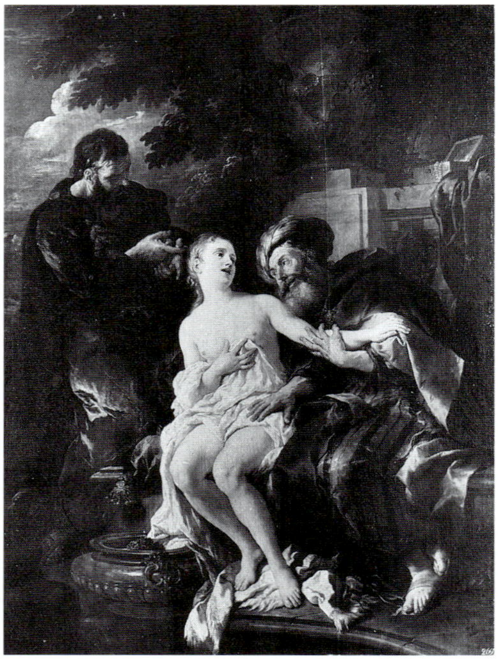

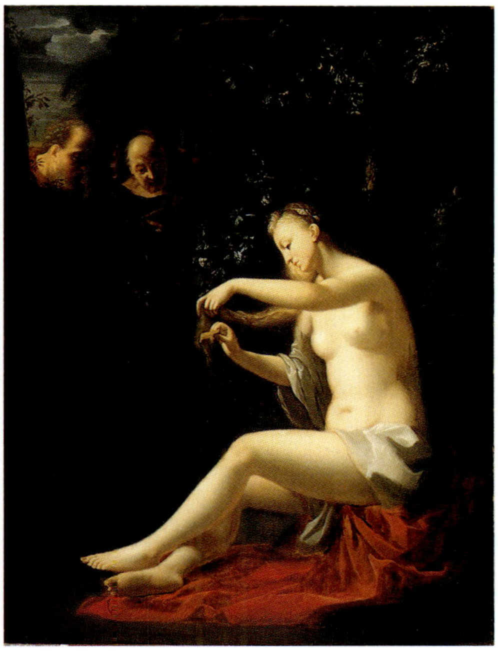

Abb. 157

Sensualität mit der *Susanna im Bade* von Jean-Baptiste Santerre im Louvre (Abb. 159), der in Versailles eine Malerakademie für Frauen gründete und dessen Bilder seine Zeitgenossen gerade wegen ihres allzu sinnlichen Charakters ablehnten.

Ebenfalls venetianisch beeinflußt ist die *Susanna* von Frans van Mieris in Arras (Abb. 160), der absolut nichts der *Susanna* seines Vaters in Brüssel verdankt (Abb. 161), die mehr flämisch als römisch ist (ein Paradox für einen Maler dieser Schule).

Im Verlaufe des achtzehnten Jahrhunderts ist der Klassizismus wieder sehr beliebt. In Italien ist sicher Pompeo Batoni einer seiner reinsten Vertreter mit seiner *Susanna* in Rohrau (Abb. 162). In Frankreich Joseph-Marie Vien, der 1743 auf die Akademie von Rom geschickt wurde - die er später leitete - und der, geprägt von der Antike und den Meistern der Renaissance, nach Paris zurückkehrte. Seine in Nantes befindliche *Susanna* (Abb. 163), datiert 1734-44, hat er in Rom gemalt.

Sein Schüler Louis David setzt den neoklassizistischen Stil fort, den Le Vien in Frankreich in Mode gebracht hatte. François-Xavier Fabre, der schon in jungem Alter Le Vien und David empfohlen worden war, zeigt mit seiner *Susanna* in Montpellier (Abb. 164) sehr deutlich den Geschmack der Epoche.

Im Gegensatz zu der außergewöhnlich erfolgreichen Laufbahn dieser Maler blieb Guillaume-Dominique, der selbst nie versucht hat, bekannt zu werden, im Dunklen. Von ihm ist die *Susanna* in Arras

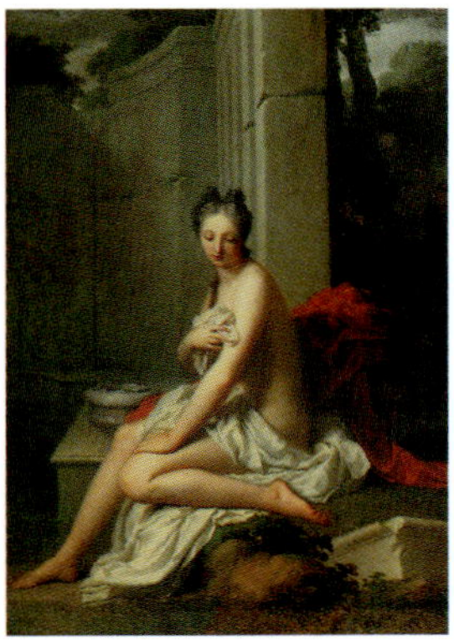

Abb. 159

Abb. 156

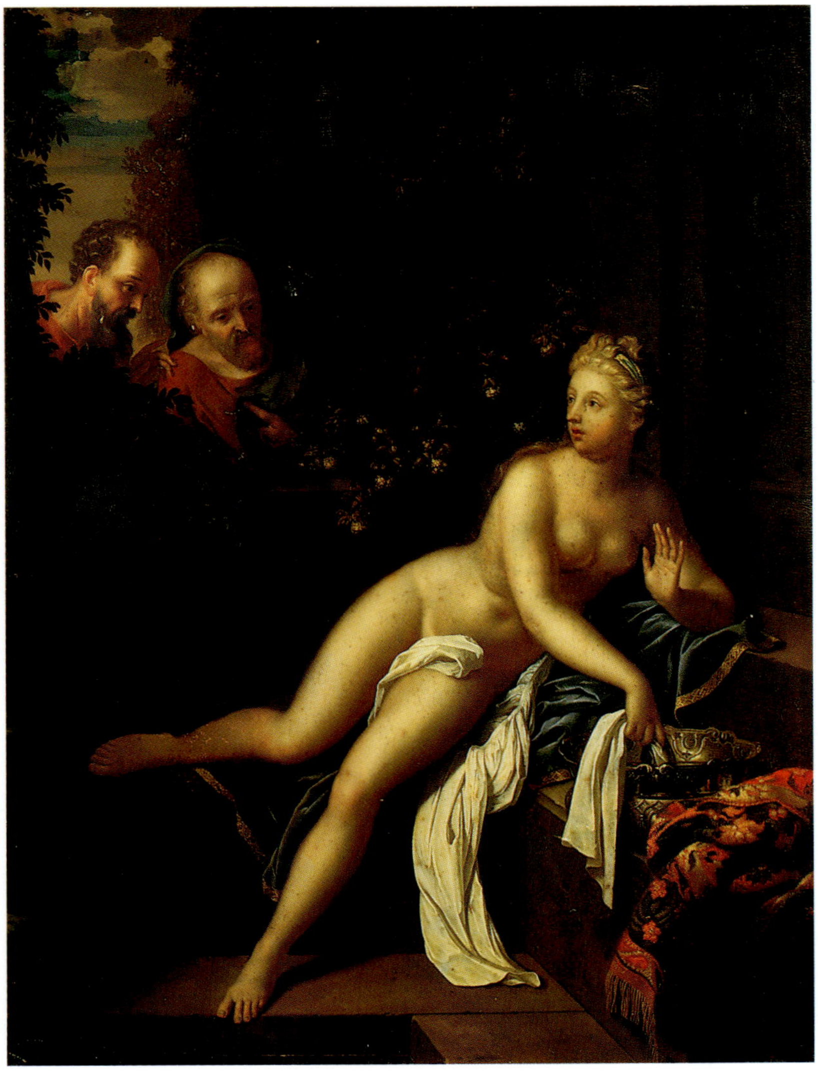

(Abb. 165). Die nachdenkliche und melancholische *Susanna* des Deutschen Anton Kern in Innsbruck (Abb. 166) mit der umgestürzten Vase und der diagonalen Bildkomposition scheint dunkle Vorahnungen auszudrücken, vielleicht auch die vom frühen Tod des Künstlers, der im Alter von 27 Jahren starb. Von Francesco Daggiu stammt die sybillinische *Susanna* in Zürich (Abb. 167),

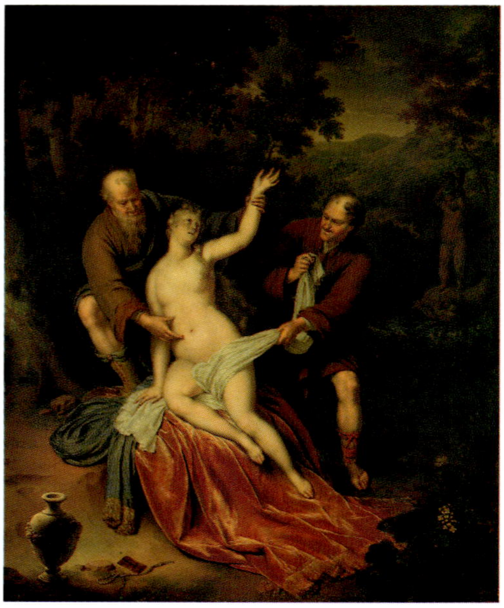

Abb. 161

Abb. 163

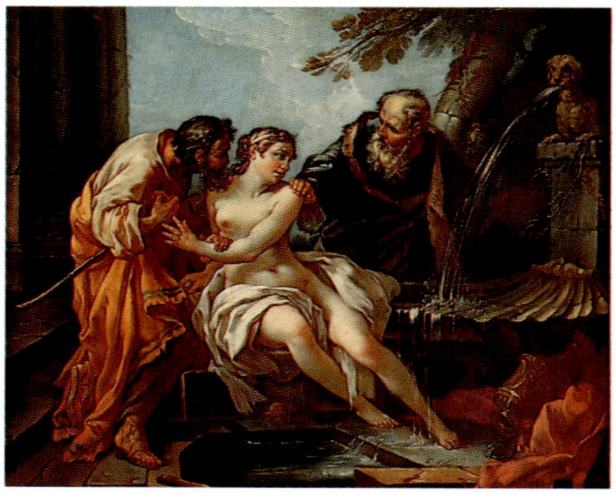

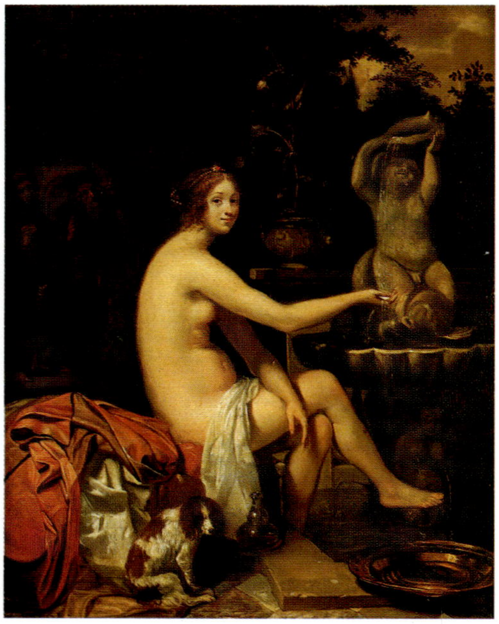

Abb. 160

Abb. 155

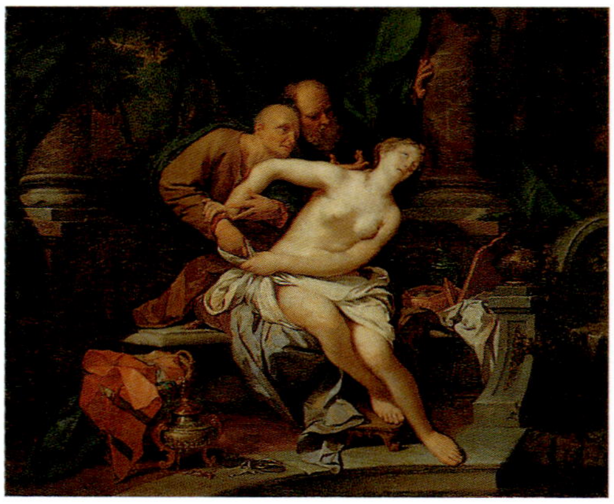

Abb. 164

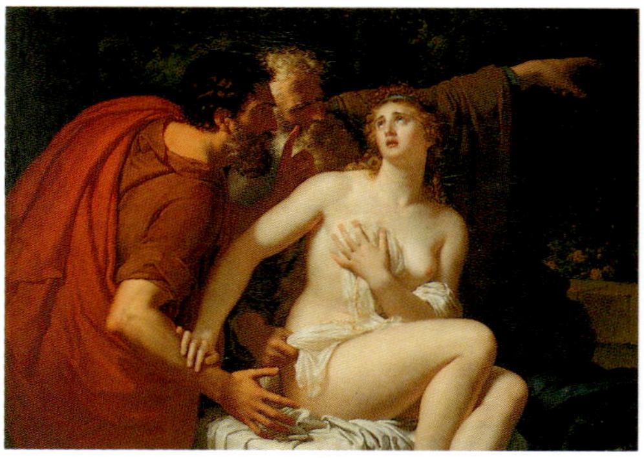

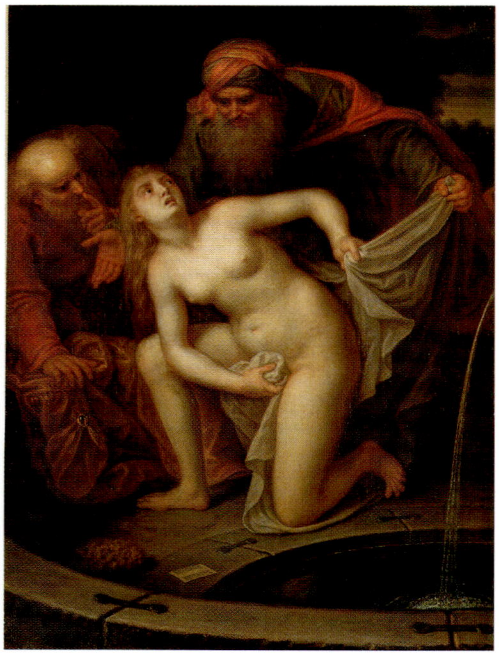

Abb. 165

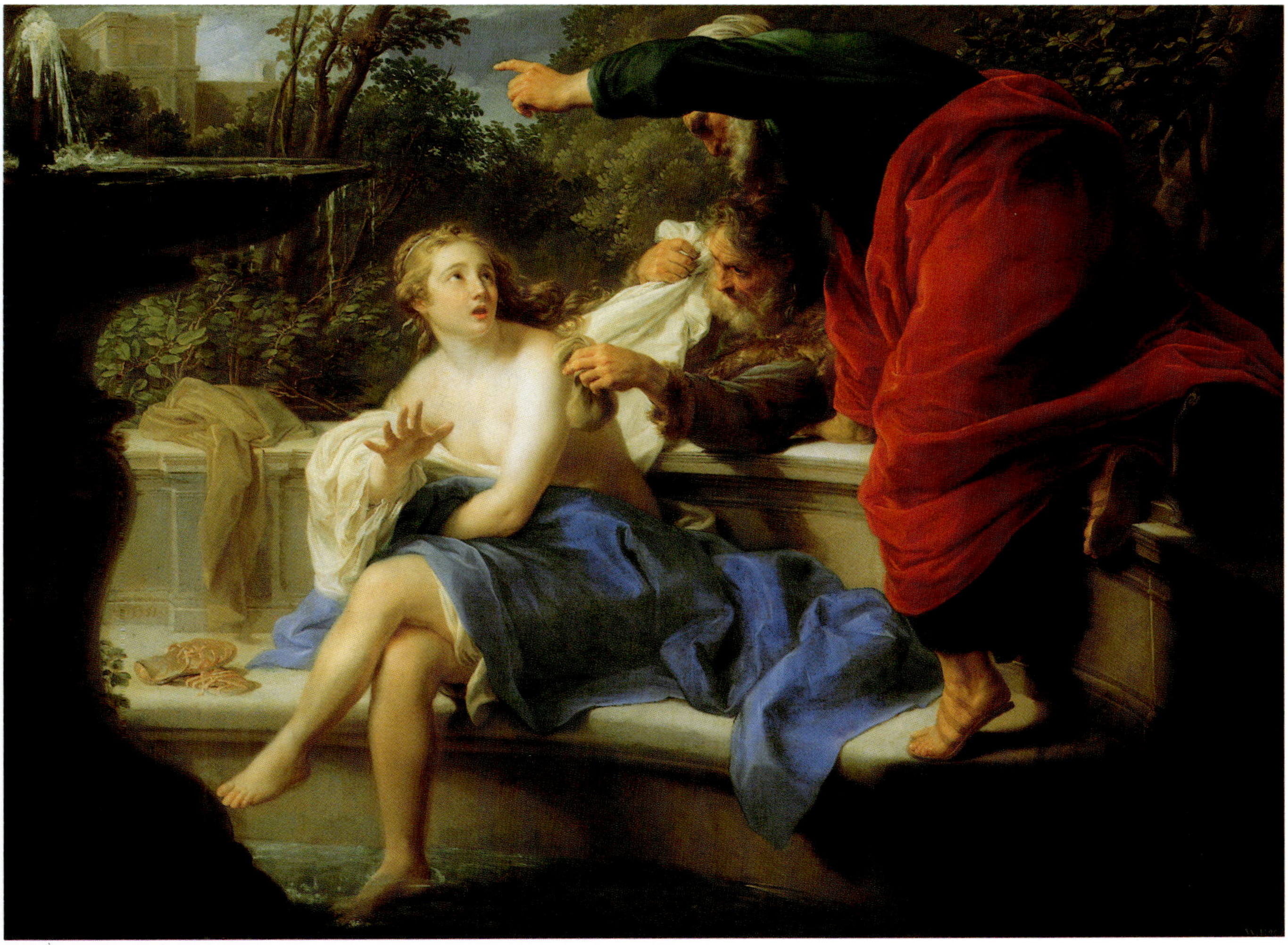

Abb. 162

die den Himmel anfleht und sich an die Brunnenschale klammert.

Eine spanische *Susanna* ist uns nicht bekannt. Nur Goya malte kurz vor seinem Tod eine ganz kleine, die sich heute in der Sammlung S. Sebba in London befindet.

Bevor wir zum 19. und 20. Jahrhundert übergehen, ist es angebracht, daran zu erinnern, daß eine der Absichten dieser Ikonographie darin bestand, alle bildlichen Darstellungen Susannas aufzufinden. Dieses Ziel ist im wesentlichen erreicht. Aber ich weiß, daß es eine ganze Reihe von *Susannen* in Privatsammlungen gibt: *Susanna* von J. de Roore, von J. van Noort, W. van Mieris, Th. van Loon, Hans Speckaert, M. Moeyaert, M. Terwesten, Pieter Cornelisz, Daniel van den Dijk, A. van der Werff, Aert Ortkens und Jean de Wael.

Es ist denkbar, daß es noch einige andere *Susannen* gibt, die von den Sammlern den Augen des Publikums entzogen werden, doch deren Existenz eines Tages enthüllt wird.

Das neunzehnte Jahrhundert

Im neunzehnten Jahrhundert erneuert sich die französische Malerei mit Delacroix von Grund auf. Delacroix entdeckt das expressive Potential moderner Farbgebung. Mit ihm und Manet nach ihm beginnt die Malerei sich nur noch auf sich selbst zu beziehen, auf das, was nur durch sie existiert. Die Farbe und der Aufbau des Gemäldes sind von nun an keine Imitationen des Realen mehr. Gleich Leonardo in seinen unvollendeten Werken gibt Delacroix der Malerei die Qualitäten, die für uns die kostbarsten sind, die des Erfindungsreichtums und des Überraschenden, wie man sie auf den Entwürfen seiner beiden *Susannen* in Reims (Abb. 168) und in Lille (Abb. 106) findet.

Die letztere ist eine Studie zu der *Susanna* von Rubens in Museum von Leningrad (Abb. 104), von der eine andere Version in Turin zu sehen ist (Abb. 105).

Die *Susanna im Bade* (Abb. 169) und *Die keusche Susanna* (Abb. 170) von Théodore Chassériau - beide im Louvre - zeugen von der dominikanischen Herkunft des Malers, dessen Mutter Kreolin war. Eine romantische Sehnsucht und Wehmut liegen über den durch ihre Farbe denen Delacroix' nahestehenden Bildern. Chassériau, der schon im Alter von

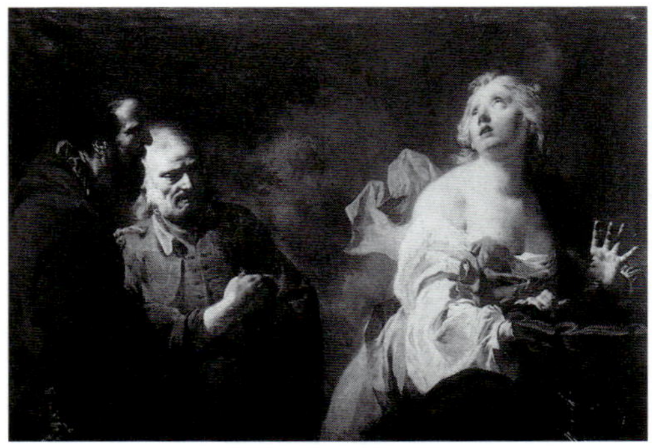

Abb. 167

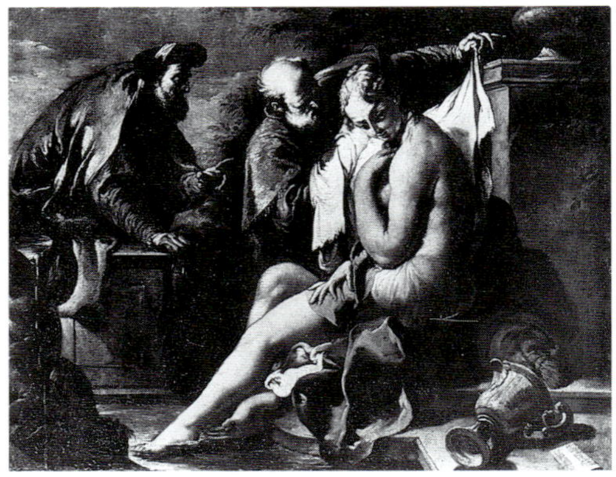

Abb. 166

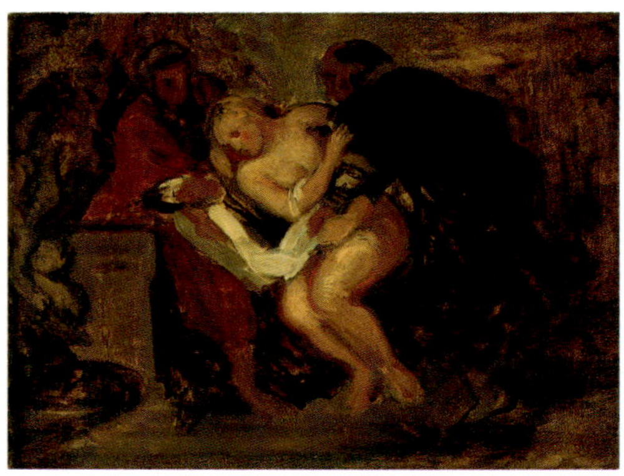

Abb. 106

Abb. 168

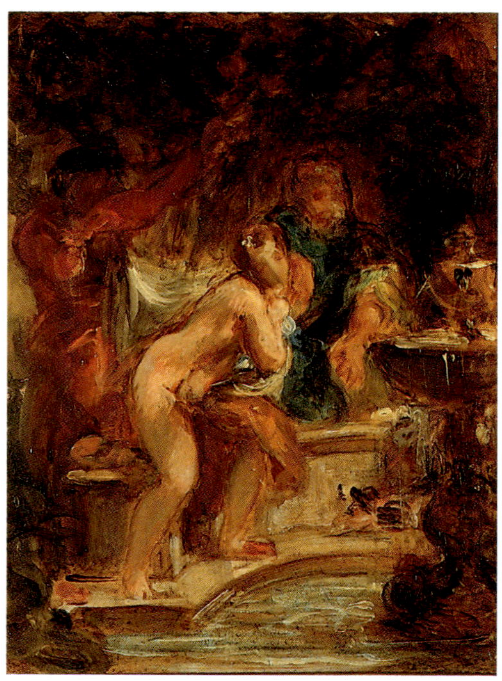

37 Jahren starb, schuf eine Synthese von Neoklassizismus und Romantik und beeinflusste nachdrücklich seinen Schüler Gustave Moreau, dessen Frauengesichter - die André Breton so sehr schätzte - sich deutlich von den seinigen herleiten. Seine *Keusche Susanna* ist dafür ein verblüffendes Beispiel.

Die keusche Susanna in Lyon (Abb. 171) und die *Susanna* in Turin (Abb. 172) von Gustave Moreau, die die gleiche Pose und das gleiche Motiv aufgreifen, bei dem die beiden Alten praktisch ausgeschlossen sind, zeigen zwei sehr verschiedenartige Frauen: die eine ist knabenhaft, streng und in ihrer Stilisierung eher real, die andere ist weiblicher, prunkvoll, barock und mythologisch.

Die *Susanna im Bade* von Arnold Böcklin in Oldenburg (Abb. 124) geht auf die burlesken Darstellungen von Jacob Jordaens zurück. Seine arme *Susanna*, deren Rücken wie der eines Tieres getätschelt wird, ist jammervoll. Der Inhalt des Tellers hinter ihr (den wir leider nicht anders bestimmen können als die Absonderung eines Flügeltieres), lässt sie uns gegen unseren Willen als ein befriedigtes dickes Wasserhuhn sehen. Die Darstellung ist von einer solchen karikierenden Grausamkeit, daß man darüber die malerischen Qualitäten des Bildes vergißt.

Das Hinterteil der *Susanna* von Carl Friedrich Schick in Dresden (Abb. 173), die gerade ein Becken verlassen hat, von dem man annehmen muß, daß es ihr als Bidet gedient hat, erinnert an die Position bei Böcklin und seine boshaften, wenn nicht bösartigen Absichten.

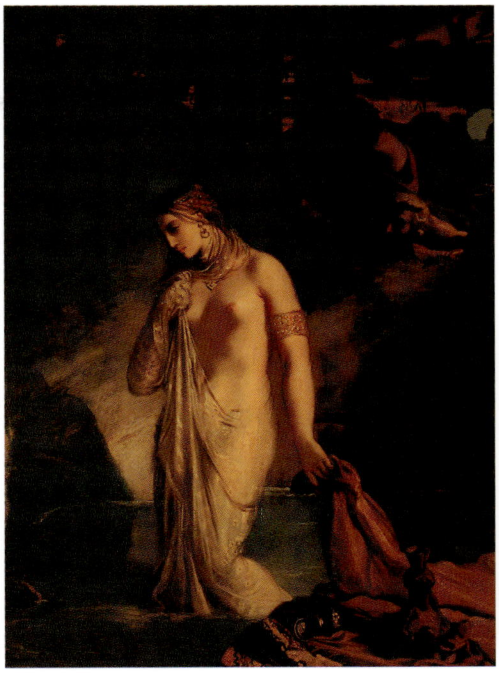

Abb. 170

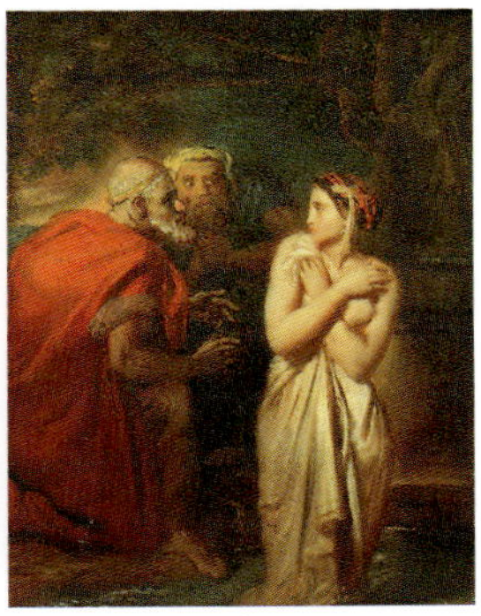

Abb. 169

Abb. 171

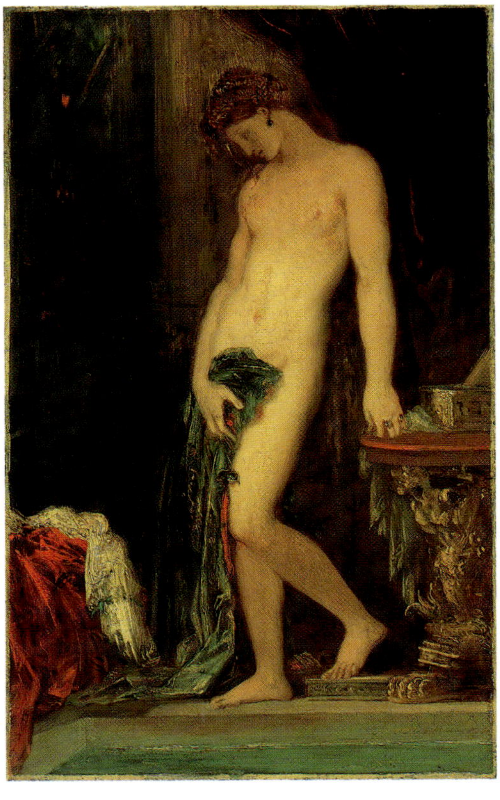

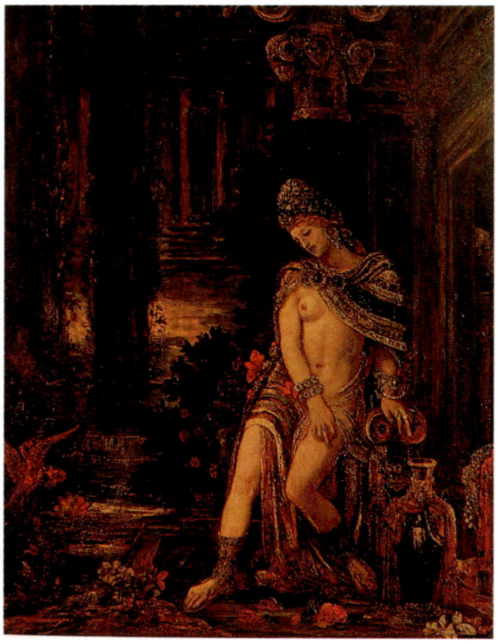

Abb. 172

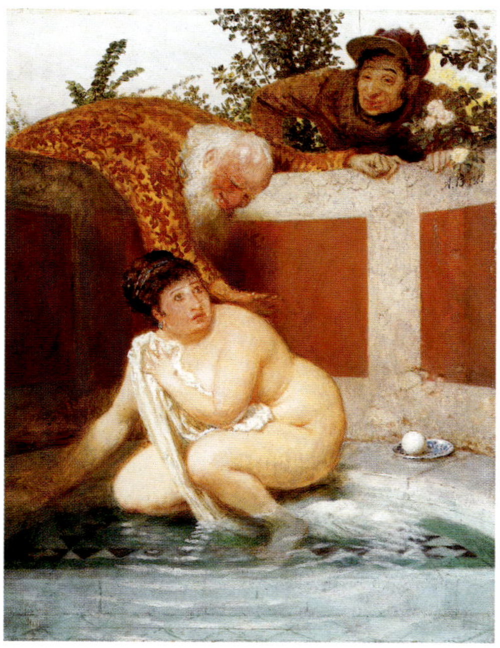

Abb. 124

Abb. 173

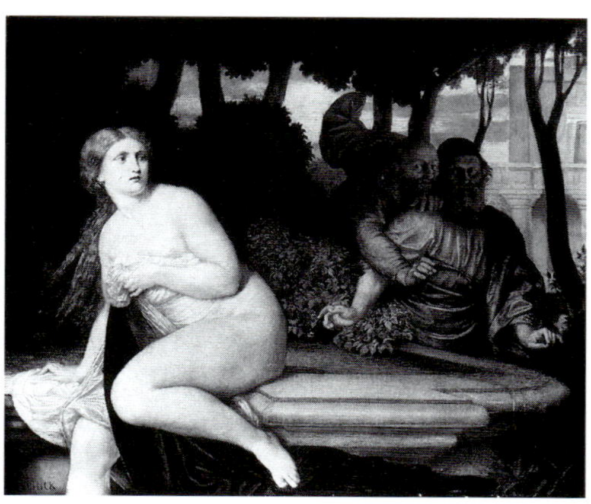

Dieser modernen Verspottung steht *Die keusche Susanna* von Jean-Jacques Henner gegenüber (Abb. 174), die er von Rom in das Musée du Luxembourg schickte. Heute befindet sie sich im Musée d'Orsay. Das Bild zeigt die charakteristischen Züge seiner Kunst: die Vorzüge Correggios und der Venetianer, vereint in einer geglückten Synthese der venetianischen und der römischen Auffassung des Themas.

Das *Frühstück im Freien* von Manet, 1863, im Musée d'Orsay (Abb. 175) ist eine Adaption des *Ländlichen Konzerts* von Giorgione im Louvre (Abb. 176). Manet ist bestrebt, aus dem Gemälde statt eines Abbildes reine Malerei zu machen. Angesichts dieses Zieles ist es für ihn gleichgültig, von welchen Bereichen er ausgeht. Ob das Reale oder die Geschichte der Malerei, beide sind für ihn vom gleichen Interesse, denn sein wirkliches Thema ist deren Unterordnung unter eine Malerei, die ebenso wenig nachahmt, wie sie die Geschichte der alten Werte fortsetzt. Für Manet ist die Malerei ein Experimentieren. So gesehen ist er einer der ersten Künstler der modernen Zeit, einer ihrer Gründerväter. Diese schwierige Koexistenz einer Arbeit, die zugleich im Realen und in der Geschichte der Kunst verankert ist, und die zu meistern die Impressionisten – Renoir und Degas ausgenommen – gewiß nicht in der Lage gewesen wären, macht in meinen Augen die Modernität seiner malerischen Suche aus.

Von seiner Malerei verlangt er, daß sie die bescheidensten Objekte – Blumen oder Spargel – ebenso verwandelt wie die anspruchsvollen Szenen. So wie die Wiener *Susanna* Tintorettos den Akt auf dem um 1500 gemalten Bild *Der Sturm* von Giorgione einzuschließen scheint (Abb. 177), ist das *Frühstück im Freien* – dessen Affinität zum Susanna-Thema offenkundig ist (eine Affinität, die bei der *Überraschten Nymphe* in Buenos Aires (Abb. 178) und bei der von Oslo (Abb. 179) noch evidenter ist) – kein Zitat oder eine «kultivierte» Adaptierung des *Ländlichen Konzerts*, sondern eine leidenschaftliche Konfrontation, wie man sie später bei Picasso oder Francis Bacon findet.

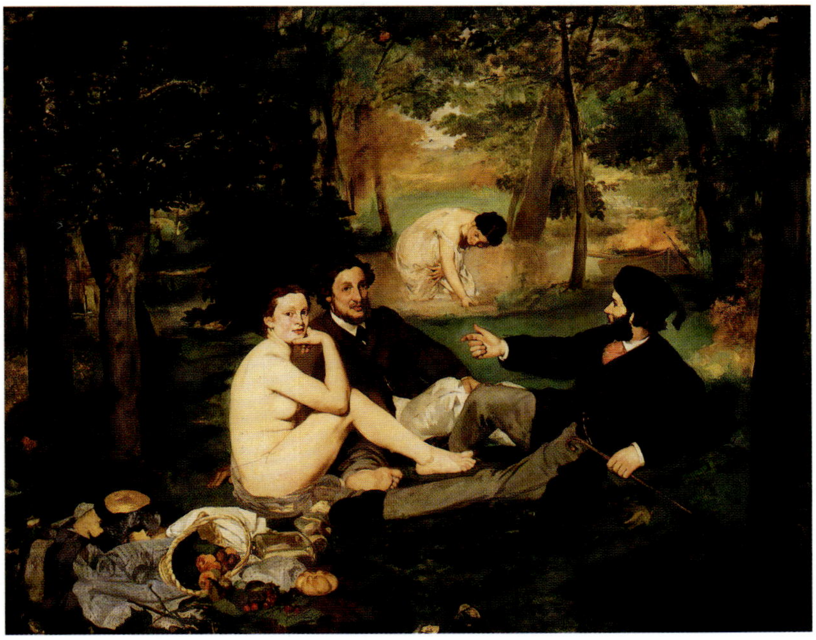

Abb. 175

Das Zwanzigste Jahrhundert

Tatsächlich hat sich Picasso – ohne es jemals ausdrücklich erwähnt zu haben – häufig von dem Thema inspirieren lassen: die Frau mit Spiegel, im Bad, bei der Toilette, allein

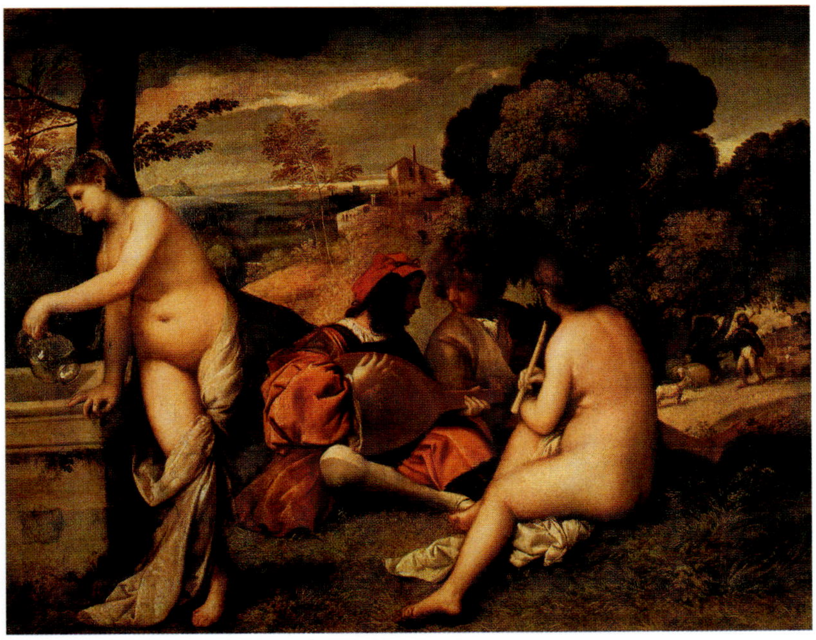

Abb. 176

Abb. 174

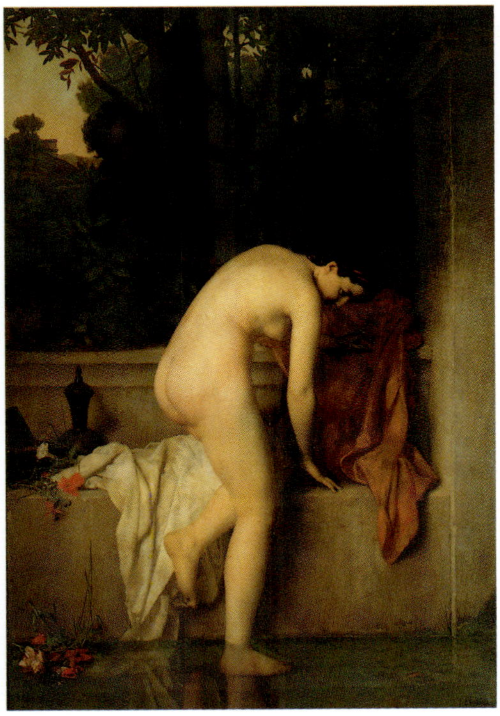

oder unter dem Blick eines anderen, ist eines der bevorzugten Themen seiner Malerei. So wie Francis Bacon durch seine *Portrait-Studien des Papstes Innozenz X.* nach Velázquez ist Picasso exemplarisch durch seine Serien nach Gemälden der Vergangenheit (siehe seine Serien über *Das Bacchanal* von Poussin, *Die Frauen von Algier* von Delacroix, *Das Frühstück im Freien* von Manet, *Der Raub der Sabinerinnen* von David und *Las Meniñas* von Velázquez).

Francis Bacon, Balthus und Leonardo Cremonini nutzen, auch wenn sie Susanna nicht dargestellt haben, die Triebfeder des Voyeurismus und versetzen den Betrachter «in die Situation» wie es Rembrandt mit seiner *Susanna* in Den Haag gemacht hat (Abb. 123).

Das letzte Jahrzehnt des neunzehnten Jahrhunderts und das erste des zwanzigsten erleben im Keim, wie die «produktiven Widersprüche der Modernität» (Marcel Pleynet) sich entwickeln. Sie werden sichtbar bei den einschneidenden Ereignis-

Abb. 177

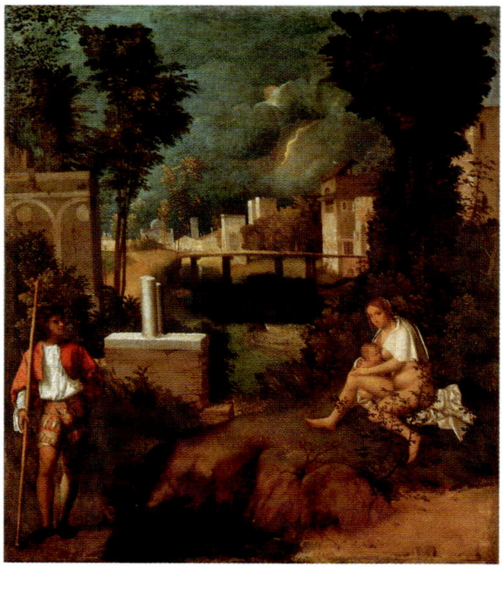

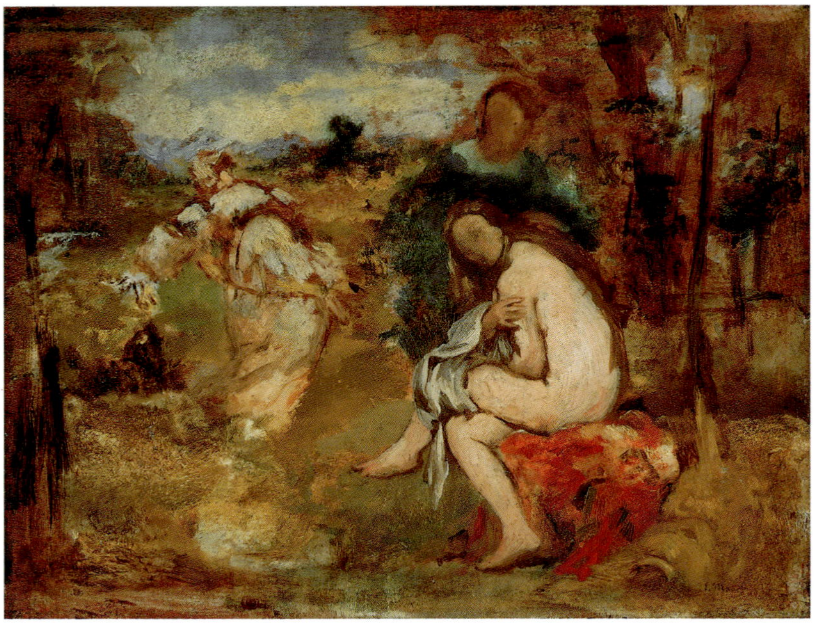

Abb. 179

sen, die die Ausstellungen in jenen Jahren darstellen. Die Retrospektiven von Vincent van Gogh (1891, 1901, 1905), von Odilon Redon und Georges Seurat (1900, 1905), von Paul Gauguin (1903) – dem die *Susanna* von Paul Ranson (Abb. 180) eine Hommage erweist – von Paul Cézanne (1904, 1907). Austellungen, die zur gleichen Zeit stattfanden wie die ersten der neuen jungen Meister Picasso (1901) und Matisse (1906).

1910 ist bekanntlich ein denkwürdiges Jahr, weil durch eine Reihe widersprüchlicher künstlerischer Phänomene der Graben deutlicher sichtbar wurde, der zwischen den Künstlern seit Manet entstanden war. Es kündigt sich eine Periode der Krise, Brüche und immer neuer Infragestellungen an. Es beginnt die Zeit der Avantgarde. Die der Mimesis und der ikonographischen Themen geht für die Nachfahren zu Ende.*

Die Malerei wird zu einem immensen, unüberschaubaren Labo-

*Der 1865 geborene Felix Vallotton malt seine *Keusche Susanna* (Öl auf Holz, 73 x 60) 1922, drei Jahre vor seinem Tod.

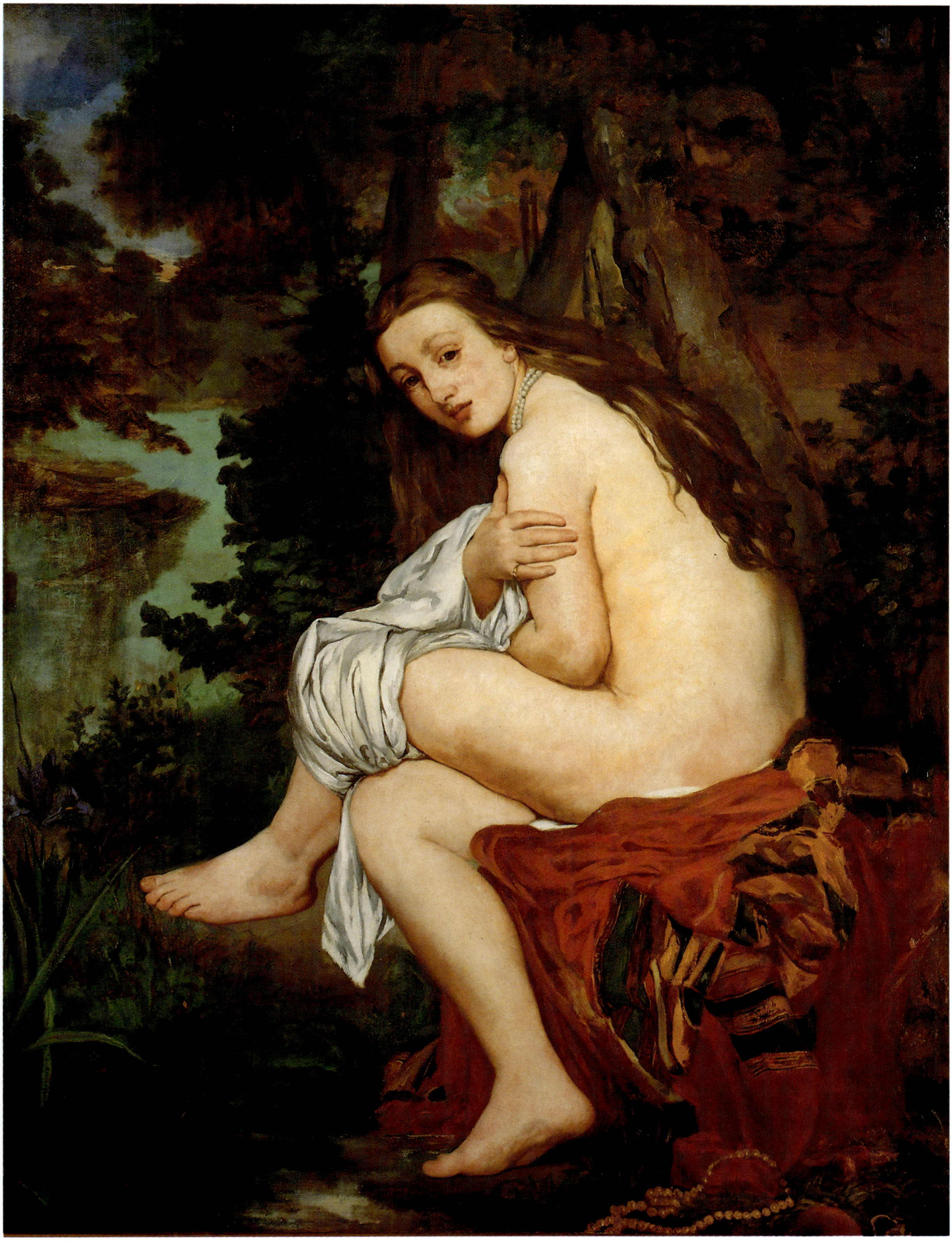

Abb. 178

ratorium, wo die widersprüchlichsten Experimente gemacht werden. Diese tragen dazu bei, der Kunst allmählich einen neuen Status zu geben. Etwas nie Gesehenes zu schaffen wird bald ein unausbleiblicher Gedanke bei allen weiteren Reflexionen. Es entstehen die Debatten über Gegenständlichkeit oder Abstraktion, Tradition oder Technologie, Verurteilung der Abbildlichkeit oder Wiederkehr des Erscheinungsbildes, über das Ende oder das Weiterleben der Malerei.

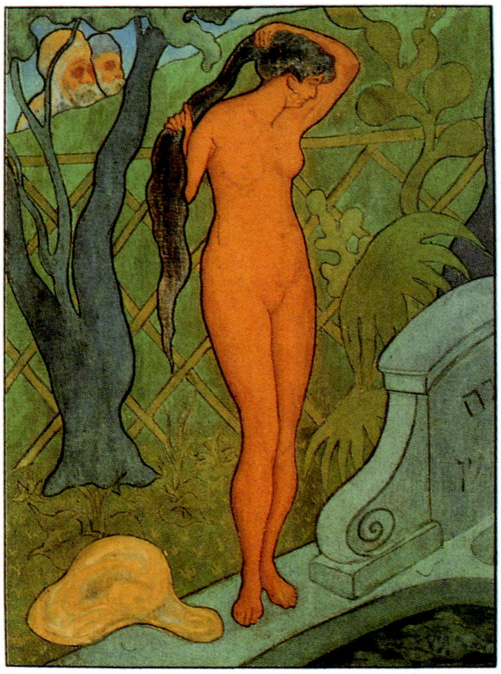

Abb. 180

Die Kunst kann sich forthin nicht mehr mit einer gegebenen Situation begnügen, welche das immer auch sei. Der Wille, sich nicht zu integrieren, anders zu sein, ist so ausgeprägt, daß er zum Anfang einer bestimmten Form der Amnesie wird, die für manche die endgültige Trennung von der Vergangenheit bedeutet.

Es ist jedoch nicht unwichtig anzumerken, daß parallel zu den Diskrepanzen der Situation, die ihren Ursprung in den Vorstellungen von Freiheit und Individualismus hat, die Nachkriegszeit auch die Rückkehr zur klassischen Ordnung und den Vorbildern der Vergangenheit begünstigt. Pierre Bonnard, André Derain, Henri Matisse und Pablo Picasso in Frankreich, Carrà, Savinio, De Chirico in Italien haben sich nicht verpflichtet gefühlt, einen bestimmten Weg der Geschichte einzuschlagen.

In den siebziger Jahren tauchen die Arbeiten von Martial Raysse auf, der 1964 die Wiener *Susanna* von Tintoretto umformt – so wie vor ihm Manet die *Venus von Urbino* – indem er sich die unveränderte Silhouette aneignet und für eine Assemblage verwendet, die spezifischer für die amerikanische Pop-art ist als für den französischen Nouveau Réalisme. Die *Susanna* von Raysse (Abb. 181) ist ein Photoabzug, der auf die Leinwand geklebt und mit phosphoreszierenden Farben besprüht wurde. Dazu gehört ein Projektor, der das Bild Armands als faunischen Alten auf den nicht bemalten Teil der Leinwand wirft. Martial Raysse malt nur diese einzige Version des Themas. Doch er hat mir selbst erklärt, daß das Werk für ihn sehr wichtig sei, weil es seine heutigen Recherchen, bei denen er alte Themen wieder aufgreift, vorwegnimmt.

Ende der siebziger und Anfang der achtziger Jahre erarbeiten Maler wie etwa Sandro Chia, Gérard Garouste, Jean-Michel Alberola, Louis Cane, Gérard Titus Carmel, Jorge Castillo, Christopher Le Brun, Steven Campbell, David Salle, Julian Schnabel, ein Werk, das abseits des evolutionistischen Schemas der siebziger Jahre liegt. Sie tragen dazu bei, die Perspektiven jenes Bereichs neu zu bestimmen, wo Vergangenheit und Gegenwart noch ohne ideologischen Zwang nebeneinander bestehen können.

Nicht alle haben die Malerei seit den ersten Aufspaltungen neu überprüft, nicht alle haben in dem Reden über das Ende der Kunst, in den jüngsten Wandlungen der Antikunst, der neuen Ready-mades und der allerletzten Monochromien einen zwingenden Grund gesehen, die Malerei durch die Malerei neu zu überdenken, aber alle haben sich entschieden entfernt von den Stereotypen der neodadaistischen, minimalistischen und konzeptuellen Avantgarden der siebziger Jahre, deren Programm einer immer reduktionistischeren und dogmatischen Entmaterialisierung die Malerei schließlich völlig devitalisiert hatte.

Manchmal hat der Maler der achtziger Jahre – sich seinen mangelnden Geschmack eingestehend – wieder Freude daran gefunden, ohne Schuldgefühle zu malen, physisch mit den Widersprüchen des kulturellen Gewebes zu leben. Der dramatischen Verarmung der Sprache in den siebziger Jahren stellt die gegenwärtige Kunst neue dionysische Werte entgegen, die verbunden sind mit der Erforschung ihrer Sprache, der Geschichte der Kunst, der Mythologien und des Unbewußten.

Trotz intensiver Suche habe ich außer Martial Raysse, Jean-Michel Alberola und Pierre Ayot (Abb. 186) keine zeitgenössischen Künstler gefunden, die sich für das Susanna-Thema direkt oder indirekt auf dem Weg über ein Werk, das es darstellt, interessiert hätten. Es ist möglich, daß einige bekannte oder noch unbekannte Maler es doch behandelt haben und daß diese marginalen oder noch nicht reproduzierten Werke meiner Aufmerksamkeit entgangen sind.

Jean-Michel Alberola gehört zu jenen Künstlern, die es durch die Nutzung der diversifizierten Genealogie der Geschichte der Formen möglich gemacht haben, die eigene Identität des Malers und den zeitlosen Wert der Kunst neu zu bekräftigen. Jean-Michel Alberola hat in der Tat seine Malerei in einer der fünf Hauptversionen der *Susanna* von Tintoretto verankert. Beim Vergleich dieses gemeinsamen Nachdenkens haben sich eine Reihe Gemeinsamkeiten aber auch Verschiedenheiten ergeben.

Gemeinsamkeiten: das Erkennen der Kraft eines klassischen Werkes, die darin besteht, heute ein idealer Ort für eine Reflexion über die Malerei zu sein, für eine schöpferische Überschreitung, für einen Prozeß, der nicht nur das Vorbild als System der Malerei infragestellt, sondern auch den Blick als Reflexion über dieses System. Zum anderen das gemeinsame, mehr oder weniger demiurgische Vorhaben, *ein für allemal* die Phantome zu beschwören, die unser ikonographisches Gedächtnis heimsuchen – in unseren Augen das einzig Reale –, um das neue Gemälde zu schaffen, das neue «Bild», nach dem wir streben. Bild hier verstanden als System der Malerei. Auch für Jean-Michel Alberola ist das Gemälde nur ein Fragment, und

Abb. 181

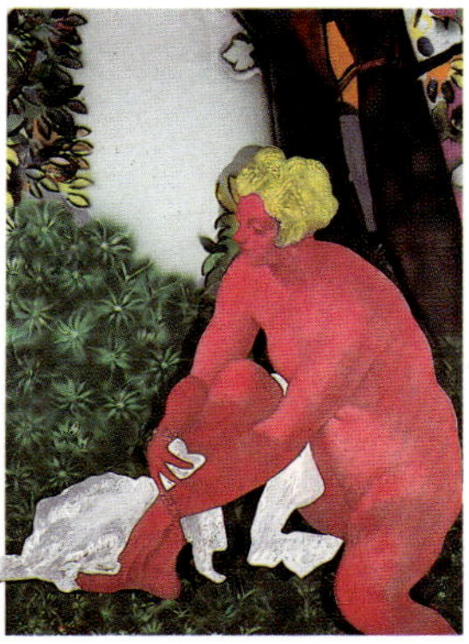

die Gesamtheit der Fragmente, das heißt das System der Malerei, ist bedeutungsvoller als das Gemälde für sich allein. «Ja, jedes Bild ist für mich immer ein Fragment: ich bitte darum, ein Bild niemals für sich allein zu betrachten, was zählt, ist das Ganze der fortschreitenden Geschichte. Ein Bild ist wie ein Wort, und um einen Satz zu formen, braucht man viele Wörter – oder Bilder. Ich versetze mich in einen mehr und mehr zerbrochenen, zersprengten, zerissenen Raum, in dem es keinen zentralen Kern gibt. Ich biete ein Bild der Ruine, nach dem Beispiel der Welt, mit dem Traum einer Versöhnung. Kleine Territorien nebeneinander bilden das Ganze der Welt.» (Kat. *Les images peintes* – Jean-Michel Alberola, Band II).

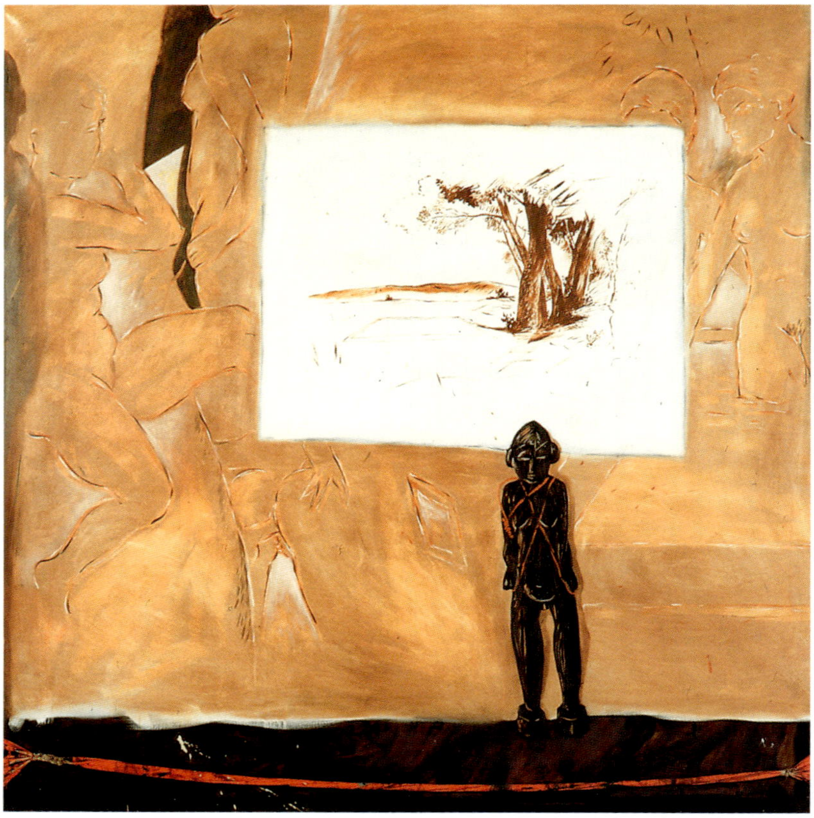

Abb. 182

Was die Verschiedenheiten angeht, so sind sie nicht grundsätzlicher Art. Die erste betrifft den Ausgangspunkt der Suche. Er geht von mehreren Quellen aus, ich nur von einer einzigen. Zu der *Susanna* in Wien, die er nur wenig benutzt, kommt bei ihm die aus dem Louvre hinzu, die er noch mit anderen Bildern mischt, mit Rückgriffen auf den griechischen Mythos von Diana und Aktaion und auf außereuropäische Kulturen, insbesondere die Afrikas. Die *Susanna Ohne Titel* der Sammlung FRAC Rhône-Alpes, *Susanna, die Régence oder die Zwischenmalerei* in Nîmes, *Susanna und die Alten: monochrom* und *Susanna und die Alten: die Nacht überwacht die Malerei* in der Pariser Galerie Daniel Templon (Abb. 182, 183, 184, 185) sind für diese Arbeit des Okulierens repräsentativ. Die verschiedenen Ursprungsbilder werden von ihm fragmentiert, nebeneinander oder gegeneinander gestellt. Obwohl aus ihrer Ganzheit herausgelöst und ihrer ursprünglichen Bedeutungsdimension beraubt, weisen sie doch auf ihre Weise den Gedanken vom Ende der Malerei zurück und eröffnen im Gegenteil Perspektiven für deren Erneuerung.

Bei mir sind das Disparate und die Neuerfindung der Malerei nicht die Folge einer Arbeit des Okulierens, sondern eines unvorhersehbaren Schweifens des Stils von einem einzigen Ausgangspunkt aus: «ich ist immer ein anderer», der daselbe Objekt von einem immer neuen Blickpunkt aus betrachtet. Nicht die Bestandteile des Bildes ändern sich, sondern die Art, sie zu benutzen und die Aspekte ihrer Aussage zu analysieren.

Während ihn die Vielfalt der Quellen dazu führt, an Problemen des Mischens von Malereifragmenten zu arbeiten, gilt meine Bemühung der immer neuen Annäherung an eine einzige Quelle. Bei ihm entspricht die Verwandlung der Malerei der Zahl von heterokliten Kombinationen, die sie zu lenken vermag. Mein Unterfangen, das mit dem Prinzip der auschließlichen und starrköpfigen Verwandlung einer einzigen Quelle radikaler ist, gilt dem, was sichtbar macht, dem Stil mehr als dem Sichtbaren. Auf der einen Seite Babelisierung der Formen, auf der anderen Babelisierung der Stile.

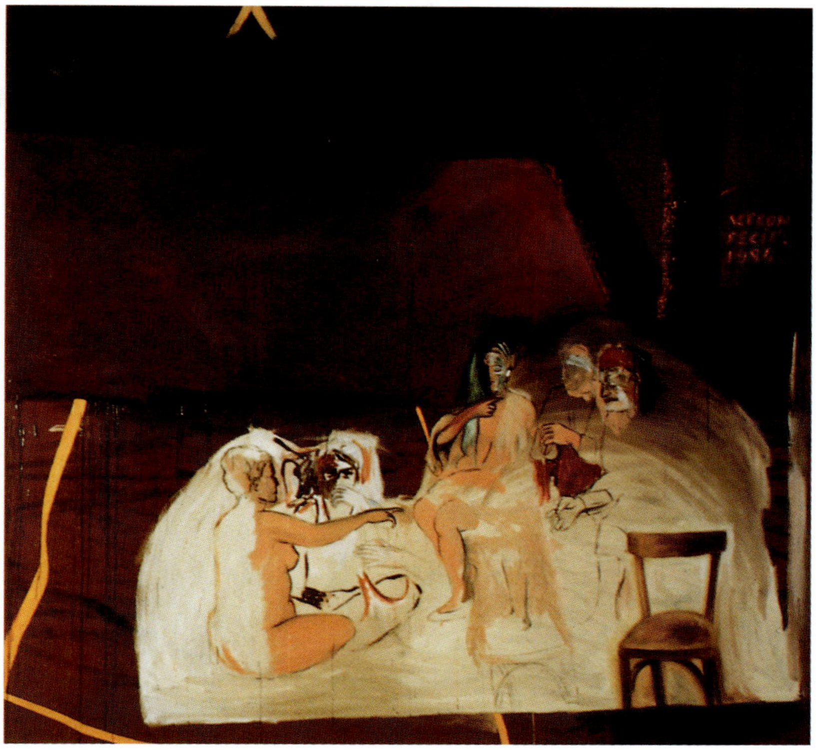

Abb. 183

Die zweite Verschiedenheit besteht in den Titeln der Werke. Der Obertitel *Susanna und die Alten*, den Jean-Michel Alberola einer umfangreichen Produktion zu dem Thema gegeben hat, wurde von ihm auch für Werke beibehalten, bei denen das Sujet nur noch durchschimmert oder überhaupt nicht mehr vorhanden ist. Meine 121 Variationen beanspruchen hingegen die kritische Abstimmung auf die eine Referenzquelle, auf die sie sich gründen, und eine Zusammengehörigkeit.

Abb. 184

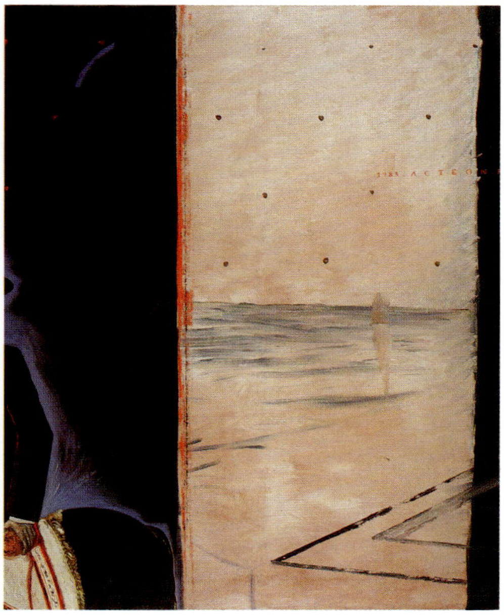

Es ist im Übrigen bezeichnend, daß die wenigen zeitgenössischen Künstler, die sich für das Susanna-Thema interessierten, sich nicht ausdrücklich darauf bezogen haben, sondern es nur deshalb berücksichtigten, weil das Bild, von dem sie bei ihrer Suche ausgegangen sind, es darstellte. Seit Manet haben die Künstler, die weniger das Thema beschäftigte als ein bestimmtes Gemälde, im allgemeinen nicht nach der thematischen Verbindung zwischen der einen und einer anderen *Susanna* gefragt, sondern nach der Art der rein malerischen Neuerung, die eine *Susanna* im Vergleich zu einer anderen gebracht hat.

So hat sich über die Zeiten hin allmählich von den eroberten *Susannen* bis zu der noch zu Erobernden das Geflecht der Geschichte der Malerei gebildet mit den leuchtenden Höhepunkten, die sowohl für deren allgemeine Entwicklung als auch für das eigentliche Thema repräsentativ sind.

Der große Strom, der die oft widersprüchlichen Bewegungen der Kunst vereint, hat die aufeinander folgenden Figuren Susannas miteinander in Einklang gebracht: die hieratische Orante der christlichen Frühzeit mit der mittelalterlichen uneingestanden Typologischen, die Heilige von Pinturicchio mit der Tugendhaften von Lotto, die Irreale von Key mit der Manieristischen von Massys, die Venushafte von Tintoretto mit der Urbanen von Veronese, die Barocke von Rubens mit der Burlesken von Jordaens, die Schmerzliche von Artemisia mit der Zeitlosen von Rembrandt, die Neoklassizistische von Batoni mit der Romantischen von Delacroix, die Alltägliche von Manet mit der Symbolistischen von Moreau, die Poppige von Martial Raysse mit der Pikturalen von heute.

All diese Maler haben mit der Darstellung eines Ereignisses aus der Bibel in Wahrheit die Figuren der Kunst immer neu erfunden. Tatsächlich gibt es beim Erscheinen jedes qualitätvollen Bildes etwas, das mehr in den Bereich der Darstellung der Zeichen und deren Geschichte gehört als in den der Darstellung des Ereignisses, von dem es angeregt wurde. Bei den großen Meistern wäre dann Susanna nicht eine Frau, deren Präsenz durch die Malerei sichtbar gemacht wird, sondern die Präsenz der Malerei, die durch eine Frau sichtbar gemacht wird.

Die Bewegung, die die Maler mit der Zeit dazu gebracht hat, das Heilige gegen die Kunst zu tauschen, ihren eigenen Status allmählich zu verändern und dem gemalten Imaginären den Wert des Autonomen und Irreduziblen zu geben, reicht bis an die Schwelle zum einundzwanzigsten Jahrhundert, wobei mit den jüngsten zeitgenössischen Werken die Arbeit der unablässigen Befragung des «pikturalen Faktes» fortgesetzt wird.

Aus dem Französischen
von Helmut Scheffel

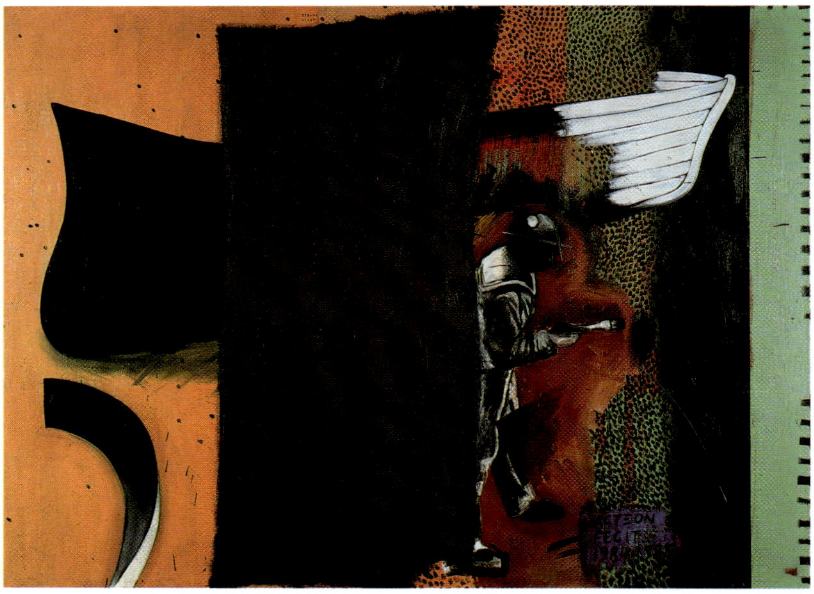

Abb. 185

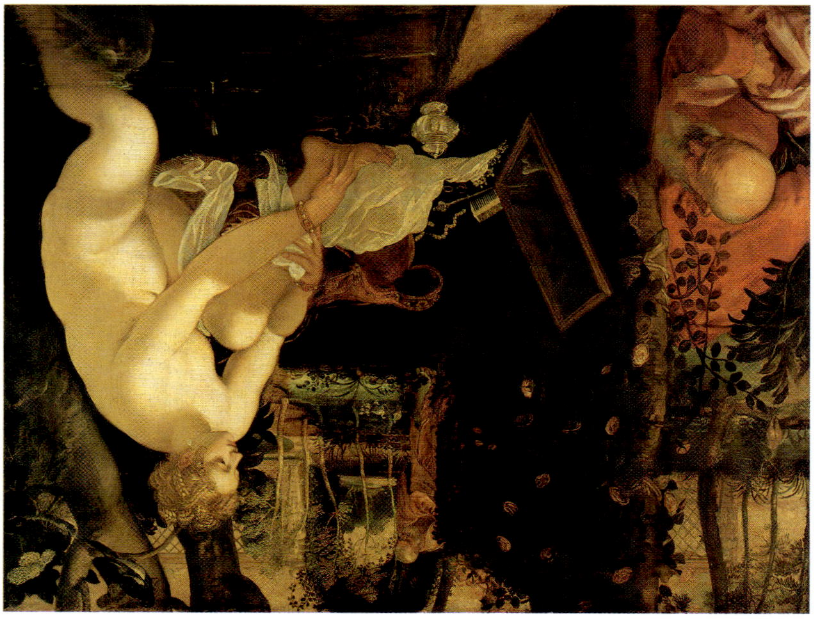

Abb. 186

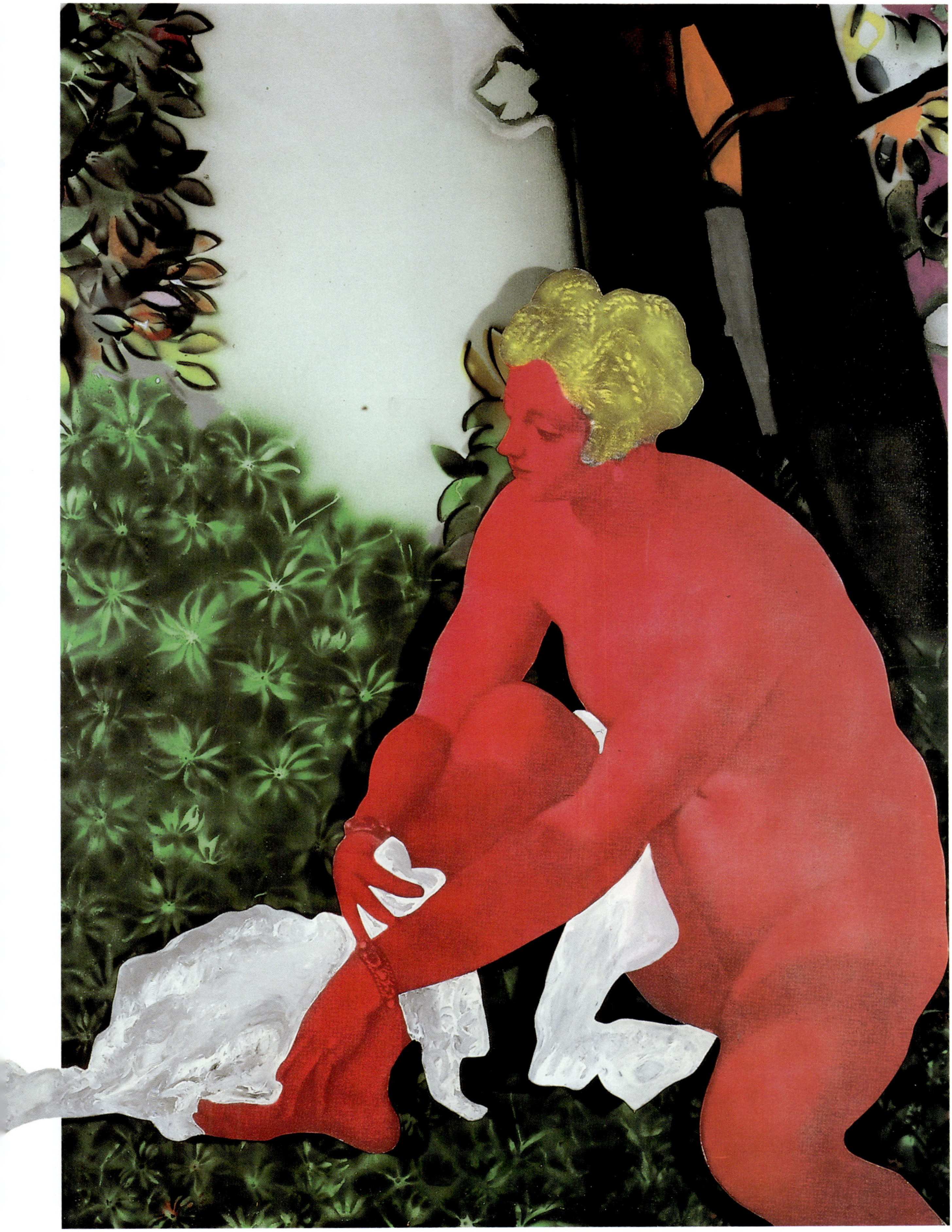

Abb. 181

Verzeichnis der Abbildungen

Abb. 1 TINTORETTO Jacopo Robusti, *genannt* (1518-1594), *Susanna und die beiden Alten*, 1557, Öl auf Leinwand, 146,6 x 193,6
Kunsthistorisches Museum, Wien, Österreich
© Klischee: Kunsthistorisches Museum, Wien

Abb. 2 PRAETEXTAT-KATAKOMBE (4. Jhdt. nach Chr.), Fresko
Rom, Italien

Abb. 3 LIPSANOTHECA (360-70 nach Chr.), Elfenbeinkassette
Museo Civico, Brescia, Italien
© Klischee: Museo Civico, Brescia

Abb. 4 GLASFENSTER (16. Jhdt.), *Susanna und die beiden Alten*
Musée Charlier, Saint-Josse-Ten-Noode, Belgien
© Klischee: Institut Royal du Patrimoine Artistique, Brüssel

Abb. 5 DALMATIKA (1558), *Susanna vor Daniel*
Sankt-Jakobs-Kirche, Löwen, Belgien
© Klischee: Institut Royal du Patrimoine Artistique, Brüssel

Abb. 6 MESSER (Silberbesteck aus dem 16. Jhdt.), *Susanna und die beiden Alten*
Musées Royaux d'Art et d'Histoire, Brüssel, Belgien
© Klischee: Institut Royal du Patrimoine Artistique, Brüssel

Abb. 7 KAMINSTEIN (Keramik aus dem 16. Jhdt.), *Susanna und die beiden Alten*
Museum für Archäologie Vleeshuis der Stadt Antwerpen, Belgien
© Klischee: Institut Royal du Patrimoine Artistique, Brüssel

Abb. 8 KAMINPLATTE, *Das Fußbad Susannas*
Indheidkundig Museum, Sint Niklaas, Belgien
© Klischee: Institut Royal du Patrimoine Artistique, Brüssel

Abb. 9 GEFÄß (Keramik von 1584), *Geschichte der Susanna,* H. 30,9
Atelier de Raeren, Stedelijk Museum de Tongeren, Belgien
© Klischee: Institut Royal du Patrimoine Artistique, Brüssel

Abb. 10 STATUTI E MATRICOLE (1356), Rione di Porta, S. Susanna
Archivio del Collegio di Mercanzia, Perugia, Italien
© Klischee: Scala, Antella (Florenz)

Abb. 11 MANUSKRIPT (1454), *Susanna und die beiden Alten*
Bibliothek, Den Haag, Holland
© Klischee: Institut Royal du Patrimoine Artistique, Brüssel

Abb. 12 DE HESDIN Jean Mansel (15. Jhdt.), *La Fleur des Histoires,* Manuskript (Ausschnitt), verfaßt für Philipp d. Kühnen, Herzog von Burgund
Bibliothèque publique et universitaire von Genf, Schweiz
© Klischee: Bibliothèque publique et universitaire de Genève (Ph. Jean Marc Meylan)

Abb. 13 HEURES DU CONNETABLE ANNE DE MONTMORENCY (1549), *Susanna und die beiden Alten,* Miniatur
Musée Condé, Chantilly, Frankreich
© Klischee: «Giraudon», Paris

Abb. 14 PINTURICCHIO Bernardino di Betto, *genannt* (1454-1513), *Heilige Susanna,* 1492-1494, Fresko
Appartements Borgia, Salle des Saints, Vatikan, Rom
© Klischee: Scala, Antella (Florence)

Abb. 15 DI MICHELINO Domenico (1417-1491), *Szenen der Geschichte Susannas,* Öl auf Holz, erste Tafel (43 x 170), zweite Tafel (55 x 175)
Musée du Petit Palais, Avignon, Frankreich
© Klischee: «Musées Nationaux», Paris

Abb. 16 MARTINI Francesco di Giorgio (1439-1502), *Susanna im Bade,* Tempera auf Holz, 30 x 40
Pinacoteca nazionale, Siena, Italien
© Klischee: Scala, Antella (Florenz)

Abb. 17 BALDUCCI Matteo, zugeschrieben (geb. Ende 15. Jhdt.), *Das Urteil Daniels*, Öl auf Holz, 97 x 140
Louvre, Paris
© Klischee: «Musées Nationaux», Paris

Abb. 18 LOTTO Lorenzo (1480-1556), *Susannas Keuschheit*, 1517, Öl auf Holz, 66 x 50
Uffizien, Florenz
© Klischee: Scala, Antella (Florenz)

Abb. 19 LOTTO Lorenzo (1480-1556), *Castae Susanāe liberatio*, 1524-30, Marketerie, 41,9 x 43,5
Chorgestühl in Bergamo, Italien
© Klischee: Santa Maria Maggiore, Bergamo

Abb. 20 GESCHICHTE DER HEILIGEN SUSANNA (1518-1523), 8 Wandteppiche, gewebt für Bégnine de Cirey, Seigneur de Villecomte, jeder 280 x 520, heute zu drei Teilen vereint
Musée Marmottan, Paris
© Klischee: Studio Lourmel 77, Paris

Abb. 21 ALTDORFER Albrecht (1480-1538), *Susanna im Bade und die Steinigung der Alten*, 1526, Öl auf Holz, 74,8 x 61,2
Alte Pinakothek, München
© Klischee: Scala, Antella (Florenz)

Abb. 22 SCHÖPFER Hans (ca 1505-1569), *Geschichte der Susanna*, 1537, Öl auf Holz, 100,8 x 149,9
Alte Pinakothek, München
© Klischee: Alte Pinakothek, München (Ph. Artothek, Planegg bei München)

Abb. 23 COXCIE Michiel (1499-1592), *Susanna und die beiden Alten*, Öl auf Holz, 98,5 x 104
Staatliche Kunsthalle, Karlsruhe
© Klischee: Staatliche Kunsthalle, Karlsruhe

Abb. 24 GUYOT DE BEAUGRANT († 1551), *Geschichte der keuschen Susanna*, 1529-1531, Flachrelief aus Alabaster
Le Franc de Bruges, Belgien
© Klischee: Institut Royal du Patrimoine Artistique, Brüssel

Abb. 25 VAN LEYDEN Lucas (1494-1533), *Daniel überzeugt die Richter von Susannas Unschuld*, im Krieg verloren gegangen, 35 x 46
Kunsthalle, Bremen
© Klischee: Kunsthalle, Bremen

Abb. 26 FRANCKEN I Ambrosius (1544-1618), *Die von Daniel gerechtfertigte Susanna*, Öl auf Leinwand, 106 x 169
Musée d'art ancien, Brüssel
© Klischee: Musées royaux des Beaux-Arts de Belgique

Abb. 27 VANNI Francesco (1563-1610), *Geschichte der keuschen Susanna*, Öl auf Holz
Collection Monte dei Paschi, Siena, Italien
© Klischee: Scala, Antella (Florenz)

Abb. 28 LE VALENTIN Valentin de Boulogne, *genannt* (1591-1634), *Susannas anerkannte Unschuld*, Öl auf Leinwand, 175 x 211
Louvre, Paris
© Klischee: «Musées Nationaux», Paris

Abb. 29 RICCI Sebastiano (1659-1734), *Susanna vor Daniel*, Öl auf Leinwand, 243 x 440
Galerie Sabauda, Turin
© Klischee: Scala, Antella (Florenz)

Abb. 30 TROGER Paul (1698-1762), *Daniel verteidigt Susanna*, 1749, Öl auf Leinwand, 266 x 186
Salzburger Museum Carolino Augusteum, Salzburg
© Klischee: Salzburger Museum

Abb. 31 FLÄMISCHE SCHULE (ca 1570), *Die keusche Susanna*, Öl auf Holz, 109 x 173
Bayerische Staatsgemäldesammlungen, München
© Klischee: Bayerische Staatsgemäldesammlungen, München

Abb. 32 COYPEL Antoine (1661-1722), *Susanna des Ehebruchs beschuldigt*, Öl auf Leinwand, 149 x 204
Musée du Prado, Madrid
© Klischee: Musée du Prado, Madrid

Abb. 33 COYPEL Antoine (1661-1722), *Susanna von den Alten beschuldigt*, Öl auf Leinwand, 360 x 585
Musée Antoine Lécuyer, Saint-Quentin, Frankreich
© Klischee: Jean Lepeuve, Saint-Quentin

Abb. 34 MAULBERTSCH Franz Anton (1724-1796), *Susanna vor den Richtern*, 1750-52, Öl auf Leinwand, 57 x 68
Österreichische Galerie im Belvedere, Wien
© Klischee: Österreischische Galerie (Ph. Fotostudio Otto, Wien)

Abb. 35 SELLAER Vincent, in der Art von (ca 1500-1589), *Susanna und die beiden Alten*, Öl auf Holz, 96 x 82
Louvre, Paris
© Klischee: «Musées Nationaux», Paris

Abb. 36 ROTTENHAMMER Johann, *zugeschrieben* (1564-1623), *Susanna und die beiden Alten*, Öl auf Holz, 89 x 69
Musée départemental des Vosges, Epinal, Frankreich
© Klischee: Musée départemental des Vosges, Epinal

Abb. 37 FLORIS Frans (1516-1571), *Susanna und die beiden Alten*, Öl auf Holz, 150 x 210
Uffizien, Florenz
© Klischee: Scala, Antella (Florenz)

Abb. 38 MASSYS Jan (1509-1575), *Die keusche Susanna*, Öl auf Holz, 108 x 146
Musée Municipal, Bergues, Frankreich
© Klischee: Studio Cry, Bergues

Abb. 39 FLANDERN ODER FRANKREICH (Mitte des 16. Jhdts), *Susanna und die beiden Alten*, Öl auf Holz, 76 x 98
Musée de Blois, Frankreich
© Klischee: «Lauros-Giraudon», Paris

Abb. 40 KEY Willem (1515-1568), *Susanna im Bade*, 1546, Öl auf Holz, 115 x 105
Graf von Schönborn - Wiesentheid, Schloß Pommersfelden, Deutschland
© Klischee: Schloß Pommersfelden

Abb. 41 TINTORETTO Jacopo Robusti, *genannt* (1518-1594), *Susanna* (?)
Collection privée

Abb. 42 TINTORETTO Jacopo Robusti (1518-1594), *Susanna und die beiden Alten*, 1550, Öl auf Leinwand, 167 x 238
Louvre, Paris
© Klischee: «Musées Nationaux», Paris

Abb. 43 TINTORETTO Jacopo Robusti (1518-1594), *Susanna und die beiden Alten*, 1555, Öl auf Leinwand, 58 x 116
Prado, Madrid
© Klischee: «Lauros-Giraudon», Paris

Abb. 44 TINTORETTO Jacopo Robusti (1518-1594), *Susanna und die beiden Alten*, 1575, Öl auf Leinwand, 150 x 103
Samuel H. Kress Collection, National Gallery of Art, Washington, U.S.A.
© Klischee: National Gallery of Art, Washington

Abb. 45 TINTORETTO Jacopo Robusti (1518-1594), *Susanna und die beiden Alten*
Collection Marczell von Nemes, München

Abb. 46 TINTORETTO Jacopo Robusti, *zugeschrieben* (1518-1594), *Susanna im Bade*, Öl auf Leinwand, 150 x 151
Musée de Picardie, Amiens, Frankreich
© Klischee: Musée de Picardie, Amiens

Abb. 47 SCHULE TINTORETTOS (Ende des 16. Jhdts), *Susanna und die beiden Alten*, Öl auf Leinwand, 216 x 159
Staatliche Kunstsammlungen Dresden, Gemäldegalerie Alte Meister, Dresden, Deutschland
© Klischee: Staatliche Kunstsammlungen Dresden

Abb. 48 SCHULE TINTORETTOS (Ende des 16. Jhdts), *Susanna und die beiden Alten*, Öl auf Leinwand, 85 x 110
Musée d'Art et d'Histoire de Metz, Frankreich
© Klischee: Musée d'Art et d'Histoire de Metz

Abb. 49 VAN OOSTEN Jan († 1634), *Susanna und die beiden Alten*, Öl auf Holz, 51 x 71
Anc. Coll. MRBA, Brüssel
© Klischee: Institut Royal du Patrimoine Artistique, Brüssel

Abb. 50 VERONESE Paolo Caliari, *genannt* (1528-1588), *Susanna und die beiden Alten*, Öl auf Leinwand, 117 x 150
Coll. Giorgio Doria, Genua, Italien
© Klischee: Alinari, Florenz

Abb. 51 VERONESE Paolo Caliari, (1528-1588), *Susanna im Bade*, Öl auf Leinwand, 198 x 198
Louvre, Paris
© Klischee: «Musées Nationaux», Paris

Abb. 52 RICCI Sebastiano, nach Veronese (1659-1734), *Susanna und die beiden Alten*, 108,6 x 120
Trustees of the Chatsworth Settlement, Chatsworth, England
© Klischee: Devonshire Collection, Chatsworth. Reproduced by permission of the Chatsworth Settlement Trustees

Abb. 53 VERONESE Paolo Caliari (1528-1588), *Susanna im Bade*, Öl auf Leinwand, 125 x 104
Staatliche Kunstsammlungen Dresden, Gemäldegalerie Alte Meister, Dresden
© Klischee: «Alinari-Giraudon», Paris

Abb. 54 VERONESE Paolo Caliari, (1528-1588), *Susanna und die beiden Alten*, Öl auf Leinwand, 140 x 280
Kunsthistorisches Museum, Wien
© Klischee: Kunsthistorisches Museum, Wien

Abb. 55 VERONESE Paolo Caliari, (1528-1588), *Susanna und die beiden Alten*, Öl auf Leinwand, 151 x 177
Musée du Prado, Madrid
© Klischee: Musée du Prado, Madrid

Abb. 56 SCHULE VERONESES (Ende des 16. Jhdts), *Susanna und die beiden Alten*, Öl auf Leinwand, 72 x 98
Accademia Nazionale di San Luca, Rom
© Klischee: De Antonis, Rom

Abb. 57 SCHULE VERONESES (Ende des 16. Jhdts), *Susanna und die beiden Alten*, Öl auf Leinwand, 217 x 337
Cassa di Risparmio di Genova e Imperia, Genua, Italien
© Klischee: Cassa di Risparmio di Genova e Imperia, Genova

Abb. 58 PALMA DER JÜNGERE Jacopo di Antonio Negretti, *genannt* (1544-1628), *Susanna im Bade*, Öl auf Leinwand
Collection Chigi Saracini, Siena, Italien
© Klischee: Scala, Antella (Florenz)

Abb. 59 PALMA DER JÜNGERE Jacopo di Antonio Negretti, *genannt* (1544-1628), *Susanna und die beiden Alten*, Öl auf Leinwand, 285 x 395
Louvre, Paris
© Klischee: «Musées Nationaux», Paris

Abb. 60 CAMPI Antonio (ca 1535-1591), *Susanna und die beiden Alten*, Öl auf Leinwand, 204 x 295
Pinacoteca Tosio-Martinengo, Brescia, Italien
© Klischee: Pinacoteca Tosio-Martinengo, Brescia

Abb. 61 BASSANO Jacopo (ca 1518-1592), *Susanna und die beiden Alten*, Öl auf Leinwand, 85 x 125
Ehemalige Sammlung Gower, Musée des Beaux-Arts, Nîmes, Frankreich
© Klischee: Musées d'Art et d'Histoire, Nîmes

Abb. 62 BASSANO Leandro da Ponte, *genannt* (1557-1622), *Susanna und die beiden Alten*, Öl auf Leinwand, 116 x 145
Alte Pinakothek, München
© Klischee: Alte Pinakothek, München

Abb. 63 CARRACCI Annibale, *zugeschrieben* (1560-1609), *Susanna und die beiden Alten*, Öl auf Leinwand, 69 x 77
Musée Municipal, Bergues, Frankreich
© Klischee: Studio Cry, Bergues

Abb. 64 DA EMPOLI JACOPO (1554-1640), *Susanna im Bade*, Öl auf Leinwand, 229 x 172
Kunsthistorisches Museum, Wien
© Klischee: Kunsthistorisches Museum, Wien

Abb. 65 VENETIANISCHE SCHULE (16. Jhdt), *Susanna und die beiden Alten*, 125,2 x 106,7
Trustees of the Chatsworth Settlement, Chatsworth, England
© Klischee: Devonshire Collection, Chatsworth. Reproduced by permission of the Chatsworth Settlement Trustees

Abb. 66 MASSYS Jan (1509-1575), *Susanna und die beiden Alten*, 1567, Öl auf Leinwand, 162 x 222
Musée d'art ancien, Brüssel
© Klischee: Musées royaux des Beaux-Arts de Belgique

Abb. 67 DOMENICHINO Domenico Zampieri, *genannt* (1581-1641), *Susanna und die beiden Alten*, huile sur bois, 55 x 86
Galerie Doria, Rom
© Klischee: Galerie Doria, Rom

Abb. 68 DOMENICHINO Domenico Zampieri, (1581-1641), *Susanna und die beiden Alten*, 58, 4 x 83,8
Trustees of the Chatsworth Settlement, Chatsworth, England
© Klischee: Devonshire Collection, Chatsworth. Reproduced by permission of the Chatsworth Settlement Trustees

Abb. 69 DOMENICHINO Domenico Zampieri, *genannt* (1581-1641), *Susanna im Bade*, Öl auf Leinwand, 236 x 379
Bayerische Staatsgemäldesammlungen, München
© Klischee: Bayerische Staatsgemäldesammlungen, München

Abb. 70 CARRACCI Annibale (1560-1609), *Susanna und die beiden Alten*, Radierung
Pinacoteca nazionale, Gabinetto disegni e stampe, Bologna
© Klischee: Soprintendenza Beni Artistici e Storici, Bologna

Abb. 71 PAGANI Gregorio (1558-1605), *Susanna im Bade*, Öl auf Kupfer, 34,6 x 29
Uffizien, Florenz
© Klischee: Scala, Antella (Florenz)

Abb. 72 CARRACCI Lodovico (1555-1619), *Susanna und die beiden Alten*, Öl auf Leinwand, 146,6 x 116,5
National Gallery, London
© Klischee: National Gallery, London

Abb. 73 SCHULE CARRACCIS (16. Jhdt), *Susanna im Bade*, Öl auf Leinwand, 31 x 21
Bayerische Staatsgemäldesammlungen, München
© Klischee: Bayerische Staatsgemäldesammlungen, München

Abb. 74 CROCE Baldassare (1563-1638), *Susanna und die beiden Alten*,
S. Susanna, Rom
© Klischee: Scala, Antella (Florenz)

Abb. 75 MANETTI Rutilio (1571-1639), *Susanna und die beiden Alten*, Öl auf Leinwand, 104 x 81
Collection Monte dei Paschi, Siena, Italien
© Klischee: Scala, Antella (Florenz)

Abb. 76 BADOLOCCHIO Sisto (ca 1581-1647), *Susanna und die beiden Alten*, Öl auf Leinwand, 63 x 43
The John and Mable Ringling Museum of Art, Sarasota, Florida
© Klischee: The John and Mable Ringling Museum of Art, Sarasota

Abb. 77 GUERCINO Giovanni Francesco Barbieri, *genannt* (1591-1666), *Die keusche Susanna*, huile sur toile, 95,8 x 116
Palazzo Pitti, Florenz
© Klischee: Scala, Antella (Florenz)

Abb. 78 GUERCINO Giovanni Francesco Barbieri, *genannt* (1591-1666), *Susanna und die beiden Alten*, ca 1649, Öl auf Leinwand, 133 x 181,2
Galleria Nazionale, Parma, Italien
© Klischee: Ministero per i Beni Culturali e Ambientali, Parma e Piacenza

Abb. 79 GUERCINO Giovanni Francesco Barbieri (1591-1666), *Susanna im Bade*, Öl auf Leinwand, 175 x 207
Prado, Madrid
© Klischee: Museum des Prado, Madrid

Abb. 80 GUERCINO Giovanni Francesco Barbieri (1591-1666), *Susanna im Bade*, Öl auf Leinwand, 188 x 202
Bayerische Staatsgemäldesammlungen, München
© Klischee: Bayerische Staatsgemäldesammlungen, München

Abb. 81 BURRINI Antonio (1656-1727), *Susanna und die beiden Alten*, Öl auf Leinwand, 197 x 117
Pinacoteca, Bologna, Italien
© Klischee: Soprintendenza Beni Artistici e Storici, Bologna

Abb. 82 STANZIONE Massimo (1585-1656), *Susanna im Bade*, Öl auf Leinwand, 153 x 204
Städelches Kunstinstitut, Frankfurt/M, Deutschland
© Klischee: Ursula Edelmann, Frankfurt/M

Abb. 83 RENI Guido (1575-1642), *Susanna und die beiden Alten*, 1621, Öl auf Leinwand, 116 x 151
National Gallery, London
© Klischee: National Gallery, London

Abb. 84 RENI Guido (1575-1642), *Susanna und die beiden Alten*, 1621, Öl auf Leinwand, 113 x 118
Uffizien, Florenz
© Klischee: Scala, Antella (Florenz)

Abb. 85 PADOVANINO Francesco (1561-1617), *Susanna und die beiden Alten*
Museo Accademia, Venedig
© Klischee: Anderson - Giraudon, Paris

Abb. 86 BILLIVERT Giovanni (1576-1644), *Susanna und die beiden Alten*
Fortezza da Basso, Florenz
© Klischee: Scala, Antella (Florenz)

Abb. 87 ALLORI Christofano (1577-1621), *Susanna im Bade*, Öl auf Leinwand, 88 x 125
Bayerische Staatsgemäldesammlungen, München
© Klischee: Bayerische Staatsgemäldesammlungen, München

Abb. 88 SIRANI Elisabetta (1638-1665), *Susanna und die beiden Alten*, Öl auf Leinwand, 200 x 225
Pinacoteca, Bologna, Italien
© Klischee: Soprintendenza Beni Artistici e Storici, Bologna

Abb. 89 GENTILESCHI Artemisia (1597-1651), *Susanna und die beiden Alten*, 1610, Öl auf Leinwand, 170 x 119
Graf von Schönborn - Wiesentheid, Schloß Pommersfelden, Deutschland
© Klischee: Schloß Pommersfelden

Abb. 90 CESARE Giuseppe, Cavaliere d'Arpino, *genannt* (1568-1640), *Susanna und die beiden Alten*, ca 1607, Öl auf Holz, 53 x 37
Pinacoteca Nazionale, Siena, Italien
© Klischee: Foto Soprintendenza B.A.S., Siena

Abb. 91 CANTARINI Simone (1612-1648), *Susanna und die beiden Alten*, 1640-2, Öl auf Leinwand
Pinacoteca, Bologna, Italien
© Klischee: Soprintendenza Beni Artistici e Storici, Bologna

Abb. 92 WILLMANN Michael (1630-1706), *Susanna und die beiden Alten*, ca 1670, Öl auf Holz, 44 x 34
Germanisches Nationalmuseum, Nürnberg, Deutschland
© Klischee: Germanisches Nationalmuseum, Nürnberg

Abb. 93 KÖNIG Johann (1586-1642), *Susanna und die beiden Alten*, ca 1620, Öl auf Holz, 23 x 33
Germanisches Nationalmuseum, Nürnberg, Deutschland
© Klischee: Germanisches Nationalmuseum, Nürnberg

Abb. 94 GOLTZIUS Hendrick (1558-1616), *Susanna und die beiden Alten*, 1607, Öl auf Leinwand, 67 x 94
Musée Municipal de Douai, Frankreich
© Klischee: Giraudon, Paris

Abb. 95 DE GREBBER Pieter Fransz (ca 1600-1653), *Susanna und die beiden Alten*, Öl auf Leinwand, 103 x 78,5
Collection Galerie Philippe Guinot, Bourg-en-Bresse, Frankreich
© Klischee: Phillips London

Abb. 96 VON HAARLEM Cornelis (1562-1638), *Susanna im Bade*, Öl auf Leinwand, 126 x 102
Germanisches Nationalmuseum, Nürnberg
© Klischee: Germanisches Nationalmuseum, Nürnberg

Abb. 97 UYTEWAEL Joachim (ca 1566-1638), *Susanna und die beiden Alten*, 1605, Öl auf Leinwand, 112,5 x 156
Stedelijke Museum, Gouda, Holland
© Klischee: Stedelijke Museum, Gouda

Abb. 98 UYTEWAEL Joachim (ca 1566-1638), *Susanna und die beiden Alten*, Öl auf Leinwand, 116 x 155
Musée Municipal, Arras, Frankreich
© Klischee: Musée Municipal, Arras (Ph. C. Theriez)

Abb. 99 DE CLERCK Hendrick (ca 1570-1629), *Susanna und die Alten*, Öl auf Holz, 172,5 x 196
Rijksmuseum, Amsterdam, Holland
© Klischee: Governtservice of Visual Art, Den Haag (Ph. Emile Waagenar)

Abb. 100 FLÄMISCHE SCHULE (Ende 16. Jhdt), *Susanna und die Alten*, Öl auf Leinwand, 86 x 127
Ehemalige Sammlung Gower, Musée des Beaux-Arts, Nîmes, Frankreich
© Klischee: Musée d'Art et d'Histoire, Nîmes

Abb. 101 RUBENS Peter Paul (1577-1640), *Susanna und die beiden Alten*, ca 1606, Öl auf Leinwand, 94 x 67
Galerie Borghese, Rom
© Klischee: Scala, Antella (Florenz)

Abb. 102 RUBENS Peter Paul (1577-1640), *Susanna und die Alten*, ca 1606, Öl auf Holz, 175 x 200
Real Academia de Bellas Artes de San Fernando, Madrid
© Klischee: Real Academia de Bellas Artes de San Fernando, Madrid

Abb. 103 RUBENS Peter Paul (1577-1640), *Susanna und die Alten*, 1614, Öl auf Holz, 66 x 51
Nationalmuseum Stockholm, Schweden
© Klischee: «Statens Konstmuseer», Stockholm

Abb. 104 RUBENS Peter Paul (1577-1640), *Susanna und die Alten*, ca 1611, Öl auf Holz, 123 x 108
Museum der Eremitage, Leningrad
© Klischee: Museum der Eremitage, Leningrad

Abb. 105 RUBENS Peter Paul (1577-1640), *Susanna und die Alten*, Öl auf Leinwand, 177 x 246
Galleria Sabauda, Turin
© Klischee: Galleria Sabauda, Turin

Abb. 106 DELACROIX Eugène (1798-1863), *Susanna und die Alten*, Entwurf, Öl auf Leinwand, 27 x 55
Musée des Beaux-Arts, Lille, Frankreich
© Klischee: Ph. Bernard, Lille

Abb. 107 RUBENS Peter Paul (1577-1640), *Susanna im Bade*, ca 1636-1640, Öl auf Holz, 79 x 109
Alte Pinakothek, München
© Klischee: Alte Pinakothek, München

Abb. 108 SCHULE VON RUBENS (17. Jhdt), *Susanna und die Alten*, Öl auf Leinwand, 222 x 214
Statens Konstmuseer, Stockholm
© Klischee: Statens Konstmuseer (Ph. Hans Thorwid), Stockholm

Abb. 109 RUBENS Peter Paul, *Werkstatt von?* (1577-1640), *Susanna und die Alten*, ca 1618, Öl auf Leinwand, 178,5 x 220
Museum der Eremitage, Leningrad
© Klischee: Museum der Eremitage, Leningrad

Abb. 110 SCHULE VON RUBENS (17. Jhdt), *Susanna im Bade*, Öl auf Leinwand, 82 x 62
Bayerische Staatsgemäldesammlungen, München
© Klischee: Bayerische Staatsgemäldesammlungen, München

Abb. 111 LASTMANN Pieter (1583-1633), *Susanna und die Alten*, Öl auf Holz, 43 x 59
Gemäldegalerie Staatliche Museen Preußischer Kulturbesitz, Berlin
© Klischee: Jörg P. Anders, Berlin

Abb. 112 VAN NOORT Jan (1587-1626), *Susanna und die Alten*, Öl auf Leinwand, 168 x 146
Museum der bildenden Künste, Leipzig
© Klischee: Museum der bildenden Künste, Leipzig

Abb. 113 HONTHORST Gerritt van (1590-1656), *Susanna und die beiden Alten*, 1655, Öl auf Leinwand, 157 x 213
Galerie Borghese, Rom
© Klischee: Scala, Antella (Florenz)

Abb. 114 NORDITALIENISCHE SCHULE (17. Jhdt), *Susanna und die beiden Alten*, Öl auf Leinwand, 91,7 x 117,6
Musée des Beaux Arts et d'Archéologie, Besançon, Frankreich
© Klischee: Charles Choffet, Besançon

Abb. 115 LIBERI Pietro (1614-1687), *Susanna im Bade*, Öl auf Leinwand, 95,5 x 122,5
Staatliche Kunstsammlungen Kassel, Gemäldegalerie Alte Meister, Kassel
© Klischee: Staatliche Kunstsammlungen, Kassel

Abb. 116 FLÄMISCHE SCHULE (Anfang 17. Jhdt), *Susanna und die Alten*, Öl auf Leinwand, 80 x 103
Musée de la ville de Bourges, Frankreich
© Klischee: Studio Morlet, Bourges

Abb. 117 VAN DYCK Anthonis (1599-1641), *Susanna im Bade*, Öl auf Leinwand, 194 x 144
Alte Pinakothek, München
© Klischee: Alte Pinakothek, München

Abb. 118 REMBRANDT Harmensz van Rijn (1606-1669), *Susanna im Bade*, Öl auf Holz, 47,2 x 38,6
Mauritshuis, Den Haag, Holland
© Klischee: Scala, Antella (Florenz)

Abb. 119 JORDAENS Jacob (1593-1678), *Susanna und die Alten*, Öl auf Leinwand, 193 x 225
Museo Castelvecchio, Verona, Italien
© Klischee: Walter Campara, Verona

Abb. 120 JORDAENS Jacob (1593-1678), *Susanna und die Alten*, Öl auf Leinwand, 189 x 176
Musée d'art ancien, Brüssel
© Klischee: Musées royaux des Beaux-Arts de Belgique

Abb. 121 JORDAENS Jacob (1593-1678), *Susanna und die Alten*, Öl auf Leinwand, 177 x 135
Musée des Beaux-Arts, Lille, Frankreich
© Klischee: Musée des Beaux-Arts, Lille

Abb. 122 JORDAENS Jacob (1593-1678), *Susanna und die Alten*, 1653, Öl auf Leinwand, 153,5 x 203
Statens Museum for Kunst, Kopenhagen
© Klischee: Statens Museum for Kunst (Ph. H. Petersen), Kopenhagen

Abb. 123 JORDAENS Jacob (1593-1678), *Susanna und die Alten*, 1657, Öl auf Leinwand, 224,5 x 163,5
Jagdschloß Grunewald, Berlin
© Klischee: Jagdschloß Grunewald (Ph. Jörg P. Anders), Berlin

Abb. 124 BÖCKLIN Arnold (1827-1901), *Susanna im Bade*, 1888, Öl auf Holz, 81 x 65
Landesmuseum Oldenburg
© Klischee: Landesmuseum Oldenburg (Ph. H. R. Wacker)

Abb. 125 REMBRANDT Harmensz van Rijn (1606-1669), *Susanna und die Alten*, 1647, Öl auf Holz, 76,6 x 92,7
Gemäldegalerie Staatliche Museen Preußischer Kulturbesitz, Berlin
© Klischee: Jörg P. Anders, Berlin

Abb. 126 REMBRANDT Harmensz van Rijn, *zugeschrieben* (1606-1669), *Studie für Susanna*, Öl auf Leinwand, 22 x 18
Musée Bonnat, Bayonne, Frankreich
© Klischee: Musée Bonnat, Bayonne

Abb. 127 FLINCK Govaert (1615-1660), *Susanna und die beiden Alten*, Öl auf Holz, 49,5 x 37,7
Gemäldegalerie Staatliche Museen Preußischer Kulturbesitz, Berlin
© Klischee: Jörg P. Anders, Berlin

Abb. 128 VAN LOO Jacob (1614-1670), *Susanna und die Alten*, Öl auf Leinwand, 77,5 x 65,1
Glasgow Museums and Art Galleries, Glasgow, Schottland
© Klischee: Glasgow Museums and Art Galleries

Abb. 129 STOCADE Nicolaas van Helt, *genannt* (1614-1669), *Susanna und die Alten*, Öl auf Leinwand, 131 x 114
Museum der bildenden Künste, Leipzig
© Klischee: Christoph Sandig, Leipzig

Abb. 130 LELY Peter (1618-1680), *Susanna und die Alten*, Öl auf Leinwand, 99,1 x 137,2
City Museum and Art Gallery, Birmingham, England
© Klischee: City Museum and Art Gallery, Birmingham

Abb. 131 WIGMANA Gérard (1637-1741), *Susanna und die beiden Alten*, Öl auf Holz, 74 x 56
Potsdam - Sanssouci, Deutschland
© Klischee: Staatliche Schlösser und Gärten Potsdam - Sanssouci

Abb. 132 HOUBRAKEN Arnold (1660-1719), *Susanna und die Alten*, Öl auf Kupfer, 36,5 x 27,3
Manchester City Art Galleries, Manchester, England
© Klischee: Manchester City Art Galleries, Manchester

Abb. 133 VAN DER BURG Adriaan (1693-1733), *Susanna und die Alten*, Öl auf Holz, 36 x 29
Musée des Augustins, Toulouse, Frankreich
© Klischee: Musée des Augustins, Toulouse

Abb. 134 ROTTMAYR Johann Michael (1654-1730), *Susanna und die Alten*, 1692, Öl auf Leinwand, 118 x 169
Österreichische Galerie im Belvedere, Wien
© Klischee: Österreichische Galerie (Ph. Fotostudio Otto), Wien

Abb. 135 ALTOMONTE Martino (1649-1745), *Susanna und die beiden Alten*, 1709, Öl auf Leinwand, 131 x 107
Österreichische Galerie im Belvedere, Wien
© Klischee: Österreichische Galerie (Ph. Fotostudio Otto), Wien

Abb. 136 TREVISANI Francesco (1656-1746), *Susanna und die beiden Alten*, 1709, Öl auf Leinwand, 105 x 171
Graf von Schönborn-Wiesentheid, Schloß Pommersfelden, Deutschland
© Klischee: Graf von Schönborn-Wiesentheid, Schloß Pommersfelden

Abb. 137 LEMOINE François (1688-1737), *Susanna am Brunnen*, Öl auf Leinwand, 100 x 145
Musées de la Ville de Bourges, Frankreich
© Klischee: Studio Morlet, Bourges

Abb. 138 LAZZARINI Gregorio (1655-1730), *Susanna und die beiden Alten*, Öl auf Leinwand, 174 x 217
Museo Correr, Venedig
© Klischee: Museo Correr, Venedig

Abb. 139 TIEPOLO Giovanni Battista (1696-1770), *Susanna und die beiden Alten*, ca 1720, Öl auf Leinwand, 221/16 x 17 inches
Wadsworth Atheneum, Hartford Connecticut, U.S.A., Gift of Mr. and Mrs. Arthur L. Erlanger
© Klischee: Wadsworth Atheneum, Hartford

Abb. 140 GIORDANO Luca Fa Presto, *genannt* (1632-1705), *Susanna und die beiden Alten*, Öl auf Leinwand, 152 x 204
Staatliche Kunstsammlungen Dresden, Gemäldegalerie Alte Meister, Dresden
© Klischee: «Giraudon», Paris

Abb. 141 GUIDOBONO Bartolommeo (1657-1709), *Susanna und die beiden Alten*, Öl auf Leinwand, 96 x 127
Louvre, Paris
© Klischee: Musées Nationaux, Paris

Abb. 142 NORDITALIENISCHE SCHULE (Anfang 18. Jhdt), *Susanna und die beiden Alten*, Öl auf Leinwand, 180 x 160
Musée départemental des Vosges, Epinal, Frankreich
© Klischee: Musée départemental des Vosges

Abb. 143 ITALIENISCHE SCHULE (Anfang 18. Jhdt), *Susanna und die beiden Alten*, Öl auf Leinwand, 144 x 205
Musée des Beaux-Arts et d'Archéologie, Besançon, Frankreich
© Klischee: Charles Choffet, Besançon

Abb. 144 DEUTSCH (18. Jhdt), *Susanna und die beiden Alten*, Öl auf Leinwand, 134 x 160
Bayerische Staatsgemäldesammlungen, München
© Klischee: Bayerische Staatsgemäldesammlungen, München

Abb. 145 PIAZZETTA Giambattista (1682-1754), *Susanna und die beiden Alten*, Öl auf Leinwand, 136 x 104
Kunsthalle Bremen
© Klischee: Kunsthalle Bremen

Abb. 146 PIAZZETTA Giovanni Battista (1682-1754), *Susanna und die beiden Alten*, Öl auf Leinwand, 100 x 135
Uffizien, Florenz
© Klischee: Scala, Antella (Florenz)

Abb. 147 RICCI Sebastiano (1659-1734), *Susanna und die beiden Alten*, 1713, Öl auf Leinwand, 85 x 102
Trustees of the Chatsworth Settlement, Chatsworth Bakewell, England
© Klischee: Devonshire Collection, Chatsworth. Reproduced by permission of the Chatsworth Settlement Trustees

Abb. 148 RICCI Sebastiano (1659-1734), *Susanna und die beiden Alten*, Öl auf Leinwand, 94 x 124
Galleria Nazionale, Parma, Italien
© Klischee: Ministero per i Beni Culturali e Ambientali, Parma und Piacenza

Abb. 149 PELLEGRINI Giovanni-Antonio (1675-1741), *Susanna und die beiden Alten*, Öl auf Leinwand, 135 x 107
Martin von Wagner Museum der Universität Würzburg
© Klischee: Martin von Wagner Museum der Universität Würzburg

Abb. 150 AMIGONI Jacopo (1675-1752), *Susanna im Bade*, Öl auf Leinwand, 115 x 150
Gemäldegalerie Staatliche Museen Preußischer Kulturbesitz, Berlin
© Klischee: Jörg P. Anders, Berlin

Abb. 151 VOUET Simon (1590-1640), *Susanna im Bade*, Öl auf Leinwand, 104 x 110
Collection la Caze, Musée-Château d'Annecy, Frankreich
© Klischee: Musée-Château d'Annecy

Abb. 152 BERTIN Nicolas (1668-1736), *Susanna und die Alten*, Öl auf Holz, 39 x 33
Rijksmuseum, Amsterdam
© Klischee: Rijksmuseum - Foundation, Amsterdam

Abb. 153 DE TROY Jean-François (1679-1752), *Susanna zwischen den beiden Alten*, 1727, Öl auf Leinwand, 81 x 65
Musée des Beaux-Arts, Rouen, Frankreich
© Klischee: «Lauros-Giraudon»

Abb. 154 DE TROY Jean-François (1679-1752), *Susanna und die Alten*, 1721, Öl auf Leinwand, 235,5 x 178
Museum der Eremitage, Leningrad
© Klischee: Museum der Eremitage, Leningrad

Abb. 155 VERKOLJE Nicolas (1673-1746), *Susanna und die Alten*, ca 1700, Öl auf Leinwand, 35 x 43
Musée des Beaux-Arts, Quimper, Frankreich
© Klischee: Musée des Beaux-Arts, Quimper

Abb. 156 VAN DER WERFF Adriaen (1659-1722), *Susanna und die Alten*, 1715, Öl auf Leinwand, 43 x 32
Musée Fabre, Montpellier, Frankreich
© Klischee: Frédéric Jaulmes, Montpellier

Abb. 157 VAN DER WERFF Adriaen (1659-1722), *Susanna und die Alten*, Öl auf Leinwand, 42 x 33
Museum der Schönen Künste, Budapest
© Klischee: Museum der Schönen Künste, Budapest

Abb. 158 DOUVEN Frans - Bartholomaeus (1688-1726), *Susanna und die Alten*, Öl auf Holz, 43 x 32
Staatliche Kunstsammlungen Kassel, Gemäldegalerie Alte Meister, Kassel
© Klischee: Staatliche Kunstsammlungen, Kassel

Abb. 159 SANTERRE (1658-1717), *Susanna im Bade*, Öl auf Leinwand, 205 x 145
Louvre, Paris
© Klischee: Musées Nationaux, Paris

Abb. 160 VAN MIERIS Frans (1689-1763), *Susanna im Bade*, Öl auf Kupfer, 32 x 25,8
Musée Municipal, Arras, Frankreich
© Klischee: Musée Municipal, Arras (Ph. C. Theriez)

Abb. 161 VAN MIERIS Willem (1662-1747), *Susanna und die Alten*, 1731, Öl auf Kupfer, 44 x 37
Musée d'art ancien, Brüssel
© Klischee: Musées royaux des Beaux-Arts de Belgique

Abb. 162 BATONI Pompéo (1708-1787), *Susanna und die beiden Alten*, 1751, Öl auf Leinwand, 99 x 136
Graf Harrach'sche Gemäldegalerie, Schloß Rohrau, Österreich
© Klischee: Graf Harrach'schen Gemäldegalerie, Schloß Rohrau

Abb. 163 VIEN Joseph-Marie (1716-1809), *Susanna und die Alten*, 1743-44, Öl auf Leinwand, 65 x 81
Musée des Beaux-Arts, Nantes, Frankreich
© Klischee: Ville de Nantes - Musée des Beaux-Arts - Patrick Jean

Abb. 164 FABRE François-Xavier (1766-1837), *Susanna und die Alten*, 1791, Öl auf Leinwand, 125 x 180
Musée Fabre, Montpellier, Frankreich
© Klischee: Frédéric Jaulmes, Montpellier

Abb. 165 DONCRE Guillaume-Dominique-Jacques (1743-1820), *Susanna und die Alten*, Öl auf Leinwand, 83,7 x 63,6
Musée Municipal, Arras, Frankreich
© Klischee: Musée Municipal, Arras (Ph. C. Theriez)

Abb. 166 KERN Anton (1710-1747), *Susanna im Bade*, Öl auf Leinwand, 71,6 x 92,7
Tiroler Landesmuseum Ferdinandeum, Innsbruck, Österreich
© Klischee: Tiroler Landesmuseum Ferdinandeum, Innsbruck

Abb. 167 CAPPELLA Francesco Daggiù, *genannt* (1714-1784), *Susanna im Bade (nach Sibylle)*, Öl auf Leinwand, 85 x 138
Kunsthaus, Zürich
© Klischee: Kunsthaus, Zürich

Abb. 168 DELACROIX Eugène (1798-1863), *Susanna und die Alten*, Entwurf, Öl auf Leinwand, 31,1 x 24,8
Musée Saint-Denis, Reims, Frankreich
© Klischee: Robert Meulle, Reims

Abb. 169 CHASSERIAU Théodore (1819-1856), *Susanna im Bade*, 1839, Öl auf Leinwand, 40 x 31,5
Louvre, Paris
© Klischee: Musées Nationaux, Paris

Abb. 170 CHASSERIAU Théodore (1819-1856), *Die keusche Susanna*, Öl auf Leinwand, 255 x 196
Louvre, Paris
© Klischee: Musées Nationaux, Paris

Abb. 171 MOREAU Gustave (1826-1898), *Die keusche Susanna*, Öl auf Holz, 52 x 32,5
Musée des Beaux-Arts, Lyon, Frankreich
© Klischee: Musée des Beaux-Arts, Lyon (Ph. Studio Basset)

Abb. 172 MOREAU Gustave (1826-1898), *Susanna und die Alten*, 1895, Öl auf Leinwand, 81 x 65
Privatsammlung, Turin
© Klischee: Office du Livre, Lausanne

Abb. 173 SCHICK Carl Friedrich (1826-1875), *Susanna im Bade*, Öl auf Leinwand, 104 x 128
Staatliche Kunstsammlungen Dresden
© Klischee: Deutsche Fotothek, Dresden

Abb. 174 HENNER Jean-Jacques (1829-1905), *Die keusche Susanna*, Öl auf Leinwand, 185 x 130
Musée d'Orsay, Paris
© Klischee: Musées Nationaux, Paris

Abb. 175 MANET Edouard (1832-1883), *Frühstück im Freien*, 1863, Öl auf Leinwand, 208 x 264,5
Musée d'Orsay, Paris
© Klischee: Lauros - Giraudon, Paris

Abb. 176 GIORGIONE (1477-1510), *Das ländliche Konzert*, Öl auf Leinwand, 110 x 138
Musée du Louvre, Paris
© Klischee: Lauros - Giraudon, Paris

Abb. 177 GIORGIONE (1477-1510), *Der Sturm* (um 1500), Öl auf Leinwand, 68 x 59
Museo Accademia, Venedig
© Klischee: Soprintendenza Beni Artistici e Storici, Venedig

Abb. 178 MANET Edouard (1832-1883), *Die überraschte Nymphe*, 1861, Öl auf Leinwand, 144,5 x 112,5
Nationalmuseum der Schönen Künste, Buenos Aires, Argentinien
© Klischee: Musée national des Beaux-Arts, Buenos Aires

Abb. 179 MANET Edouard (1832-1883), *Die überraschte Nymphe*, ca 1860, Öl auf Holz, 35,5 x 46
Nasjonalgalleriet, Oslo, Norwegen
© Klischee: Nasjonalgalleriet, Oslo

Abb. 180 RANSON Paul (1864-1909), *Susanna und die beiden Alten*, 1891, Tempera, 63 x 51,5
Privatsammlung
© Klischee: Edition Rencontre (Edito-Service S.A. Genève)

Abb. 181 RAYSSE Martial (1936), *Susanna und die beiden Alten*, 1964, Photo-Collage, Öl auf Leinwand, und Film, der Armands Gesicht auf den linken oberen Teil der Leinwand projiziert, 192 x 142
Alexander Iolas Gallery, New York, U.S.A.
© Klischee: PRO LITTERIS-ADAGP, 1990

Abb. 182 ALBEROLA Jean-Michel (1953), «*Ohne-Titel*», 1983, Öl auf Leinwand, 200 x 200
Collection FRAC Rhône-Alpes, Frankreich
© Klischee: FRAC Rhône-Alpes

Abb. 183 ALBEROLA Jean-Michel (1953), *Susanna, die Régence oder die Zwischenmalerei*, 1983-1984, Öl auf Leinwand, 230 x 250
Musée d'Art Contemporain, Nîmes, Frankreich
© Klischee: Musée d'Art Contemporain, Nîmes

Abb. 184 ALBEROLA Jean-Michel (1953), *Susanna und die Alten, monochrom*, 1983, Öl auf Leinwand, 196 x 162
Privatsammlung, Paris
© Klischee: Galerie Daniel Templon, Paris

Abb. 185 ALBEROLA Jean-Michel (1953), *Susanna und die beiden Alten: die Nacht überrascht die Malerei*, 1985, Öl auf Leinwand, 180 x 250
Collection Fondation Daniel Templon, Fréjus, Frankreich
© Klischee: Galerie Daniel Templon, Paris

Abb. 186 AYOT Pierre (1943), *In verso*, 1990, Einzige Serigraphie auf Projektionsleinwand mit Projektor, 120 x 120
Collection Jean-Claude Prêtre, Genf
© Klischee: Galerie Graff, Montréal, Québec

Arbeitsnotizen zu Susanna (1981-1989)

Sichtbar machen, war sehend macht und nicht, was sichtbar ist.

(Jean-François Lyotard)

Eine Schwelle ist etwas Heiliges.

(Porphyrios)

Hinweis

Die 121 Variationen über Tintorettos *Susanna und die beiden Alten* in Wien haben einige schriftlich fixierte Orientierungen während der sieben Jahre notwendig gemacht, die ausschließlich der Erforschung des Gemäldes des venetianischen Meisters gewidmet waren. Diese Notizen sind in meinen Augen noch heute von Bedeutung, weil sie eine Reihe von Überlegungen zu einer teils geistigen, teils praktischen Erfahrung mit der Malerei festhalten.

Bevor ich sie in der diskontinuierlichen und anspruchslosen Form, in der sie geschrieben wurden, veröffentliche, schien es mir nötig, meine Arbeit in einen größeren Zusammenhang zu stellen:

– erstens: *Susanna* ist der erste Teil einer Trilogie, deren andere Teile *Ariadne* und *Danae* heißen;

– zweitens: die *Susanna-Folge* ist eine Serie, deren Ursprung zunächst in einem Gemälde der Kunstgeschichte liegt und erst in zweiter Linie in dem ikonographischen Thema und dem biblischen Text (Daniel, 13), aus dem sich sowohl die Ikonographie im allgemeinen als auch Tintorettos Bild insbesondere ableiten. Das Konzept und die Form der Serie – die seit 1964 für meine verschiedenartigen Darstellungsmethoden charakteristisch sind – waren niemals einem Sujet so angemessen wie diesem und haben niemals eine so fruchtbare Prospektion zur Folge gehabt.

Unter diesem Blickwinkel muß man den *Susanna*-Katalog als das 121. Werk der Serie betrachten, das die wechselseitige Abhängigkeit der anderen sichtbar macht.

Zu der Wechselwirkung der Bilder tritt die der Texte hinzu. Denn Texte und Bilder gehören zu einer Suche, deren Zweck außerhalb einer solchen Wechselwirkung gar nicht denkbar war. Eine vor nahezu zweitausend Jahren entstandene Wechselwirkung zwischen dem biblischen Text und den ersten Werken vom Beginn der christlichen Ära, die nach ihrer langen Geschichte heute widerzuspiegeln nahezu unumgänglich war. Deshalb wünsche ich mir, daß dieser Katalog nicht nur als eine Stütze für das visuelle Gedächtnis betrachtet wird, begleitet von Kommentaren und anderen Texten, sondern als ein eigenständiges Werk. Als letztes einer Serie soll es der Spiegel sein, in dem die verborgene Kette sichtbar wird, die die vereinzelten und verstreuten Fragmente – die die 120 anderen zu sein scheinen – verbindet.

– drittens: die *Susanna-Folge*, ein verhältnismäßig spätes Ergebnis einer vor zwanzig Jahren begonnenen Arbeit, faßt alle möglichen im Verlauf, der Jahre an ganz unterschiedliche Werke gestellte Fragen zusammen und setzt darunter einen – vorläufigen? – Schlußpunkt.

Zur Erinnerung: die 13 Zeichnungen mit Farben als Hommage für einige Meister der Tradition (*Hommagen*, 1968), cf. *Susanna und die beiden Alten*[1] (Abb. 1) nach Tintorettos *Susanna und die beiden Alten*[2] in Wien; cf. *Die junge Frau*

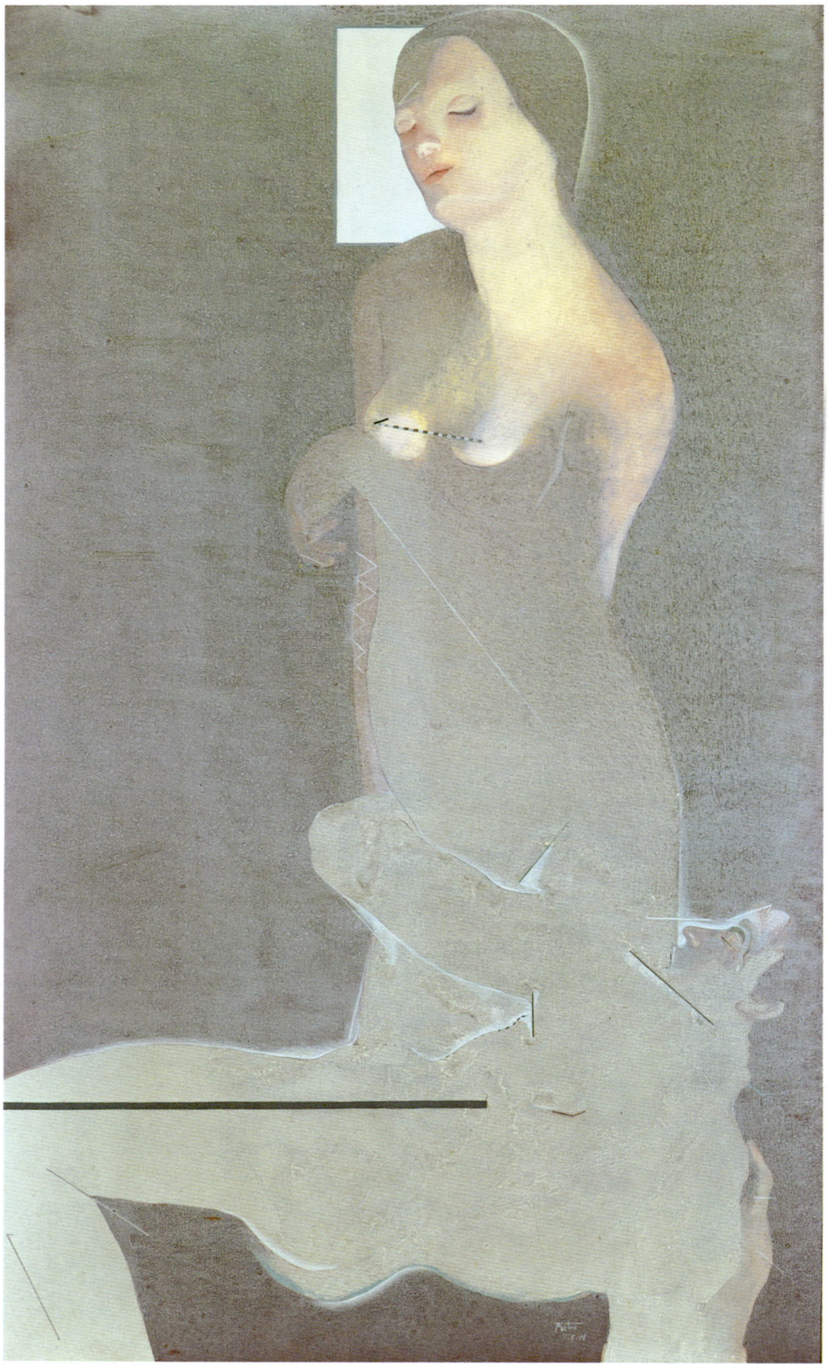

Abb. 2

Abb. 1

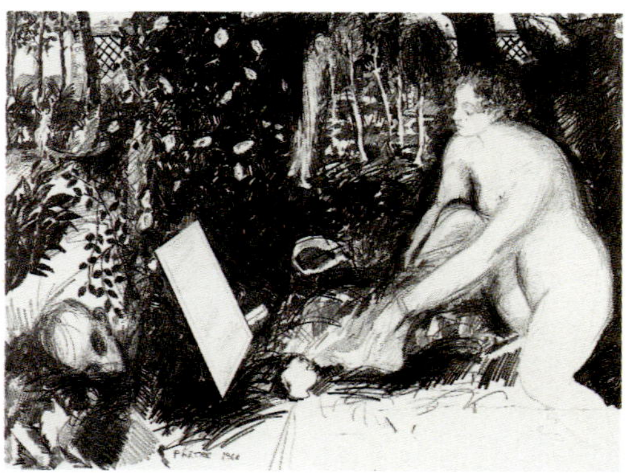

1. *Susanna und die beiden Alten*, 1968, Zeichnung, 57 x 77, Sammlung des Künstlers.
2. Siehe das Verzeichnis der Abbildungen, Abb. 1, S 118.

und Athlet[3] (Abb. 2) von 1971 nach dem *Athleten*[4] von Michelangelo in der Szene *Gott scheidet Erde und Wasser* der Sixtinischen Kapelle und dem *Tod der Prokris*[5] von Piero di Cosimo; cf. *Die erlesene Stunde* (*Die Sintflut für Ucello*)[6] (Abb. 3) von 1972, nach *Die Sintflut*[7] von Ucello in Santa Maria Novella in Florenz, und aus dem gleichen Jahr die Portraits von Goya und Picasso* für *Mémoires* (Abb. 4, 5); cf. *Mimi de Vinci*[9] (Abb. 6) von 1973 nach der *Felsgrottenmadonna*[10] von

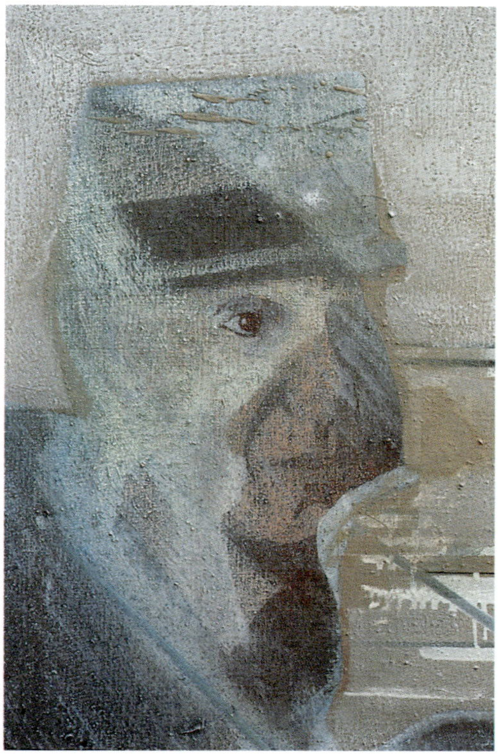

Abb. 5

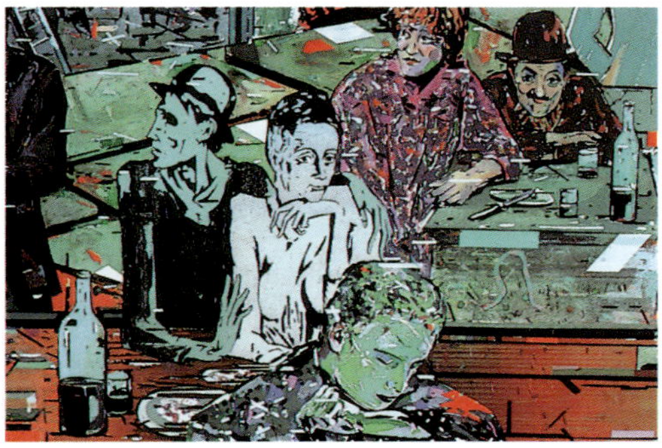

Abb. 4

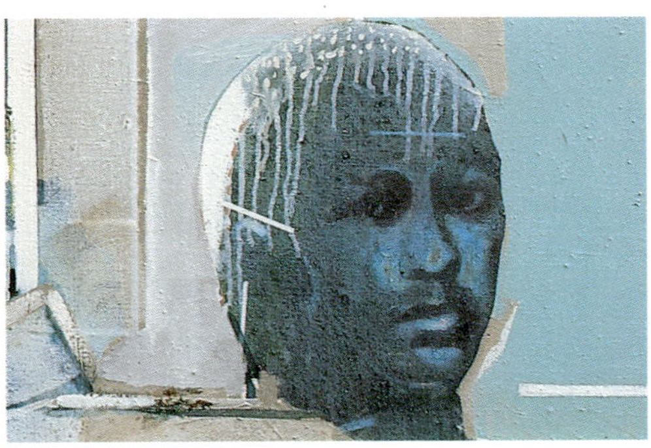

Abb. 3

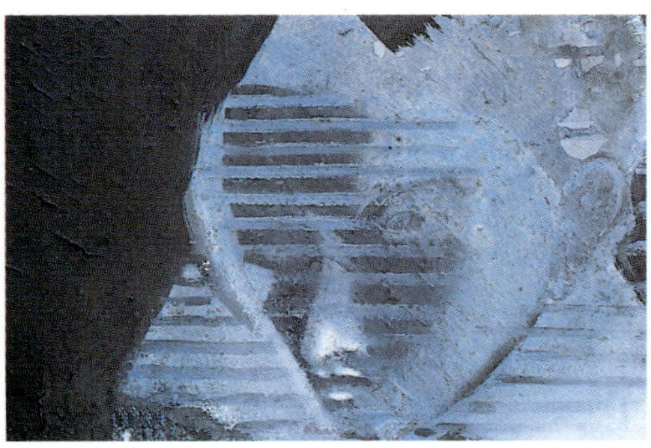

Abb. 6

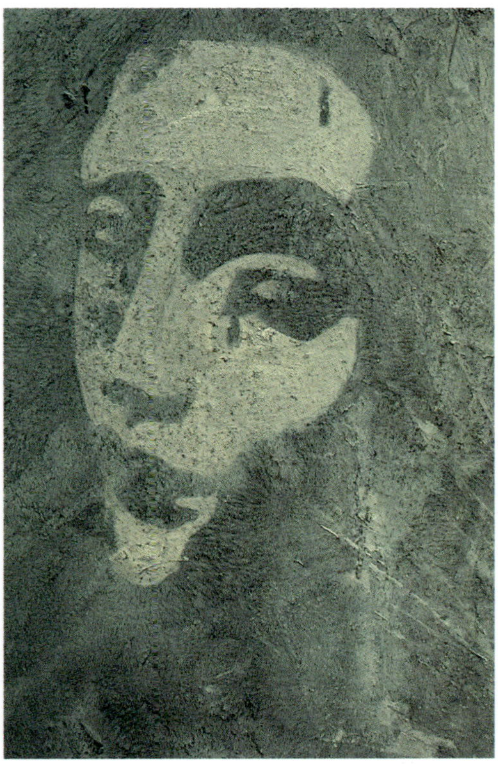

3. *Junge Frau und Athlet*, 1971, Öl auf Leinwand, 180 x 120, Privatsammlung.
4. MICHELANGELO (1475-1564), *Athlet* (*Gott scheidet Erde und Wasser*), Fresko, Sixtinische Kapelle, Rom.
5. PIERO DI COSIMO (1462-1521), *Tod der Prokris*, 1486/1500-1510, Tempera und Öl auf Holz, 65 x 183. National Gallery, London.
6. *Die erlesene Stunde* (*Die Sintflut für Ucello*), 1972, Öl auf Leinwand, 160 x 180, Ausschnitt. Sammlung Claude und Cecilia Camredon, Sullens, Schweiz.
7. PAOLO UCELLO (1397-1475), *Die Sintflut*, Fresko. Santa Maria Novella, Florenz.
8. *Mémoires*, 1972, Öl auf Leinwand, 180 x 180, Ausschnitt. Privatsammlung, New York.
9. *Mimi de Vinci*, 1973, Öl auf Papier, 67 x 90, Ausschnitt. Privatsammlung, Valais, Schweiz.
10. *LEONARDO DA VINCI* (1452-1519). Die *Felsgrottenmadonna*, 1483-86, Öl auf Leinwand, 199 x 122, Louvre, Paris.

* Picasso, dessen *Frugale Mahlzeit* – neben anderen – auf der *Kommune von Bernex* zitiert wird: *Die Kommune von Bernex*, 1982, Acryl auf Leinwand, 180 x 450, Ausschnitt. Sammlung Kommune von Bernex, Ecole de Vailly, Genf.

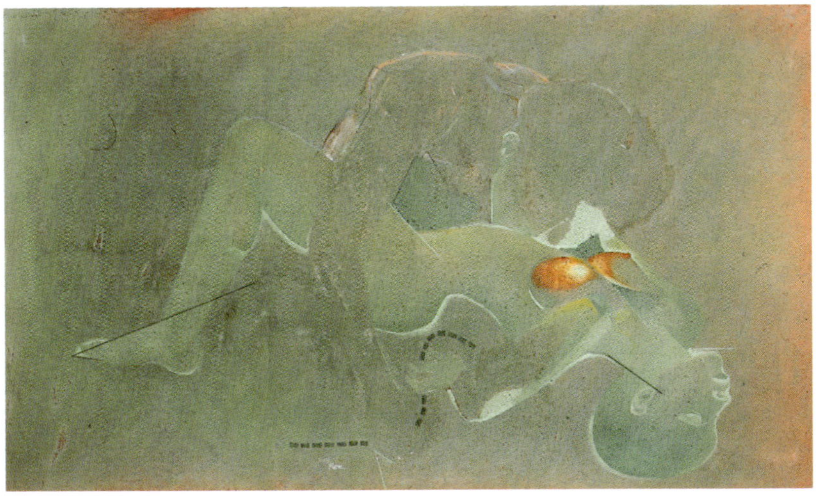

Abb. 8

Leonardo da Vinci; cf. *Schaufenster mit kleinem blauen Ochsen*[11] (Abb. 7) von 1973 nach Gegenständen der primitiven Kunst und einem Buddha; cf. diverse Interpretationen nach anonymen Photographien *Paar*[12] (Abb. 8) von 1971, *Die Toilette*[13] (Abb. 9) von 1973, nach Pressebildern *Von Ihnen zu Hause aus gesehen*[14] (Abb. 10) von 1974,

Abb. 7

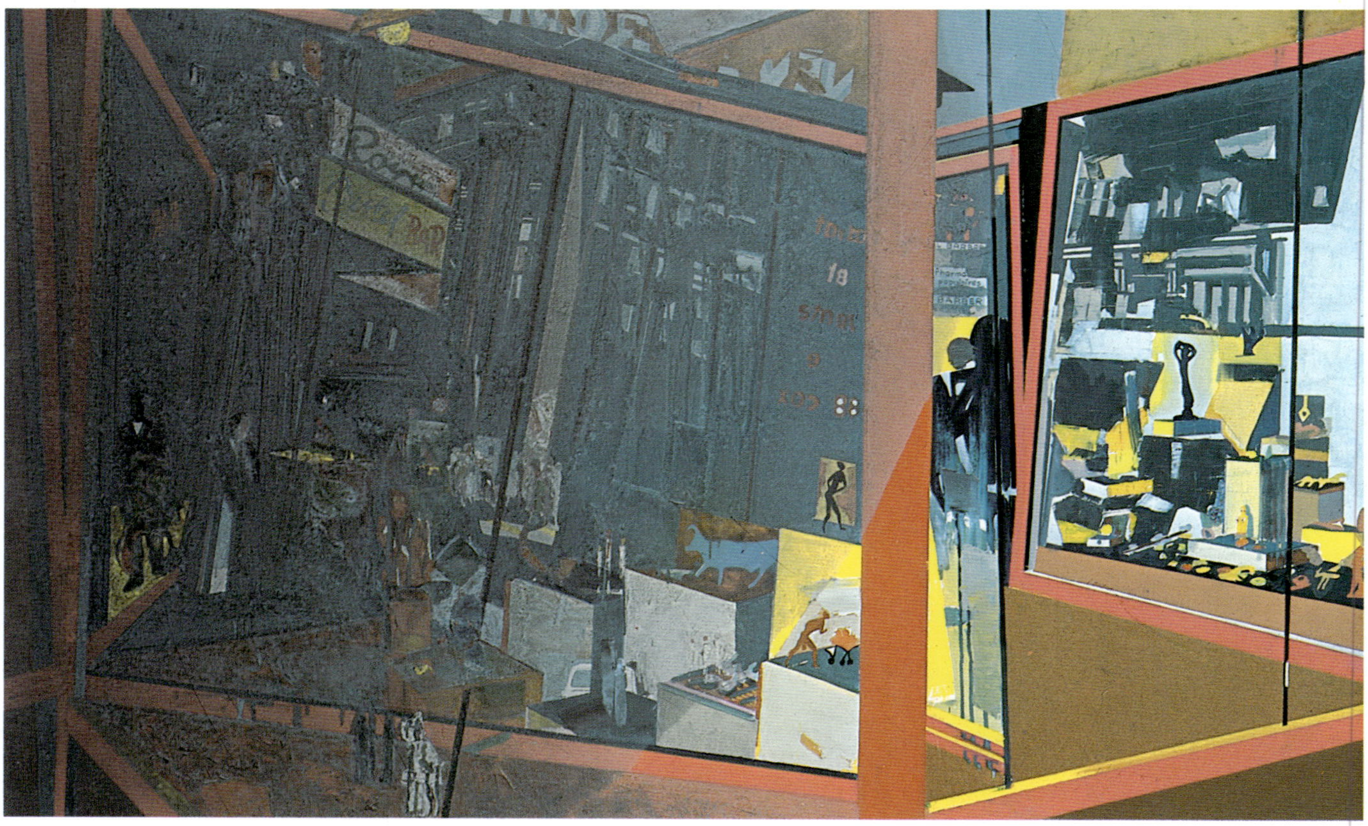

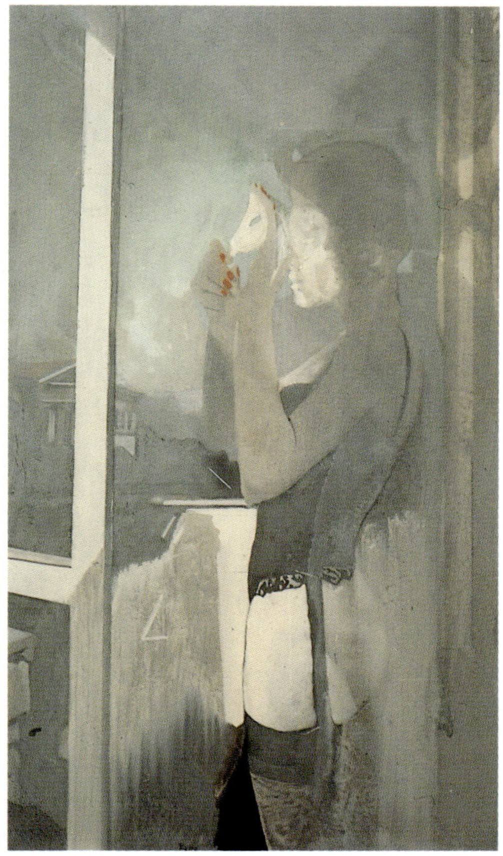

Abb. 9

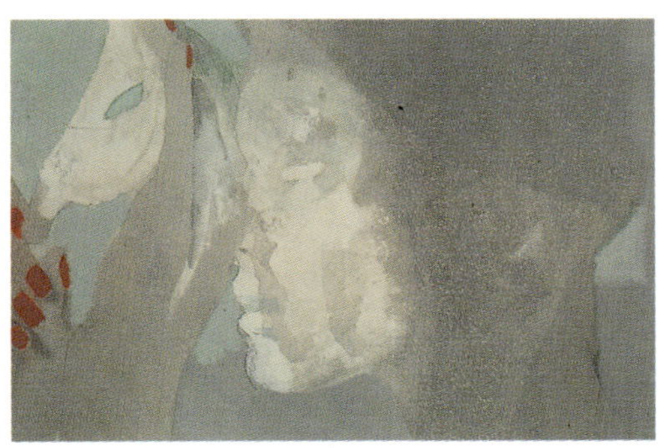

Abb. 10

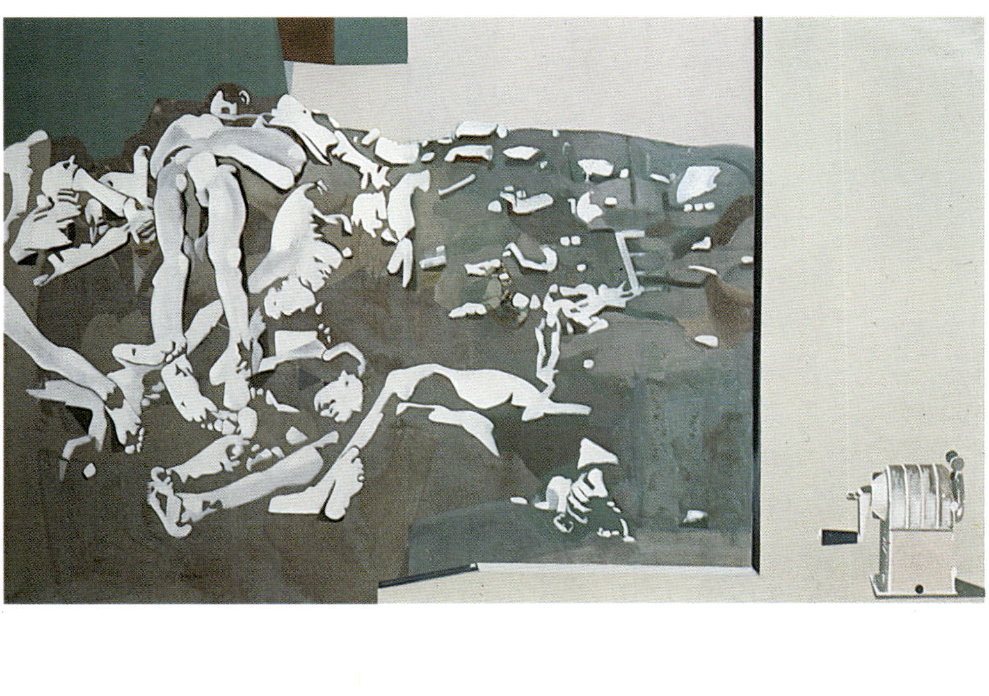

11. *Schaufenster mit kleinem blauen Ochsen*, 1973, Öl auf Leinwand, 110 x 180. Sammlung Jean-Louis Sunier, Genf.
12. *Paar*, 1971, Öl auf Leinwand, 120 x 180. Sammlung Félix Goldinger, Pfaffhausen, Schweiz.
13. *Die Toilette*, 1973, Öl auf Papier, vollständig und Ausschnitt. Sammlung Albert Maret, Genf.
14. *Von Ihnen zu Hause aus gesehen*, 1974, Öl auf Leinwand, 110 x 180. Sammlung Pierre Keller, Genf.

«Aneignung» der Wiener *Susanna* Tintorettos gab es 1978 einen zweiten Versuch in einer Serie von Polyptycha, bei dem die Photographie genutzt wurde (*Polaroid-Serie*), cf. *Das Alte, das Neue*[19] (Abb. 14) unter anderen nach der Wiener *Susanna*[20] (Abb. 15) und der *Bathseba*[21] (Abb. 16) von Rembrandt;

Abb. 12

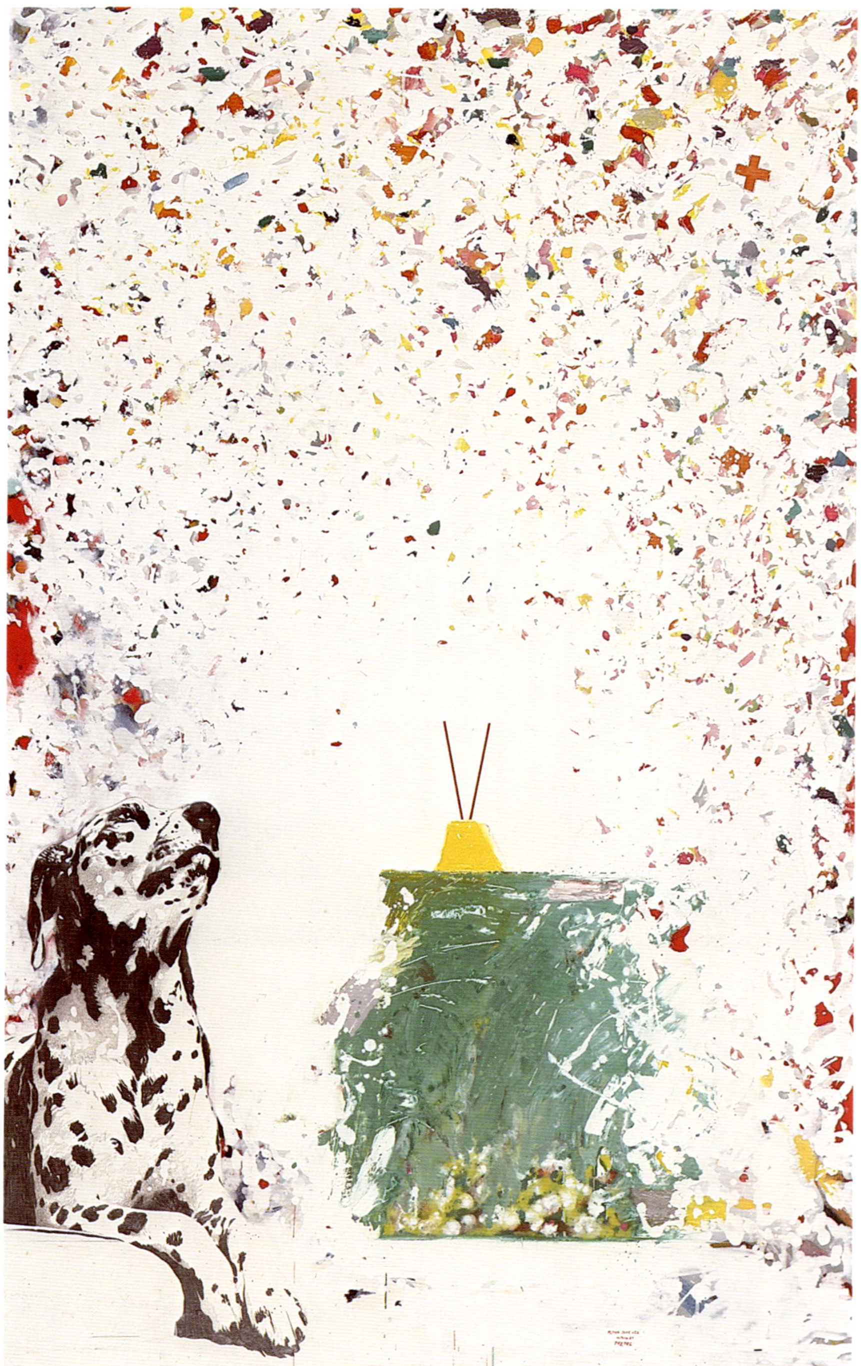

19. *Das Alte, das Neue*, 1978, Polyptychon, 70 x 490, bestehend aus einer Folge von 25 Polaroidaufnahmen SX 70 und 6 Originalphotographien, jede 70 x 70, vollständig und Ausschnitte. Sammlung Jacques Michel, Genf.
20. *Das Alte, das Neue*, Ausschnitt.
21. *Das Alte, das Neue*, Ausschnitt.

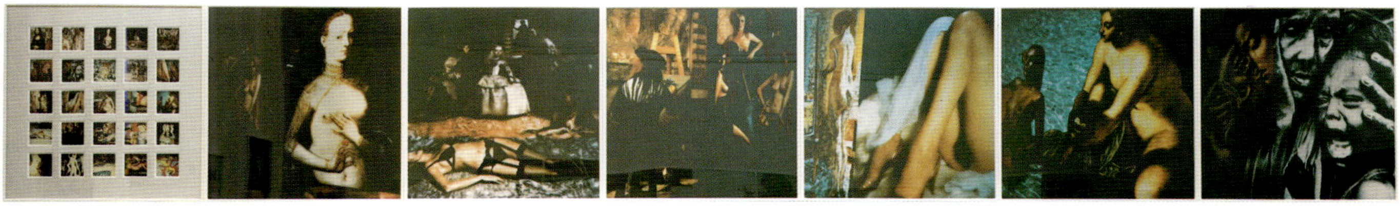

Abb. 14

Abb. 16

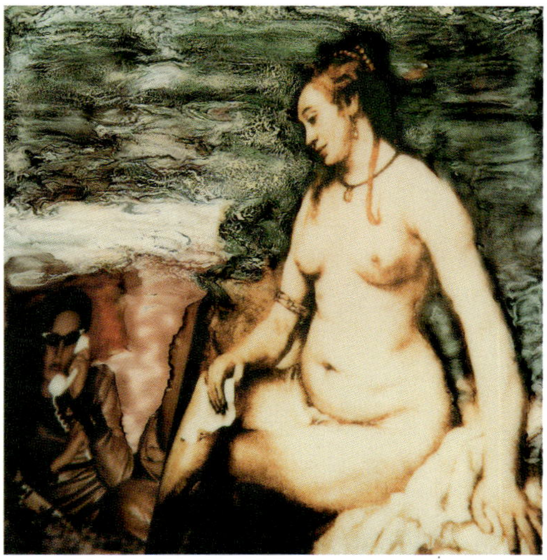

Abb. 15

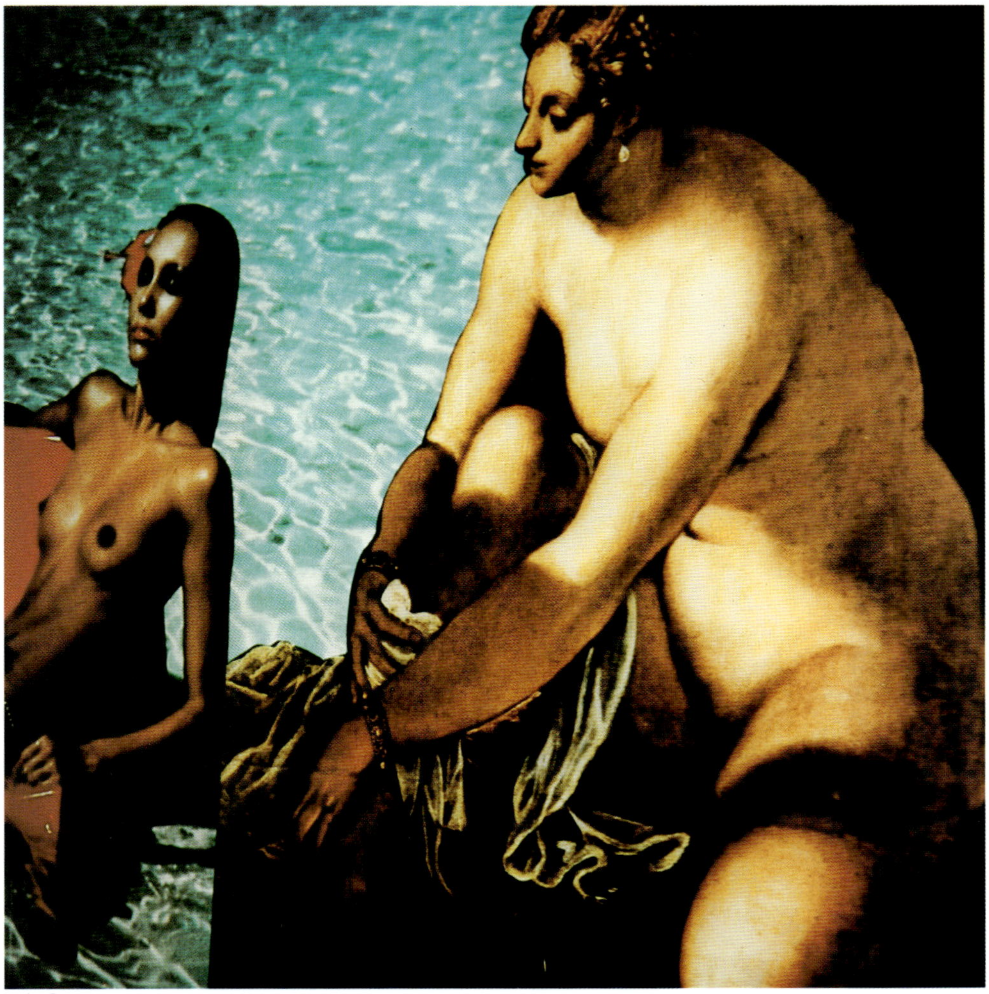

Verfremdete Mona Lisa[22] (Abb. 17, 18, 19) nach der *Mona Lisa*[23] von Leonardo da Vinci; Osmose-Selbstpor-

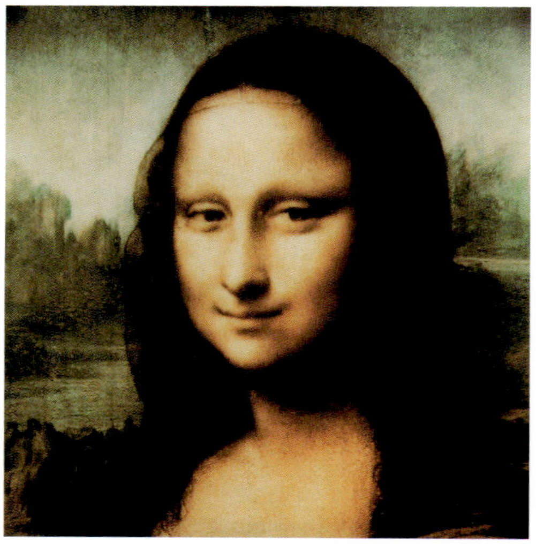

Abb. 17

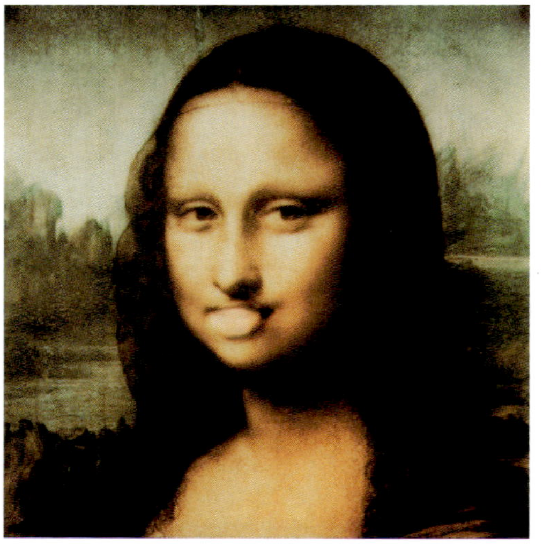

Abb. 18

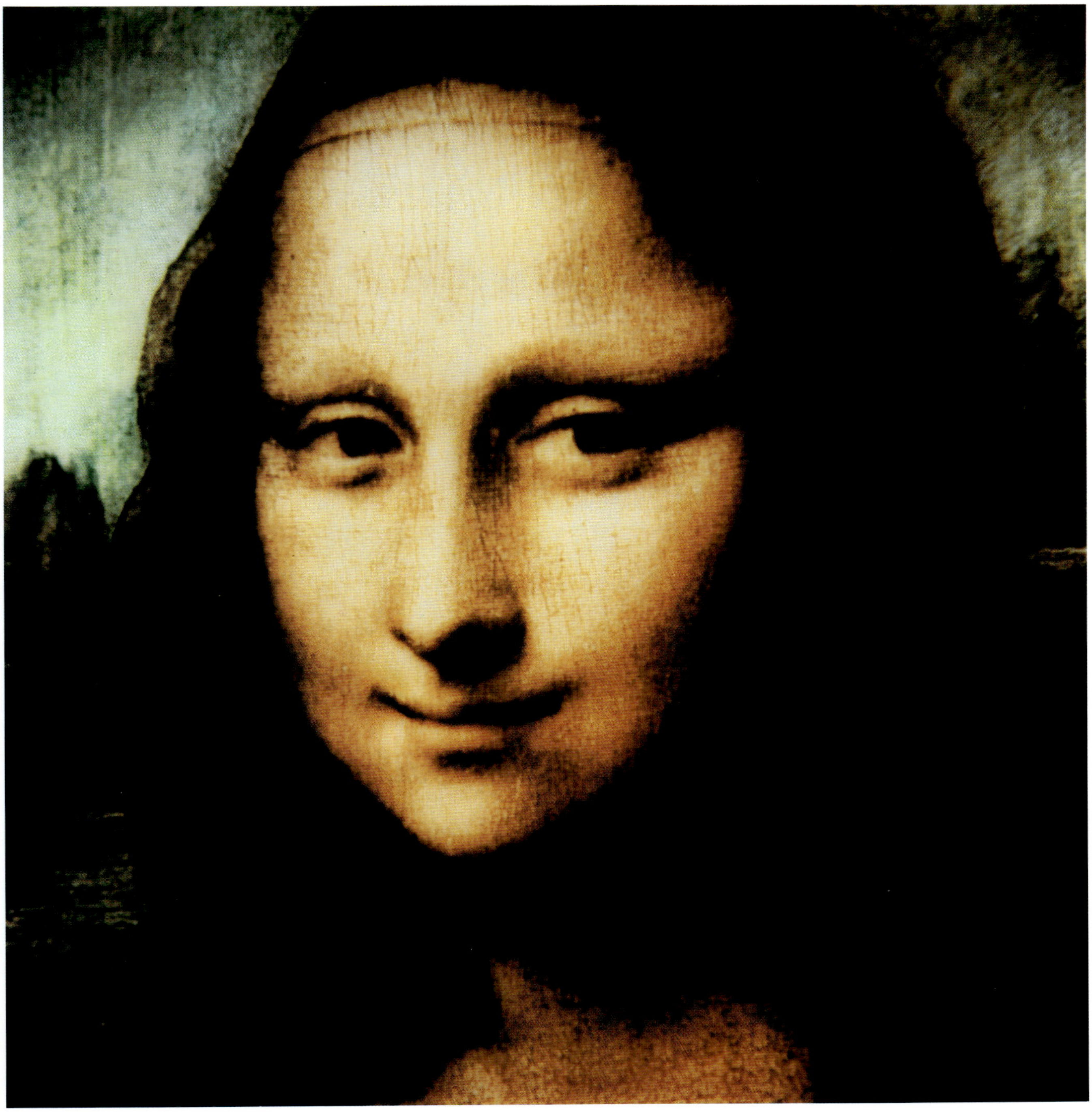

Abb. 19

22. *Verfremdete Mona Lisa*, 1978, Polyptichon, 70 x 280, bestehend aus einer Folge von 25 Polaroidaufnahmen SX 70 und drei Originalphotographien, jede 70 x 70, Ausschnitte. Sammlung Philippe Dubois, Lausanne.
23. LEONARDO DA VINCI *Mona Lisa*, 1503-1505, 77 x 53, Louvre, Paris.

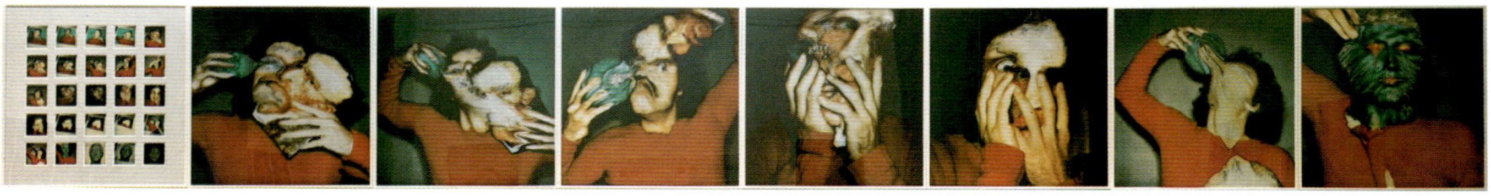

Abb. 20

trait mit van Gogh»[24 a, b] (Abb. 20, 21) nach einem der *Selbstportraits* von van Gogh; cf. *Japan* 81 Nr. 76[27] (Abb. 23), auf dem ein von Giacometti gemaltes Portrait zitiert wird, beide von 1981, cf. *Ariadne 1*.

Abb. 21

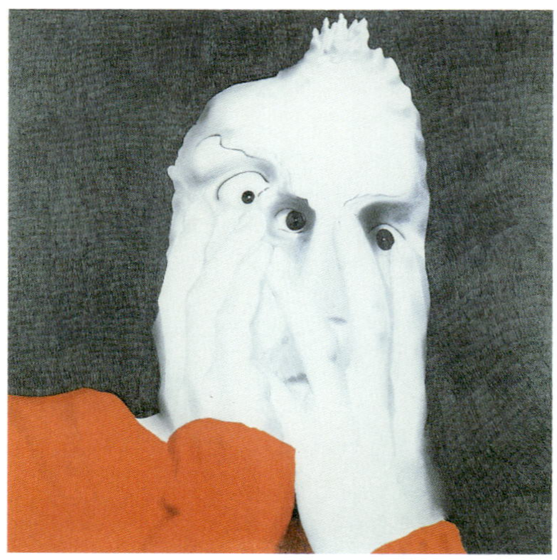

Abb. 20, Ausschnitt

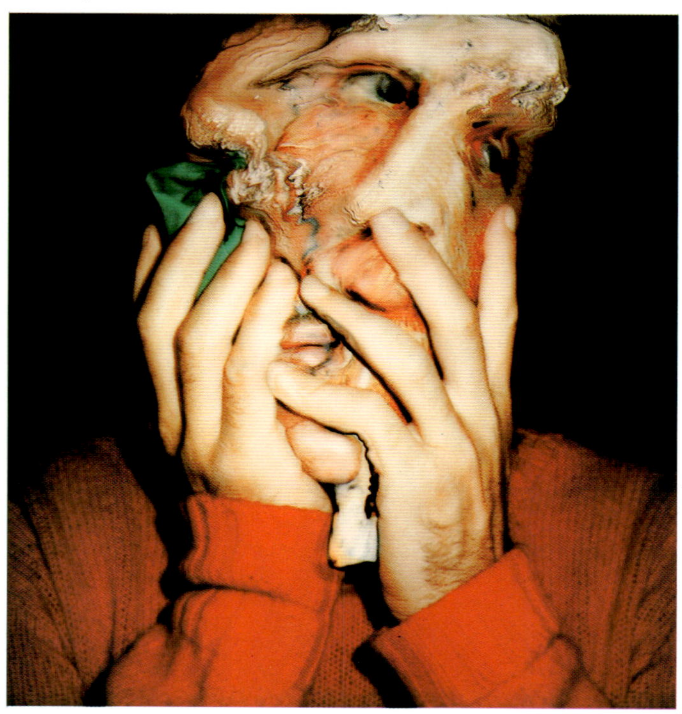

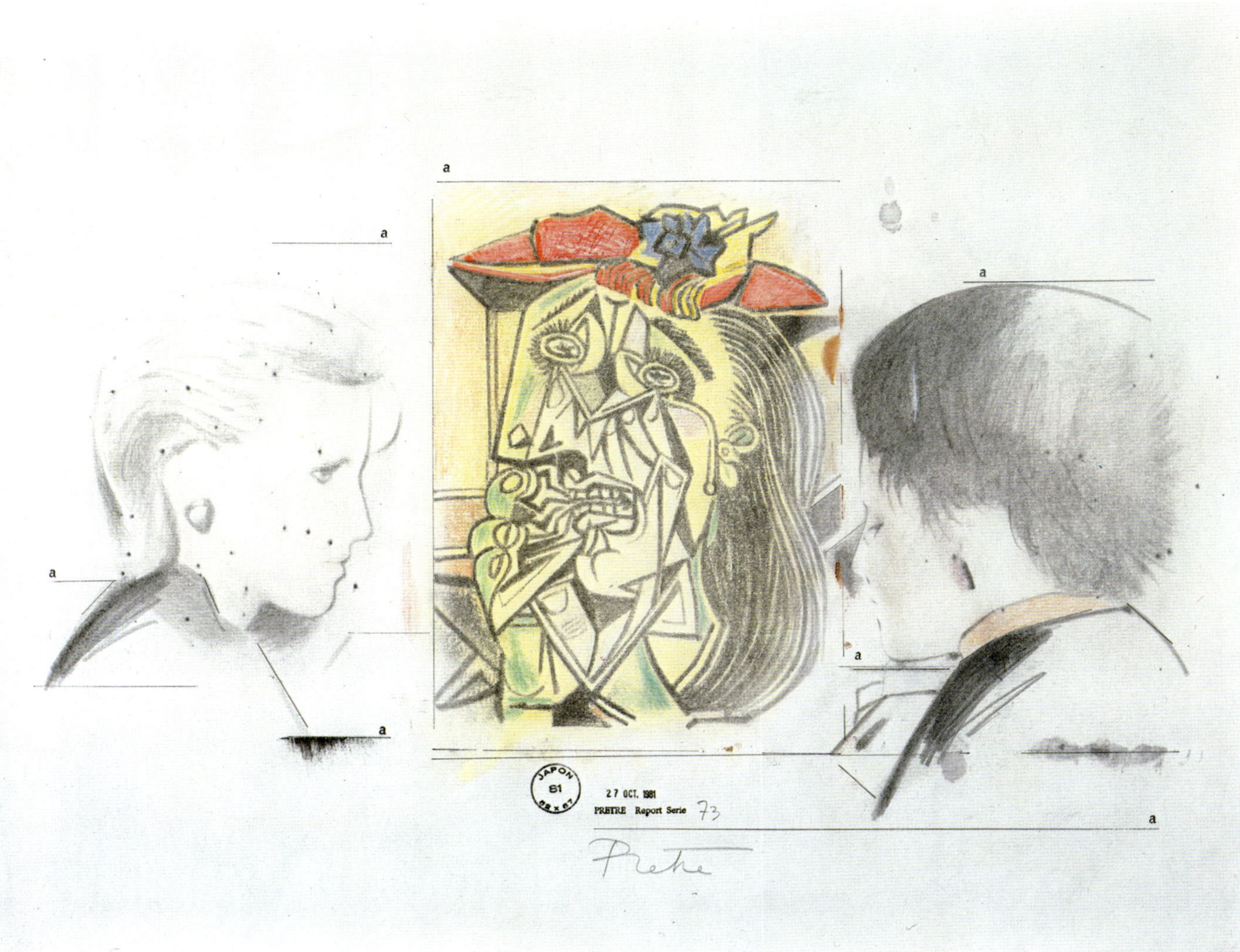

Abb. 22

Abb. 23

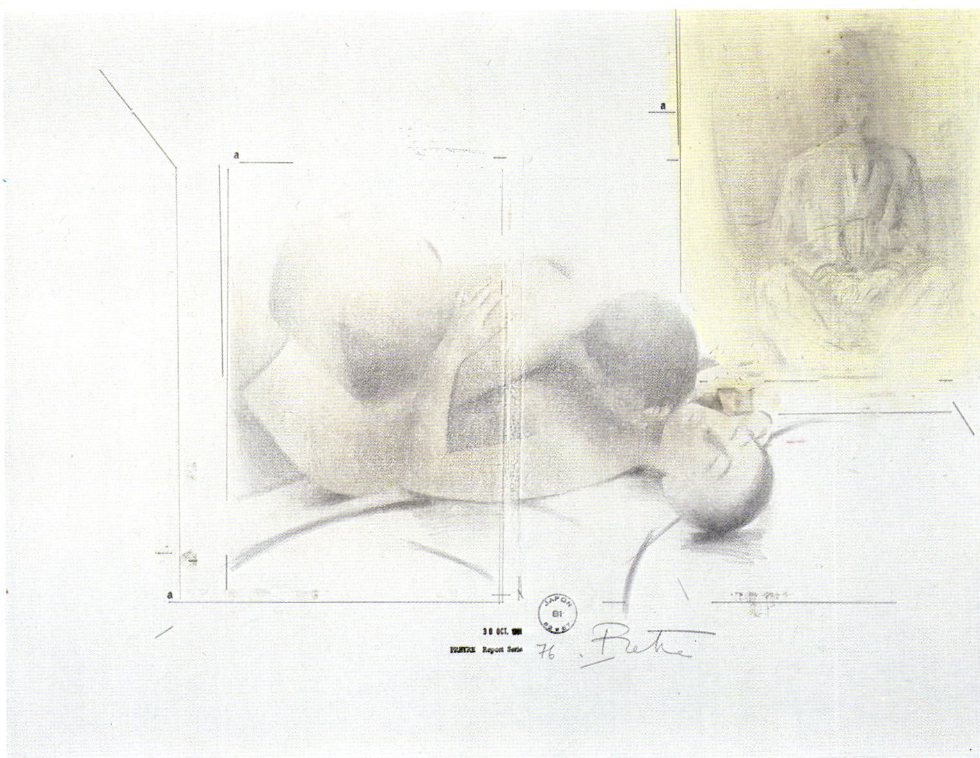

24. *Osmose-Selbstportrait mit van Gogh*, 1978, Polyptychon, 70 x 560, bestehend aus einer Folge von 25 Polaroidaufnahmen SX 70 und sieben Originalphotographien, jede 70 x 70, vollständig und Ausschnitt. Sammlung des Künstlers.
24b. *Osmose-Selbstportrait* mit van Gogh B, 1978, Zeichnung. Sammlung Dusan Vajda, Sion, Schweiz.
25. *Japan 81 Nr. 73*, 1981, Übertragung auf Japanpapier und Farbstifte, 52 x 67. Sammlung Bettie Thommen, Basel.
26. PABLO PICASSO *Weinende Frau*, 1937, Öl auf Leinwand, 60 x 50. Sammlung Antony Penrose, London.
27. *Japan 81 Nr. 76*, 1981, Übertragung auf Japanpapier und Bleistift, 52 x 67. Sammlung Werner Suter, Dübendorf, Schweiz.

Szene des Labyrinths für Tintoretto[28] (Abb. 24) von 1984 nach dem *Wunder des heiligen Markus* von Tintoretto; cf. *Ariadne 6. Theseus und der Minotaurus*[30] (Abb. 25) von 1984 nach dem *Tod Abels*[31] von Tintoretto;

Abb. 25

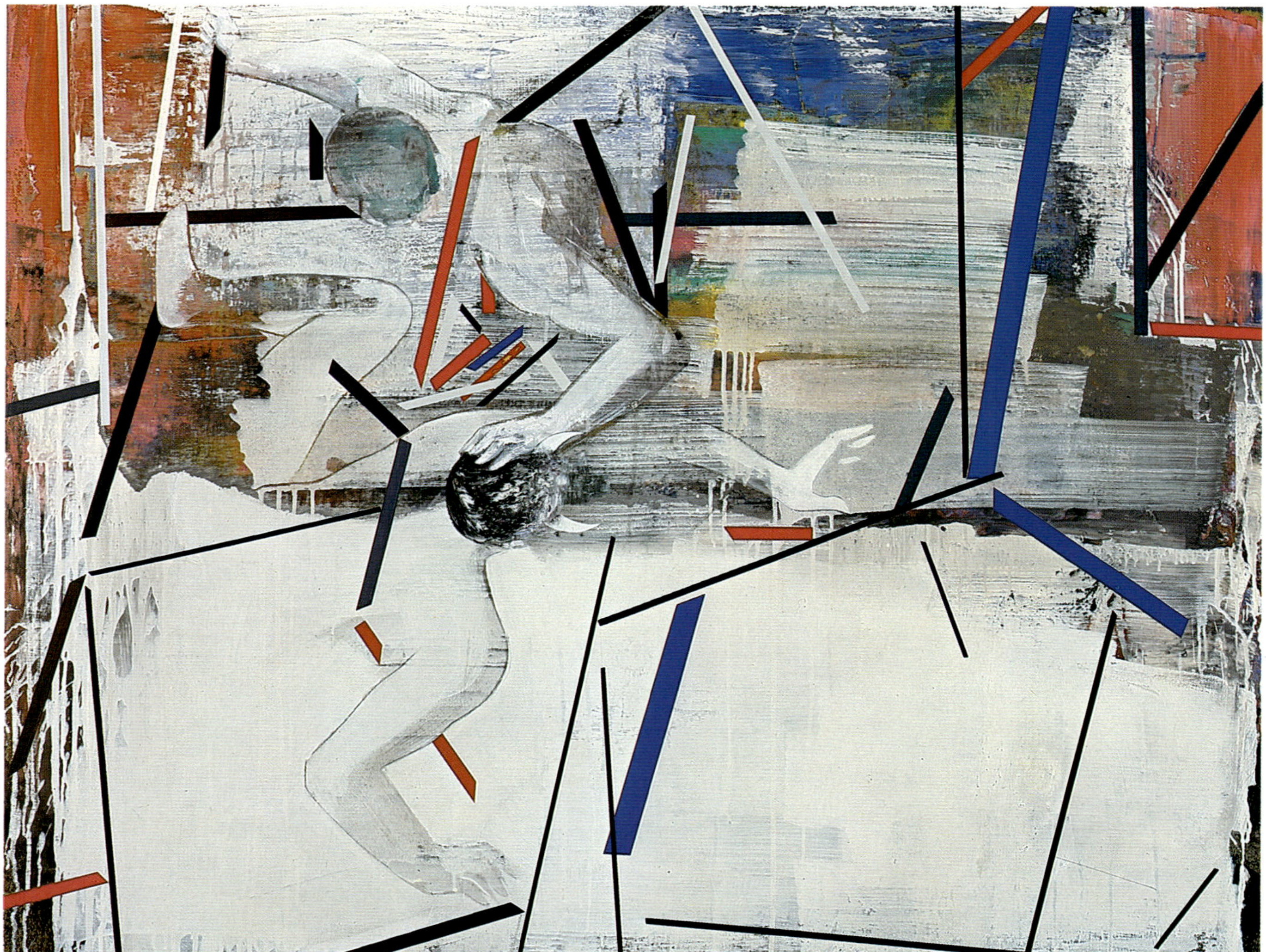

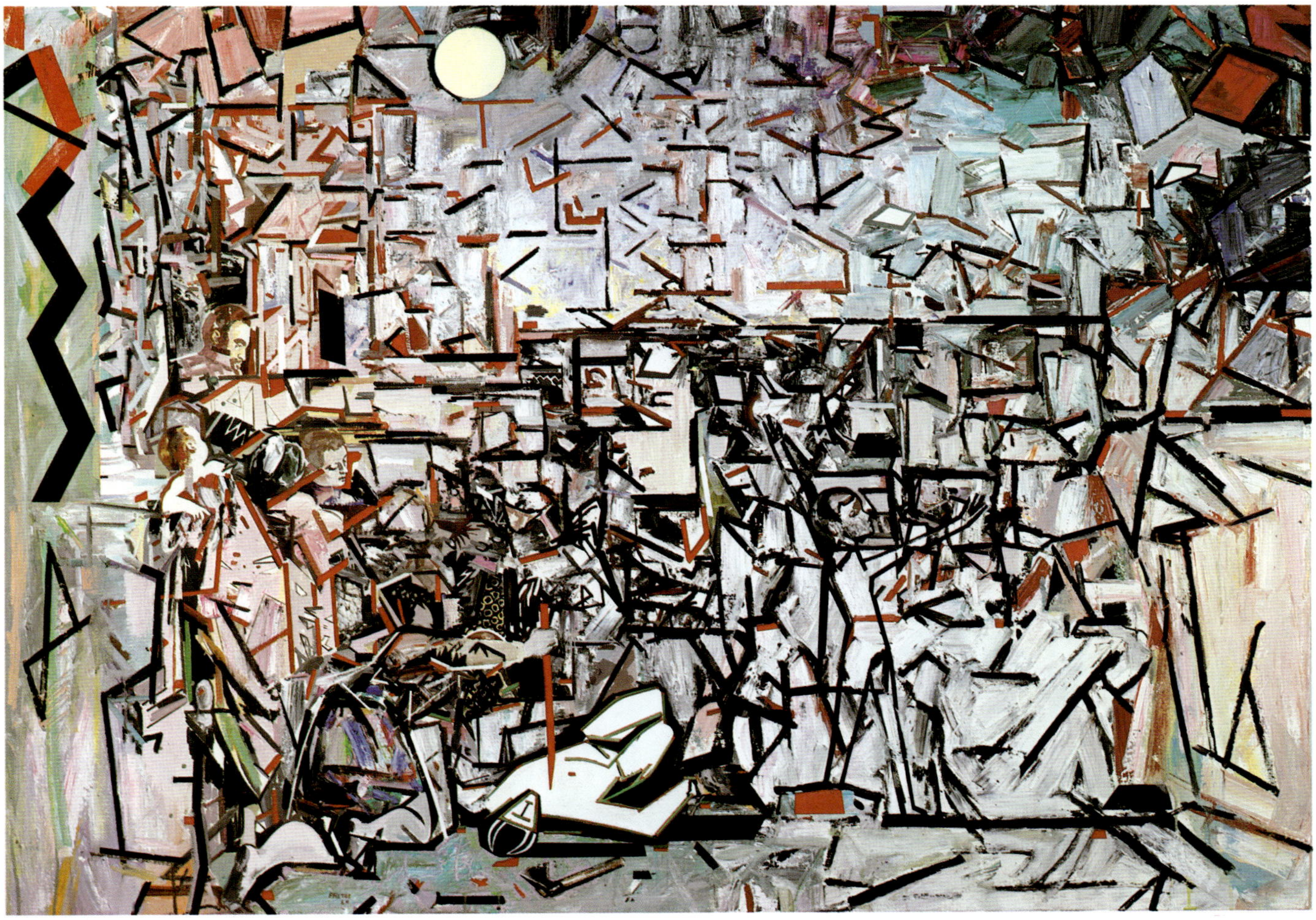

Abb. 24

28. *Ariadne 1. Szene des Labyrinths für Tintoretto*, 1984, Acryl auf Leinwand, 114 x 164. Sammlung Jean-Louis Sunier, Genf.
29. *Wunder des heiligen Markus*, 1548, Öl auf Leinwand, 415 x 541. Gallerie dell'Academia, Venedig.
30. *Ariadne 6. Theseus und der Minotaurus*, 1984, Acryl auf Leinwand, 114 x 146. Sammlung Jean-Claude Mocellin, Genf.

cf. *Danae 3. Kleine Materialisten und Herumstreicher*[32] (Abb. 26) von 1984 nach einem der *Brände von Borgo*, einem in der Zeit der Klassik oft dargestelltem Thema; cf. *Danae 4. Danae*[33] (Abb. 27) von 1984 nach *Ursprung der Milchstraße*[34] von Tintoretto.

Abb. 27

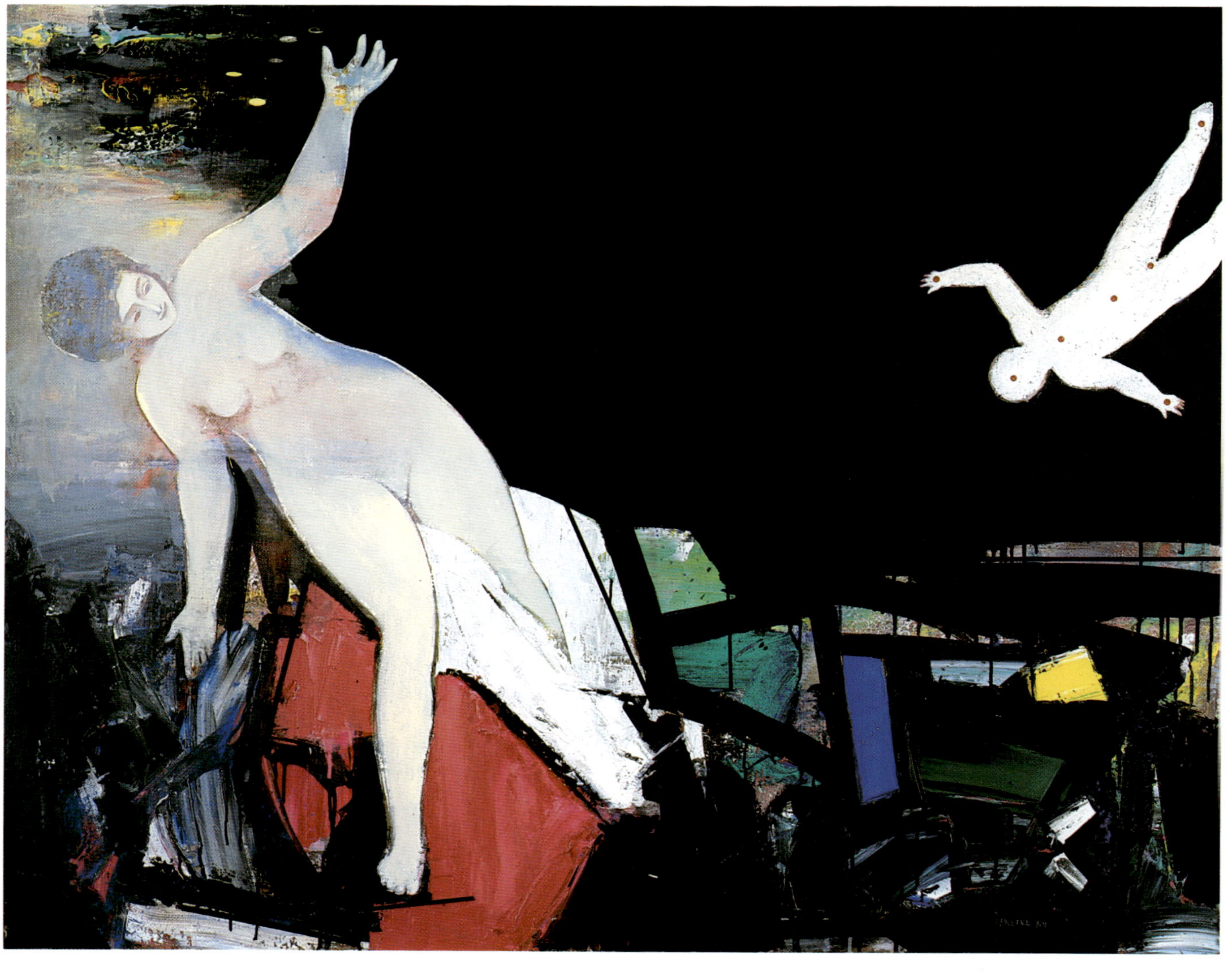

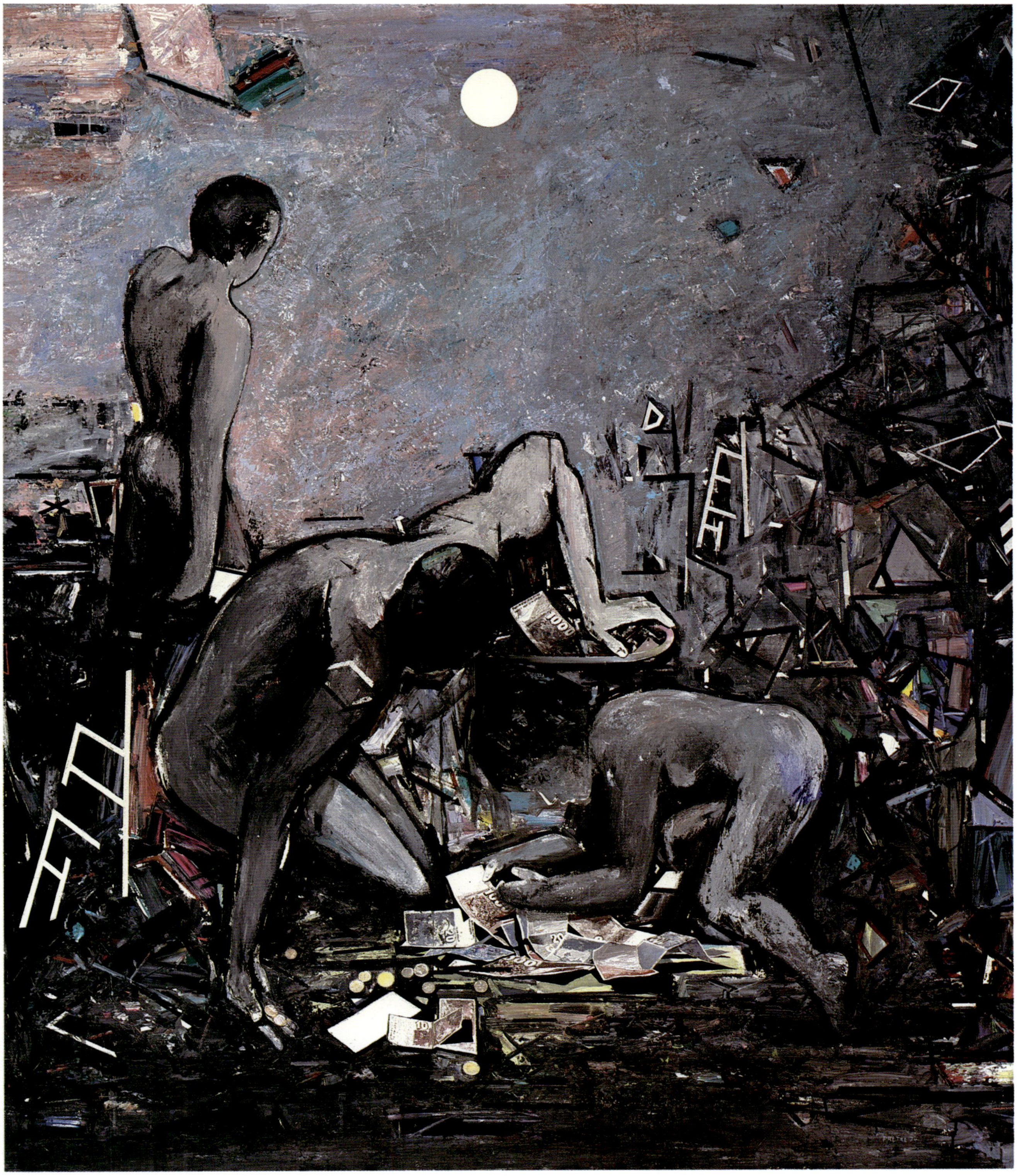

Abb. 26

32. *Danae 3. Kleine Materialisten und Herumstreicher*, 1984, Acryl auf Leinwand, 180 x 155. Sammlung Bernard Kretz, Genf.
33. *Danae 4, Danae*, 1984, Acryl auf Leinwand, 114 x 146. Sammlung Heiniger, Gros & Waltenspühl, Genf.
34. *Ursprung der Milchstraße*, 1582, Öl auf Leinwand, 148 x 165. National Gallery, London.

Der Entschluß, mich als Maler mit Tintorettos Wiener *Susanna* gründlich auseinanderzusetzen und zugleich meine Überlegungen schriftlich zu fixieren, geht auf das Jahr 1984 zurück. Die Erforschung im engeren Sinn begann mit den 21 Studien, die zwischen 1981 und 1983 gemacht wurden (*Orientierungen zu Susanna*)[35]. Die 121 Werke der *Susanna-Folge* (1984-1990) haben sich anschließend daraus ergeben, (Abb. 28, 29, 30)[36].

In der *Polaroid-Serie* herrschte Diskontinuität.* Man begegnet ihr wieder in der *Susanna-Folge*. Hier ist sie allerdings aus den Mitteln und der spezifischen Natur der Malerei entstanden. In diesem Sinne ist die große *Susanna-Folge* mehr noch eine Erweiterung der *Offenbach-Serie*, denn die mechanische Zusammenfügung durch die Photographie spielt im Vergleich zu der freien Zusammenfügung durch die Malerei eine untergeordnete Rolle. Andererseits brachten gerade die der Photographie eigenen Begrenztheiten eine Stimulierung für ein freieres Experimentieren mit den Codices der Malerei: sie trieben dazu an, «die Möglichkeiten, die Kräfte, die Korrespondenzen der Malerei zu entfalten» und «auch noch heute die außerordentliche Macht der Farbe» zu bekunden. (Kat. *Offenbach-Serie*, 1982-83, S. 6-7).

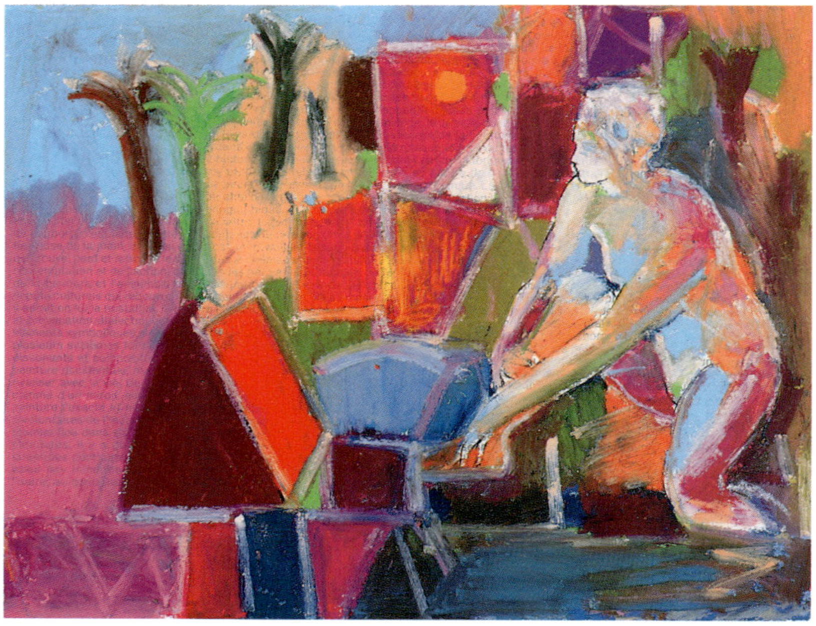

Abb. 28

Abb. 30

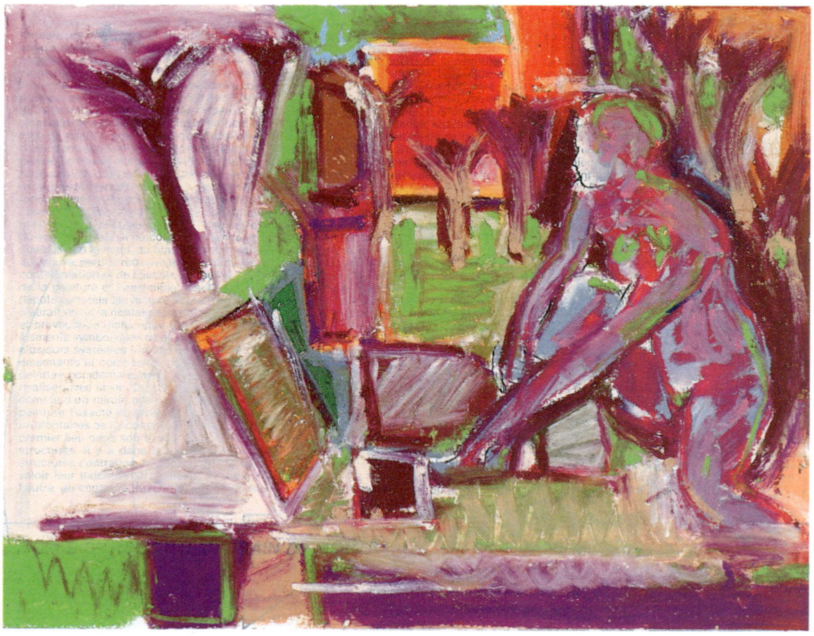

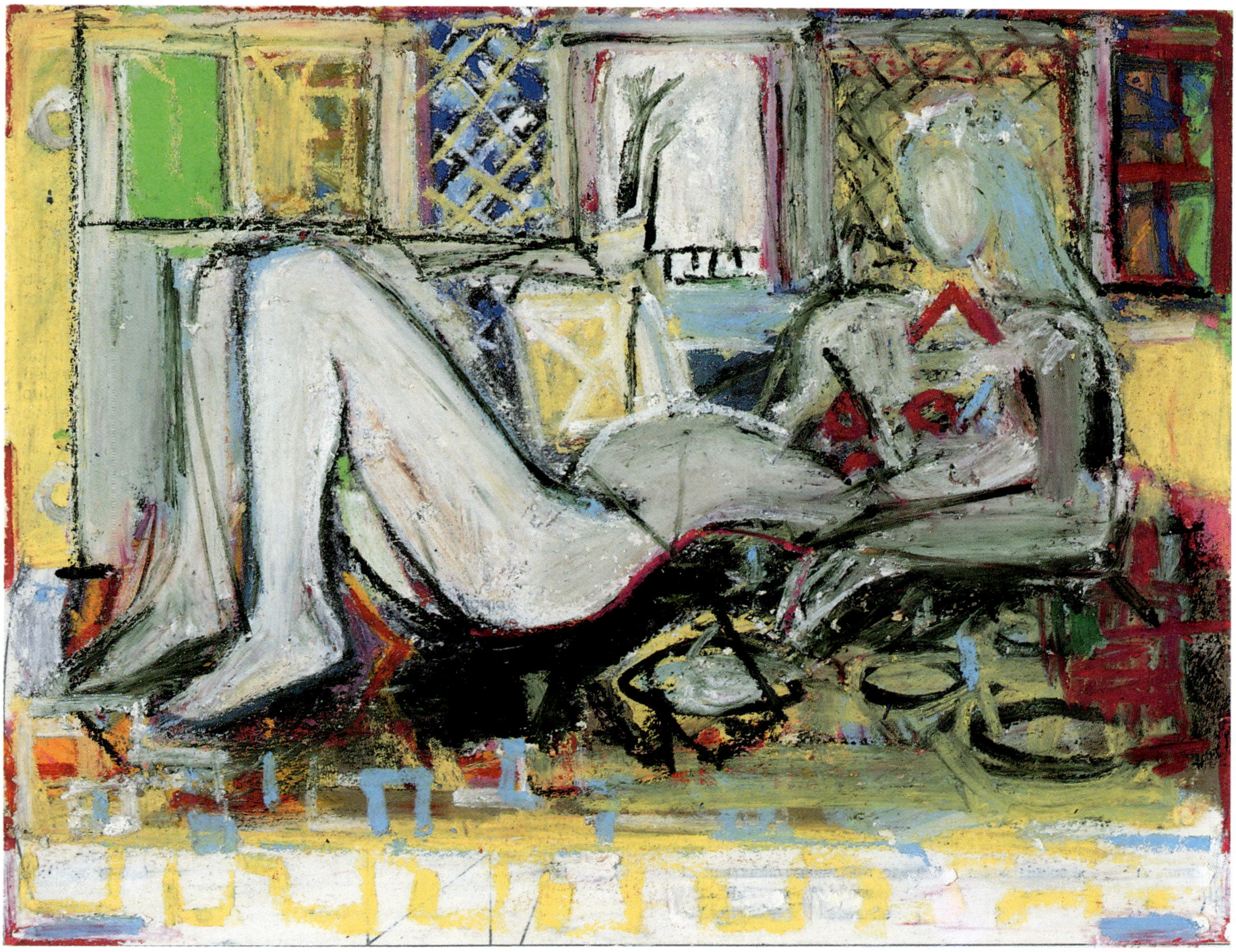

Abb. 29

35. *Orientierungen zu Susanna*, 1981, 21 Studien, Mischtechnik, unterschiedliche Formate.
36. *Orientierungen zu Susanna*, Pastell, Nr. 7, 8, 13, 3 x (28 x 32). Sammlung des Künstlers.
* «Diese Diskontinuität wird durch eine Reihe heterogener Orte und divergierender 'Schreibweisen' bestimmt, die einen Raum schaffen, der offen ist für den Zusammenstoß von Zeichen und Bedeutungen – unmittelbar erkennbaren oder auch neuen. Die Gegensätze werden jedoch nicht einfach nebeneinander gestellt, sondern haben nach ihren eigenen Gesetzen Anteil an dem Traum von einer Einheit oder vielmehr an dem Traum, hinter der verhaltenen oder der verströmten Energie, das zu erkennen, was ganz besonders außerhalb der diversen Sprachen bleibt.»
Diese Werke «präsentieren sich als eine Kombination von manchmal antithetischer Zeichen, die sich in ihrer Koexistenz gegenseitig befragen: es geht ebenso darum, die Bildeinheiten für sich selbst zu betrachten wie auch das System ihrer Beziehungen.» (Katalog *Polaroid-Serie*, 1978, S. 4).

Arbeitsnotizen für Susanna (1981-1989)

Der Prozeß des Vorbilds

Der Text ist aus einem Bedürfnis nach Klärung entstanden. Oft ist er ein Instrument, in dem die Malerei eine Stütze findet. Wenn der Text auch die Möglichkeit gibt mit dem Abstand zur Malerei zurückzukehren, der nötig ist, um sie weiter zu entwickeln, und wenn der Text seiner Natur nach auch durchaus eine parallele Inszenierung jenes rätselhaften Unbekannten sein kann, aus dem das Bild hervorgegangen ist, bleibt er für den Maler doch ein begrenztes Instrument, eine Art sekundärer Metapher für den Sinn, den das Gemälde sichtbar macht, dessen Geheimnis es jedoch letztlich bewahrt.

Der theoretische «Diskurs», der mit Malpraxis verbunden ist, entsteht immer hinterher. Die Praxis ist für mich deshalb von sehr viel größerem Wert als das Wissen – sei es das einer Praxis vorausgehende oder das ihr folgende. Doch kann natürlich die Praxis durch das Wissen neu orientiert und verändert werden.

Das Folgende ist kein zusammenhängender «Diskurs», es sind nach Sujets geordnete fragmentarische Reflexionen.

Ich hätte eine Auswahl treffen und nur die zusammenfassenden Überlegungen veröffentlichen können, um den Eindruck zu vermeiden, daß ich mich wiederhole. Doch ich veröffentliche sie lieber in dieser Form, weil die *Notizen* in einem Verhältnis zu meinen Bildern stehen, das dem gleicht, in dem diese zu Tintoretto stehen: eine Folge verschiedenartiger Annäherungsversuche, die durch einen besonderen immer erneuten Blickwinkel miteinander verbunden sind.

Ich habe bei meiner Arbeit allmählich eine Art Logik entdeckt, die mich gezwungen hat, mich durch *Susanna* mit der Geschichte der Malerei auseinanderzusetzen, durch *Ariadne* mit dem Unbekannten, durch *Danae* mit dem Licht.

Diese zunächst unsystematischen, umkreisenden Auseinandersetzungen haben heute die Schaffung systematischer Ordnungen mit variabler Struktur notwendig gemacht, die ein organisches Ganzes bilden. Susanna ist das erste dieser drei Ordnungssysteme.

Um zu malen braucht man einen Ausgangspunkt, man muß seinen Standort im Verhältnis zu einem Ursprung bestimmen. Es ist unmöglich, die Malerei in Frage zu stellen, ohne sich vorher den eigenen Ausgangspunkt klargemacht zu haben.

Das Experimentieren, Konfrontieren, Variieren sind die Formen, die den Ausgangspunkt der Malerei in Frage stellen.

Susanna ist das Zurückkehren als Prinzip, als Begründung, Wurzel, Quelle, Beginn oder Schwelle.

Susanna ist nicht der Gegenstand meiner Malerei. Der wahre Gegenstand ist die Malerei.

Susanna stellt nicht die Präsenz einer Frau dar, die durch die Malerei sichtbar gemacht wird, Susanna stellt die Präsenz der Malerei dar, die durch eine Frau sichtbar gemacht wird.

Indem man von etwas ausgeht, etwas machen, als ob man von nichts ausginge.

Man muß sich die Freiheit nehmen zu denken, daß etwas machen, indem man von etwas ausgeht, und etwas machen, indem man von nichts ausgeht, zwei Versuche sein können, die sich aus ein und demselben Suchtrieb ergeben. Heute müssen beide in einem Prozeß vereint werden.

Bald folge ich regressiven Antrieben, bald konzentriere ich meine Aufmerksamkeit auf bewußte Erforschungen: zu jeder Zeit berechtigt mich meine Arbeit ebenso zur *Regression* wie zur *Konstruktion*, zum *Trieb* wie zur *Mimesis*.

Ich will nichts wegnehmen, nichts ausschließen. Mich interessiert die Totalität der früheren und heutigen Erfahrungen. Ich will addieren und nicht substrahieren: die Zerstörung dadaistischer Art hat für mich keinen Sinn.

Susanna ist für mich das Alibi-Vorbild, das es mir ermöglicht, mich mit der Geschichte der Stile auseinanderzusetzen.

Die eigentliche *Susanna und die beiden Alten* genannte Geschichte, in der neben anderem ein Vergewaltigungsversuch erzählt wird, steht zu meiner Malerei in einem solchen Verhältnis, wie diese zu dem Gemälde von Tintoretto.

Susanna ist eine Art Alibi, das mir eine spontane Maltätigkeit ermöglicht und zugleich eine spekulative Reflexion über die Malerei.

Die heutige Malerei ist ein wechselhaftes Wesen. Das Bild kann nicht mehr Mittel eines einzigen Ausdrucks sein. Seine Einheit entsteht durch die heterogene Vielfalt der Träger, der Materialien, der Spielräume und der Malweisen.

In den letzten Jahrzehnten ist das «Bild» ausgeblendet worden. Malerei, wie ich sie verstehe, heißt ganz gewiß sie wieder als ein Instrument zu denken, das es ermöglicht, der heutigen Zeit ein ihr angemessenes «Bild» zu geben.

Ich habe mich niemals wirklich verpflichtet gefühlt, die Konzepte der Avantgarden der letzten beiden Jahrzehnte in Betracht zu ziehen, die zu einer fortschreitenden Entmaterialisierung der Kunst tendierten: ebensowenig an den ihnen inhärenten Ideologien interessiert, wie an dem Konzept historischer Kontinuität, auf das sie sich bezogen.

Mein Ziel ist, in der Malerei einen solchen Zustand der Freiheit zu erreichen, daß ihre tägliche Praxis für mich so unvorhersehbar wie möglich bleibt, ohne daß dabei ihre allgemeine Linie sich weder zu sehr von dem entfernt, was sie ihrer Konzeption nach zur Zeit der Klassik war, noch zu sehr von dem, was sie formal in der neuesten Zeit war.

Nach einer Reihe von Experimenten mit dem Medium der Polaroid SX 70 (*Polaroid-Serie*, 1978) und der Polaroid 50 x 60 zusammen mit Malerei (*Offenbach-Serie*, 1981) hat die Rückkehr zum ausschliesslich Malereispezifischen mit einem ikonographischem Thema nun allerdings nichts mit dem Verlangen zu tun, die handwerklichen und stilistischen Konventionen der großen Tradition neu zu bekräftigen, sondern bekundet vielmehr ausdrücklich die Absicht, die Arbeit des Malens in einem klassischen Referenzsystem zu verankern, das in meinen Augen seinen Wert durch den Reichtum und die Komplexität seiner Sprache besitzt wie auch durch die Subtilität der in ihm angelegten Reflexion über die Malerei selbst.

Ich rechtfertige mich nicht durch irgendeine Bewegung. Dennoch bin ich von Künstlern umgeben, die mir nahestehen: es sind Künstler, für die das Malen eine mit der Geschichte der Malerei verbundene Reflexion ist.

Mich haben immer Künstler interessiert, die fähig waren, etwas Neues zu sagen, ohne sich aus dem historischen Zusammenhang zu lösen: etwas zu erfinden, ohne Regeln zu verletzen.

Sich auf das Wesen der Malerei zurückzubesinnen, darüber nachdenken, was es heißt, heute zu malen, bedeutet für mich Auseinandersetzung mit der Tradition. Ich versuche also, mich selbst von einem klassischen Bezugsmodell aus zu erkennen, das bestimmte wesentliche Merkmale der Malkunst immer noch zur Schau stellt.

Auf die ersten klassischen Malprinzipien, die sich aus den Begriffen Perspektive und Beleuchtung (Clair-obscur) - weniger aus der Farbgebung - des Realen (real und zugleich imaginär) herleiten, ist, vor allem seit Beginn der Neuzeit, deren fortschreitende Erweiterung und Betonung gefolgt, wobei sie oft getrennt und um ihrer selbst willen benutzt wurden (Weiß - Schwarz - Farbe - Form - Ebene - Volumen - Träger - Oberfläche - Stil). Hinzu kamen später neue Werte durch Übernahmen aus anderen Kulturen (östliche - afrikanische - arabische - indische - japanische - ozeanische - etc.) durch andere Quellen (das Unbewußte - die Mythologie - die Kunstgeschichte - die Ethnologie - die Linguistik - etc.).

Der Künstler schöpft von nun an aus welchen Quellen er will, was und wie er will. Er nutzt die Kenntnisse oder auch nicht, er reflektiert sie, erweitert sie, verwandelt, relativiert, radikalisiert, revolutioniert, beschuldigt, zerstört, oder tut so, als existierten sie nicht, als hätten sie niemals existiert...

Doch welches seine Einstellung auch sein mag, noch nie ist ein Künstler vor der Geschichte so wenig unschuldig gewesen wie heute.

Es gibt unter dem symbolischen Gehalt und in der formalen Gestaltung der Wiener *Susanna* einige ganz eigentümliche Beziehungen und Anordnungen, die danach verlangten, neu gedeutet zu werden.

Ich habe das Gemälde von jeher als unberührbar betrachtet, es lag für mich jenseits aller Möglichkeiten neuer Qualifizierungen. Auf Grund der Sackgassen, in die ich andere in meiner Umgebung geraten sah und in die ich selbst bei meiner Arbeit geriet, ergab sich die Notwendigkeit für mich, es aus einer neuen Perspektive zu betrachten, es neuen Beleuchtungen auszusetzen, um das möglicherweise Moderne herauszulösen, das ich darin ahnte. Einem solchen Vorgehen stand ein Haupthindernis im Weg. Wie konnte ich, wenn ich mich gleich zu Anfang schon so festlegte, bestimmten Determiniertheiten entgehen? Wie konnte ich von einem Gemälde ausgehen, ohne dabei in die Falle zu geraten, die sein Stil und seine Bedeutung zwangsläufig bilden?

Ich habe mich nicht nur um die Hauptbedeutung von Tintorettos Bild bemüht, sondern auch um all die kleineren Verkleidungen, in die sie noch bei den geringfügigsten Details gehüllt ist.

Bei Tintoretto gibt es ein Moment des spezifisch Malerischen, das die Bedeutung des biblischen Textes überschreitet. Die biblische Erzählung ist offenkundig nicht die Grenze der Bedeutung des Bildes. Das jenseits der Grenze Liegende hat meine Aufmerksamket gefesselt, das außerhalb der Darstellung Liegende, das eben nur durch die Malerei benannt werden kann; das Jenseits der Malerei, das die Malerei selbst ausmacht.

Das Hauptziel der Malerei besteht darin, die Malerei aufzulösen, neue Verfahren zur Befreiung von Zwängen zu erfinden, um seinem Leben ein wenig Einheit zu geben.

Das Originalbild sich in der Erscheinung des gegenwärtigen Bildes auflösen lassen, so als ob es nur mit der Absicht gewählt worden wäre, eine Bedeutung sichtbar zu machen, die darin verborgen war und die nur durch seine Auflösung ans Licht gebracht werden kann.

Den Körper Susannas dekonstruieren heißt nicht, man müsse ihn zwangsläufig entstellen, sondern zum Beispiel eine andere Art der Beziehung dieses Körpers zu seinem Raum und zu sich selbst herstellen.

Mit Susanna wollte ich durch immer weniger nachahmende Formen eine Anzahl von Ordnungen herstellen, die der Malerei gemäßer sind.

Seine eigenen Intuitionen in Kunstgrößen übersetzen, die sich mit der Malerei nur durch Malerei messen.

Die Autorität des Vorbilds untergraben, die Widerstandsfähigkeit eines Werkes erproben, die Malerei und ihre Zeichen enthierarchisieren, Susanna mehr scharf betrachten als sie entstellen.

Susanna sowohl innerhalb der Regeln erkunden als auch in deren Auflösung.

Die Regeln durchbrechen innerhalb einer klassischen Kohärenz.

Zerstückelung, Reihung, Wiederaufwertung der Fläche, damit die der Malerei gemäße visuelle Dimension hervortritt.

Susanna durch die materielle Beschaffenheit der Oberfläche auf eine andere Weise bedeutungsvoll machen.

Der Beschaffenheit der Oberfläche die größte Aufmerksamkeit widmen.

Heute über die Grundlagen der Malerei nachdenken heißt *das Abenteuer der Oberfläche neu überdenken*.

Die Malerei ist auch, das heißt vor allem, das materielle Hin und Her der Farbgebung.

Eine Malerei, die eine ganze Raumtypologie, ein vielfach zusammengesetztes Zeichengeflecht hervorbringt. – Palimpsestmalerei: Überlagerungen, Tilgungen, Wiederholungen, Variationen.

Ich war leidenschaftlich bemüht, das Bild in Zeichen zu rekonstruieren, die einzig der Malerei eigen sind: durch Arbeit an dem materiellen Körper der Zeichen auf die Bedeutung Susannas einwirken, damit auch die Malerei als von ihren thematischen Bedingtheiten befreit erscheint.

Susanna als eine Serie von Nuancen und Ausnahmen: als eine Malerei, die nicht in eine Einheit des Stils eingezwängt ist.

Vasari hat gesagt: «Piero di Cosimo änderte seine Malweise bei jedem Werk, das er ausführte».

Das stilistische Experimentieren ist die natürliche Konsequenz der Arbeit eines Malers, der sich seinem Sujet mit der Absicht nähert, es nicht in der Zwangsjacke eines ideologischen Schemas erstarren zu lassen.

Susanna reicher und ärmer machen.

Das Anagramm aufbrechen, das in den obsessionellen *Falten* des ikonographischen Erbes versteckt ist.

Einen Typus von stilistischen Unterbrechungen definieren, die wesentlliche Modifikationen des Raumes zur Folge haben.

Von der Homogenität zur Heterogenität des Raumes übergehen: sobald eine Verbindung selbstverständlich wird, ist es unbedingt nötig, eine andere zu suchen. Es geht darum, unablässig auf der Lauer nach einer unvorhersehbaren radikalen Revolution zu liegen.

Immer größere Unterschiede in der Gleichheit und in der Ungleichheit herstellen, von Bruch zu Bruch, ohne den Gedanken an einen Fortschritt.

Ich liebe nur die Ausnahmen.

Die Serie: Von der Relativität der Malerei.

Susanna so malen, daß sie ebensowenig im Garten wie auf der Leinwand ist, wo die Tradition sie hinversetzt hat; Susanna so malen, daß sie nicht mehr ein eingefügtes Element neben anderen ist, ein Element des Gesamtgefüges, sondern daß sie alle Stellen der Leinwand besetzt, daß sie die ganze Malfläche durchdringt, daß sie selbst zum Gewebe des Bildes wird: zum *Fakt der Malerei.*

Das Gemälde entsteht durch eine manuelle Operation, die kontinuierliche oder diskontinuierliche, jedoch simultane Zeichen auf einer Ebene konzentriert. Diese *machen* etwas sichtbar und *lassen* es zugleich sehen. Im Gegensatz zu Literatur und Musik, die die Dauer nutzen – das heißt nacheinander addierte Zeichen – unterliegt die Malerei dem Prinzip der Simultanität ihrer Zeichen, sowohl bei der Herstellung als auch bei der Betrachtung. Diesem inhärenten Simultanitätsprinzip habe ich das der Reihung hinzugefügt, das, wie Literatur und Musik, das Nacheinander nutzt. Deshalb impliziert die *Susanna-Folge* eine zugleich simultane und sukzessive Hervorbringung und infolgedessen auch Wahrnehmung der Werke.

Der punktuellen Befragung des singulären Motivs jedes einzelnen der 121 Teile der Serie als vereinzeltes Original, das für einen Augenblick getrennt ist von dem Ensemble, das es zusammen mit den anderen Teilen bildet, entspricht seine Befragung als eines untrennbaren Teiles der Serie, mit der es durch eine Gemeinsamkeit verbunden ist, die es widerspiegelt und die auch alle anderen Teile widerspiegeln, zusammen und sukzessiv, eines nach dem anderen, eines durch das andere, jedes Teil in allen, und alle in einem, sich dabei überschneidend, und sich kreuzend: unvollkommene Spiegel, deformierende Spiegelungen, die sich wechselseitig erhellen, so wie sie ihre gemeinsame Quelle erhellen, die sich durch ihre Eigenart und Vielfalt befragen und damit simultan und chronologisch ihre eigene Notwendigkeit aufzeigen.

Der inspirierte Körper.

Der irrationale Trieb zusammen mit dem methodischen Vorgehen, um zu versuchen, die Form zu dekonstruieren, zu zerteilen, zu fragmentieren, aufzusplittern, zugleich aber auch neu zu strukturieren, zu rekonstruieren, neu zu erfinden, zu entgrenzen.

Die Bedeutung des Organischen im Prozeß der Zerstückelung der Figur bewahren.

Es geht nicht darum, mit einem Gemälde zu rivalisieren, meine Arbeit hat nichts Nostalgisches.

Die Vergangenheit ist ebensowenig ein Vorbild wie ein bloßes Zitat. Es geht nicht darum, einen verlorenen Wert zurückzugewinnen, sondern darum, die historische Quelle für die Reflexion über die Malerei zu verstehen.

Entweder betont die Malerei die Wechselbeziehung der Variationen oder aber sie versucht, sich von deren gemeinsamer Achse zu entfernen und bricht mit der Bemühung um Verbindung und Zusammensetzung, um nach Erweiterungen zu suchen, die eine größere Freiheit mit sich bringen, durchlässiger sind für neue Formen des Zusammenspiels und fähig, die Utopie eines neuen Bildes in das Korpus der bestehenden zu integrieren.

Man könnte glauben, ich hätte diese große mythische Frauenfigur der Malerei deshalb herausgestellt, weil ich mich davon losreißen wollte, weil ich die doppelte Halluzination, die die Frau und die Malerei bei mir hervorriefen, sichtbar machen wollte. Mir scheint vielmehr, daß mein Unterfangen direkt den eigentlichen semantischen Aspekt der Malerei betrifft.

Man hat wiederholt gesagt, der aus dem «Tod» Gottes entstandene zeitgenössische Nihilismus habe die ästhetische Krise zur Folge gehabt. Minimal art, Concept-art und Arte povera haben aus dieser Krise Möglichkeiten gewonnen, in sich selbst den Sinn ihrer Reflexion zu suchen. Sie hat jedoch zu verneinenden Exzessen und zu einer oft sterilen Strenge geführt. Paradoxerweise entstand die Erneuerung der pikturalen Form aus der Krise dieser Reflexionsweisen. Die neue Bestätigung der Malerei in den achtziger Jahren kommt einerseits aus der Erschöpfung der Avantgarden und andererseits aus der Nutzung ihres kritischen Potentials. Es bleibt also eine Reflexion über die Mittel und das Medium, über die Sprache und den Stil, der, im weiten Sinne verstanden, als einer der Beiträge der Konzeptkunst zur pikturalen Form betrachtet werden kann. Allerdings darf man nicht vergessen, daß diese Reflexion der Malerei über sich selbst, die sich *durch* die Malerei vollzieht, bereits die Meister der großen Tradition zu allen Zeiten ihrer Geschichte beschäftigt hat: so Tintoretto bei seiner Wiener *Susanna*.

Ein ganzer Bereich der zeitgenössischen Kunst wird von Künstlern eingenommen, die nicht von der Malerei sondern von der Philosophie, Soziologie, Linguistik, Anthropologie oder Psychoanalyse herkommen und deren Ahnherren Marcel Duchamp und in geringerem Maße Picabia waren. Bei ihren Nachfahren ist etwas Malereispezifisches verlorengegangen. An dessen Stelle sind verschiedenartige besondere Diskurse getreten. In den siebziger Jahren haben die Konzeptualisierung und Oralität zunehmend das handwerkliche Können ersetzt. Wie Enzo Cucchi gesagt hat, ist die «Urbanita» an die Stelle der Kunst im strengeren Sinne getreten.

Die Malerei ist ein Laboratorium des Unbewußten. Das Unbewußte ist ein Laboratorium der Malerei.

Malen ist ein Akt, der nie veraltet sein wird, denn es gibt immer etwas Unbestimmtes, das befragt werden muß. Bei dieser Befragung bringt die Wahl eines anderen Trägers keine Weiterentwicklung.

Wenn das Experimentierfeld der Malerei immer enger wird, werden sich die Vereinfachung und die Verkomplizierung der klassischen Regeln in immer verschlosseneren Räumen der Introversion vollziehen. Das ist und wird die neue Spielregel für jene Künstler sein, die hartnäckig mit dem Malen fortfahren und sich nicht der Bastelei hingeben.

Die Erkenntnis ist der erste Feind der Malerei. Doch ohne sie wäre diese nur eine Oberfläche ohne Geheimnis.

Ich identifiziere mich nur während des Entstehens meiner Bilder mit dem stilistischen *Zitat*, das oft zufällig und auf assoziativem Weg während der Arbeit für einen Augenblick aufgetaucht ist.

Die große Malerei ist die verkleidete Bekundung unbewußter Prozesse. Die Geschichte der Malerei ist in erster Linie eine Geschichte der Formen des Unbewußten: in diesem Sinne spielen manche wesentlichen Werke eine entscheidende Rolle für die Bewahrung einer Transzendenz: ihre Aufgabe besteht darin, das Gefühl dafür zu erhalten, daß der Mensch noch nicht abgeschlossen ist.

Ich habe mir ein Fragment der Kunstgeschichte angeeignet, das auch ein Archetyp des Unbewußten ist.

Die Malerei ist nicht instituiert, reglementiert, strukturiert wie die Sprache, die Idee der Abgeschlossenheit ist ihr fremd.

Man muß sehen, daß die «indifferente» Perfektion der großen klassischen Form die Anwesenheit des Unbewußten in der Malerei noch eindringlicher macht.

Aus dem Französischen
von Helmut Scheffel

II Heute Babylon

Achille Bonito Oliva

Der enzyklopädische Spiegel der Malerei

Mit seinen 121 Variationen über Tintorettos *Susanna* in Wien hat Jean-Claude Prêtre eine Lösung für das Problem der Identität der Kunst gefunden. Im allgemeinen ist man der Meinung, es gebe einen Dualismus von Subjekt und Objekt der Malerei, von Künstler und Werk: die Komplexität des Lebens stehe im Dienste des Exemplarischen des Bildes, das auf der Oberfläche des Gemäldes festgehalten und von der Umrandung des Rahmens eingegrenzt ist.

Jean-Claude Prêtre dagegen zeigt, daß das Werk der Künstler *ist*, befähigt etwas zu modifizieren, sich zu modifizieren, durch seine Formbarkeit befähigt, die Vielfalt höchst unterschiedlicher Stile selbstverantwortlich auf sich zu nehmen.

Susanna in ihrer wunderbaren Stellung, beleuchtet von Tintorettos erlesenem venetianischen Licht, im Schoße einer friedlichen, Sicherheit gewährenden Natur, beginnt mit einem Male eine Reise.

Ein solches Bild präsentiert sich dem zeitgenössischen Maler mit den für den Manierismus typischen dynamischen Valenzen durch die Ambivalenz der Formen, die Verkürzungseffekte der Bildbegrenzung, den besonderen Lichteinfall: eine archetypische Bildform in der Geschichte des biblischen Mysteriums und der Geschichte der Kunst, zur ehrfürchtigen Betrachtung aus einem gewissen Abstand bestimmt, die der Unsterblichkeit zukommt und die jeder den Kunstwerken zuerkennt.

Gerade diese exemplarische Immobilität veranlaßt Jean-Claude Prêtre, aus Susanna ein bewegliches Ziel zu machen, sie unter Benutzung der gleichen Mittel vielfach zu variieren: Malerei gegen Malerei. Er malt seine neue Susanna, indem er die in dem Werk implizierten Möglichkeiten zur Explosion bringt. Zu Beginn nutzt er das Thema des Narzißmus: diese sich ihrer nackten Schönheit bewußte Frau ist die Malerei, die sich ihres Fortbestehens bewußt ist. Fortbestehen bedeutet leben und sich verwandeln, den eigenen inneren und äußeren Status verändern.

Um ganz deutlich zu sein, hat der Maler einen Spiegel in das Bild eingeführt. Susanna betrachtet sich selbst so wie die Malerei ihre eigene Perfektion widerspiegelt. Diese narzißtische Befriedigung ist die Matrix, aus der die 121 Variationen entstehen. Die Malerei ist Ausdruck ihrer eigenen Weiblichkeit, aus ihrem Schoß werden unterschiedliche neue Erscheinungsweisen geboren, die in jeweils anderen Formen, Farben und Sprachen Leben gewinnen. Prêtre benutzt den Spiegel als rhetorisches Instrument, als den sichtbar gemachten Ursprung der Metamorphosen. Er interpretiert so auf philosophische Weise die manieristische «Angst», die dem Geist des venetianischen Schöpfers eigene Wandelbarkeit. Zugleich gewinnt er aus dem Blick Susannas, aus der sich selbst betrachtenden jungfräulichen Malerei, eine Vielfalt von Sprachen, die die Zeit des Gemäldes überschreiten und durch die Geschichte der Kunst bis in unsere Tage reichen.

Doch handelt es sich nicht um eine Operation des Zitierens, sondern vielmehr um ein Duell zwischen Malerei und Malerei, zwischen einem Künstler und einem anderen, einem Kunstwerk und einem anderen. Das letztere, einzigartiges, von Tintoretto signiertes Werk, lebt in dem Ruhm seiner eigenen Beispielhaftigkeit. Das neue, das von J.-C. Prêtre, durchlebt von Tag zu Tag die Mühe des gegenwärtigen Augenblicks und zeugt gerade durch die Diversität der Variationen von der Bedeutung der Relativität. Auf solche Weise wird mit jedem neuen Bild die Figur der keuschen Susanna vielfachen Versuchen unterworfen, die von der Hervorhebung des Details bis zum völligen Verschwinden des Hintergrunds, von der Einführung neuer Elemente bis zur Weglassung der Frau selbst reichen.

Doch all das vollzieht sich einzig und allein unter strenger Verwendung der Mittel der Malerei. Abstraktion, Expressionismus, Konkretismus, Pop-art und Trans-Avantgarde... wechseln einander ab und durchdringen einander unablässig. Picasso und Matisse machen der schönen Susanna einen Besuch, nicht ohne auf dem Werk eine Spur zu hinterlassen, doch immer als Folge eines dialektischen Prozesses, der nichts Beliebiges hat: es handelt sich in der Tat um die Demonstration des dem Werk und der Malerei im allgemeinen eigenen inneren Reichtums.

J.-C. Prêtre befaßt sich mit dem historischen Werk wie mit einem sprechenden Sujet, das sich doch zugleich verweigert. Als ob das Werk der Künstler selbst wäre, bestehend aus Zustimmungen und Verweigerungen, Reden und Schweigen, Bekenntnissen und Ausflüchten. Es bedurfte der 121 Variationen, damit sich dies alles vollzieht und sich in ihnen *das Unbewußte der Malerei* verbirgt, das auch aus nicht offenkundigen Stilen besteht, die später im Verlaufe der Jahrhunderte der Kunstgeschichte mitunter zutagetreten.

Der Spiegel wird zum Ursprung, aus dem der Narzißmus entsteht, der dann auf dem Bild die unterschiedlichen Sprachen verbreitet, die durch Formen, Zeichen und Farben ausgedrückt werden und die einem einzigen Alphabet angehören, das sich über die Zeit erstreckt, doch im Raum konzentriert ist. Der Spiegel wird zur Oberfläche des Gedächtnisses, das einen ganzen Fächer von Stilen entfaltet, die sich auf dem Äußeren anordnen, sich danach jedoch ausdehnen ins Innere des Werkes selbst.

Dies ist nur möglich, weil die Malerei ihrer Natur nach Erzeugerin dieser Wirkungen ist. Tintorettos

Gemälde enthält in seiner Komposition ein ganzes System von Möglichkeiten, die nur ein anderer Künstler nutzbar machen kann. Das biblische Thema erleichtert dabei natürlich die Operation. So wie Susanna von den beiden Alten betrachtet wird, wird die Malerei in ihrer Entblößtheit zum Gegenstand der Blicke der profanen Welt.

Im vorliegenden Fall betrachtet ein Künstler einen anderen: nicht mit einem Blick der Begehrlichkeit, sondern mit einer aus dieser Konfrontation entstandenen «Angst». Ein entschlossenes, tätiges, strenges und fruchtbares von Angesicht zu Angesicht. J.-C. Prêtre befaßt sich mit dem historischen Werk als einer Quelle der Inspiration, nicht als einem Thema. Er bietet es seiner eigenen Inspiration dar als eine Kunstmatrix von hohem Rang. Doch er unterwirft sich ihr nicht, sondern reagiert auf sie mit den gleichen Mitteln. Die Kontemplation wird damit zur Aktion, die Bewunderung für das Meisterwerk löst einen dynamischen Prozeß des persönlichen Formulierens aus.

Dieses Formulieren hat etwas Eigenwilliges und wird nicht durch philologische Gewissenhaftigkeit eingeengt. Es wird zu einem schöpferischen Prozeß, bei dem die Vielfalt der von dem Spiegel ausgehenden Stile so in Szene gesetzt wird, daß sie sich selbst aufhebt. Neue Elemente und neue Figuren kreuzen sich auf der Oberfläche der 121 Bilder als wollten sie das Wuchern einer Sprache bekunden, die keine Trennung mehr kennt zwischen abstrakt und gegenständlich, zwischen organisch und geometrisch.

Letztlich zeigt J.-C. Prêtre die Tiefe eines *enzyklopädischen Spiegels*, ursprünglich nur in der Lage, den Raum zu spiegeln, der ihn umgibt, heute befähigt, die Zeit der Malerei, die Geschichte der Formen, die aufeinander gefolgt sind, wiederzugeben: ein kinetischer Spiegel, der die Malerei der Vergangenheit in die Gegenwart trägt – und umgekehrt. Susanna wird das Emblem für einen aktiven Blick, der die Emotion und auch den Erotismus des künstlerischen Schaffensprozesses erweckt: die einzige Möglichkeit, der Schönheit zu widerstehen und nicht von ihr paralysiert zu werden. Kampf im Raum gegen die Zeit: diese Malerei zeigt den Weg, der zurückzulegen ist, um durch die Mühe eines schöpferischen Prozesses zu dem Bild der Kunst zu gelangen, das den Abstand zur Geschichte aufhebt und sie in eine unaufhörliche Darstellung einer ewigen Gegenwart verwandelt.

Aus dem Französischen
von Helmut Scheffel

Lóránd Hegyi

«Alt» und «modern»

Bemerkungen zu Jean-Claude Prêtres «Susanna»

1. «Wenn unsere Maler eine Venus malen, korrigieren sie die Natur, sie lügen. Warum soll ich lügen, fragte sich Manet, warum sollte ich die Wahrheit nicht aussprechen: er machte uns also mit diesem Mädchen unserer Tage bekannt, dem man auf dem Asphalt begegnet, dessen schmale Schultern von einem verblaßten, dünnen Wolltuch bedeckt sind.» So schreibt Emile Zola über Manets *Olympia*[1] (Abb. 1). Obgleich Zola gegen eine Verwandtschaft zwischen Manets Malerei und der Dichtung von Charles Baudelaire protestiert,[2] hebt er dennoch in seinem Buch anhand der Kunst von Manet dieselben Werte hervor, die Baudelaire von den Malern des modernen Lebens verlangt. Beide wollen in der Kunst die Wirklichkeit ihrer Zeit wiedersehen und beide suchen nach der unmittelbaren, ungeschminkten, von Idealisierung freien Darstellung des modernen Lebens. Nur geht Baudelaire in seiner Salonbesprechung von 1846 auf den Heroismus des modernen Lebens ein und stellt begeistert fest, daß seine Zeit an erhabenen Themen nicht weniger reich sei als die vergangenen Jahrhunderte: «Es gibt eine moderne Schönheit, einen modernen Heroismus».[3] Baudelaire entdeckt also, daß es auch in der Welt des prosaischen Alltags, im gegenwärtigen Leben einen Heroismus gibt, der von dem früherer Zeiten grundverschieden, der künstlerischen Verewigung jedoch ebenso würdig, weil real ist. Baudelaire betrachtet auch die Kunst vergangener Zeiten mit neuen, «modernen» Augen. Er erkennt, daß der wahre Heroismus der großen Kunst früherer Epochen ebenso aus der Kraft der Wirklichkeitsdarstellung erwächst wie der der modernen Zeit: «Was anderes mochte aber diese große Tradition bedeuten, wenn nicht die alltägliche und gewohnte Idealisierung des alten Lebens, des robusten und kämpferischen Lebens ...»[4] Wenn Dichter und Maler des modernen Lebens den verborgenen Heroismus des wirklichen Lebens zu entdecken und darzustellen vermögen, erhebt sich ihre Kunst auf das Niveau der Kunst der alten Zeiten.

Abb. 1

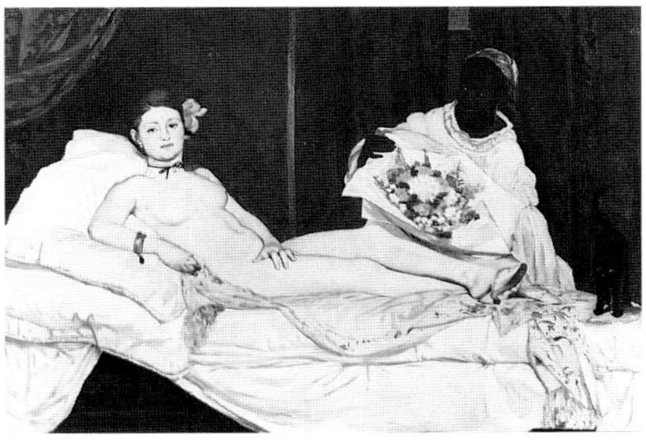

[1] Emile Zola: Edouard Manet – Manets Werke. In *Revue du XIXe Siècle*, 1867.
[2] Emile Zola: Edouard Manet – Der Mensch und der Künstler. In: *Revue du XIXe Siècle*, 1867.
[3] Charles Baudelaire: Der 1846er Salon, XVIII. In: *Œuvres complètes de Ch. B.*, Paris, 1868.
[4] Charles Baudelaire: op. cit.

In Baudelaires Auffassung unterscheidet sich die Kunst der «alten» Zeit von der der «modernen» grundsätzlich nicht, weil beide auf der unvoreingenommenen und direkten Darstellung des realen Lebens basieren. Baudelaire will die Kunst seiner Zeit zu dieser Urquelle zurückführen und erblickt die wahre Moderne in der Vergegenwärtigung des «modernen Schönen und Heroischen».

Zola jedoch spricht von den Tatsachen. Für ihn ist nicht die Entdekkung des Heroismus des modernen Lebens das Ziel, sondern die ungeschminkte und sachliche Aufdekkung der Wirklichkeit. Auch er ist ein Besessener der Moderne. Diese ist jedoch für ihn keine heroische, sondern eine naturgemäß gegebene Wirklichkeit. Daher verhält sich auch der Künstler objektiv, kühl, analytisch zu seinem Gegenstand und entfernt sich gerade dadurch von den aus der Vergangenheit überkommenen Klischees, Traditionen und ungültigen Zusammenhängen. Das heißt: der Maler des modernen Lebens analysiert seinen Gegenstand und auf der Leinwand erscheint das Ergebnis der Analyse. Wie Zola formuliert: «Er ist ein Kind unserer Zeit. Ich sehe ihn als analytischen Maler. Jedes Problem der Gegenwart wirft neue Fragen auf, die Wissenschaft sucht nach sicheren Fundamenten, und aus diesem Bestreben folgt die exakte Beobachtung der Tatsachen... Manet folgt in allen seinen Werken dieser Methode. Während sich andere die Köpfe zerbrechen, einen neuen Caesars Tod oder Sokrates beim Leeren des Schierlingsbechers auszudenken, ordnet er in aller Ruhe in der Ecke seines Ateliers einige Gegenstände und Personen an und beginnt, die Natur sorgfältig analysierend, zu malen. Ich wiederhole, daß Manet ein einfacher Analytiker ist: seine Arbeit ist viel interessanter als die Plagiate seiner Zeitgenossen.»[5]

Baudelaire nähert sich der Frage der künstlerischen Darstellung des «modernen Lebens» vom Erlebnis des menschlichen Dramas, des menschlichen Daseins her an. Er ist überzeugt, daß auch in der banalen Wirklichkeit des modernen Alltags eine neue Art von Heroismus und eine neue Art der modernen Schönheit präsent sind, die sich in ihrer Kraft, ihrer Wahrheit und in ihrer Bedeutung von der Kraft der Kunst früherer Zeiten nicht unterscheiden. Will er die Gegenwart entdecken, muß sich der moderne Künstler von der Kunst alter Zeiten und von der Nachahmung der Alten loslösen.

Ebenso weist Zola den in den Formen der alten Zeiten erstarrten «Epigonismus» zurück, da dieser nicht auf der Aufdeckung der Tatsachen des modernen Lebens, sondern auf leerer Wiederholung basiere. Er stellt die Analyse der Tatsachen in den Vordergrund, so wie Baudelaire den Heroismus des modernen Lebens.

Die Vergegenwärtigung der Wirklichkeit des neuen, modernen, großstädtischen Menschen, die Legitimierung der Themen des modernen Lebens, mehr noch: die Erklärung der Themenlosigkeit zum Thema erschienen als eine so radikale Neuerung, die zu interpretieren im zeitgenössischen Augenblick zusammen mit einem anderen Gesichts-

[5] Emile Zola: Edouard Manet – Der Mensch und der Künstler. In: *Revue du XIXe Siècle*, 1867.

punkt schwer gewesen wäre. Dieser andere Gesichtspunkt ist die Frage des Verhältnisses zur Kunst alter Zeiten, zur «musealen Kunst».

Begeistert schreibt Baudelaire die berühmten Zeilen nieder: «Das Pariser Leben ist voller wunderbarer, poetischer Themen. Wir leben inmitten von Wundern, wir atmen sie ein wie die Luft, nur merken wir es eben nicht.» [6] Weder Baudelaire noch Zola bemerkte, daß Manet, der Analytiker des zeitgenössischen Lebens, der erste und konsequente Maler der «modernité» war, der zur Verewigung des modernen Lebens in seinen Darstellungen kunsthistorische «Zitate» verwendete und mit der Kunst alter Zeiten entnommenen kompositorischen Schablonen arbeitete. Die analytische Aufrechnung der Fakten und das Erkennen der Wunder des modernen Lebens ließen die Tatsache verblassen, daß Manets *Olympia* eine Giorgione-Tizian-Velazquez-Goya-Ingres - Paraphrase und daß *Le déjeuner sur l'herbe* (Abb. 2) eine in die zeitgenössische Umwelt übertragene neuplatonische Allegorie ist.

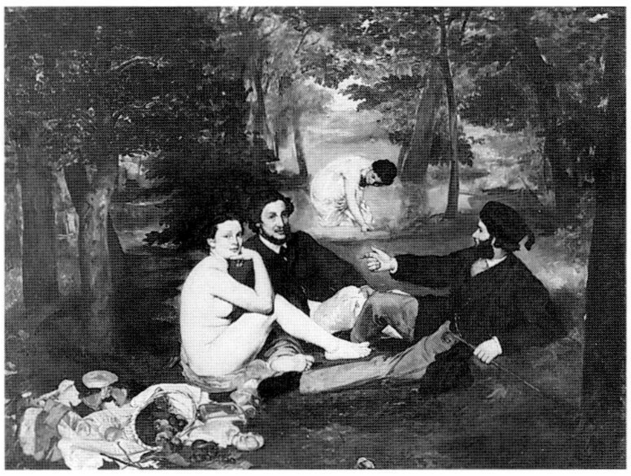

Abb. 2

2. «Solche Aktualität hat er der antikischen Komposition verliehen, daß man kaum daran zweifeln möchte, er hätte so die Gruppe im Leben gesehen, während ihm sicher nicht mehr als ein allgemeiner Natureindruck, vielleicht einige Detailstudien zur Verfügung standen.» - schreibt Tschudi über *Le déjeuner sur l'herbe* 1913. [7] Die Frage der Aktualisierung ist eines der kompliziertesten Probleme. Inwieweit wollte Manet die Renaissance-Komposition aktualisieren? Tschudi meint: «Obwohl die Szene im Freien spielt, ist sie noch nicht im Freien gesehen. Es gibt noch schwarze Schatten, der landschaftliche Hintergrund hat keine rechte Tiefe.» [8] Das heißt, nach Tschudis Meinung besteht die wahre Modernität, die wahre Aktualität in der Pleinairmalerei, die jedoch Manet hier «noch» nicht erreicht habe. Gibt es doch in der wahren Pleinairmalerei kein Schwarz (wie es in gewissen Epochen Monets oder später im Falle von Seurat und Signac eindeutig zu sehen ist); löst sich doch in der wahren Pleinairmalerei die Fläche vollständig zu winzigen Fleckchen auf, die den Eindruck von Raumtiefe vermitteln. Manet malte jedoch - das Jahr 1873 nicht gerechnet - nie Pleinairbilder und behielt bis zum Schluß den Gebrauch von schwarzer Farbe bei. Wie ja auch die bewußte Flächenhaftigkeit seiner Bilder ihn von der Raumtiefe der Pleinairmalerei trennt. Das heißt, daß für Manet die Aktualisierung der Renaissance-Komposition nicht mit der Einführung der Pleinairtechnik erfolgte. Es sind bei ihm die Entdeckung des Lebens seiner Zeit, die bürgerliche Würde des Augenblicks des Alltags, das Ergreifen des flüchtigen, augenblicklichen «Idylls» (das heißt des

[6] Charles Baudelaire: Der 1846er Salon, XVIII. In: *Œuvres complètes de Ch. B.*, Paris, 1868.
[7] Hugo v. Tschudi: Edouard Manet - Verlag Bruno Cassirer, Berlin, 1913.
[8] Hugo v. Tschudi: op. cit.

modernen, unpathetischen, Erhabenheit entbehrenden Glückes), die das Bild zum «Klassiker», d.h. zum Bestandteil musealer Kunst weihen.

Manets Absicht ist eine doppelte: zum einen «heroisiert» er das moderne Leben, zeigt die verborgene Erhabenheit der modernen Zeit, die hinter der Leere verborgene Lebensphilosophie auf, zum anderen analysiert er die Tatsachen. Die kühle Objektitivät der Analyse erreicht er dadurch, daß er «zwischen» Gegenstand und analysierendem Künstler ein künstliches «Filter» installiert: das kunsthistorische Zitat. Das Zitat entfernt ihn von der dargestellten Szene, es sichert ihm die erforderliche Distanz, die nötige Objektivität. Zugleich wird durch das Zitat jeder beliebige – banale, gleichgültige, flüchtige – Augenblick des Alltags zu einem kunsthistorischen Augenblick, zu einem wichtigen Ereignis. Baudelaires Wunsch geht also in Erfüllung: alles kann zum Gegenstand eines Kunstwerkes werden, weil es keinen hervorgehobenen, auserkorenen, «klassischen» Gegenstand mehr gibt. Das moderne Leben selbst, der flüchtige, wertlose Augenblick werden zum Wert – in der genialen Dualität der künstlerischen Darstellung: der dem modernen Leben abgelauerte Augenblick wird zum «klassischen» erhoben, während die idealisierten, zur Apotheose erhöhten Themen der klassischen Kunst in der festlosen, unpathetischen Banalität des modernen Alltags erscheinen, gleich Zolas «moderner Venus» auf dem großstädtischen Asphalt.

Manet bemüht sich in seiner Malerei das zu formulieren, was Baudelaire mit der Kategorie der «Modernität» beschreibt und diese Kategorie ist von doppelter Natur: «Die Modernität – das Vorübergehende, das Vergängliche, das Eventuelle – bildet die eine Hälfte der Kunst, ihre andere Hälfte ist ewig und unveränderlich.»[9] Manets unnachahmliche Genialität besteht gerade darin, daß er diese beiden Komponenten zu einem einzigen visuellen Fakt zusammenzuschmelzen vermochte. Aus dem Zufälligen, aus der schmerzlich vergänglichen Modernität kristallisiert sich bei ihm eine klassische, ewige, unantastbare Form heraus. Der ins Nichts starrende, an die Peripherie der modernen Metropolis getriebene Absinthtrinker erfährt seine «Apotheose» als Personifizierung des ewig menschlichen Dramas, während das Bild von der unpathetischen, kühlen Objektivität und Distanz beherrscht wird.

Darum vermag Manet auch die Kunst alter Zeiten mit anderen Augen zu sehen: er erkennt in den Alten die «Modernität». Er erkennt, daß auch die «klassische» Kunst alter Zeiten die «Modernität» die flüchtige, vergängliche Realität der eigenen Epoche vergegenwärtigte. Mit Baudelaires Worten: «Jeder alte Maler hat seine Modernität gefunden...»[10]. Manet deutet die museale Kunst um, indem er die einstige Modernität sucht. Hinter der klassischen Komposition zeigt er den ewig aktuellen – d.h. «modernen» – menschlichen Inhalt auf, die Einmaligkeit, die schmerzliche Vergänglichkeit des flüchtigen Augenblicks. Und diese Vergänglichkeit stellt er mit resignierter Objektivität in den Mittel-

[9] Charles Baudelaire: Der Maler des modernen Lebens – Die Modernität. Paris, Le Figaro, 1863.
[10] Charles Baudelaire: op. cit.

punkt der Bedeutungsstruktur des Werkes. Manets Grunderlebnis ist der Schmerz der Vergänglichkeit, das unveränderlich Vorübergehende, der unveränderliche «Verlust» des flüchtigen banalen Augenblicks. Das, was Baudelaire die «unendliche menschliche Öde» nennt.

3. Manets Fall zeigt, daß die «modernité» bereits im Augenblick ihrer Geburt keine bloße «Neuerung» ist, sondern auch die Neuinterpretierung des Alten. Die mit anderen Augen betrachtete «museale Kunst» ermöglicht die Apotheose der Gegewart. Die Giorgione-Tizian-Velazquez - Goya - Ingres - Vorbilder von *Olympia*, die Raffael und Tizian *Concert champêtre* zitierende Komposition von *Le déjeuner sur l'herbe*, die Goya-Paraphrase von *Balkon*, sie alle sind die Formulierungen dieser Aktualisierung. Die Modernität ist nicht nur die Entdeckung der Gegenwart, sondern auch die Aufdeckung der in der Vergangenheit erscheinenden Gegenwart.

Der *Suzanne*-Bilderzyklus von Jean-Claude Prêtre basiert auf der Weiterführung dieser «modernen Tradition». Für Prêtre ist Tintorettos ergreifend schönes, unergründlich reiches und rätselhaftes Gemälde nicht lediglich eine Perle «musealer Kunst» sondern auch ein unendlich reiches Arsenal an kulturhistorischen Metaphern. Prêtres Unterfangen ist natürlich von vornherein zum Mißerfolg verurteilt: das wahre Kunstwerk läßt sich in seiner vollen Tiefe wahrscheinlich niemals aufdekken. Prêtre untersucht jedoch nicht nur Tintorettos Werk sondern er bietet eine Interpretation der Interpretationen, eine Paraphrase der Paraphrasen und Zitate. Wenn er den Frauenakt von unvergeßlicher Schönheit, unbegreiflich zarter Frische, die

Abb. 3

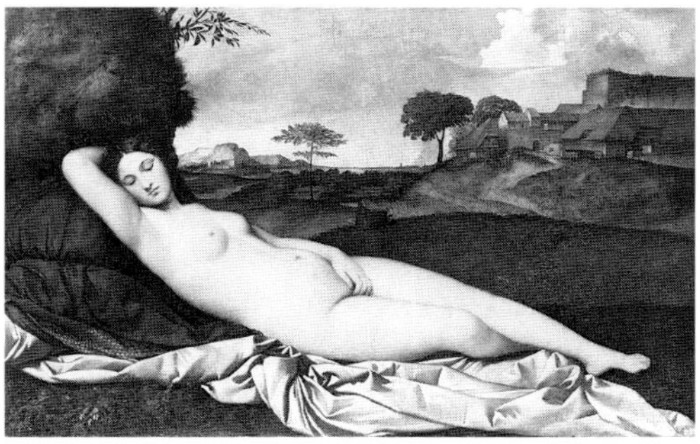

Abb. 4

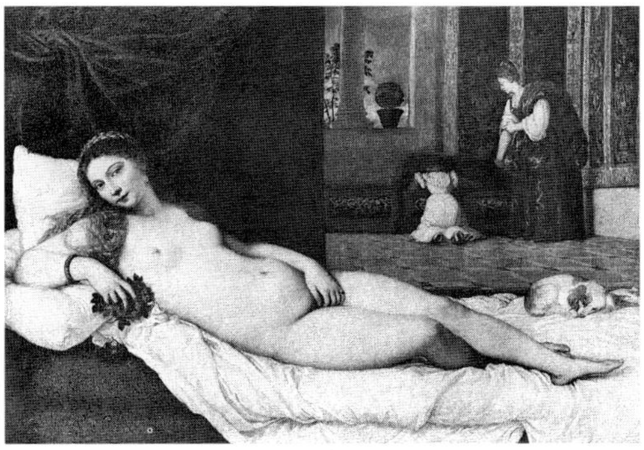

Abb. 5

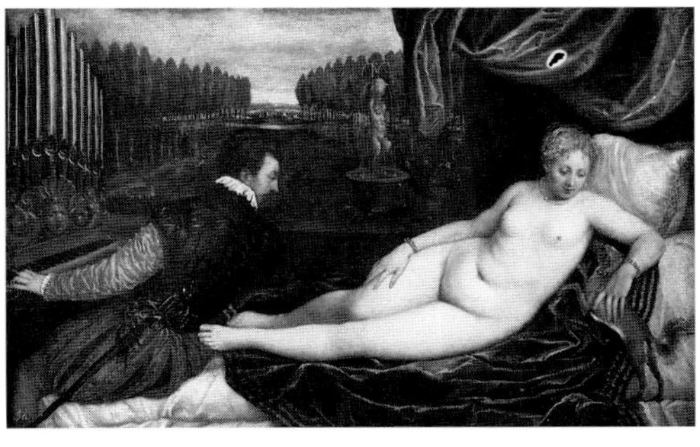

Abb. 6

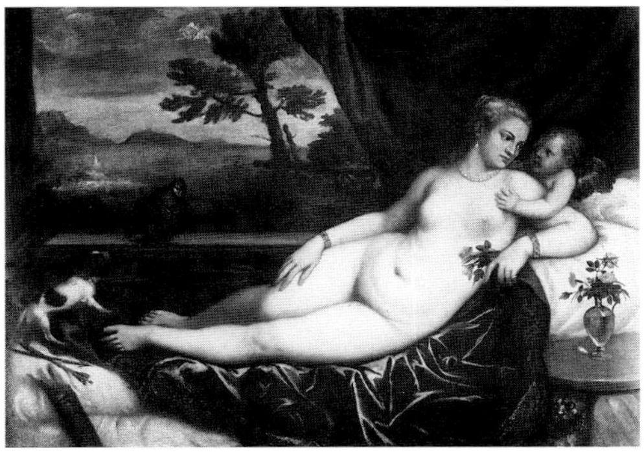

Schwester von Giorgiones *Schlummernder Venus* (Abb. 3), von Tizians *Venus von Urbino*, *Venus und die Musik*, und *Venus und Cupido* (Abb. 4, 5, 6) von Velazquez' Rückenakt der Venus, die sich im Spiegel selbst betrachtet (Abb. 7), von Goyas *Maja ohne Kleider* (Abb. 8), von Ingres' *großer Odaliske* (Abb. 9) in einen immer wieder neuen bidlichen Kontext stellt und sie mit den Details der Kunstwerke anderer, früherer Epochen vergleicht, dann schafft er eine eigene Einpersonenkunstgeschichte mit den Mitteln der Kunst. Er schafft einen kunsthistorischen Kontext durch die Kunst. Das Kunstwerk thematisiert des Kunstwerks Interpretationsmöglichkeiten selbst. Während jedoch Prêtre Tintorettos Rätsel umkreist, und dabei den Fragenkomplex der künstlerischen Gestaltung der biblischen Geschichte beleuchtet, schafft er letzten Endes einen Privatmythos. Und diese Mythenschaffung wird schließlich zum Grundthema von Prêtres Malerei.

Zugleich kann der Einpersonenmythos nur in der Malerei, nur in dieser Malerei zur Welt kommen, ist doch hier die Schaffung des Mythos abhängig von der Schaffung des Bildes selbst. Im Zuge der Schaffung des Bildes entsteht der Mythos als Bildthema. Dieser Mythos existiert nicht außerhalb der Wirklichkeit dieser Bilder. Der Einpersonenmythos des Jean-Claude Prêtre ist auch der Mythos der Malerei selbst: was vermag das Bild zu bieten? Verfügt das Bild über eine magische Schöpferkraft? Vermag das Bild den Mythos des Bildes zu schaffen? Die Ausstrahlung des sinnlichen Bildes, die Ausstrahlung der sinnlichen Wirklichkeit? Prêtres Experiment ist das Experiment der Malerei selbst. Und nichts konnte eine geeignetere bildliche Metapher für dieses Unterfangen sein als eines der großen Grundthemen der Malerei (der europäischen Malerei): der Frauenakt. Wie es bei Baudelaire heißt: «Jenes Geschöpf, das für die meisten Männer die Quelle heftigster, ja, gestehen wir es ein, selbst die Freude am Denken in den Schatten stellend, der dauerhaftesten Wonnen ist; für das oder für dessen Wohl wir das meiste schaffen; dieses erschreckende Ungeheuer ist unnahbar wie Gott; ... für das, vor allem aber durch das die Künstler und Dichter ihr kostbarstes Geschmeide schaffen: die Frau...»[11]

Abb. 7

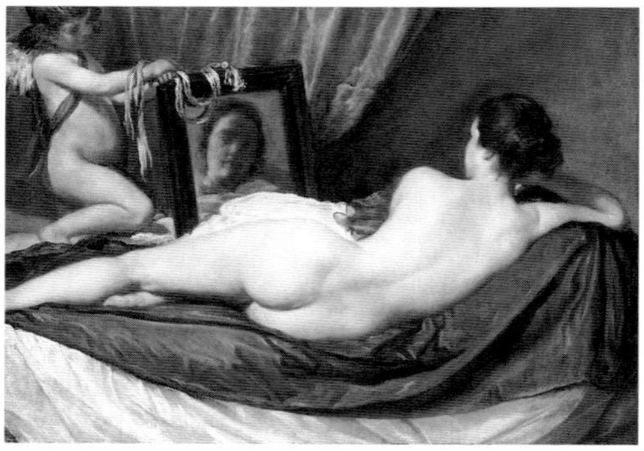

Abb. 8

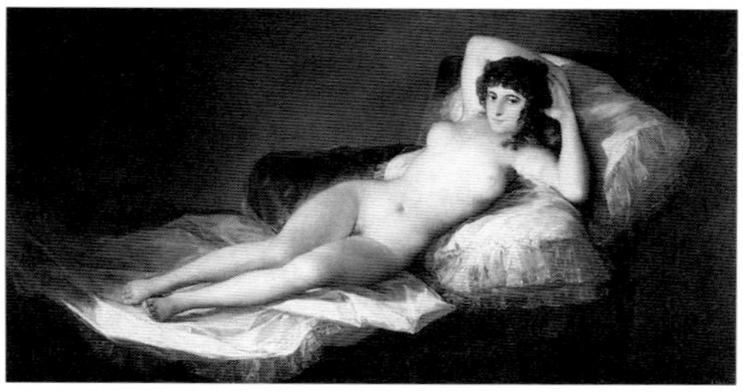

Abb. 9

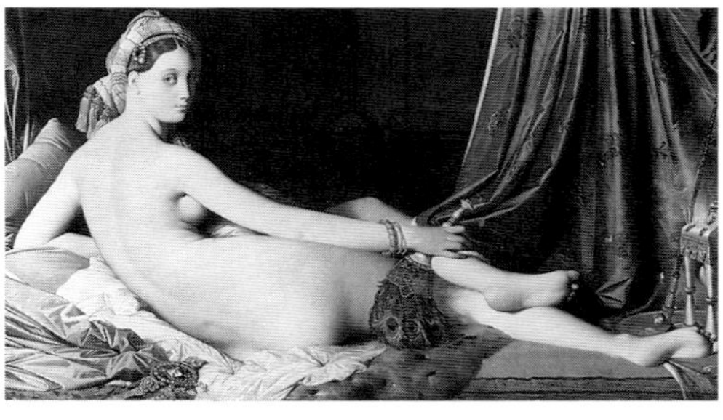

[11] Charles Baudelaire: Der Maler des modernen Lebens – Die Frau. Paris, Le Figaro, 1863.

Michel Butor

Drei miteinander verschlungene Frauen

für Jean-Claude Prêtre

Unter dem Mond der bei jeder Drehung in den Spiegeln sich badet
Hebt der schöne Abenteurer mit dem ich mich unbesonnen verband
Sein Schwert oder seinen Pfahl gegen meinen Bruder
Pagen und Kammerherren suchen ihren Weg in den facettierten Fluren

Unter dem Gold das über die Ziegel in alle Winkel fließt
Schreibt der schöne bärtige Greis dem ich mich leichtfertig anvertraut
Seine endlosen Erklärungen die sich rings um die Säulen winden
Junge Elendsgestalten bedeckt mit Schlamm und Schulden suchen nach Schätzen im Ödland

Unter der Pappel und der Akazie die über dem Brunnen einander entsprechen
Redet der düstere junge Prophet von dem meine Augen sich nicht trennen
Mit den Vögeln den Eidechsen und den Schlangen
Lüsterne alte Männer gehen durch die Alleen trauernd um ihre verlorenen Jahre

Betrachten ohne Erstaunen die Szene als wäre ihnen das alles verkündet
Von ihren Frauen und Müttern als Rache für den glühenden Atem
Für die Hörner das Brüllen und den Geifer des unwiderstehlichen Ungeheuers
Finden in alten Schachteln Stapel von Falschgeld die ihnen verraten wurden

Von Lehrmeistern und Spekulierern die die große Entwertung planen
Die Revolution die große Zukunft die neue Welt des Gewerbes und der Liebe
Untröstlich angesichts des verlorenen Paradieses des entdeckten bebenden Fleisches
Im Spiegel des Brunnens wo seine Perlen sich verlieren wie der Faden ihrer Gedanken

Wie ihre Masken Verkleidungen Anklagereden und moralisierenden Sprüche
Doch einmal der Mord begangen schien ein Geheul aufzusteigen aus allen Kehlen
Während es Nacht wurde über den Mosaiken und Tapisserien
Ein dichter Nebel den Himmel verdeckte und ein Windstoß die Fackeln löschte

Doch einmal die Heirat vollzogen schien ein Seufzer aufzusteigen aus jedermanns Schlaf
Während Spezialisten die Tresore in den Banken erbrachen
Doch einmal die Verleumdung verbreitet schien ein Zischeln zu entstehen neben den Wellen
Während die eherne dunkle Stimme ihre Prophezeihung begann

Die Waffen den Verstecken entreißend hätten die Menschen den Opferpriester geopfert
Meine Hand nur konnte ihn befreien aus den Strudeln der nächtlichen Menge
Trübe Laternen beleuchteten die Goldkörner die am Fuße des Turmes erstarrten
Mit geschwungenen Knüppeln hätten die Polizisten die Umherstreifenden verladen

Ein Feuer aus Weinreben knisterte auf dem Sand beide wollten wir uns dort wärmen
Die zornbebenden Gerichte hätten ihre Verurteilungen ausgestoßen
Während ich seine Schultern sich verbreitern fühlte seine Brust sich mit Fell überziehen
Sein Gesicht sich verwandeln in Nüstern Hörner hinter seinen Ohren wachsen

Nur die Hunde des Morgengrauens konnten mich leiten im Wirbelsturm des tanzenden Geldes
Während ich sah wie die Wolken sich türmten und bald Blitze aus allen Fenstern zuckten
Mein eigenes Bild nur im Brunnen konnte meine Verfolger verwirren
Während ich hörte wie der Zaubergesang all meine Adern durchdrang

Meine Schwester erwartete uns am Ausgang das Schiff war bereit
Sie glaubte unseren Bruder der Strafe entzogen zu haben die ein ganzes Volk prophezeihte
Splitter aus Feuerstein und Kohle zerstören die Mauern meines Gefängnisses
Mein Sohn beginnt in meinem Leib sich zu regen und ich weiß er wird Ungeheuer töten

Mein Garten wird zu einer Insel im Meer mit neuen wohlriechenden Bäumen
Die üble Nachrede der Alten bei meinem Mann wird erstickt vom Gelächter der Affen
Auf einem geflügelten Pferd sehe ich ihn anmutige Opfer befreien
Ich hülle mich in Strophen aus Tüchern salbe mein Haar mit Versen aus Narde

Und erst auf hoher See hat sie erkannt daß der von ihr mit Küssen Bedeckte
Und erst inmitten des Himmels erkennt er daß die von ihm aus den Fesseln Befreite
Und erst am Ende der Zeiten werde ich David in Perseus erkennen
Nichts anderes war als das Werkzeug der prophezeihten Rache

Keine andere als jene Ariadne von der ich oft zu ihr spreche
Und in den Alten die Schergen von Minos einen Augenblick den klassischen Höllen entronnen
Daß ich Phädra für sie vor der Zerstörung bewahrt und sie heiraten könnte ohne Skandal
Die er zwischen den Wolken aufsteigen ließe in einem Zug von Leoparden und Winzern

Die ihre Labyrinthe öffnen werden für den köstlichen Atem neuer Sprachen
Denn nur für sie würde er Stier sein jede Nacht
Ihren Vater neben mir zum Empfang auf dem Olymp im großen Gepränge ihrer Metamorphosen
In denen die Götter unserer Rassen sich verjüngen in Brunnen voll Tinte und Wein

Genf, den 11. Oktober 1984
Aus dem Französischen von Helmut Scheffel

Michel Butor

Geschichte der Susanna

Für Jean-Claude Prêtre

Es ging darum, die Geschichte Susannas zu erzählen. Wußtest du nicht, wer Susanna war? Es geschah in Babylon, natürlich vor sehr langer Zeit, innerhalb der jüdischen Gemeinschaft, die in Gefangenschaft war, doch die man im Wesentlichen sich selbst verwalten ließ; in der Bibel ist es festgehalten.

Gewiß, manchmal hörte man das Geräusch der Sandalen und Piken der Soldatenstreifen, besonders bei Einbruch der Nacht, doch sonst war alles still in dem Viertel unter den mächtigen Befestigungsmauern, das so weit wie möglich von den verhaßten zahlreichen Tempeln und Ziggurats entfernt lag, mit seinen engen Gassen der Händler, Geldverleiher und Goldschmiede. Joakim vereinte die drei Gewerbe in einer Person, und sein Haus wetteiferte mit den Häusern der reichsten Anbeter Marduks oder Ischtars: Terrassenstockwerke, Innenhöfe mit Kolonnaden und vor allem hängende Gärten mit Wasserkaskaden, die sich vor den Appartements der Frauen in Becken vereinten, zwischen Gruppen von Palmen, Eichen, Pfirsichbäumen, Mastixsträuchern und Flieder. In seinem großen getäfelten Salon mit Kassettendecke, Intarsien aus Elfenbein und Schildpatt versammelte er seine Glaubensbrüder am Tag des Sabbat zu Gebeten und verhaltenen Klagen, auf die ein Festmahl folgte nach allen Regeln der Kunst, das meist sehr fröhlich war, mit Sträußen von Lilien und wilden Rosen, Bergen von Beignets und gebratenen Lämmern, hinter einem Santalgitter verborgenen Musikern oder manchmal sogar Sängern, im Verlaufe dessen man Verlobungen und Geburten ankündigte, um die zu Beginn erwähnten Trauerfälle zu kompensieren. Susanna, die einzig legitime Gattin Joakims, präsidierte bei diesen Empfängen, und es kam vor, daß sie sich diskret zurückzog, um zum Entzücken der Gäste hinter einem Schleier zu singen. In demselben Saal tagte das Gericht der Gemeinschaft des jüdischen Viertels und verhandelte häufig über sehr heikle Angelegenheiten. Joakim, der sich aus juristischen Spitzfindigkeiten lieber heraushielt, war sehr froh gewesen, zwei recht stattliche Junggesellen in den Fünfzigern zu finden, die sich dieser Sachen annahmen, Amos und Baruch, die für ein solches Amt umso geeigneter waren, als sie nicht nur alle Artikel des Gesetzes auswendig kannten und das Wesentliche der Rechtssprechung des geteilten Volkes, sondern auch nicht zu den verstockten Traditionalisten gehörten, die gewiß verehrungswürdig waren, aber doch auch sehr störend sein konnten und die Augen entsetzt vor allen fremden Gebräuchen verschlossen, denn sie kannten sich im babylonischen Recht sehr gut aus, schrieben schnell und elegant die Keilschrift und verdienten als Anwälte für Geschäftsangelegenheiten gar nicht schlecht, was ihnen erlaubte, in der besten Gesellschaft der Bürger, Militärs, Regierungsbeamten und sogar Priester zu verkehren, doch blieben sie in ihrer Kleidung bescheiden, nach der Meinung mancher sogar ärmlich, und bewohnten weiter ihre benachbarten, so dunklen, engen und verriegelten Häuser, daß böse Zungen spotteten, wie es ihnen wohl gelänge, ihre Betten noch zwischen den Kästen und Truhen unterzubringen.

Es geht darum, die Geschichte Susannas zu erzählen. Du beginnst damit, dir ihr Gesicht vorzustellen, ihre großen Augen mit den langen Wimpern, ihre Schultern, du folgst ihrem Weg von Vorratskammer zu Vorratskammer, durch den Staub der Weinkeller oder über die Teppiche in den Räumen, siehst ihre Bewegungen, um die Türvorhänge anzuheben, Rosen zu pflücken, sie in Schalen zu ordnen, bescheiden ihren Weinbecher zu ergreifen. Der Originaltext steht im Buch Daniel, Kapitel 13. Natürlich muß man auch an die babylonische Pracht ringsum erinnern, die die Gemeinschaft der Gläubigen erdrückte, an die prunkvollen Zeremonien, die Aufzüge mit Wagen, Fanfaren, lodernden Fackeln, an die Festgelage, an die Waffenschmiede, Gießer, Sterndeuter mit ihren Observatorien, die Bibliotheken und Archive, die Weber, Färber,

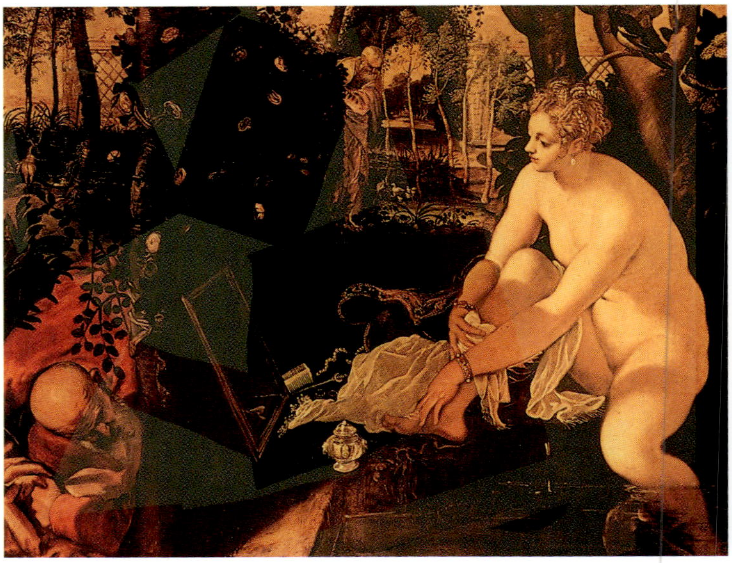

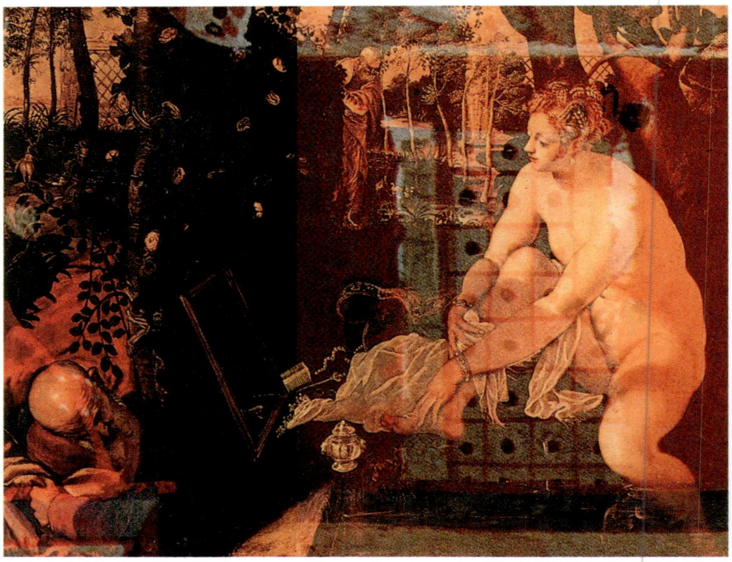

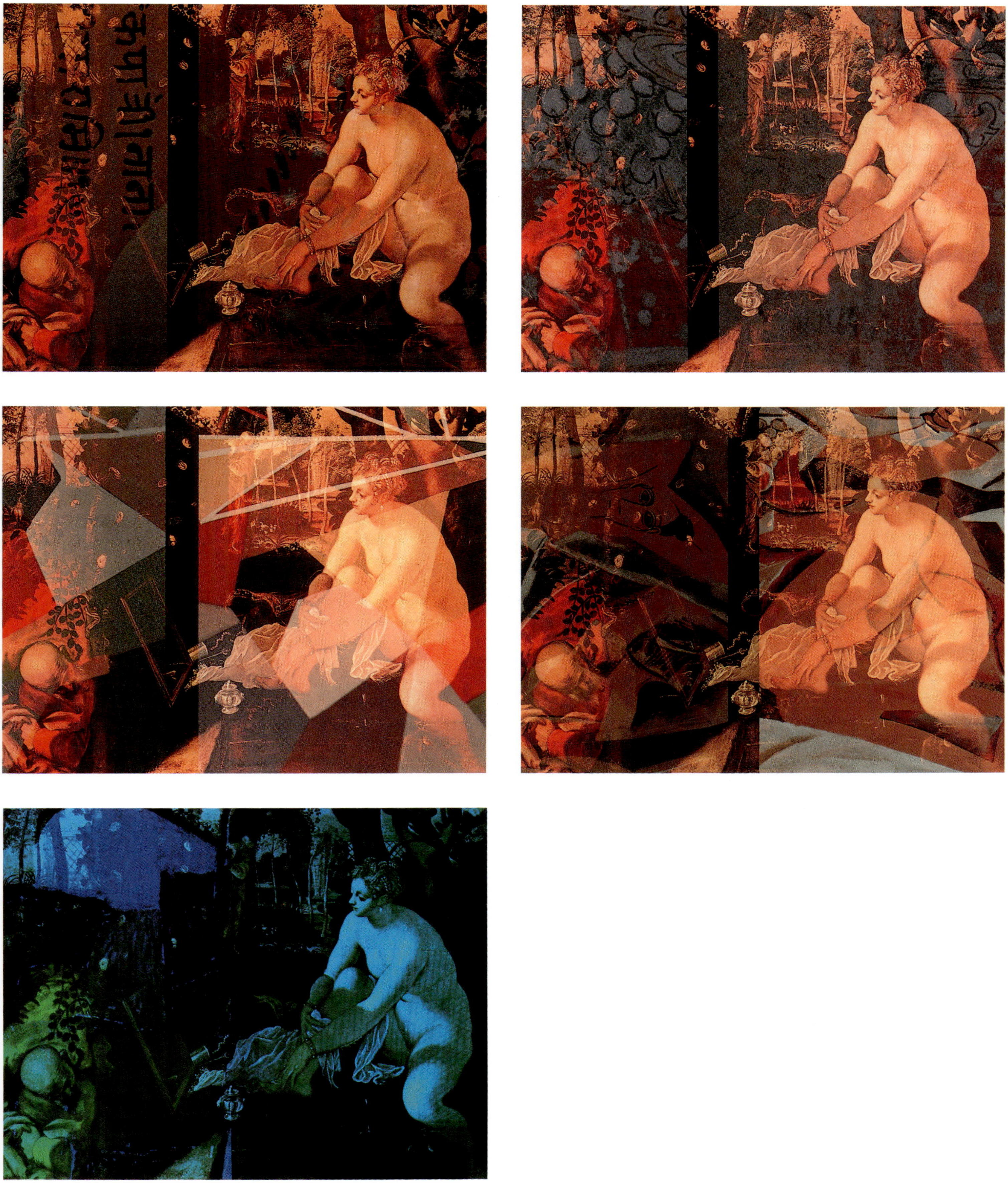

S[1] 25. *Susanna neu machen*, 1986, Cibachrom, 13 Exemplare, Polyptychon, 7 x (50,3 x 66,5) 150,9 x 199,5

Sticker und Gartenkünstler. Die Schönredner Amos und Baruch gehen von Empfang zu Empfang, genießen alles, was die riesige Stadt ihnen zu bieten hat, schätzen besonders die Tänzerinnen, die ihre bunten Schleier über die Bärte der Gäste streifen lassen, mit denen sie ihnen Wein und Soße von den Lippen wischen, Tänzerinnen, mit denen man sich in den Parks rings um die Tempel ergehen kann, denn das ist ihr Reich, ohne doch jemals das Innere dieser Heiligtümer zu betreten, und mit denen man, natürlich unter geistigen Vorbehalten, sein Vergnügen haben kann, denn das ist ihre heilige Aufgabe. Aber mit was für kränkenden Anzüglichkeiten die babylonischen Herren manchmal die beiden verhöhnten, wenn es in der vornehmen Gesellschaft lebhaft wurde! Warum, so mußten sie hören, kehrten sie denn immer wieder in ihre Höhlen in der Tiefe des dunklen Sektiererviertels zurück, wo sie doch ganz sicher das nicht finden konnten, was offensichtlich das Salz des Lebens für sie war? Kopfnickend geben sie das zu, doch in ihnen wächst wie ein Furunkel der Wunsch zu zeigen, daß es unter ihrem Volk Schönheiten gibt, die allen anderen überlegen sind; sie denken vor allem an eine; und auf dem Rückweg am Abend, begleitet von Wächtern mit Laternen und Schellen, beschließen sie, die jüdische Frau zu erobern. Zunächst versucht es jeder für sich, doch immer häufiger treffen sie bei Joakim zusammen, den sie mit Geschenken überhäufen, ohne dabei Süßigkeiten, Parfums und Schmuck für seine Frau zu vergessen, die sich

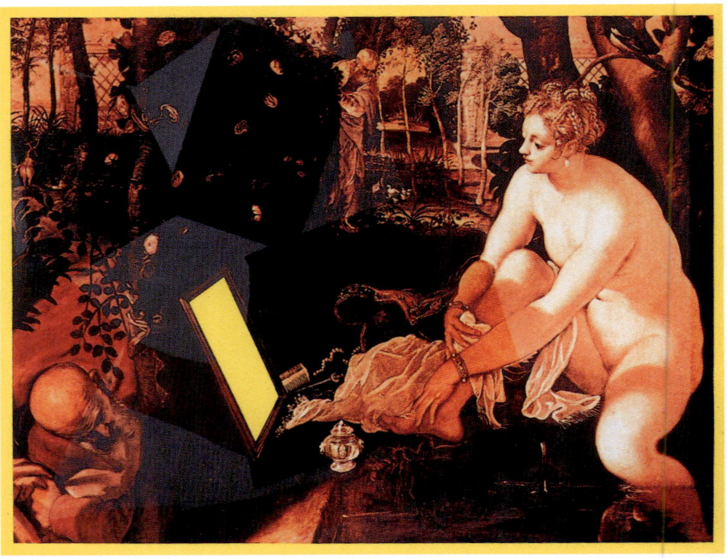

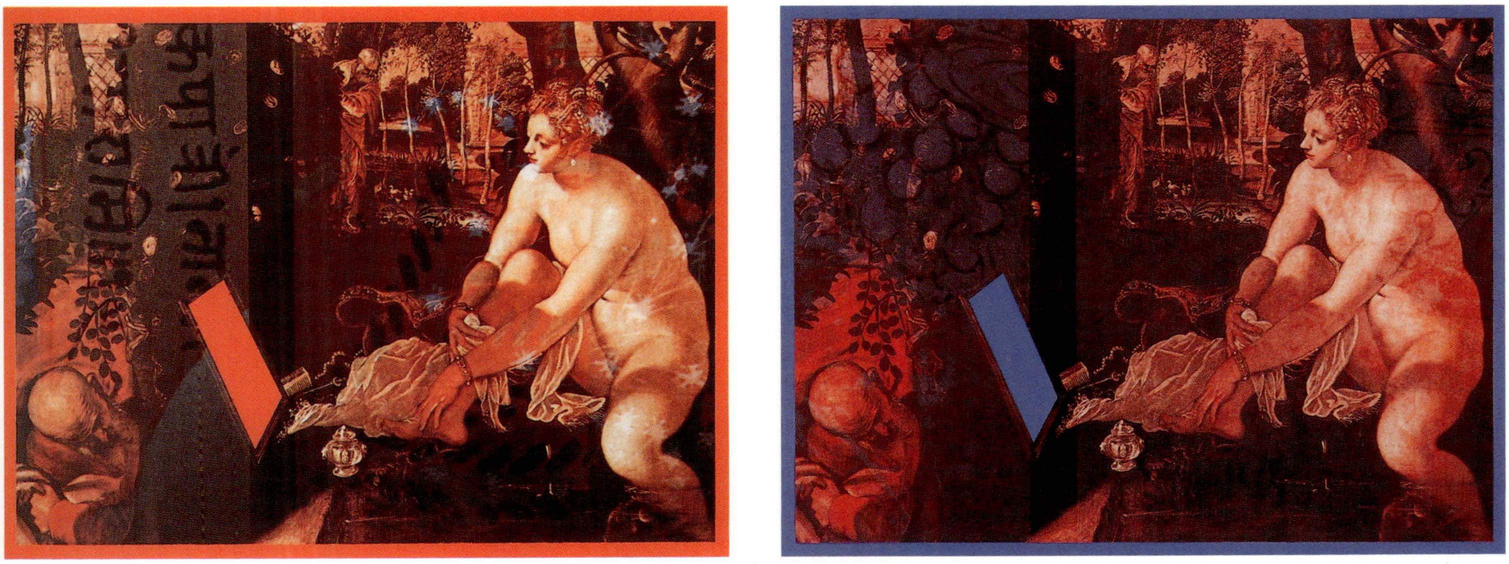

S^3 27. *Erste Verfremdungen mit Grundfarben*, 1987, Acryl auf Cibachrom, Triptychon, 3 x (50,3 x 66,5) 50,3 x 199,5

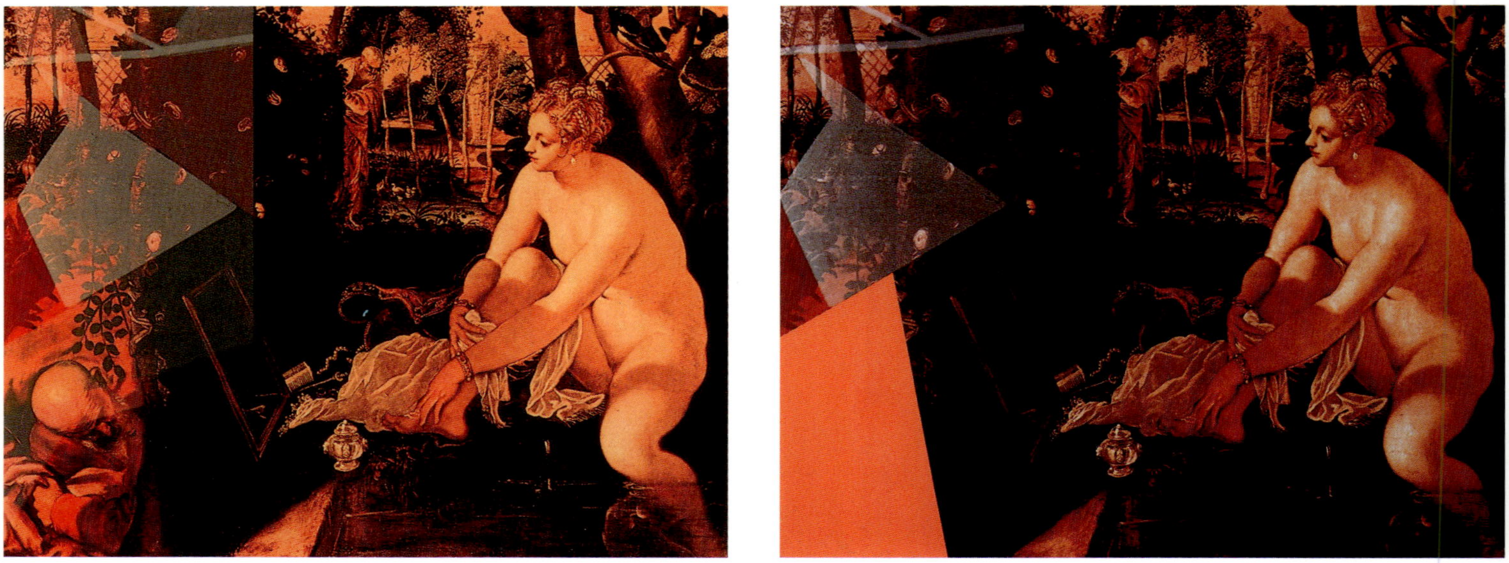

S^2 26. *Erste Verfremdungen*, 1987, Acryl auf Cibachrom, Polyptychon, 4 x (50,3 x 66,5) 50,3 x 266

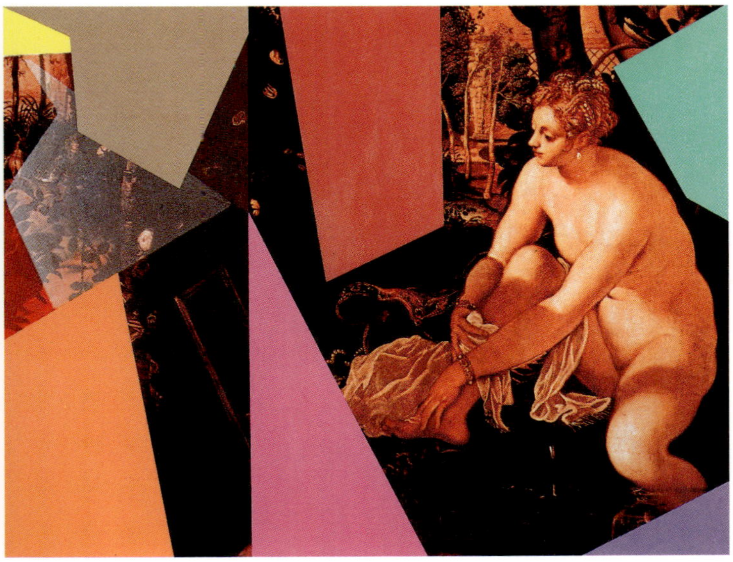

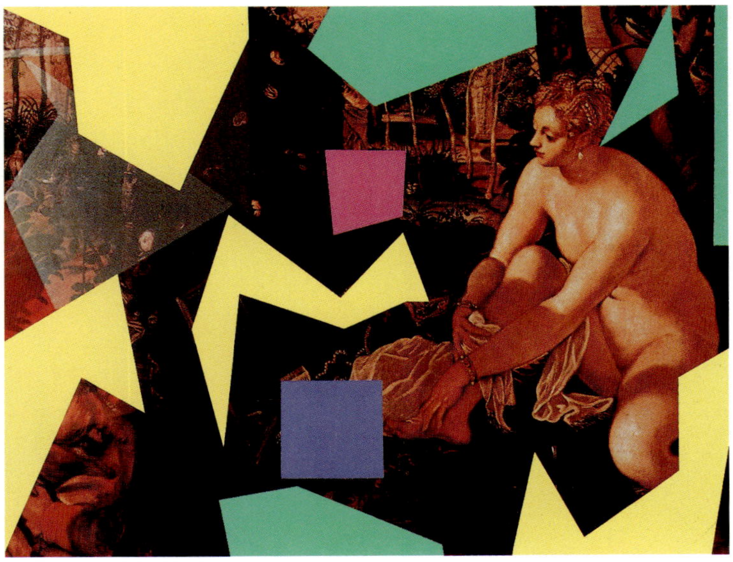

offenbar von diesen Aufmerksamkeiten geschmeichelt zeigt. Nach einiger Zeit müssen sie einander zulächeln, als sie bemerken, daß sie beide auf der Jagd nach demselben Wild sind. Eines Tages werden sie sich wohl verständigen müssen. Beratung. Man wird sich die Beute teilen. Die Hauptsache ist, daß man in der vornehmen Gesellschaft davon erfährt, daß man darüber spricht, doch daß es, wenn irgend möglich, Joakim nicht zu Ohren kommt. Susanna dorthin mitnehmen? Warum nicht? Man muß sie nur hinreichend kompromittieren, damit sie, verpflichtet zur strengsten Geheimhaltung, nichts mehr abschlagen kann, unter der beständigen Drohung, andere Einzelheiten zu verbreiten, die ihr Todesurteil zur Folge haben würden. Man verfügt doch immer über einen Zeugen, in den man Vertrauen haben kann, nicht wahr... Sie glucksen in ihrer Ecke. Die Frage nach dem Vorrang stellt sich nun. Das Alter kann hier nicht entscheidend sein, bei vielleicht ein paar Monaten Unterschied... Und den Reichtum vergleichen... Sie erkennen die Ebenbürtigkeit ihrer Verdienste und Chancen an. Soll man würfeln oder knobeln? Schlüpfrige Späße, erotische Phantasien an den warmen Abenden in den Gerüchen von Weihrauch, Ragouts und Urin. Wenn man einander auch ähnlich ist wie Brüder, hat man doch glücklicherweise nicht ganz den gleichen Geschmack, was es möglich macht, sich eine Figur mit ihren Varianten sehr genau auszumalen. Was den Ort betrifft, das liegt auf der Hand: der Garten mit seinem Wasserbecken

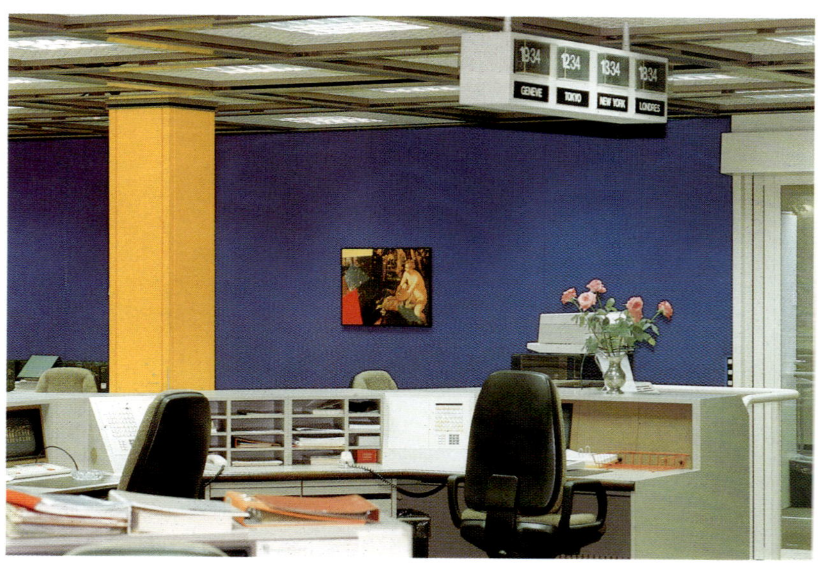

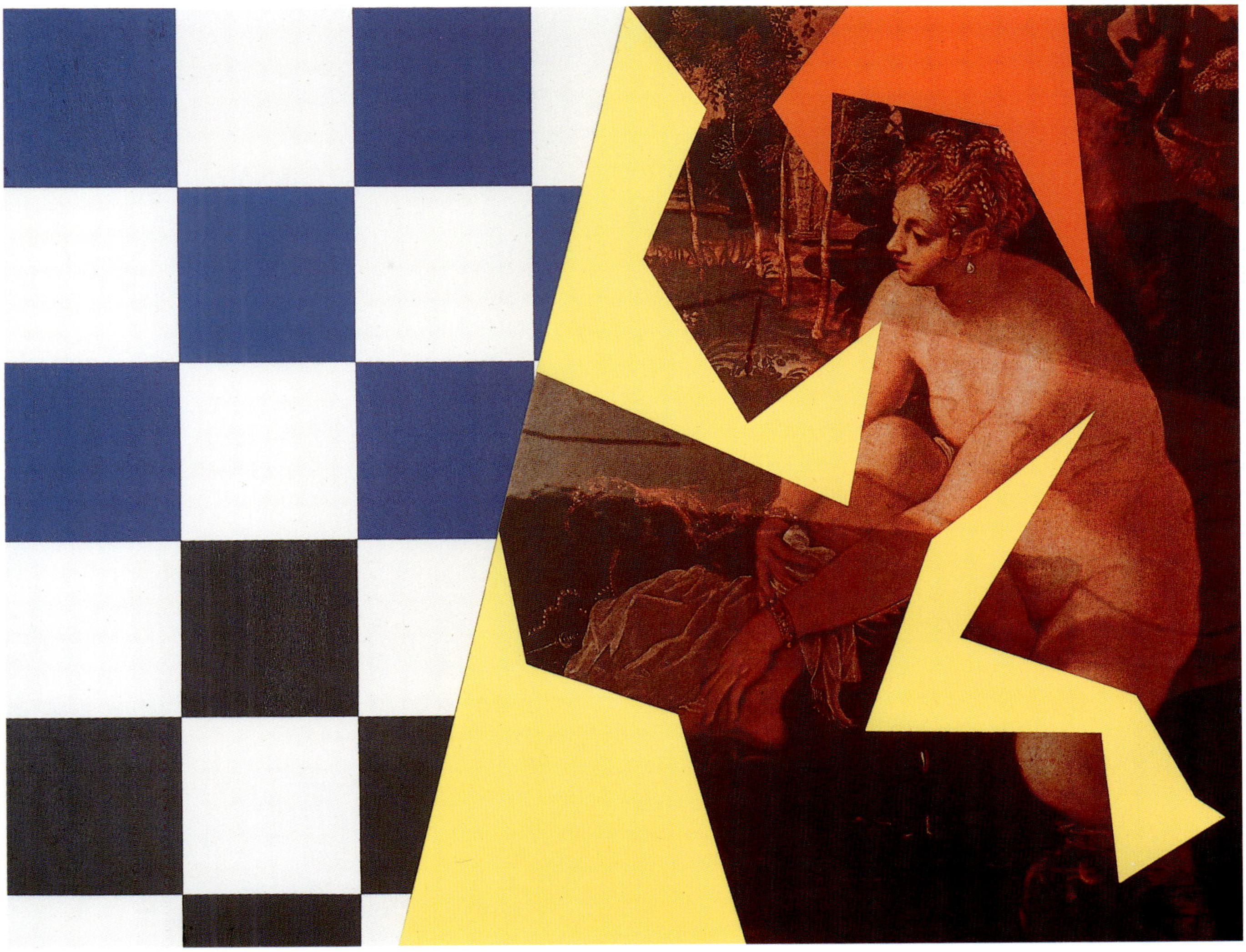

S[4] 28. *Erste Verfremdungen mit Schachbrett*, 1987, Acryl auf Cibachrom, 50,3 x 66,5

S[11] 35. *Susanna auf blauem Hintergrund*, 1987, Acryl auf Papier meta-aramide Nomex und Acryl auf Cibachrom, 247 x 1640 et 50,3 x 66,5 und den Pavillons. Man braucht nur seine Winkel nach und nach zu erforschen unter dem Vorwand Botanik zu betreiben (oder notfalls auch Zoologie; wir können hier und da ein paar Volieren unterbringen oder sogar eine kleine Menagerie, wenn sie auch nicht mit denen in den königlichen Residenzen vergleichbar ist), sich so oft dort aufzuhalten, daß das Personal die Anwesenden nicht mehr bemerkt, sie übersehen werden, selbst von Susanna, vor allem von Susanna, und braucht nur eine der häufigen Reisen Joakims zu den Häfen am Golf abzuwarten. Schon ist Sommersommenwende: Jasmin, wilde Rosen, schwarze Iris. Die Schatten der Wachttürme verlängern sich über den Buckeln der baufälligen Häuser, die von Karawansereien und Palästen überragt werden. Dämmerung. Rufe der Wächter, die einander antworten von einer Befestigungsmauer zur anderen. Susanna steigt in Begleitung von zwei mit Wäsche beladenen Dienerinnen zum Wasserbecken hinunter. Amos und Baruch sind im Gebüsch versteckt. Sie läßt sich entkleiden. Gras und Steinplatten bedecken sich mit Purpur und Perlen rings um den nackten Körper, dessen Teint die beiden sich im Schein der das Mondlicht färbenden Fackeln nie so glänzend leuchtend vorgestellt hätten. Sie zieht ihren Kamm aus dem Haar, und es fällt bis zu ihren Knien herab. Sie bewundert sich im Spiegel des ruhigen Wassers und befiehlt ihren Dienerinnen den Schmuck zu holen, den die Richter ihr geschenkt haben und den sie noch nie angelegt hat. Hätte es ihnen für diesmal nicht genügt,

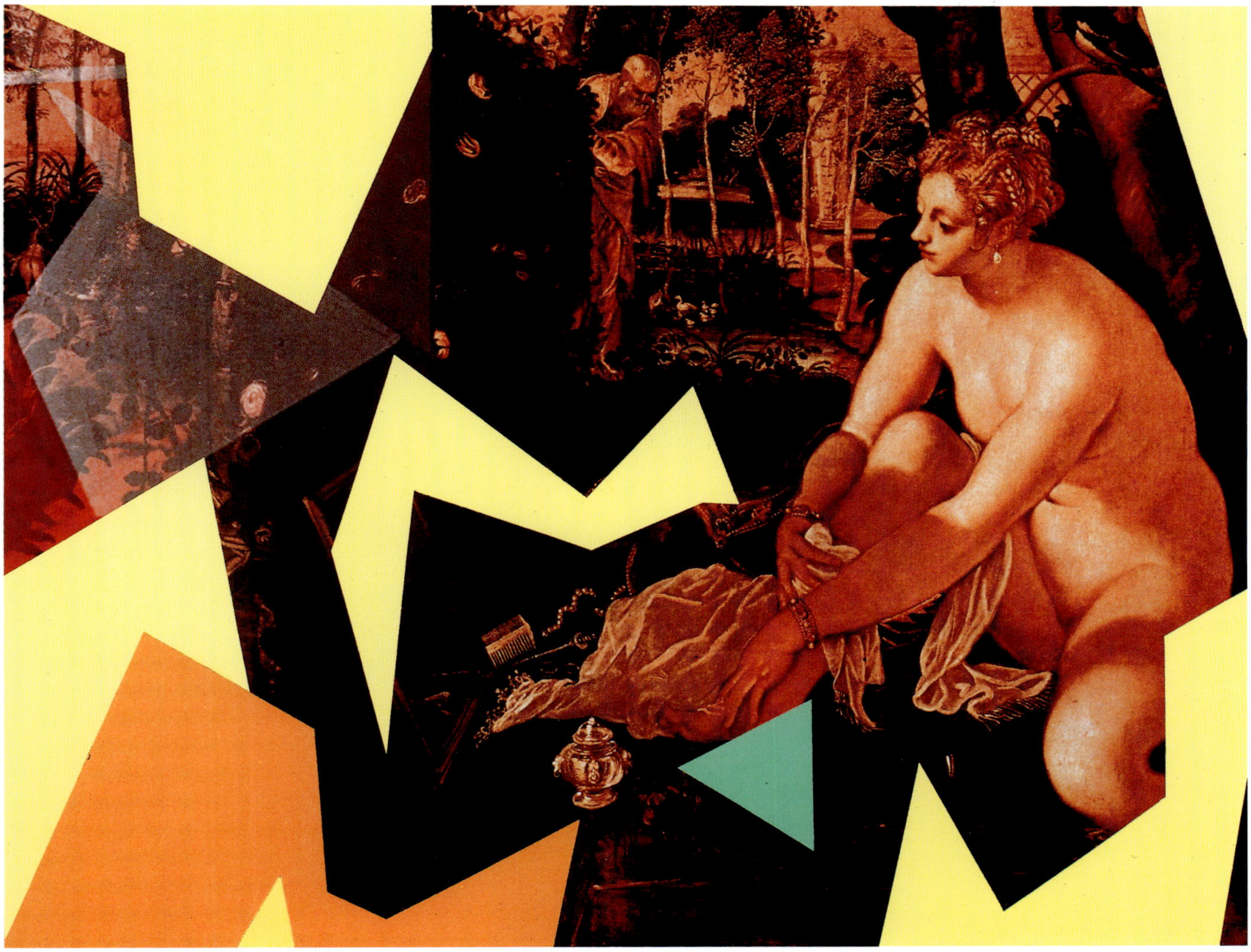

S^5 29. *Erste Verfremdungen V*, 1987, Acryl auf Cibachrom, 50,3 x 66,5

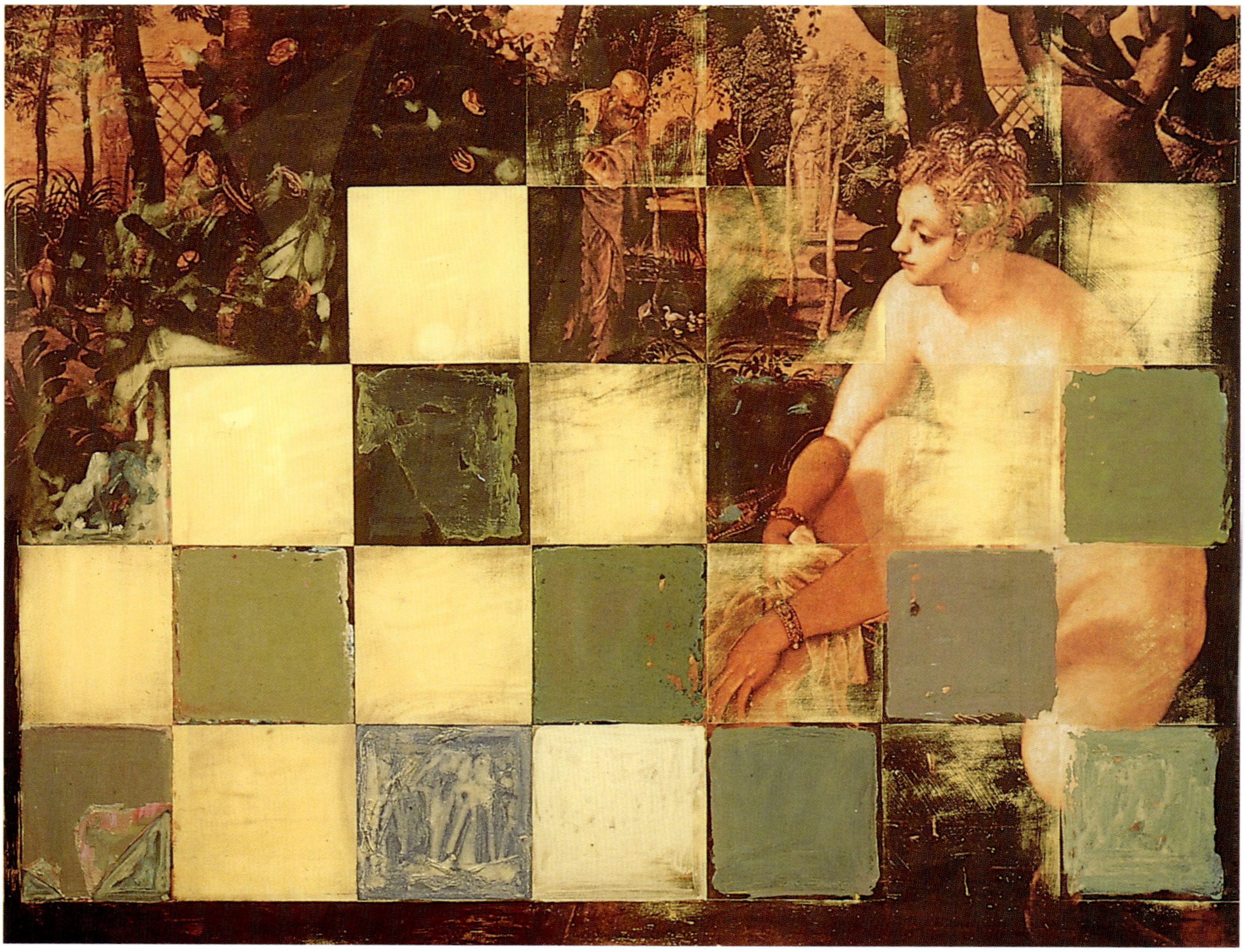

S[23] 47. *Das Sanfte ist unten geteilt*, 1988, Acryl und Gold auf Cibachrom, 50,3 x 66,5

ihre Augen zu weiden? Schon haben sie tausend Auskünfte für eine subtile und lange Erpressung. Doch das Blut ist heißer als alle List, sie überstürzen ihre Pläne, jeder packt sie an einer Schulter, der eine verschließt ihr den Mund mit der Hand, dann mit den Lippen, indes der andere ihre Beine spreizt und ihr den infamen Handel vorschlägt. Dank ihrer feuchten Haut gelingt es ihr sich zu befreien, sie gleitet ins Wasser, ruft um Hilfe, entflieht ins Haus und schließt sich dort ein. Leider haben die beiden lauter geschrieen als sie. Alle Bewohner sind in Aufregung. Die beiden Lüstlinge verlassen den Ort mit allen Anzeichen verzweifelter Empörung, beschwören die Dienerschaft, nichts von der schändlichen Geschichte zu erzählen, über deren Einzelheiten sie kein Wort verlauten lassen wollen, ehe sie nicht in aller Schonung und gebotenen Rücksichtnahme mit dem Hausherrn nach seine Rückkehr gesprochen haben.

Es wird darum gehen, die Geschichte Susannas zu erzählen. Andere werden sich mit an dem Spiel beteiligen. Zahlreiche Maler wetteifern seit der Renaissance miteinander, diesen wunderbaren Akt darzustellen. Zwangsläufig wirst du also ein wenig wissen, was dieser Susanna widerfuhr. Du kannst dir gut denken, daß es ihr nicht an Vertrauten gefehlt haben wird: Ammen, Kammerzofen, enge Freundinen, Begleiterinnen mit allen möglichen Musikinstrumenten. Sie wird versuchen, sich mit ihnen eine Taktik auszudenken, um den finsteren Machenschaften der beiden von einem dunklen Wahn erfaßten Junggesellen zu begegnen.

S[10] 34. *Der Gegensatz*, Acryl und Gold auf Cibachrom, 50,3 x 66,5

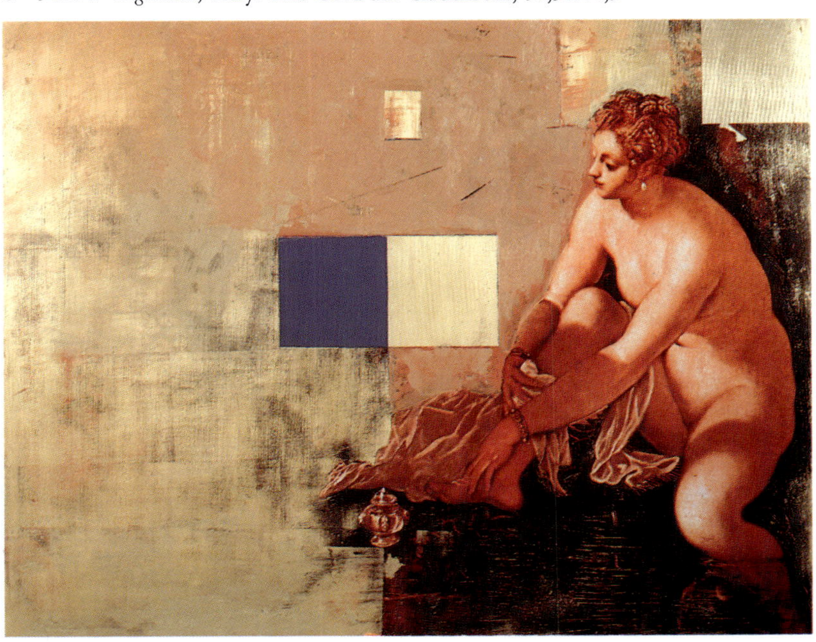

Kein Zögern, die beiden werden erklären, sie in einer eindeutigen Stellung mit einem jungen Mann überrascht zu haben, dessen Namen sie schlauerweise verschweigen, doch bei dem Joakim bestimmt an den jungen, mit prophetischen und musikalischen Talenten begabten Studenten denken wird, dem man mit seinen engelsgleichen Bewegungen und seiner freien Rede sogar am Königshof begegnen kann und den Susanna so gern zu ihren Festen einlädt. Was tun, um sie beide zu retten? Eine rät zu seiner Flucht, doch wenn er verschwände, erschiene das wie ein Geständnis. Ach, ist sie nicht in jedem Fall verloren? Denn ihr verblüffter, zutiefst gedemütigter Gemahl, wird die größten Schwierigkeiten haben, gerade jene zu desavouieren, die er zu Richtern hat ernennen lassen. Also wenigstens Daniel benachrichtigen, vielleicht hat er eine Idee. Große geheime Mission bis zu der Terrasse, wo er sich gerade im Harfenspiel übt und ein Lied komponiert zum Preise der Tugenden der jüdischen Frau. Die Geschichte wundert ihn nicht allzu sehr, denn er hat gesehen, wie Amos und Baruch, die er seit jeher verabscheute, gleich zwei Raubvögeln, immer engere Kreise um Susanna zogen, und er wird es nicht an beruhigenden Worten fehlen lassen in seiner Gewißheit, die beiden zu überführen. Doch am Tag des Prozesses, sehr bald nach der Rückkehr des fassungslosen Hausherrn, sieht die Sache ziemlich schlecht aus. Daniel wird die Beschuldigte durch ein Lächeln beruhigen, und nach den Anklagereden, bei denen sein Name zwar nicht genannt wird, doch die aller Augen sich auf ihn richten lassen, wird er nur darum bitten, die beiden Ankläger getrennt zu verhören, wobei er jeden in Abwesenheit des anderen fragt, unter welcher Art Baum er denn den nach ihrer Aussage so stattlichen jungen Mann überrascht habe bei der Unwahrscheinlichkeit, die verehrte Herrin dieses Hauses umschlungen zu haben, und Gipfel der Unverfrorenheit, im allernatürlichsten Aufzug, das Gesicht vermutlich durch eine Haarflut versteckt, die gewöhnlich allen fremden Blicken entzogen wird, doch deren ganze Pracht sie nun ohne Scham beschreiben könnten. Da der eine Mastixstrauch antwortet, der andere aber Eiche, erstrahlt Susannas berauschende Keuschheit wie eine aufgehende Sonne über der Menge in dem

S[8] 32. *Susanna mit Buddhas*, 1987, Gold auf Cibachrom, 50,3 x 66,5

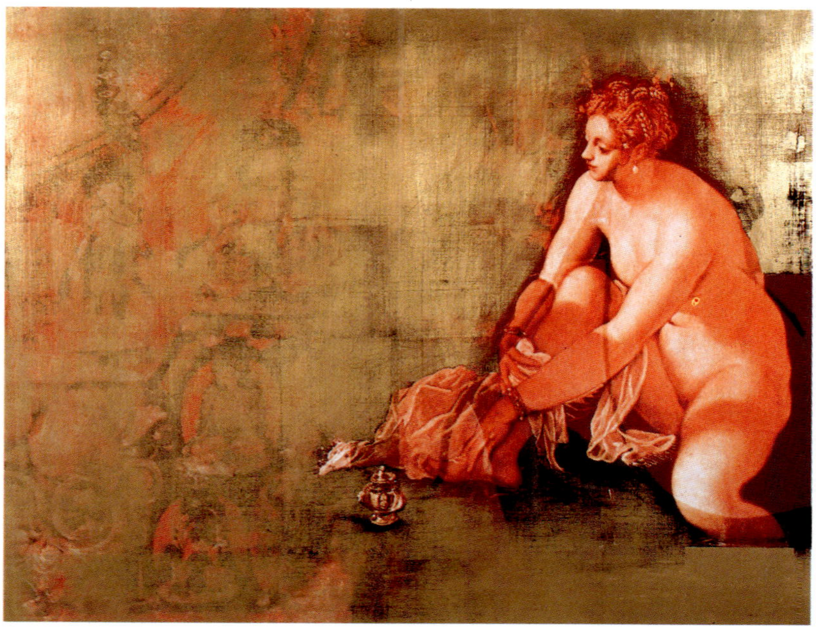

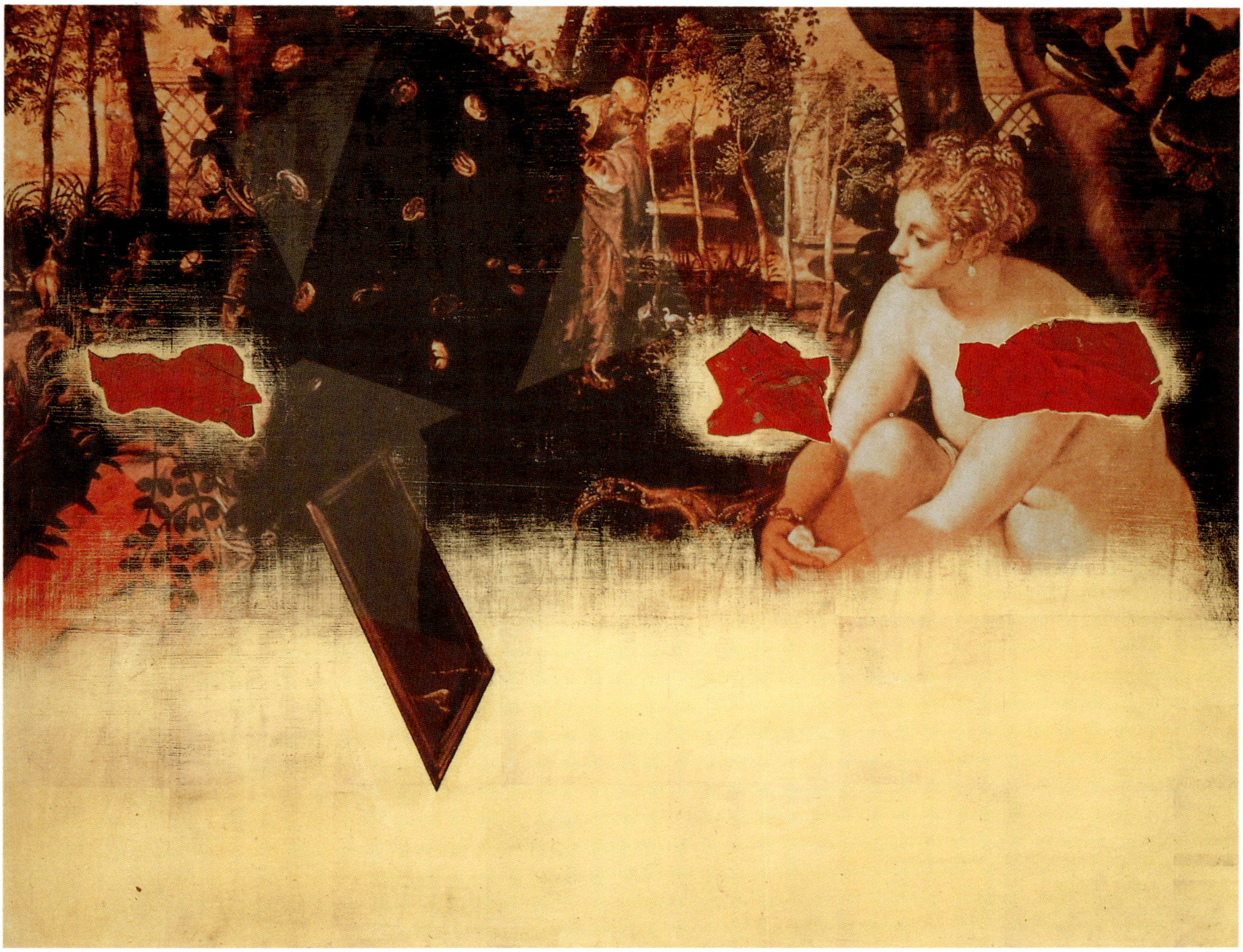

S[33] 57. *Die Unschuldige*, 1988, Gold auf Cibachrom, 50,3 x 66,5

Gerichtssaal. Joakim selbst wird die beiden Verleumder der strengen Gerichtsbarkeit des Königreichs übergeben, da die jüdische Kolonie nur geringfügige Strafen, sagen wir bis zu hundert Peitschenhieben, verhängen darf, zusammen mit einem Bericht über die Geschichte, den in eleganter Form der freudestrahlende Daniel verfaßt, dem alle Damen des reichen Ghettos zujubeln.

Michel Butor
Saint-Régis du Coin, 15. August 1988
Aus dem Französischen
von Helmut Scheffel

S[28] 52. *In Babylon lebte ein reicher Mann mit Namen Joakim. Er hatte eine Frau genommen von großer Schönheit*, 1988, Acryl und Gold auf Cibachrom, 66,5 x 50,3

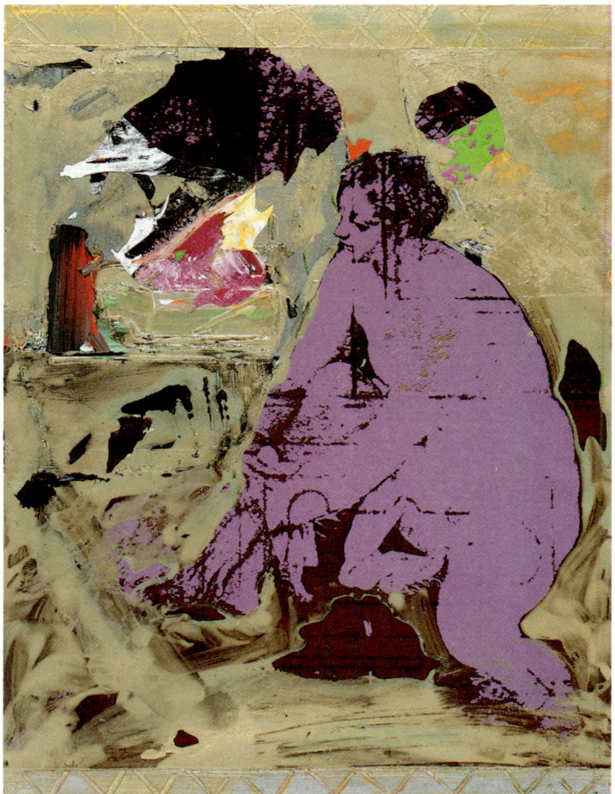

Michel Butor

Spiegel der Susanna

Für Jean-Claude Prêtre

Bernstein. Es ging darum, die Geschichte Susannas zu erzählen. Wußtest du nicht, wer Susanna war? Es geschah in Babylon, natürlich vor sehr langer Zeit, innerhalb der jüdischen Gemeinschaft, die in Gefangenschaft war, doch die man im Wesentlichen sich selbst verwalten ließ: in der Bibel ist es festgehalten.

Es geht darum, die Geschichte Susannas zu erzählen. Du beginnst damit, dir ihr Gesicht vorzustellen, ihre großen Augen mit den langen Wimpern, ihre bernsteinfarbenen Schultern, du folgst ihrem Weg von Vorratskammer zu Vorratskammer, durch den Staub der Weinkeller oder über die Teppiche in den Räumen, siehst ihre Bewegungen, um die Türvorhänge anzuheben, Rosen zu pflücken, sie in Schalen zu ordnen, bescheiden ihren Weinbecher zu ergreifen. Der Originaltext steht im Buch Daniel, Kapitel 13.

Es wird darum gehen, die Geschichte Susannas zu erzählen. Andere werden sich mit an dem Spiel beteiligen. Zahlreiche Maler wetteifern seit der Renaissance miteinander, diesen wunderbaren Akt darzustellen. Zwangsläufig wirst du also ein wenig wissen, was dieser Susanna widerfuhr. Du kannst dir gut denken, daß es ihr nicht an Vertrauten gefehlt haben wird: Ammen, Kammerzofen, enge Freundinnen, Begleiterinnen mit allen möglichen Musikinstrumenten. Sie wird versuchen, sich mit ihnen eine Taktik auszudenken, um den finsteren Machenschaften zweier von einem dunklen Wahn erfaßten Junggesellen, Amos und Baruch, zu begegnen.

Ocker. Joakim vereinte in einer Person drei Hauptberufe des jüdischen Viertels: Kaufmann, Geldverleiher und Goldschmied. Sein Haus wetteiferte mit den Häusern der reichsten Anbeter Marduks oder Ischtars: Terrassenstockwerke, Innenhöfe mit Kolonnaden und vor allem hängende Gärten mit Wasserkaskaden, die sich vor den Appartements der Frauen in Becken vereinten, zwischen Gruppen von Palmen, Eichen, Pfirsichbäumen, Mastixsträuchern und Flieder.

Mit was für kränkenden Anzüglichkeiten die eleganten babylonischen Herren manchmal Amos und Baruch verhöhnten, die beiden geistreichen fünfzigjährigen Plauderer, die beharrlich bei ihnen verkehrten, wenn die vornehme Gesellschaft lebhaft wurde! Warum, so mußten sie hören, kehrten sie denn immer wieder in ihre Ockerhöhlen in der Tiefe des Sektiererviertels zurück, wo sie doch ganz sicher das nicht finden konnten, was offensichtlich das Salz des Lebens für sie war? Kopfnickend geben sie das zu, doch in ihnen wächst wie ein Furunkel der Wunsch zu zeigen, daß es unter ihrem Volk Schönheiten gibt, die allen anderen überlegen sind: und daß auch sie das nutzen; sie denken vor allem an eine; auf dem Rückweg am Abend, begleitet von Wächtern mit Laternen und Schellen, die ihre Gastgeber zur Verfügung gestellt haben, beschließen sie, die jüdische Frau zu erobern.

Was tun, um Susanna und den mit prophetischen und musikalischen Talenten begabten jungen Mann zu retten, den sie gern zu den religiösen und weltlichen Zusammenkünften Joakims einladen läßt und der gewiß zusammen mit ihr angeklagt wird? Die Allerjüngste rät zur Flucht. Aber wenn er verschwände, erschiene das wie ein Geständnis. Ach, wäre sie nicht in jedem Fall verloren? Denn ihr verblüffter, zutiefst gedemütigter Gemahl wird die größten Schwierigkeiten haben, gerade jene zu desavouieren, die er zu Richtern des Tribunals der jüdischen Gemeinschaft hat ernennen lassen, Amos und Baruch. Ocker.

Smaragdgrün. Gewiß manchmal hörte man das Geräusch der Sandalen und Piken der babylonischen Soldaten, die auf Streife waren, besonders bei Einbruch der Nacht, doch sonst war alles still in dem Viertel unter den mächtigen Befestigungsmauern, das so weit wie möglich von den zahlreichen Tempeln und Zikkurats entfernt lag, die den Juden verhaßt waren, mit seinen engen Gassen der Händler, Geldverleiher und Goldschmiede.

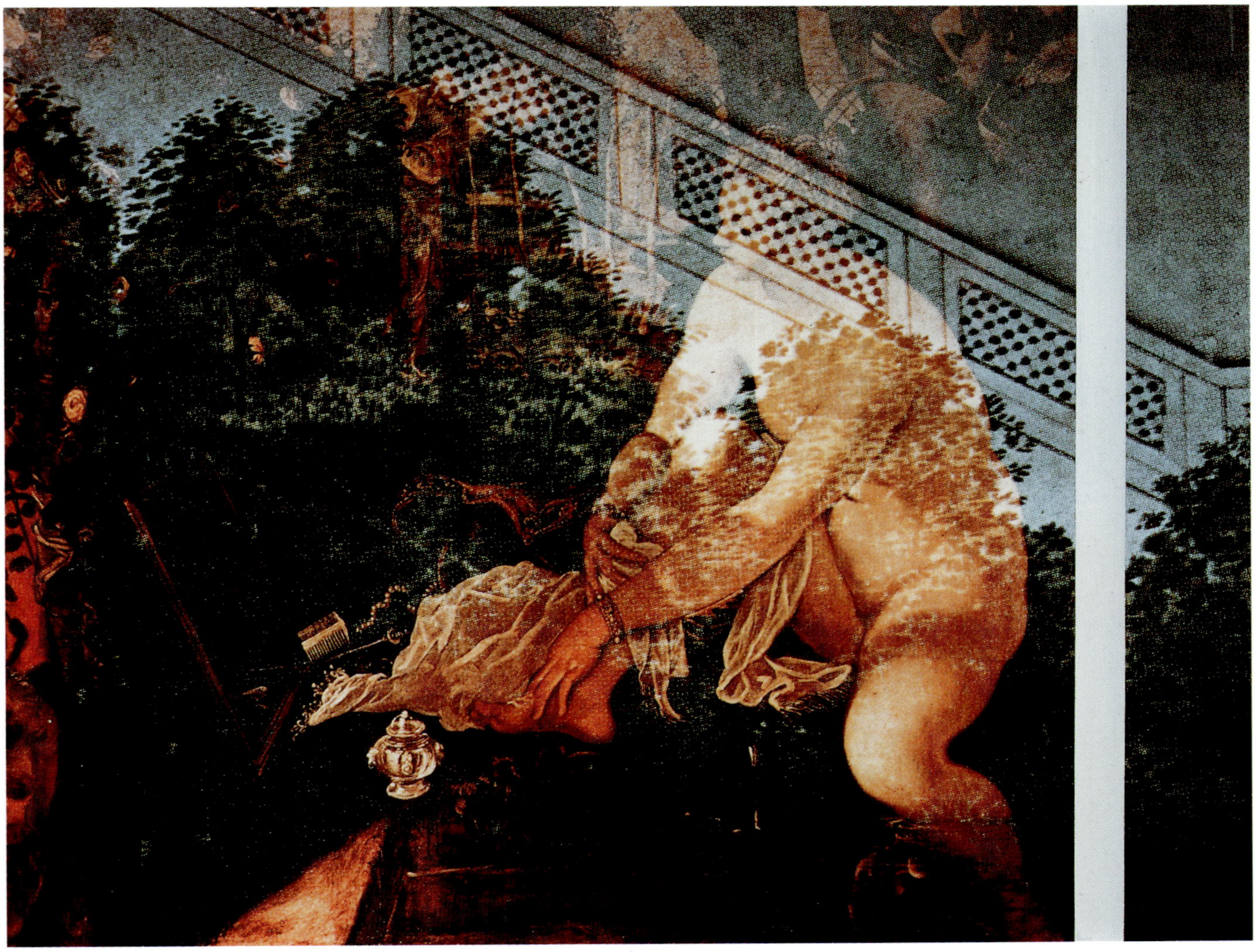

S[57] 81. *Die Gärten der Susanna XI: ein gut bewässerter Garten*, 1988, Acryl, 50,3 x 66,5

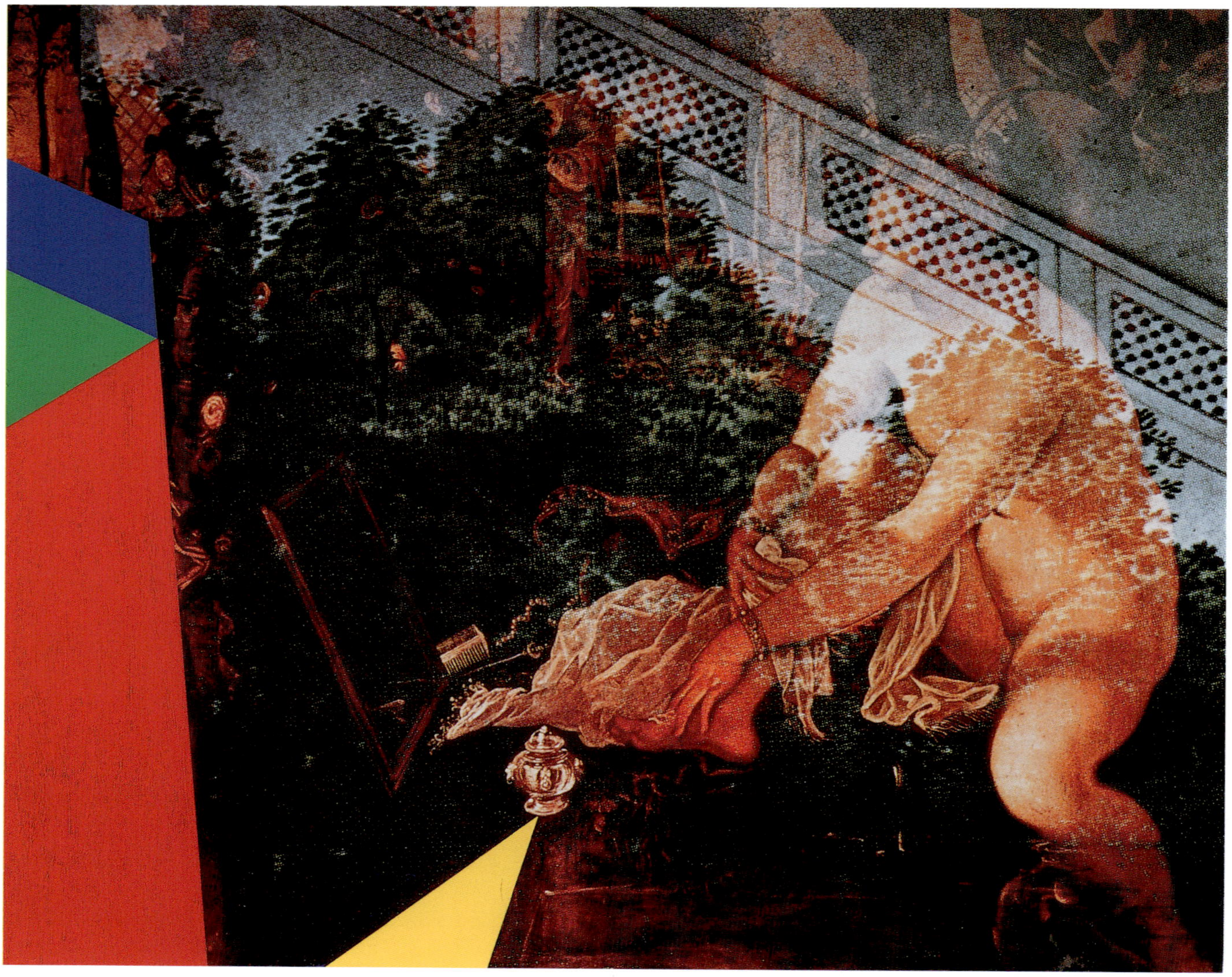

S[29] 53. *East River Susanna*, 1988, Acryl auf Cibachrom, 50,3 x 64,3

Natürlich muß man an die Pracht der Hauptstadt ringsum erinnern, die die Gemeinschaft der Gläubigen erdrückte, an die prunkvollen Zeremonien, die Aufzüge mit Wagen, Fanfaren, lodernden Fackeln, an die Festgelage, an die Waffenschmiede, Gießer, Bildhauer, Sterndeuter mit ihren Observatorien, die Bibliotheken und Archive, die Weber, Färber, Sticker und Gartenkünstler. Die Schönredner Amos und Baruch gehen von Empfang zu Empfang, genießen alles, was die riesige Smaragdstadt ihnen zu bieten hat, schätzen besonders die Tänzerinnen, die ihre bunten Schleier über die Bärte der Gäste streifen lassen, ihnen Wein und Soße von den Lippen wischend, Tänzerinnen, mit denen man sich in den Parks rings um die Tempel ergehen kann, denn das ist ihr Reich, ohne doch jemals diese verabscheuten Heiligtümer zu betreten, und mit denen man sein Vergnügen haben kann, denn das ist ihr Beruf.

Kein Zögern: Amos und Baruch werden erklären, sie in einer eindeutigen Stellung mit einem jungen Mann überrascht zu haben, dessen Namen sie schlauerweise verschweigen, doch bei dem Joakim bestimmt an den jungen, mit prophetischen und musikalischen Talenten begabten Studenten denken wird, dem man mit seinen engelsgleichen Bewegungen, seiner freien Rede sogar am Königshof begegnen kann und den Susanna so gern zu ihren Festen einlädt. Smaragdgrün.

Azurblau. In seinen großen getäfelten Salon mit Kassettendecke, Intarsien aus Elfenbein und Schildpatt versammelte Joakim am Tag des Sab-

S^{31} 55. *East River Susanna II*, 1988, Acryl auf Cibachrom, 50,3 x 64,3

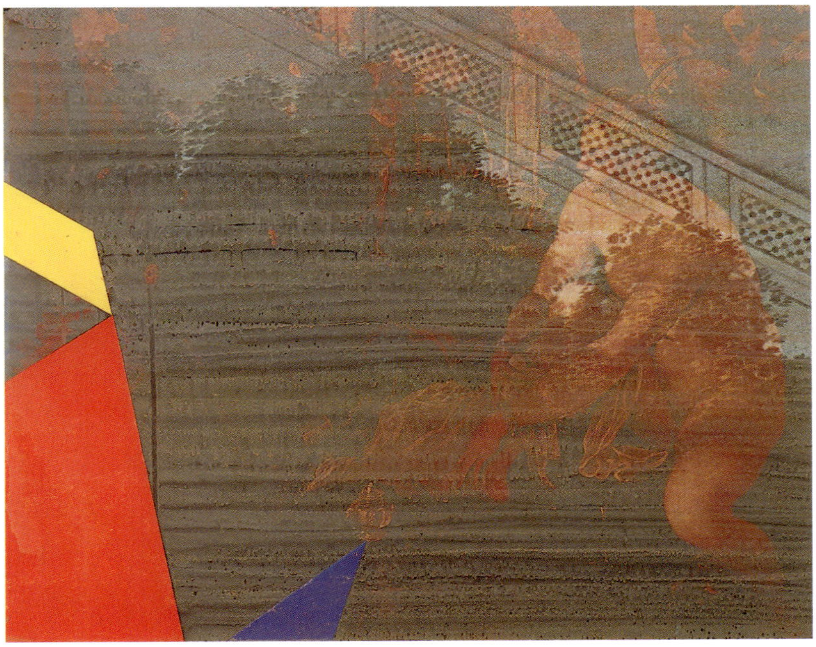

bat seine Glaubensbrüder zu Gebeten und verhaltenen Klagen, auf die ein Festmahl folgte nach allen Regeln der Kunst, das meist sehr fröhlich war, bei dem die mit Lilien und wilden Rosen geschmückte Tafel Berge von Beignets und gebratenen Lämmern trug, bei dem hinter einem Santalgitter verborgene Musiker spielten, manchmal sogar Sänger auftraten, und im Verlaufe dessen man Verlobungen und Geburten ankündigte, um die zu Beginn erwähnten Trauerfälle zu kompensieren.

Amos und Baruch versuchen es zunächst jeder für sich, doch immer häufiger treffen sie bei Joakim zusammen, den sie mit Geschenken überhäufen, ohne dabei Süßigkeiten, Parfums und Schmuck für seine Frau zu vergessen, die sich offenbar von diesen Aufmerksamkeiten geschmeichelt zeigt.

Nach einiger Zeit müssen sie einander zulächeln, als sie bemerken, daß sie beide auf der Jagd nach demselben Wild sind. Sie werden sich wohl eines Tages verständigen müssen. Beratung. Man wird sich die Beute teilen. Die Hauptsache ist, daß man in der vornehmen babylonischen Gesellschaft davon erfährt, daß man sich darüber amüsiert und sie beneidet, doch daß es, wenn irgend möglich, Joakim nicht zu Ohren kommt. Susanna dorthin mitnehmen? Warum nicht? Man muß sie nur hinreichend kompromittieren, damit sie, verpflichtet zur strengsten Geheimhaltung, nichts mehr abschlagen kann, unter der beständigen Drohung, andere Einzelheiten zu verbreiten, die sie todsicher zu einer schmachvollen Strafe verurteilen

S[7] 31. *Die Bühne der Susanna III*, 1987, Acryl auf Cibachrom, 50,3 x 66,5

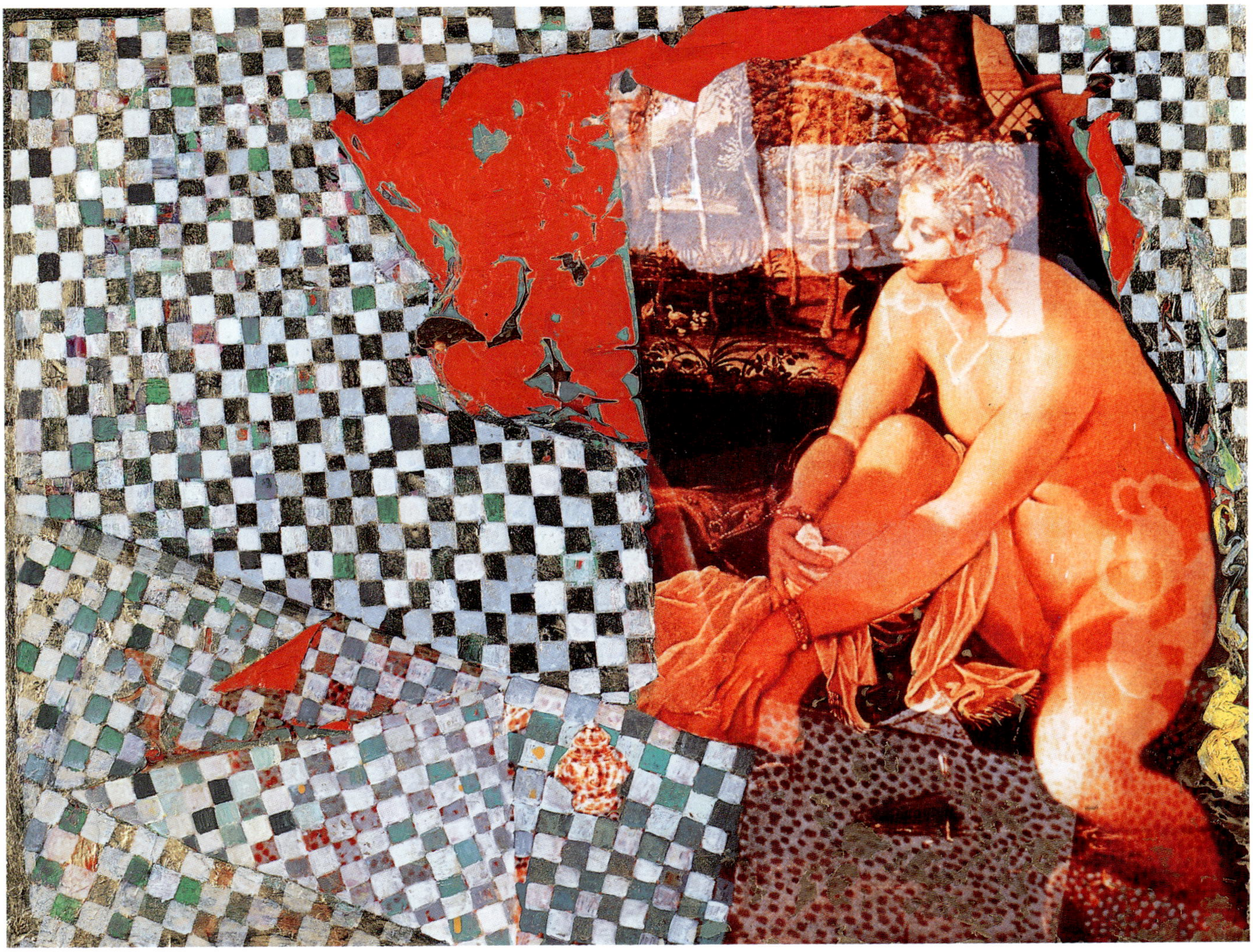

würden. Man verfügt doch immer über einen Zeugen, in den man Vertrauen haben kann, nicht wahr... Sie glucksen in ihrer Ecke. Die Frage nach dem Vorrang stellt sich nun. Das Alter kann hier nicht entscheidend sein, bei vielleicht ein paar Monaten Unterschied... Und den Reichtum vergleichen... Sie erkennen die Ebenbürtigkeit ihrer Verdienste und Chancen an. Soll man würfeln oder knobeln? Schlüpfrige Späße, erotische Phantasien an den warmen Abenden im Azurblau, in den Gerüchen von Weihrauch, Ragouts und Urin. Wenn man einander auch ähnelt wie Brüder, hat man doch glücklicherweise nicht ganz den gleichen Geschmack, was ermöglicht, sich eine Figur mit ihren Varianten sehr genau auszumalen.

Also wenigstens mit Daniel sprechen, dem jungen Studenten, er hat vielleicht eine Idee. Große geheime Mission bis zu der Terrasse, wo er sich gerade im Harfenspiel übt und ein Lied komponiert zur Preisung der Tugenden der jüdischen Frau. Azurblau.

Purpur. Joakim, der sich aus juristischen Spitzfindigkeiten lieber heraushielt, war sehr froh gewesen, zwei recht stattliche Junggesellen in den Fünfzigern zu finden, die sich der rechtlichen Fragen in der Gemeinschaft annahmen, Amos und Baruch, die für ein solches Amt umso geeigneter waren, als sie nicht nur alle Artikel des Gestezes auswendig kannten und das Wesentliche der Rechtssprechung des geteilten Volkes, sondern auch nicht zu den verstockten Traditionalisten gehörten, die gewiß verehrungswürdig waren,

S[13] 37. *Susanna in ihren geheimen Figuren I*, 1987, Acryl auf Gold und Cibachrom, 50,3 x 66,5

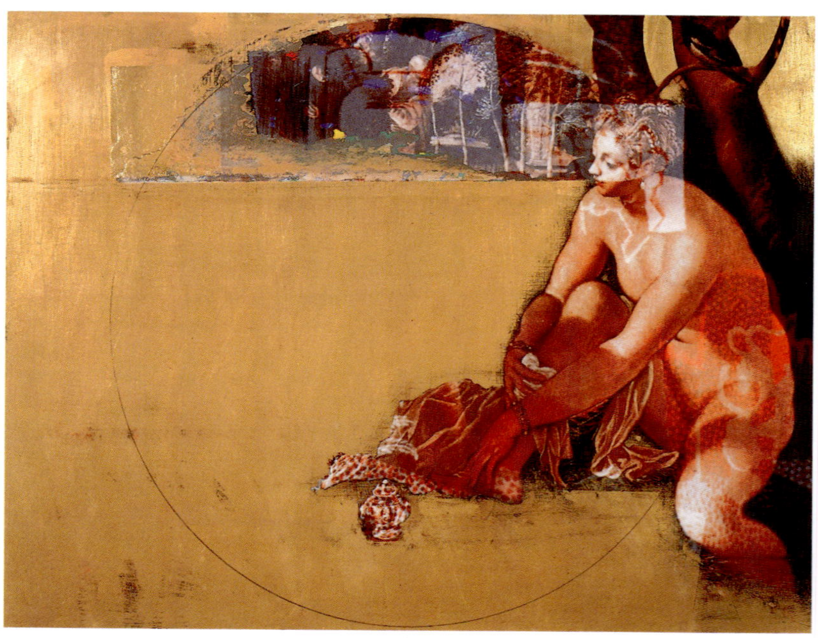

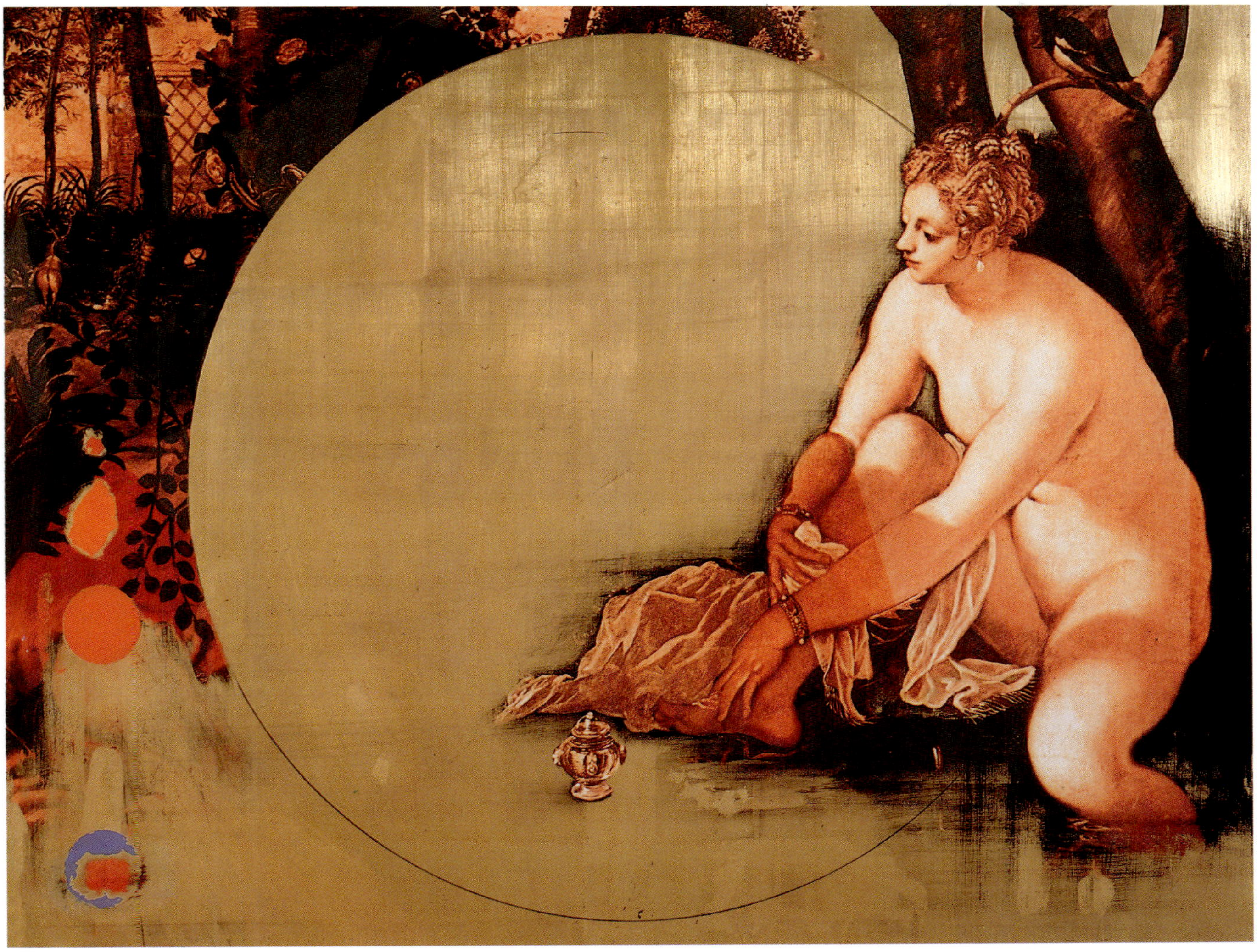

S[14] 38. *Susanna in ihren geheimen Figuren II*, 1987, Acryl auf Cibachrom, 50,3 x 66,5

mitunter aber doch auch sehr störend sein konnten und die Augen entsetzt vor allen fremden Gebräuchen verschlossen.

Dämmerung. Rufe der Wächter, die einander von einer Befestigungsmauer zur anderen antworten. Susanna steigt in Begleitung von zwei mit Wäsche beladenen Dienerinnen, zum Wasserbecken hinunter. Amos und Baruch sind im Gebüsch versteckt. Sie läßt sich entkleiden. Gras und Steinplatten bedecken sich mit Purpur und Perlen rings um den nackten Körper, dessen Teint die beiden sich im Schein der das Mondlicht färbenden Fackeln nie so glänzend leuchtend vorgestellt hätten. Sie zieht ihren Kamm aus dem Haar, und es fällt bis zu ihren Knien herab. Sie bewundert sich im Spiegel des ruhigen Wassers und befiehlt ihren Dienerinnen den Schmuck zu holen, den ihr die beiden Richter des Gemeindetribunals geschenkt haben und den sie noch nie angelegt hat.

Daniel wird die Beschuldigte durch ein Lächeln beruhigen, und nach den Anklagereden, bei denen sein Name zwar nicht genannt wird, doch aller Augen sich auf ihn richten, wird er sich mit dem Vorschlag begnügen, die beiden Ankläger getrennt zu verhören, wobei er jeden in Abwesenheit des anderen fragt, unter welcher Art Baum er denn den nach ihrer Aussage so stattlichen jungen Mann überrascht habe bei der Unwahrscheinlichkeit, die verehrte Herrin dieses Hauses umschlungen zu haben und, Gipfel der Unverfrorenheit, im allernatürlichsten Aufzug, das Gesicht, da es beide nicht erkannt hätten, vermutlich unter einer Haarflut versteckt, die gewöhnlich allen fremden Blicken entzogen wird, doch deren ganze Pracht sie nun allen beschreiben könnten. Purpur.

Schwarz. Susanna mit den schönen Augen, die einzige legitime Gattin Joakims, präsidierte bei seinen Empfängen, und es kam vor, daß sie sich schamhaft hinter einen Schleier zurückzog, um zum Entzücken der Gäste selbst zu singen. In demselben Saal tagte das Gericht der Gemeinschaft des jüdischen Viertels und verhandelte häufig über sehr heikle Angelegenheiten.

Was den Ort der Verführung betrifft, so fahren Amos und Baruch fort, das liegt auf der Hand: der Privatgarten mit seinem Wasserbecken und den Pavillons, man braucht nur seine Winkel nach und nach zu erforschen unter dem Vorwand Botanik zu betreiben (oder notfalls auch Zoologie; wir können hier und da ein paar Volieren unterbringen oder sogar eine kleine Menagerie, wenn sie auch nicht mit denen in den königlichen Residenzen vergleichbar ist), sich so oft dort aufzuhalten, daß das Personal die Anwesenden nicht mehr bemerkt, sie übersehen werden, sogar von Susanna, vor allem von Susanna, braucht nur eine der häufigen Reisen Joakims zu den Häfen am Golf abzuwarten. Schon ist Sommersonnenwende: Jasmin, wilde Rosen, schwarze Iris. Die Schatten der Wachttürme verlängern sich über den Buckeln der baufälligen Häuser, die von Karawansereien und Palästen überrragt werden.

Die Geschichte wundert Daniel nicht allzu sehr, denn er hat gesehen,

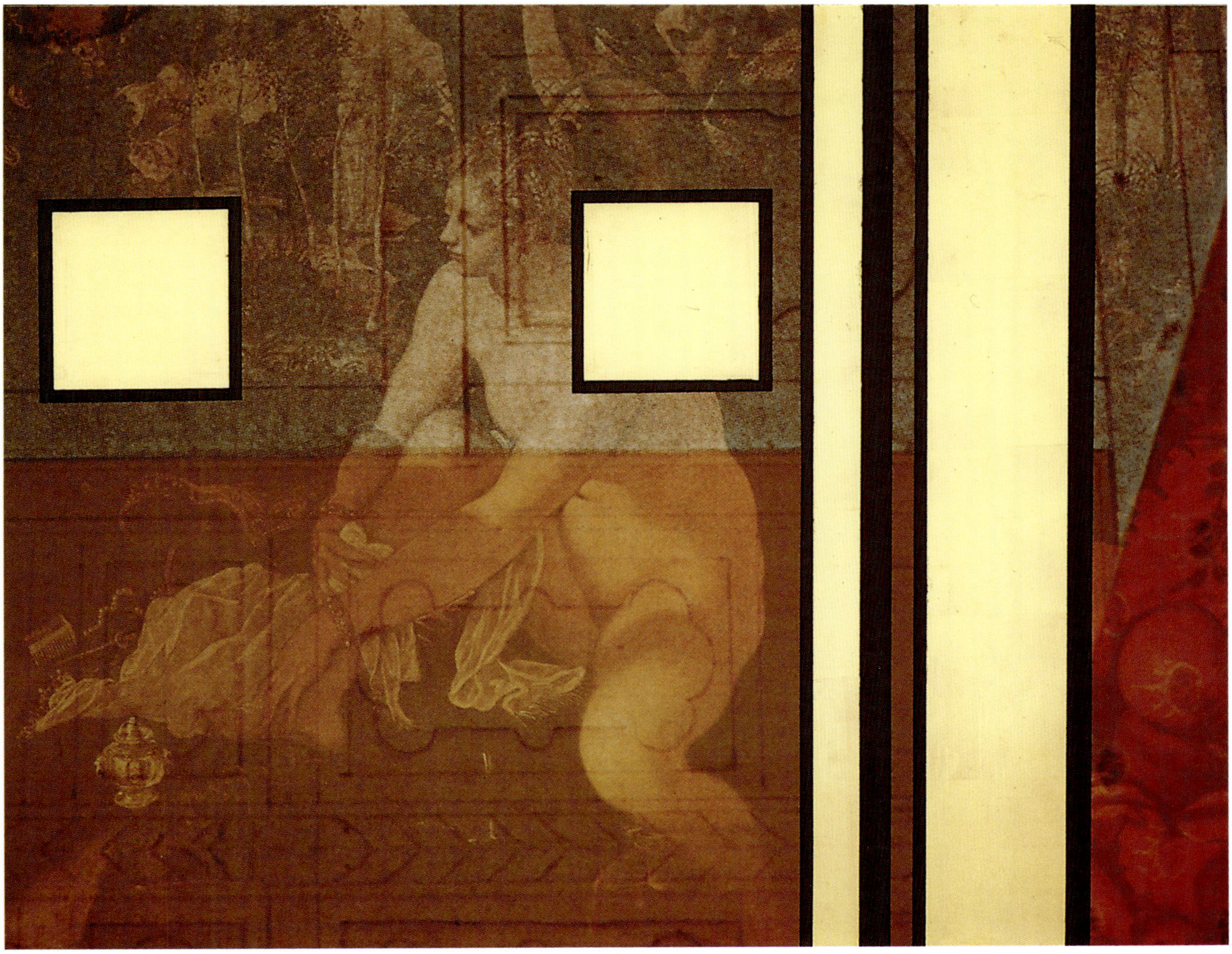

S[20] 44. *Susanna mit einem Alten ohne Sicht*, 1987, Gold auf Cibachrom, 50,3 x 66,5

wie Amos und Baruch, die er seit jeher verabscheute, gleich zwei Raubvögeln immer engere Kreise um Susanna zogen. Er wird es an beruhigenden Worten nicht fehlen lassen in seiner Gewißheit, die beiden zu überführen. Doch am Tag des Prozesses, sehr bald nach der Rückkehr des fassungslosen Hausherrn, sieht die Sache ziemlich schlecht aus. Schwarz.

Gold. Amos und Baruch waren sehr erfahren in der Anwendung der königlichen Gesetze, sie schrieben schnell und elegant die Keilschrift und verdienten als Anwälte für Geschäftsangelegenheiten gar nicht schlecht, was ihnen erlaubte, in der besten Gesellschaft der Bürger, Militärs, Regierungsbeamten und sogar Priester zu verkehren, doch blieben sie in ihrer Kleidung bescheiden, nach der Meinung mancher sogar ärmlich, und bewohnten weiter ihre benachbarten, so dunklen, engen und verriegelten Häuser, daß böse Zungen spotteten, wie es ihnen wohl gelänge, ihre Betten noch zwischen den Kästen und Truhen unterzubringen.

Hätte es ihnen für diesmal nicht genügt, nur ihre Augen zu weiden? Schon haben sie tausend Auskünfte für eine subtile und lange Erpressung. Doch das Blut ist heißer als alle List, sie überstürzen ihre Pläne, jeder packt sie an einer Schulter, der eine verschließt ihr den Mund mit der Hand, dann mit den Lippen, indes der andere ihre Beine spreizt und ihr den infamen Handel vorschlägt. Dank ihrer feuchten Haut gelingt es ihr sich zu befreien, sie gleitet in das goldschimmernde Wasser, ruft um Hilfe, entflieht ins Haus und schließt sich dort ein. Leider haben die beiden lauter geschrieen als sie. Alle Bewohner sind in Aufregung. Die Lüstlinge verlassen den Ort mit allen Anzeichen verzweifelter Empörung, beschwören die Dienerschaft, nichts von der schändlichen Geschichte zu erzählen, über deren Einzelheiten sie kein Wort verlauten lassen wollen, ehe sie nicht in aller Schonung und gebotenen Rücksichtnahme mit dem Hausherrn nach seiner Rückkehr gesprochen haben.

Doch da der eine antwortet Mastixstrauch und der andere Eiche, erstrahlt Susannas berauschende Keuschheit wie eine aufgehende Sonne über der Menge in dem Gerichtssaal. Joakim selbst wird die beiden Verleumder der strengen Gerichtsbarkeit des Königreichs übergeben, da die jüdische Kolonie selbst nur geringfügige Strafen, sagen wir bis zu hundert Peitschenhieben, verhängen darf, zusammen mit einem Bericht in angemessener Form über die Geschichte, den der freudestrahlende Daniel verfaßt, dem alle Damen des reichen Ghettos zujubeln. Gold.

Michel Butor
24. Oktober 1988
Aus dem Französischen
von Helmut Scheffel

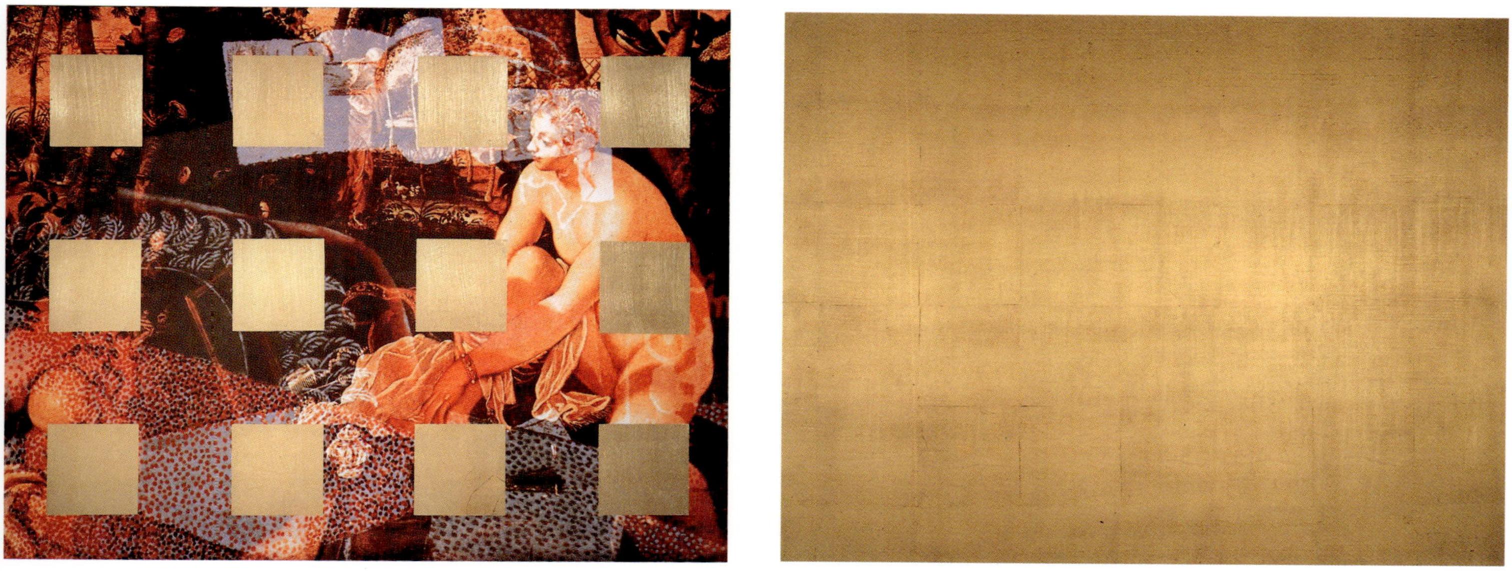

S[15] 39. *Disparate Susanna*, 1987, Gold auf Cibachrom, Dyptichon, 2 x (50,3 x 66,5) 50,3 x 133

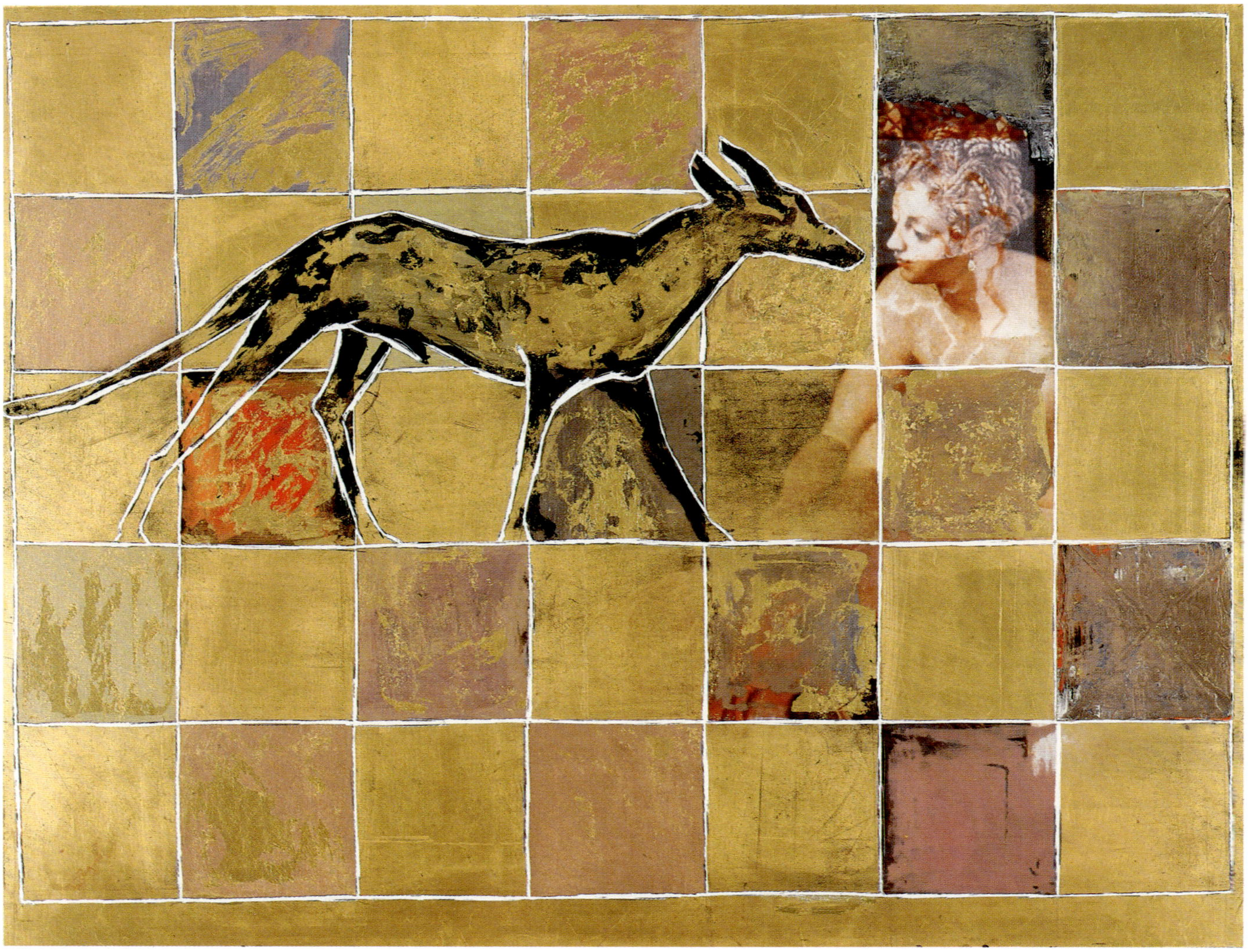

S[16] 40. *Holt mir nun Öl und Balsam und verschließt das Tor des Gartens, daß ich mich baden kann*, 1987, Gold und Acryl auf Cibachrom, 50,3 x 66,5

Marc Le Bot

Öl und Balsam

«Holt mir nun Öl und Balsam und verschließt das Tor des Gartens, daß ich mich baden kann.»

Vom *Buch Daniel*, von der Geschichte Susannas, der Frau des Jojakim, die beim Baden nackt von zwei Alten überrascht wurde, hat Jean-Claude Prêtre vieles in Erinnerung bewahrt. Er hat die umfangreiche Ikonographie zu dieser Szene vom höchsten Mittelalter bis heute erforscht. Er hat auch die Worte der biblischen Erzählung behalten, aus denen er die Titel einiger seiner Gemälde macht: etwa jenen Satz, in dem Susanna von Öl und Balsam, vom Garten und dem verschlossenen Tor spricht, nach dem eines der von Jean-Claude Prêtre 1987 gemalten Werke heißt.

Beruht aber die Tatsache, daß der Maler sich heute auf so viele Werke beziehen kann, die auf Leinwand oder Pergament gemalt wurden, um die Geschichte Susannas zu erzählen, nicht darauf, daß diese Geschichte einer Nackten, die nicht weiß, daß sie gesehen wird, diese Geschichte von Augen und Wassern etwas berührt, was für die Malkunst überaus wesentlich ist?

Jean-Claude Prêtre hat seit etwa fünf Jahren eine umfangreiche Folge von Bildern gemalt, die eine lange Meditation über diese biblische Geschichte darstellen. Und er hat auch eine gewaltige Ikonographie zu diesem Bildthema zusammengetragen. Aber aus dieser Masse von Bildern von Künstlern vergangener Zeiten hat Jean-Claude Prêtre für seinen Gebrauch nur eine visuelle Referenz beibehalten: das Gemälde *Susanna und die beiden Alten*, 1557 von Jacopo Robusti, genannt Tintoretto, gemalt, das heute im Kunsthistorischen Museum in Wien hängt.

Warum? Vielleicht weil die Komposition dieses Werks etwas Exemplarisches hat. Deutlicher als viele andere seit der fernsten Vergangenheit bis heute hebt es hervor, daß Susanna jene nicht sieht, die sie sehen. Damit wäre das Bild eine Art Allegorie der Malerei. Denn in Hinblick auf das Reale, das er auf seiner Leinwand darstellt, ist jeder Maler ein Voyeur – und auch jeder Betrachter.

Noch etwas anderes macht diese Geschichte zu einer Allegorie. Der Voyeur sieht: aber er will sehen, ohne gesehen zu werden. Er appelliert nicht an den Exhibitionismus des andern. Er verweigert sich einer Wechselseitigkeit der Blicke. Die Augen des Voyeurismus tun der gesehenen Sache Gewalt an. Ein Blick ohne Wechselseitigkeit will nehmen und nichts geben. Es mißlingt diesen besitzergreifenden Blicken aber, ihre Beute zu fassen. Wenn das Begehren über die Augen geht, kann es das Objekt seiner Begierde nur auf Distanz halten. Das Scheitern oder die Ohnmacht ihrer Augen wird die Alten zu körperlicher Gewalt greifen lassen. Sie werden Susanna des Ehebruchs bezichtigen. Ihr sexueller Wunsch wird ein Todeswunsch, der die Ohnmacht der Augen übernimmt und sein Opfer ebenfalls auf Distanz halten wird: hätte Daniel nicht Susannas Unschuld bewiesen, wäre sie gesteinigt worden.

Das Sehen hat nicht den Wunsch, sein Objekt zu zerstören, weil die Augen ihr Objekt immer nur auf Distanz halten können. Aber in jeder Malerei ist der gleiche Wunsch zu sehen wie in der Geschichte Susannas, die gleiche Gewalt.

Was wäre eine Malerei, die so täte, als wisse sie nicht, was an Begehren im Sehen ist?

Tintorettos Bild, das Jean-Claude Prêtre immer wieder aufnimmt, um dessen geistige Mäander zu reflektieren, ist eine in ihrer Gewalt extreme Inszenierung des abgrundtiefen Abstands, der das Gesehene vom Sehen trennt. Die Distanz zwischen ihnen ist hier gewaltig: keine ferne, außer Sichtweite liegende Distanz; sondern eine maßlose Distanz, weil sie unüberwindlich ist.

Diese Distanz wird fünfmal deutlich gemacht: von drei Blicken und zwei Spiegeln. Der eine Alte beobachtet die nackte Susanna von einem Punkt, der ungedeckt, aber

S[21] 45. *Das Unergründliche*, daher die Ufer des Bildes, 1987, Acryl auf Cibachrom, Diptychon, 2 x (50,3 x 66,5) 50,3 x 133

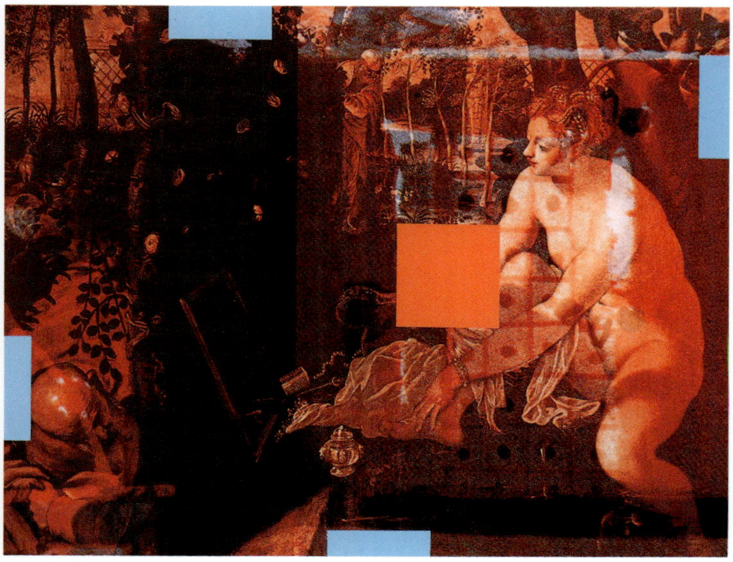

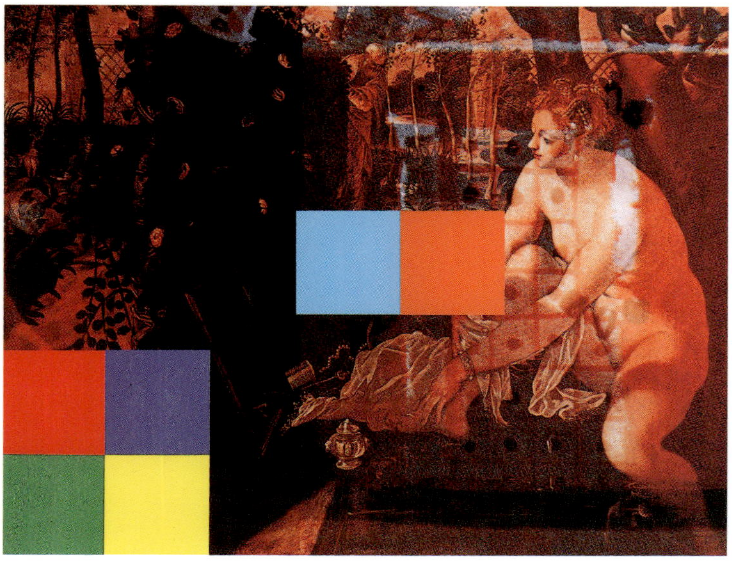

weit, sehr weit weg ist, im fernsten Winkel der Szenerie, so weit, daß Susanna, mit ihrer Toilette beschäftigt, ihn nicht sehen könnte. Der andere Alte, ganz in ihrer Nähe, versteckt sich hinter einem Gebüsch. Und auch Susanna schaut mit anhaltender Aufmerksamkeit: sie schaut sich selbst in dem rechteckigen Spiegel an, den sie auf den Rand des Beckens voll klarem Wasser gestellt hat. Sie sieht sich darin sich darin sehend, die Augen auf sich selbst gerichtet. Und wir – der Maler und Sie und ich – sehen diese drei Blicke, von denen jedoch keiner den Blick der anderen sieht. Die einzigen Augen, die andere Augen sehen, sind die Susannas, da sie sich ja selbst im Spiegel ansieht.

Aber wir – der Maler, der Betrachter – sehen diesen Akt noch auf andere Weise, an einer Stelle, wo keiner der Protagonisten der Szene ihn sehen kann: die Alten nicht und nicht einmal Susanna. Wir sehen ihn als ungewisse Spiegelung auf dem Wasserspiegel des Beckens. Seltsames Privileg des Voyeurs, dem daran liegt, daß er keine eigene Existenz in Hinblick auf das Gemälde hat: im Kunsthistorischen Museum von Wien nehmen wir provisorisch einen Nicht-Ort ein, einen Ort außerhalb der bemalten Leinwand, an den sich bald nach uns andere Betrachter stellen werden.

Ich stelle mir Jean-Claude Prêtres Augen vor, vom Strudel dieser vielfachen Spiegelungen und Blicke erfaßt, die ihn in Tintorettos Gemälde faszinieren. So sehr, daß er bei jedem seiner eigenen Gemälde nachgerade jede Gesamtschau der Szene einbüßt. Von den Elementen der biblischen Legende zeigen seine Bilder nur Fragmente. «Der Maler des modernen Lebens», hätte Charles Baudelaire sagen können, nimmt nämlich sehr schnell die Einzelheit, das Flüchtige, das Ephemere wahr. Sein Auge geht sprunghaft vor, es hüpft voll gespannter Aufmerksamkeit für die Vielfalt der Parzellen von einem Ding zum andern. Während der «klassische» Maler seine Sicht immer wieder zentriert, streut sie der Maler des modernen Lebens.

So übernimmt es jeder Maler zu seiner Zeit, entsprechend den geistigen Strukturen seiner Epoche zu denken.

Die drei Augenpaare und die zwei Spiegel zeichnen für das Sehen diagonale Achsen in Tintorettos Gemälde ein. Diese Achsen kreuzen sich. Folgt man ihnen – die eine die andere kreuzend, die andere die eine kreuzend –, so webt die Bewegung der Augen ein festes Geflecht. Gibt der heutige Maler, wie das derzeitige künstlerische Denken es will, die Hoffnung auf, ein stabiles Zentrum im Sichtbaren zu ermitteln, so ist er in den Fäden seiner Leinwandgewebe gefangen wie in einem halbzerstörten Labyrinth, in Jean-Claude Prêtres Leinwänden sind etliche Fäden gerissen. Das Gewebe weist Risse und Scharten auf. Es sind Lücken, gelöschte, abgeschabte Stellen darin. Der moderne Maler weiß, daß es an jeder Kehre des Labyrinths Lücken und Löcher gibt. Die Irrgärten der Kunst haben heutzutage keinen Mittelpunkt und bestehen aus Sackgassen. Die Malerei ist in sich selbst

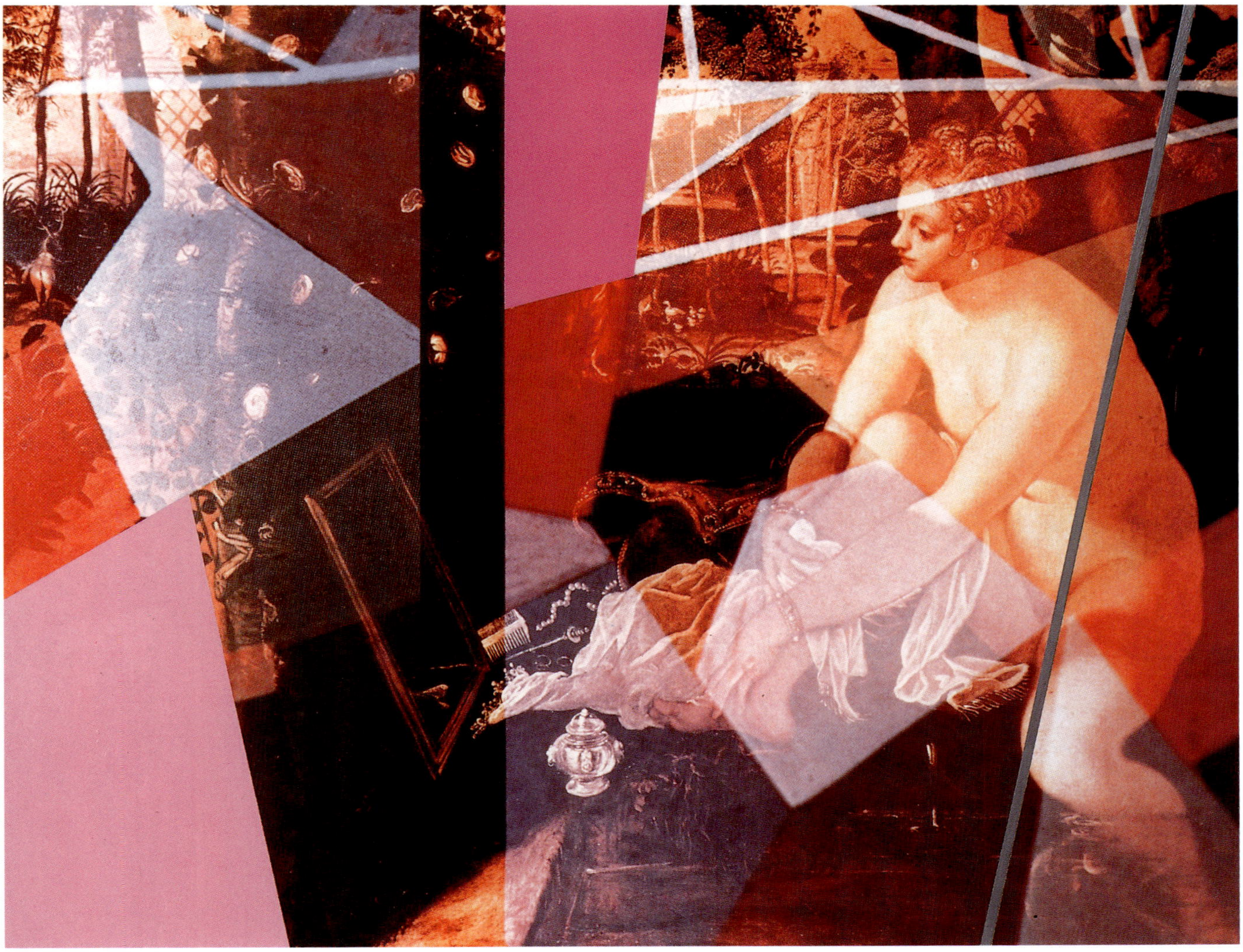

S[6] 30. *Erste Verfremdungen VI*, 1987, Acryl auf Cibachrom, 50,3 x 66,5

gekehrt, reflektiert sich selbst und stellt jene richtigen Fragen, die keine Anwort verlangen. So kommt es, daß der Blick sich oft trübt oder versagt und daß das Phantasma des Minotaurus-Ungeheuers in Gestalt eines nackten Körpers auftaucht.

Wenn Jean-Claude Prêtres Malerei die Bilder der von den Alten belauschten Susanna vervielfacht, wenn er die Aspekte variiert, die man auf Tintorettos Werk wahrnimmt, so will er damit die Form und die Fragestellungen der Malerei aufzeigen, wie sie heute gedacht werden können.

Jean-Claude Prêtre verdeutlicht die labyrinthische Form, die jedes Bild in der Malerei ist. Diese Form ist schon in Tintorettos Gemälde raffiniert, mit diesen drei Blicken, die sich untereinander nicht sehen, mit diesen beiden Spiegeln, die in sich doppelt sind, da jeder das Objekt ist, das er ist, und das Objekt, das er spiegelt. Somit gäbe es sieben «Blickwinkel» oder sieben «Wahrnehmungsorte» in diesem Bild. Jean-Claude Prêtre verstreut diese Orte und bietet noch viele andere Blickwinkel, die man einnehmen kann.

Da jedes Werk der Malerei ein Schema ist, in dem der Raum geordnet wird, schreibt Tintoretto die imaginäre Ausdehnung seines Gemäldes in das Große Dreieck ein, das die drei Augenpaare verbindet. Aber durch die doppelte «Zwei» der Spiegel, diese zwei planen Oberflächen, auf denen Reflexe tanzen, wird der Blick trotz der Triangulierung des Raums getrübt und unstet. Jean-Claude Prêtre verwirft die stabile Triangulierung; mehr als alles andere spielt seine Malerei mit der Unstetigkeit

S[73] 97. *Susanna und die Erwecker*, 1988, Serigraphie, 150 Exemplare, 76 x 56

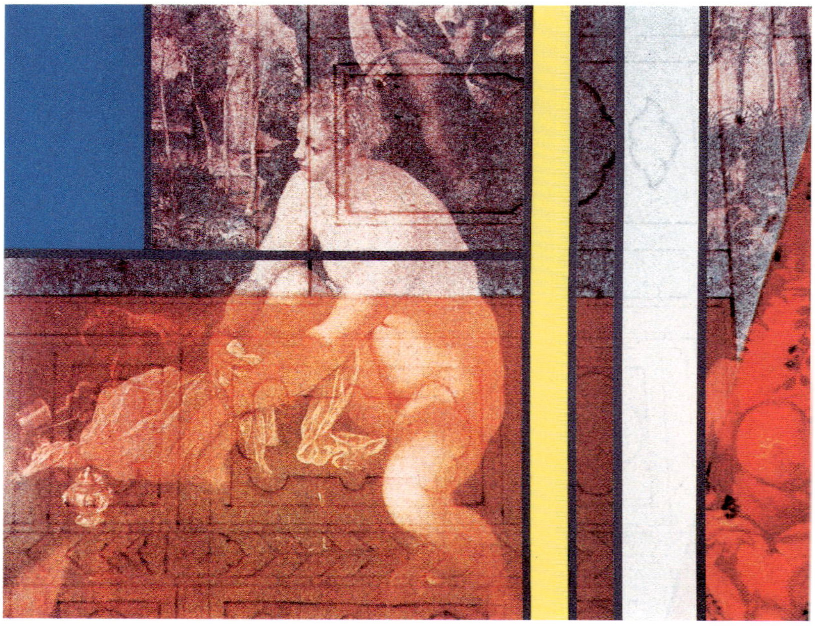

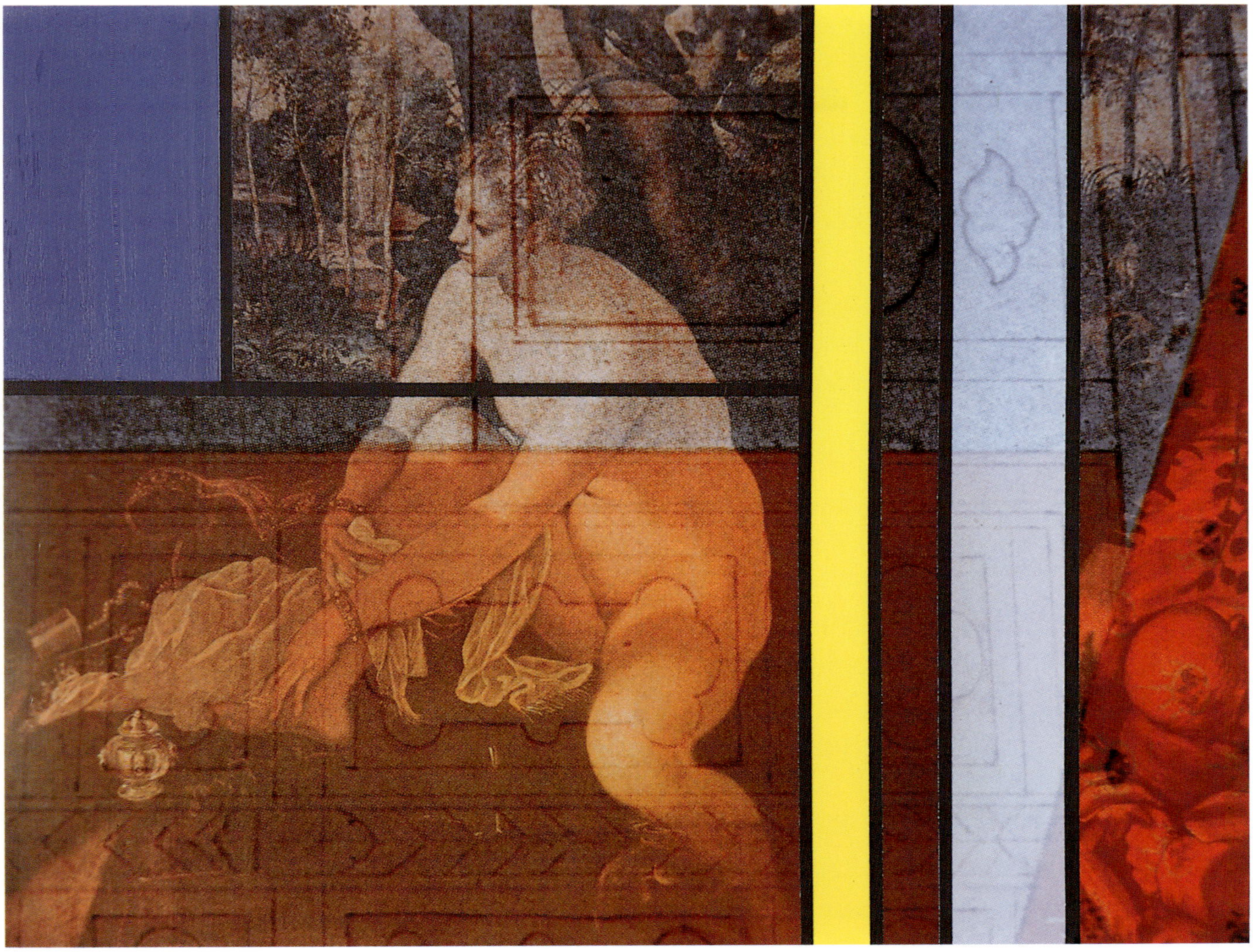

S[22] 46. *Susanna und die Erwecker*, 1988, Acryl auf Cibachrom, 50,3 x 66,5

der Blicke. Sie soll den Blick trüben. In der Reihe von Gemälden, die er zur Susanna-Legende malt, läßt jedes einzelne Bild das Sichtbare in Splitter aufgehen. Sie werden über große Flächen verstreut, auf denen das übrige Sichtbare vernichtet ist.

Glaubt man dieser Malerei, so ist das Sichtbare nicht eins. Es ist weder vereint noch vereinbar. Immer entweicht es an irgendeiner Seite. Das Auge kann es nicht vollständig erfassen. Hier gibt es keinen Brennpunkt. Keinen alleinigen Fluchtpunkt für die Perspektive. Wie könnte der moderne Maler hoffen, alles mit fester Hand im feinen Netz einer fehlerlosen Geometrie zusammenzuhalten? Wie sollte die Malkunst heutzutage die Illusion vermitteln, daß man von dieser einen Welt mit dem Blick in einem Stück Besitz ergreifen kann, wie die Alten der Legende Susanna nackt besitzen möchten?

Im Mittelpunkt des gleichschenkligen Dreiecks, das den imaginären Raum in Tintorettos Werk wie mit Baken markiert, befindet sich der gerahmte plane Spiegel. Dieser Spiegel ist ein wesentliches Element im ikonographischen Repertoire der zahlreichen Gemälde, die «Frauen bei der Toilette» darstellen. In solchen Gemälden geht es aber nicht um die Sauberkeit der Körper. Dieses ikonographische Thema ist nicht in erster Linie ein Zeugnis über die Bräuche der Körperpflege. Es geht um etwas ganz anderes: um ein Nacktsein, das sich selbst beobachtet. Susanna sieht sich im Spiegel und sieht, wie sie sich darin sieht. Ihr Blick fällt auf sie selbst zurück. Sie ergötzt sich an ihrer Schönheit, ohne daß irgendein Drit-

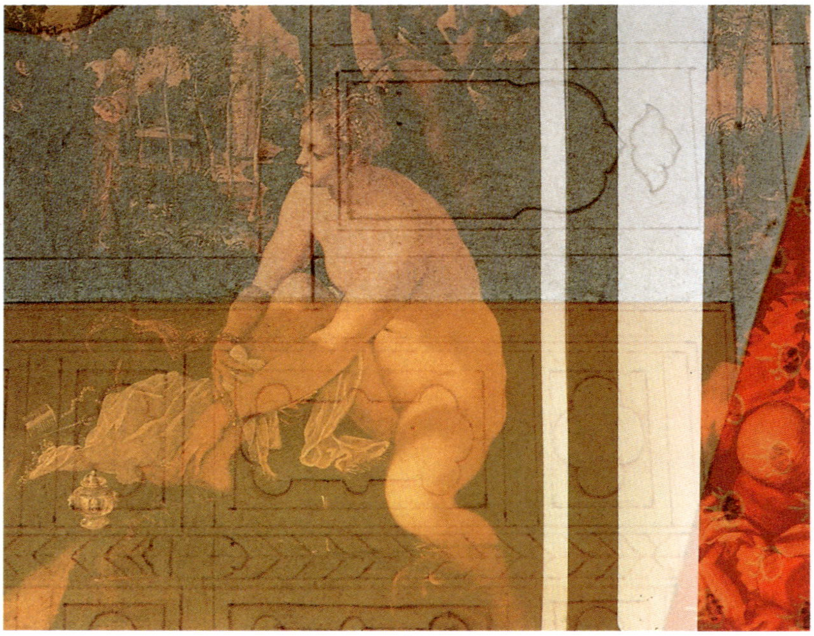

S[19] 43. *Susanna mit einem Alten im Rücken*, 1987, Cibachrom, 28 x 32

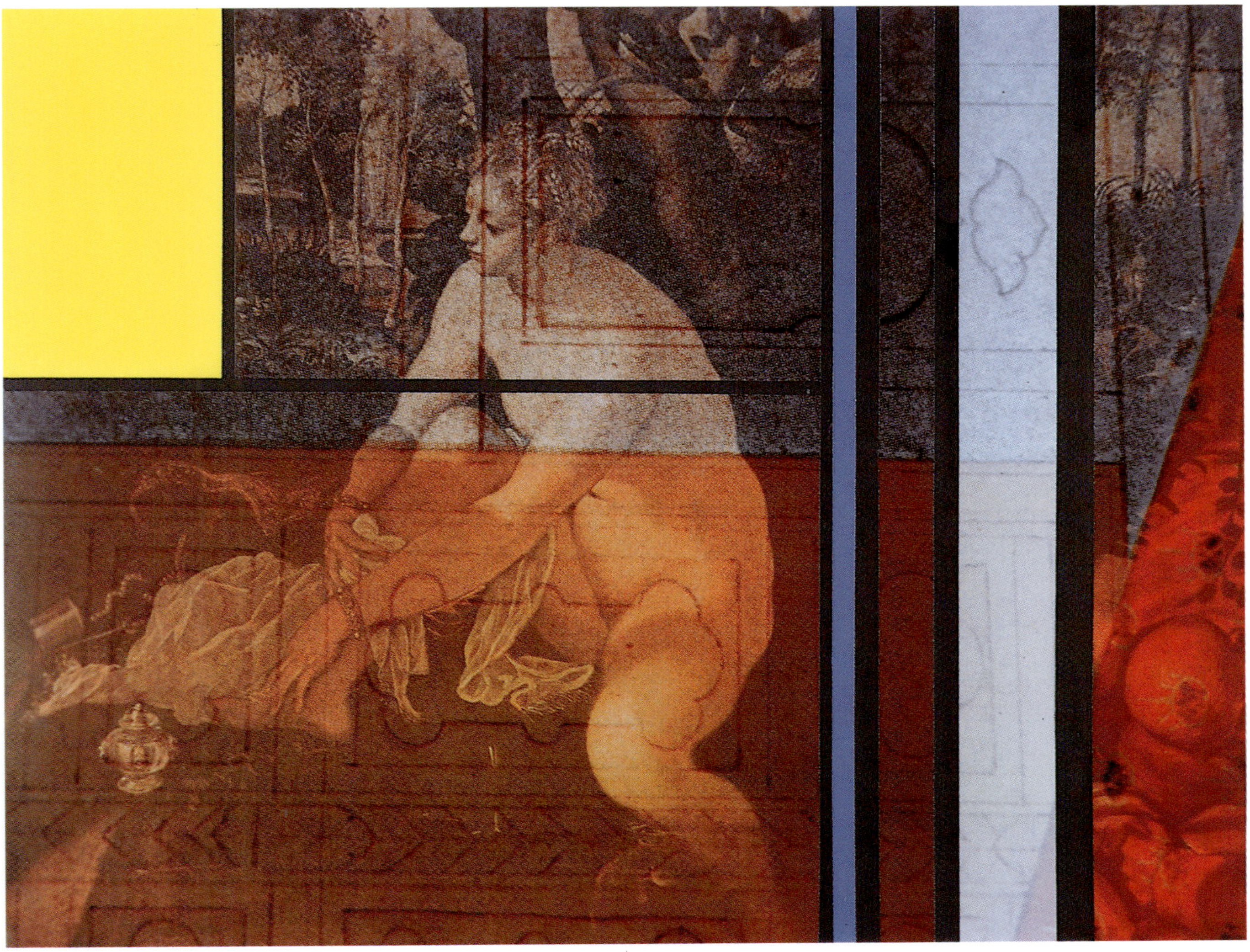

S[17] 41. *Die Zähmungsgewalt der Großen*, 1987, Acryl auf Cibachrom, 50,3 x 66,5

ter dabei wäre und darüber urteilt. Diese Situation der «Frauen bei der Toilette» steht im genauen Gegensatz zum Thema «Das Urteil des Paris».

Wie sollte eine solche Haltung den Voyeur, der jeder Maler und jeder Betrachter von Malerei ist, nicht faszinieren? Welche stärkere Verlokkung gibt es, als die eines Körpers, der sich selbst genügt, der einen, symbolisch, weit von sich stößt? Daher verwundert es nicht, daß Jean-Claude Prêtre heute diesen Effekt reflektiert, der jedem malerischen Vorgehen innewohnt: kein Bild braucht einen Betrachter. Seit mehr als einem Jahrhundert nämlich hat die Malerei sozial nur noch eine marginale Funktion. Selbst der biblische Mythos, den Tintoretto übermittelte, hat seine pädagogisch-moralischen Wirkungen verloren. So bleibt für den modernen Maler vor allem folgende wesentliche Aufgabe übrig: die Schönheit in der formalen Existenz des Werkes selbst, in den Denkbewegungen, die es uns abverlangt, zu begründen. Daher findet sich Jean-Claude Prêtres Malerei auf einmal in der gleichen Position wie die Susanna des Tintoretto: sie beobachtet sich, befragt sich, bewundert sich selbst. Sie ist die Erprobung ihrer eigenen Schönheit.

Jean-Claude Prêtre ist nicht der einzige, dessen Werk diese Gedanken für uns heraufbeschwört. Unsere moderne Kunst ist unablässig dabei, sich in ihrem eigenen Spiegel anzusehen. Dieser Blick ist wie der aus den Augen Susannas ein Blick der Erkenntnis. Aus den Blicken der

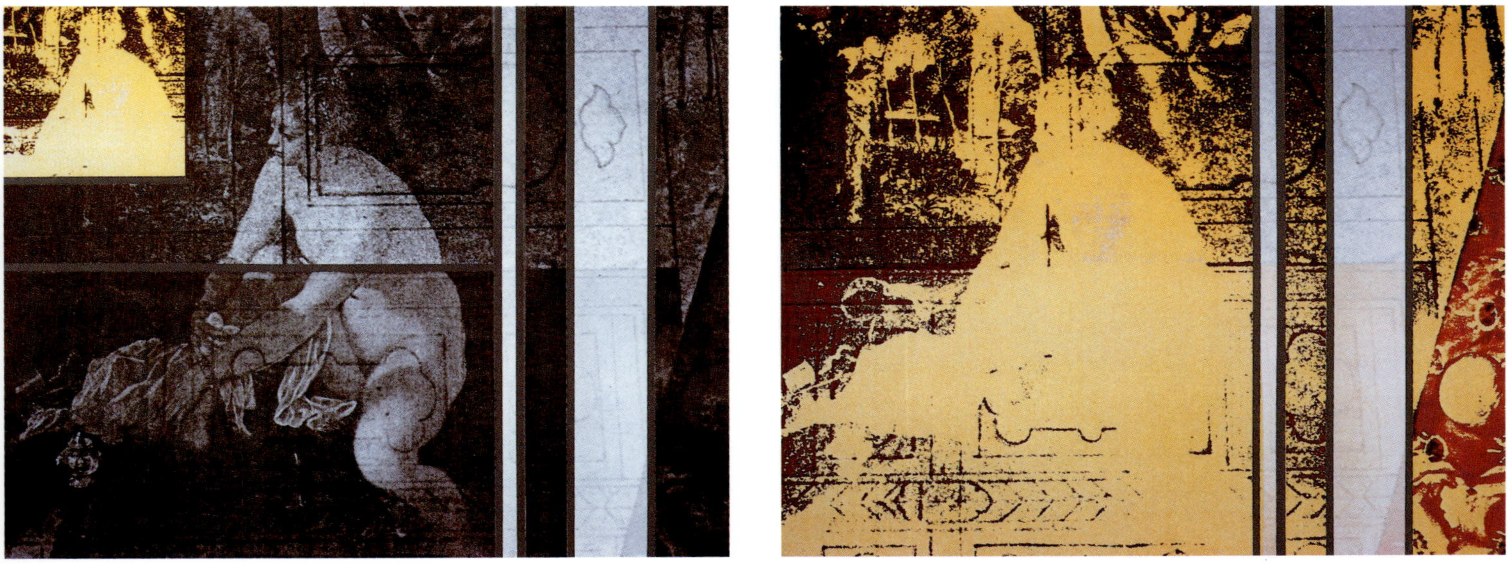

S[25] 49. *Susanna vom Gold schimmernd wie Danae und Ariadne dunkler als die Nacht*, 1988, Acryl auf Cibachrom, Diptychon, 2 x (50,3 x 66,5) 50,3 x 133

Alten in der biblischen Legende geht keine solche Wißbegierde hervor. Ihre Begierde ist nacktes Begehren, das sich die Nacktheit des begehrten Körpers aneignen will. Sie wollen diesen nackten Körper besitzen. Dieses Begehren ist unvereinbar mit dem der Kunst. Sie erkennen die andere nicht in ihrer Alterität an; sie verleugnen diese; sie wollen sie sich nur zu eigen machen. Aus einem Körper und seiner Nacktheit wollen sie ihr Ding machen. Die Kunst dagegen setzt durch die symbolische Präsenz des Spiegels den anderen deutlich als anderen, hervorgehoben in dem Abstand, der uns mit ihm vereint, weil er uns von ihm trennt; auf diese Weise hebt sie den Glanz seiner Schönheit. Susanna selbst wird, wenn sie sich ansieht, für sich eine andere. Die Kunst ist das Denken jedes anderen als anderer: bis hin zu der Aussage, die Arthur Rimbaud - auch er - macht, daß in der künstlerischen Erfahrung «Ich ein anderer ist».

Die Anerkennung ihrer Alterität ist jene Art von Begehren und Liebe für die Dinge, mit der das Denken der Kunst unser Denken bereichert.

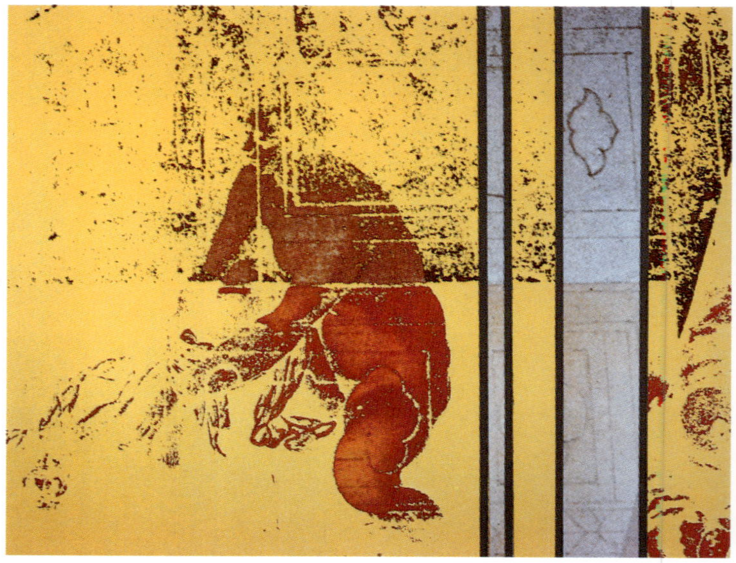

In vielen seiner Gemälde legt Jean-Claude Prêtre einen besonderen Akzent auf Susannas Spiegel: durch das Betonen der Linie; durch die Farbe. Auf diese Weise hebt er seine zentrale Stellung hervor. Er gibt ihm, damit einer alten Tradition folgend, einen symbolischen Wert. Schon Leonardo da Vinci sagte, «daß der Spiegel der Meister der Maler ist». Ob der plane Spiegel der *Susanna* von Tintoretto, oder der sphärische

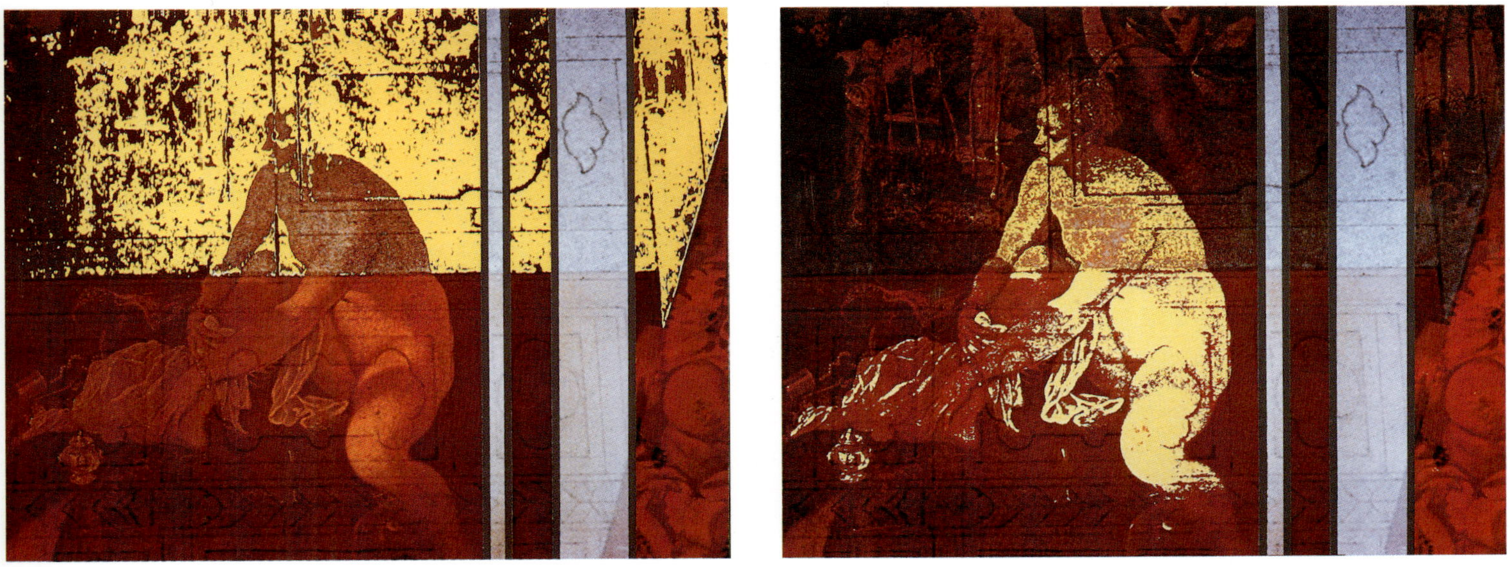

S[26] 50. *Susanna benutzt nach der Gewohnheit Öle, die die Kraft der Sonne mildern*, 1988, Acryl auf Cibachrom, Triptychon, 3 x (50,3 x 66,5) 50,3 x 199,5

Spiegel Jan Van Eycks in seinem Bildnis der Arnolfinis – die Idee, daß die Malerei eine Spiegelung der Alltagsrealitäten ist, geistert durch das abendländische Denken.

Heute aber? Im Mittelpunkt von Jean-Claude Prêtres Bildern sind zwei Spiegel, die Wasserfläche mitgezählt, in der sich fast nichts spiegelt. Die Spiegel sind im Zentrum des Sichtbaren, sie zentrieren das Sichtbare auf sich: aber in diesem Zentrum ist nichts Reales, nichts als ein Phantasma oder eine Spiegelung. Die zwei Spiegel aus Glas und aus Wasser sind hier Symbole für das geworden, was die Bilder wirklich sind: Hohlformen für Phantasmen; jungfräuliche Leinwände oder Spiegel ohne Belag, auf denen Bilder Gestalt annehmen, die Tintoretto der alten biblischen Tradition entnimmt, von denen der moderne Maler aber nur eine Erinnerung bewahrt, deren Sinn fast verlorengegangen ist und von denen in Jean-Claude Prêtres Werk nur die erotische Beschwörungskraft fortbesteht.

Wenn man Jean-Claude Prêtre und der Art und Weise glaubt, in der er aus seinen Gemälden tausend Spiegel macht, die bisweilen so deformierend sind, daß sie Anamorphosen hervorbringen, und von denen keiner dasselbe zeigt, obwohl sie dieselbe Geschichte erzählen, wenn man dem glaubt, dann ist jeder Maler ein Spiegelhersteller. Seine Werke spiegeln schillernd Möglichkeiten. Doch sie könnten uns heute, in dieser Welt unserer Modernität, keine Gewißheit einer stabilen Ordnung des Sichtbaren schenken, einer Welt, in der schon Charles Baudelaire feststellte, daß die Veränderungen immer schneller stattfinden und daß der Maler diese Vielfalt in sein Denken einbeziehen muß.

Ich werde an das Häuschen erinnert, das Leonardo da Vinci zur Belustigung des Mailänder Hofes bauen wollte. In seinen Aufzeichnungen hat er eine Skizze davon gemacht und seine Funktionsweise in einer Anmerkung erklärt. Acht

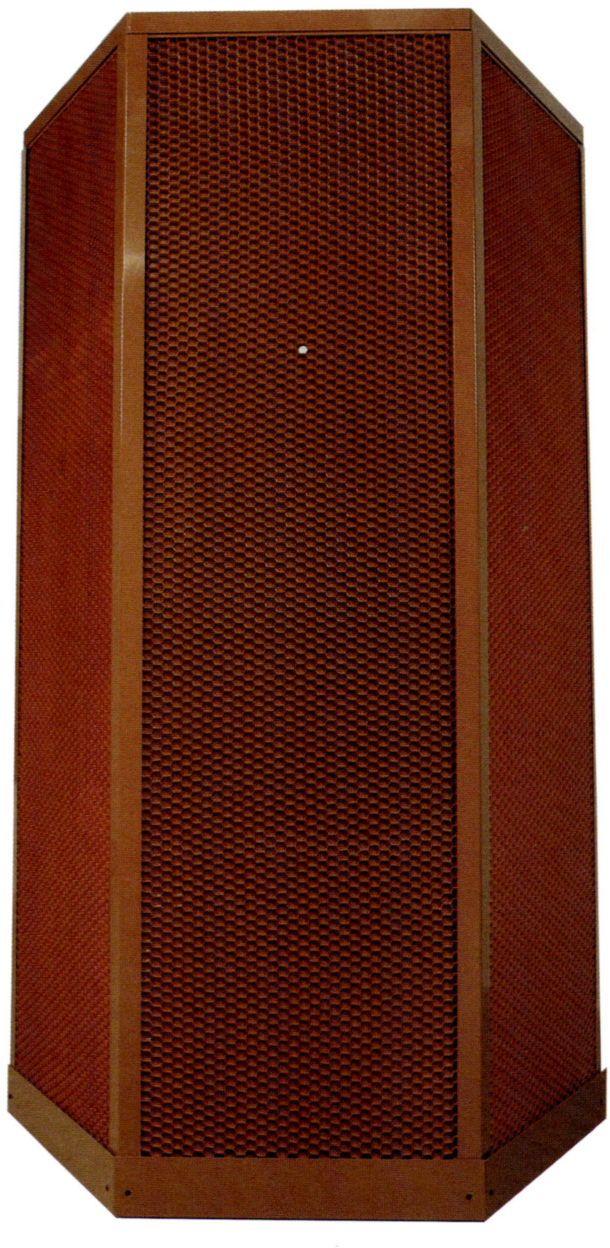

hohe Spiegelwände bilden einen achteckigen Raum. Ein Mensch, der sich in dessen Mitte stellt, erläutert Leonardo, würde unendlich viele Spiegelungen von sich selbst sehen und sein Bild würde tausendfach gestreut, so daß er als in der Mitte stehende Person in diesem Gewimmel von Bildern gleichsam verschwände, unauffindbar würde.

Jean-Claude Prêtre hat zweifellos nicht gewollt, daß das kanonische Bild der *Susanna* von Tintoretto in seinen eigenen Gemälden unkenntlich wird und verschwindet. Die Kunst spielt mit Spiegelungen, mit Abglanz und Widerschein, mit Unterschlagungen und Verschwindenlassen. Doch weit davon entfernt, das reale Dasein des Realen zu leugnen, will die Kunst damit zeigen, mit welchen Mitteln die Realität in der Malerei gedacht wird. Die Aufgabe des Malers ist es, etwas sehen zu lassen. Das Reale «sichtbar zu machen», sagte Paul Klee. Jean-Claude Prêtre vervielfacht die fragmentarischen Sichten, weil das moderne Denken, das wissenschaftliche wie das künstlerische, dazu übergegangen ist, oft in Assoziationen oder Montagen von Elementen zu denken. Das bedeutet, in der Kunst zumindest, tausend Versuche der Annäherung. Die ganze Modernität von Jean-Claude Prêtres Denken rührt also daher: das Reale ist vielfältig, und es ist aussichtslos, den Blickwinkel finden zu wollen, von dem aus sich alles in einer zusammenhängenden Einheit überblicken ließe.

Wäre nämlich so etwas wie ein Ganzes, wäre eine Totalität vom

S[70] 94. *Spiegel III*, 1988, mixed media, 210 x 125 x 125

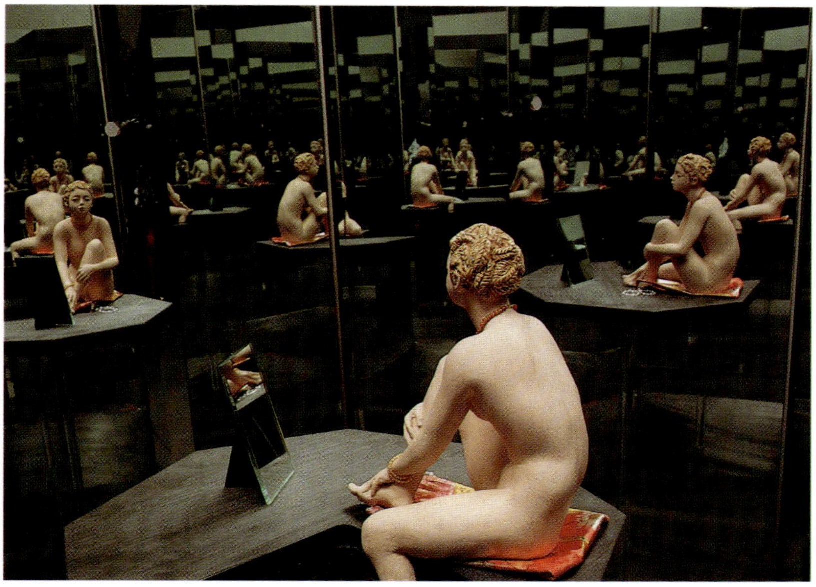

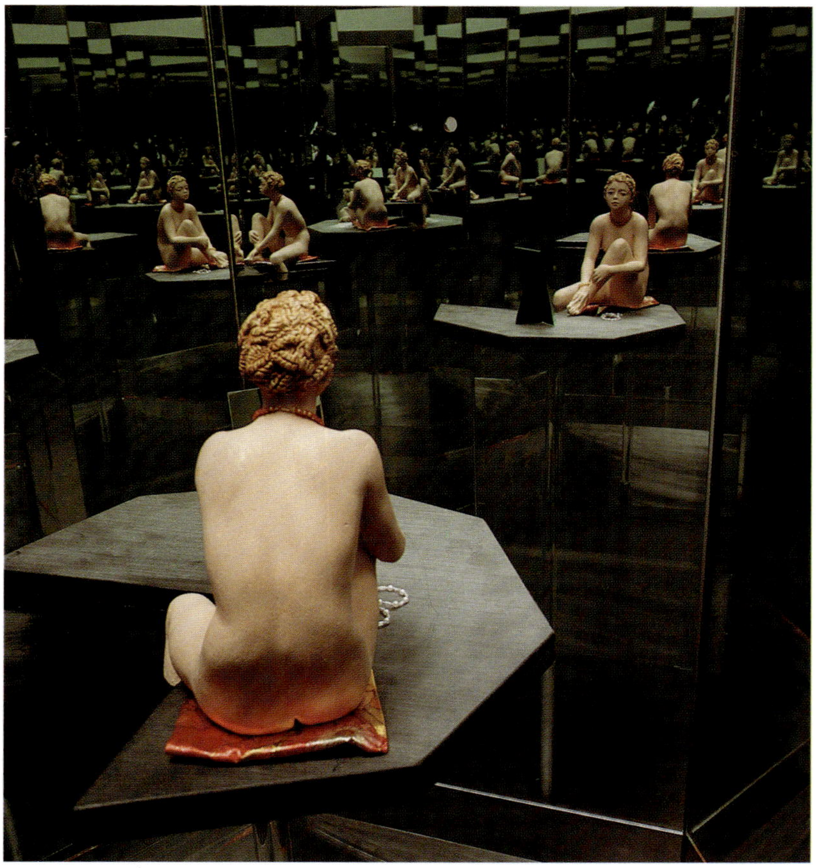

Maler gegeben, um das Sichtbare darzustellen, dann hätten wir die Illusion, es zu beherrschen oder zu besitzen. Jean-Claude Prêtres Anliegen ist weder das Besitzen noch das Beherrschen. Er zeigt das Ding, den Akt von so vielen Seiten, daß man glauben muß, es gäbe noch eine unendliche Zahl von anderen Aspekten oder anderen Blickwinkeln, aus denen ein Ding gesehen werden kann. Die Malerei führt dann zu einem zweifachen Gedanken: daß jedes Ding in seiner irreduziblen Alterität immer anders ist als alles, was man von ihm wissen kann; daß ein Reales zu denken nicht die wundersame Entdekkung dessen ist, was es in seiner ganzen Wahrheit ist, und auch nicht die Entdeckung des richtigen Blickwinkels, von dem aus seine nackte Schönheit auftauchen würde, sondern das Ergebnis einer mühevollen Arbeit an Bildern.

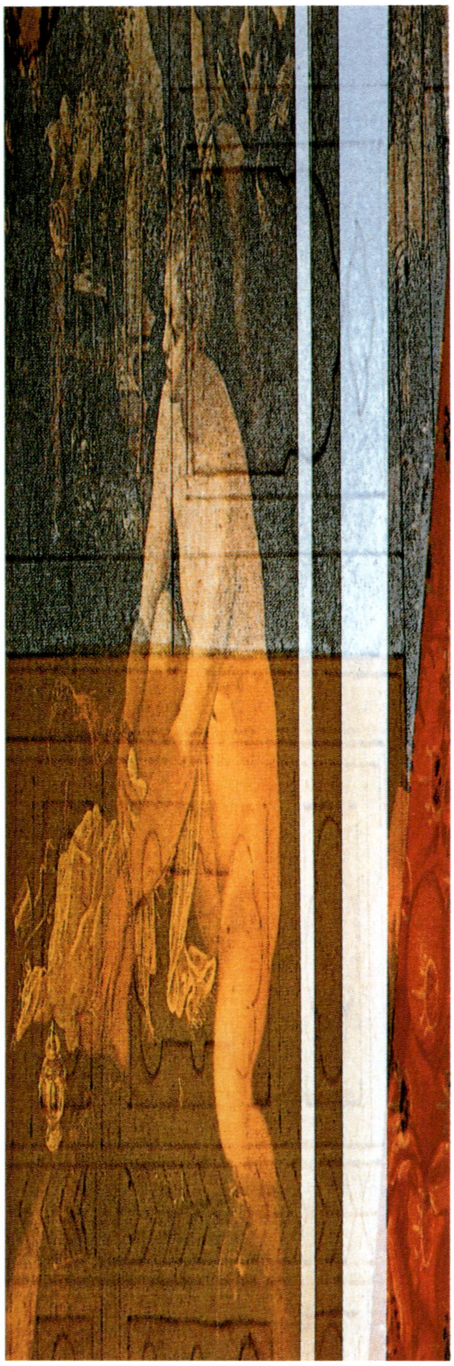

Die Nackheit eines Akts zu denken ist eine geistige Arbeit, von der das Bild Tintorettos uns gleichsam ein Diagramm in Form einer «Drei» und einer doppelten «Zwei» unterbreitet. Jean-Claude Prêtres Bilder fordern uns auf, das Diagramm selbst zu entblößen. Diese verdoppelte reflexive Bewegung kennzeichnet das Einverständnis des modernen Malers mit dem klassischen Werk.

Der Schlüssel zu diesem Einverständnis zwischen der neueren und der alten Kunst liegt vielleicht in einem Wort, das dem Kommentator wie selbstverständlich einfällt, wenn er sich mit Jean-Claude Prêtres Malereien befaßt: die Kunst, das Denken der Kunst ist ein Denken dessen, was das Reale immer an Rätselhaftem hat.

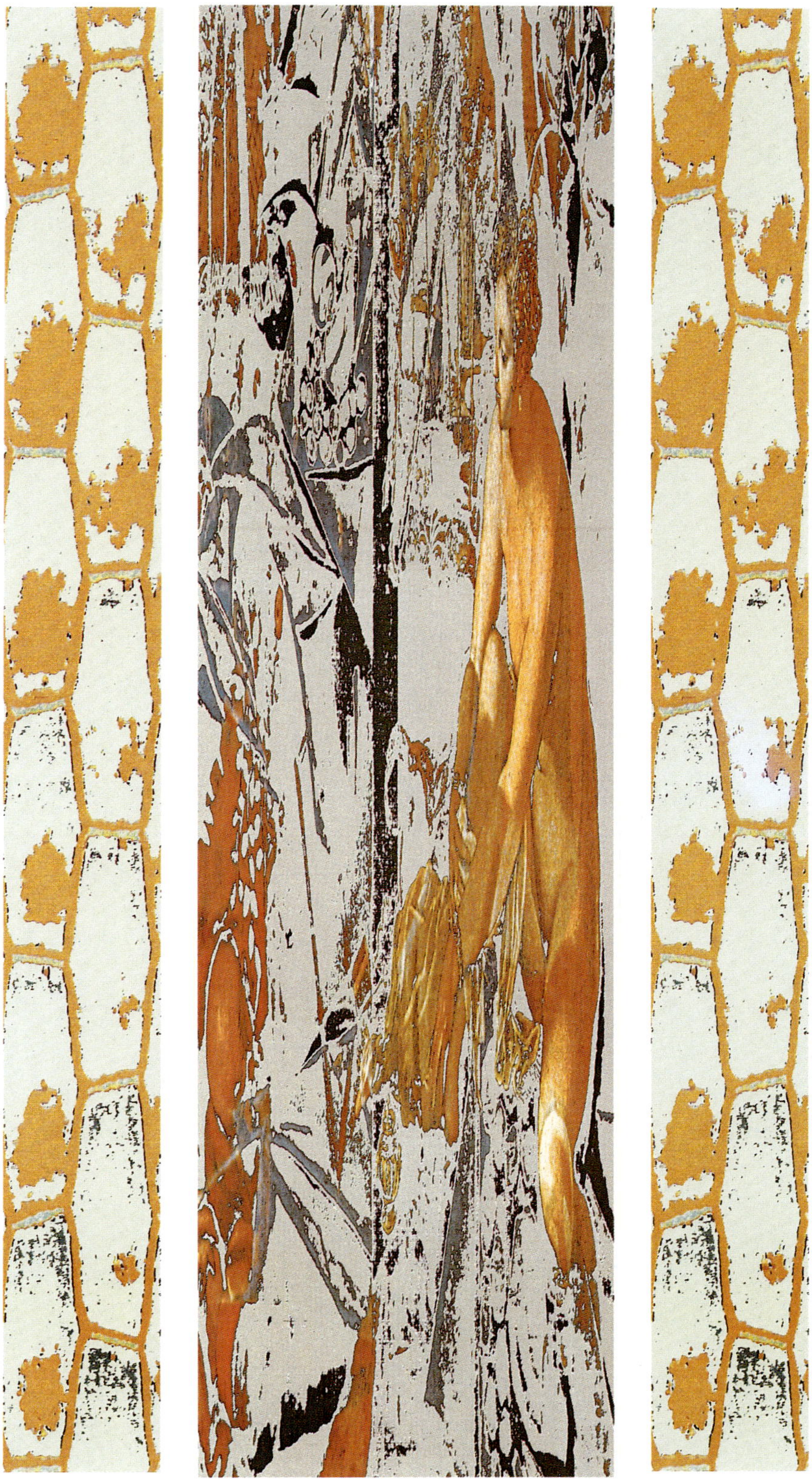

S[71] 95. *Spiegel IV*, 1988, Cibachrom, Triptychon, 2 x (146,6 x 18,4), 1 x (146,6 x 41,4) 146,6 x 78,2

◁ S[34] 58. *Anamorphose der Lilie I und II*, 1988, Cibachrom, Diptychon, 145,6 x 47,8 et 125 x 41

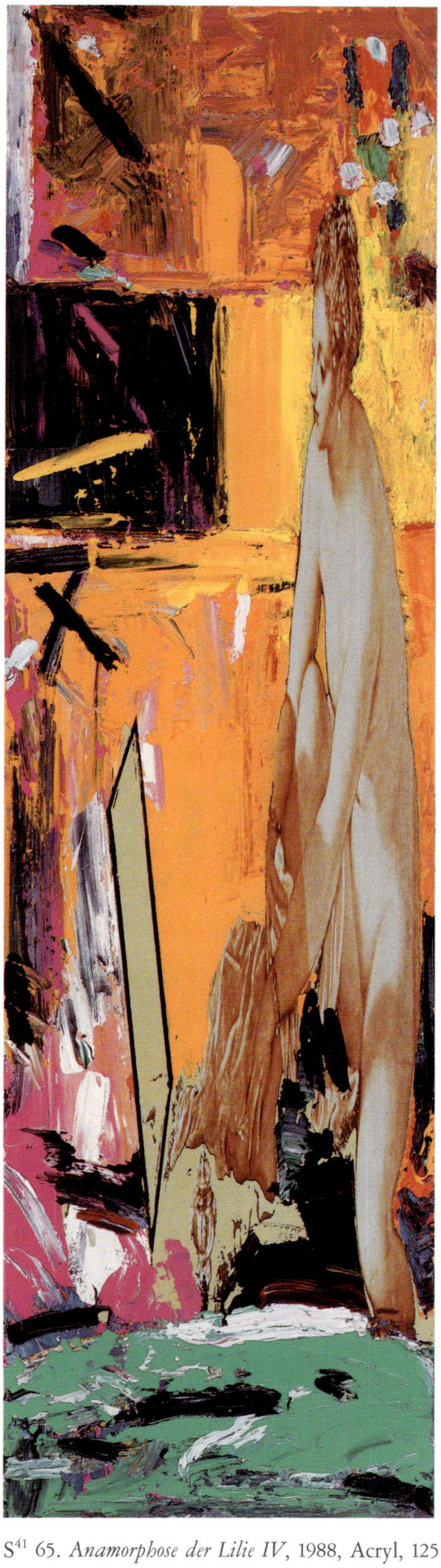

S[41] 65. *Anamorphose der Lilie IV*, 1988, Acryl, 125 x 35,6

Die Achsen, die die Körper in Tintorettos Gemälde verbinden, bilden ein Dreieck. Die Blicke nicht. Keiner der Alten sieht den anderen an, da beide ja ein Auge auf Susanna werfen. Susanna selbst sieht sich im Spiegel an. So wird das Dreieck aufgebrochen. Seine Kraftlinien sind die der Augen, die sich gemeinsam auf den Spiegel richten: auf eine Spiegelung, auf eine illusorische Präsenz. Im Mittelpunkt des Dreieicks, das das Sichtbare einkreist, ist nur die Illusion einer vollständigen Präsenz. Im Mittelpunkt des Mittelpunkts ist nichts, was man wüßte oder wissen könnte. Susannas Blick stößt auf ihr Double, das sie ansieht. Eben dieses Stoßen auf das sinnlose Double ist das Wesen jedes gemalten Bildes. Indem es das Reale in seiner Erscheinung verdoppelt, setzt jedes Bild dieses als faszinierendes und begehrenswertes Rätsel.

Das Geflecht von Begehren und Faszination mündet in Sinn-Leerstellen die große Flächen auf Jean-Claude Prêtres Bildern einnehmen: Unbemaltes, geometrische Ausschnitte von unsinniger Regelmäßigkeit, Farbverwischungen, Tilgung zahlreicher Bildkomponenten, Anamorphosen. Dadurch erschafft diese Serie von Gemälden in unseren Augen tatsächlich ein mythisches Labyrinth. Von Bild zu Bild, durch die vielen «Veränderungen» suchen wir vergeblich die Chiffre, den Plan zu diesem Irrgarten, der seinen Mittelpunkt und die Ausgänge angeben würde. Begegnen aber wird uns das Minotaurus-Ungeheuer. Das Ungeheuerliche, das, was die Malerei zeigt, ist immer der Akt: die Realität selbst, die enigmatische Nacktheit der Dinge und der Körper.

Aus dem Französischen
von Uli Aumüller

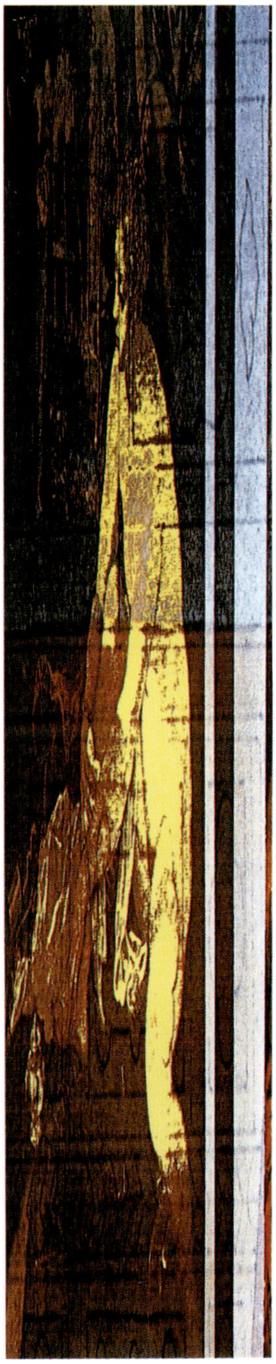

S[40] 64. *Anamorphose der Lilie III*, 1988, Cibachrom, 125 x 24,3

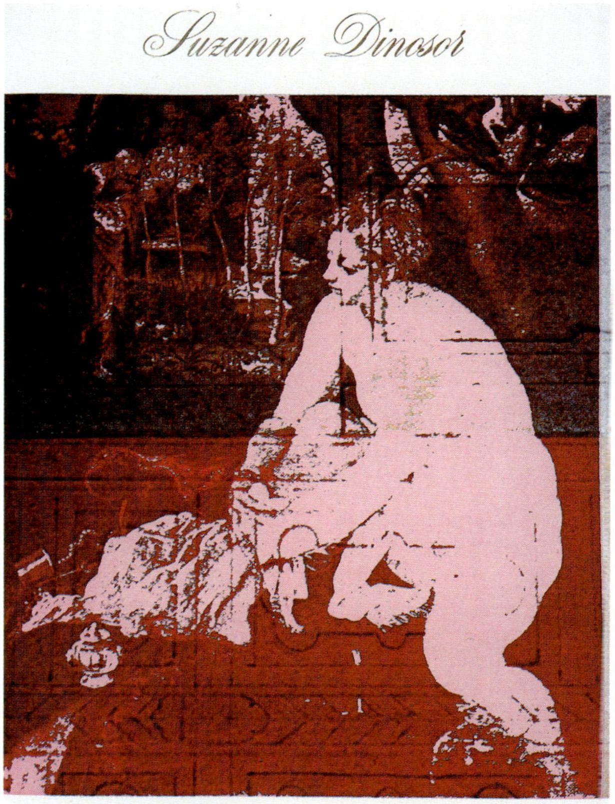

S[32] 56. *Susanna Dinosor*, 1988, Gold auf Cibachrom, 66,5 x 50,3

Guillaume Apollinaire
Das Unglück der keuschen Susanna

Das Erwachen der schönen Babylonierin. Die Massage. Die Toilette. Das Haar. Die Schminke. Das Gewand. Der Schmuck. Die Wirkung der Edelsteine. Der Blumenkranz.

Infolge seiner zahlreichen kriegerischen Heldentaten hatte General Dinosor eine der bedeutendsten Stellen in der babylonischen Verwaltung erhalten. Kein Geschäft kam in der Stadt zustande, weder Verkauf noch Verleih, ohne ordnungsgemäße Verträge. Die Gebühren, die hierbei erhoben wurden, waren sehr hoch, was die Einhaltung dieser Verträge gewährleistete. Überdies geschah es recht häufig, daß die führenden Kaufleute die Vergabe der offiziellen Genehmigung, die sie für ihre Geschäfte benötigten, durch gewisse finanzielle Argumente beschleunigten. Zuweilen hielt die Verwaltung sogar beide Hände auf. Kurz und gut, der Posten eines Direktors der Registrierbehörde, den General Dinosor innehatte, war ein guter Posten, ein sicherer Posten, ein ruhiger Posten.

Die schöne Susanna Dinosor, seine Gemahlin, erwachte an jenem Tag in recht übler Laune aus ihrer Siesta. Alpträume hatten ihren Schlummer heimgesucht. Die zwei Sklavinnen, die zu beiden Seiten ihres Bettes aus Sandelholz mit Gold- und Smaragdintarsien standen, erhoben jäh die Fliegenwedel und verharrten reglos in ehrerbietiger Haltung. Susanna kam nach und nach wieder ganz zu Sinnen und rekelte sich wollüstig mit all der Geschmeidigkeit ihrer strahlenden Nacktheit auf den Kissen. Sie war eine wunderschöne Frau, der man es dank der sorgfältigen Pflege, die sie ihrer Schönheit angedeihen ließ, nicht anmerkte, daß sie auf die Fünfzig zuging. Ihre großen Brüste, ihr kräftiger Oberkörper, ihr würdevoller Bauch, ihre breiten Schenkel, ihre schlanken Beine, ihre kleinen Füße, ihr ganzer Körper schimmerte unter der Hülle einer goldenen, äußerst feinporigen Haut. Ein zarter Flaum wurde hier und da sichtbar, unter ihren Achselhöhlen, auf dem Unterleib, und reichte bis an ein Vlies, das sorgfältig parfümiert war mit Essenzen, die sich die schöne Jüdin durch Sonderkurier von einem Parfümeur aus den Außenbezirken Jerusalems kommen ließ. Denn die Frau von General Dinosor war Jüdin.

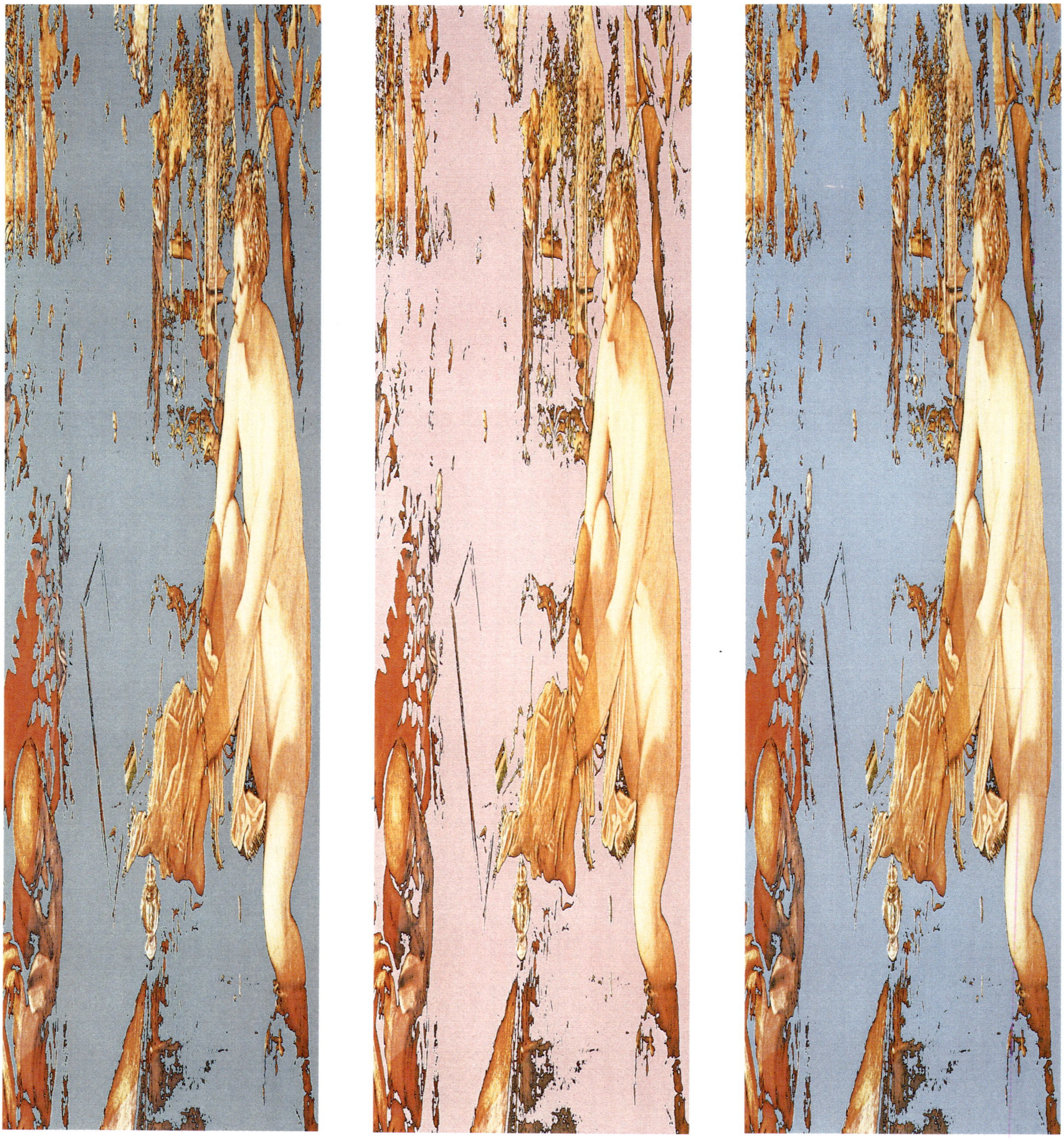

S[67] 91. *Anamorphose IX*, 1988, Cibachrom, 13 Exemplare, Polyptychon, 7 x (125 x 35,6) 125 x 249,2

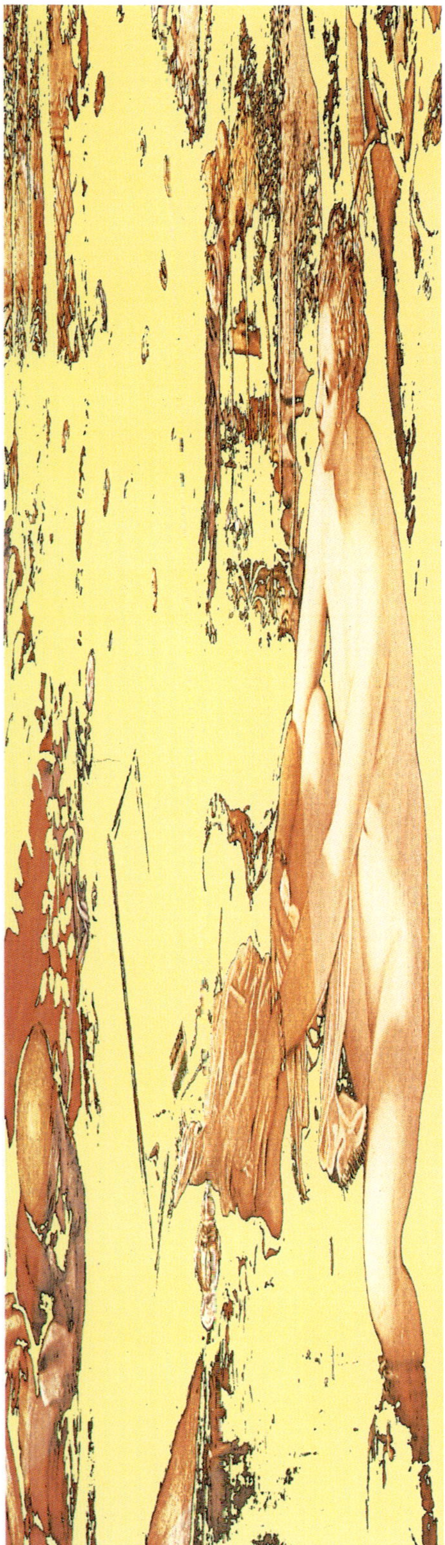

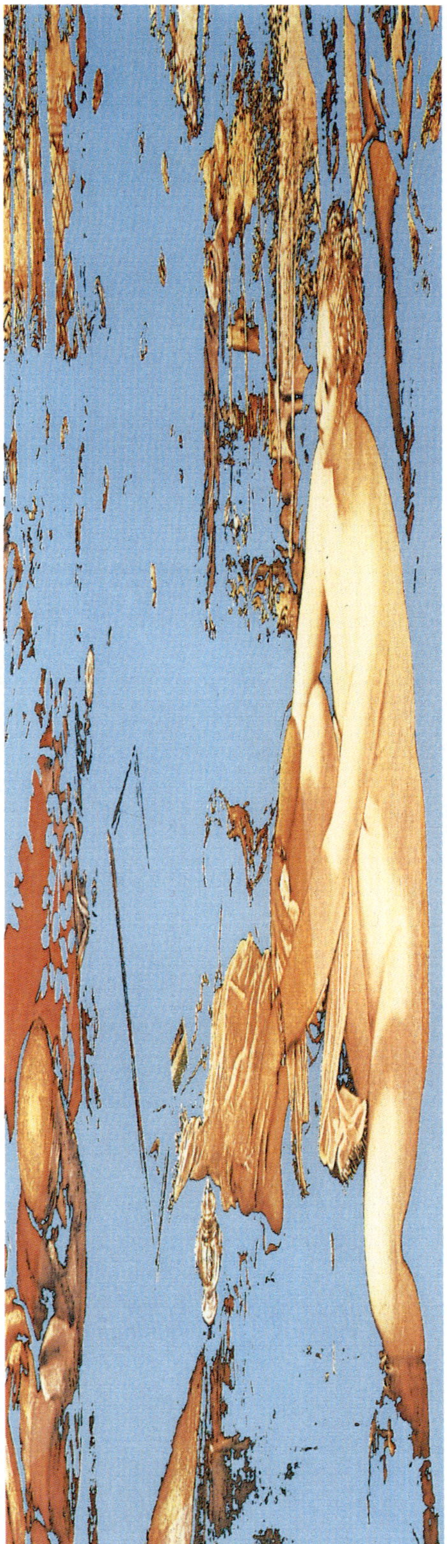

Als sie ihre Locken wieder geordnet hatte, zog sie, wohl mehr aus Koketterie denn aus Schamhaftigkeit, einen leuchtend gelben, mit schwarzen Punkten verzierten Schleier zu sich heran und bedeckte nachlässig Brüste und Bauch. Dann sagte sie in schroffem Ton, der ihre schlechte Laune verriet, zu den Sklavinnen:

«Rahama, laß mir unverzüglich Sahadrac kommen. Du, Gomer, reich mir den Spiegel.»

Die Sklavinnen verneigten sich und entledigten sich rasch ihrer Aufträge.

Gomer, ein junges Mädchen mit großen schwarzen Augen, rückte an das Bett einen Alabastertisch mit x-förmigen Beinen heran, auf dem die zierlichen Toilettenartikel ihrer Herrin ausgebreitet waren. Dann nahm sie ein Tuch aus schwerer Seide und befeuchtete es mit klarem, dickflüssigem Sesamöl. Nachdem sie die Beine, die Susanna ihr hinhielt, zärtlich geküßt hatte, begann das Mädchen, sie sanft mit der balsamischen Flüssigkeit zu bestreichen. Sie hob den leuchtend gelben Schleier, in den sich ihre Herrin gehüllt hatte, und bedeckte den ganzen Körper nach und nach mit ihrer liebkosenden Massage. Mit ihren gewandten Händen modellierte sie die Brüste, knetete den Bauch, malträtierte die anbetungswürdige Linie der Hüften. Unter den Schauern, die sie von den Füßen bis zum Kopf überliefen, fühlte Susanna nach und nach ihre Mattigkeit schwinden, ihre Lebenskraft wiederkehren, und so empfing sie den Eunuchen Sahadrac hinreichend höflich.

«Sahadrac», sprach sie zu ihm, «ich muß mich sogleich in den Tempel der Göttin Melitta begeben. Der General und ich haben entschieden, daß man diese Zeremonie nicht länger aufschieben kann. Böse Vorzeichen mehren sich in Babylon. Kürzlich habe ich meinen Landsmann Daniel gesehen, der mich früher einmal, wie du weißt, aus einer mißlichen Lage befreit hat. Es gilt ihm nicht als gutes Zeichen, was in Persien geschieht. Was mich betrifft, so weiß ich wohl, daß ich mich wie die anderen Frauen Babylons, die es nicht versäumt haben, dem Ritus zu willfahren, den Verpflichtungen der Religion meines Gemahls unterwerfen muß. Angenehm ist es nicht, aber man muß es durchstehen. Was meinst du? Muß ich mich für die Zeremonie besonders kleiden? Um die Laune irgendeines elenden Menschen zu befriedigen, scheint mir eine flüchtige Toilette ausreichend zu sein.»

«Ich meine, Ihr solltet im Gegenteil alle nur erdenkliche Sorgfalt auf diese Zeremonie verwenden. Hier geht es nicht darum, gestattet mir den Ausdruck, gütige Herrin, leichtfertig mit jemandem ins Bett zu gehen. Das ist kein Ehebruch aus einer Laune. Es geht darum, der Liebesgöttin selbst zu huldigen.»

«Du hast recht, Sahadrac. Aber laß die Vorhänge an meiner Sänfte anbringen und sorge dafür, daß bei meiner Rückkehr ein Bad bereitet ist, in das du außer den Essenzen die üblichen gesundheitsfördernden und magischen Präparate gibst. Ich wünsche nicht, daß auf meiner zarten Haut etwas bleibt von der Berührung durch einen Grobian, den das Schicksal mir bestimmt hat. So sei es.»

Nach einer tiefen Verbeugung zog sich der Eunuch rückwärts gehend zurück.

Der leuchtend gelbe Schleier, den sich die Herrin wieder über die Brust gezogen hatte, als sie den ehemals männlichen Diener vorließ, wurde erneut entfernt. Die Herrin stand auf und reckte sich. Ihre kräftigen Gelenke knackten, ihre Glieder streckten sich, ihr Rücken dehnte sich. Einen Augenblick betrachtete sie sich in dem großen Spiegel, dann befahl sie zufrieden, man möge mit ihrer Toilette fortfahren.

Sie setzte sich auf ein Möbelstück aus kostbarem Holz, und Gomer begann, ihr das Haar zu kämmen. Ihr schwarzes, halblang geschnittenes Haar war von solcher Zartheit, daß es die Hand zu liebkosen schien, die es glättete. Aus einem kleinen Rubinflakon hatte sich die Sklavin einige Tropfen eines reinen Veilchenöls auf die Hand laufen lassen, mit dem sie nun das Haar bestrich. Dann entwirrte sie mit einem feinen Kamm die Locken, die sich eine nach der anderen wieder auf Susannas blonden Nacken legten.

Anschließend öffnete die Sklavin ein kleines mit erotischen Motiven verziertes Alabasterkästchen. Es enthielt allerlei Kosmetik. Mit Hilfe zierlicher Pinsel tuschte sie zunächst die Wimpern ihrer Herrin mit blauer Farbe und verlängerte sie mit einer Spur Schwarz. Als das Gesicht mit abgestuften Rottönen geschminkt war, versah sie die Mundwinkel, die Augen, den Hals, die Stelle hinter den Ohren, die Spitze der Brüste, den

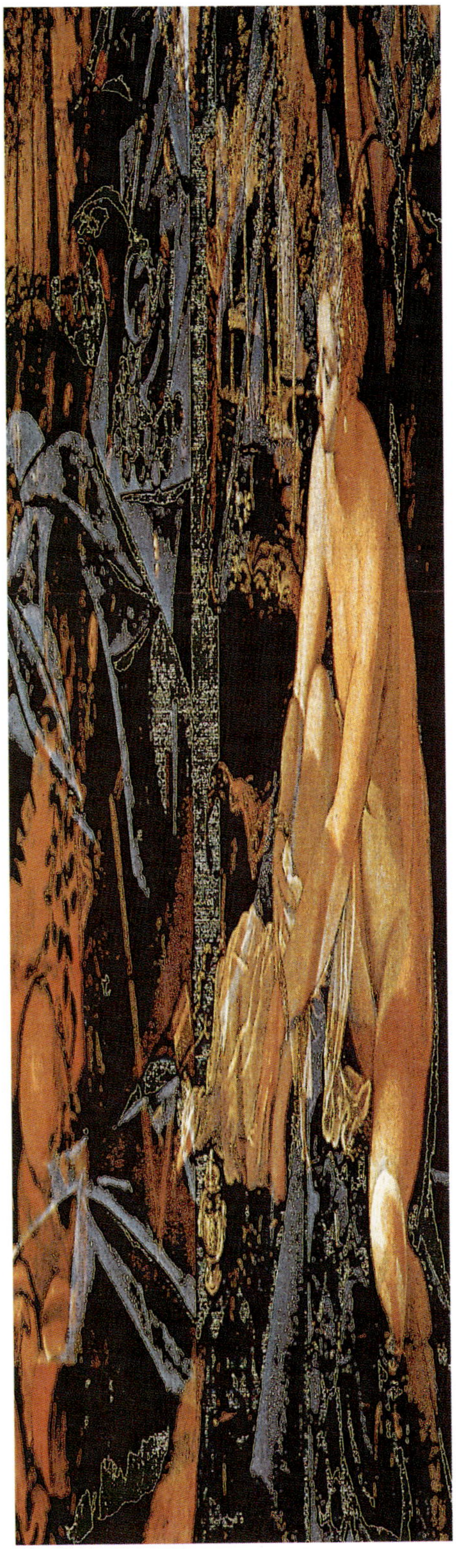

S[64] 88. *Anamorphose VI*, 1988, Serigraphie, 99 Exemplare, 120 x 40

Unterleib und den unteren Teil der Lenden mit mehreren dreieckigen Tupfen jener seltenen Purpurfarbe, die sich nur in Chaldäa findet.

Unterdessen hatte Rahama Susanna die Sandalen übergestreift. Es waren Sandalen, die nur die Ferse bedeckten. Ein goldener Ring, der sich um die große Zehe schloß, diente, wie auch die seidenen Bänder, die um die Fußgelenke geknotet wurden, der Befestigung der Sohle. Dann reichte sie ihrer Herrin eine lange Tunika aus strahlend weißem Leinen, die mit ihren goldenen Fransen bis auf die Fersen fiel, doch die rechte Schulter und die rechte Brust entblößt ließ. Obwohl diese Tunika leicht gestärkt war, konnte man darunter die Umrisse des weiblichen Körpers ahnen. Zum Schluß zog Susanna die gelbschwarz gestreifte und mit violetten Perlen besetzte Brokatjacke an.

Einer tiefen Schale, die aus Jaspis gefertigt und mit Metallen ausgelegt war, entnahmen die Sklavinnen schließlich den Schmuck; Gomer legte der Herrin goldene Ohrgehänge in Form eines Malteser Kreuzes an, Rahama goldene, mit Edelsteinen überladene Armbänder. An den Armen und Handgelenken wurden breite, mit Smaragden und Diamanten besetzte Reifen befestigt. Dann wurde einem Kästchen, über das der Eunuch die Aufsicht führte, eine prachtvolle Halskette aus rosafarbenen Perlen entnommen, die man Susanna anlegte. Es war ein einzigartiges Stück, das Susanna nur bei besonderen Gelegenheiten hervorholen ließ. Durch Vermittlung eines

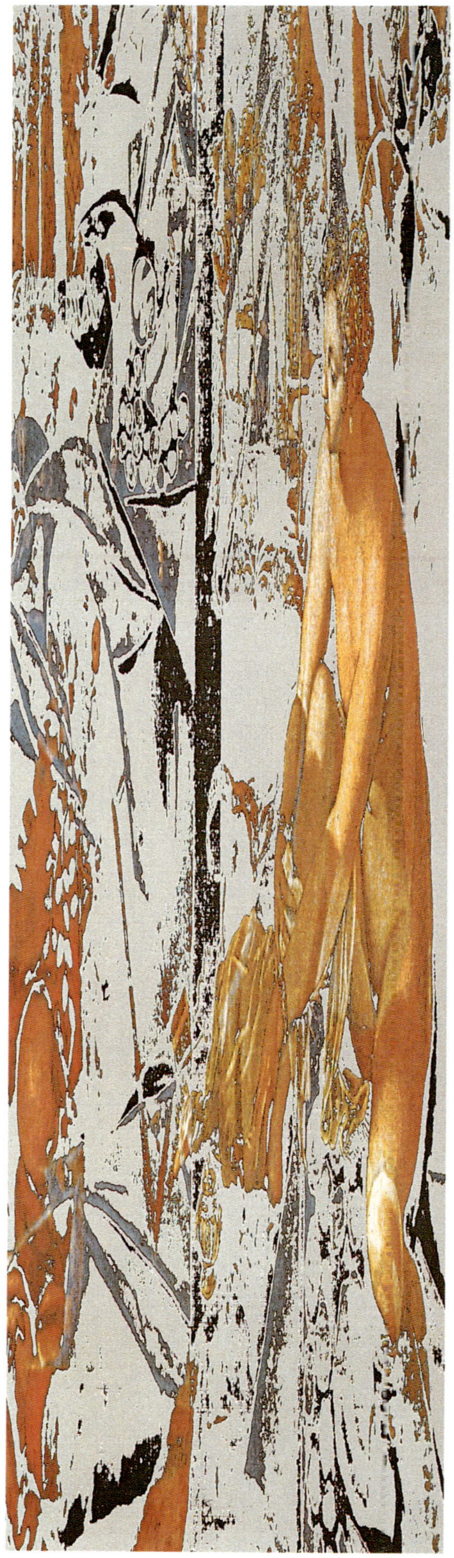

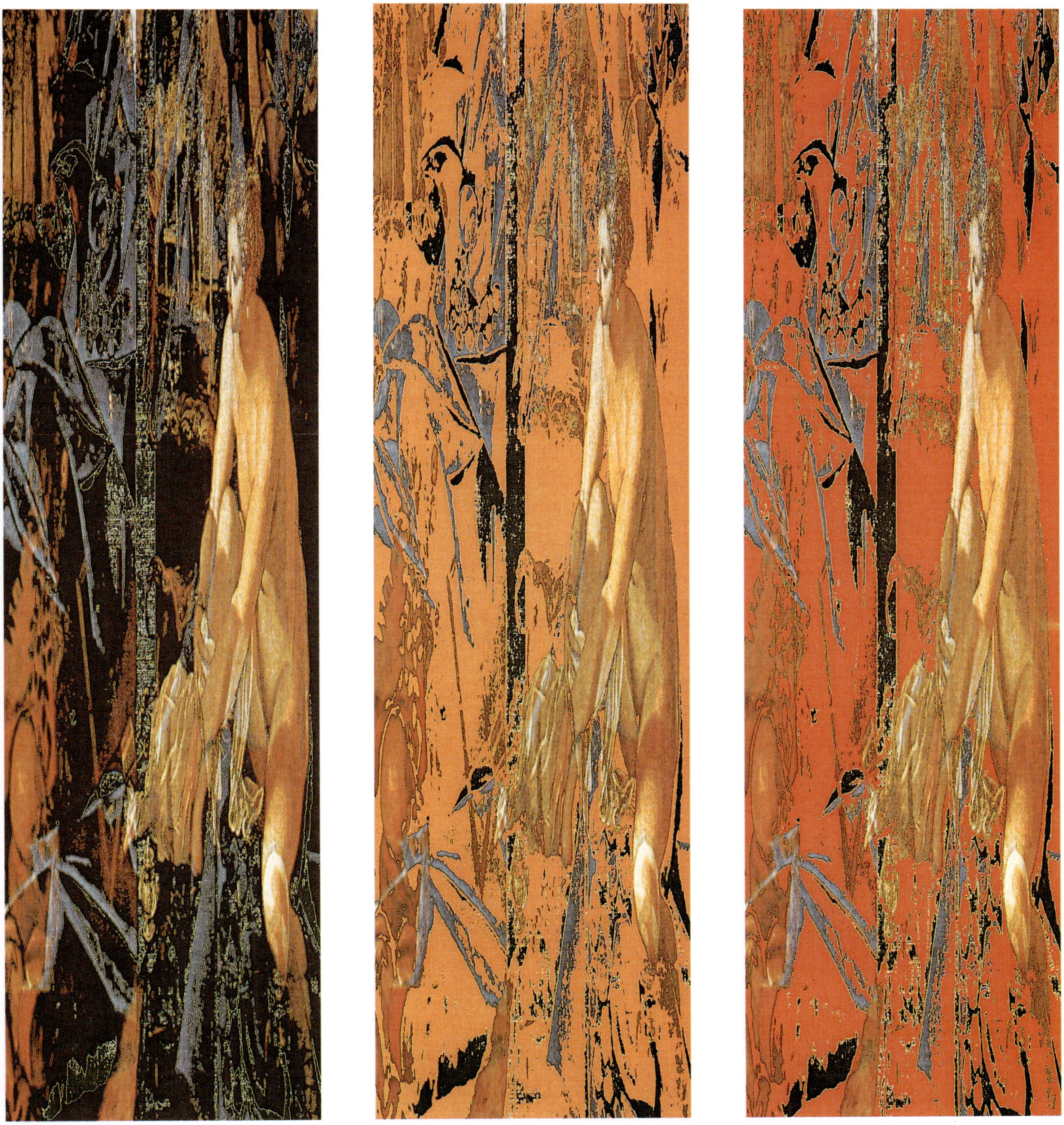

S[65] 89. *Anamorphose VII*. 1988, Cibachrom, 13 Exemplare, Polyptychon, 4 x (146,6 x 41,4) 146,6 x 165,6, 1/13

gewissen Salomon aus Jerusalem hatte sie es von einem ihrer Landsleute, einem Mann namens Meyer, erworben, der die babylonische Gefangenschaft genutzt hatte, um am Persischen Golf Perlenfischereien einzurichten. Dieses Collier war irgendwann gestohlen worden. Um die Affäre hatte es seinerzeit viel Aufhebens gegeben. Susanna, für die Koketterie immer schon eine läßliche Sünde gewesen war, hatte nicht eher Ruhe gegeben, bis Dinosor ihr das berühmte Collier kaufte. Der General war schließlich einverstanden. Bah, es sind schließlich nur die Steuerzahler, die für die Kosten aufkommen müssen.[1]

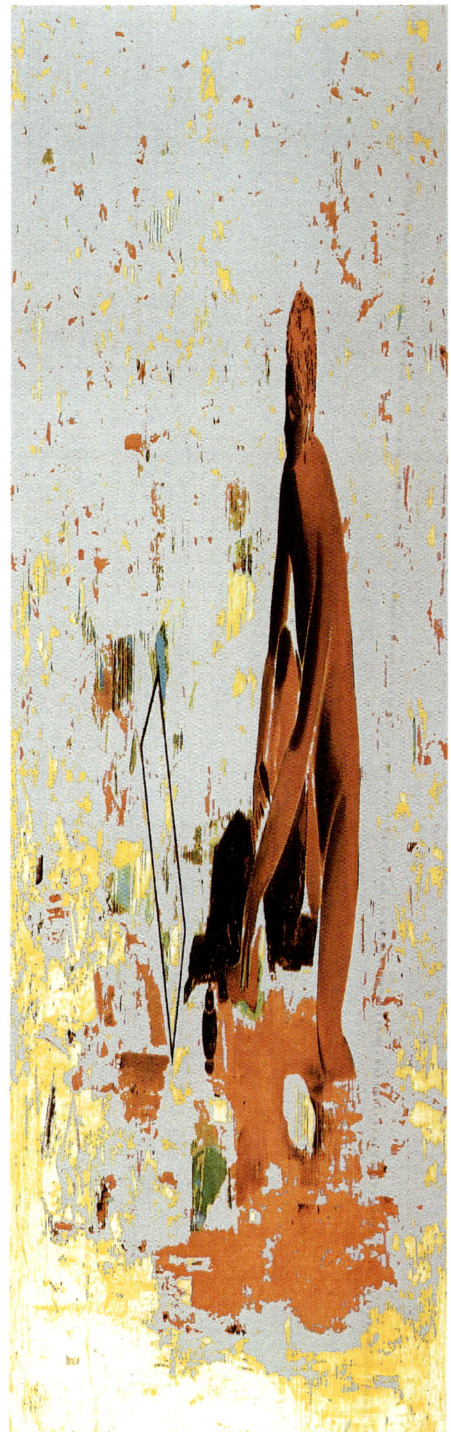

Auf die Finger streifte sich Susanna mehrere Ringe. Das Abenteuer, auf das sie sich einließ, war gefährlich. Sie kannte die Wirkung, die von den Edelsteinen ausging, und sie legte Wert darauf, sich gegen alle Fährnisse dieser amourösen Begegnung im Melitta-Tempel zu wappnen. Also nahm sie den Amethyst, der dem Körper das Gift entzieht und sich der Wirkung des Weins widersetzt: Sie wollte es auf keinen Fall mit einem Trunkenbold zu tun haben; den Rubin, der vor Ansteckungen aus der Luft schützt, die Traurigkeit des Herzens vertreibt und vor allem die Enthaltsamkeit fördert: nur keine Exzesse in solch einem Fall; die Koralle, die das Blut verlangsamt und den Schlaf fördert: Was gibt es Besseres, als sich so den Armen eines Lästigen zu entziehen? Den Smaragd, der dem Schlaganfall vorbeugt, ein im sublimen Augenblick höchst unangebrachtes Mißgeschick; schließlich den Diamanten, viele Diamanten, diesen reinen Diamanten, der das Herz stärkt und eine Schwangerschaft verhütet! Denn das wäre wahrhaft eine Katastrophe!

Als die Toilette schließlich beendet war, knieten die beiden Sklavinnen einige Meter von ihrer Herrin

1. Etwas unzusammenhängende Passage, die Apollinaire nicht mehr überarbeiten konnte.

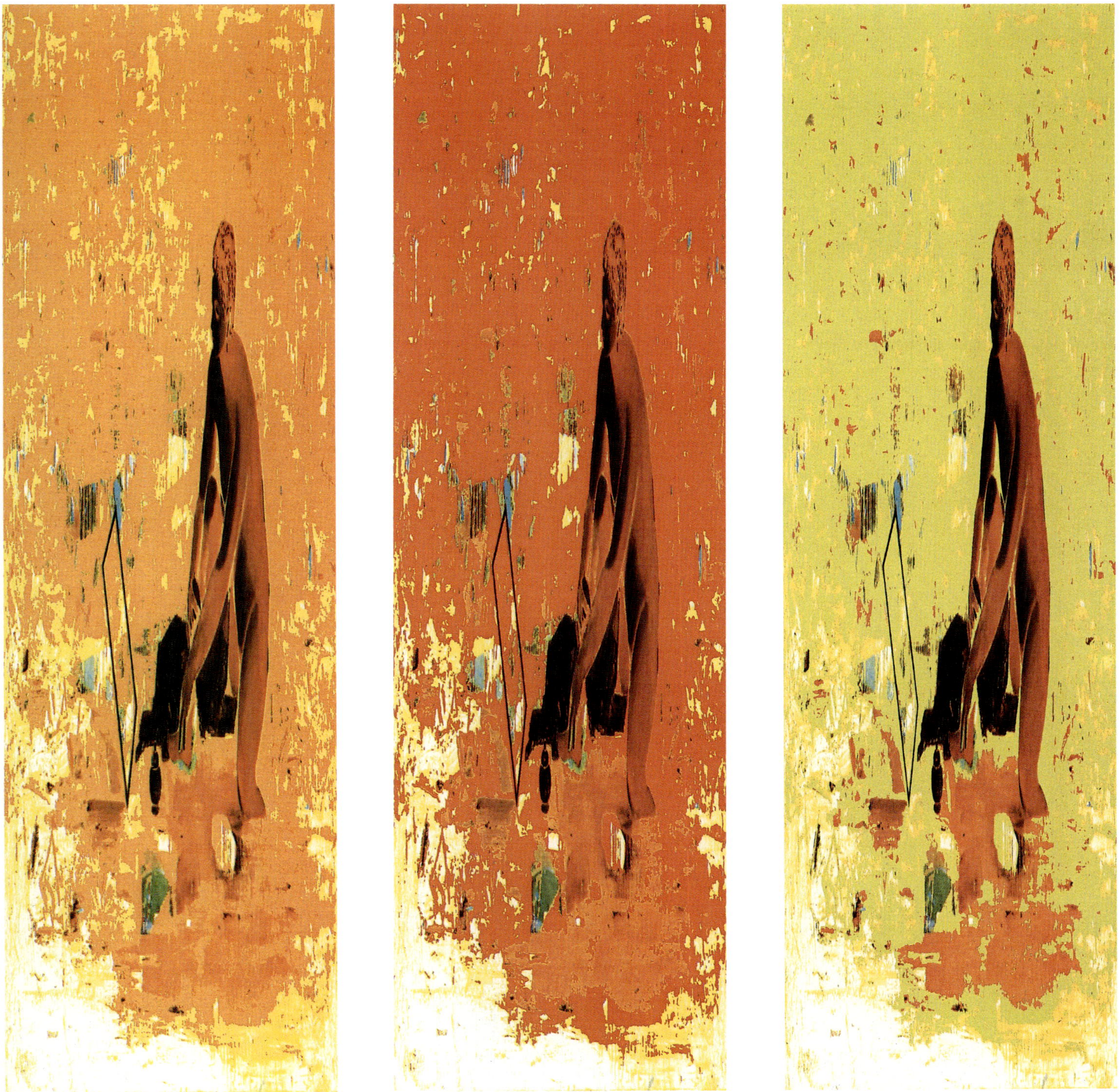

S[66] 90. *Anamorphose VIII*, 1988, Cibachrom, 13 Exemplare, Polyptychon, 4 x (146,6 x 41,4) 146,6 x 165,6

entfernt nieder. Sie schauten, ob alles in bester Ordnung war und ob es auch nirgendwo einen falschen Faltenwurf gab. Indes hatte sich Susanna erneut in ihre Gedanken vertieft. All die schönen Vorbereitungen, um einen hergelaufenen Kerl zufriedenzustellen!

«Gehen wir», sagte sie gebieterisch. Sie stieg in ihre Sänfte und nannte die Adresse des Tempels. General Dinosor befand sich in seinen Arbeitsräumen.

Nachdem die Entscheidung endgültig gefallen war, daß seine Frau sich auf die Laune eines Vorübergehenden hin prostituieren würde, hatte er es vorgezogen, sich jeglicher unnötiger, wenn nicht gar lächerlicher Gefühlsausbrüche zu enthalten.

Er mußte so tun, als wisse er nicht, an welchem Ort die schöne Susanna diesen Tag verbringen würde.

General Dinosor hielt sich viel darauf zugute, von einigermaßen edler Abkunft zu sein und über ein gewisses Auftreten zu verfügen. Außerdem war er ein vollkommener Beamter.

Susanna ließ die Sänfte nur kurz bei einem Blumenhändler, dem bestbesuchten von Babylon, halten. Sie verlangte einen Kranz aus Feldblumen mit eingeflochtenen Blättern. Man beeilte sich. Hübsche Arbeiterinnen flochten ihr schnell ein zauberhaftes Diadem. Sie betrachtete sich in einem Spiegel und fand Gefallen an sich, doch als die Sänfte sich wieder in Bewegung setzte, hörte sie im Innern des Ladens schallendes Gelächter.

«Wenn das Fleisch auch nicht mehr ganz jung ist», ließen sich kecke Stimmen vernehmen, «so sind doch wenigstens die Blumen frisch. Die Göttin Melitta wird zufrieden sein!»

Susanna gab vor, nichts zu hören, doch voller Wut schloß sie die Vorhänge ihrer Sänfte hermetisch.

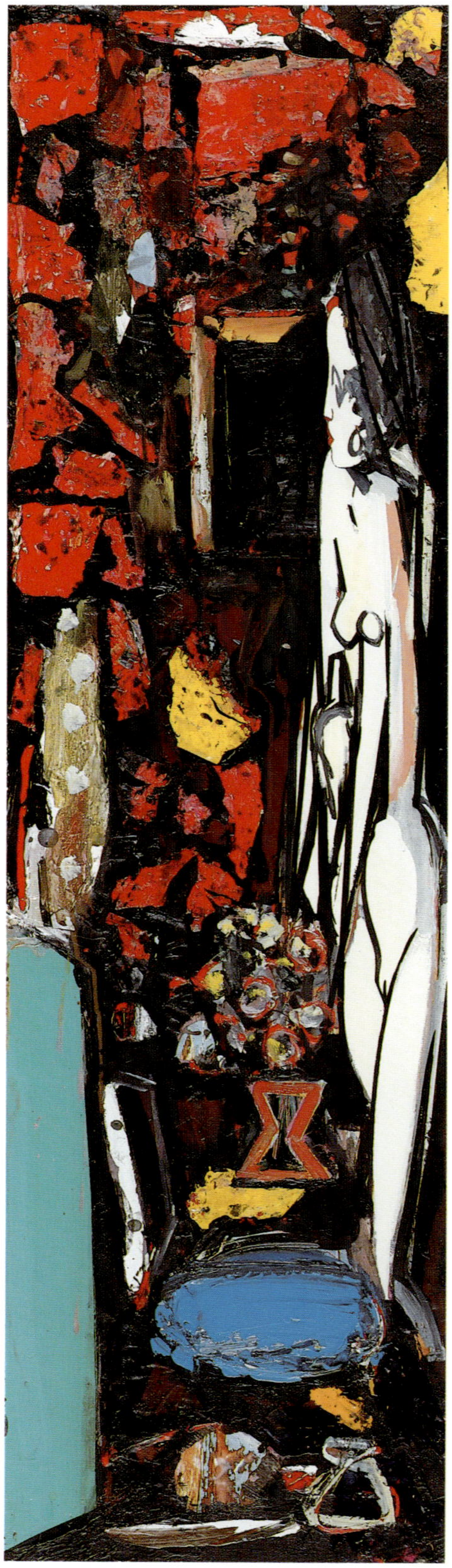

S[74] 101. *Anamorphose X*, 1989, Acryl, 125 x 35,6

Das Opfer für die Göttin der Liebe

Babylonische Perversion. Der Spiegelsaal. In der Dunkelheit. Susanna läßt sich bekehren. Beim Bade überrascht. Verurteilt wegen Ehebruchs. Das Einschreiten Daniels. Die verleumdete Susanna. Der Heiratsmarkt. Die Versteigerung. Susannas Triumph. Der Zuschlag.

Die festen Vorsätze Susanna Dinosors sollten sich an diesem Tag gegen die verliebte Stimmung und die kraftvolle Umarmung von Vietrix nicht lange behaupten. Der General hatte während seiner ganzen Karriere das Leben eines Wüstlings geführt. Wohin auch immer er kam, hatte er erfahrene Kurtisanen aufgesucht und die Art der sexuellen Perversion praktiziert, die in Babylon in Mode war. Da er schon recht betagt war – schließlich hatte er an den meisten großen Feldzügen Nebukadnezars teilgenommen – brauchte er an den seltenen Tagen, an denen er jetzt noch das Lager seiner Gemahlin beehrte, einige stimulierende Mittel. Er schluckte Drogen im Übermaß und achtete darauf, daß Susanna nach seinem Beispiel von ihren kleinen ägyptischen und jüdischen Sklavinnen vorbereitet wurde. Die Liebe in Babylon spielte sich weniger in einer bestimmten Welt als vielmehr auf einer Skala nervenaufreibender Empfindungen ab, bei äußerster Erregbarkeit und unter Verkehrung der normalen Methoden. Susanna kam aus den Armen des tapferen Soldaten eher zerschlagen als ausgeruht.

Mit den Spiegeln im Prachtsaal war sie zunächst nicht einverstanden, und sie richtete einige heftige Vorwürfe wegen dieser mangelnden Rücksichtnahme an den Priester. Hielt man sie etwa für eine Prostituierte, deren Aufgabe es war, den Kunden in Erregung zu versetzen? Wenn dieser Fremde nicht zufrieden war, was machte das! Sie rümpfte die Nase über das Mobiliar: ein Diwan und zwei Schemel, eine Skulptur der guten Göttin Ischtar-Melitta an der Wand und aufgehängt an der gegenüberliegenden Wand, ein wirklich prachtvoller Phallus.

Sie verlangte nach Dunkelheit, aber als der Akt vollzogen war, verspürte sie nicht länger den Wunsch, sofort nach Hause zu gehen. In den Armen des jungen und starken Mannes war ihr Wille dahingeschmolzen, und sie hatte seine Umarmung nach besten Kräften erwidert. Sie bat ihn also, das Fenster zum Garten wieder zu öffnen und machte es sich auf dem Diwan bequem. Dann fragte sie ihn lange aus. Wenn eine Frau durch einen Mann die Freuden der Liebe genossen hat, interessiert sie alles an ihm, aber wäre er auch ein Genie, findet sie vorher kaum etwas von Interesse.

Vietrix hatte sich auf den Rand des Diwans gesetzt und erzählte ihr seine Abenteuer, während die schöne Susanna sich voller Wollust an ihn drängte. Ihre kräftigen Hüften, ihre üppigen, aber immer noch festen Brüste wurden von den geschickt aufgestellten Spiegeln unzählige Male reflektiert. Sie hatte die Hand ihres Liebhabers ergriffen und versuchte zerstreut, ihn abzulenken. Die gute Göttin Ischtar und der Phallus wachten über diesem traulichen Bild.

Vietrix fragte sie nun seinerseits nach Einzelheiten aus ihrem Leben.

«Ich bin Jüdin», erzählte sie ihm, «aber ich wurde im Lande Babylon geboren. Ich war noch jung, eine arme Waise, unschuldig und scheu – man nannte mich die keusche Susanna –, als ich mit einem Mann aus meinem Stamm mit Namen Joachim verheiratet wurde. Er war ein untadeliger Mensch, aber in der Liebe noch zurückhaltender als ich, denn er fürchtete wohl jene schrecklichen fleischlichen Ausschweifungen, gegen die sich bei uns seit fünfzig Jahren die Propheten um die Wette ereiferten; er respektierte mich und vergaß sogar, mir die Jungfräulichkeit zu nehmen.

Das war in der ganzen Gegend bekannt, und alle Junggesellen im Lande Israel oder im Lande Juda, junge Stutzer oder reiche Greise, versäumten nicht, wenn sie mir begegneten, mir ein wenig den Hof zu machen. Sie überwachten und belauerten mich wie eine sichere Beute, die ihnen über kurz oder lang in die Hände fallen würde.

Eines schönen Tages hatte ich wegen der brütenden Hitze beschlossen, ein Bad zu nehmen – und zwar in dem Becken, das sich inmitten des Obstgartens befand, der zu unserem Haus gehörte. Joachim war recht begütert. Ich schickte meine beiden Sklavinnen fort, damit sie die Öle, Essenzen, Pomaden holten, die ich für meine Toilette brauchte. Oh, damals nahm sie nicht viel Zeit in Anspruch! Allerdings pflegte ich mich ganz allein für mich, und das ist eine der süßesten Freuden ganz junger Frauen. Ich wies sie an, die Pforte zu verriegeln.

Während ich freudig meine Glieder in das kleine Becken gleiten ließ, hörte ich plötzlich etwas wie ein Rascheln in den Blättern. Welch ein Schreck! Zwischen den breiten Palmen sah ich gleichzeitig vier funkelnde Augen, dann die verzerrten Gesichter zweier alter Männer. Oh, die ekelhaften Kerle! Empört stürzte ich zu meinen Kleidern und versuchte, mit den Händen meine Reize vor ihren Blicken zu verbergen. Doch sie kamen auf mich zu. Da erkannte ich sie: Es waren zwei hohe Beamte der Gemeinde, beauftragt, mit höchster Genehmigung der babylonischen Regierung über unsere Verbrechen und kleineren Vergehen zu richten.

'Niemand sieht uns', sagte der eine zu mir. 'Die Pforte ist gut verschlossen. Susanna, alle beide brennen wir vor Verlangen nach dir, gib dich uns hin.'

'Alle beide! Das ist ein starkes Stück! Wenn ich den Mann betrügen wollte, der mein Gemahl ist', sagte ich zu ihnen halb lachend, halb weinend, 'dann fände ich immer noch bessere Exemplare als euch. Los, fort mit euch.'

Es war mir gelungen, mein Hemd zu ergreifen und meine Bluse wiederzufinden.

Doch sie schienen einen Hintergedanken zu haben.

'Wenn du uns nicht zu Willen sein willst, werden wir dir übel mitspielen. Noch ist es Zeit.'

'Fort mit euch.' Und ich fing an, aus Leibeskräften zu schreien.

Da öffneten sie selbst die Pforte und riefen lauter noch als ich nach den Vorübergehenden, meinem Mann und meinen Mägden:

'Ein junger Mann ist soeben von hier fortgelaufen, mit dem diese Frau das Verbrechen der Unzucht und des Ehebruchs begangen hat! Wir können es bezeugen! Sie muß sterben, so will es das Gesetz. Im übrigen sind wir die Richter, und wir verurteilen sie zum Tode!'

Oh, das gab einen schönen Skandal. Alle waren sie entzückt, meine Freunde, meine Verehrer und die Menge, entzückt, die keusche Susanna in flagranti ertappt zu haben.

Ich wurde also ins Gefängnis geführt. Joachim war aufs höchste bestürzt, und es war ihm nichts zu meiner Verteidigung eingefallen. Vielleicht glaubte sich der Mann, dem ich trotz seines Unvermögens die Treue gehalten hatte, von diesem Augenblick an wirklich betrogen!

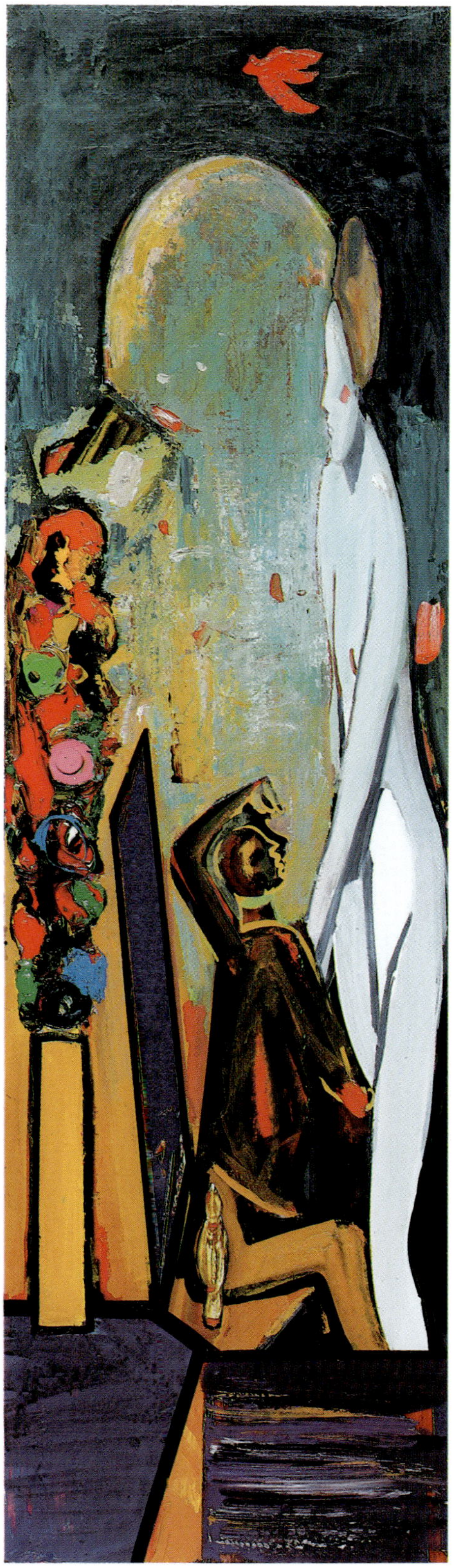

S[75] 102. *Anamorphose XI*, 1989, Acryl, 125 x 35,6

Ich begann bereits, meine Empörung als anständige Frau zu bereuen.

Ich wartete im Gefängnis darauf, daß mein Schicksal seinen Lauf nehmen würde, als sich am dritten Tag ein sonderbares Ereignis zutrug. Einem jungen Mann mit Namen Daniel, der mir zwar den Hof gemacht, den ich aber kaum beachtet hatte, war es gelungen, bei den Ratgebern König Nebukadnezars, zu denen er als Magiergehilfe gehörte – böse Zungen behaupteten, als Liebling – zu erwirken, daß er die beiden Alten verhören durfte. Zwei hohe Beamte mit weißen Bärten von einem Jüngling verhört, das gibt dir eine ungefähre Vorstellung von der Anarchie, die am Hof des vortrefflichen Nebukadnezar herrschte.

Daniel verwirrte sie, so schien es, indem er sie nacheinander über die Einzelheiten des Geschehens befragte. Oder vielmehr – man gab ihm recht, da er durch seine Stellung der einflußreichere war. Das Volk sprach mich frei, und ein Todesurteil wurde, den Gesetzen Mose zufolge, per Akklamation gegen meine beiden Ankläger ausgesprochen.

Man hätte mich im übrigen gar nicht getötet. Das Urteil war reine Formsache. All jene, die meine Tugend aus der Fassung gebracht hatte, wären außerdem sehr bestürzt gewesen, wäre das Urteil vollstreckt worden, nicht wegen meines Todes, sondern weil sie Wert darauf legten, eine subtilere Form der Rache zu üben.

Ich hatte mich also zwei reichen, bedeutenden Männern verweigert, die mich für das Opfer meiner Jungfräulichkeit sicher recht gut entschädigt hätten. Ich hatte um Hilfe gerufen und einen Skandal heraufbeschworen, indem ich mich auf die Tugend meiner Landsleute wie auf meine eigene verließ. Ich war jung.

Die beiden Alten wurden, und das war nur gerecht, bald begnadigt und im übrigen wieder in ihre Ämter eingesetzt. Sofort legten sie ein selbstgefälliges Benehmen an den Tag und gaben zu verstehen, daß sie sich nur deshalb nicht verteidigt hatten, weil sie mich hatten retten wollen! Ganz gewiß war ich ihnen dafür dankbar. Ich hatte es ihnen vielleicht sogar schon gelohnt! Es bestand ein heimliches Einverständnis zwischen uns!

Was die Rolle Daniels betraf, so war sie allen klar! Er war der junge Mann, der sich aus dem Garten geflüchtet hatte. Oh, ich hatte durchaus recht daran getan, mir einen Liebhaber zu suchen, der bereitstand und jedenfalls in Liebesdingen erfahren war!

Wer die Hintergründe nicht kannte, hatte Mühe, die ganze Sache zu verstehen. Was sie auch immer getan haben mochten, die Männer hatten recht, die Frau unrecht. Es war wirklich ärgerlich, daß sich ein junges Mädchen, eine Waise, die mit Joachim, dem besten aller Männer, verheiratet war, in solch eine Lage gebracht hatte![a]

Bald wurde ich auf der Straße von den Frauen und Kindern beleidigt. Joachim, der den Titel auf keinen Fall verdiente, wurde als Hahnrei beschimpft. Seine Eltern hetzten ihn gegen mich auf. So gelangte er zu der eindeutigen Schlußfolgerung, daß ich ihn mit dem einen oder mit dem anderen Alten betrogen hatte.

Dieser Gedanke setzte sich in seinem Kopf fest. Und schließlich verstieß er mich.

Mein Ruf im jüdischen Viertel war ruiniert. Mein tugendhaftes Handeln, meine gekränkte Keuschheit, auch meine Schönheit, hatten mir den Haß aller eingetragen. Und wäre ich auch tausendmal entehrt und in den Schmutz gezogen worden, eine Frau muß schweigen, immer nur schweigen! Ich gehe sogar noch weiter! Sie muß die Schande dem Skandal vorziehen!

Ich war damals zwanzig Jahre alt. Ich beschloß bei mir, mich auf meine Weise zu rächen. Ich ging fort. Ich schüttelte den Staub von meinen Sandalen, als ich das Viertel meiner Väter verließ. Ich bin niemals mehr dorthin zurückgekehrt.

Es war im Monat Schebat, und zu allem entschlossen begab ich mich auf den großen Heiratsmarkt, der damals weit größeren Zulauf hatte als heute.

Auf einem langgestreckten Podest saßen etwa hundert junge Mädchen, mit einem leichten Schleier bedeckt, den sie willig lüften würden, um ihre jungfräuliche Nacktheit der öffentlichen Prüfung darzubieten.

Denn alle dort verkauften Mädchen, die meisten gerade erst im heiratsfähigen Alter, müssen Jungfrauen sein. Damals hielten sich zwei Priester und ein Gemeindebeamter, alle drei vereidigt, dazu bereit, diese einmalige Eigenschaft peinlich genau zu überprüfen. Es ging um eine offizielle Bescheinigung der Anständigkeit, die in Babylon sehr hoch geschätzt wurde. Die Mädchen, denen dieses

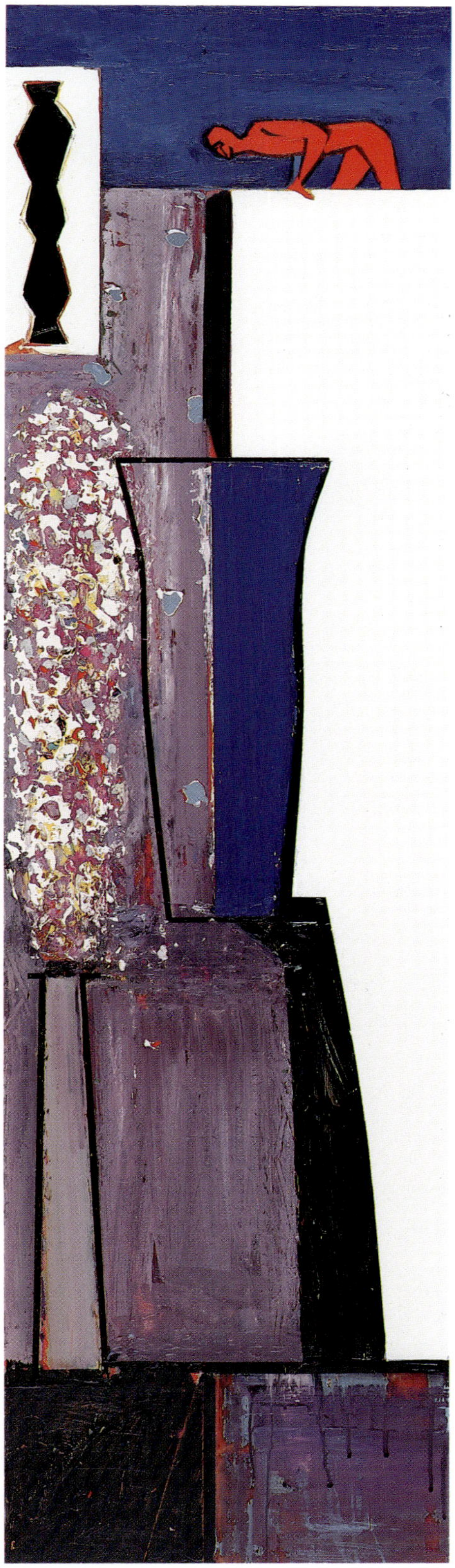

S[76] 103. *Voyeur* , 1989, Acryl, 125 x 35,6

a. *Ein anderes Fragment des Manuskripts beginnt mit dieser Passage:*

Meiner Tugend gehorchend hatte ich die beiden Alten angeklagt. Ich hätte schweigen und sogar ihr Angebot annehmen können, das ja gar nicht so schlecht war. Ich hörte auf meine Empörung. Ich protestierte im Namen meiner Unschuld. Ich beschwor einen Skandal herauf.

Die beiden Alten waren verurteilt worden, doch der ganze Ruhm der Geschichte fiel ihnen zu, die ganze Schande mir. Durch zweideutiges Lachen gaben sie zu verstehen, daß sie schließlich doch erreicht hatten, was sie von mir wollten. Als galante Männer hatten sie darüber vor Gericht nur nicht sprechen wollen.

Zeugnis ausgestellt werden konnte, waren nicht gerade zahlreich. Und die jungen Männer aus den angesehensten Familien, die besten Partien der Stadt, suchten sich ihre Ehefrau lieber auf diesem Markt bei Tageslicht als im wenig zuverlässigen Dunkel eines Privathauses. So kannst du dir denken, daß alles, was in Babylon Rang und Namen hatte, aber auch zahlreiche Neugierige, darunter etliche Juden, an diesem Tag bei der Versteigerung zugegen waren.

Du weißt ja, wie das Ganze vor sich geht. Die beiden Priester, der eine ein Berufspriester, der andere ein Hierodule, legen die Reihenfolge fest, und dann werden die Mädchen, von der schönsten bis zur häßlichsten, aufgerufen. Die schönen werden schnell verkauft; der Kaufpreis bleibt teilweise im Besitz des Mädchens selbst oder im Besitz ihrer Familie, teilweise dient er dazu, die häßlichen Töchter, die ohne diesen Ausgleich keinen Käufer fänden, mit einer Mitgift auszustatten.

Nach Überprüfung durch die Sachverständigen und nach Ausschluß der Mädchen, deren Jungfräulichkeit nicht zweifelsfrei hatte festgestellt werden können, waren wir über zweihundert Heiratswillige auf dem Podest. Es handelte sich um die wichtigste Versteigerung des Jahres.

Ich blieb bescheiden unter meinem Schleier sitzen, fest entschlossen, geduldig zu warten, bis ich an die Reihe käme. Und ich dachte an das Gesicht, das sie machen würden, meine Landsleute und die Patriarchen und die Jeunesse dorée und selbst mein früherer Ehemann Joachim, der, nun wieder Junggeselle, in

S[77] 104. *Voyeur II*, 1989, Acryl, 125 x 35,6

der Hoffnung auf einen möglichen Neuerwerb ebenfalls erschienen war, ich dachte an das Gesicht, das sie alle machen würden, wenn sich mit unbestreitbarer und eben erst erteiltem Zeugnis der Jungfräulichkeit diejenige erheben würde, die sie schändlicherweise als Kurtisane behandelt hatten.

Der Ausrufer hatte aus den Händen des Gemeindebeamten die ordnungsgemäß aufgestellte und überprüfte Liste erhalten. Schweigen herrschte im Publikum und auf dem Podest. Ich bemerkte, daß etliche meiner Gefährtinnen sich von diesem Augenblick an bereithielten, aufzustehen und ihren Schleier fallen zu lassen.

Doch sie wurden enttäuscht, denn es war mein Name, der Name des armen, verkannten Mädchens, den der Ausrufer mit tönender Stimme in die Menge geschleudert hatte:

'Susanna Eliakins!'

Ach, diese Beine waren so schön, diese Hüfte so weich, diese Brüste so glänzend, als ich noch keine zwanzig war!»

«Aber ich finde, sie sind immer noch von erster Güte», warf Vietrix ein. «Und ich werde es beweisen!»

Die Erzählung wurde eine kleine Viertelstunde unterbrochen...

«Gehört das auch zum Ritus der Melitta?», fragte Susanna nur, vor Lust ganz außer sich.

«Was kümmert mich das!» antwortete Vietrix, überzeugt, daß seine Geliebte sich in einem solchen Augenblick nicht gegen Blasphemie verwahren würde.

«Als nun mein Name aufgerufen wurde», fuhr Susanna fort, «stand ich ohne Zögern auf, warf meinen Schleier ab und erschien nackt vor den etwa tausend Menschen, aus denen das Publikum bestand. Ja, ich, die die Richter und meine Landsleute heuchlerisch beschuldigt hatten, von zwei alten Männern beim Bade beobachtet worden zu sein, ich trat also vor sie alle hin, nackt im hellen Sonnenlicht, stark in meiner Unschuld, stolz auf meine jungfräuliche Schönheit!

Ein bewunderndes Raunen, das mir, ich gebe es zu, angenehm über die Haut strich, lief durch die Menge.

Jemand hatte bereits fünf Goldminen geboten. Eine Stimme antwortete ihm, und zu meiner großen Verblüffung erkannte ich die Stimme Joachims, meines ehemaligen Ehemannes. Dem Dummkopf wurde also jetzt sein Fehler bewußt, aber es war zu spät!

'Sechs, sieben, zehn, zwölf Minen...'

Joachim schwieg nun. All sein Vermögen hätte ihm bereits nicht mehr erlaubt, bei der Versteigerung mitzubieten, um sich in den Besitz des Körpers zu bringen, der ihm einst unentgeltlich zur Verfügung gestanden und den er verschmäht hatte. Er schäumte vor Wut über sein Unvermögen. Ach, was für ein männliches Verhalten!

Unterdessen hatten andere Israeliten, alle meine Verächter von einst und auch die beiden Alten, seinen Platz eingenommen. Sie schlossen sich in der Menge zusammen, berieten miteinander und bemühten sich wohl, ein Konsortium zu bilden. Ich hörte sie bis dort, wo ich stand: Im Namen ihrer Religion, im Namen des Gottes Israels durfte es nicht geschehen, daß ein Mädchen ihres Stammes die Frau eines Ungläubigen wurde. Ach, die scheinheiligen Apostel!

Die Gebote stiegen mit aberwitziger Geschwindigkeit. Ich stand immer noch aufrecht, nackt und regungslos und schien nichts zu sehen.

'Zwanzig, fünfundzwanzig, sechsundzwanzig, siebenundzwanzig Minen.'

'Dreißig Minen!'

Es entstand eine kurze Pause.

'Dreißig Minen!' wiederholte der Ausrufer. 'Auf, meine Herren. Sie ist mehr wert als das', erlaubte er sich sogar hinzuzufügen. 'Dreißig Goldminen! Ich sagte: dreißig Goldminen. Kein Gebot mehr von rechts? Kein Gebot mehr von links?'

'Dreißig Minen und zwei Talente', ließ sich eine leise, verschmitzte Stimme vernehmen. Das war mein Landsmann Rosskild, der da gesprochen hatte, Rosskild, der große Bankier!

'Einunddreißig Goldminen!' versetzte der vorhergehende Bieter, ein gutaussehender Mann in einer weißen, bestickten Tunika, der auf dem Kopf den großen vergoldeten Helm der Kavalleriegenerale trug.

Sein Name war in aller Munde. Es war der berühmte Dinosor, der durch seine Feldzüge in die westlichen Gebiete gerade berühmt geworden war. Nebukadnezar hatte ihm, so sagte man, als persönliches Geschenk drei oder vier kleine Städte zur Belohnung gegeben.

'Einunddreißig und zwei Talente', ließ sich wieder Rosskild vernehmen.

'Zweiunddreißig Minen', rief Dinosor.

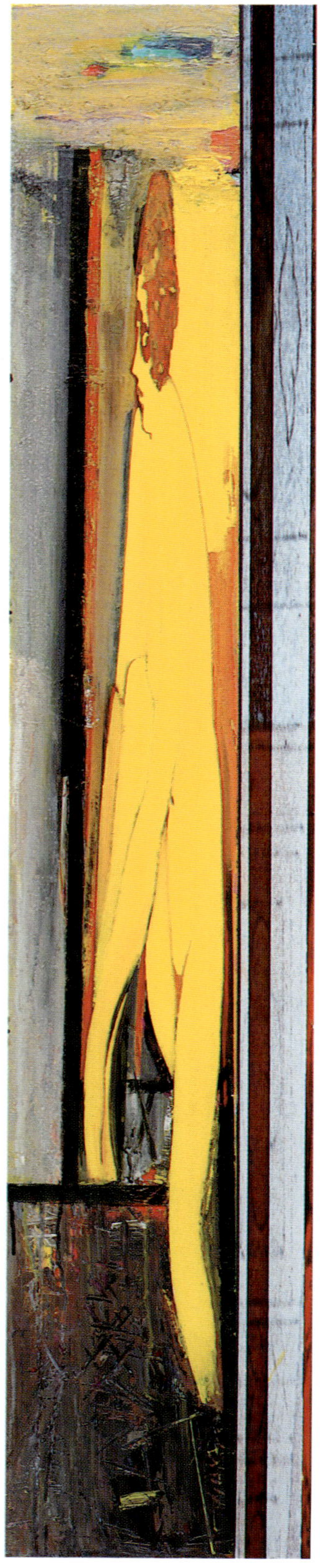

S[42] 66. *Anamorphose der Lilie V*, 1988, Acryl, 146,4 x 29

'Zweiunddreißig und zwei Talente!'

'Dreiunddreißig!'

'Dreiunddreißig und zwei Talente!'

Alle verfolgten gespannt das erbitterte Duell zwischen den beiden Männern, dem alten, steinreichen Spekulanten und dem General der berühmten Beutezüge. Die Summen waren in der Tat beträchtlich!

'Fünfunddreißig Minen', sagte Dinosor.

'Fünfunddreißig Minen und zwei Talente.'

'Siebenunddreißig Minen.'

'Und zwei Talente.'

'Vierzig Minen.'

'Und zwei Talente!'

'Fünfundvierzig Minen', brüllte Dinosor mit einer Stimme, mit der er den Befehl zu einer Attacke gegeben hätte.

Rosskild zögerte einen Augenblick in der eindrucksvollen Stille.

'Fünfundvierzig Minen und ein Talent!' ließ er sich schließlich vernehmen.

Aus Gründen der Sparsamkeit wollte er bei solch hohen Beträgen nicht zwei Talente hinzufügen. Die ganze Versammlung brach in ein irres Gelächter aus.

'Fünfzig Minen!' sagte Dinosor im Tonfall eines aufs äußerste gereizten Mannes, der aufs Ganze geht.

Ich zitterte in diesem Moment, ich zitterte, ich gebe es zu. Dem schrecklichen alten Impotenten und seiner Bande in die Hände zu fallen! Wie abscheulich!

Doch seine senile Leidenschaft ging wohl nicht über fünfzig Goldminen hinaus, was schon ein recht hübsches Vermögen war!

General Dinosor erhielt den Zuschlag...

Soweit meine Geschichte. Ich habe glücklich bei meinem Gemahl gelebt, der bereits den Ruhm, aber bald auch das Geld hatte. Er mußte Geld aus seinen Dörfern herauspressen und alle Bewohner als Sklaven verkaufen, um meinen Kaufpreis zu bezahlen, doch bald erhielt er diesen herrlichen Posten als Direktor der Registrierbehörde, auf dem er bequem alt geworden ist.

Ich habe inzwischen eines gelernt: Die in Zweifel zu versetzen, die dich lieben, ist genauso dumm wie die in Zweifel zu versetzen, die du liebst. Ich habe gelernt, daß man Skandale meiden und seine Tugend nicht zur Schau stellen soll.

Auch Dinosor hat ein glückliches Leben gehabt. Wenn ich gelegentlich Liebhaber hatte, als seine wunderbaren Fähigkeiten nachzulassen begannen, so wußte er nichts davon, oder zumindest hat er so getan, als wüßte er nichts. Ich wollte keine Rache mehr an meinen Landsleuten üben. Ich sehe von Zeit zu Zeit nur noch Daniel, dessen Karriere der meinen ein wenig ähnelt. Und die beiden Alten haben, wenn sie nicht schon tot sind, die keusche Susanna längst vergessen. Im übrigen bin ich nicht mehr die keusche Susanna.»

Die Nacht brach herein.[a] Die schöne Erzählerin lag ausgestreckt auf dem Rücken, den Kopf auf den Kissen und die Beine gespreizt, eines nachlässig herunterhängend, das andere in der Luft, an den schweren Phallus gelehnt. Ihre Brüste schimmerten in den letzten kupfernen Strahlen der untergehenden Sonne...

a. Eine andere vom Autor verworfene Variante des Schlusses: Die Nacht brach herein. Die Strahlen der untergehenden Sonne spiegelten sich in Kupferreflexen auf den Brüsten des schönen ausgestreckten Geschöpfes wider. Sie lag ausgestreckt auf dem Rücken, die Beine gespreizt, eines zum Boden herabhängend, das andere in der Luft, nachlässig auf den schweren Phallus gestützt... Ihr blondes Geschlecht öffnete sich ihm einladend an diesem lauen Abend. Beatrix betrachtete seine Geliebte, die rechtmäßige Ehefrau des Direktors der Registrierbehörde: In der Tat, sie war nicht mehr die keusche Susanna.

In dieser Stellung betrachtete Vietrix seine Geliebte, die rechtmäßige Ehefrau des Direktors der Registrierbehörde: In der Tat, sie war nicht mehr die keusche Susanna.

Aus dem Französischen von
Isabell Lorenz

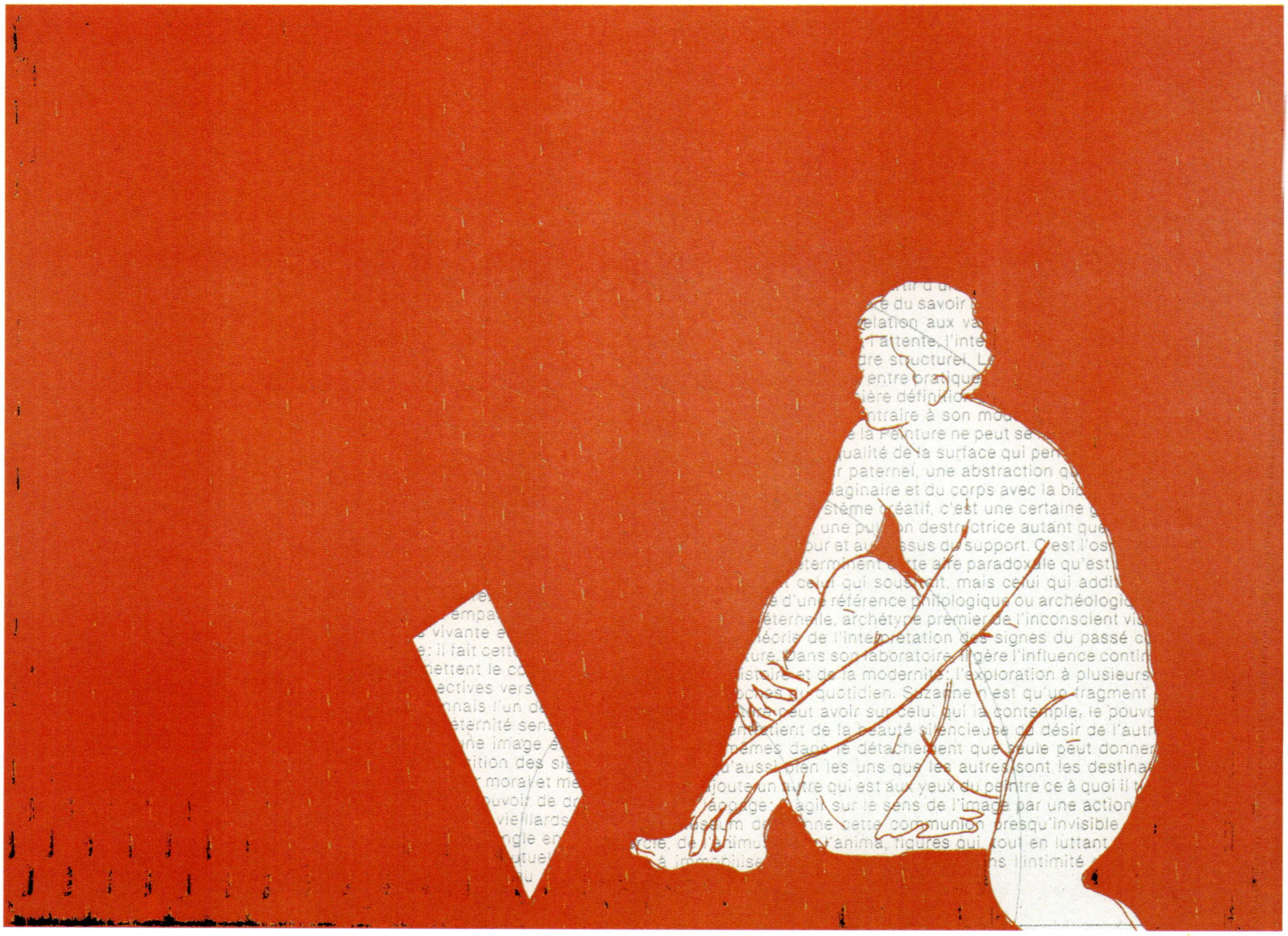

2) *Geschriebene Susanna I*, Serigraphie, 121 Exemplare

Alain Grosrichard

Susanna schwarz auf weiß

Essay mit psychoanalytischem Augenmerk

Und fremd den sünden einer welt
in der es dir so sehr mißfällt[1]

Es gab keine Zweite wie sie in Babylon. Sie war einmalig, die seltene Perle ohnegleichen, sie, Susanna. Die Schönheit und die Keuschheit selbst vereint. Unnahbar wie begehrenswert. Eine Frau – Gattin und Mutter –, wie man sie in der Geschichte nie mehr oder nur noch selten sehen wird. Außer in der Geschichte der Malerei und folglich in den Museen.

Ja, dort begegnet man einer solchen Rarität einigermaßen häufig. Im Laufe der Jahrhunderte, seit die Maler sie zum Modell erkoren haben, ist diese mustergültige Frau Gemeingut geworden. Susanna, die Einmalige, findet sich auf einmal zahllos wieder. Italiener, Flamen, Franzosen, Deutsche, große Meister, kleine Meister, jeder oder fast jeder hat die Seine hingepinselt, oft in mehreren Ausfertigungen. Sie hat von allen Seiten posiert, hat sich von vorn und von hinten malen lassen, als Edeldame, als Kurtisane, als Soubrette, als Göre – als Susanna, Susi, Suzon, Suzette –, in allen Stilen, klassisch, manieristisch, barock oder romantisch, schwülstig. Zu Spitzenpreisen an Sammler verhökert, von Spekulanten verschoben, schließlich gerettet und von Konservatoren restauriert, wird ihre Keuschheit heute in allerlei Gärten an den Ehrenplätzen unserer kapitalistischen oder sozialistischen Babylons ausgestellt und bewundert. In Paris wie in Rom, in Leningrad wie in Washington zeigt sich Susanna (während der Öffnungszeiten) öffentlich, allein in Gesellschaft der beiden Alten, die den Maßstab ihres Wertes setzen, und nimmt zum Vergnügen aller ihr Bad.

Doch vor allem in Wien faßt sie Fuß...

SUZANNE: *Wie dumm doch intelligente Menschen sein können!*[2]

... gemeint ist, sie faßt ihren rechten Fuß, den sie mit der linken Hand säubert oder streichelt, und betrachtet sich dabei in einem Spiegel – von Tintoretto.

Warum? Der Durchblick, das ist ihre Sache. Ich weiß. Aber trotzdem: dieser neugierige Blick macht die anderen neugierig. Er ist ein Rätsel. Ein Rätsel für wen? Für sie selbst? Womöglich. Für die Alten? Wahrscheinlich. Sogar für jenen Altvorderen, der noch jung und robust war, als er sie 1557 in Venedig anfertigte?[3]

Für ihn bestimmt, und durch ihn für mich! antwortet für uns ein anderer gleich alter Maler, unser Zeitge-

1. S. Mallarmé, «Mich deinem wesen ganz zu fügen», übers. von C. Fischer, in: *Sämtliche Gedichte*, Köln 1969, S. 149.
2. P. A. C. de Beaumarchais, *Figaros Hochzeit*, übers. von G. Scheffel, Frankfurt am Main 1976, I, 1., S. 106.
3. Geboren 1518, war Jacopo Robusti, genannt Tintoretto, 49 Jahre alt, als er *Susanna e i due vecchioni* malte. Das Werk befindet sich im Kunsthistorischen Museum Wien.

nosse, indem er dem Altvorderen das Rätsel im Spiegelbild seiner Susanna mit Spiegel als Echo zurückgibt: ich spreche von Jean-Claude Prêtre *Susanna mit Spiegel für Tintoretto* aus dem Jahr 1984, ganz oben auf der Liste des vorliegenden Katalogs, der 121 Susannen enthält.

«Einhunderteinundzwanzig? Das ist eine Menge!»

«Keine Menge. Eine Serie. Prêtre hat seit langem eine Vorliebe für Serien. 1977 war es die *Nadir-Serie*. 1978 die *Polaroid-Serie*. 1979 die *Alpha-Serie*. 1981 die *Japan-Serie*. Heute die...»

«1983 die *Offenbach-Serie*[4].»

«Die hätte ich fast vergessen... Kennen Sie sein Werk?»

«Ich kenne seine Ariadnen, seine Danaën. Ich liebe seine *Junge Frau mit kleinem Betrachter*.»

«Die ist schon alt: von 1973. Genau aus der Zeit, in der er angefangen hat, Serien zu malen. Als erstes die Serie der *Vitrinen*.»

«Ein merkwürdiges Zusammentreffen. Dann ist seine Vorliebe für Serien noch älter, als ich dachte... Heute ist *Susanna* dran. Wieder eine Serie.»

«Eine *Serie*. Ich nehme an, Jean-Claude Prêtre gebraucht das Wort nicht so leichthin. Aber wie versteht er es? Die Vorstellung von einer Serie ist nämlich nicht dieselbe, je nachdem, ob man Musiker oder Mathematiker, Briefmarkensammler, Fließbandarbeiter oder Ladykiller ist...»

Nehmen wir eine mittlere Definition, sagen wir:

Definition: Eine Serie ist eine mit einer Ordnungsregel ausgestattete Vielheit, derart, daß sie eine Reihe bildet, deren Glieder nach einem Grundschema variieren.

Aufgabe: S (S_1, S_2..., S_{121}) = die Serie der von J.-C. Prêtre ausgeführten *Susannen*:

1. finden Sie das Grundschema dieser Serie heraus;

2. finden Sie die Ursache dieses Grundschemas heraus;

3. finden Sie das Motiv dieser Ursache heraus.

4. «*Um jedes Mißverständis zu vermeiden, hier eine kurze Erklärung zur Wahl des Namens 'Offenbach', unter dem die Arbeiten dieser Serie zusammengefaßt sind. Obwohl 'Offenbach' gewöhnlich an den berühmten Komponisten der* Schönen Helena *erinnert, hat der Titel sich mir aus einem ganz anderen und doppelten Anlaß aufgedrängt: der eine bezieht sich auf die deutsche Stadt Offenbach am Main, wo die Fotoarbeiten gemacht worden sind, der andere auf die symbolische Offenheit, die der Name suggeriert.*» Vgl. J.-C. Prêtre, Einführung in den Katalog der *Offenbach-Serie*, 1983.

Junge Frau mit kleinem Betrachter, 1973, Öl auf Papier, 51 x 89
Sammlung Albert Maret, Genf

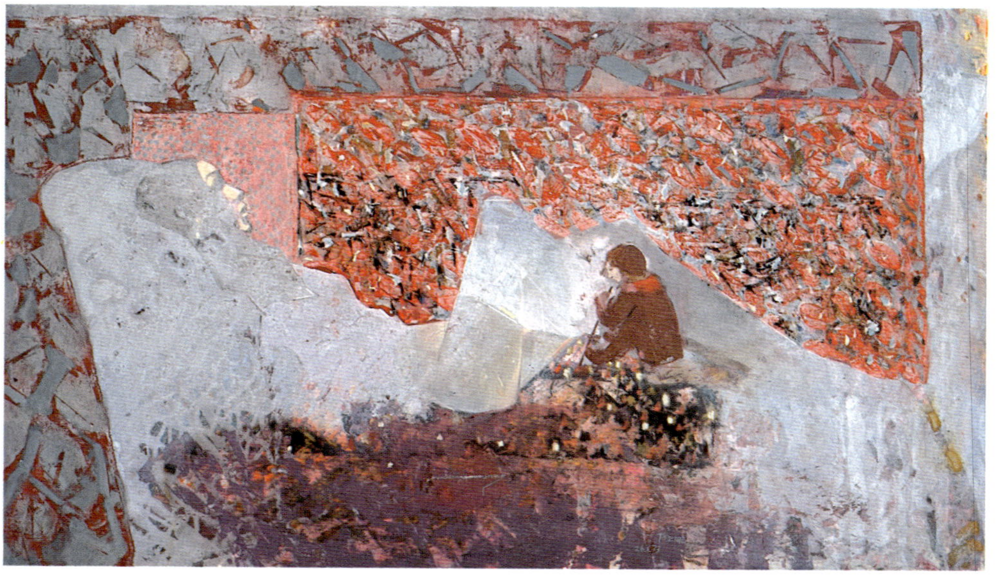

Erster Teil

Quaerendo invenietis

Da es um Malerei geht, ist es vielleicht die beste Methode, erst einmal über das Motiv nachzudenken.

Motiv

Was ist ein *Motiv* für einen Maler, sagen wir: seit Delacroix? Es ist das Etwas oder der Jemand, vor dem er sich in der Absicht niederläßt, die Eindrücke, die dieses Motiv in ihm erzeugt, einzig und allein mit den Mitteln seiner Kunst wiederherzustellen und umzusetzen. Da solche Eindrücke je nach Tageszeit oder Laune des Malers variieren, gibt ein und dasselbe Motiv Anlaß zu vielfältigen, verschiedenartigen Darstellungen.

Eine Darstellung kann jedoch selbst den Sinn eines *Motivs* annehmen. Bei Tapisserien zum Beispiel, wo man etwa von einem Stoff mit großen Blumen- oder Vogelmotiven spricht, oder von Motiven jeder anderen Figur, ob Striche, Zahlen und Buchstaben[5] oder geometrische Zeichnungen. Das Motiv ist hier das Elemente, das sich, immer gleich, *n*-mal auf der ganzen Oberfläche des Stoffs wiederholt.

Doch angenommen, ich hätte mir (eine reine Erfindung meinerseits) aus diesem Stoff einen leichten Vorhang gemacht und ihn vor mein offenes Fenster mit Blick auf einen Garten voller Blumen und Bäume gehängt, deren Duftgemisch mir von einem Lufthauch zugetragen würde, der ein sanftes Wogen in die Falten des besagten Vorhangs brächte, dessen Voiletuch doch geeignet wäre, die Strahlen einer Sonne abzufangen, die, so stelle ich mir vor, den Schatten einer Eiche oder eines Mastixbaums, ja sogar die ineinander übergehenden Schatten der Gärtnerin und des Gärtnerjungen hineinwürfe... Dieses eine Motiv könnte in meinen getäuschten Augen auf tausenderlei Art variieren.

In diesem Sinne – als Wiederholung des *Gleichen* unter Einschluß mehr oder weniger freier Variationen –, aber diesmal in der Zeit und nicht im Raum, versteht man ein *Motiv* auch in der Musik. Hier handelt es sich um eine harmonische oder rhythmische Einheit, eine kleine Phrase: um ein paar Töne, die übrigens häufig das Motiv für eine lange, schöne, kunstvolle Suche des Komponisten abgeben, zum größten Vergnügen des Zuhöreres, sofern dieser sich den biblischen Grundsatz zu eigen macht: *Quaerendo invenietis*. «Suchet, so werdet ihr finden.»[6]

Eine Aufforderung, die Bach, wie man weiß, an Friedrich den Großen

5. A. d. Ü.: Franz. *bâtons, chiffres et lettres*, Titel einer Aufsatzsammlung von R. Queneau, Paris 1950.
6. Matthäus 7, 7.

gerichtet, über einen Kanon seines *Musikalischen Opfers* schrieb.

Die Anekdote ist berühmt: In einer Maiennacht des Jahres 1747 spielt Friedrich, ein ausgezeichneter Flötist und kundiger Musikliebhaber, Bach einige Takte einer selbst erfundenen (stark chromatischen) Melodie vor. Alsdann fordert er den illustren, schon recht alten und fast völlig erblindeten Kantor heraus, auf dieses Thema eine sechsstimmige Fuge zu komponieren. «*Dies von Friedrich für Bach*», will er ihm damit kurzerhand bedeuten.

Bach, durch diese königliche Herausforderung, wie man sich denken kann, erheblich motiviert, begnügt sich nicht damit, ihr zu entsprechen. Er tut mehr: er sendet dem König nicht nur die gewünschte Fuge, sondern, als prunkvolles Opfer, ein ganzes Fugen-Bukett auf dasselbe Thema. Darunter jenen Kanon mit der Aufschrift: *Quaerendo invenietis*. Womit er seinem Herrn als Retourkutsche, als Echo bedeutet: «*Dies für Friedrich von Bach*. Ich habe Eure Aufgabe gelöst. Nun spielt, Majestät, und löst die meine.»

Welche? Eine, die in der Partitur steckt. Der fragliche Kanon ist nämlich zweistimmig und *in der Gegenbewegung*[7] geführt. Gemeint ist, daß die zweite Stimme (die «Imitation») eine Umkehrung des von der ersten eingeführten Motivs, in diesem Fall des königlichen Themas, ist. Bach gibt aber nicht die Stelle an, an der die zweite Stimme einsetzen und anfangen soll, sich harmonisch mit der ersten zu verbinden, bis beide nicht mehr voneinander lassen, einander verfolgend und entfliehend, einander befragend und antwortend, und so im Prinzip endlos weiter.

«Und, hat der König die Lösung gefunden?»

«Ach wo! Er hat nicht einmal gesucht. Vielleicht war er gerade mehr mit Kanonen als mit Kanons beschäftigt... Im übrigen bietet sich das ganze *Opfer* als eine Suche an und dar, da es gleich mit der Anweisung *Ricercar*, dem italienischen Wort für suchen, eröffnet wird. In einer Fuge oder einem *Ricercare*, wie man früher sagte, ist suchen genau das, womit die Stimmen ihre Zeit verbringen. In ihrem fortwährenden Frage- und Antwortspiel, in ihrem endlos wiederaufgenommenen Verfolgungslauf sind sie auf der Suche nach einer vollendeten Beziehung, die nichts zu wünschen übrig läßt. Doch ehe sie durch irgendeine geschickte *Stretta* zu dieser Schlußharmonie gelangen – wie viele kunstvolle, absichtlich von dem Komponisten eingeführte und geschürte Mißverständnisse! Und wenn dieser Komponist kein geringerer ist als der Meister der *Kunst der Fuge*, kann man sich unschwer vorstellen, welch schwindelerregenden Grad an Komplexität diese Art konzertiertes Mißverständnis zu erreichen vermag. Da es ihm nicht genügt, mehrstimmige Fugen zu schreiben, variiert er deren Originalthema in mehrfacher Manier, indem er es in andere Tonarten transponiert, die rhythmische Struktur verändert, die Töne durcheinanderwirbelt, es rückläufig entwickelt oder es wie in den «Spiegelfugen» in umgekehrter Form wiederholt, etc. Daher der Eindruck des Zuhörers,...

Aber ich rede und rede... Richtig, ich rede vom Motiv. Ist das ein Vor-

7. Vgl. R. de Candé, J. S. Bach, Paris 1984, S. 311.

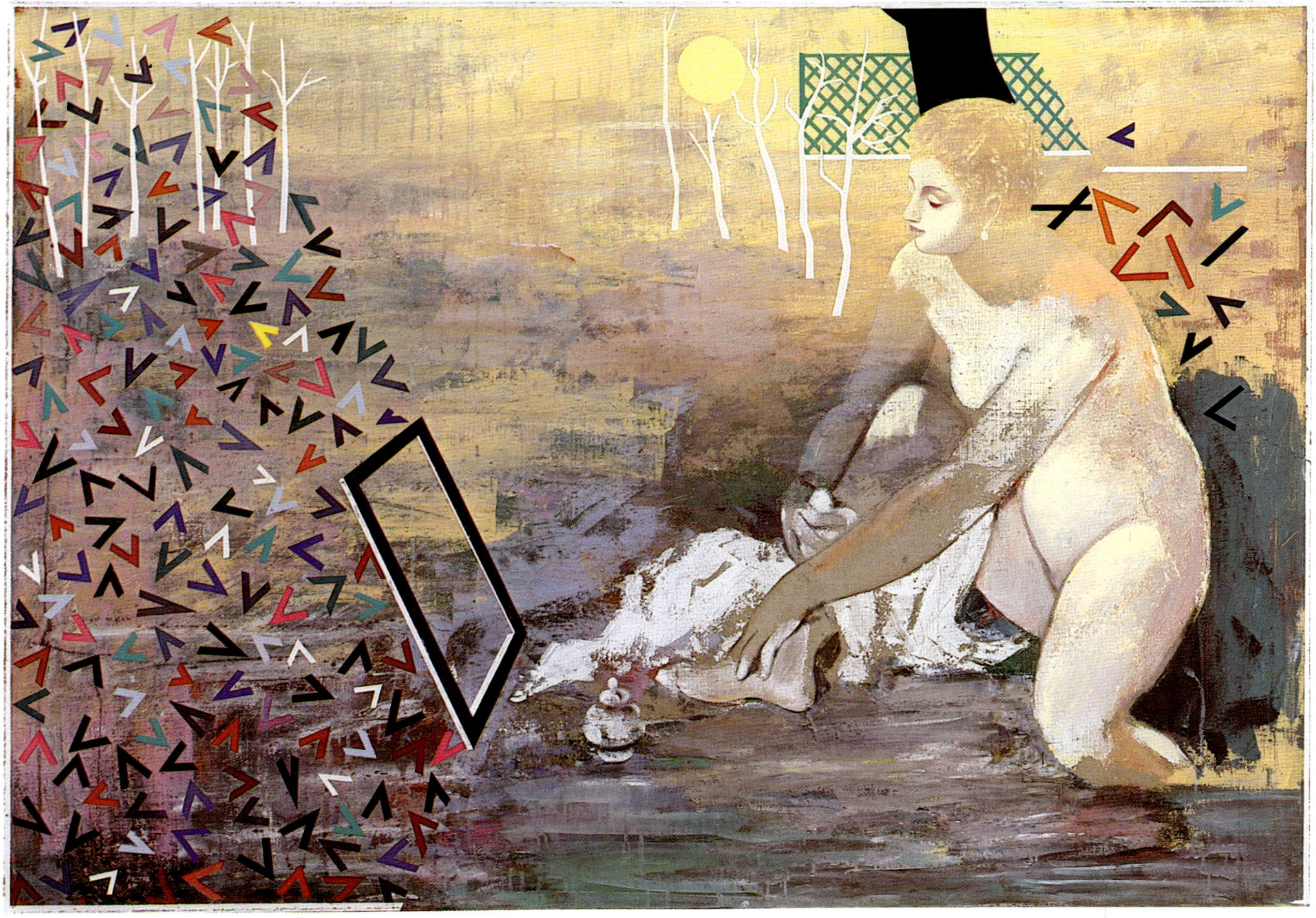

S[1] 1. *Susanna mit Spiegel für Tintoretto*, 1984, Acryl auf Leinwand, 114 x 164

wand, jenes zu vergessen, das mich zum Reden motivierte? Gewiß nicht.

Welches also ist Prêtres Motiv in der Serie: *Susanna*? Es ist Susanna. Welche Susanna? Susanna – nach *Susanna e i due vecchioni*, einem Gemälde von Tintoretto. Sie ist diejenige, die J.-C. Prêtre in seiner Serie darstellt. Einer Serie aus 121 Teilen oder ebenso vielen Bildern.»

Frage: Wo und wie wird das Motiv der Serie *ins Bild gesetzt*?

Bilder einer Ausstellung

Beginnen wir mit Nummer 1.

Susanna mit Spiegel für Tintoretto gibt sich natürlich nicht als getreue Kopie der Wiener *Susanna*. Tatsächlich handelt es sich um ein partielles Abbild des wunderbaren Referenten, der nur unvollständig wiedergegeben wird, reduziert auf einige *Notationen*, die den Wert von Hinweisen haben. J.-C. Prêtre macht keine Abzüge, er zieht ab. Tintorettos Gemälde ist unendlich reichhaltig, voll. Prêtre macht es ärmer, er entleert es. Er füllt es mit Abwesenheiten. Der üppige Garten weicht einem Raum mit ungewissen Grenzen in unbestimmten Farben. Einem Ödland, einem *no man's land*. Keine Männer mehr. Die beiden Alten sind verschwunden. Wie fast alle Elemente der Szenerie verschwunden sind. Außer, im Hintergrund, die grünen Rauten: das regelmäßige Kreuzgitter eines fragmentarischen Spaliers, teilweise verdeckt von einem dicken schwarzen

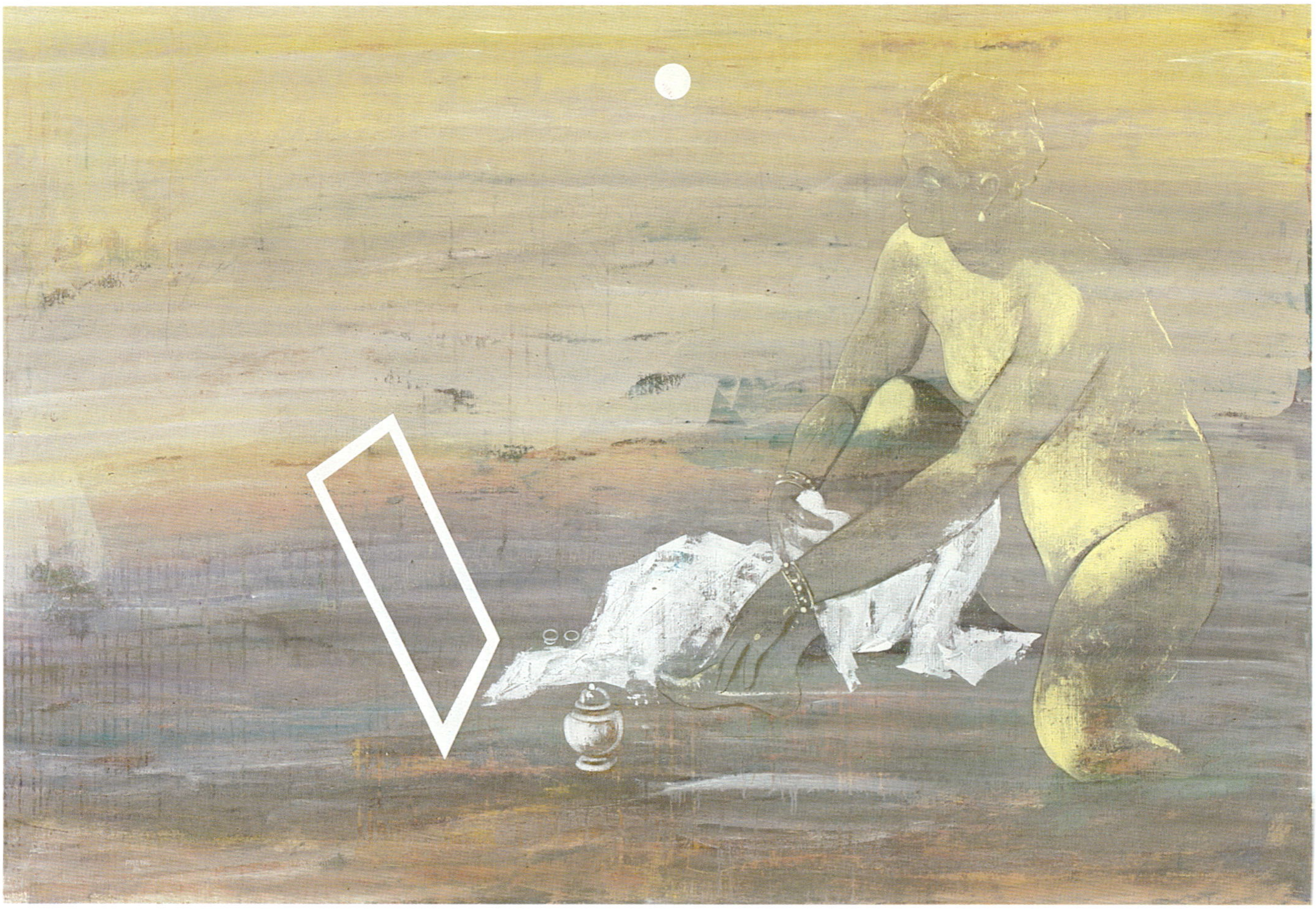

S[2] 2. *Harmonie des Abends*, 1984, Acryl auf Leinwand, 114 x 164

Stamm, der sich wie ein seltsamer Zylinder über Susannas Kopf erhebt. Hier und da andere Bäume, eher spärliche, kümmerliche Büsche ohne ein Blatt: weiße Verzweigungen.

Einige Fluchtlinien, aber nicht mehr die bei Tintoretto deutlich gekennzeichnete Zentralperspektive. Kein erkennbarer Horizont mehr, keine Grenze zwischen Himmel und Erde, zwischen Erde und Wasser. Ein Wetter Gott weiß welcher Jahreszeit. Spätherbst oder Winterausgang, mit Nebelschwaden in mattgoldenem Licht. Tintorettos scharf getrenntes Clair-obscur ist Zwielicht, Dämmerung geworden. Abend- oder Morgendämmerung?

Selbst Susannas Körper, der im Wiener Gemälde so fleischlich Gestalt annimmt, verliert hier an Substanz und Festigkeit. Er hebt sich nicht mehr mit der Schärfe, der bei dem Anderen so ergreifenden Plastizität vom Hintergrund ab. Im Gegenteil, er verschmilzt beinahe mit dem Hintergrund. Geht er vielleicht aus ihm hervor, um sich vor ihm abzuzeichnen. Oder geht er in ihn ein, um in ihm zu verschwinden?

Doch verliert er sich nicht gerade wie alles Übrige in diesem Hintergrund, weil der Spiegel fehlt, in dem Tintorettos Susanna ihr Bild betrachtet? Von diesem Spiegel ist nur noch der Rahmen da, er allerdings deutlich sichtbar und sogar durch dicke schwarze Striche hervorgehoben. Aber es ist ein *leerer* Rahmen.

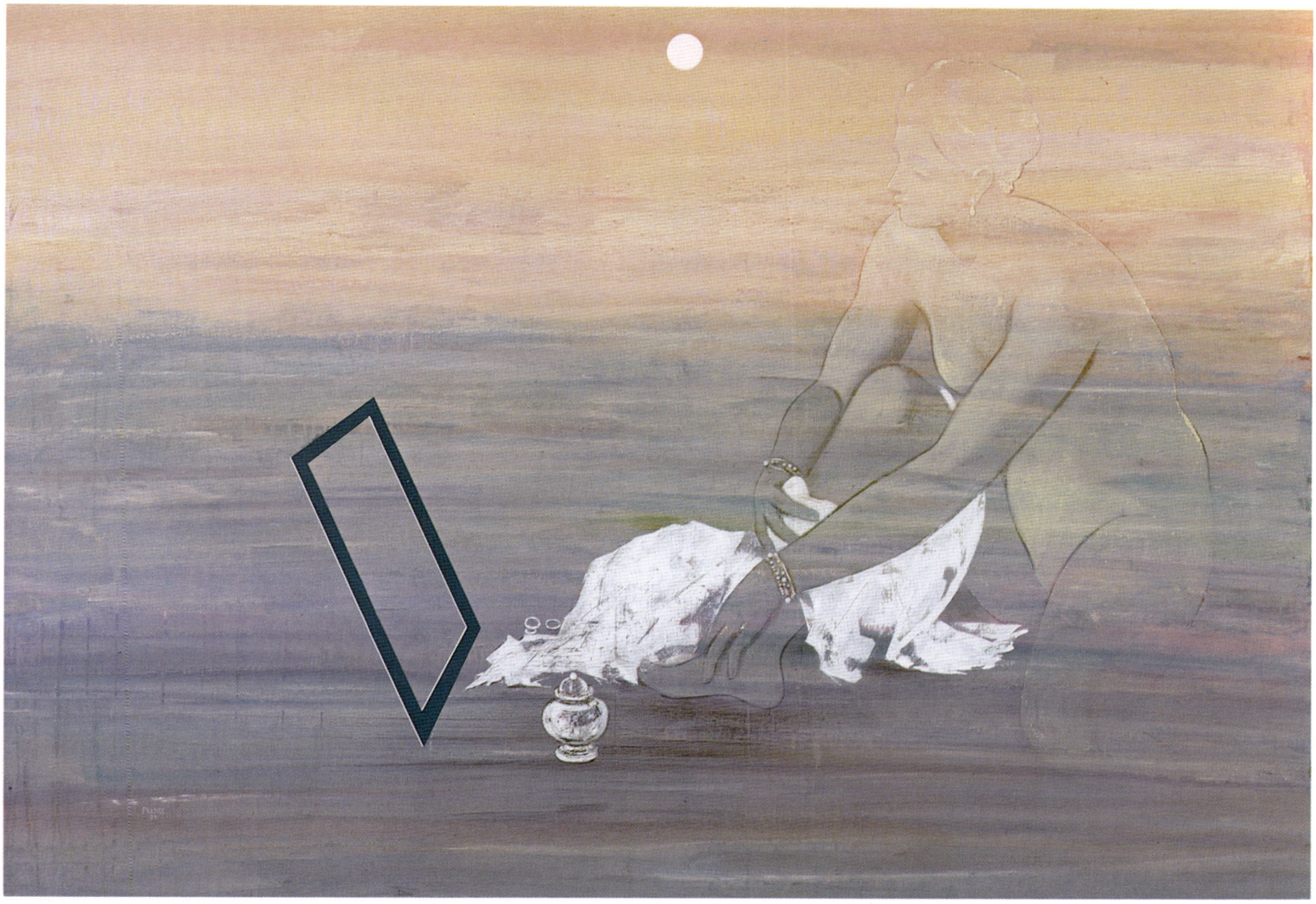

S[3] 3. *Einladung zur Reise*, 1984, Acryl auf Leinwand, 114 x 164

Als hätten dieser leere schwarze Rahmen oder diese schwarz gerahmte Leere am Anfang der allgemeinen Entleerung des Gemäldes von Tintoretto gestanden, die in dem von J.-C. Prêtre vorgenommen wird. Als wären durch das fehlende Bild in diesem kleinen Rahmen alle anderen Bilder des Anderen in Mitleidenschaft gezogen, größtenteils vollständig zum Verschwinden gebracht oder porös, gasformig, gespensterhaft geworden, außer dem Wenigen, was von ihnen bleibt.

Diese Abwesenheiten, diese Mängel, dieses Vakuum werden jedoch durch einige bemerkenswerte Hinzufügungen aufgefüllt. Vor uns, im Mittelpunkt, das runde Auge einer blaßgelben, glanzlosen Sonne. Und vor allem dieser doppelte bunte Schwarm von V, einige hinter Susannas Rücken, andere, die man und die auch sie selbst durch den Rahmen ihres ehemaligen, nunmehr in eine Luke verwandelten Spiegels durcheinanderwirbeln sieht. Doch was sollen diese V bedeuten – vorausgesetzt, sie wollen etwas anderes bedeuten als eben die Leere, das Vakuum, das sie versinnbildlichen und ausfüllen? Ein offenes Problem…

Das scheinbar bald gelöst ist, denn im folgenden Bild werden die V selbst verfliegen, verschwinden, die Stätte räumen. Der Prozeß der Entleerung setzt sich mit der Nr. 2, *Harmonie des Abends*, fort, in der sich das in den (weiß gewordenen) Rahmen dessen, was ein Spiegel war, eingeschriebene

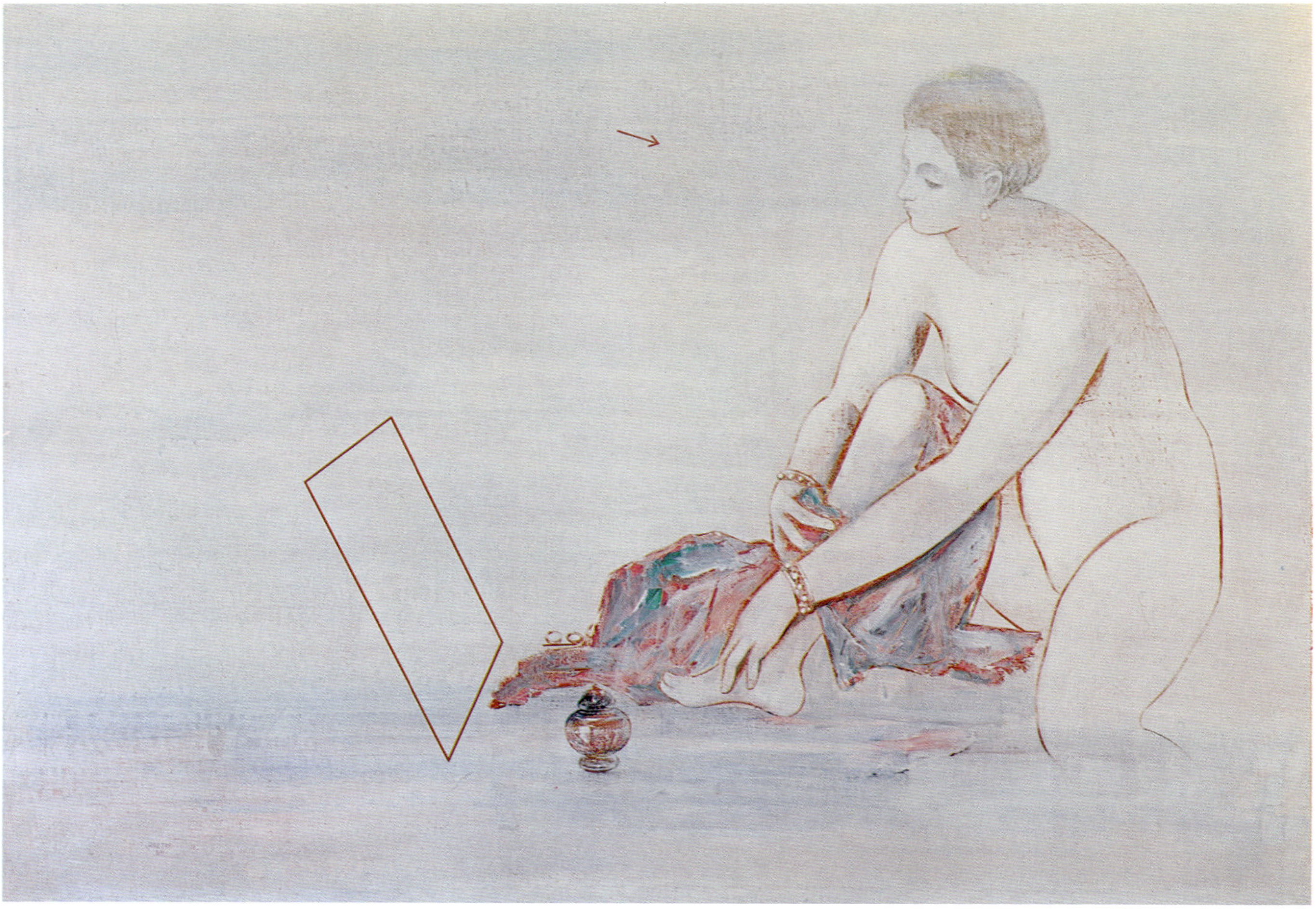

S[4] 4. *Susanna und Cupido!*, 1984, Acryl auf Leinwand, 114 x 164

Nichts über das Ganze ausgebreitet hat:

> *Die Blumen, sie verdampfen wie ein Weihrauchbecken…*

schreibt Baudelaire. Susanna, die keusche Blume, scheint ebenso zu verdampfen, leicht, ungreifbar.

In der Nr. 3, *Einladung zur Reise*, würde der leiseste Hauch der Abendluft genügen, um sie endgültig davonzutragen. Vor dem blau gewordenen Rahmen sieht man von ihrem Körper tatsächlich kaum mehr als reine Transparenz, und das weiße Tuch, das ihre Hand noch immer hält, scheint ihr fortan weniger zum Trocknen des Fußes zu dienen, als dazu, sich auf dem Bild auszuwischen, um zu verschwinden, ohne daß man wüßte, warum oder wohin.

Sollte Susanna, in der Nr. 4, *Susanna und Cupido!*, errötend von dem scharlachroten Pfeil eines unsichtbaren Eros (der in dieser sich verflüchtigenden Schönheit, *che si asciuga un piede*, wohl seine Mutter wiederzuerkennen glaubt) bezeichnet oder anvisiert, sollte die *Kleine Susanna auf der Insel* in der Nr. 5 etwa beschlossen haben, ihren vakanten Spiegel in Kythera aufzustellen, um dort eine heimliche Liebe hineinzusetzen? Aber die Insel ist unsichtbar. Oder vielmehr ist sie selbst die im Nebel, der das ganze Bild überschwemmt (sogar die weiße Scheibe einer Mondsonne, die rein symbolisch Licht in die vorangehenden Bilder brachte, ist verschwunden), schwebende Insel: Susanna, einsam, utopisch, irgendwo im Dunkel der Vorzeit verloren, nur auf sich selbst sich stützend, nur auf sich selbst beruhend, nur durch sich, an sich und für sich existierend. Die gleiche Trauminsel, möchte man meinen, auf der Valéry[8] seine junge Parze zum Bewußtsein erweckt:

Wer, so der Wind nicht, er nur, weint hier, zur
[Stunde,
die allein ist mit Diamanten, mit fernsten?…

8. A. d. Ü.: P. Valéry, *Die junge Parze*, übers. von P. Celan, Frankfurt am Main 1982, S. 9, 39 und 43.

S[5] 5. *Kleine Susanna auf der Insel*, 1984, Acryl auf Leinwand, 60 x 50

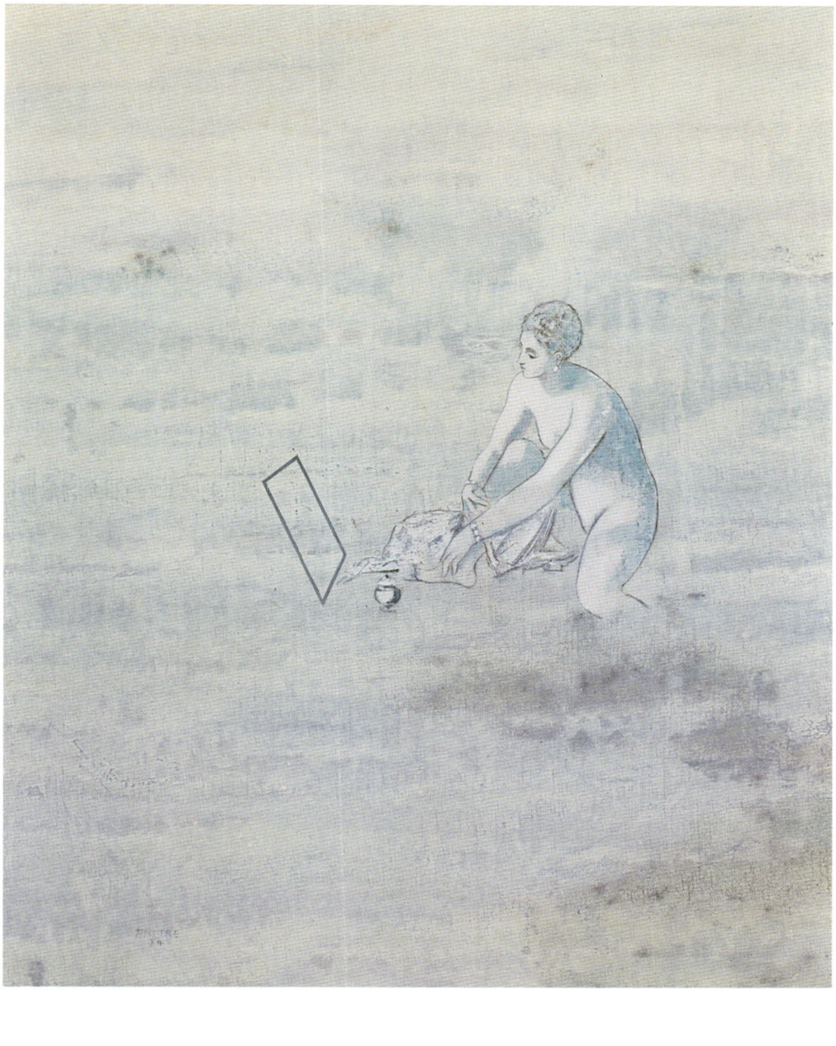

Doch (sollte es nur ein Gefühl sein?)

... durch ein Totenlaken, so scheint es, flicht
[der Wind zusammen,
was die See spricht, er webt ein Ungefähr

im *Spiegel im Wasser*, der Nr. 6. Unter Grautönen auftauchend, braut sich durch den leeren Rahmen des Spiegels wahrhaftig die Ahnung eines smaragdgrünen Meeres zusammen.

Ein Spiegel steigt, vom Meer...
Ein Lächeln auf der Lippe, von gestern –
[Kunde der
trübseligen und blassen und schwindenden,
[der Zeichen –,
schon übereists im Osten die Linien dort, die
[bleichen...
O sieh: ein Arm, ein reiner, wird sichtbar und
[liegt bloß...
Mein Arm, ich seh dich, wieder... Du trägst
[den Morgen...

Welchen Morgen? Den eines siebten Tages, der am darauffolgenden Morgen nur die Wiederholung des ersten wäre? Anscheinend, wenn ich all jenen v glaube, deren doppelten Schwarm ich rund um *Susanna im Spiegel für Tintoretto*, die erste, umherwirbeln sah, und die hier wiederkehren, nur anders angeordnet, um die siebte zu umgeben: *Susanna so keusch in ihrem Spiegel.* Wie ein grauer Schatten ersteht ihr Körper aus Asche, um sich im milden Licht einer elfenbeinfarbenen Morgendämmerung aufzuhellen. Sie wird wiedergeboren, Susanna, und so keusch wiedergeboren, daß der Spiegel sich ihrem Blick nun nicht mehr in Gestalt eines leeren schwarzen Rahmens, sondern in der eines *weißen Schirms* von makellosem Lilienweiß darbietet.

Diese siebte ist die letzte: die letzte der ersten *Susannen.* Die Nr. 8 von 1985 ist das erste Glied einer weiteren Serie, in die andere sich einschieben werden, Glieder anderer Serien,

S[6] 6. *Der Spiegel im Wasser*, 1984, Acryl auf Leinwand, 51 x 61

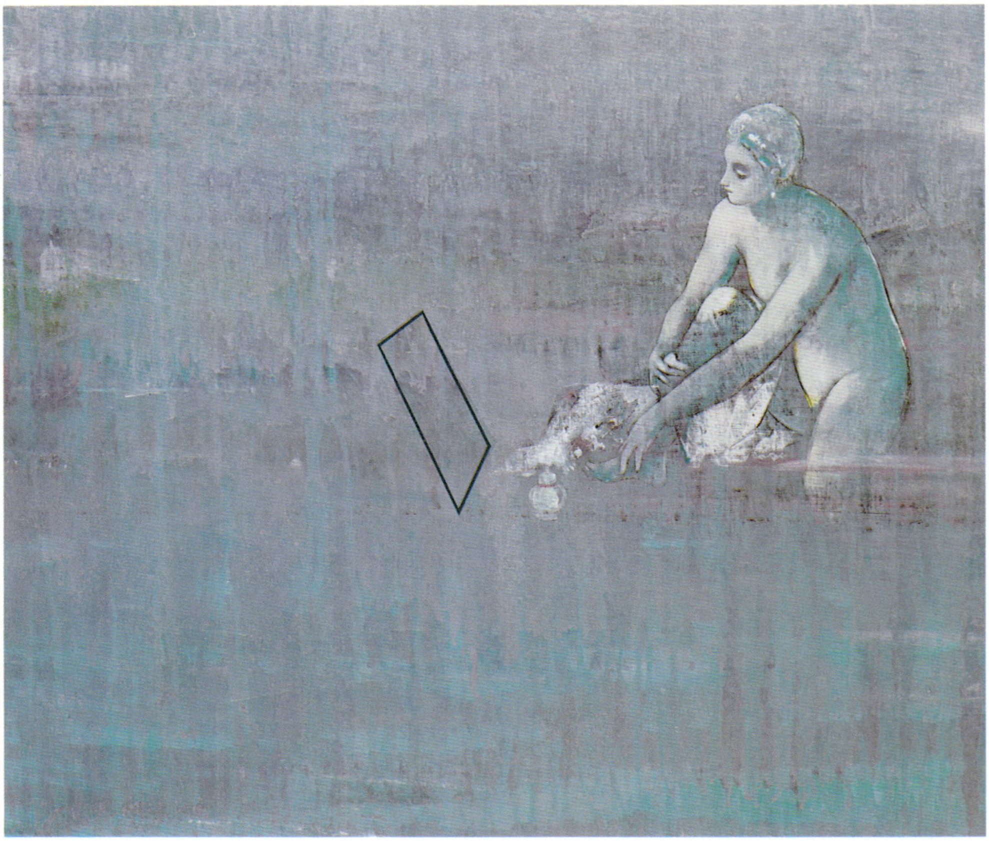

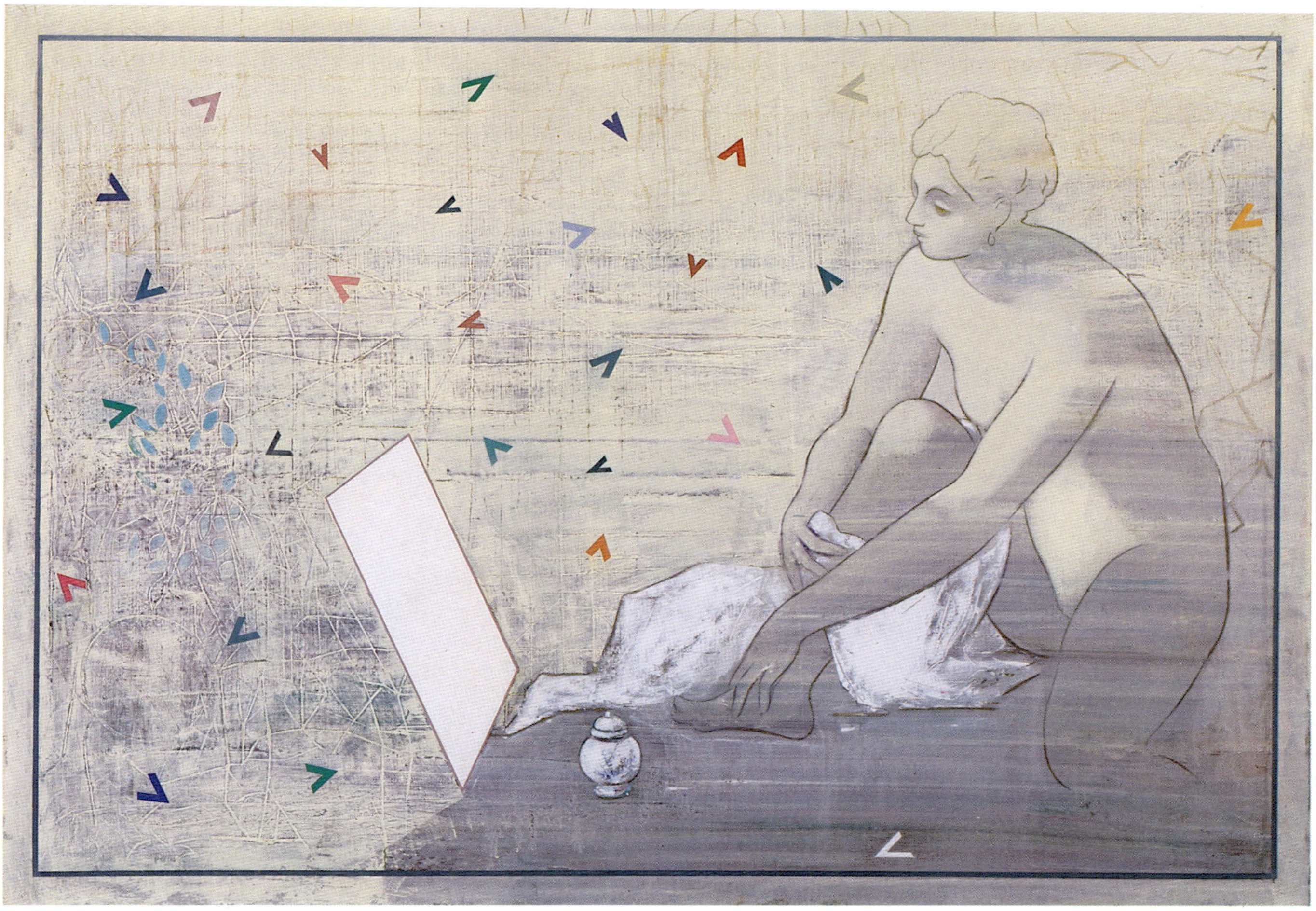

S[7] 7. *Susanna so keusch in ihrem Spiegel*, 1984, Acryl auf Leinwand, 114 x 164

die sich mit wieder anderen Serien verketten, etc. So bildet sich im Laufe von fünf Jahren, *Susanna* nach *Susanna*, das wunderbare Netz, das komplex Baumartige der Serie aller Serien namens *Susanna* heraus. So sieht man sie in anderer Gestalt, in andere Schleier gehüllt, von anderen Gemälden verschleiert, aus anderen Sichten gemalt, in verschiedenen Formen gesehen, aus allen möglichen Farben geformt, mit verschiedenen Stilmitteln umgeformt, erscheinen, verschwinden und wieder erscheinen, doch immer – so weit ihre Reisen sie auch geführt haben mögen, so bizarr ihre Seitensprünge auch erscheinen, durch welche Prüfungen sie auch hindurch mußte –, immer wieder kehrt sie hartnäckig und treu vor den Rahmen jenes Spiegels zurück und erforscht ihn ohne Ende, als wäre sie durch einen unsichtbaren Faden an ihn gebunden.

Durch den Faden eines Blicks, der, wie mir scheint, der einzige Ariadnefaden für denjenigen ist, der sich in das recht eigenartige Kaleidoskop, dieses regelrechte Spiegelkabinett hineinwagt, welches die von Prêtre gesehene und immer neu gesehene *Susanna* des Tintoretto ist, und der zu hoffen wagt, daß er, ich würde nicht sagen hinausgelangt (denn einmal eingetreten, möchte man gar nicht mehr hinaus), ja nicht einmal, daß er sich darin zurechtfindet, sondern daß er versteht, warum er sich darin verirrt. Und vor allem versteht, was ihn oder uns anzieht, was uns veranlaßt oder drängt, überhaupt hineinzugehen. Was hat Susanna so Überraschendes, daß sie uns *ruft*?

Denn «*wahre Malerei ist die, die uns (gewissermaßen) ruft, indem sie uns überrascht*», wie es bei Roger des Piles[9] heißt. Die uns auf eine Weise ruft und sich an uns wendet, daß wir uns aus Überraschung von ihr in die Falle locken lassen.

Daß wir bewußt weder wissen, woher noch in welcher Form der Ruf des in einem Gemälde verborgenen Blicks uns erreicht, ja nicht einmal, an welchen unbekannten Teil unserer selbst er sich richtet, verstärkt nur die Wirkung, die «*wahre Malerei*» auf uns ausübt. Ihr Ruf ist jedenfalls so stark, so unabweislich, «*daß wir nicht umhin können, uns ihr zu nähern, als hätte sie uns etwas zu sagen*», ohne uns aber zu sagen, was. Als hätte sie uns etwas zu zeigen, was sie uns aber verbirgt. Indem sie uns zeigt, daß sie es verbirgt. Indem sie im vollen Licht das Dunkel ihres Mysteriums zur Schau stellt. Indem sie es uns dunkel erhellt. So, wie uns – im Schatten ihres geheimen Gartens leuchtend hervorgehoben – der strahlende Körper der in ihren Spiegel versunkenen keuschen Susanna von Tintoretto erscheint.

Sein Meisterwerk, Ergebnis einer Forschung, die soweit vorangetrieben wurde, wie es einem Maler, wenn er seine Kunst beherrscht, nur möglich ist, liefert uns keinen Schlüssel. Der Schlüssel dieses Meisterwerks ist sein Geheimnis selbst. Das verkörperte Geheimnis der Malerei schlechthin, die hier an ihre Grenzen stößt und es uns in dem Bild, durch das Bild *Susanna* kundtut. Schweigend. Wortlos.

Auch Prêtres *Susanna* spricht kein Wort. Sie wiederholt sich, als wolle sie nur um so tiefer dieses Schweigen

9. R. de Piles, *Cours de peinture par principes* (1708), Paris 1989, S. 8.

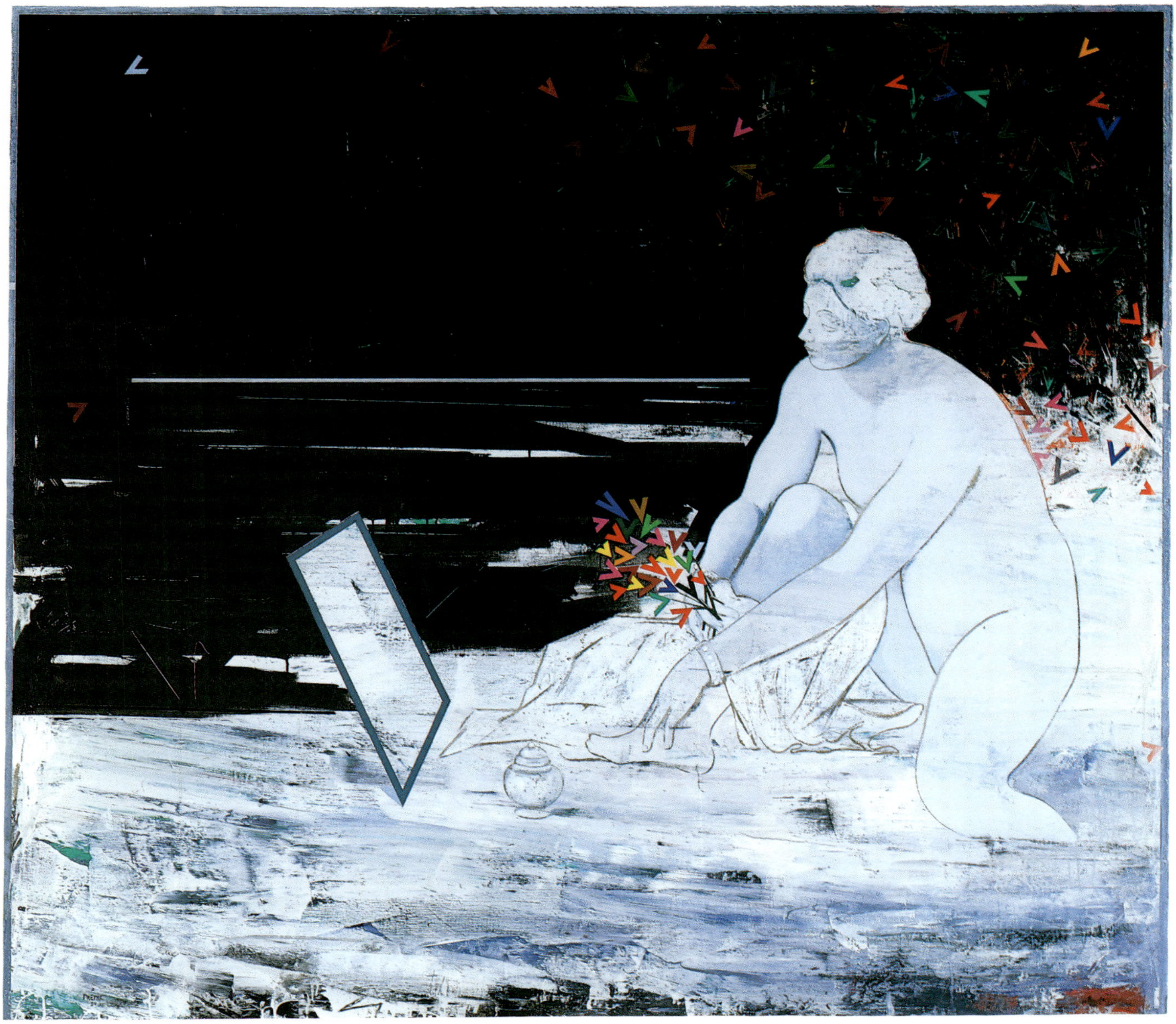

S[8] 8. *Susanna mit Strauß*, 1985, Acryl auf Leinwand, 180 x 207

wahren, an dem ihr liegt, und das ihr durch ihr malerisches Sein auferlegt ist.

Dennoch habe ich den Eindruck, daß sie uns, daß sie sich von Bild zu Bild Zeichen gibt. Daß jeder Bestandteil der Serie, ähnlich den Gliedern einer signifikanten Kette, dem folgenden einen Sinn verleiht, indem es dem vorhergehenden einen Sinn entnimmt. Daß ihr Verlauf, so labyrinthisch er auch scheinen mag, eine Art Diskurs erzeugt, der vielleicht eine verschlüsselte Botschaft weitergibt. Daß man, um diese Botschaft entschlüsseln und *Susannas* vermuteten Diskurs vernehmen zu können, die Anfangs-Serie neu befragen muß, die chronologisch mit der siebten, *Susanna so keusch in ihrem Spiegel*, endet.

S[10] 10. *Susanna im Vollmond*, 1985, Acryl auf Leinwand, 114 x 164

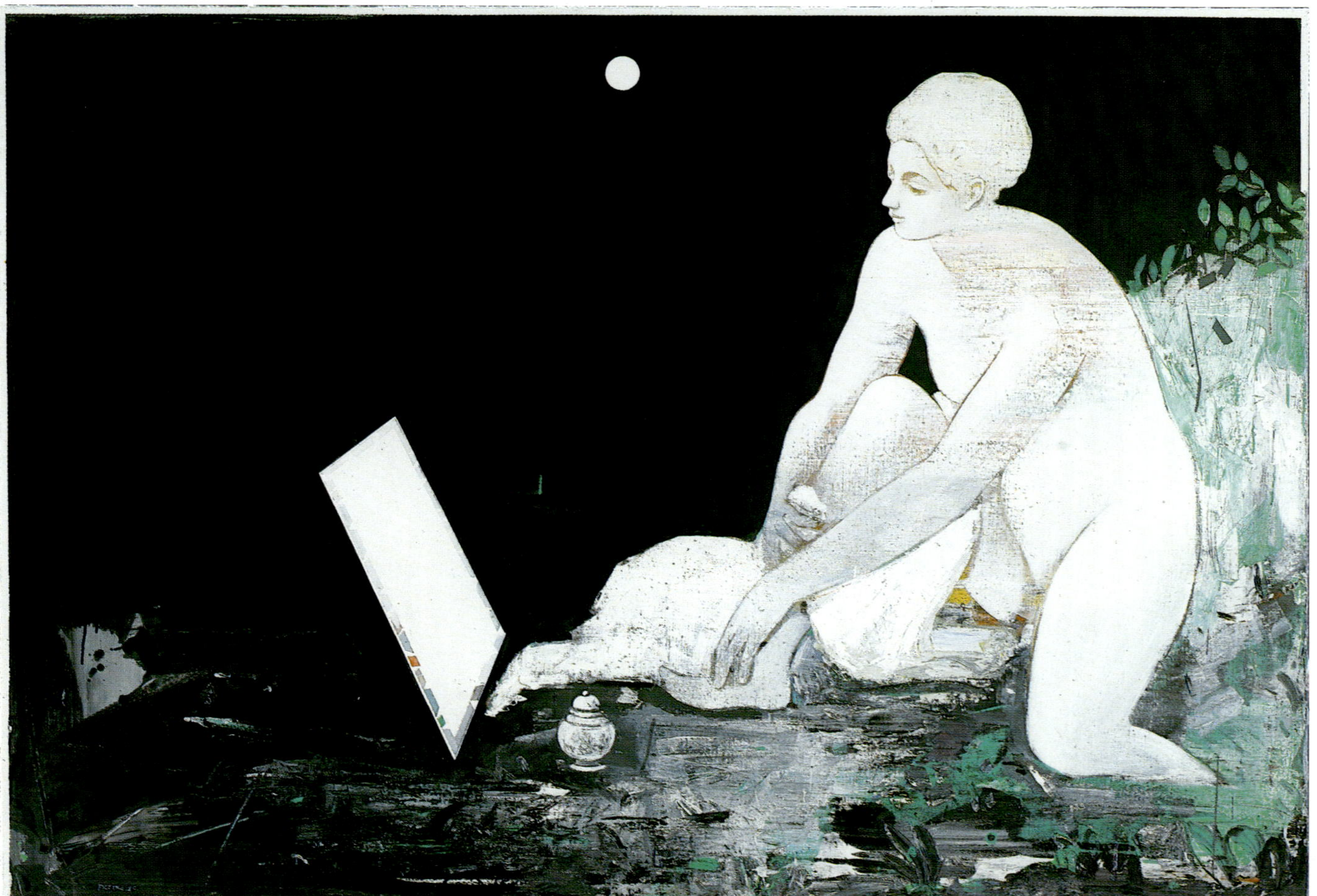

Setzt diese siebte nur eine chronologische Grenze? Ich glaube nicht. Sie muß auch als letzter Akkord einer Ouvertüre, als letztes Tableau eines Eröffnungsspiels gedeutet werden – als Abschluß eines Prologs, der uns eine Genese vor Augen führt: die Exposition eines *Motivs*, das die *Ursache* enthält, die es erlaubt, der Kaskade auf den *Grund* zu gehen, deren vielfältige Wirkungen die schwer nachvollziehbare, langwierig zu beschreibende, unmöglich auszumalende, allenfalls schreibend zu parodierende Geschichte ausmachen. Eine Geschichte, die sich, wenn man bedenkt, wie sie angefangen hat, unausweichlich so abspielen mußte, wie sie sich abspielt.

Wie sie angefangen oder wieder angefangen hat? Wenn bei J.-C. Prêtre nämlich alles bei *Susanna mit Spiegel für Tintoretto* anfängt, so ist diese seine erste in Wirklichkeit nur eine zweite. S_2 und nicht S_1. S_1 gilt streng genommen nur für die Andere, die des Meisters. Aber sollte *Susanna* Nr. 1 von J.-C. Prêtre nicht gerade als S_2, indem sie den im Initial enthaltenen geheimnisvollen Ruf empfängt und ihn von Bild zu Bild bis ans Ende der Kette weiterleitet, der großen Ersten einen Sinn verleihen? Sie aus ihrem Mutismus, fast schon aus ihrem Autismus herausreissen, sie einladen, am hellichten Tag ein Wissen zu äußern, das im Dunkeln nicht erkannt wird, sie herausfordern, das zu sagen, was sie nicht gesagt hätte ohne sie, die Zweite, ihre Nachfolgerin – ein wenig ihrer Vertraute, ähnlich wie die, die unser klassisches Theater bevölkern?

Der fliegende Buchstabe aus dem entwendeten Brief

Kehren wir also zu Prêtres *Susanna* Nr. 1 zurück, der er den Titel *Susanna mit Spiegel für Tintoretto* gibt. Dieses *für Tintoretto* verdient, daß man kurz darauf eingeht. Wahrscheinlich ist es in erster Linie als Widmung zu verstehen, als Hommage des Malers an den Meister, als eine Art Schuldanerkennung: Ich gebe Euch zurück, was ich Euch schulde, Meister. Und ich schulde Euch viel. Ich schulde Euch sogar alles, denn ohne Eure *Susanna* hätte die meine, hätten die meinen nicht stattgehabt.

Nur gibt Prêtre dem Meister eben nicht alles zurück. Bei weitem nicht. Nachdem er eine Truhe voller Herrlichkeiten von dem Anderen bekommen hat, gibt er ihm die Kiste leer oder jedenfalls fast leer zurück. Ein seltsames Opfer, das den Eindruck macht, als verstieße es bewußt gegen die elementaren Regeln des Tauschs, wie Marcel Mauss sie in *Die Gabe* beschreibt.

Tatsächlich ist die *Susanna mit Spiegel* von J.-C. Prêtre, wie ich bereits anmerkte, nicht Tintorettos *Susanna* im Spiegel. Zu viele Dinge – viele Bilder – fehlen ihr, als daß er behaupten könnte, *Susanna* Strich für Strich wiederzugeben.

Dabei fehlt es diesem ersten Bild nicht etwa an Strichen. Im Gegenteil: Striche gibt es genug, viel mehr als Bilder und anstelle von Bildern, *Striche für Bilder*, so ließe sich der Tausch, der hier vollzogen wird, auf eine Formel bringen.

Für Tintoretto würde dann weniger auf eine Rückerstattung als auf ein

Ersetzen hinweisen: mehr Striche anstelle von weniger Bildern. Dies *für* das, wie man sagt: ein Wort *für* das andere. Ob Lapsus oder Wortspiel, ob komischer oder poetischer Effekt, ersetzen ist immer ein Mittel, mehr oder etwas anderes zu verstehen zu geben als das, was man sagen will oder sagen zu wollen scheint. Der durch ein Bonmot oder ein treffendes Wort hervorgerufene Effekt ist ein Sinneffekt. Tatsächlich taugt jedes Wort dazu, Sinn zu produzieren. Es genügt, ein Wort zu sagen, statt das Ding selbst zu zeigen, und Sinn kommt auf. Jedoch nicht ohne eine gewisse Tilgung des Dings. Das Reale zu symbolisieren ist ein Gewinn, der nicht ohne Verlust entsteht. Das Wort für das Ding zu sagen, es mit einem Signifikanten, der es benennt, zu kennzeichnen, bedeutet nach Hegel (und nur um diesen Preis kann Sinn entstehen) einen Mord an dem Ding. Einen Mord, der sich fortan, Wort um Wort, von Signifikant zu Signifikant wiederholen wird, sofern diese Sinnträger sind[10].

Ich würde nicht behaupten, daß es bei Prêtres Susanna einen Mord gegeben hat. Ich habe jedoch auf die schwarzen Striche hingewiesen, von denen ihr leerer Spiegel im Stil einer Todesanzeige umrandet ist. Ich nehme also zumindest an, daß Trauer herrscht. Um den Verlust eines geliebten Wesens. Trauer und Melancholie? Susanna sieht wirklich melancholisch aus. Sollte ein einziges Wesen ihr fehlen, daß alles entvölkert ist?[11]

Entvölkert? Nein. Bevölkert von Strichen, den V. Nichtigen Signifikanten des Vakuums, der Leere? *Vanitates vanitatum*, Dürers Zirkel, auf den sich alle Dinge in den Augen einer Susanna reduzieren würden, die, wenn sie ihr Bild nicht mehr darin fände, beschließen würde, eine Welt zu verlassen, die sie hinfort nicht mehr ansieht und somit nichts mehr angeht?

Also wirklich... Ich könnte doch ebensogut behaupten, daß sie mitten in ihr ist und sich von überall angesehen fühlt. Man braucht nur Dürers Zirkel zu vergessen und jene V als Winkel wahrzunehmen, Markierungen der vielfältigen Gesichtspunkte, unter denen Susanna sich der Sicht unsichtbarer, rings um sie allgegenwärtiger Augen darböte. Und wer könnte sie so unter allen Blickwinkeln schauen, wenn nicht Engel?

Das aber hieße, sie etwas überstürzt in die Gefilde der Glückseligen zu versetzen. Nicht jeder Engel ist ein Cherubim. Es gibt böse Engel, Dämonen. Treten diese v im übrigen nicht vor allem vermehrt an der Stelle auf, an der bei Tintoretto die beiden Alten lauern? Die Strafe, die Daniel ihnen in der Bibel verheißt, ist die, daß sie nach ihrem Tod mit dem Schwert durchgespalten werden. Sind es nicht eben diese teuflischen Alten, die nicht nur zweigeteilt, sondern diabolisch verdoppelt als böse Engel zurückkehren und sich daran verlustieren, ihre unschuldige Beute – von vorn, von hinten, kreuz und quer – mit einem Blick zu umfangen, der, symbolisch geworden, viel mächtiger ist, als er es wirklich war? Sie haben die Hölle verdient. Sind sie jetzt etwa im Paradies? Einem Paradies, das somit für Susanna zur Hölle

10. «Mit der *Metapher* (im Lacanschen Sinn), *insofern sich in ihr jene erste Attribuierung konstituiert, die aussagt: 'Der Hund macht miau, die Katze wauwau', erhöht das Kind mit einem Streich, das Ding von seinem Ruf trennend, das Zeichen zur Funktion des Signifikanten und die Realität zur Sophisterei der Signifikation und erschließt, sich über die Wahrscheinlichkeit hinwegsetzend, den ganzen Reichtum aller verifizierbaren Objektivationen ein und derselben Sache.*» Vgl. J. Lacan, «Subversion des Subjekts und Dialektik des Begehrens im Freudschen Unbewußten», übers. von Ch. Creusot u. N. Haas, in: *Schriften II*, Olten 1965, S. 180.

11. A. d. Ü.: Vgl. das Gedicht *L'isolement* von A. de Lamartine.

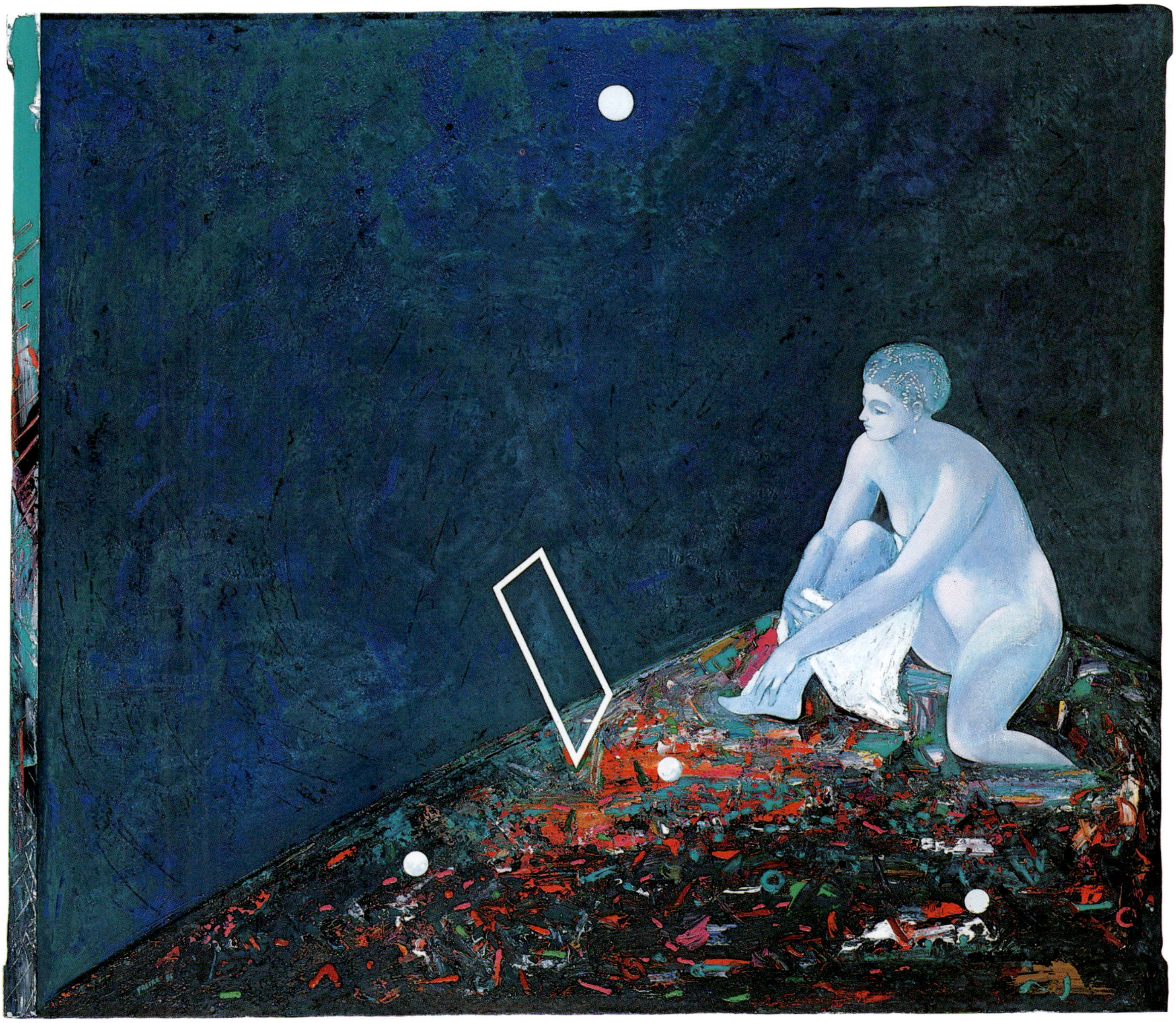

S[12] 12. *Susanna auf dem Fauve-Hügel*, 1985, Acryl auf Leinwand, 180 x 207

würde. Eben kam sie mir noch melancholisch und etwas selbstmordgefährdet vor. Ist sie nicht vielleicht eine große Verfolgte? Ein Grund mehr für sie, sich verflüchtigen zu wollen, wie sie es zu tun scheint.

Doch wenn man die V schon buchstäblich versteht, warum sollten die lüsternen alten Voyeure dann als einzige berechtigt sein, ihnen Bedeutung zu verleihen? Zumal sie, wie man weiß, unverbesserliche Lügner sind und somit, denke ich, ohne weiteres imstande, die V Lügen zu strafen, indem sie arglistig bei ihnen unterschlüpfen und ihr verlogenes Phantom schamlos an die Stelle der wahren Wahrheit oder irgendwelcher Spielarten der Wahrheit setzen, die mindestens den gleichen Anspruch hätten wie die beiden Alten, sich hier farbig gedruckt zu sehen und ein geheimes Kalligramm zu bilden.

Ein Kalligramm, das wie zu entziffern wäre? Als freudige Verherrlichung der keuschen Susanna? Als eine für ihre Augen bestimmte Versinnbildlichung des Sieges ihrer eigenen Tugend, der ihr ewiges Leben verheißt? Diese schlichte Wahrheit von wahrhaft biblischer Schlichtheit würde Susanna gewiß ohne Zögern als die ihre annehmen.

Ist dies aber Susannas einzige Wahrheit? Verbergen ihr andere V hinter ihrem Rücken nicht Wahrheiten, die sie vermittelt, ohne es zu wissen? Auf diese Wahrheiten hätte die Susanna der Bibel natürlich gern verzichtet. Aber ihre lange Geschichte hat sie ihr gegen ihren Willen, ohne ihr Wissen angehängt und ihr aufgetragen, sie weiterzugeben. Sie hat nämlich viel von sich reden gemacht, ist viel gereist und vielen Leuten begegnet, vor allem seit sie sich hat malen lassen. Das Venedig des 16. Jahrhunderts ist kein sehr empfehlenswerter Ort für eine keusche Ehefrau.

Sie ist umgezogen? 1824 nach Wien übergesiedelt? Das ist ja noch schlimmer! Denn Dr. Freud, der sich später dort niederließ, ist genau der Richtige, um hinter den Wahrheiten, die man zeigt, jene zu entdecken, die man verbirgt und vor sich selbst verbirgt. Er hat versucht, dies seiner Patientin Dora klarzumachen, einer jungen Hysterikerin, die nach einigen Sitzungen entschied, daß sie hinlänglich Bescheid wüßte, und sich bei dem Doktor nicht mehr blicken ließ. Wenn Susanna sich in Prêtres Bild nun wieder *blicken* läßt, spürt man genau, daß sie es widerwillig, widerstrebend tut. Sollte sie, in ihrem Narzißmus tödlich gekränkt, diesen Wahrheiten, ob venezianisch oder wienerisch, die man ihr hinterrücks angehängt hat und deren Deutung sie nicht hören mag, entfliehen wollen? Ja, sie verfüchtigt sich und nimmt wie die schöne Dora ihr Geheimnis mit, jenes schwarze X (?), das der Maler ihr in den Nacken gesetzt hat...

Er respektiert nämlich ihr Geheimnis. Ich dagegen!

«In was mischen Sie sich ein?» könnte er mich anfahren. «Meine Susanna erscheint Ihnen melancholisch, verfolgt oder gar rundweg hysterisch? Sie will entfliehen? Das ist nicht wahr. Und im übrigen, wenn es wahr wäre, wäre es Ihre Schuld. Sie quälen sie, machen sie krank. Lassen Sie sie doch in Frieden! Die V sind weder abartige Blickwinkel noch, der Sinnigkeit zum Trotz, fliegende Buchstaben, weder dies noch das noch dies für das. Was sie für Sie bedeuten, bedeuten sie eben für Sie. Sie geben ihnen nur Ihre eigene Botschaft zurück. Die Leere und die *vanitas*, die Sie in ihnen entdecken, sind Ihre eigenen, denn es macht Ihnen hundsgemeinen Spaß, vergeblich über diesen Spiegel zu spekulieren. Der lüsterne alte Voyeur sind Sie selbst, der Sie sich in Stücke reißen, um überall zu sehen, was nirgendwo ist. Behalten Sie Ihre Wahrheiten, ob venezianisch oder wienerisch, für sich. Ich will sie nicht. Meine V sind V. Sonst nichts.»

Und er hätte recht. Durch meine Beharrlichkeit, seinem Bild Sinn zu entlocken, bringe ich diesen zum Schäumen und ertrinke darin.

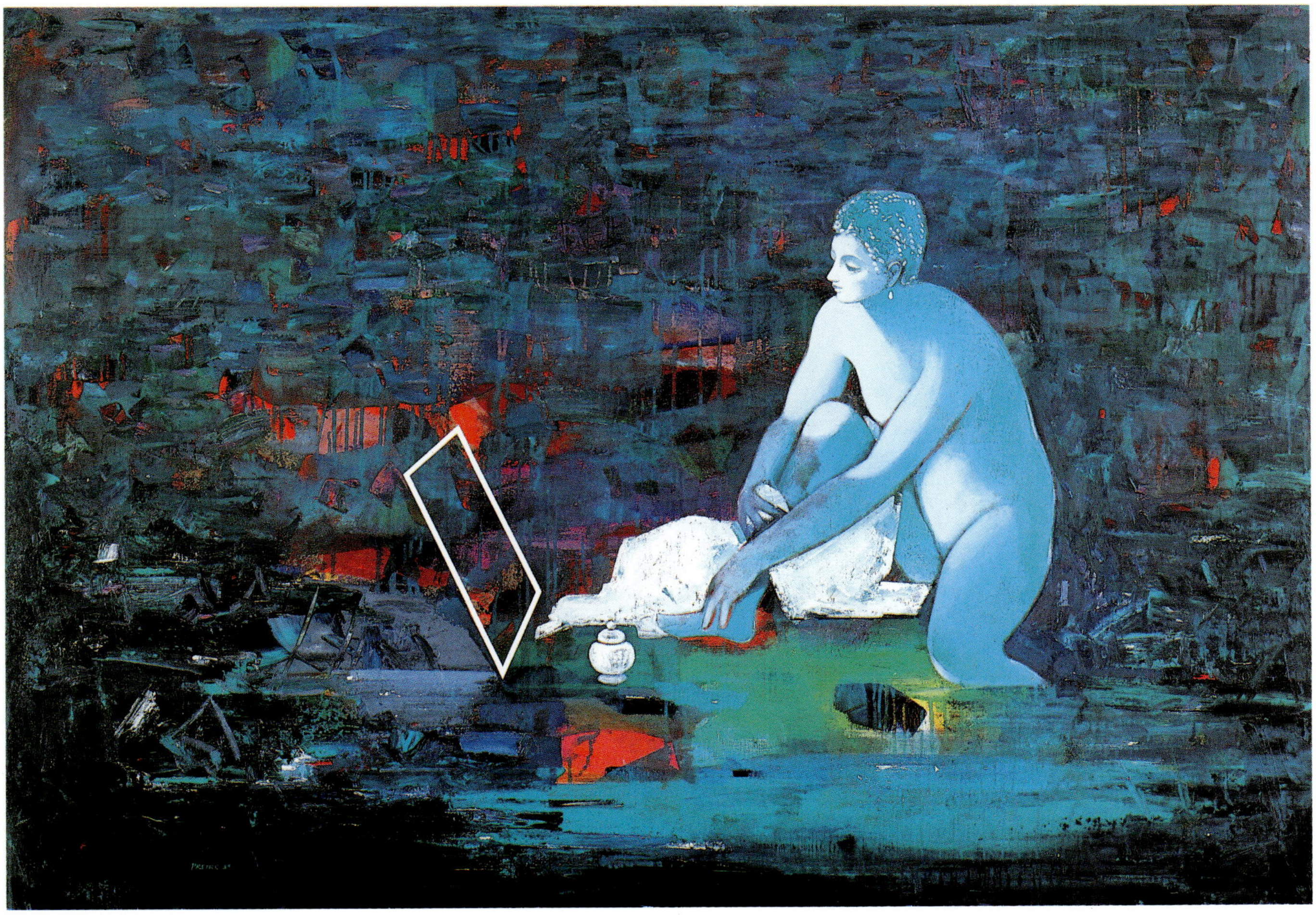

S[11] 11. *Susanna in Giverny*, 1985, Acryl auf Leinwand, 114 x 164

Gewiß, das Bild bedeutet, aber zuviel, und das ist nicht genug. Denn um überhaupt klug daraus zu werden, müßte ich zwischen all den verschiedenen Bedeutungen wählen. Ich kann mich nicht, ohne mit der Logik zu brechen, gleichzeitig an mehrere unverkennbar widersprüchliche Deutungen halten.

Ich weiß, aber trotzdem... Wissen Sie, ich habe den Eindruck, daß die ∨ selbst ihre Stellung als Motiv, die der Maler ihnen zugewiesen hat, ausnutzen und mich boshaft aufstacheln, über sie zu spekulieren. Ich habe Winkel in ihnen gesehen, habe Buchstaben, ein Kaligramm in ihnen gelesen. Wenn sie nun obendrein auch noch Symbole wären, wie man sie aus Büchern über moderne Logik oder Algebra kennt, die in dem Bild meine Ratlosigkeit selbst widerspiegeln und symbolisieren? Denn so, aufrecht, ist ∨ das Symbol der Disjunktion – *entweder... oder* –, man muß wählen, folglich ausschließen. Aber verkehrt herum, so: ∧, ist es das Symbol der Konjunktion – *und* –, man muß nicht wählen, sondern vereinen, zusammenfassen. Nun sehe ich hier aber ebenso viele ∨ wie ∧. Also: wählen? Nicht wählen? Es ist zum Verrücktwerden. Außer, man hält sich bei diesen ∨ nur an die so gesetzten: >, was *größer, höher, überlegen* bedeutet... Mit welcher Folgerung? Daß ich Susanna überlegen bin, dieser erhabenen Schönheit, die mich mit ihrem hochmütigen Schweigen vernichtet? Nein, ich stehe nicht über ihr. Ich bin ihr Untergebener. Ihr Diener. So liegend: <, das bin *ich*, der ich rede und rede und mich aufblase, wo ich

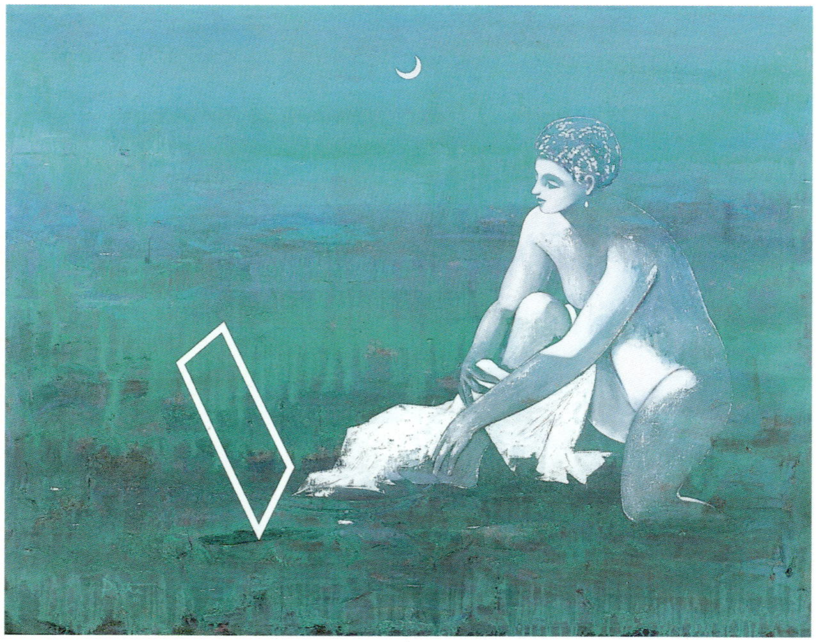

S[15] 15. *Susanna mit zunehmendem Mond*, 1986, Acryl auf Leinwand, 114 x 146

S[18] 18. *Susanna im Smaragdsee*, 1986, Acryl auf Leinwand, 114 x 146

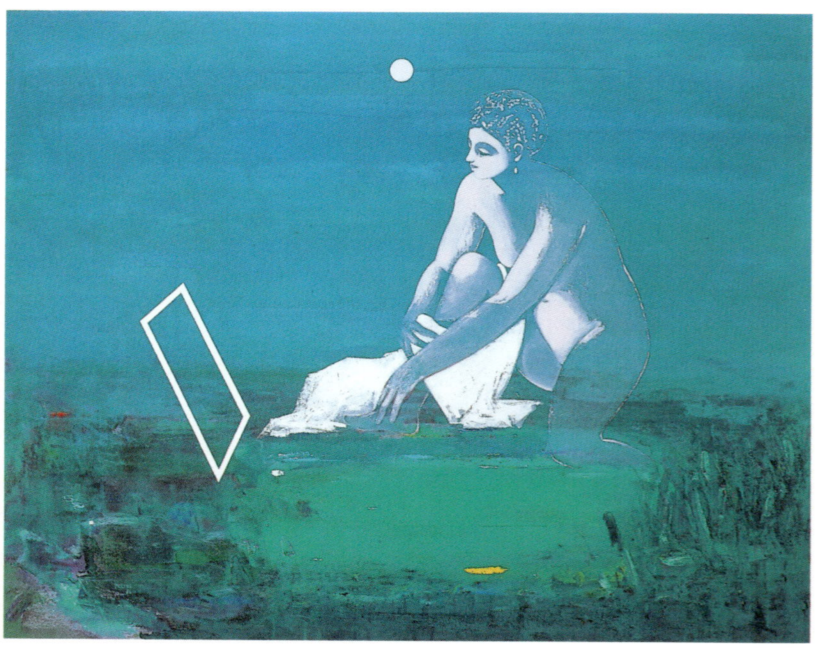

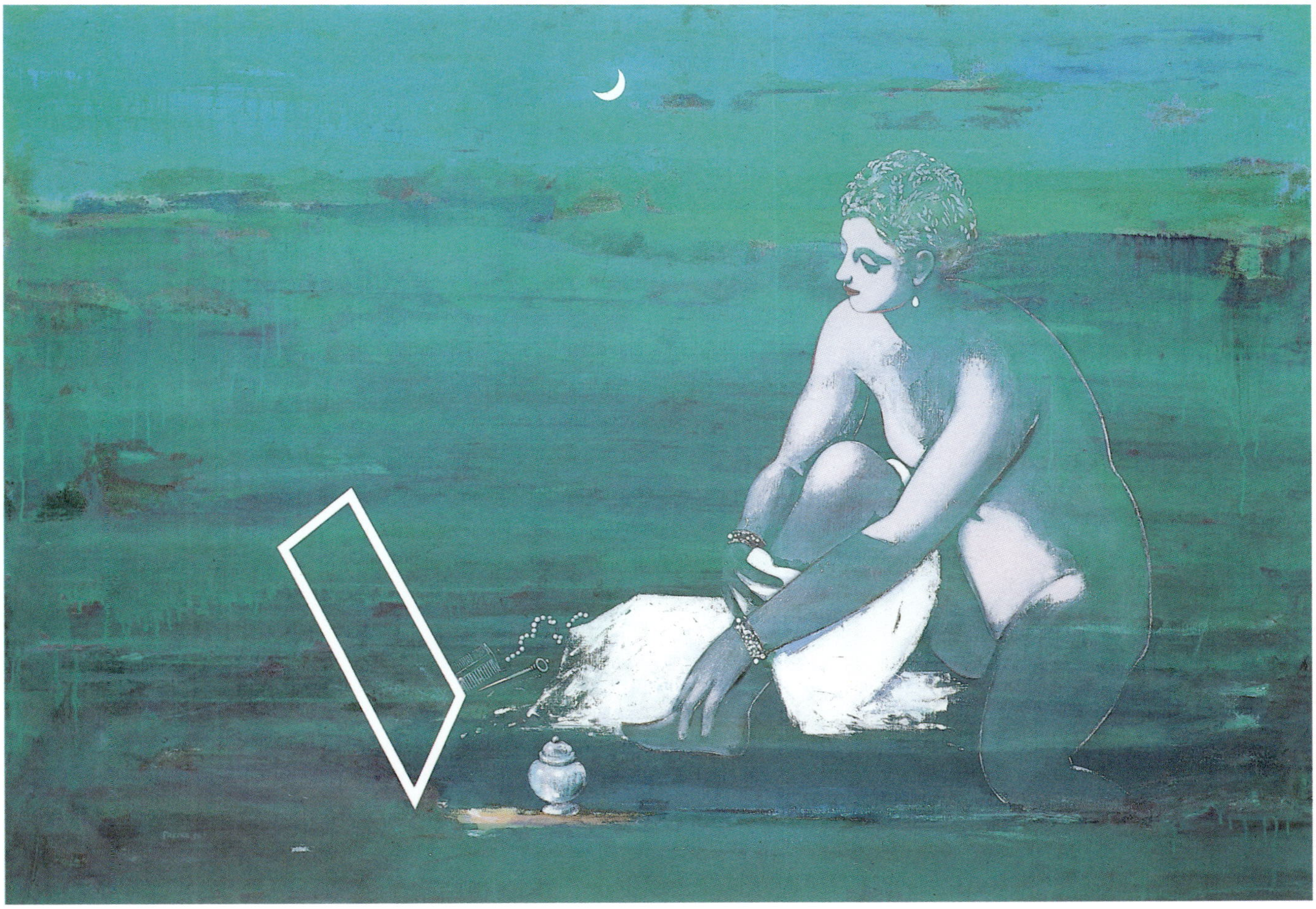

S[19] 19. *Susanna mit Schmuck*, 1986, Acryl auf Leinwand, 114 x 146

mich doch winzig klein machen müßte, zu weniger als nichts vor IHR.

IHR, der Unbekannten, mit jenem χ als Multiplikator ihres Geheimnisses, das sich in allen Buchstaben wiederholt und zur Schau stellt, das hier, vor meinen Augen, vervielfacht durcheinanderwirbelt. Um mir in die Augen zu springen – wer weiß?

In der *Suche nach der verlorenen Zeit* hat der junge Marcel, als er eines Tages in der Ferne die beiden Kirchtürme von Martinville erblickt, plötzlich den Eindruck, dieses Duo rufe ihn, gebe ihm ein Rätsel auf und dränge ihn, es zu lösen. Er versucht es. Er versucht sogar, die chiffrierte Botschaft schwarz auf weiß klar niederzulegen. Vergebens. Es ist unmöglich, Tinte und Papier zu veranlassen, das zu sagen, was dieses Reale von ihm will, das sich jedem Versuch der Symbolisierung mit der gleichen entmutigenden Hartnäckigkeit widersetzt wie Tante Léonies blühende Weißdornhecke oder die unauffindbaren Quellen der Vivonne oder auch die Spiegelung eines Dachs in einem Teich, angesichts derer demselben kleinen Marcel, ungeduldig wie ein Kind, dessen Mutter einer Laune nicht nachgeben will, nichts Besseres einfällt als *«Mist, Mist, Mist»*[12] zu rufen.

Und nochmal Mist! hätte auch ich (in angemessener Weise natürlich) Lust, angesichts der *Susanna* von Tintoretto, für Tintoretto, von J.-C. Prêtre auszurufen.

Nein, ich werde nicht aufgeben, das Mittel zu suchen, um ihr Geheimnis zu lüften. Aber wie soll ich es anstellen, da sie ja nicht spricht? Da immer nur *ich* spreche? Dabei bin ich sicher, daß sie mir viel zu sagen hätte. Daß Prêtre ihr mit seiner Weigerung, die *Susanna* des Anderen in seiner *Susanna* Strich für Strich wiederzugeben, Gelegenheit gibt, die Lektion, die sie sich, ihm und mir in, durch, über Malerei erteilt, nochmals zu überdenken, sie ihm und mir noch einmal vorzulegen. Eine Lektion, die sie mir bei den vielen Übungen, die sie mir zumutet, schon irgendwann verständlich machen müßte. Ich wittere in ihr eine unvergleichliche Repetitorin. Eine Meisterin des Rezitierens. Was eigentlich niemanden überraschen dürfte: ist sie, einem Gemälde von Tintoretto entnommen und von ihm herbeizitiert, nicht selbst schon ein «Zitat», wie man zu sagen pflegt?

Im Prinzip verlangt die Regel, daß ein Zitat in Anführungszeichen steht. Nun brauche ich die V, die Susanna umgeben, nur in die passende typographische Anordnung zu bringen, um festzustellen, daß Susanna tatsächlich in Anführungszeichen steht. Sie wird sogar in allen möglichen Anführungszeichen zitiert.

Und wenn ich sie öffnete, diese Anführungszeichen? Wenn ich mich ihrer in einem letzten Versuch, den V beizukommen, als Instrument bediente, um Susanna eine Stimme zu entlocken, die sie mir hartnäckig verschweigt? Eine Stimme oder Stimmen? Denn die V sind mehrere.

Mir ist wohl bewußt, daß beim Öffnen der Anführungszeichen große Gefahr besteht, die Büchse der Pandora zu öffnen, das heißt für mich, ein wenig ins Blaue zu reden, und für Susanna, nach Strich und Far-

12. *«Und als ich auf dem Wasser und auf der Wand ein blasses Lächeln das Lächeln des Himmels erwidern sah, rief ich, den geschlossenen Regenschirm schwiekend, in meinem Überschwang: 'Mist, Mist, Mist, Mist.' Gleichzeitig aber spürte ich, daß es meine Pflicht gewesen wäre, mich nicht mit diesen unklaren Worten zu begnügen, sondern danach zu trachten, mein Entzücken deutlicher zu erkennen.»* Vgl. M. Proust, *A la recherche du temps perdu*, Paris 1954, S. 155.

ben ihre Meinung zu sagen und sich sagen zu lassen. Mit dem Erfolg, nicht mehr melancholisch oder hysterisch, sondern diesmal vollends paranoid zu werden. Aber wenn schon... Es ist einfach zu verlockend. Ich gehe das Risiko ein.

Moment mal... Ein Rest von Vorsicht gibt mir ein, daß ich, um den Schaden zu begrenzen, die Stimmen verteilen sollte. Eine Stimme für mich. Eine Stimme für sie. Für mich hätte ich da eine schöne: die meines Professoren-*Ich*. Und wie ist es mit ihr? Sie bereitet mir die Qual der Wahl. Da wäre die der jungen Parze, die ausgezeichnet zu ihr paßt. Aber ich habe sie schon als Begleitung zur Siebten singen lassen. Nein: da ich in Prêtres Serie ja auch einige *Bühnen der Susanna* finde, gebe ich ihr lieber eine Bühnenstimme. Und warum nicht das leise Stimmchen, das mich vorhin (als ich kaum angefangen hatte) unterbrach, um mich darauf hinzuweisen, *wie dumm doch intelligente Menschen sein können*?

Dumm, *ich*, ein Professor? Warte nur, ich werde dir beweisen, daß ich es nicht bin. Uns beiden. Machen wir die Anführungszeichen auf. Das ist die einzige Lösung.

Erste Verfremdungen

<<<<<<

– Das ist die einzige Lösung.

SUZANNE: Aber ich will sie nicht.
FIGARO: Und weshalb nicht?
SUZANNE: Sie mißfällt mir.
FIGARO: Wahrhaftig ein Grund.
SUZANNE: Und wenn ich ihn nicht sagen [will?[13]

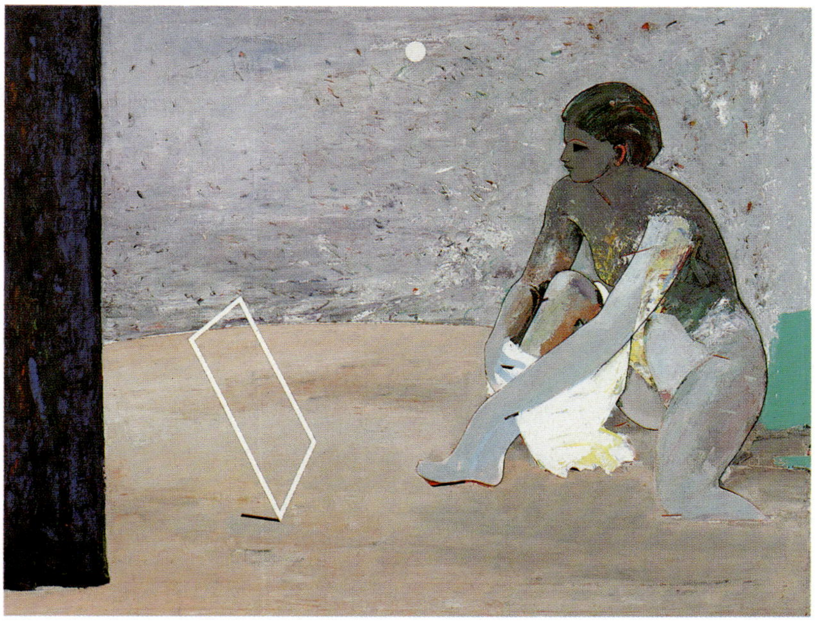

S[23] 23. *Die Bühne der Susanna II*, 1986, Acryl auf Leinwand, 146,6 x 193,6

– Hört mir wenigstens zu. Hört Eure Geschichte...

...I

Alles beginnt mit einem der griechischen Zusätze zum *Buch Daniel*. Von diesem Bibeltext gibt es mindestens zwei Fassungen[14], Grundlage für zahllose Übersetzungen (lateinische, arabische, englische, französische, etc.), die ebenso zahllose Versionen ein und derselben Geschichte sind. Diese Versionen bilden eine Serie, wenn man in den Gesamtkomplex ein Ordnungsprinzip einführt, etwa das der Chronologie. Oder Serien, wenn man berücksichtigt, welcher Fassung die einzelnen Versionen den Vorzug geben. Ja sogar Serien von Serien, wenn man die verschiedenen Übersetzungen nach dem Grad ihrer buchstäblichen Treue zu dieser oder jener Fassung der Susanna-Geschichte ordnet. So erhält man Serien von schönen Ungetreuen, die

13. Beaumarchais, *op. cit.*, I, 1, S. 105.
14. Es gibt den Text von Theodotion, der Hieronymus als Übersetzungsvorlage für die Vulgata diente, überliefert in den griechischen Handschriften Vaticanus und Alexandrinus. Und es gibt den erheblich kürzeren Text der Septuaginta.

mehr oder weniger schön oder ungetreu sind...

SUZANNE: Ich verstehe von all den Spitzfindigkeiten nichts, aber ich werde immer nur meinen Mann lieben.[15]

... wobei die am wenigsten treue Susanna nicht unbedingt die am wenigsten schöne ist. Aber auch die treueste Susanna (ich spreche von Eurer Geschichte) garantiert keine Treue zur historischen Wahrheit, zumindest nicht nach Ansicht der meisten Exegeten. Sie halten sie für apokryph, und manche lassen sie nicht zum Kanon der Heiligen Schrift zu[16]. Von Alpha bis Omega erfunden, behaupten sie, und von irgendeinem hellenisierten Juden – einem großen Erfinder von Kalauern vor dem Herrn[17] – direkt auf griechisch geschrieben. Wurde diese Erzählung nicht nachträglich in die Daniel-Geschichte eingeschoben?

Nachträglich, ja, aber mit den besten Absichten der Welt. Es ist in der Tat anzunehmen, daß dieser Zusatz, diese *Ergänzung*, die Eure Geschichte ist, keusche Susanna, die Funktion haben sollte, einen verlorenen Teil des *Buches Daniel*, ein vergessenes Fragment der Geschichte des jungen, fast noch kindlichen Propheten zu ersetzen. Daß sie ihm nicht als Verteidigung dienen sollte (denn dieses Kind ohne Fehl und Tadel hatte keine nötig), aber sagen wir: als ergänzende Illustration.

Dem Jerusalem seiner Väter entrissen und nach Babylon gebracht, um dort dem König der Könige zu dienen, gewann Daniel, so erzählt sein Buch, rasch die Achtung des Eunuchen, in dessen Obhut er sich befand, da er sich als unerhört hellsichtig erwies. Besonders auf dem Gebiet der Vision. Den glänzenden Beweis dafür erbrachte er bekanntlich, indem er dem König Nebukadnezar persönlich jenes rätselhafte Standbild aus ungleichartigen Stoffen deutete, das selbiger im Traum gesehen hatte.

Bietet Eure Geschichte, Susanna, diesem jungen Unbekannten nicht die erste Gelegenheit, sich einen Namen zu machen? Offenbart er sich nicht schon hier als Meister in der Kunst, Visionen richtig zu analysieren und gerechte Konsequenzen daraus zu ziehen? Zeigt dieses Kind – um Eure Unschuld vor den Augen eines von denen, die es hätten aufklären sollen, geblendeten Volkes zu enthüllen –, seiner Sache so sicher, als hätte es der Szene beigewohnt, nicht die doppelte Fähigkeit, die angebliche Vision der beiden Alten als falsch herauszustellen und unter ihrer Lüge die Wahrheit ihres frevelhaften Begehrens aufzudecken, das furchtbare Strafe verdient? *«Dich wird der Engel Gottes mitten durchspalten; schon hat er von Gott Befehl dazu erhalten!»* verkündet er dem einen. Und dem anderen: *«Denn der Engel Gottes steht mit dem Schwert bereit, dich mitten durchzuschneiden.»*

Eine schöne Geschichte, oder? Auch wenn es nur eine Geschichte ist... Eusebius, Hieronymus, Apollinaris bezeichnen sie als Fabel und meinen damit, daß sie kanonisch gesehen nicht wahr ist. Aber wie jede Fabel offenbart auch diese eine Wahrheit anderer Art. Nachträglich, also recht spät hinzugefügt,...

SUZANNE: Ist es jemals zu spät, die Wahrheit zu sagen?[18]

15. Beaumarchais, *op. cit.*, I, 1, S. 105.
16. Theodotion sah sie als historische Erzählung. In der Kirche aber setzte sich die allegorische und prophetische Deutung durch. Es sei angemerkt, daß die Geschichte der Susanna früher regelmäßig in der 3. Samstagsmesse der Fastenzeit gelesen wurde; ihr folgte eine Lesung der Episode von *Jesus und der Ehebrecherin* aus dem *Evangelium* nach Johannes (8, 1-11). Die Reformation erkannte die kanonische Rechtmäßigkeit der Susanna-Geschichte nicht an.
17. Wie man im Folgenden sehen wird, hat die Geschichte der Susanna (und insbesondere das abschließende Urteil Daniels) nur einen Sinn, wenn man sie auf griechisch liest. Ihr Verfasser spielt bewußt mit Worten und Homophonien, die der von ihm benutzten Sprache eigen sind.
18. Beaumarchais, *op. cit.*, III, 9, S. 179.

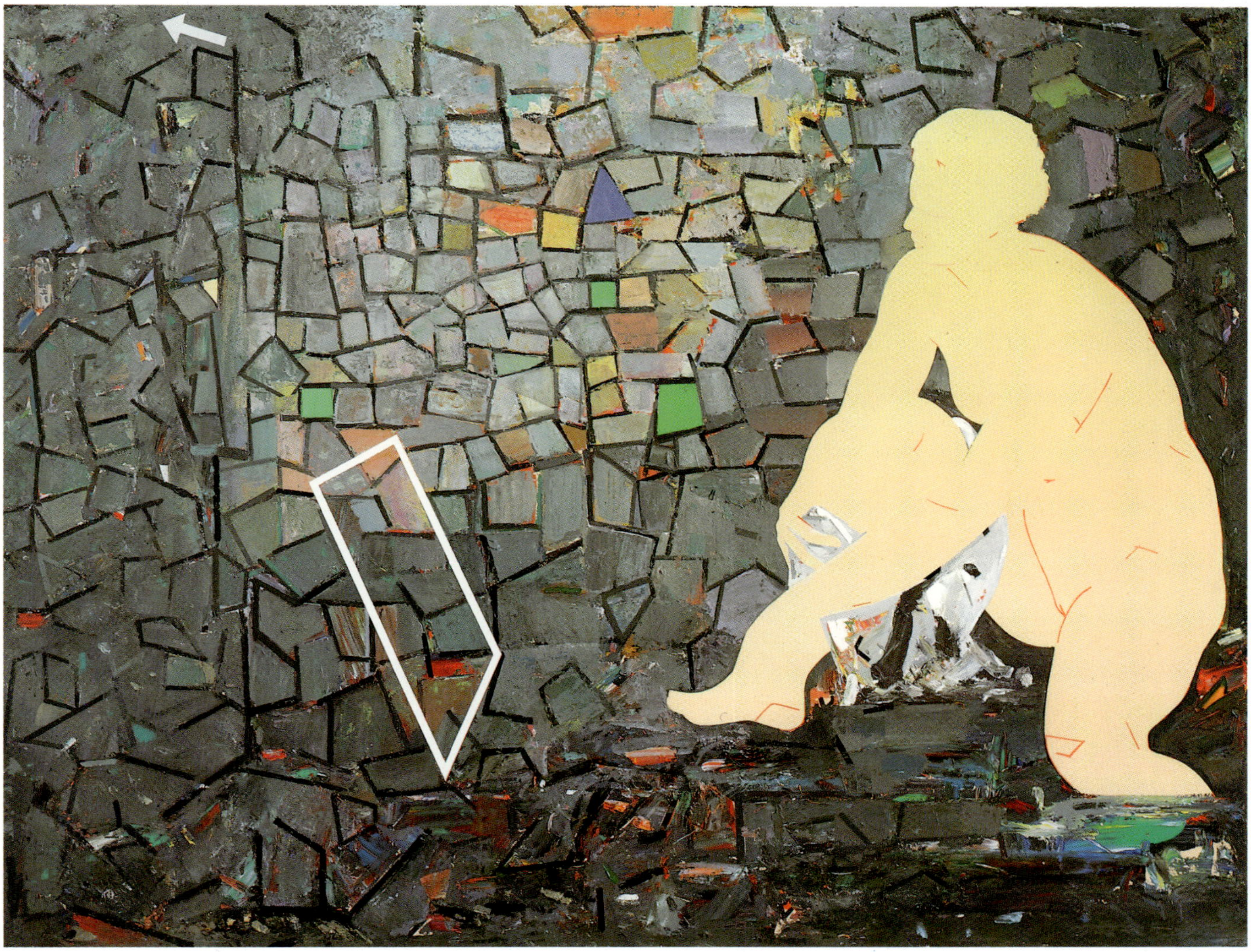

S[22] 22. *Ich kann nicht leicht vergessen, daß sie mich nach Belieben machen läßt, was ihr gutdünkt*, 1986, Acryl auf Leinwand, 146,6 x 19

... liefert Susannas Geschichte eine moralische Wahrheit. Das ist die am leichtesten verständliche Lesart. Aber sie enthält noch viele andere Wahrheiten. Nach Ansicht gelehrter Exegeten...

SUZANNE: Ich bin nicht so wie ihr klugen Köpfe! Ich habe nur eine einzige.[19]

... II

– Ihr habt mehrere. Ihr sagt mehr darüber aus, als Ihr denkt. Ihr könnt Euch gar nicht vorstellen, wieviel Ansichten Ihr hergebt, Susanna, indem Ihr den beiden Alten, die Euch ohne Euer Wissen auflauern, unschuldig die Sinne erregt. Andere Augen beobachten Euch nicht weniger begierig, aber vom Geist erleuchtet. Für Euch, keusche Susanna, ist die Nacktheit Eures strahlenden Körpers nur ein Schleier. Und unter diesem Schleier verbirgt sich ein Typ...

SUZANNE: Ich müßte keine Frau sein?[20]

... ich meine, was Paulus einen Typ, *typos*, nennt, was Stoff für eine Allegorie abgibt. Für Hyppolyt[21], einen römischen Priester vom Anfang des 2. Jahrhunderts, verkörpert Ihr zum Beispiel die um ihrer Gerechtigkeit willen verfolgte Kirche seiner Zeit. Euer Ehemann Jojakim ist Christus. Ihr nehmt Euer Bad im erneuernden Wasser der Taufe, und Euer mit fruchtbaren Bäumen bestandener Garten ist die Gemeinschaft der Heiligen. Babylon ringsum ist die Welt, in deren Mitte das christliche Volk lebt. Eine Welt, die Juden und Heiden miteinander teilen – die beiden Feinde der Heiligen Kirche, so wie die beiden Alten Eure Feinde sind: besessen von ihrem Begehren starren sie Euch an. Doch ist der erste Augen-Blick vorbei, werden sie sich auf Euch stürzen wie Strauchdiebe, um zum Ziel zu kommen *(«Sei uns zu Willen und gib dich uns hin! Sonst sagen wir als Zeugen gegen dich aus, ein Jüngling sei bei dir gewesen...»)*, ohne Euch die Zeit des Verstehens zu geben.

Ein entscheidender Moment, ein Moment der Angst: *«Wenn ich dieses tue, ist mir der Tod gewiß; tue ich es aber nicht, so kann ich euren Händen nicht entrinnen!»* werdet Ihr seufzen. Als hieße *dieses* tun nicht ebenfalls, Euch ihren Händen auszuliefern! Als hätten sie Euch nicht, wie Ihr Euch auch entscheidet, in beiden Fällen in der Hand, als stündet Ihr nicht vor der tödlichen Alternative: *entweder* in eure Hände, lüsterne alte Männer, *oder* in eure Hände, ungerechte Richter. Entweder in eure fleischlichen Hände als einer obszönen Metonymie für eure entflammten Geschlechtsteile, Zeigefinger eures Begehrens, der sich vor meinen Augen erhebt, bereit, mein Fleisch zu vergewaltigen. Oder in eure eisernen Hände als einer furchtbaren Metapher, mit der ihr ungerechterweise das Recht rüsten werdet, um mich vor Gericht zu stellen und verurteilen zu lassen.

Ihr werdet nicht lange abwägen, keusche Susanna. Schon erkennt sich die Heilige Kirche in Euch, die leidende Kirche, die rühmlichste, die der Märtyrer. Berühren verboten, Pfoten weg...

SUZANNE: Tausend Ohrfeigen, wenn Sie näherkommen![22]

... werdet Ihr schreien: *«Doch ist es immer noch besser für mich, es nicht zu tun*

19. *Ibid.*, IV, 1, S. 201.
20. *Ibid.*, V, 8, S. 236.
21. Hippolyt (gest. 235) in seinem *Kommentar zu Daniel*, I, 14-16; vgl. J. Pépin, *Mythe et allégorie*, Etudes des augustiniennes, Paris 1976, S. 226 ff.
22. Beaumarchais, *op. cit.*, I, 7, S. 117.

und in eure Hände zu fallen, als vor dem Herrn zu sündigen.»

Doch dieser Herr, Euer Gott, war schon Unser Herr J. C. Ohne es zu wissen, wart Ihr schon seine Gemahlin. Euer frommes Vorbild über Jahrhunderte illustrierend, wird eine lange Prozession Eurer Schwestern in J. C. Eure Lehre wiederholen...

...III

Nicht alle werden ihren Daniel bekommen. Eine zum Beispiel wird ihn in Denis finden: jene, die Diderot zur Heldin seiner *Nonne* macht. Als Opfer böser Richter, als Spielball schlechter Priester fällt auch sie in gemeine Hände, nicht zuletzt in die einer Mutter Oberin, die um so schlimmer, da besonders zärtlich sind. Allerdings heißt die Unglückliche, die Diderot zu seinem Roman anregt, in Wirklichkeit Mademoiselle Delamarre, mit Vornamen *Marguerite*. Eine Blume, genau wie Ihr, Susanna. Aber Ihr seid eine Lilie in der Sprache der Propheten. Und so genannt zu sein, macht Euch höchst achtbar, o keusche Tochter des Hilkijas. Eine Margerite dagegen (und das ist *ihre* kleine prophetische Seite) entblättert man, um ihr Herz bloßzulegen. Ein Herz, das dann nicht mehr sehr schön anzusehen ist. Verständlich, daß Denis Marguerite durch Suzanne ersetzte.

Übrigens, seien wir ehrlich: das ist nicht die einzige Freiheit, die er sich Euch gegenüber herausgenommen hat. Tatsache ist, daß Eure Geschichte in der seinen einige Veränderungen über sich ergehen lassen muß. Tatsache ist auch, daß diese von Bedeutung sind...

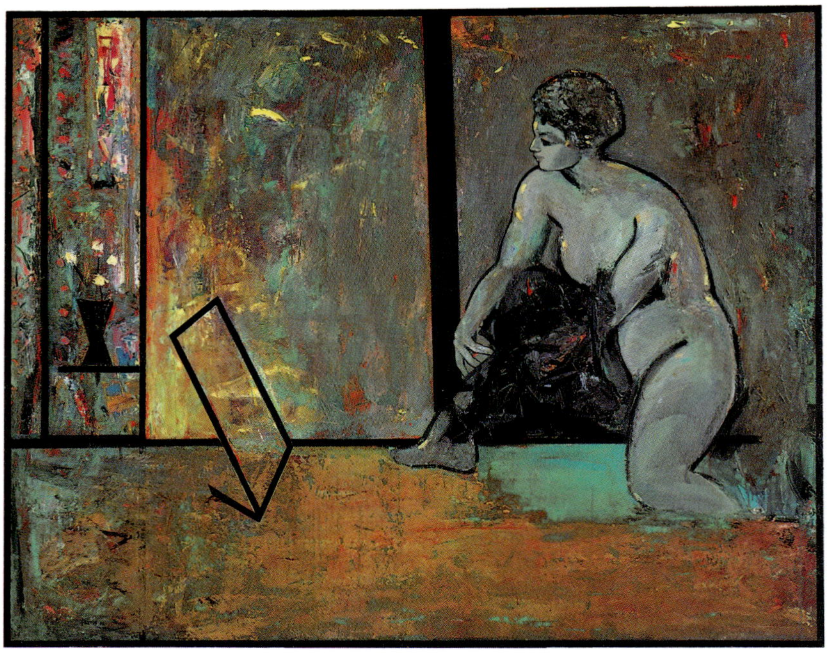

S[25] 98. *Susanna mit Strauß II*, 1988, Acryl auf Leinwand, 114 x 146

SUZANNE *(zornig): Ich weiß nicht mehr, was ich gesagt habe.*[23]

– So beruhigt Euch doch. Was der Autor Euch auch in den Mund legen mag, die Lektion der *Nonne* ist jedenfalls sehr erbaulich und rührend. Glaubt man Monsieur d'Alainville (ich hätte keinen besseren Namen für ihn erfinden können), so bedauerte Diderot seine Suzanne, während er ihr Bild entstehen ließ, dermaßen, daß er viele Tränen darüber vergoß[24]. Was beweist, daß Euer Alter Euch nicht hindert, in den Augen der Modernen einen Sinn zu ergeben, und daß Ihr, Susanna, nach wie vor J. C. stets Susanna bleiben werdet, einerlei, unter welchem Blickwinkel man sich Euch nähert, in welchem Stil man Eure Geschichte darstellt oder erzählt...

23. *Ibid.*, I, 8, S. 119.
24. Vgl. A. M. Wilson, *Diderot*, Paris, S. 319 ff. Vgl. auch D. Diderot, *Die Nonne*, übers. von M. Carroux, Frankfurt am Main 1973; in dem «Nachgestellten Vorwort» heißt es auf S. 253-254: «*Eines Tages, als er* (Diderot) *in diese Arbeit völlig vertieft war, besuchte ihn Herr d'Alainville und fand ihn tränenüberströmt und ganz in Schmerz versunken. 'Was haben Sie denn?' sagte Herr d'Alainville. 'Was ich habe?' erwiderte Diderot. 'Ich weine über eine Geschichte, die ich mir erzähle.' ... Aber dieser Roman bestand immer nur aus einzelnen Stücken und ist in diesem Zustand geblieben. Er ging verloren wie viele andere Werke dieses Mannes, eines der ersten Köpfe Frankreichs, der durch zwanzig Meisterwerke hätte unsterblich werden können, wenn er mit seiner Zeit besser gespart und sie nicht an tausend zudringliche Leute verschwendet hätte, die ich alle vor das Jüngste Gericht fordere und vor Gott und den Menschen für das Verbrechen verantwortlich mache, dessen sie schuldig sind. (Und ich, der ich Herrn Diderot ein wenig kenne, füge hinzu, daß er diesen Roman vollendet hat und daß es eben die Memoiren sind, die man soeben gelesen hat...)*» Und ich füge der Hinzufügung hinzu, daß dieses «Nachgestellte Vorwort» aus Diderots eigener Feder stammt.

Ach, übrigens, haben Sie Apollinaris gelesen?... Wie bitte? Nein, nein, nicht den griechischen Theologen, sondern Wilhelm Apollinaris de Kostrowitzky, genannt Guillaume Apollinaire, den Verfasser der *Kalligramme*. Also gut, in *Das Ende Babylons* schreibt Apollinaire in einem Kapitel mit der Überschrift: *Das Ende der keuschen Su...*[25],... Wie belieben?... Die Hitze dieses Scheinwerfers stört sie? Aber ich bitte Sie, keusche Susanna, nur zu... Apollinaire, sagte ich, in *Das Unglück der keuschen...* Wie?... Oh! Tun Sie sich keinen Zwang an, Susanna, es ist hier wirklich zum Ersticken... Kurz, was ich sagen wollte, ist, daß das, was Ihre Geschichte einzigartig macht, um so besser erfaßt wird, je mehr Stile es gibt. Nehmen Sie zum Beispiel, in einem ganz anderen Genre natürlich, Queneau... Was soll das heißen, welchen Queneau? Sie wissen doch, den Autor dieser Geschichte ohne Hand und Fuß von dem Typ, der im S[26]... Was? Nein, nicht im Süden... Auch nicht im Osten... Das ist keine orientalische Geschichte und erst recht keine vom Spion, der aus der Kälte kam. Sie sind nicht bei der Sache, meine Liebe... Im Bus S, sage ich Ihnen... Aber nicht doch... Nicht Business, das ist auch keine jüdische Geschichte: in einem Autobus namens S, sozusagen einer Straßenbahn namens Sehnsucht, mit *S...* Wie Susanna, ganz recht... Was?... Ob Sie ihn ausziehen dürfen? Gewiß doch, meine Tochter, fühlen Sie sich wie zu Hause... In einem brechend vollen Bus, so daß der Typ ganz schön angerempelt wird, den wir zwei Stunden später vor der Gare Saint-Lazare mit einem Kameraden wiedersehen, der wort-wörtlich zu ihm sagt: *«Du solltest dir noch einen Knopf an deinen Überzieher nähen lassen.» Er zeigt ihm wo (am Ausschnitt) und warum...* Warum was?... Warum da einen Knopf? Warum noch einen? Na, hören Sie, Suzon, was für eine Frage! Soll ich Ihnen vielleicht eine Zeichnung machen? Ahnen Sie es nicht?... Ach was! Als wäre Ihnen nie einer dieser Herren im Überzieher über den Weg gelaufen, die einem – Hopp! Da schaun's her, hübsches Fräulein! – die ganze Bescherung vor die Nase halten, die sie darunter verbergen... Nein wirklich? Die Männer im Babylon Ihrer Zeit trugen keine Überzieher, sagen Sie? Allerhand! Nur ein paar Voyeure, alte Knaben? Oh, wissen Sie, das sagt nicht viel! Wenn man das Laster im Blut hat... Aber wissen Sie – oho, sehr chic? Ist das Seide?... Aber wissen Sie, ich verstehe die Typen. Denn in puncto Zurschaustellung, das kann man wohl sagen, waren sie bedient... Papperlapapp! Erzählen Sie mir keinen Kohl. In Ihrem Garten ging man ein und aus wie in einer Mühle. Wie im *Moulin Rouge*. Oder im *Lido*... Nein, nein, nicht in dem von Venedig... Ach so, Sie kennen Venedig?... Geschäftlich? Als Touristin?... Von Ihrer Hochzeitsreise? Das ist mir aber wirklich mal originell!... Wo sind Sie abgestiegen?... Im *Danieli*? Eine Suite? Er schlägt Ihnen nichts ab, Ihr Mann. Und, hat es Ihnen gefallen? Ein bißchen traurig, was? Aber Gott im Himmel, wie schön ist Venedig! Und

25. Kapitel 19; in: G. Apollinaire, *Œuvres en prose*, Paris 1977, S. 671 ff.

26. *«Im Autobus der Linie S, zur Hauptverkehrszeit. Ein Kerl von etwa sechsundzwanzig Jahren, weicher Hut mit Kordel anstelle eines Bandes, zu langer Hals, als hätte man daran gezogen. Leute steigen aus. Der in Frage stehende Kerl ist über seinen Nachbarn erbost. Er wirft ihm vor, ihn jedesmal, wenn jemand vorbeikommt, anzurempeln. Weinerlicher Ton, der bösartig klingen soll. Als er einen leeren Platz sieht, stürzt er sich drauf.*
Zwei Stunden später sehe ich ihn an der Cour de Rome, vor der Gare Saint-Lazare, wieder. Er ist mit einem Kameraden zusammen, der zu ihm sagt: 'Du solltest dir noch einen Knopf an deinen Überzieher nähen lassen.' Er zeigt ihm wo (am Ausschnitt) und warum.» Vgl. R. Queneau, *Stilübungen*, übers. von L. Harig u. E. Helmlé, Frankfurt am Main 1961, S. 7.

überall Wasser, nichts als Wasser! Und die ganzen Museen, die ganzen Gemälde... Was, Scheißgemälde? Sie mögen wohl lieber Gondel fahren, das ist was, wie? Der Canal Grande und das alles... Von wo was?... Fonwostinktsnso[27]? Woher soll ich das wissen, der Schlick wahrsch... Nein, nicht die toten Ratten, Sie übertreiben... Ob ich drin gebadet habe? Puh! Sie träumen wohl, oder was? Sie etwa?... Ach so, da haben Sie mir aber schon einen schönen Schrecken eingejagt. Außerdem, wenn man sich eine Suite im *Danieli* leisten kann, wo das Bad sicher so groß ist wie... Ach? Und wieso?... Das ist natürlich noch viel toller, wo sagen Sie?... Was? Sagen Sie das noch einmal. In der Eingangshalle! Sie haben Nerven! Im Bikini hoffentlich?... Nicht einmal das! Einfach zwischen den Grünpflanzen, vor... – warten Sie, ich helfe Ihnen, sonst zerreißen Sie ihn noch – ... vor den Touristen!... Doch doch, lassen Sie mich machen... So... Keine Angst, Suzon, ich mach'n dir schon nich' kaputt, den Spiegel!... Und so hast du posiert? Nur mit dem Geschmeide? Ach ja, wegen dem Foto... Aber apropos Geschmeide, laß doch mal seh'n... Mit Wachs? Wäre Rasieren dir nicht lieber? Das ist geschmeidiger. Für dich würd' ich's umsonst machen. Dahamwas Mist verflixt mit deinem Fuß kommst mir noch dazwischen seh' ich doch doch ich schwör's Susi ich seh' noch welche da im Ausschnitt...

SUZANNE: Reib lieber nicht!
FIGARO: Was ist daran gefährlich?
SUZANNE: Wenn sich da eine Schwellung zeigt, könnten argwöhnische Leute...
FIGARO: Du spottest, Spitzbübin! Ah wenn es möglich wäre, den Betrüger zu entlarven, ihn in die Falle zu locken...[28]

Das Rätsel des obersten Knopfes

– Watson!... Wann werden Sie endlich erwachsen, alter Junge? Jetzt geben Sie mir meine Lupe wieder!

– Aber die *Stilübungen* von Queneau sind eine ernstzunehmende Fährte, Mister Holmes, glauben Sie mir...

– Zweifelsohne, und seien Sie versichert, daß auch ich diese Übungen außerordentlich schätze, diesen Spieß mit köstlichen Textknöllchen[29], die er am Fließband fabriziert, um ein und dieselbe Geschichte jedesmal anders zu erzählen. Aber ein paar Indizien reichen nicht aus. Wir brauchen zuverlässige Tatsachen, die systematisch analysiert und sorgfältig verglichen werden müssen, um die unabweislichen logischen, ja sozusagen mathematischen Schlußfolgerungen ziehen zu können.

Werfen Sie doch einmal einen Blick in das Inhaltsverzeichnis, in dem von *Angaben* als erstes bis *Unverhofft* als letztes *Verdoppelung, Litotes, Metaphorisch, Rückwärts* etc. aufgezählt sind... Übrigens, ich wette, Sie haben nicht gezählt, wie viele Stile in der Sammlung vorkommen...

– Oh, gut hundert...

– Verloren, Watson! Neunundneunzig.

– Mist, um ein Haar!

– So ist es. Hundert weniger einen! Aber lassen Sie sich über diesen einen keine grauen Haare wachsen. Denn gerade das *Weniger einen* könnte uns ermöglichen, das Geheimnis des vorliegenden Falls zu lüften.

27. A. d. Ü.: Erstes Wort aus *Zazie in der Metro* von R. Queneau, Frankfurt am Main 1963, S. 7.
28. Beaumarchais, *op. cit.*, I, 1, S. 107.
29. Franz. *brochette de savoureux texticules*, Titel eines Buchs von R. Queneau, einem Mr. Holmes offensichtlich wohlbekannten Autor.

Also, an der Liste der 99 Stilbezeichnungen wird Ihnen sogleich auffallen, daß es Ketten von Termini gibt, die kurze, lineare, einem offenkundigen Ordnungsprinzip folgende Serien bilden. So etwa: *Vollendete Gegenwart, Gegenwart, Vollendete Vergangenheit...* Oder: *Geruchlich, Geschmacklich, Taktil, Visuell, Auditiv...* Oder: *Polyptoton, Aphäresis, Apokypen, Synkopen.*

– Wobei ich zugeben muß, daß ich die Beziehung zwischen diesen letzten nicht begreife...

– Ihr Griechisch, Watson, Ihr Griechisch!

– Aber Mister Holmes, ich habe nie Griechisch gelernt!

– Schlagen Sie einfach ein Wörterbuch auf. Suchen Sie die Wurzel, gehen Sie zum griechischen Ursprung zurück – man muß immer zum griechischen Ursprung zurück, wenn es sich um Figuren handelt –, und Sie werden finden.

– Jetzt sof...?

– Später. Bleiben wir bei Queneau. Nehmen Sie sich das Inhaltsverzeichnis noch einmal vor und beten Sie abermals die Namen der Stile herunter: zwischen den linearen Serien werden Sie Termini entdekken, die ihrerseits nach verschiedenen Ordnungsprinzipien serienmäßig zusammengestellt werden können. Zum Beispiel: *Nobel; Vulgär;... Ungeschickt; Ungezwungen; Beleidigend;... Preziös.* Oder: *Alexandriner;... Sonett;... Ode;... Freie Verse.* Oder: *Anglizismen;... Javanisch;... Küchenlatein;... Italianismen.* Oder: *Mengenmathematisch; Definitionsmäßig;... Geometrisch;...* Verstehen Sie?

– Ganz genau.

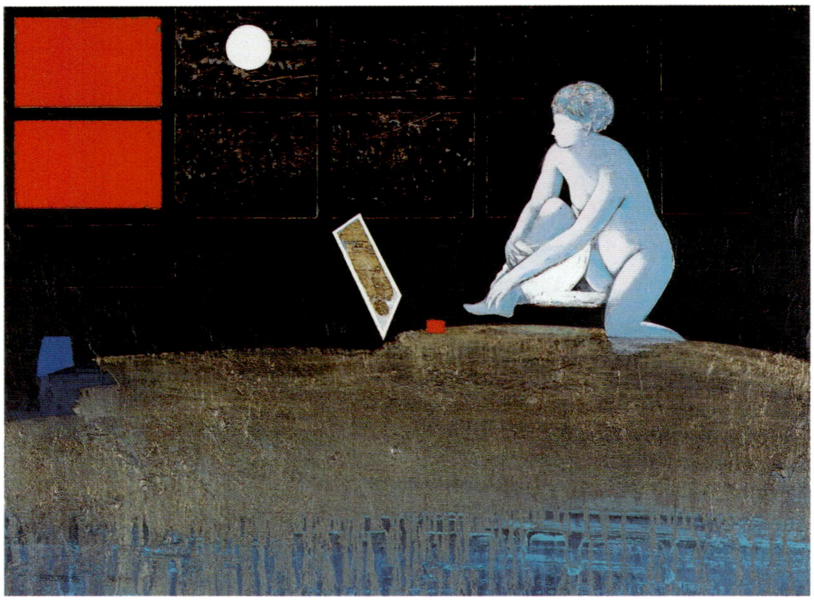

S[16] 16. *Susanna mit rotem Wandschirm*, 1986, Acryl auf Leinwand, 55 x 75

– Oder vielleicht noch: *Verdoppelung;... Die subjektive Seite;... Andere Subjektivität;... Icke, icke;... Von vorne, von hinten;...*

– Da sehe ich die Verbindung nicht so recht...

– Egal... Jedenfalls ist es so, daß Queneau, statt sich einfach darauf zu beschränken, diese Serien aneinanderzureihen, sie sich überschneiden läßt. Er setzt einen Terminus und läßt ihn warten, ehe er ihm in derselben Serie einige Nummern weiter einen

S[17] 17. *Kleine Susannen*, 1986, Mischtechnik auf Leinwand, Papier, Aluminium
1) *Kleine Susanna für J.*, 1986, Acryl und Zeichnung auf Papier, 9 x 9

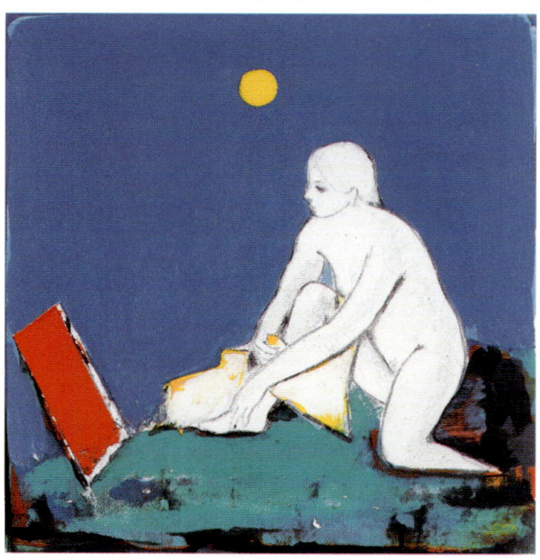

Nachfolger gibt. So, als würden Sie einen roten Knopf annähen, dann zwei grüne, einen blauen, einen gelben, und dann wieder einen roten, drei blaue, etc. Auf den ersten Blick mag das Ganze disparat wirken und eine bloß aleatorische Reihenfolge bilden. Was natürlich keineswegs so ist. Dieses regelhafte Auffädeln ist das Werk eines gelehrten Harmonikers, mein guter Watson, und ich könnte Ihnen beweisen...

– Ein andermal, Mister Holmes. Klären wir erst einmal den geheimnisvollen Fall...

– Gleich, gleich... Noch ein Wort zu den Knöpfen. Diese 99 Stilübungen erzählen ja alle dieselbe Geschichte, nicht wahr: die zweiteilige Geschichte eines Typs, den wir zuerst im Autobus und dann, zwei Stunden später, vor der Gare Saint-Lazare treffen. Und in jeder der 99 Versionen dieser Geschichte wird uns gesagt und endlos wiederholt, daß ein Knopf fehlt, wo er hingehört, nicht wahr? Das Amüsante ist hier aber nun, daß die Geschichte gewissermaßen den Schlüssel – das Motiv, die Ursache, den Grund – ihrer eigenen Wiederholung enthält. Denken Sie nach. Wo fehlt dieser Knopf, Watson?

– Am Ausschnitt, Mister Holmes.

– Genau. Am Ausschnitt eines Überziehers, der folglich nicht ganz zugeht und den Hals sehen läßt, den übermäßig langen Hals des...?

– Typs.

– Ausgezeichnet! Und dieser Ausschnitt bleibt offen, auch nach der neunundneunzigsten Übung, *Unverhofft*, nicht wahr? So offen, wie er es in der ersten, *Angaben*, war? In der die Geschichte nur aus einigen Angaben bestand, wie man sie auf dem Notizblock eines Detektivs oder Reporters finden könnte, der irgendein Ereignis, wie man so sagt, *abdecken* soll. Er notiert, was er gesehen hat. Aber er notiert nicht alles. Nur ein paar signifikante Züge, eine Porträtskizze des Typs, zwei oder drei Elemente des Schauplatzes, die ihm aufgefallen sind, von denen er ausgeht, wenn er seinen Bericht schreibt. Doch obwohl seine Notizen so veröffentlicht werden könnten, wie sie dastehen, gibt unser Reporter bei Queneau sich nicht damit zufrieden. Er nimmt seinen Beruf als Schriftsteller sehr ernst. Er läßt es sich also angelegen sein, den Stil auszufeilen. Aber mag er seine Arbeit auch fast hundertmal von vorn beginnen wie Penelope ihre Webarbeit – er wird nie vollends zufrieden sein. Nie wird sein Text das Ereignis vollständig *abdecken*. Nie werden seine Worte, auf welche Weise er sie auch zusammenstellt, der Sache selbst ganz adäquat sein. Wie sie sie auch darstellen mögen – ihre Abwesenheit wird immer irgendwo durch ihre Präsenz hindurchschimmern. Das Beste, was er sich erhoffen kann, ist, durch das Verfielfachen der Stile eine Art Harlekinmantel zusammenzubringen. Ein komischer Überzieher, das. Dem ewig ein Knopf fehlen wird. Durch die immer neuen Zusätze sieht dieser Überziehr am Ende aus wie...

– Wie was...?

– Was wohl? Aber das ist doch kinderleicht, mein guter Watson! Wie eine Soutane! Welches uns auf die natürlichste und logischste Weise der Welt, wie Sie feststellen werden, zu unserem mysteriösen Fall zurückführt.

– Ich sehe nicht, inwiefern...

– *Quaerendo invenietis*, Watson.

– Wie bitte?

– Das ist lateinisch: suchet, so werdet ihr finden!

– Wie soll ich da finden! Ich habe nie Latein gelernt!

– Kennen Sie das *Musikalische Opfer*? Professor Brichot[30] sprach doch erst neulich bei den Verdurins darüber, am Anfang seiner Plauderei über «*Die kleinen Geheimnisse der grossen Meister: ein Beispiel*». Haben Sie geschlafen?

– Keineswegs. Aber ich war in der Retrospektive von Elstir gewesen und kam etwas zu spät. In dem Moment, wenn ich mich recht entsinne, als gerade von einem Lauf in einem Kanon die Rede war, der irgendwelche Probleme aufwarf für...

– Den König von Preußen.

– Apropos: hat er das Problem gelöst, der König?

– Ach woher! Er hat die Lösung nicht einmal *gesucht*. Vielleicht stand ihm der Sinn, erpicht auf Flöten, Pfeifen und andere Pikkolos, wie er nun einmal war, nach irgendeinem Waldlauf in Gesellschaft eines jugendlichen, als Regimentsdirne verkleideten Paukers oder Trompeters. Es heißt, er habe das geliebt. Jedenfalls behauptet das der Baron...

– Was fand er denn an seinen Paukern und Trompetern, daß er mit ihnen fortzulaufen suchte?

– Suchet, so werdet ihr finden. Aber apropos suchen oder *ricercare*...

– Wie bitte?

– Das ist italienisch und heißt suchen.

– Auch das noch! Aber ich kann kein Italienisch!

– Aber Sie haben sicher schon die *Kunst der Fuge* gehört...

– Ja, mit dem Gefühl, ich armer Tropf, daß ich keinen Ton verstehe. Vernimmt man in diesem angeblichen Meisterwerk denn etwas anderes als Töne, die, *in wirrer Anhäufung massiert und von einer Fülle bizarrer Linien zusammengehalten, eine Mauer bilden* – eine Mauer aus Musik?

– Oder ein überraschendes Zusammenfließen von Flüssen, Strömen, Wasserfällen, die alle aus demselben Bach entspringen – aus ein paar Tropfen, vier Noten: *b, a, c, h*, die den vier Buchstaben des Eigennamens BACH entsprechen, des Homonyms wovon, Watson?

– Sie gehen mir mit diesem Bach allmählich auf die Nerven! Ich mag Offenbach! Und außerdem spreche ich kein Deutsch...

– Suchen Sie, mein Guter, suchen Sie... In dem, was Ihnen als unverständliches Wirrwarr von Tönen erscheint, werden Sie die Quelle finden, aus der...

– Mister Holmes!...

– ... jener sehr tiefe Bach, den Sie verleumden, Watson, dumpf an Ihre Ohren dringt. Die Irrungen und Wirrungen seines in tausend verschnörkelte Arme verzweigten Laufs sind so voller Metamorphosen,...

– Vielleicht, aber Queneau, wo bleibt Queneau bei alledem...

– ... daß ein Baum daraus wird, in dessen schattigem Astwerk sich, wie man meinen könnte, ein Vogel versteckt, eine freundliche Lerche, eine

30. Unter dem Vorwand, über Kunst zu sprechen, hatte er wahrscheinlich eine Möglichkeit gefunden, seiner Manie für Etymologie zu frönen, durch die er uns in der *Suche nach der verlorenen Zeit* vor allem bekannt wird.

Spottdrossel oder diebische Elster oder eine Liebesnachtigall, um Sie diskret auf die Verweise zu verweisen und Ihnen das Lied vorzusingen – ein paar Töne, immer dieselben, die Sie für verloren hielten.

– Verloren kommen höchstens Sie mir vor. Und Queneau! Und unser Fall! Sie haben sich als Mathematiker ausgegeben, und jetzt machen Sie auf Poet...

– Das eine schließt das andere nicht aus, im Gegenteil. Mein trefflicher Kollege Dupin – ich verweise auf den Fall mit dem *Entwendeten Brief*[31] – hätte mir sicher dazu gratuliert, gleichzeitig Poet und Mathematiker zu sein. Wie Queneau selbst...

– In seinen *Hunderttausend Milliarden Gedichten*?

– Auch in seinen *Stilübungen*. Abgesehen davon, daß er sich darin auf seine Weise als gelehrter Harmoniker erweist. Sind diese Übungen nicht ebenso viele Variationen über ein und dasselbe Thema? Wie bei Bach?

...V

Aber da Bach Sie langweilt, nehmen wir Mozart. Auch der unsterbliche Komponist der *Zauberflöte* tut sich in seinem Stil mit solchen Verweisen hervor, innerhalb eines Werks oder von einem Werk zum anderen. So greift die Ouvertüre zu *Cosi fan tutte* ein Motiv auf, das bereits im Terzett des ersten Akts von *Figaros Hochzeit* vorkommt. Das Terzett besteht aus Susanna, dem gemeinen Grafen, der darauf brennt, Hand an sie zu legen, und mit dem sie sich im Kampf befindet, sowie dem widerlichen Basilio, seinem finsteren Komplizen. In Wirklichkeit sind sie aber zu *viert* auf der Bühne, denn gerade hat der Graf Cherubino entdeckt, in einen Sessel gekauert und mit einem Kleid der Gräfin bedeckt, das Susanna über ihn geworfen hat, um ihn vor den eifersüchtigen Blicken ihres Herrn und Meisters zu verbergen. Als Vierter wider Willen mit von der Partie, in der er ohne es zu wissen eine entscheidende Karte in der Hand hat, bleibt dem armen kleinen Pagen nichts mehr übrig, als sich

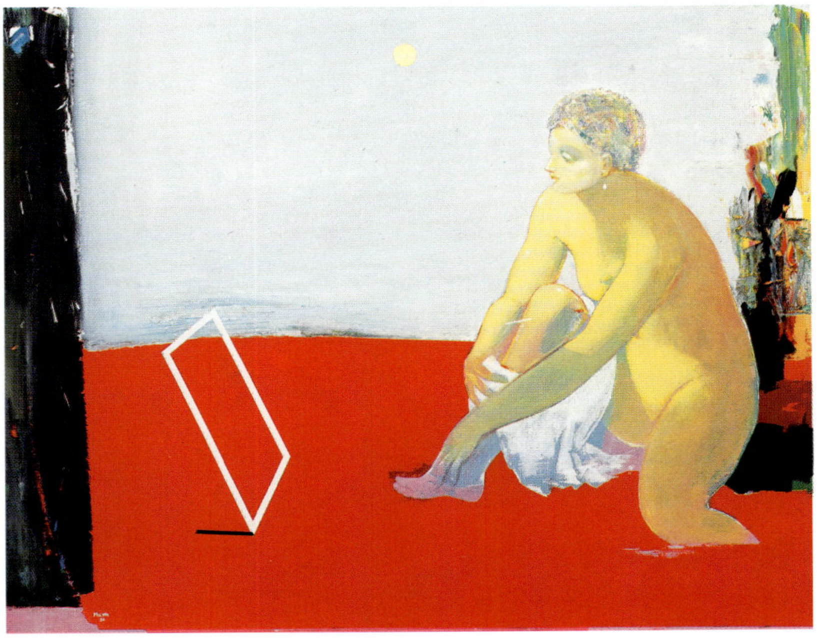

S^{21} 21. *Die Bühne der Susanna I*, 1986, Acryl auf Leinwand, 114 x 46

31. Und dem *fliegenden Buchstaben*. Lacans Analysen zu der Erzählung von E. A. Poe sind bekannt; vgl. J. Lacan, «Seminar über E. A. Poes 'Der entwendete Brief', in: *Schriften I*, Frankfurt am Main 1975, S. 7-60. Daß Mr. Holmes Dupins Methoden studiert und die notwendigen Konsequenzen daraus gezogen hat, wird man feststellen, wenn man die Seiten 18 bis 21 der *Schriften* liest. Lacan führt in diese methodische Frage ein, indem er eine jüdische Geschichte zitiert, die Freud gern zu erzählen pflegte: «'*Sieh her, was du für ein Lügner bist*', beschwert sich ein Jude bei einem anderen, '*wenn du sagst, du fahrst nach Krakau, willst du doch, daß ich glauben soll, du fahrst nach Lemberg. Nun weiß ich aber, daß du wirklich fahrst nach Krakau. Also warum lügst du?*' *Dieser Schwall von Aporien, eristischen Rätseln, Paradoxien, Scherzen gar, der uns gleichsam einführen soll in die Methode Dupins*», fährt Lacan fort, «*drängte uns eine ähnliche Frage auf, wenn nicht in dem Umstand, daß dies uns von jemandem, der sich als Schüler gibt, im Vertrauen mitgeteilt wird, so etwas wie die Möglichkeit dieser Delegierung sich eröffnete.*» Nachdem er auf die «Gelehrsamkeitsparade» hingewiesen hat, die sich an diesem Punkt in Poes Text breitmacht, fügt Lacan hinzu: «*Will diese Gelehrsamkeitsparade uns am Ende die Schlüsselwörter unseres Dramas verständlich machen? Wiederholt der Taschenspieler nicht vor uns sein Kunststück, ohne uns diesmal mit dem Versprechen zu ködern, er wolle uns sein Geheimnis anvertrauen, aber seinen Einsatz so weit steigernd, daß er es wirklich aufdeckt, ohne daß wir das geringste dabei sehen? Das wäre allerdings das höchste, was der Illusionist erreichen könnte: uns durch ein Geschöpf seiner Fiktion* wahrhaftig täuschen *zu lassen.*» Und auf diese Weise zu entdecken, daß *die Wahrheit die Struktur von Fiktion hat.*

tot zu stellen und die anderen singen zu hören. So den Grafen und ungerechten Richter, an Susanna gewandt:

Onestissma signora, or capisco come va:
(Scheinheilige, ich durchschaue dein Spiel)

gleichzeitig mit der ungerecht beurteilten Susanna, die sich an sich selbst wendet:

Accader nun puo di peggio; giusti Dei,
[che mai sarà!
(Etwas Schlimmeres konnte mir nicht geschehen! Mein Gott, was soll nur daraus werden?)

während der widerliche Basilio, der ewige Verleumder, seinerseits für alle, die es hören wollen, die Moral aus der Geschichte zieht:

Cosi van tutte le belle
non c'è alcuna novità!...
(So machen es alle Schönen,
das ist nichts Neues!)

Und Basilio hat offensichtlich recht, denn dieses «cosi...» wiederholt sich in *Cosi...* ganz genauso, ohne etwas Neues in Bezug auf die Melodie. Nur daß es hier in eine Geschichte einführt, in der es seinen Sinn nicht mehr in verleumderischer Anwendung auf Susanna annimmt, sondern zwei anderen gilt, die gleichsam ihre Schwestern sind: Fiordiligi, der Lilie, und Dorabella, der schönen Dora, ihrerseits Cousinen, zumindest angeheiratete, der Marguerite aus Gounods *Faust*...

MARGUERITE
Ich gäb' was d'rum, wenn ich nur wüßt',
Wer heut'der Herr gewesen ist.

– He!

DER GRAF
Scheinheilige, ich durchschaue dein Spiel![32]

SUSANNA
Etwas Schlimmeres konnt mir nicht geschehen!

MARGUERITE
Ach, ich wage es kaum,
Und trüge doch so gern
Hier diese Ohrgehänge.
Ach, ein Spiegel liegt dabei,
Gleich darin sich zu sehen.

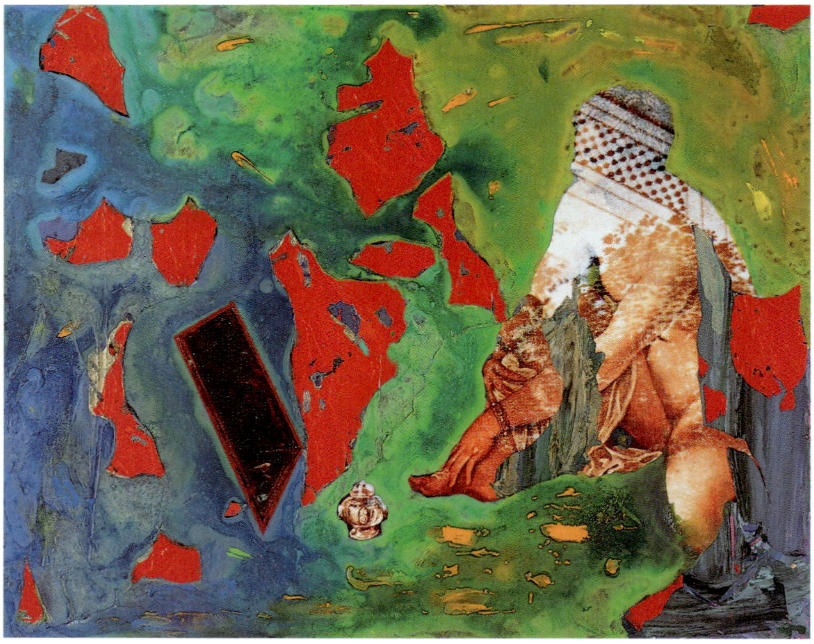

S[30] 54. *Susanna in deinen Spiegel-Inseln glänzen*, 1988, Acryl auf Cibachrom, 50,3 x 64,3

SUSANNA
Mein Gott, was soll nur daraus werden?

– Ah!

BASILIO
So machen es alle Schönen...

MARGUERITE
Ah!

– Ah!

MARGUERITE
Ha, welch ein Glück, mich zu seh'n,
Mich hier so prächtig und schön!
Bin ich's, Gretchen?

SUSANNA
Etwas Schlimmeres konnte mir nicht geschehen!

MARGUERITE
Schnelle mir es sage!
Nein, nicht Gretchen ich find',
Nein, ihr Bild sich hier nicht zeiget.

SUSANNA
Mein Gott, was soll nur daraus werden?

MARGUERITE
Ah, wie so schön diese Pracht mich schmücket!
Begierig bin ich nun zu seh'n,
Wie Kett' und Halsband mir wird steh'n.

DER GRAF
Scheinheilige, ich durchschaue dein Spiel!

BASILIO
So machen es alle Schönen,
Das ist nichts Neues!

32. Man möge mir verzeihen, daß ich da Pontes Text übersetze. Ich tue es für Watson, der kein Italienisch versteht.

– Oh!

LA CASTAFIORE
Nein! Nein! Das bist nicht mehr du,
Das ist nicht mehr dein Gesicht!

SUSANNA
Was soll nur daraus werden?

LA CASTAFIORE
Ach! Wäre er doch hier!
Könnte er mich so sehen!
Wie eine junge Dame
Erschiene ich ihm...

– Anführungszeichen zu!

...schön!

>>>>>

Susanna's Revue

Schnitt! Ich unterbreche. Ich unterbreche *mich. Sollte er doch hier sein?*... Er ist hier. Er liest mich. Er hört mich. Er hat zuviel von mir gehört.

Geständnisse

Ja, ich gebe es zu. Ich wollte *Susanna* unbedingt zum Sprechen bringen. Ich brauchte eine Vorstellung von ihr, die nicht sichtbar, sondern hörbar war. Ich brauchte eine Stimme. *Er* ist von einem schon gemalten Bild ausgegangen. Ich von einer schon geschriebenen Stimme. Daß diese Stimme die von Beaumarchais' Suzanne war, mag noch angehen: ein plumper, aber zulässiger Kunstgriff. Ich habe Farbe bekannt. Gar nicht zulässig hingegen war es, die Gelegenheit auszunutzen und Suzannes Stimme von der reizenden Rolle, die ihr in *Figaros Hochzeit* zugedacht war, abzulenken, sie zu zwingen, sich an einem perversen, dummdreisten und bösen Spiel zu beteiligen.

Ja, ich habe Susanna zu meiner Sache gemacht. Ich habe sie verfremdet und fremdgehen lassen. Ich profaniere und ich diffamiere sie. Ich wage, Hand an sie zu legen, ich manipuliere, manövriere und verleumde sie. Sie! Die Lilie, diese in der Heiligen Schrift gepflückte keusche Blume, von den Kirchenmännern gottesfürchtig aufgelesen und ruhmreich in fromme Kommentare verpflanzt, wird auf einmal von einer ersten Marguerite – der Marguerite Delamarre – verräterisch gedoubelt und dann (aber war sie es?) wie eine Margerite von höchst zweifelhafter Tugend unflätig entblättert. Eine Weile hinter den Kulissen verschwunden, wahrscheinlich um ihre Scham zu verbergen, taucht sie wieder auf der Bühne auf – allerdings auf einer Opernbühne –, kostümiert als eine von zwei gemeinen Herren mit einem Cherubim überraschte Suzanne, ehe sie sich von einer zweiten Marguerite verdoppelt sieht, der aus Gounods *Faust*, die sich *Wenn er mich so sähe...* singen hört – aber lachend, in der «Juwelenarie»[33], und obendrein aus dem Munde der Bianca Castafiore – der extremsten, grotesken Erscheinungsform der biblischen keuschen Lilie, die geradewegs einem Kinder-Comic entsprungen scheint!

Niederträchtige, schändliche Erpressung! Denn wenn ich soweit gehe, sie auf diese Weise zum Singen zu bringen, will ich sie natürlich zum Sprechen zwingen, ihr die Lösung

33. Gounod, *Faust*, Libretto von J. Barbier und M. Carré, III. Akt.

ihres Geheimnisses entlocken. Und das ist entweder ein Verbrechen oder eine Kinderei. Für mich gibt es in beiden Fällen kein Pardon.

Ich werde mich also erklären.

Parodie

Die eben gelesenen Seiten (in Anführungszeichen) sind nur einige von einem beachtlichen Stapel. Sie wurden schon vor geraumer Zeit geschrieben. Wann? Vor etwa vier Monaten, auf einen oder zwei Tage genau. Seither sind tagtäglich weitere Seiten hinzugekommen. Wie viele? Genug, um ein Buch daraus zu machen. Ein schlechtes Buch? Wahrscheinlich. Ein böses Buch? Ich bin mir sicher, daß es jedenfalls unter die Gattung der Parodien fiele.

Was aber ist eine Parodie in ihrem ursprünglichen Sinn? Etymologisch ist sie ein Gesang (griechisch *oide*), ein poetischer oder fiktionaler Diskurs, der sich neben *(para)* einem Diskurs entwickelt, der ihm als Bezug dient und den er verdoppelt, indem er ihn in einem anderen Ton, in einem anderen Stil nachahmt. Kurz, eine Travestie.

Was mir in meinen Ausführungen als Bezug dient, ist der Diskurs, der sich, wie ich glaube, stillschweigend in der Folge artikuliert, deren Markierungen die 121 *Susannen* der Serie von J.-C. Prêtre sind. Ich hätte mich darauf beschränken können, diesen ersten Diskurs zum Gegenstand eines zweiten zu machen und, über ihn sprechend, einen kritischen Kommentar zu liefern.

Ich habe mich entschieden, nicht nur über ihn, sondern *neben* ihm zu sprechen. Warum?

Anfangs sagte ich mir ganz naiv: es liegt auf der Hand, daß diese Susannen Prêtres Antwort auf den Appell der *Susanna* von Tintoretto sind. Er hat sich 1984 auf den Weg gemacht. Er hat fünf Jahre lang zu hören versucht, was sie ihm zu sagen hatte. Inzwischen weiß er es. Er muß das Geheimnis kennen, da er seine Suche beendet hat. Nun will auch ich das Geheimnis erfahren. Machen wir uns keine überflüssigen Gedanken: folgen wir seiner Spur. Wenn er so weit gekommen ist, hat das seinen Grund: finden wir den Grund heraus. Daß er seine *Susannen* nacheinander, so oder so, in dieser Reihenfolge gemalt hat, geschah in voller Kenntnis des Sachverhalts: decken wir den Sachverhalt auf. Und wenn er angefangen hat, wie er angefangen hat, tat er es aus gutem Motiv: entschlüsseln wir dieses Motiv, und *Susannas* Geheimnis wird mein sein.

Aber ein Maler ist eben ein Maler. Er sucht wie ein Maler. Er findet wie ein Maler. Ich habe schnell gemerkt, daß es mir nichts bringt, wenn ich nur die Kastanien aus dem Feuer holen will. Daß ich, der ich weder Maler bin noch Prêtre heiße, meine eigenen Mittel benutzen mußte, um mir einen Weg zu ihr zu bahnen, der zu seinem (der ja der richtige war) parallel verlief, aber der meine war. Daß ich seine Erfahrungen noch einmal machen mußte, aber auf eigene Verantwortung. Nach seinem Vorbild, auf meine Art. Indem ich ihm folgte, jedoch ohne ihn zu kopieren. Sein Diskurs bestand aus einer Serie

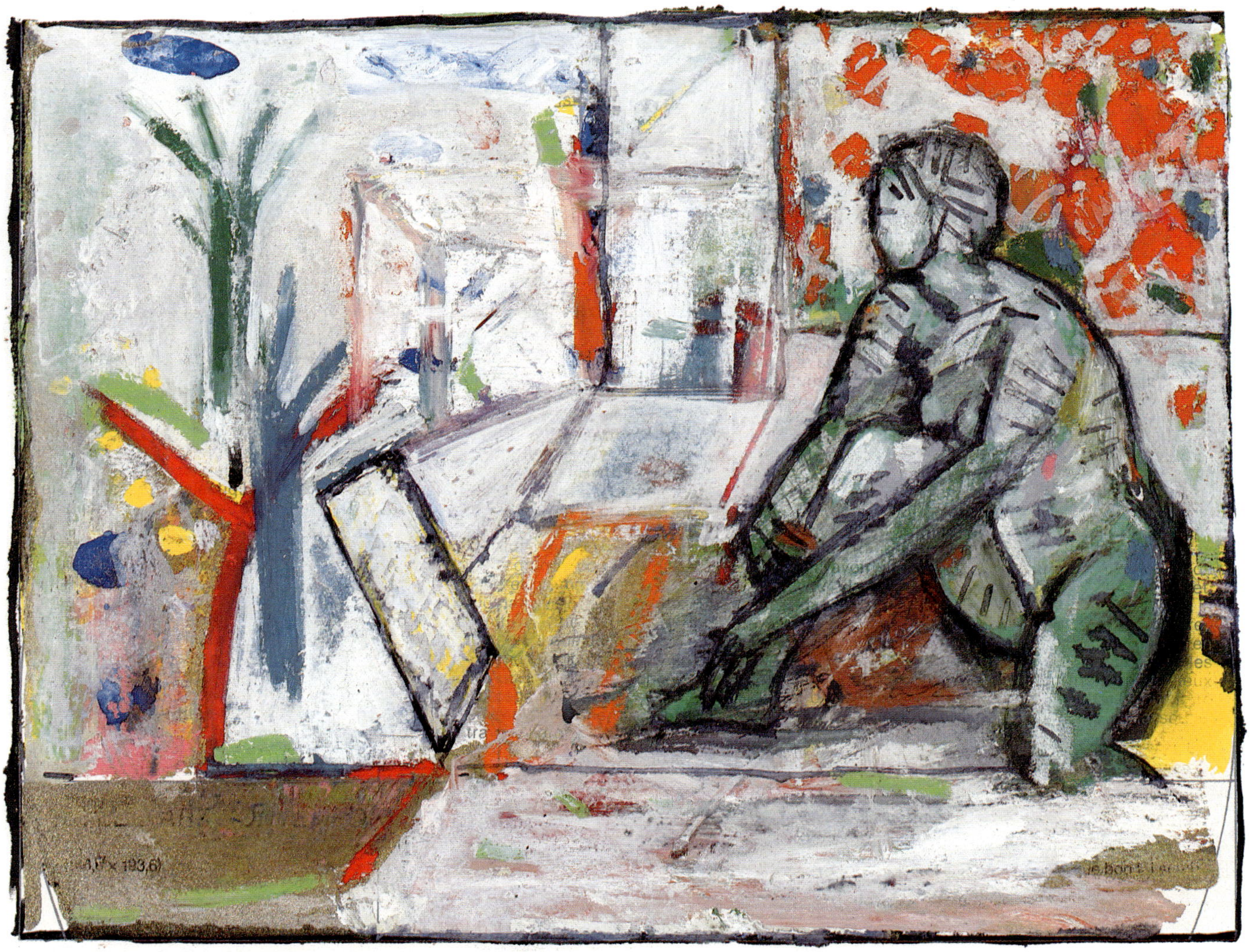

S^{79} 106. *Babelisierung Susannas*, 1989/90, Mischtechnik auf Papier, 21 x (28 x 32)

von *Susannen* im Bild? Ich würde meinerseits eine Serie von Bildern der *Susanna* im Diskurs zusammenfügen. Er hatte sie bildlich dargestellt? Ich würde mich daneben stellen, reden, sie zum Sprechen bringen, und, wenn schon daneben, warum nicht zum Singen?

Ich hätte daran denken sollen, daß *daneben* auch *schiefgehen, falsch* reden, *falsch* singen bedeuten kann. Lügen, abrutschen, Unsinn erzählen. Als es mir bewußt wurde, war es zu spät. Ich hatte Feuer gefangen, *Susanna* hatte mich angesteckt. Ich glaubte, das von ihr zu sagen und sie das sagen zu lassen, was mir gut und richtig erschien. Der zuverlässige Referent ihrer Geschichte zu sein. Der getreue Interpret ihres Bildes. Aber kaum war ich mit meinen Ausführungen ein Stück vorangekommen, als, ich weiß nicht wie und nicht warum, eine Art Böser Geist mich trieb, etwas Anderes zu schreiben, als ich wollte. Mich irreführte, mich in zwei zugleich disharmonische und insgeheim komplizenhafte Stimmen teilte[34]. Meine Zunge spaltete sich. Ich bildete mir ein, sie unter Kontrolle zu bringen, und fing noch einmal von vorne an. Wieder dasselbe. Jedesmal. Unmöglich, mich *Susanna* gegenüber nicht halbiert, geteilt zu fühlen. Ausgeschlossen, mich über sie an eine schlichte und einfache Wahrheit zu halten. Es endete immer mit üblen Nachreden.

Da kam mir die Idee, diese endlose Untersuchung in einen Roman zu verwandeln. So etwas wie eine breit angelegte *Suche* à la Proust, aber in Form eines Kriminalromans, mit Susanna als der Gesuchten und mir als dem verzweifelt Suchenden. Mit mir? Aber wer war ich, da ich mich doch als doppelt empfand? Ich brauchte unbedingt einen Doppel-Helden, um mich mit ihm zu identifizieren.

Signiert A. G.

Dupin ging nicht. Die Dupondts dagegen – ein Bilderbuch-Polizistenpaar – paßten ausgezeichnet. Sie waren maßgeschneidert. Ich fand übrigens schon immer, daß sie etwas sehr Proustsches an sich haben mit ihrem schwarzen Anzug, dem Schnurrbart, dem Stock und der Melone. Madame Verdurin hätte sie sicher gern in den «kleinen Clan» aufgenommen, und Cottard hätte sie sehr geschätzt. Natürlich würde ich sie mit Fortschreiten meiner Geschichte allmählich altern lassen. Sie würden alt, uralt werden. Wie ich. Denn daß diese ganze Geschichte mir so am Herzen lag, hing damit zusammen, daß auch ich sehr alt war, *âgé*, wie die Initialen meines Names besagten: schon als neugeborenes Baby war ich A. G. gewesen.

Also gut: ich würde meine Geschichte den Dupondts anhängen. Der Titel? *Susanna's Revue.*

Ich mußte mich nur noch an die Arbeit machen. Ich habe mich daran gemacht. Man wird sich denken können, daß mein Böser Geist, doppelzüngig, wie ich ihn inzwischen kenne, eifrig bei der Sache war!

Ich nicht. Es war eine Sisyphusarbeit, eine wahre Danaidenqual. Warum? Wegen der Dupondts. Ich hatte sie altern lassen. Aber ihre

34. Daher der Name Watson. Der Leser wird natürlich erraten haben, daß der Anfangsbuchstabe, das doppelte V, kein Zufall ist: er steht emblematisch für seine Doppelzüngigkeit und seine Zweideutigkeit. War Watson einmal aufgetreten und benannt, mußte Holmes zwangsläufig folgen.

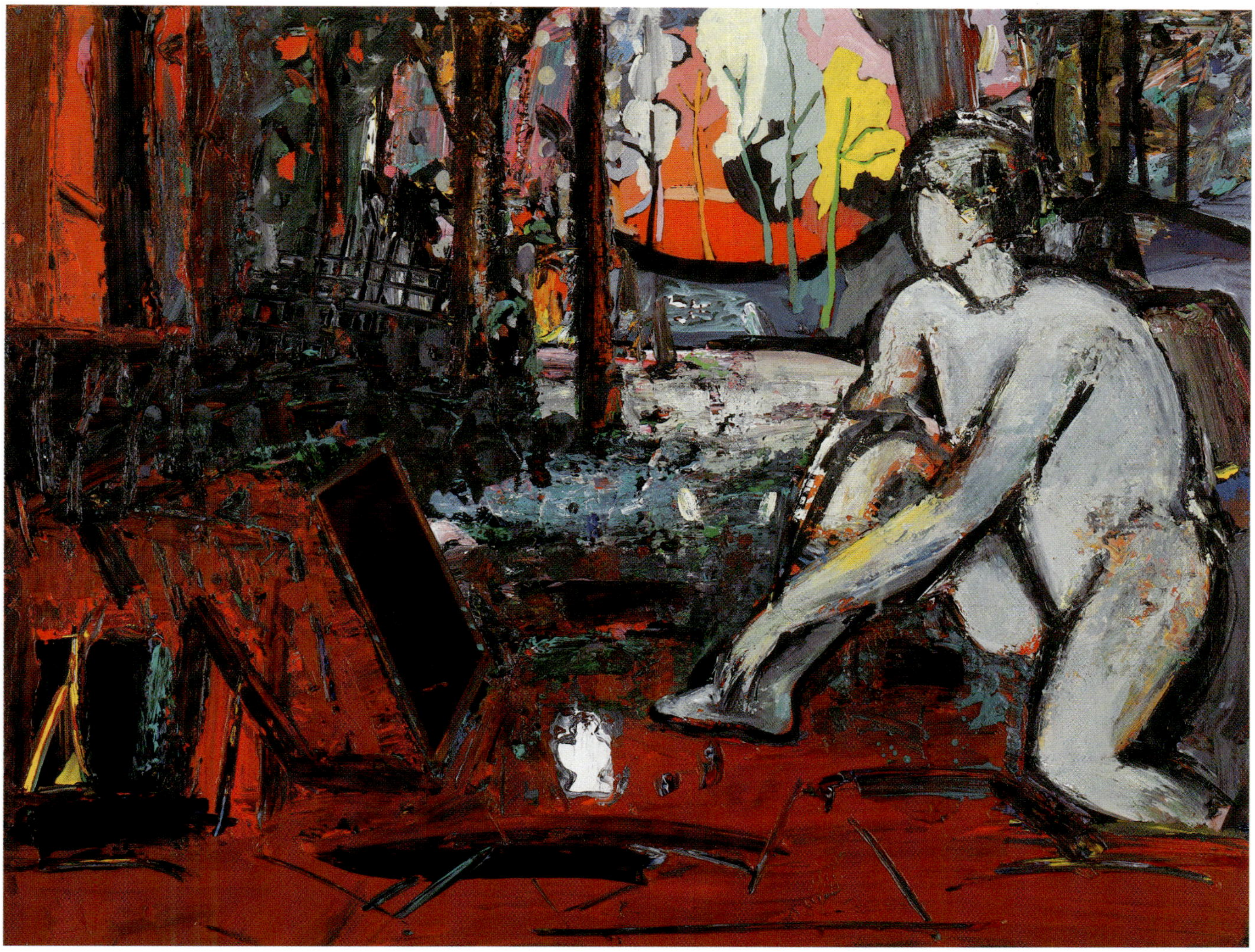

S[48] 72. *Die Gärten der Susanna III*, 1988, Acryl, 50,3 x 66,5

Schrulligkeit war mit dem Alter nur schlimmer geworden. Schon früher hatte es genügt, daß der eine ein Wort sagte und einen Satz anfing, damit der andere ihn sofort aufnahm und neu formulierte, um mehr oder das gleiche besser zu sagen. Da die Sprache 36000 Möglichkeiten bietet, das gleiche in verschiedene Ausdrücke zu packen, nahm das kein Ende. So war es natürlich auch, wenn die beiden alten Polizisten, die Tag für Tag in dem mysteriösen Fall *Susanna* ermittelten, sich allabendlich anschickten, ihren Tagesbericht zu verfassen. Dupont schrieb beispielsweise die Eintragungen aus seinem Notizbuch ab. Das ergab einen ersten Bericht. Aber Dupond war nicht damit zufrieden: «Ich würde sogar sagen...», und er schrieb eine zweite, leicht abweichende Version. Die Dupont natürlich nicht zufriedenstellte, etc.

In einem *Vorwort* sagte ich den Lesern folgendes:

«... Ich für meinen Teil mußte mich, um einen Tatsachenbericht in zumutbarem Rahmen vorzulegen, mit dieser endlosen Serie von Berichten, Sus_1, Sus_2, Sus_3 etc., herumschlagen. Da ich es ablehnte, irgend etwas zu erfinden, wollte ich mich an die Fakten halten. Ich konnte natürlich nur eine *Version zugrunde legen: ob von Dupont oder von Dupond, sie besagten, bis auf den Stil, alle das gleiche. Aber die eine statt der anderen zu wählen hieß, den einen auf Kosten des anderen favorisieren. Da ich aber zugleich exakt und unparteiisch sein wollte, entschied ich mich für eine Mischlösung, die darin bestand, die verschiedenen Berichte zu kombinieren und das Ganze zu verdichten. Daher eine gewisse Uneinheitlichkeit im Stil, der den des jeweiligen Originals, dessen ich mich bedient habe, widerspiegelt.*

Nun kann jeder, der mir nicht vertraut – und das ist durchaus sein Recht –, immer noch Einsicht in die Serie der Dupondt-Berichte nehmen. Alles liegt in den Archiven der Polizeipräfektur, genauer gesagt in dem Sondergebäude, das eigens für diesen Zweck längs der ehemaligen Ringeisenbahnlinie errichtet werden mußte, und zwar unter dem Aktenzeichen: D. D., Sus_1 – $Sus_{212.120}$. Die Serie endet hier, weil Dupont starb, als er den 212.121. Bericht gerade niederschrieb und Dupond, allein zurückgeblieben, nun an diesen letzten letzte Hand zu legen versuchte.»

In Wirklichkeit war Dupond ich selbst, gespaltener denn je. Mein Böser Geist triumphierte. Ich begriff, daß er meinen Tod wollte: entweder er oder ich. Ich habe ihn umgebracht oder geglaubt, es zu tun. Wie? Das steht am Ende des Romans, einem *unerwarteten* natürlich. Sie werden

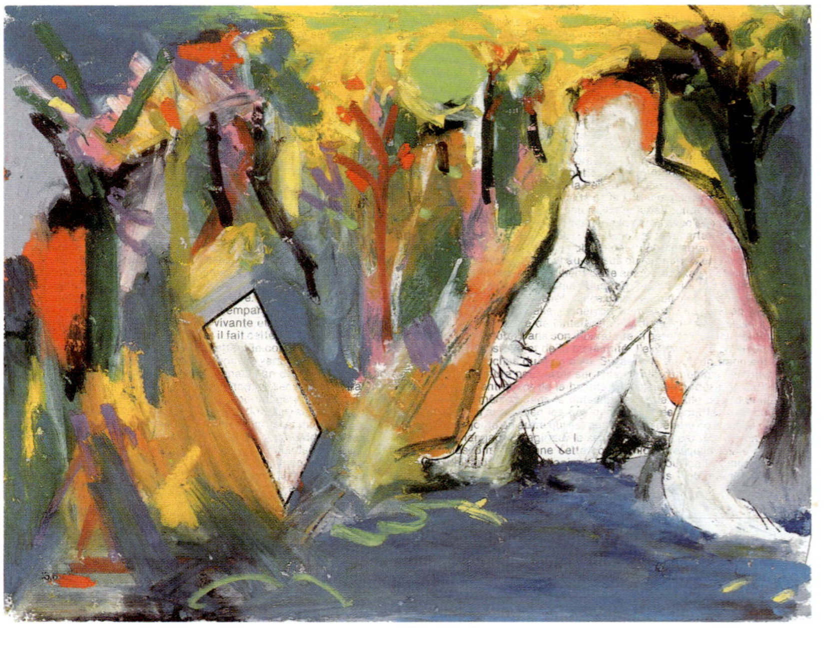

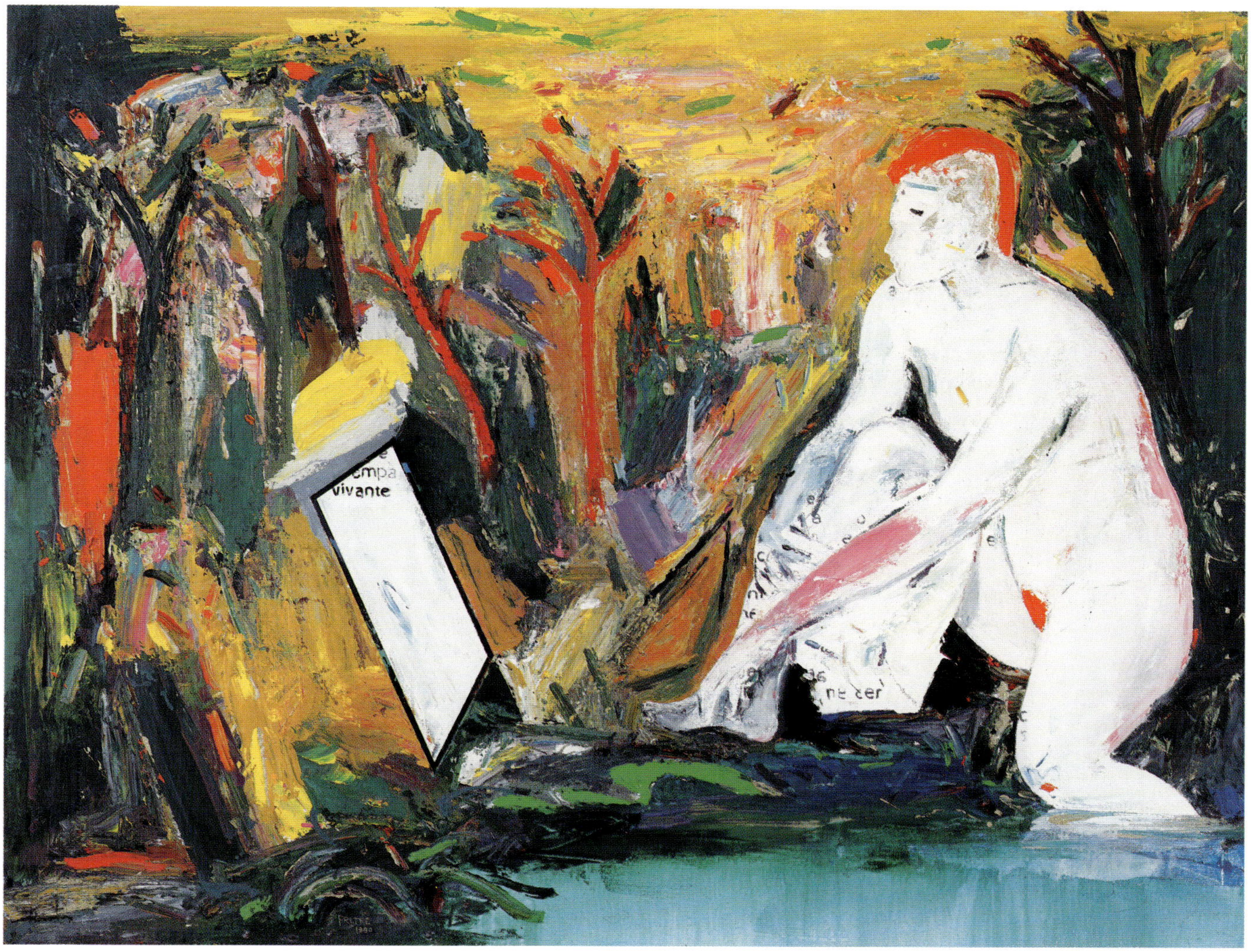

S[29] 109. *Susanna in so wenig Schrift*, 1990, Acryl auf Leinwand, 146,6 x 193,6

S[83] 116. *Babelisierung Susannas*, 1990, Serigraphie und Katalog, 21,5 x 28, 121 Exemplare ebensowenig davon erfahren, wie Sie erfahren werden, welch wunderbare Verwandlungen meine «Susanna» Tag für Tag erlebt hat. Die wenigen Seiten in Anführungszeichen, die ich Sie habe lesen lassen, sind nur eine kleine Kostprobe. Aber die Folge!... Die ganze Serie!... *Susanna's Revue*! Nein, die behalte ich für mich[35].

Habe ich wenigstens *Susannas* Geheimnis entdeckt? Ich würde sagen: ja und nein.

Doch ehe ich darauf eingehe, bitte ich den Leser noch um ein wenig Geduld. Nur einen Moment, um die Sache philosophisch auf den Punkt zu bringen und einige theoretische Elemente einzuführen, die wohl etwas abschrecken mögen, meiner Meinung nach aber unerläßlich sind für das Verständnis des Folgenden (und des Vorausgegangenen).

Eins teilt sich in zwei

Als ich glaubte, mit dem Bösen Geist, der mich zum Schreiben jener Seiten (in Anführungszeichen) getrieben hatte, Schluß gemacht zu haben, stellte ich fest, daß ich mich in einer äußerst peinlichen Lage befand. Ich versuchte, Bilanz zu ziehen, und sagte mir: Was gesagt ist, ist gesagt. Es ist sogar geschrieben. Leider anstelle von etwas anderem, was auf Bitten eines Malers zu dessen *Susannen* geschrieben werden sollte. Auf diese Art *Zusatz* hätte Jean-Claude Prêtre wohl verzichten können. Was sollte er damit? Ich könnte nun sagen, daß ich untröstlich bin. Daß er sich an einen anderen wenden möge. Daß er sich in mir getäuscht hat. Daß ich nicht der richtige Mann dafür war. Ich könnte auch sagen: Egal... nehmen wir die Dinge philosophisch. Es ist nun einmal so. Ich kann nichts dafür. Und Sie auch nicht.

Nein. Philosoph sein heißt, konsequent sein mit sich selbst. Ich werde mein Versprechen halten. Aber wie?

35. *«Du aber, Daniel, verschließe diese Worte und versiegle das Buch bis zur Zeit des Endes! Viele werden hin und her irren, und der Frevel wird wachsen.»* Daniel 12, 4.

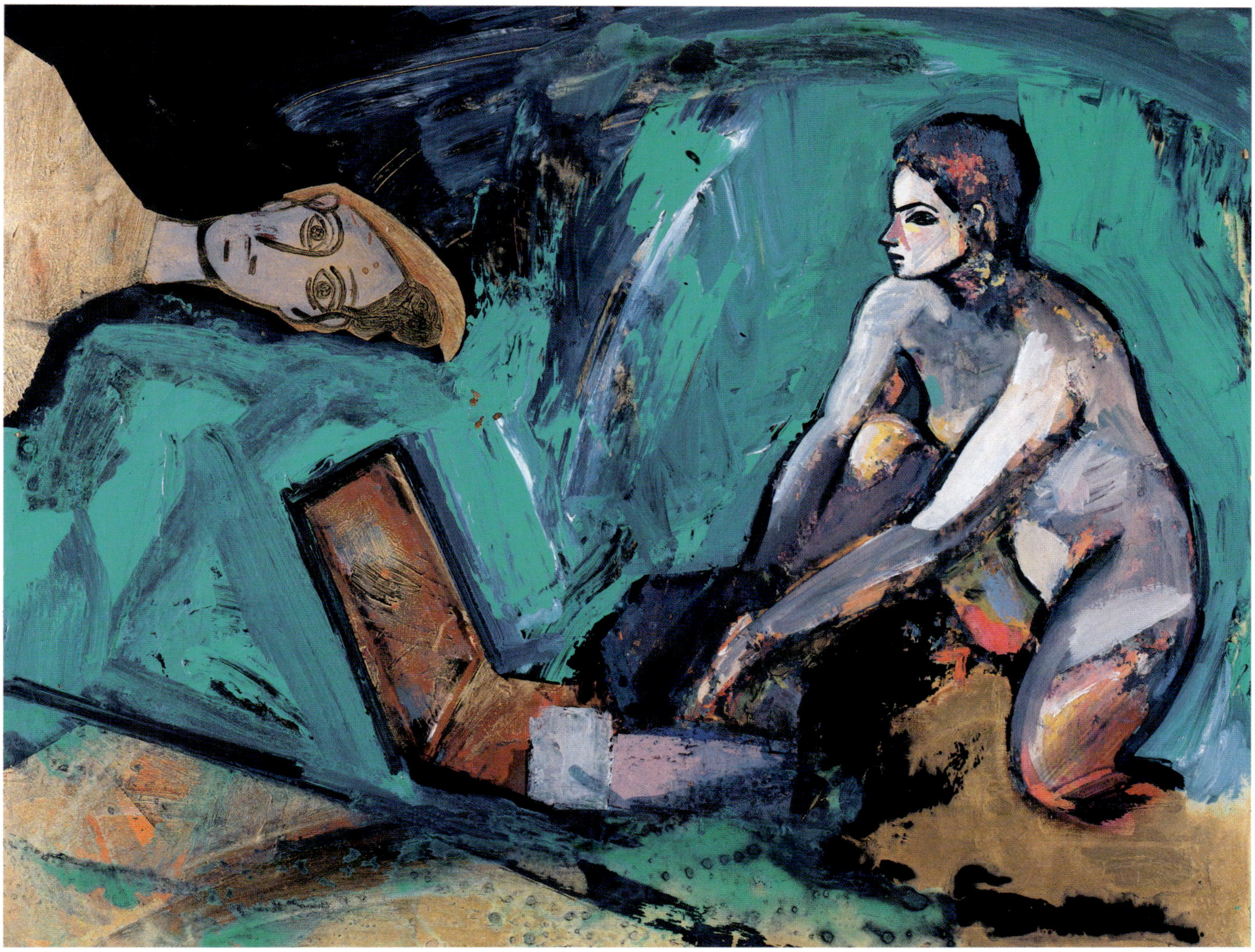

S[24] 48. *Susanna und das Erscheinen einer Demoiselle d'Avignon*, 1988, Acryl und Gold, 50,3 x 66,5

Entweder Licht oder Dunkel

In diesem Fall muß man offenbar zwischen zwei gegensätzlichen philosophischen Positionen wählen. Zwischen Descartes und Hegel.

Entweder sage ich wie der Verfasser der *Meditationen*: Das alles ist das Werk eines Bösen Geistes, eines großen Betrügers, der mich in die Kindheit zurückversetzt hat. Ich will Gewißheit. Ziehen wir alles in Zweifel. Nehmen wir an, alles sei unwahr. Verwerfen wir alles, in Bausch und Bogen. Fangen wir, um nicht länger die Betrogenen oder Gimpel des Bösen Geistes zu sein, wieder bei Null an, gehen wir mit klaren und deutlichen Ideen, mit langen, schlichten und einfachen Beweisketten im hellen Licht des *cogito* vor.

Oder ich sage wie der Verfasser der *Phänomenologie des Geistes*: Das alles ist eine gemachte Erfahrung, die zu machen war. Das Abenteuer eines Bewußtseins, das, seine Zerrissenheit nacheinander in jeder Gestalt lebend, die Wahrheit verkündet hat, ohne es zu wissen. Der Abend legt sich über einen harten Tag, einen «tollen» Tag. Es schlägt die Stunde der Eule, der großen Dialektikerin. Der Gimpel kann ruhig schlafen, in der Gewißheit, daß der Vogel der Minerva die *Aufhebung* besorgen und das Dunkel der Nacht nutzen wird, diese unbewußte Wahrheit in Absolutes Wissen zu verwandeln.

So sieht die Alternative aus. Entweder ist alles unwahr. Oder alles ist wahr. Entweder wähle ich das kartesianische Licht und fange alles von vorne an. Oder ich wähle das Hegelsche Dunkel und wiederhole

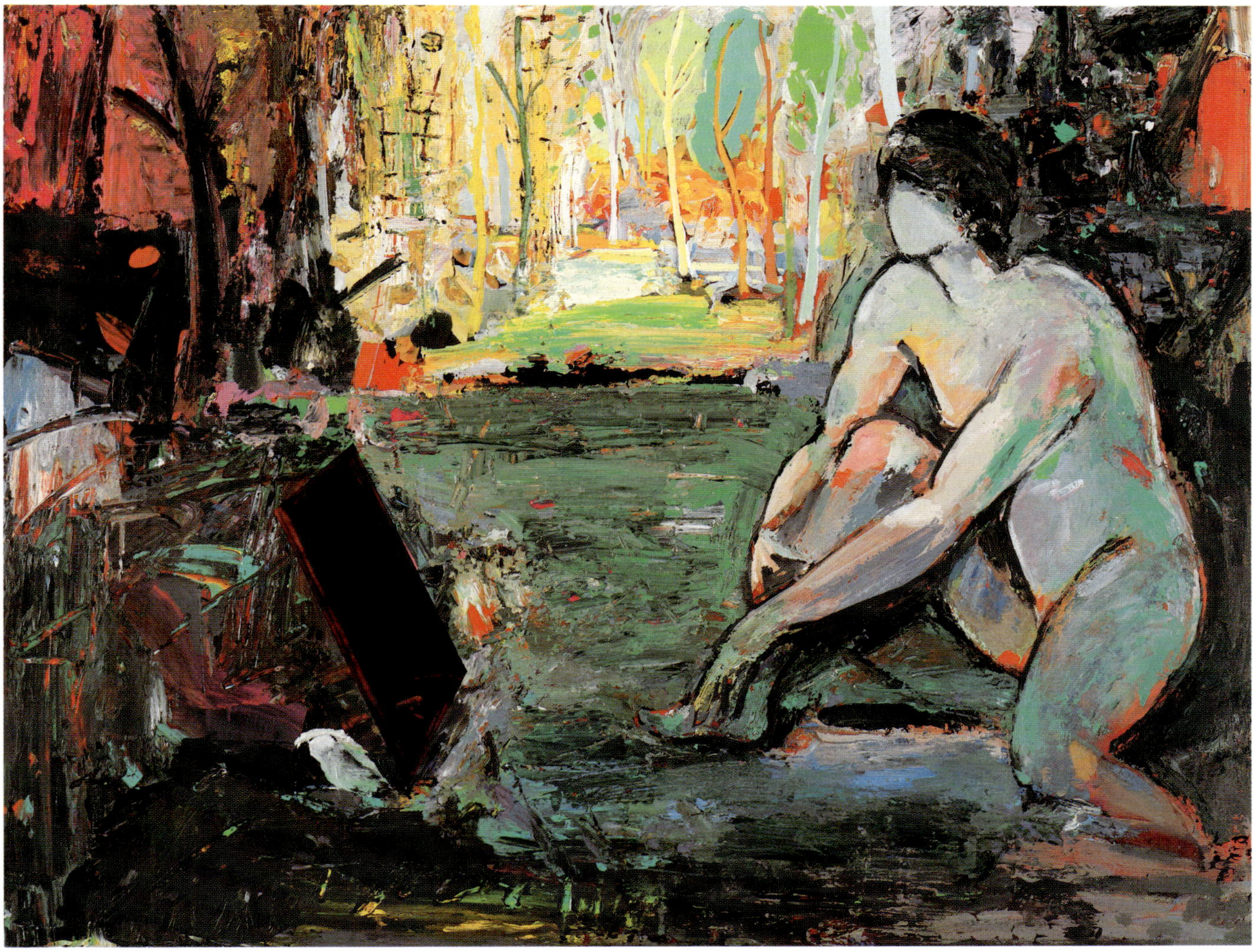

S[50] 74. *Die Gärten der Susanna V*, 1988, Acryl, 50,3 x 66,5

alles. Entweder Tabula rasa oder Palimpsest.

Zwischen den beiden Extremen gibt es allerdings noch mögliche Kompromisse. Da es um *Susanna* geht (um ihre Geschichte, Tintorettos Gemälde und Prêtres Serie), würde ich sogar sagen, daß der Kompromiß – ich meine das *Clair-obscur*, das *Halbdunkel*, ja sogar das *Zwielicht* – unabdingbar ist. Warum, werden wir noch sehen. Hier drängt er sich zunächst aus anderen, theoretischen Gründen auf.

Maître Jacques

In einigen Worten:

Die Position des kartesianischen Subjekts als souveräner Herr seines Diskurses einzunehmen, ist unhaltbar, da das Subjekt, um das es in dieser dunklen Affäre geht, das Subjekt des Signifikanten ist, geteilt, als solches abermals gespalten und dazu verurteilt, nie eins mit sich selbst zu sein. Die substantielle Einheit des *cogito*, die Descartes in dem berühmten «ich denke, also bin ich» formuliert, ist illusorisch. An einer bestimmten Stelle fehlen die Anführungszeichen. Man müßte schreiben: «Ich denke: *'also bin ich'*». Indem ich dieses *cogito*, das meine substantielle Einheit als denkendes Subjekt angeblich begründet, in meinem Diskurs artikuliere, teile ich mich unweigerlich in ein «Ich» als Subjekt des Aussagens und ein «Ich» als Subjekt der Aussage. Eben darin liegt das Paradoxon. Und dieses Paradoxon entspricht dem des Lügners. «Ich lüge»: wenn ich lüge, lüge ich auch, wenn ich «ich lüge» sage, also lüge ich nicht, ich sage die Wahrheit. Wenn ich aber die Wahrheit sage, wenn ich «ich lüge» sage, lüge ich wirklich, also sage ich nicht die Wahrheit. Es gibt nur ein Mittel, das Paradoxon aufzuheben, nämlich auch hier zwei in ein und demselben «Ich» verschmolzene Subjekte zu unterscheiden und anzunehmen, daß ein «Ich» als Subjekt des Aussagens die eigene Aussage beurteilt.

Damit hätten wir das Prinzip einer *radikalen Subversion des kartesianischen Subjekts*, die seit Freuds Entdeckung des Unbewußten fällig war.

Nun findet diese Subversion des Subjekts, die es teilt, sobald es vorgibt, *wie ein Mann* zu sprechen, nicht ohne eine Dialektik statt. Aber die Dialektik, so weit man sie auch treiben mag (und eine psychoanalytische Kur treibt sie äußerst weit), kann aus diesem subjektiven Dual nimmermehr *eins* machen und es so mit sich selbst versöhnen, daß es die von Hegel vorgegebene letzte Gestalt des Bewußtseins erreicht, in der die ganze Wahrheit im Wissen aufgeht und zum Ausdruck kommt. Die Wahrheit kann nicht ganz gesagt werden. Es wird immer etwas fehlen. Ein Nichts. Der letzte Knopf. Aber dieser letzte Knopf, der es dem diskursiven Überzieher ermöglichen würde, sich zu schließen, ist verloren. Denn das, worum es sich hier handelt, ist die *Dialektik des Begehrens*, in die das sprechende Subjekt, das der signifikanten Kette entfremdete Subjekt, anders gesagt, das Subjekt des Unbewußten, endlos verwickelt ist.

Das ist die meisterhafte Lektion, die Lacan in *Subversion des Subjekts und Dialektik des Begehrens*[36] erteilt.

36. J. Lacan, *op. cit.*, Bd. II, S. 165 ff.

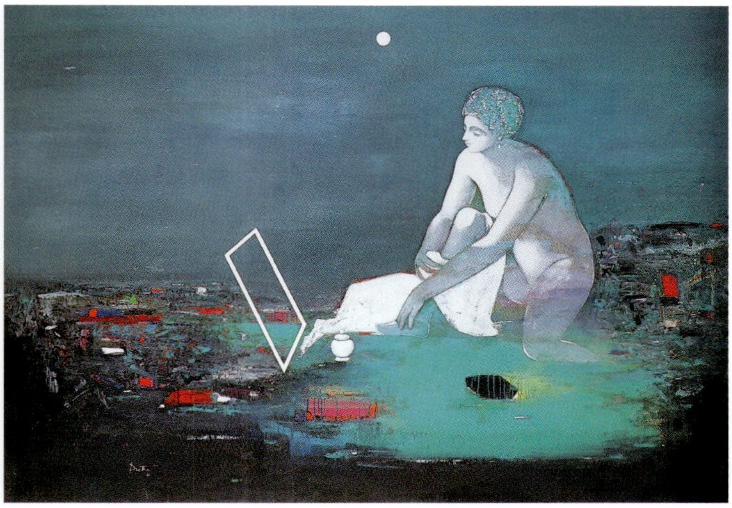

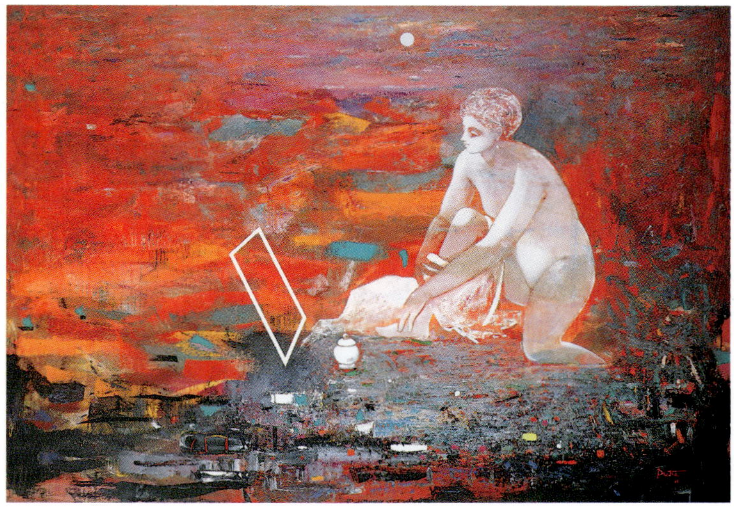

S[13] 13. *Susanna in der Morgendämmerung*, 1986, Acryl auf Leinwand, 170 x 245
S[14] 14. *Susanna in der Abendröte*, 1986, Acryl auf Leinwand, 170 x 45

Sagen wir es folgendermaßen: 1 teilt sich in 2, und es gibt keine Möglichkeit, wieder 1 aus diesem radikal geteilten und dadurch, daß es spricht, nicht mit sich identischen Subjekt zu machen. Darum bezeichnet Lacan es als $\cancel{S}$, wobei der Schrägstrich jene Teilung markiert, in der das kartesianische Subjekt sich weder als *ein* Sein noch als ein *Sein* erweist.

Keine Möglichkeit, wieder *eins* zu werden, außer in der Illusion. Anders gesagt, wie *ich*. Das *Ich* ist ein Lückenbüßer, eine Art Krücke, dank derer das Subjekt ($\cancel{S}$) sich einen Anschein von Konsistenz, von Einheit gibt. Niemand hat das Trügerische dieses *Ich*, diese Scheinhülle, die nur einen dunklen «Abgrund»[37] bemäntelt, so deutlich gezeigt wie La Rochefoucauld in seinen *Maximen*. Auf die Frage, «was bin ich?», kann ich wohl antworten: «Ich bin *ich*». Aber was ist dieses *Ich*? Ein Sein? Nein, ein bloßes Scheinen, ein Spiegel-Bild, an dem das Subjekt hängt, an dem es sich festhält, und das es ihm doch nur ermöglicht, eine rein *imaginäre* Identität zu erlangen.

Wo findet das Subjekt dieses Bild überhaupt? In sich selbst? Nein. Ursprünglich in einem Spiegel. Aus diesem spiegelbildlichen anderen, der vereinigenden Spiegelung des zerstückelten Körpers, entsteht der erste Stoff des Ich. *Ich* ist von Anfang an der *andere*. Aber es ist auch alle anderen, Gleichen, die alle Spiegelbilder sind, mit denen das Subjekt sich imaginär identifizieren kann, so daß es sich auf diese Weise ein ganzes Sortiment von mehr oder weniger glänzenden Identitäten zulegt, mehr oder weniger gut angesehen vom *Ichideal*, einem anderen Namen des Überich, das uns wie ein beurteilender und im allgemeinen verurteilender Blick innewohnt. Denn was man sich auch vormacht, man ist nie wirklich das Ich auf der Höhe seiner eigenen Ansprüche. Um es zu sein, müßte man jenes Ich sein, das unser *Idealich* genannt werden könnte. Das nicht tot zu kriegende Kind, das ewig in uns weiterlebt, ein strahlendes Phantom, selbst wenn wir alt geworden sind. Ein Kind, das in uralter Zeit (aber das Unbewußte kennt keine Zeit) von der, die es wiegte, Wiegenlieder hörte: «Wie lieb du mir bist, mein Engelein, mein Vögelchen, mein süßes Kleines, ich vergöttere dich, mein hübscher Cherubim», und andere abgeschmackte Albernheiten mehr. Im Grunde sind wir alle gefallene Engel, sind enttäuscht über diesen Fall und lehnen ihn ab. Was uns böse, bitterböse machen kann.

37. Den Abgrund oder die Abgründe der *Eigenliebe*, die Kategorie, mit der das moderne «Subjekt des Unbewußten» klassisch erfaßt werden kann: «*Man kann weder die Tiefen ihrer Abgründe ermessen noch die Finsternis durchdringen. Dort unten lebt sie, den schärfsten Augen verborgen, und bewegt sich auf tausend heimlichen Gängen. Dort ist sie oft unsichtbar sich selber, dort empfängt, nährt und bildet sie, ohne es zu wissen, unzählige Regungen von Liebe und Haß, und so ungeheuerliche, daß sie sie nicht erkennt, oder sich nicht entschließen kann, sie einzugestehen, wenn sie sie ans Tageslicht heraufgelassen hat… Aber diese dichte Finsternis, die sie ihrem Auge verbirgt, hindert sie nicht, alles außer ihr Liegende vollkommen wahrzunehmen; hierin ist sie ähnlich unsern Augen, die alles entdecken und blind nur für sich selbst sind… Sie vereint alle Gegensätze… Sie ist launisch, und bisweilen arbeitet sie sich mit höchstem Eifer und unglaublicher Mühe um Dinge ab, die ihr keinen Vorteil bringen, auf die sie aber aus ist, weil sie sie will… Und, was wunderbar ist, sie haßt mit ihnen sich selber, zettelt Verschwörungen an zu ihrem Untergang und arbeitet an ihrem Sturz. Sie ist im Grunde nur darauf aus, zu sein, und wenn sie sein kann, will sie gern auch ihr eigener Feind sein… Und selbst wenn sie besiegt ist, findet*

S[20] 20. *Denn ich liebe eine keusche Susanna*, 1986, Acryl auf Leinwand, 114 x 146

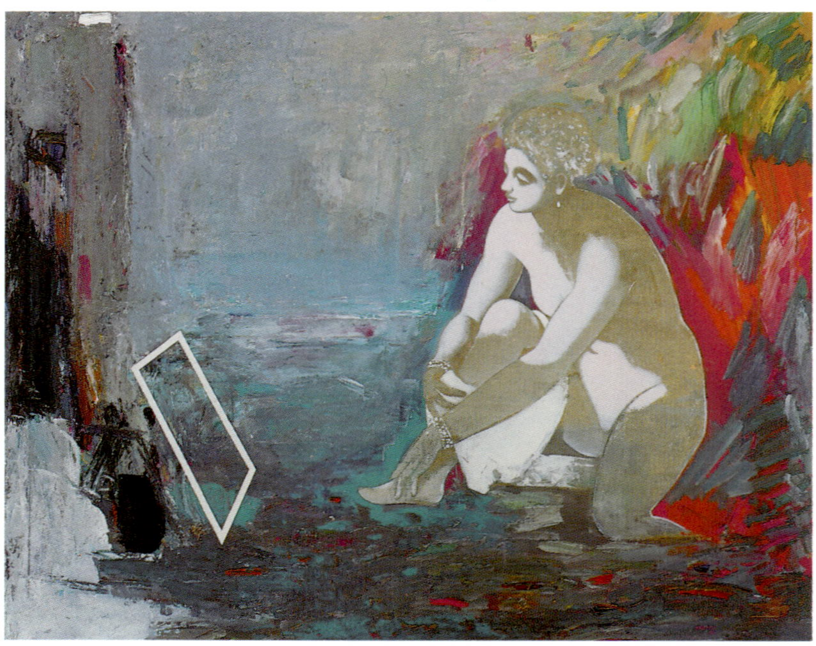

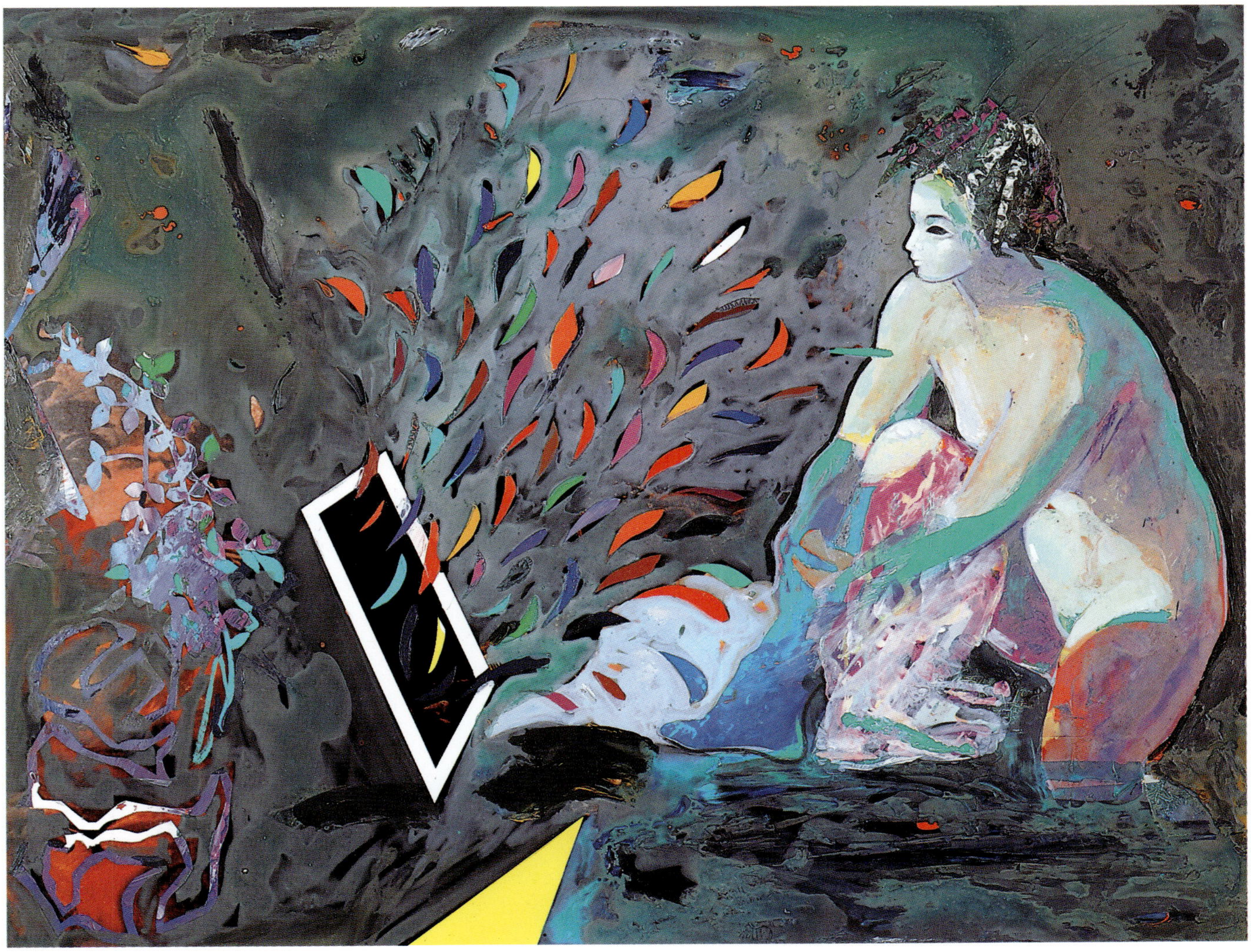

S[27] 51. *Die Lilie*, 1988, Acryl, 50,3 x 66,5

man sie glücklich, über ihre eigene Niederlage triumphierend, wieder.» Vgl. La Rochefoucauld, «Maximen», in: *Die französischen Moralisten*, übers. von F. Schalk, München 1973, Bd. I, S. 95-97.

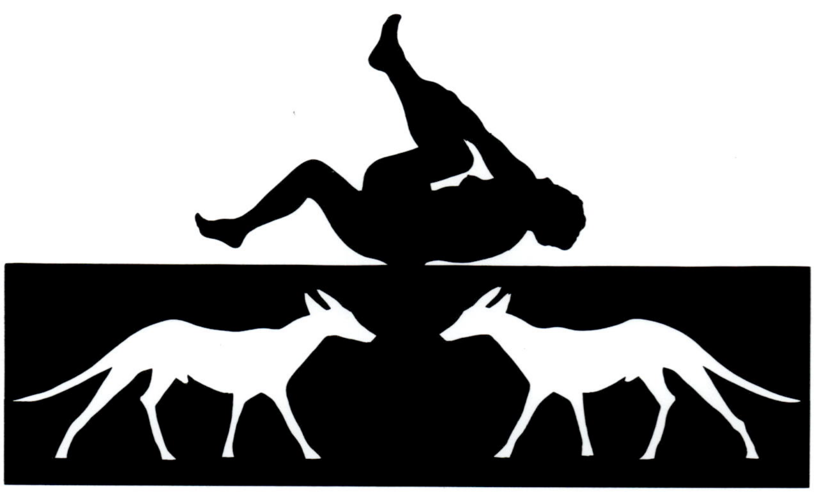

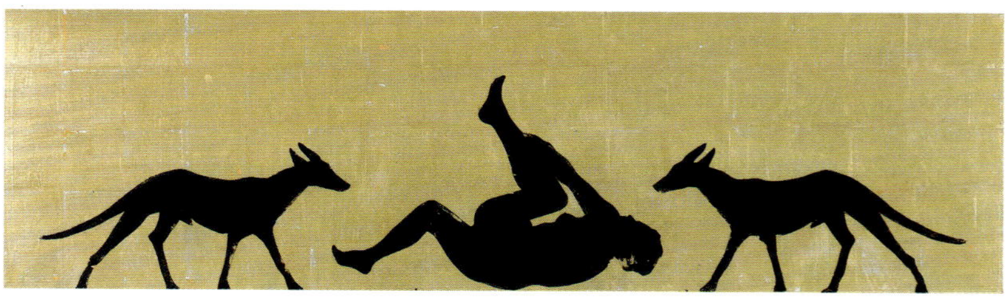

S[63] 87. *Emblem der Susanna*, 1988, Metallfarbe auf Aluminium, 60 x 100

S[9] 33. *So lauerten sie täglich um die Wette, sie zu sehen*, 1987, Gold und Acryl auf Cibachrom, 41,4 x 146,6

Also noch einmal: 1 teilt sich in 2. Aus dieser 2 glaube ich 1 zu machen, wenn ich sage, «ich bin *ich*». Aber dieses *Ich* ist ein anderer, ego = alter ego. Es ist also ein 1, das eine 2 verbirgt, und diese Zweiheit, diese Dublette tut (im Register des Imaginären) nichts anderes, als die Teilung und grundlegende Doppelheit des Subjekts ($) zu re-präsentieren (eine andere Art der Zweiteilung), indem sie diese zu verbergen versucht.

Aber befragen wir noch einmal dieses $, das weder *ein* Sein noch vollends ein *Sein* ist, sondern eher, wie Lacan schreibt, ein «Para-Sein», immer neben sich selbst. Allein die Tatsache seiner Einbindung in die signifikante Kette läßt es, indem sie es teilt, etwas von sich selbst verlieren. Und diesen verlorenen Teil seiner selbst (als dessen empirischer Prototyp die Mutterbrust betrachtet werden kann) trachtet das Subjekt in einer endlosen Suche wiederzufinden. Einer Suche, die es als Subjekt des Begehrens konstituiert, wobei das Begehren durch den Verlust selbst verursacht worden ist. Lacan nennt dieses Objekt, die Ursache des unbewußten Begehrens, das «Objekt *a*».

Wo sucht das Subjekt dieses verlorene Objekt? Wer wäre imstande, es ihm zurückzugeben und ihm so zu einer vollen Existenz, anders gesagt, zur Lusterfüllung zu verhelfen? Niemand, kein Gleicher, kein Nächster, kein anderer als der Andere aller anderen, stellvertretend für die Urmutter, in deren Schoß man einst lebte, nicht von sich selbst getrennt, da nicht von IHR getrennt. Diesen Anderen, von dem ich erwarte, daß er mir meine ursprüngliche Integrität zurückgibt, bieten mir die Religionen: es ist Gott, der wiedergutmachende, erlösende Gott, der denen, die sein Gebot hinieden brav befolgen, ein Paradies der Lust im Jenseits verheißt. Der durch den Mund seines Sohnes verkündet: *«Bittet, so wird euch gegeben; suchet, so werdet ihr finden; klopfet, so wird euch aufgetan.»*

Hélas, der Andere, von dem ich ein Orakel sowohl über mein Sein als auch über die Ursache meines Begehrens erwarte, antwortet entweder gar nicht, oder er antwortet in Rätseln: indem er mir mein eigenes Rätsel in Form eines beängstigenden *Che vuoi?* zurückgibt[38]. Darum hat es seit jeher wahre und falsche Propheten gegeben, die das Rätsel des Begehrens nach dem Anderen angeblich zu lösen wußten und sich anboten, es zu erläutern. Das Problem ist, daß ihre Erläuterungen selbst der Erläuterung bedürfen etc. Kurz: es gibt keinen Anderen des Anderen, der ersetzen könnte, was dem ersten fehlt.

Ich weiß wohl, aber trotzdem... *Ich weiß wohl*, daß dem Anderen das fehlt, was ich von ihm erwarte, daß er ebenso unvollständig, geteilt, nicht-ganz, nicht-eins ist wie ich (daß man ihn also nicht mit A schreiben sollte, sondern mit Ⱥ, dem gleichen Schrägstrich, der das Subjekt affiziert), *aber trotzdem* weigere ich mich, es zu glauben. So wie ich meine Teilung als Subjekt, der ich durch die illusorische Einheit des Ich abhelfe, nicht ertrage, so unerträglich ist mir die Unvollständigkeit des Anderen. Daher all die *Zusätze*, mit denen ich ihn schmücke, verschleiere, bekleide,

38. «*Darum ist die Frage* nach dem *Andern, die zum Subjekt zurückkommt von dem Platz aus, wo es ein Orakel erwartet – in der Form eines* Che vuoi?, *Was willst du? –, die Frage, die am allerbesten auf den Weg eines eigenen Begehrens führt – wenn es sie, dank dem Geschick eines Partners mit dem Namen «Psychoanalytiker», wiederaufnimmt, sei es auch, ohne es so recht zu wissen, im Sinne eines: Was will er mir?*» Vgl. J. Lacan, *op. cit.*, Bd. II, S. 190.

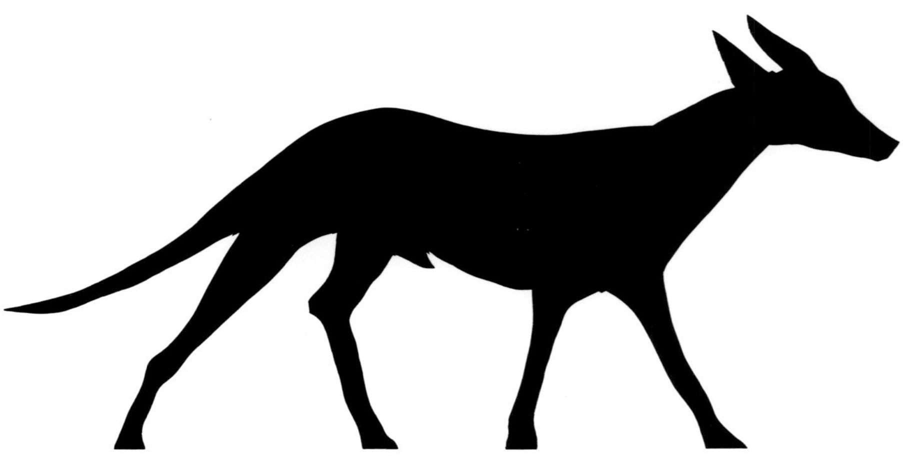

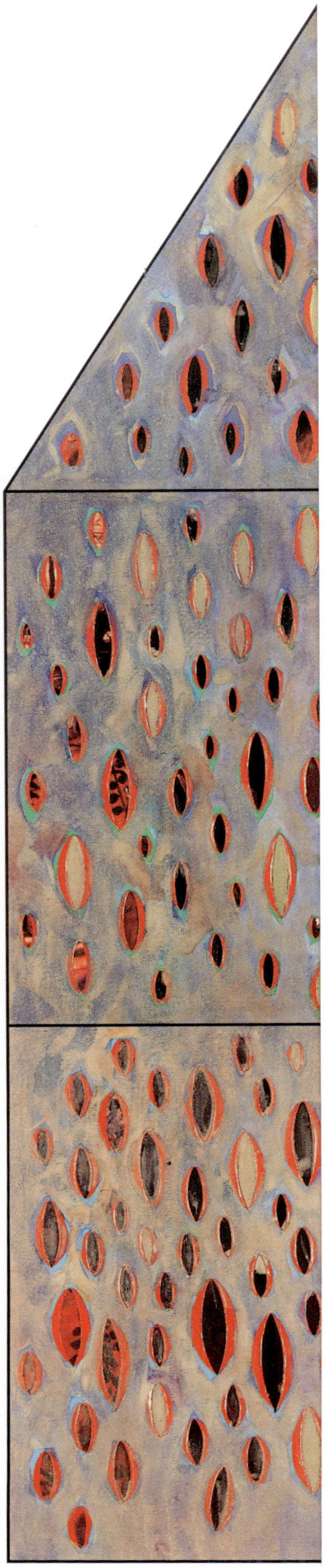

S[39] 63. *Susanna der Praetextat*, 1988, Acryl und Gold auf Cibachrom, Polyptychon mit 2 Wölfen aus bemaltem Aluminium, 6 x (50,3 x 66,5) 150,9 x 250

wobei ich ihn gelegentlich sogar mit einem Fetisch ausstaffiere.

Die Struktur des menschlichen Begehrens ist nämlich, wie Freud wieder und wieder gesagt hat, von Grund auf *pervers*: der Fetischismus ist das typische Beispiel dafür. Und alle anderen Formen der Perversion (insbesondere der Voyeurismus-Exhibitionismus) folgen dem gleichen Modell, das auf einer Verleugnung beruht. Mit Freud gesprochen: ich will von dem Mangel (der Kastration) des Anderen nichts wissen, um von dem Mangel (der Kastration), der mich als begehrendes Subjekt konstituiert, nichts zu erfahren.

Ich weiß wohl, daß der Andere mir das verlorene Objekt, die Ursache meines Begehrens, nicht geben kann, weil er es nicht hat. Aber trotzdem... Wenn ich es geschickt anstelle, kann ich so tun als ob.

Eben dieses «als ob» ermöglicht «trotzdem» eine Lusterfüllung an dem verlorenen Objekt, für dessen Verlust, der dem Phantasma freien Lauf läßt, Ersatz geschaffen wird. $\$$ gelangt durch das Phantasma, im *Rahmen* und auf dem *Schirm* des Phantasmas zum Objekt *a*.

Befreit vom imaginären Flitter, den jeder aus seinen Kindheitserinnerungen bezieht, reduziert Lacan das Phantasma in seiner Struktur auf folgende schlichte Formel:

$$\$ \diamond a$$

wobei es für den Rhombus verschiedene Lesarten gibt. Etwa die einer Zusammenfügung der Symbole $<$ und $>$, oder auch $\vee$ und $\wedge$, die an jene Paradoxa erinnern, die nur in einer nicht-euklidischen Topologie lösbar sind: daß dieses intime Objekt etwas «Extimes» hat, daß es im Subjekt eingeschlossen und ihm zugleich äußerlich ist, daß es mit ihm verbunden und doch von ihm getrennt, abgelöst, verloren ist.

Uns sollte es hier genügen, darin den Rahmen oder den Schirm zu sehen, in oder auf dem das Subjekt sein vermeintlich im Besitz des Anderen befindliches Objekt zu erfassen glaubt. Es täuscht sich. Es hält einen Schatten oder seine Spiegelung für die Beute. Einerlei: in den Genuß der Lusterfüllung kommt es *trotzdem*.

Findet es dadurch aber seine Einheit wieder? Nein. Es findet sie nur phantasmatisch wieder. Man kann sogar annehmen, daß es die Lusterfüllung, die es im Phantasma an dem Objekt erlebt, nur gespalten erleben kann, da es sich zugleich in der Position des Zuschauers und in der des Schauspielers befindet, da es vom Parkett aus zusieht, wie es auf der Anderen Bühne die Komödie (und auch die Tragödie) seiner Lusterfüllung spielt.

An dieser Stelle kann die Sequenz enden, denn es kommt in der Tat vor, daß wir durch ein Phantasma und in einem Phantasma erstarren, versteinern. Manche Maler – große Meister – wirken daran mit, uns in einen solchen Zustand zu versetzen.

Ich habe eine Sequenz 1-2-1-2-1 etc. postuliert, hervorgehend aus der Terne 1-2-1. Es handelt sich um serienmäßige Zweiteilungen in Gestalt einer baumartigen Verästelung oder eines Netzes, deren Zeichnung, würde ich mich daran wagen – aber ich bin kein Maler – ein hübsches Gitterwerk ergäbe.

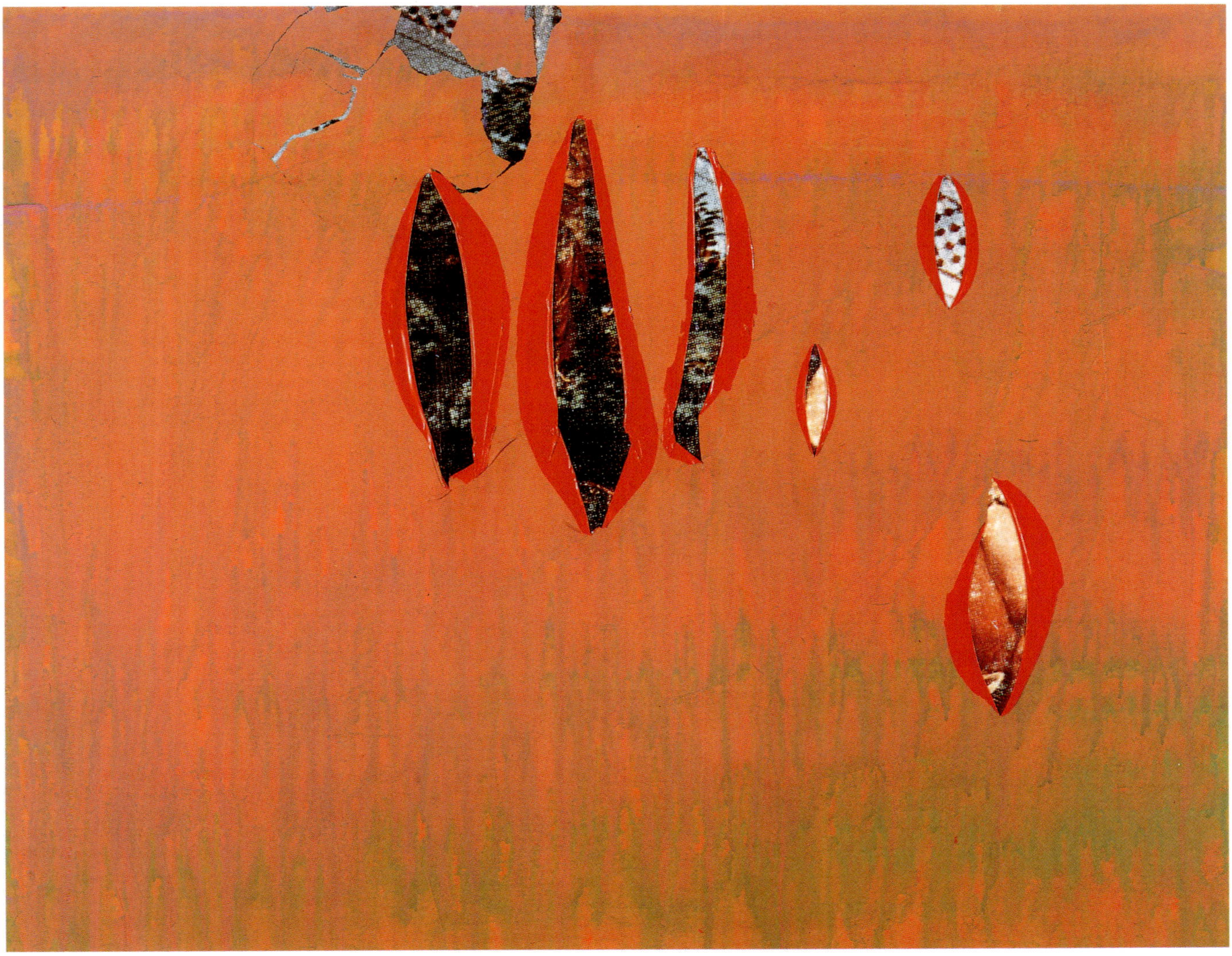

S[37] 61. «*Das Zeichen ist ein Riß, der sich immer nur zu einem anderen Zeichen öffnet II*», 1988, Acryl auf Cibachrom, 50,3 x 64,3

Doch kommen wir auf das Wesentliche zurück. Und das Wesentliche an den kurzen theoretischen Bemerkungen, die ich mir hier erlaubt habe, ist folgendes: in einer Sequenz vom Typ 1-2-1… sind mindestens *vier* Protagonisten im Spiel, nämlich das Subjekt (\$), das Ich und sein spiegelbildliches Double sowie das am Ort des Anderen (A̸) vermutete Objekt *a*.

Zusammenfassend, und um Lacan zu zitieren: «*Es handelt sich also um eine vierteilige Struktur, derer es, ausgehend vom Unbewußten, stets bedarf, um die Verfassung des Subjektiven in seiner Konstruktion zu erfassen. Dem entsprechen unsere didaktischen Schemata.*[39]»

– Didaktische Schemata? Zeigen Sie mal her, damit wir endlich durchblicken!

– Hier wäre eins, das ich selbst, ausgehend von zwei oder drei anderen, die in Lacans *Schriften*[40] zu finden sind, sorgfältig nachgebildet habe:

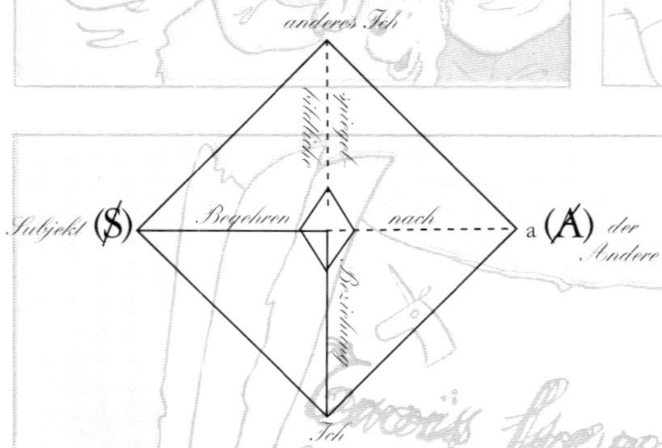

Der mittlere Rhombus kann auf zweierlei Art verstanden werden:
– als Oberfläche eines Spiegels (spiegelbildliche Beziehung);
– als Schirm des Phantasmas.

Aber ich habe etwas viel Besseres, sehr viel schöner anzuschauen als didaktische Schemata: ich habe Tintorettos *Susanna*. Und ich habe etwas viel Sprechenderes als die *Schriften* von Lacan: ich habe das *Buch Daniel*. Und schließlich habe ich etwas viel Überzeugenderes als meine eigenen Deutungen, um veranschaulichend zu erklären, wie die Subversion eines Subjekts dieses in die Dialektik des Begehrens so hineinzieht, daß 1 nicht aufhört, sich in 2 zu teilen, um wieder 1 zu werden, das sich abermals in zwei teilt, etc.: ich habe die Serie der *Susannen*, signiert von Jean-Claude Prêtre, dem Meister der *Jungen Frau mit kleinem Betrachter*.

121 *Susannen*. Zahlen lügen nie, würde ein gelehrter Kabbalist wohl sagen und hinzufügen, daß die Wahrheit des kleinen Betrachters und die Ziffer seines Schicksals in dieser 121 seit jeher geschrieben standen[41]. Die Wahrheit des kleinen Betrachters, der beliebig groß, beliebig alt geworden sein mag und sich doch immer noch in Stücke reißen müßte, um *Susannas* Geheimnis zu erforschen.

Und was ist nun *Susannas* Geheimnis?

Da haben wir's.

Tintin für Tintoretto

Statt Lacans *Schriften* möge der Leser jetzt ein anderes Buch aufschlagen: Hergés *Geheimnis des Einhorns*, Seite 61. Hier sieht man, wie Tintin (nachdem er die Brüder Loiseau, zwei Antiquare von der übelsten Sorte, überwältigt hat) den Schlüssel des Geheimnisses entdeckt, das ihn beschäftigt.

Und meine Lösung? Wie bei Tintin ist der springende Punkt eine Überlagerung von Dokumenten, die

39. J. Lacan, «Kant mit Sade», in: *op. cit.*, Bd. II, S. 145.

40. Siehe vor allem Bd. I, S. 53, Schema L.

41. Ein gelehrter Kabbalist… oder Freud selbst, der in seiner *Psychopathologie des Alltagslebens* behauptet und mit Beispielen belegt, daß eine Ziffer nie zufällig gewählt wird.

Darin findet man Dupin und seine Methode wieder. Man wird sich erinnern, daß der Detektiv sich auf das (Kinder-) Spiel «Grad oder Ungrad» bezieht. Siehe Lacans kritischen Kommentar zu diesem Punkt in: *op. cit.*, Bd. I, S. 56-60.

sich, transparent gemacht, wechselseitig erhellen und entschlüsseln. Mit dem Unterschied, daß ich, ausgehend von Tintorettos *Susanna* und nach Kräften bemüht, J.-C. Prêtre auf einem parallelen Weg zu folgen, am Ende eine ganze Serie von Manuskripten hervorgebracht habe. Einen Stapel von Bildern der *Susanna* im Diskurs. Das Problem war, daß mir immer eines fehlte. Und mein Irrtum bestand darin, zu glauben, das fehlende sei das letzte.

Tatsächlich war es das *erste*. Und das hatte ich von Anfang an zur Hand. Ich brauchte nur das Kapitel über «die keusche Susanna» im *Buch Daniel* aufzuschlagen und es etwas aufmerksam zu lesen.

Das habe ich getan. Die – übrigens sehr schlichte – Wahrheit, die ich darin entdeckt habe, ließ mir Tintorettos Gemälde in einem neuen Licht erscheinen. Nicht, daß seine *Susanna* in meinen Augen auf einmal nicht mehr rätselhaft gewesen wäre. Ganz im Gegenteil. Sie wurde nur noch komplizierter. Aber ich glaube, ich habe begriffen, warum. Und ich habe es nur begriffen, indem ich einwilligte, mich als Subjekt mit einbeziehen und mich mit in ihre Falle locken zu lassen. Dieselbe Falle, die das Gemälde ihrem Richter stellt. Wie man sehen wird, konnte ich mich da nicht herauswinden, ohne Federn zu lassen. Daß ich überhaupt herausgekommen bin, verdanke ich Jean-Claude Prêtre. Mit ihm *erklärt* sich alles. Ich will versuchen, zu zeigen, wie. Doch ohne allzu große Illusionen. Denn die Lehre, die ich aus *Susanna* ziehe – aus Prêtres Susannen, aus der von Tintoretto und aus der, die es Daniel ermöglicht, sich als großen Propheten anzukündigen –, besteht darin, daß man, sobald man sich ihrer bemächtigen will, und sei es nur, um sie zu verstehen, unvermeidlich ein böser und ein schlechter Richter wird. Also schuldig.

Ich weiß, daß ich verdammt bin. Der Würgeengel wartet mit dem Schwert auf mich. Ich sage es lieber gleich, denn ich fürchte, daß mir nachher keine Zeit mehr bleibt.

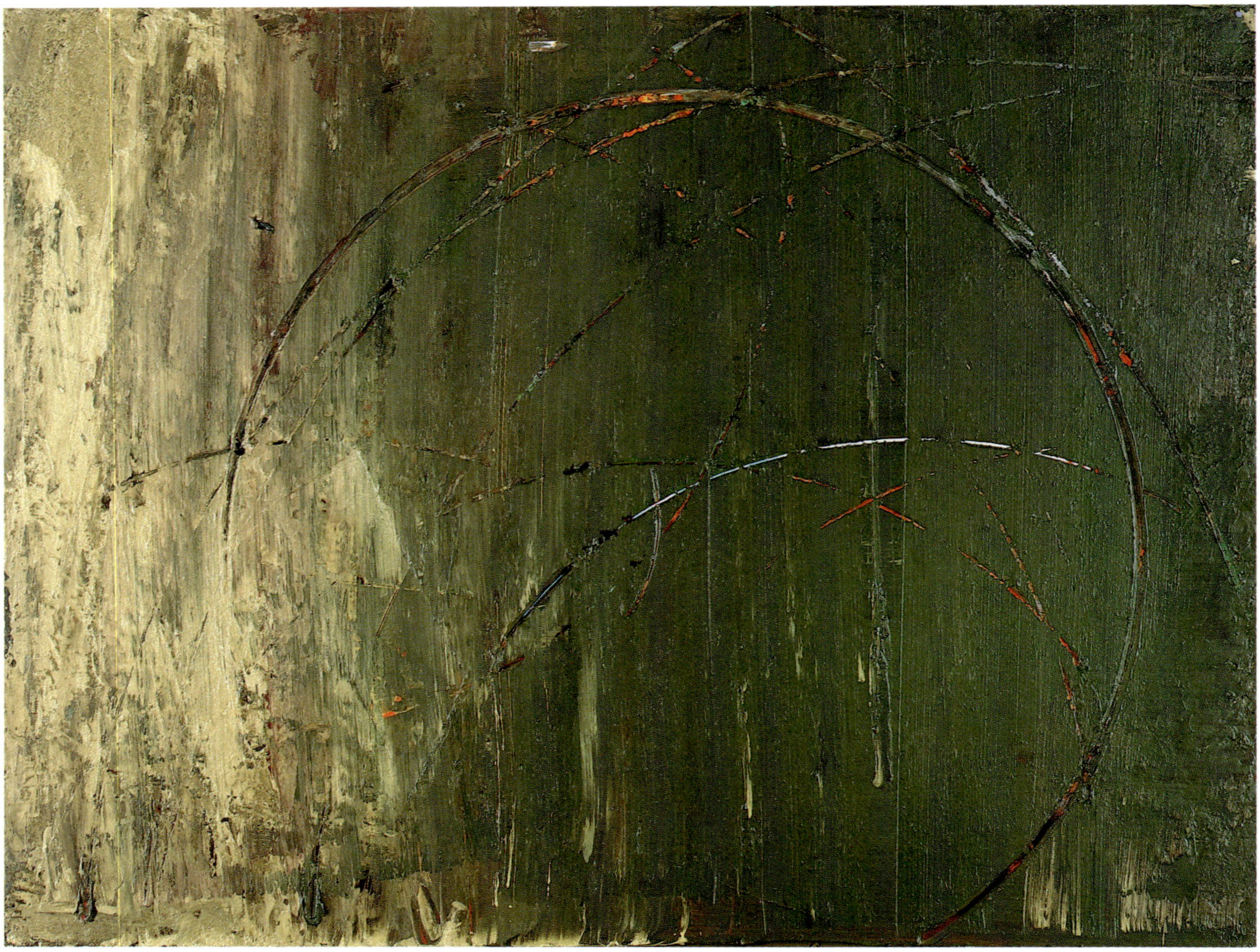

S[53] 77. *Susanna in ihren geheimen Figuren III*, 1988, Acryl und Gold, 50,3 x 66,5

Zweiter Teil

Die griechische Quelle

Die «Geschichte der keuschen Susanna» ist also ein griechischer Zusatz zum *Buch Daniel.* Dieses Buch selbst ist ein Gewebe von Rätseln. Teils aramäisch, teils hebräisch geschrieben, was dem Übersetzer bereits Rätsel aufgibt, berichtet der zusammengesetzte, buntscheckige Text von zahlreichen Rätseln, auf die in wiederum höchst rätselhafter Weise geantwortet wird, und zwar von einer Person, deren Identität – alle Kommentatoren stimmen darin überein – ein offenes Rätsel bleibt. Sie stellt sich unter verschiedenen Namen vor, scheint in verschiedenen Epochen gelebt zu haben, etc. Kurz, es ist klar, daß Daniel – das Buch wie der Prophet – obskur bis dunkel bleibt.

Dennoch springt ins Auge, daß nämlicher Daniel mit Vorliebe die Zerlegung, die Trennung, die Spaltung, den Schnitt prophezeit: die Teilung. Aus seinem Mund wird stets die Einheit eines Königs oder eines Reichs mit Zerstückelung bedroht. Sein Gott, ein rächender Gott, übt Rache vorzugsweise, indem er diejenigen, die gegen ihn sind, in Stücke und in Teile reißt. Niemand außer diesem Gott allein genießt das Privileg, behaupten zu können: *Ich bin, der Ich bin.* Denn für den Rest (so die Wirkung seines furchtbaren Gebots auf alle, die es überschreiten) teilt 1 sich in 2, das sich zweiteilt und sich abermals verdoppelt, etc.

So erweist sich Daniel, den wir, damals noch ein Kind, in der «Geschichte der Susanna» kennenlernen, also schon hier als der Prophet der Teilung, der er später sein wird. Der große Unterschied zwischen dem *Buch Daniel* und seinem griechischen Zusatz besteht darin, daß der Zusatz unendlich viel klarer, verständlicher erscheint. Er erzählt eine sehr schöne, schlichte und ganz einfache Geschichte: Eine keusche Ehefrau, von zwei lüsternen alten Richtern auf das Übelste verleumdet, sieht ihre Unschuld dank dem Urteil eines ungewöhnlich hellsichtigen Kindes *in extremis* anerkannt.

Dennoch... Es ist irgend etwas, wie soll man sagen... etwas *Dubioses* an dieser so einfachen Geschichte. Vor allem an dem *Urteil*, das dem jungen Propheten zum Ruhm gereicht.

Ein zweiköpfiger Alter

Wie geht Daniel vor? Er verhört die beiden Alten *gesondert.* Gemeinsam und öffentlich haben sie soeben erklärt, sie hätten Susanna eindeutig beim Verkehr mit einem jungen Liebhaber gesehen, der sich zu der Stunde, da sie wie zufällig ihr Bad nahm, in ihrem Garten versteckt hielt.

Daniel fragt den einen: Unter was für einem Baum sahst du sie miteinander buhlen? Unter diesem Baum – einem Mastixbaum, antwortet der eine.

Dann stellt er dem anderen die gleiche Frage: Unter was für einem Baum sahst du sie miteinander buhlen, sie und ihren Liebhaber? Unter jenem Baum – einer grünen Eiche, antwortet der andere.

Offensichtlich stimmen die Aussagen nicht überein.

Was schließt Daniel daraus? Daß *beide* lügen.

Nach den Regeln der Logik ist dieses Urteil freilich nicht gerecht. Der eine sagt dies. Der andere sagt jenes. Gewiß, die Zeugnisse decken sich nicht, und es ist ausgeschlossen, daß beide die Wahrheit sagen. Aber nichts zwingt zu dem Schluß, daß sie alle beide lügen. Das ist denkbar, aber nicht notwendig. Fest steht nur, daß einer von beiden lügt. Der Logik nach liegt es durchaus im Bereich des Möglichen, daß der andere die Wahrheit sagt.

Erhöbe ich mich zum Richter dieses kleinen Richters, der sich anheischig macht, zwei alte Richter zu richten, könnte ich ihn verurteilen, indem ich sage: Er urteilt ohne hinreichende Beweise und nimmt billigend in Kauf, einen Unschuldigen zu verurteilen.

Ich, Daniel richten? Gott bewahre! «*Richtet nicht, auf daß ihr nicht gerichtet werdet*», heißt es im Evangelium. «*Denn mit welcherlei Gericht ihr richtet, werdet ihr gerichtet werden; und mit welcherlei Maß ihr meßt, wird euch gemessen werden. Was siehest du aber den Splitter in deines Bruders Auge und wirst nicht gewahr des Balkens in deinem Auge?*»[42]

Ich geben also zu, daß *ich* es bin, der den Balken im Auge hat und darum nicht sehen kann, inwiefern Daniel ein ausgezeichneter Richter ist und schon jetzt ein großer Prophet. Aber inwiefern ist er es, wo er doch ganz offensichtlich einen logischen Fehler begeht?

Sein Urteil wäre fehlerfrei und erschiene mir absolut schlüssig, wenn es statt zwei widersprüchlich aussagender Zeugen nur einen einzigen gäbe. Sobald ich nämlich als einziger Zeuge zugleich eine Sache und ihr Gegenteil erkläre, sobald ich von einem *X* behaupte, ich hätte ihn im selben Augenblick hier *und* dort in Gesellschaft eines *Y* gesehen, lüge ich notwendigerweise. Sobald ich mir widerspreche und, wie man so sagt, *zweischneidig* rede, verrate ich mich selbst als Lügner. Und dann verdiene ich durchaus die schlimmste Strafe. Etwa die, vom Engel Gottes, der mit dem Schwert bereitsteht, kreuz und quer gespalten zu werden.

Das Dumme ist, daß der Text von *zwei* Alten und nicht von einem spricht. Die einzige Art, Daniel von jedem richterlichen Irrtum freizusprechen, bestünde also darin, den Text so zu interpretieren, als hätte es in der Geschichte nur *einen* Alten gegeben.

Ist das zulässig?

Nein, jedenfalls nicht, wenn ich den Text als wahrheitsgetreuen Bericht eines Chronisten nehme, der

42. *Matthäus* 7, 1-4.

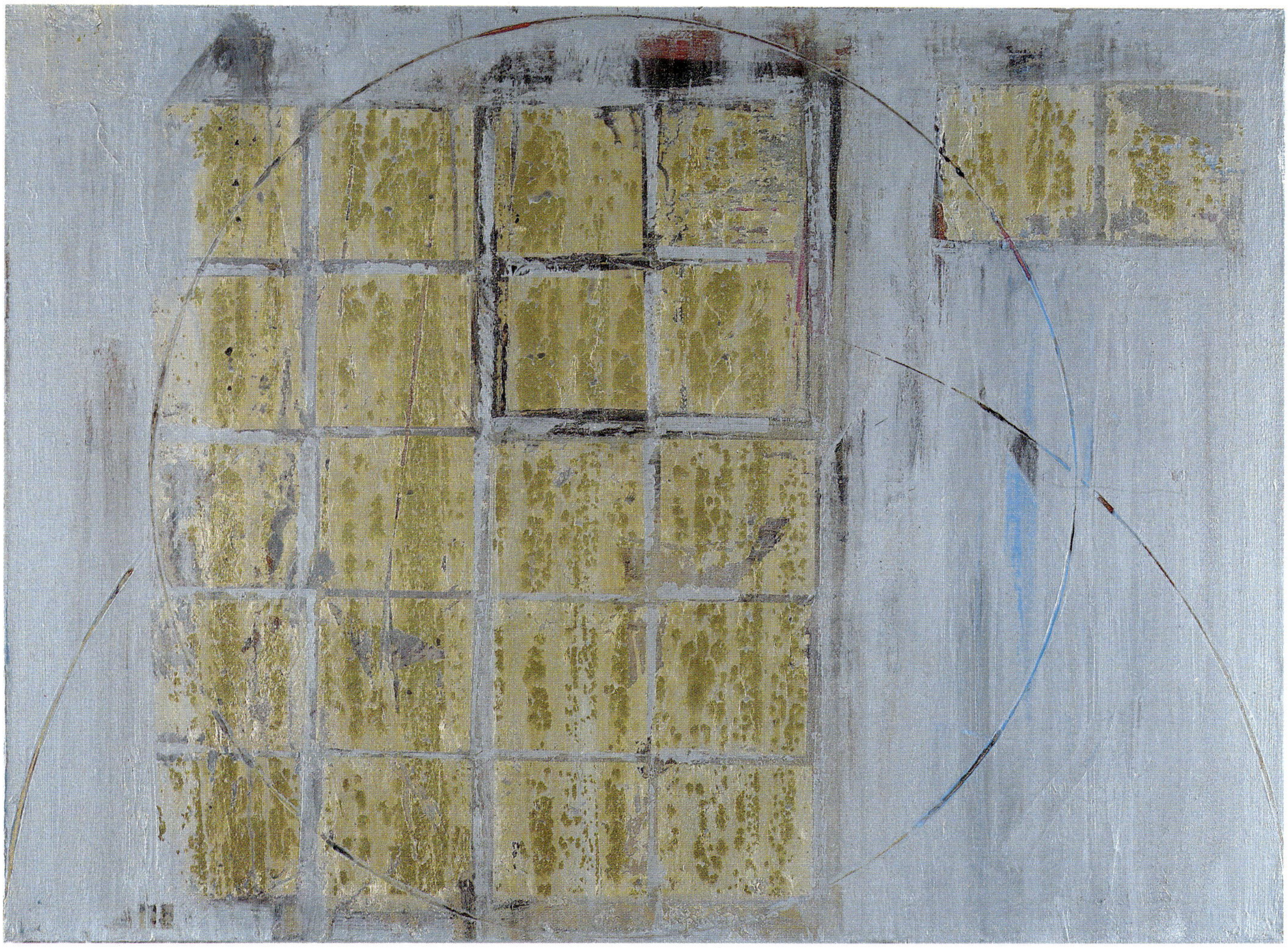

S[26] 99. *Susanna in ihren geheimen Figuren IV*, 1989, Acryl und Gold auf Leinwand, 55 x 75

S[33] 113. *Susanna in ihren geheimen Figuren V*, 1989, Acryl und Gold auf Leinwand, 55 x 75

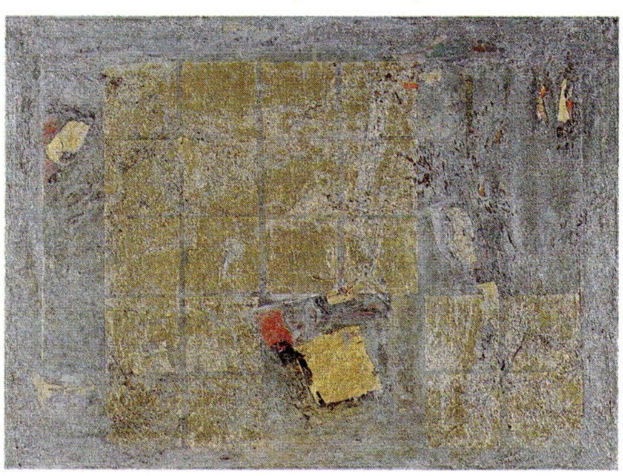

Ereignisse wiederzugeben behauptet, die sich im Jahr sowieso tatsächlich in Babylon zugetragen hätten.

Das ist aber nicht der Fall. Die ganze Geschichte von «Susanna und den beiden Alten» ist eine Fiktion, nachträglich erfunden und geschrieben von einem griechisch sprechenden Juden, der folglich mit der griechischen Kultur vertraut war. Der die griechischen Mythen ebenso kannte wie die Fabeln des Äsop.

Gehen wir davon aus, daß diese – keineswegs unwahrscheinliche – Geschichte sich, zwischen Mythos und Fabel, wie ein Apolog liest. Und lesen wir sie als solchen noch einmal, mit besonderer Aufmerksamkeit für das Paar der beiden Alten.

Es fällt unverzüglicch auf, daß eine Sequenz vom Typ 1-2-1… den gesamten Bericht strukturiert.

S[27] 100. *Der Engel Gottes wird dich mitten durchspalten*, 1989, Acryl und Gold auf Leinwand, Diptychon, 2 x (55 x 75) 55 x 150

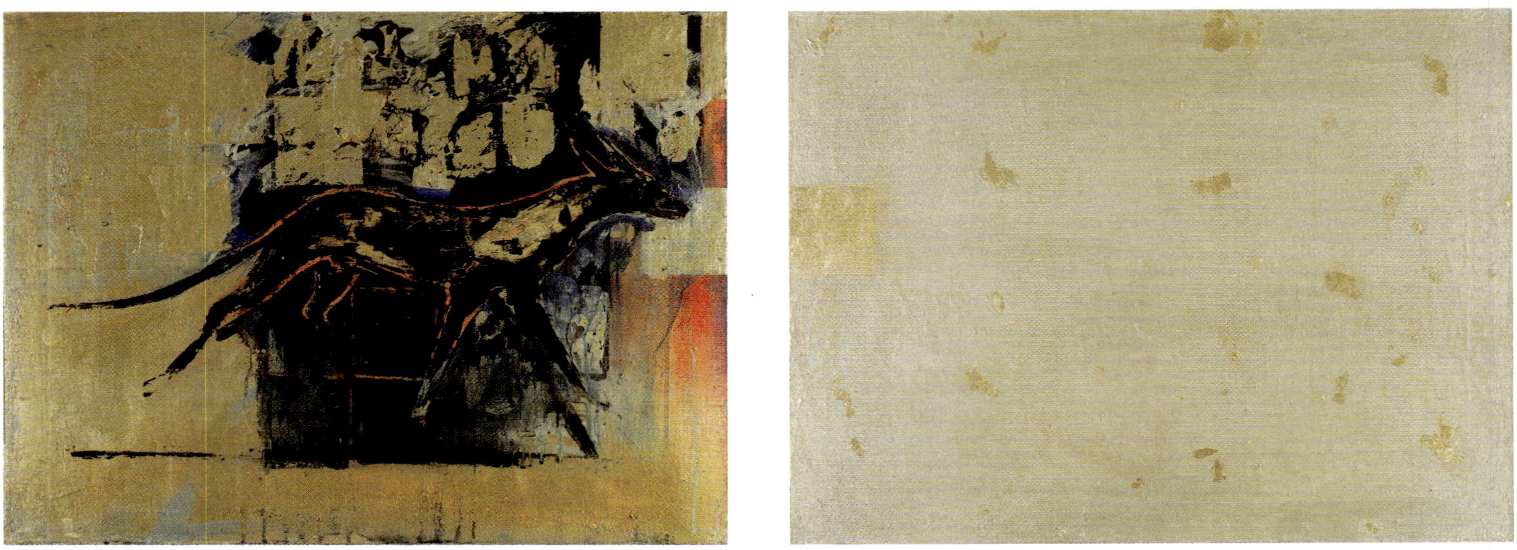

Zwei macht Eins

Wer sind die beiden Alten? Zweifelsohne zwei verschiedene Individuen, die aber beide das gleiche Amt ausüben: das *Richteramt*. Von Anfang an werden sie also beide durch dieses gleiche Amt identifiziert.

Man kann allerdings auch weiter gehen und sagen: sie werden durch dieses gleiche Amt *miteinander* identifiziert.

Weil es ein *Amt* ist und kein Beruf. Wären sie beispielsweise beide Schneider oder Fleischer, bestünde nicht nur die Möglichkeit, daß sie sich in ihrer und durch ihre Berufsausübung voneinander unterscheiden, sondern es läge sogar in ihrem Interesse, sich möglichst stark zu unterscheiden, da es ihnen als Konkurrenten mit dem gleichen Kundenkreis ein Anliegen wäre, sich die Kundschaft wechselseitig auszuspannen.

Die Ausübung des Richteramts indes verbietet ihnen, sich als Konkurrenten, als Rivalen zu betragen. Warum? Weil es nicht zwei Gerechtigkeiten geben kann, wie es bei Kleidern oder Fleisch zwei Qualitäten gibt, sonst gäbe es kein Höchstes Gericht. Zumal im vorliegenden Fall, in der jüdischen Gemeinde Babylons, wo die Gerechtigkeit Ausdruck ein und desselben für alle geltenden Gesetzes ist. Welches Gesetz Eins ist, denn es ist, auf Tafeln geschrieben, das Gesetz des Gottes der Juden, des Anderen aller anderen, insofern er Einzig ist, der Eine selbst.

Richter sein, wenn man dem von diesem *Einen* auserwählten Volke angehört, bedeutet also, jeden subjektiven Unterschied in sich selbst neutralisieren. Wie das *Ich*, das bei Descartes aussagt, «ich denke», transzendiert das *Ich*, das die beiden Alten verkünden läßt, «ich richte», deren besondere empirische Subjektivität. So verschmelzen die beiden «Ältesten» als Ausübende ihres Richteramts in ein und demselben Subjekt. Sie identifizieren sich wechselseitig und miteinder, beide gezeichnet von dem *Einen*, dem Hauptsignifikanten dieses eminent symbolischen Amtes. Als solche sind gerade sie die Gewährsmänner der *Einheit* der jüdischen Gemeinde, die von Konflikten, Teilungen, Rissen, *Schismen* und Aufruhr aller Art bedroht wäre, hätte sie nicht ihre Richter, um das Gesetz des Einen Herrschers im Himmelreich zu repräsentieren, zu verkünden und durchzusetzen.

Was aber geschieht? Der Richter, der sie beide sind, und der ihre Personen *eins* werden läßt, teilt sich in *zwei* Subjekte, von denen jedes, da im Herzen zerrissen, nur den Anschein einer Einheit bietet. Und der Grund dieser doppelten Teilung? Susanna.

Eins macht Zwei

Lesen wir den Text:

«*Da gerieten sie in Begierde nach ihr. Sie verkehrten ihren Sinn und richteten ihre Augen falsch, so daß sie nicht zum Himmel schauten und seiner gerechten Gerichte nicht gedachten. Alle beide waren ihretwegen* liebeswund, *doch keiner* verriet *dem anderen seinen Schmerz; denn sie* schämten *sich doch, ihr Verlangen zu verraten, daß sie mit ihr* zusammenkommen *möchten.*»

Anders gesagt, statt Gott, dem höchsten Gesetzgeber hoch oben im Himmelreich, der, den leiblichen Augen verborgen, wohl erfaßbar ist, wie Spinoza sagen würde, mit den Augen der Seele (sofern man sie ehrlich und rein gehalten hat) – statt diesem Einen dienstbar zu sein, mit ihm und durch ihn vereint, verkehren sie ihre Seele derart, daß diese sich, mit leiblichen Augen schauend, der falschen Seite, der Erde zuwendet, sich die beiden dienstbar macht und sie schließlich in das Begehren treibt, sich mit einem Anderen als Gott zu vereinigen: mit der Ehefrau des Jojakim, Susanna, einzig wie Gott auf ihre Art, die aber hinieden mit dem Gott dort oben rivalisiert, indem sie den beiden Richtern ohne es zu wissen IHR Gesetz aufzwingt. Denn das Gesetz, dem diese Andere, die ihr Idol geworden ist, sie unterwirft, ist das Gesetz des Begehrens, in striktem Widerspruch zum Gesetz des Anderen, dem die Richter sich verpflichtet haben, dem Geltung zu verschaffen sie berufen sind.

Zögern wir nicht, den zugleich außergewöhnlichen und beispielhaften Charakter der Situation hervorzuheben, der diese Geschichte als Lehrfabel erscheinen läßt.

Jeder der beiden Alten begehrt, sich mit IHR, seinem Idol, zu vereinigen. Wenn jeder es begehrt, so weil er sich von IHR getrennt, abgeschnitten fühlt. In seinen Augen repräsentiert SIE das Objekt, das ihm zu seinem Glück noch fehlt.

Diese Trennung aber bedeutet für jeden einen doppelten Schnitt. Zuerst den, der ihn als S̸ konstituiert, als ein von einer subjektiven inneren Teilung betroffenes Subjekt. Er lebt nicht mehr in Frieden mit sich selbst, liebeswund quält er *sich* und erlebt diese Qual in *Scham*, Symptom der subjektiven Teilung. Einer Scham, die ihn zerreißt, und die er um so grausamer empfindet, als er, der Richter, die besten Voraussetzungen mitbringt, sich selbst schuldig zu sprechen und sein frevelhaftes Begehren zu verurteilen.

Die subjektive Teilung, erzeugt durch das Begehren nach der Anderen, wird aber von jedem nur insgeheim empfunden, indem er sich sagt: ich begehre SIE, das ist verboten, ich schäme mich meiner, erröte vor Scham, es zerreißt mir das Herz. Aber keine Frage, dieses Begehren, das meine Scham ausmacht, werde ich nicht verraten. Ich behalte es für *mich*. Und ich werde weiterhin als das erscheinen, was ich nicht mehr bin: ein guter Richter.

Keine Frage, ich werde mein Begehren niemandem verraten, und schon gar nicht meinem Kollegen, sagt jeder der beiden sich selbst. Warum? Weil er in dem anderen den Richter sieht, den Mann des Gesetzes, der er selbst sein müßte und nicht mehr ist, die ihm äußerliche Verkörperung des insgeheim von ihm verratenen Gesetzes, sein ausgelagertes Überich, die Inkarnation seines moralischen Gewissens oder auch das *Ichideal*, in dessen Augen sein eigenes Ich das Ich eines Schuldigen ist.

Das alles ist natürlich Illusion, da der eine nicht weiß, daß der andere, sein Kollege, die gleiche Begierde hegt, die gleiche Scham empfindet und sich folglich ihm gegenüber in

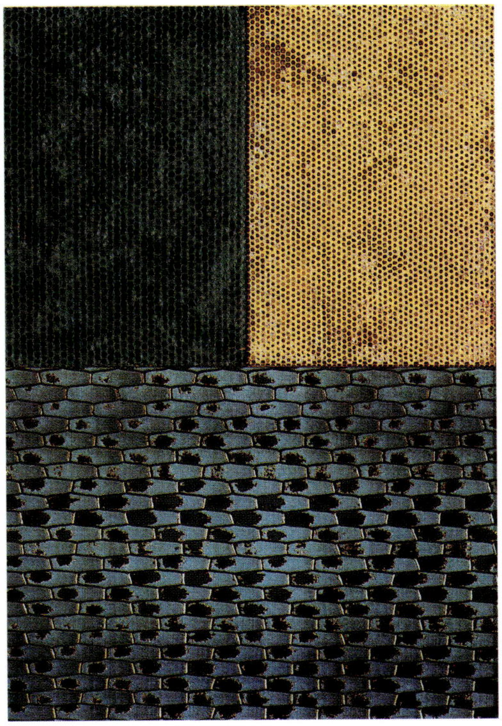

S[69] 93. *Spiegel II*, 1988, Acryl auf Papier meta-aramide Nomex, Polyptychon, 9 x (60 x 42) 180 x 126, Ausschnitt

einer ganz identischen Lage befindet. Jeder der beiden stellt für den anderen im Spiegel das Ideal des guten Richters dar, der er selbst nicht mehr ist. Jeder repräsentiert für den anderen das Gesetz, und jeder verurteilt *sich* insgeheim vor dem anderen, weil er die Vereinigung mit Susanna begehrt, statt mit Gott vereint zu bleiben.

Ein Begehren, das jeden der beiden – sobald er sicher zu sein glaubt, daß der andere kehrtgemacht hat und sich, so stelle ich mir vor, in seiner prächtigen roten Robe gemessen Schritts zum Gerichtshof begibt, um in öffentlichen Angelegenheiten Recht zu sprechen – veranlaßt, in gleicher Weise, aber getrennt, den Weg einzuschlagen, der ihn zu seiner Privatangelegenheit führt, dem *einzigen* Objekt, das sie beide beschäftigt, das aber noch nicht das *gemeinsame* Objekt ihres Begehrens ist.

Denn wenn dieses schändliche Begehren sie beide dazu treibt, sich ein Süppchen anzurühren, gehört Susanna doch zu jenen Leckerbissen, die man nicht teilt. Von diesem Genuß träumt jeder für sich, jeder in seiner Ecke.

Am Anfang waren sie Eins, mit dem Einen und durch ihn identifiziert. Von Susanna abgeschnitten, sind sie nun beide in sich selbst geteilt. Doch versuchen sie, sich wechselseitig etwas vorzumachen und bilden ein imaginäres Eins, indem jeder dieses Eins-Sein als *Ichideal* des anderen repräsentiert. Um sich so besser trennen und voneinander entfernen zu können und sich, ein jeder heimlich auf seinem Weg, wieder in ihre Ecke zu verkriechen.

Eine Ecke, in der sie, statt ihren einzigen und gemeinsamen Gott anzubeten, ihrem Idol, Susanna, huldigen. Dieses Idol, über dem sie den Anderen, den wahren Gott (der gewissermaßen aus ihren Gedanken *gestrichen* ist) vergessen, nimmt somit den Wert von $\not A$ an. Da das verlorene Objekt, die Ursache des Begehrens, das jeden der beiden teilt und als $\$$ konstituiert, in Susannas Besitz vermutet wird, kann sie anstelle des Anderen mit $a(\not A)$ bezeichnet werden.

Spiegelbildlich entfaltet, ließe die Sequenz 1-2-1... sich also folgendermaßen schematisieren:

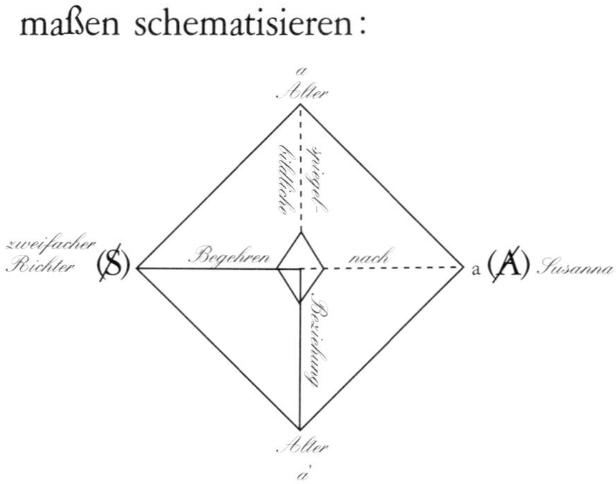

... Da es sich aber um eine Verdoppelung der gleichen subjektiven Struktur handelt (die beiden sind das gleiche geteilte Subjekt mit demselben Objekt der Begierde), läßt das Schema sich weiter vereinfachen:

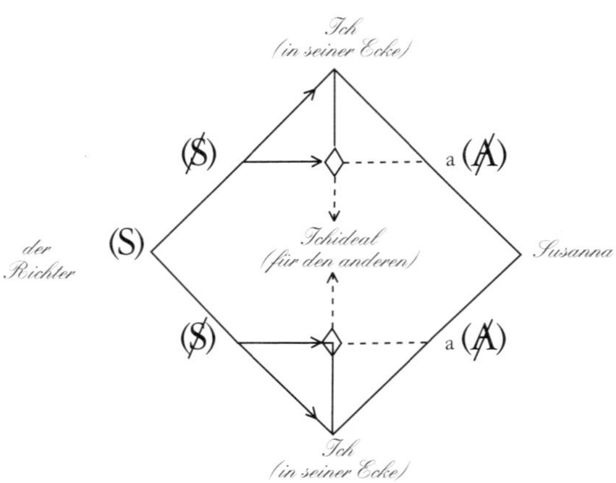

a und a' sind unsere beiden Alten, angesiedelt als zwei getrennte Ichs, jedes in seiner Ecke; die Linie a-a' repräsentiert die duale spiegelbildliche Beziehung, die a zum Ideal seines Gegenübers a' macht und umgekehrt.

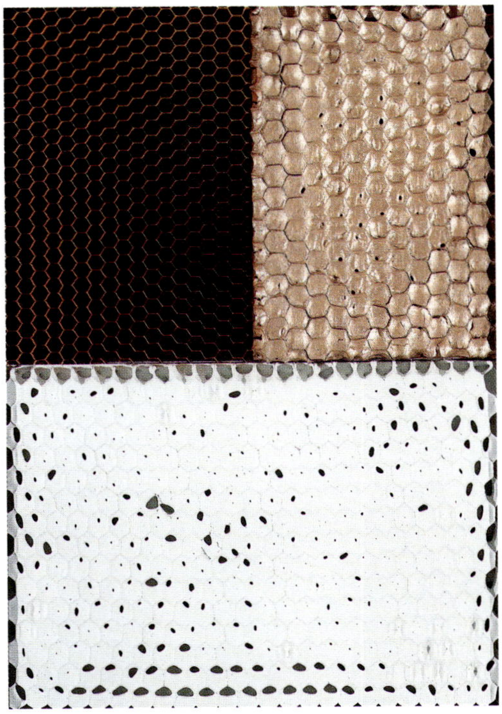

S[69] 93. *Spiegel II*, 1988, Acryl auf Papier meta-aramide Nomex, Polyptychon, 9 x (60 x 42) 180 x 126, Ausschnitt

Die Zwei bilden ein Paar

«So lauerten sie täglich um die Wette, sie zu sehen. Eines Tages sagte der eine zum anderen: "Wir wollen nach Hause gehen; denn es ist Essenszeit!" Sie gingen also weg und entfernten sich voneinander; *doch drehte jeder um, und so* trafen sie wieder zusammen...»

Sie entfernten sich voneinander..., aber sie trafen wieder zusammen. Der Weg ihres Begehrens, das sie innerlich teilt und sie treibt, auseinanderzugehen, um besser allein von der Vereinigung mit Susanna zu träumen, dieser Weg selbst führt sie an einen Treffpunkt, an dem sie *sich* unverzüglich wiederfinden, um *Eins* zu bilden, genau wie am Anfang, nur auf ganz andere Art.

Sie treffen also wieder zusammen, Auge in Auge. Man stelle sich die Gesichter vor: «Ihr hier, verehrter Kollege? Welch eine Überraschung!» Ich würde sogar sagen: «Welch eine Überraschung, verehrter Kollege! Aber sagt, was führt Euch her?» «Die gleiche Frage lag mir auf der Zunge...»

Gleiche Frage, gleiche Antwort. Und beide fragen nach dem *Grund*. «*Nun mußten sie* sich erklären, *da gestanden sie einander ihr Verlangen.*»

Man könnte sich den weiteren Verlauf des Dialogs wie folgt vorstellen: Der eine: «Weh mir, Schande über mich, mein Bruder, meinesgleichen!» Der andere: «Sagt lieber, Schande übe mich, mein Bruder, meinesgleichen!» Dann beide: «Schande! Schande über uns, unglückliche Sünder vor dem Ewigen!»...

Aber nein. Die Scham, die sie beide empfanden und die jeden von ihnen für sich zerriß, wird durch das wechselseitige Geständnis ihres Begehrens keineswegs verdoppelt, sie wird nicht einmal geteilt. Im Gegenteil, sie *verschwindet* durch das und in dem Geständnis. Warum?

Statt des beispielhaften Richters, der er sein müßte, hat jeder im anderen den Schuldigen erkannt, der er selbst war. Der er *war*, aber nicht mehr *ist*. Denn in wessen Augen sollte er sich hinfort schuldig fühlen, vor welchem Richter sollte er sich schämen, wo er doch weiß, daß er nur noch den *Anschein* eines guten Richters vor sich hat?

Das hindert die beiden nicht, sich weiterhin wechselseitig als *Männer des Gesetzes* zu betrachten. Nur ist das Gesetz, das sie jetzt füreinander verkörpern, nicht mehr das Gesetz, das dem Begehren entgegentritt und es verurteilt, sondern ein Gesetz, das ihm stattgibt und es legitimiert. So daß nicht ihre Scham, sondern ihr Begehren sich bestätigt, weil verdoppelt sieht. Ihr Begehren ist für jeden das Begehren des anderen; und da der andere ein Mann des Gesetzes ist, ist es ein zum Gesetz, ich würde sogar sagen, zum kategorischen Imperativ erhobenes Begehren, mindestens ebenso streng und gebieterisch wie jenes andere Gesetz, das von dem Richterideal, das der eine vormals in dem anderen sah, verkündet wurde. «*Laß ab von deinem frevelhaften Begehren, erfülle deine Lust nicht an IHR, es ist verboten!*» hörten sie noch eben ihr *alter ego* sagen. Doch nun erklärt dasselbe *alter ego*, das jetzt die Stellung dessen innehat, was Jacques Lacan (auf die Gefahr hin, seinem Meister ein Stirnrunzeln zu entlocken) das «Überich der Lusterfüllung» nennen

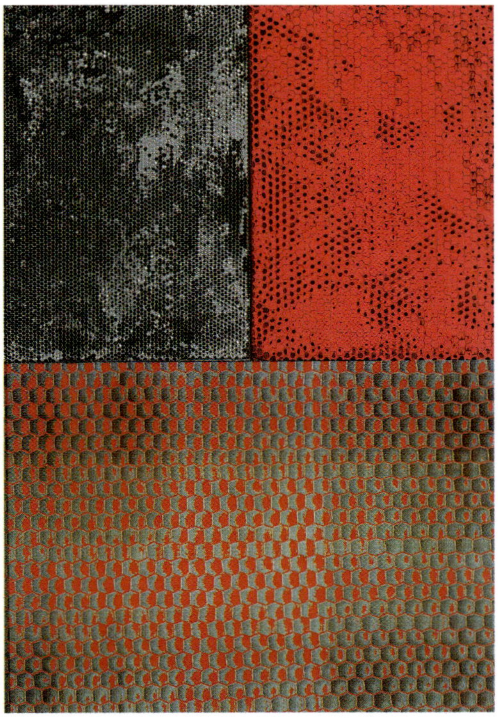

S[69] 93. *Spiegel II*, 1988, Acryl auf Papier meta-aramide Nomex, Polyptychon, 9 x (60 x 42) 180 x 126, Ausschnitt

würde: «*Laß nicht ab von deinem Begehren, erfülle deine Lust an IHR, du mußt es tun!*»

Vor dem Geständnis hatte sich jeder – in seiner Ecke – zerrissen gefühlt, in sich geteilt. Jeder hatte sich von dem anderen getrennt, entfernt, um auf dem Wege des Begehrens seine Schmach allein zu tragen. Aber das gleiche Begehren hat sie zusammengeführt. Das gleiche Geständnis bringt sie einander nahe. Innig mit sich selbst versöhnt, vereinigen sie sich wieder unter ein und demselben Gesetz. Sie kommunizieren in demselben Begehren. Sie konspirieren, um es zu verwirklichen. «*Daraufhin verabredeten sie Zeit und Gelegenheit, wo sie jene wohl alleine treffen könnten.*» Mit dem Hintergedanken, sich dann *wie ein Mann* auf SIE, Susanna, zu stürzen[43].

Susanna im Prozeß

Da sind sie also, die beiden als ein Paar, ein einziges begehrendes Subjekt im Angesicht Susannas: sie lauern ihr auf und stürzen sich schließlich auf SIE, ihr gemeinsames Idol. «*Siehe, das Tor des Gartens ist geschlossen, und niemand sieht uns. Wir brennen vor Verlangen nach dir*», sagen sie zu ihr. Von der widerwärtigen Erpressung, mit der sie ihr zu Leibe rücken, habe ich bereits gesprochen: «*Sei uns zu Willen und gib dich uns hin! Sonst sagen wir als Zeugen gegen dich aus, ein Jüngling sei bei dir gewesen...*»

Ihre Reaktion: «*Da seufzte Susanna auf und klagte: "Von allen Seiten bin ich bedrängt; denn* wenn ich *dieses* tue... Tue ich *es aber* nicht..."»

Aus einem Munde stellt dieses schamlose Paar sie vor eine Wahl, die *sie* zerreißt, die tatsächlich die Wirkung hat, *sie* innerlich zu teilen. Dennoch empfindet sie, vor die Wahl gestellt, keinerlei Scham, Zeichen der Schuld, sondern *Bedrängnis*. Sie, Susanna, erlebt ihre Teilung in Angst.

Einer Angst, die mitsamt der inneren Teilung schnell wieder verschwindet, da Susanna sich für den Tod entscheidet. Sie tut es zweifellos, um keusch und ihrem Ehemann Jojakim treu zu bleiben. Aber sie kann diese Wahl nur treffen, weil sie Eins

43. Diesen Moment, in dem die beiden Alten ihrer Beute gemeinsam in der Absicht auflauern, *Hand an sie zu legen*, hat Tintoretto in seiner Wiener *Susanna* dargestellt. Eine Überlagerung des Gemäldes, das diesen Moment zeigt, mit der Textstelle, die ihn beschreibt, ist gewiß aufschlußreich...

S[72] 96. *Spiegel V*, 1988, Serigraphie, 250 Exemplare, 56 x 76

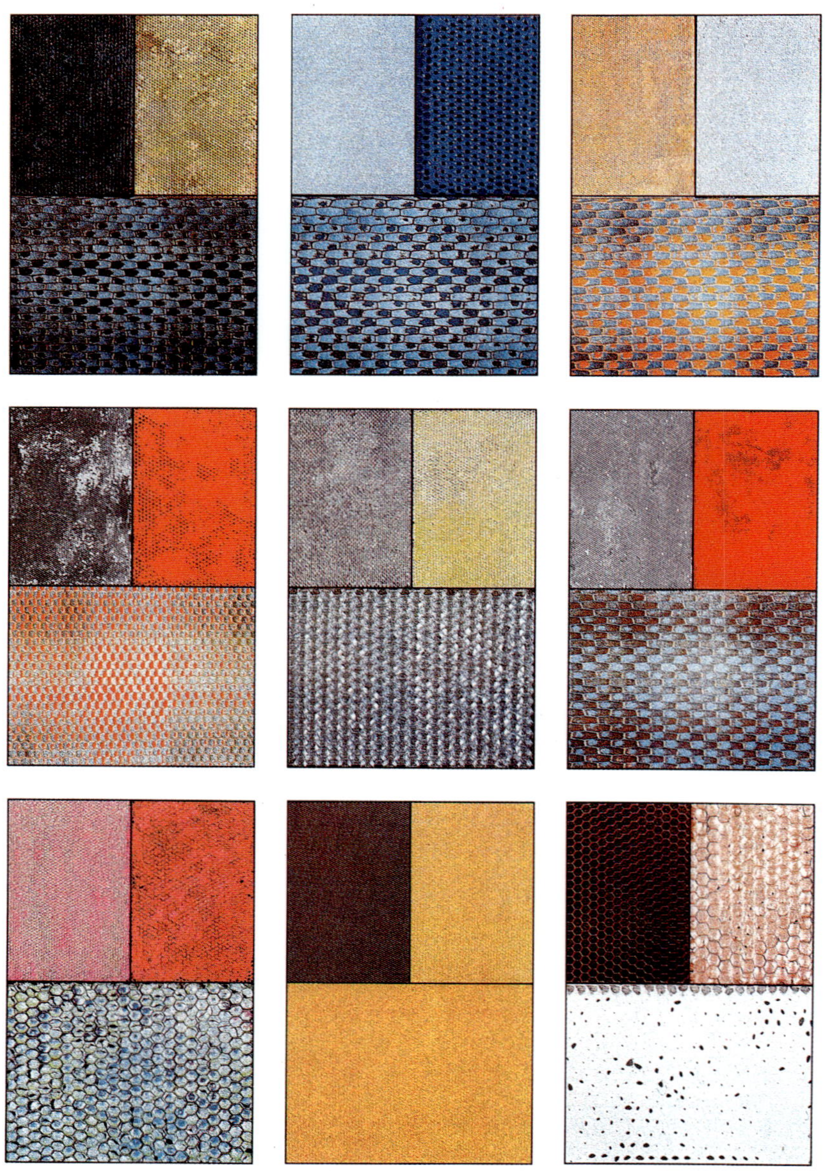

mit ihrem Gott ist. Im Namen dieses Gottes, durch ihn, für ihn ist sie bereit, das Martyrium zu erleiden, womit sie dem Paar ihrer Henker beweist, daß sie nicht die Andere ist, als die jene sie sich vorstellen.

Und wieder haben wir die Sequenz 1-2-1..., diesmal *auf Seiten Susannas*.

Über den folgenden Text wäre noch viel zu sagen, und in gewisser Weise habe ich es schon gesagt, denn ich sprach bereits über die *Parodie* von einem Prozeß beziehungsweise den parodistischen Prozeß in jenem Scheingericht, in dem Susanna am nächsten Tag vor ihrem Richter erscheint, der, doppelter denn je, zugleich Richter und Zeuge ist.

Die schöne *und* keusche Susanna kommt verschleiert, in jenen Schleier gehüllt, der ihre hübsche Erscheinung gewöhnlich verbirgt, um nur die unbefleckte Reinheit der keuschen Lilie, die bislang alle in Babylon ihr zuerkannten, erscheinen und in vermehrtem Glanz erstrahlen zu lassen.

Doch siehe da, man zwingt sie, sich zu *entschleiern*. Sie weint darüber, und alle, die um sie sind, vergießen Tränen angesichts dieser Schönheit, die es beweint, sich in aller Öffentlichkeit entschleiert sehen lassen zu müssen, das heißt, anders zu erscheinen, als sie in Wirklichkeit ist: die keusche Ehefrau Jojakims, vor dessen Augen allein sie ihre Reize enthüllt. Alle weinen, außer dem doppelten Richter, der sich daran weidet, Susanna so zu sehen, entblättert, wie gestern. Aber dieses zweite Mal genießt er ihren Anblick nicht bloß als Voyeur, sondern als *sadistischer* Voyeur.

Ähnlich erscheint die unschuldige Junia, den Armen des Britannicus entrissen, ihrem Henker Nero:

> «*Zum Himmel hob sie düster ihre Augen [voller Tränen...*
> *Anmutig, schmucklos...*»

Fasziniert von diesem Bild seines Opfers gesteht Nero seinem Spiegelbild Narcissus, der zugleich seine verdammte Seele ist:

> «*Mir schien, als spräche sie, so nah stand sie vor meinem Blick, ich liebte selbst noch ihre [Tränen, die ich ihr entrang.*»[44]

Und diese unverschleierte Schönheit – diese Susanna, deren Tränen allein, ihre Keuschheit enthüllend, Beweis genug für ihre Unschuld wären – wagt ihr Henker, der zweiköpfige Richter, der doppelte Zeuge mit der gespaltenen Zunge, mit einem Schleier der Schande zu bedecken. Sie, eine Ehebrecherin? Unmöglich! Nicht zu glauben! Aber «*die Versammlung schenkte ihnen Glauben als Ältesten des Volkes und Richtern*». So daß Susanna am Ende dieser Gerechtigkeits-Parodie einmütig schuldig gesprochen wird.

Das Richteramt, sagte ich, ist notwendig, um die Einheit der Gemeinschaft zu erhalten. Wie man sieht, schlägt dieses Amt hier voll zu Buche, indem es jedoch eine perverse Umkehrung aller Werte ermöglicht, die Weiß in Schwarz und Positiv in Negativ verwandelt. Die *Einheit*, die bedroht gewesen wäre, wenn manche für Susanna Partei ergriffen hätten, wird gesichert, bestätigt durch das Urteil eines Volkes, das sich von denen hat blenden lassen, die ihm zur Klarsicht hätten verhelfen müssen. Blind steht es nun *wie ein Mann* gegen Susanna und beschließt einstimmig, sich von ihr, dem räudigen

44. J. Racine, *Britannicus*, übers. von S. Werle, Frankfurt am Main 1987, II, 2, S. 83.

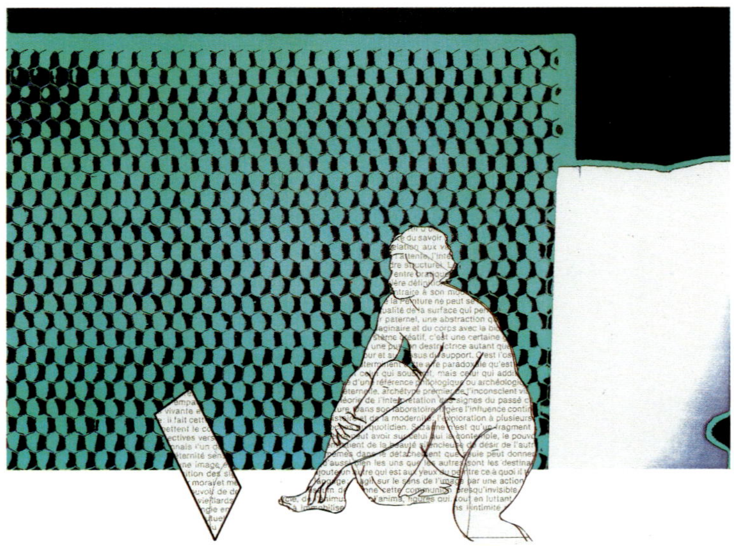

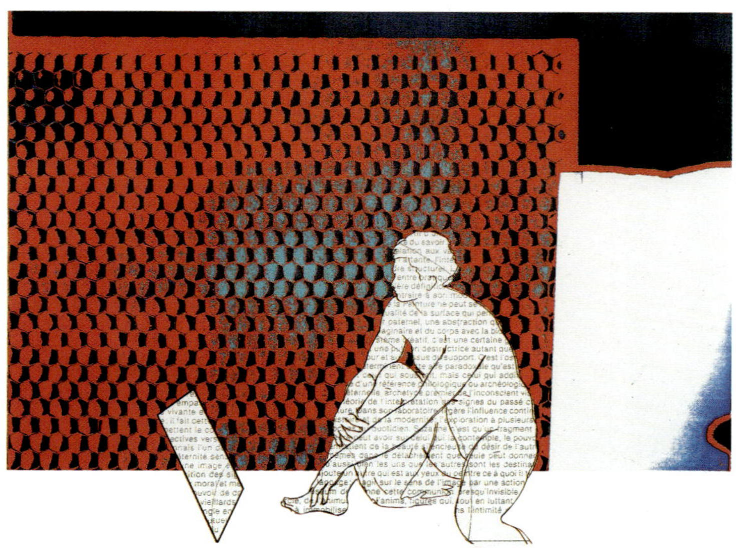

S[68] 92. *Spiegel I*, 1988, Cibachrom, 3 Diptycha, 2 x (42 x 29,7), 2 x (42 x 29,7), 2 x (29,7 x 42), Ausschnitt

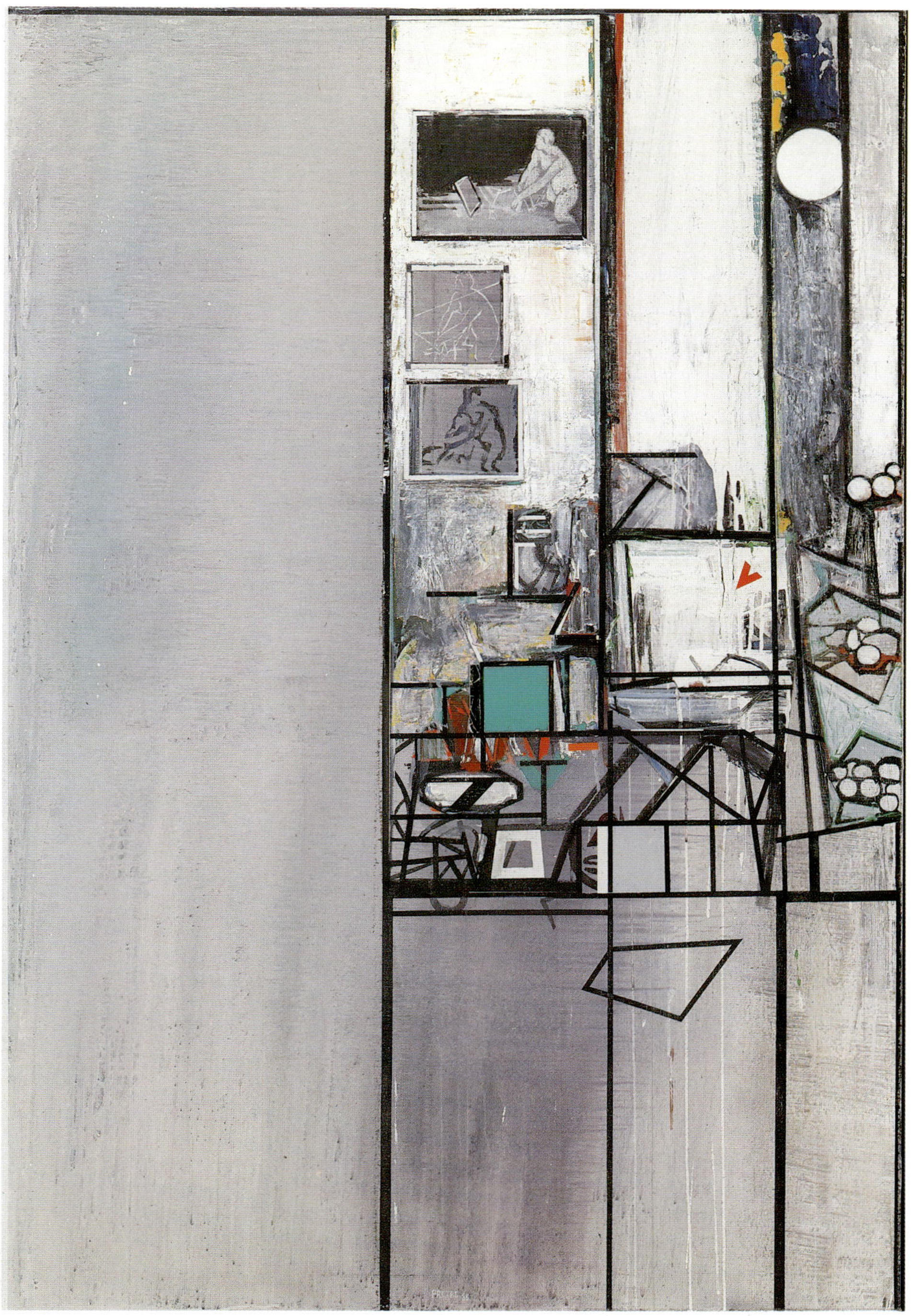

S[9] 9. *Susanna mehr als einmal*, 1985, Acryl auf Leinwand, 114 x 164

Schaf, zu *trennen*. Die Gemeinschaft muß dieses Objekt des Abscheus und der Schande wie stinkenden Unrat aus ihrer Mitte entfernen. Susanna muß sterben und verschwinden. Denn genau von dieser Sorte Frauen, nicht wahr? kommen Konflikte, Scheidungen, Teilungen, Spaltungen und Schismen aller Art. *Sie* bringen die *Fitna*, wie es in der Sprache des Propheten, ich meine in der Sprache Allahs, heißt, unter die Menschen.

Das Kind als Prophet

Doch ein anderer Prophet hat sich erhoben – ein *Kind* ohne Fehl und Tadel –, dem Gott die Weisheit des Alters verlieh. Und vor dem die beiden *Alten* sich widersprechen und verraten – *wie* auf frischer Tat ertappte *Kinder*. Oder wie ein Patient auf der Couch des Psychoanalytikers (was ungefähr auf das gleiche hinausläuft, denn in dieser Position ist man immer ein schuldiges und sich verplapperndes Kind), der mehr sagt, als er weiß, weil seine Worte viel mehr mitteilen, als er sie über die Verfehlungen, die Schandtaten, zu denen sein unbewußtes Begehren ihn aufgestachelt hat, sagen lassen will oder sagen zu lassen glaubt...

Seit der Begegnung und dem wechselseitigen Geständnis auf dem Weg ihres Begehrens sind die beiden Alten wieder Eins: ein einziger Pseudo-Richter, ein übles Subjekt, dessen künstliche Einheit Daniel, erleuchtet von demselben Gott, den Susanna anfleht, nicht verborgen bleibt. «*Ewiger Gott, der das Verborgene kennt und alles weiß, bevor es noch geschieht, du weißt...*» ruft Susanna aus, als sie das Todesurteil hört. Gott weiß, er, der Ewige. In dieser Angelegenheit ist er für sie das einzige «Subjekt, dem Wissen unterstellt ist» – ein Ausdruck, mit dem Lacan den Psychoanalytiker bezeichnet, an den der Analysant seinen Anspruch richtet.

Eben diese Position des Subjekts, dem Wissen unterstellt ist, ja mehr noch, das zu wissen behauptet, nimmt Freud gegenüber einem «kleinen Betrachter» ein, der als Berühmtheit in die Annalen der Psychoanalyse eingegangen ist: dem kleinen Hans. Man erinnere sich an den Abschnitt aus der «Analyse der Phobie eines fünfjährigen Knaben», in dem Freud berichtet, daß er Hans und dessen Vater im Lauf eines Gesprächs folgende Eröffnung machte: «*Lange, ehe er (Hans) auf der Welt war, hätte ich schon gewußt, daß ein kleiner Hans kommen werde, der seine Mutter so lieb hätte, daß...*» Kurz: ich, Doktor Freud, bin ein großer Prophet. Und obendrein bescheiden.

S[44] 68. *Der Richter und die Malerei III*, 1988, Acryl auf Cibachrom, 50,3 x 66,5

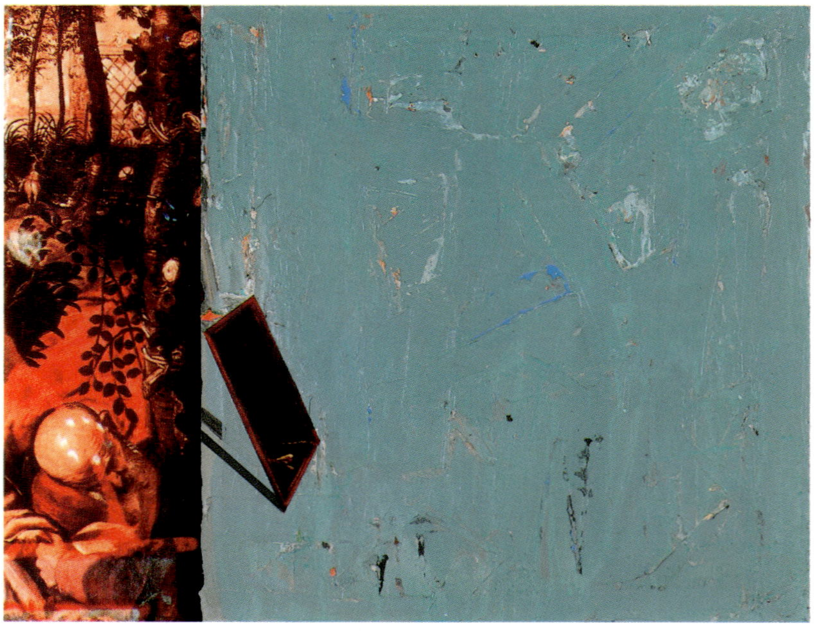

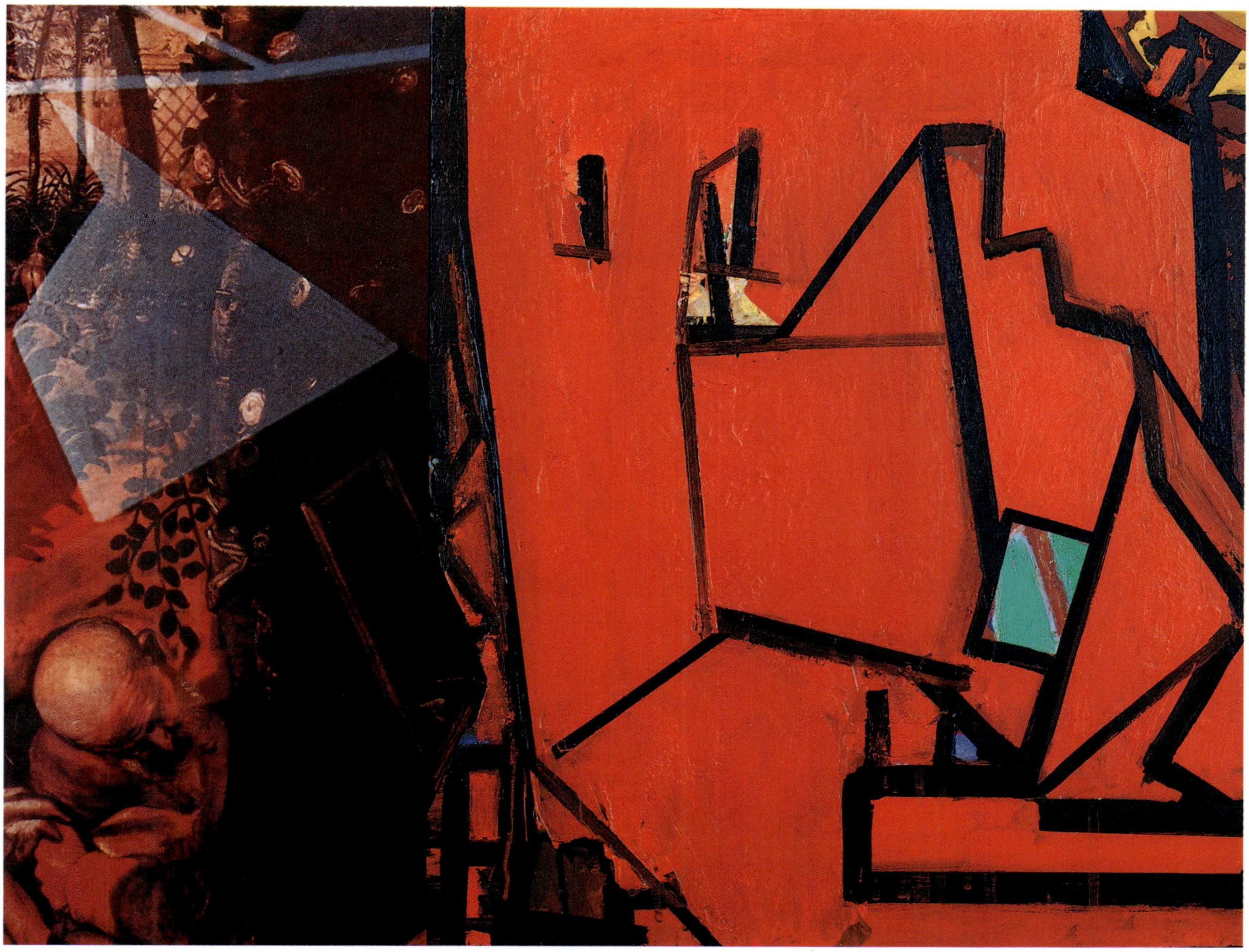

S[12] 36. *Der Richter und die Malerei*, 1987, Acryl auf Cibachrom, 50,3 x 66,5

Denn in der Tat fügt er an die Adresse seiner Leser hinzu: «*Auf dem Heimwege fragte Hans den Vater:*

"Spricht denn der Professor mit dem lieben Gott, daß er das alles vorher wissen kann?" Ich wäre auf diese Anerkennung aus Kindermund außerordentlich stolz, wenn ich sie nicht durch meine scherzhaften Prahlereien selbst provoziert hätte.»[45]

In Wirklichkeit ist der kleine Junge der Prophet. Der große Freud erkennt es selbst: Hans war ohne es zu wissen tatsächlich in der Lage, mehr über sein Unbewußtes zu wissen als er.

Aber kehren wir zu unserem Propheten zurück. Lassen wir Freud und wenden uns wieder unserem doppelköpfigen Richter im Angesicht Daniels zu. Wofür übrigens ein Schritt genügt. Denn sicher hätte Freud der Lektion applaudiert, die der junge Prophet hier erteilt, und Lacans Beifall wäre ihr gewiß.

«*Sondert sie weit voneinander, ich will sie verhören*», sagt Daniel.

Sondert sie voneinander, das heißt, versetzt sie wieder in die Position, in der sie zueinander standen, *ehe* sie ihre künstliche Einheit bildeten: jeden in seine Ecke, liebeswund vor Begierde und zerrissen vor Scham.

Ich will sie verhören. Nicht, um etwas von ihnen zu erfahren. Er weiß

45. Vgl. S. Freud, «Analyse der Phobie eines fünfjährigen Knaben», in: *Gesammelte Werke*, Frankfurt am Main 1968, Bd. VII, S. 277 f.

es schon. Sondern um sie die Wahrheit sagen zu hören – *ihre* Wahrheit: daß sie lügen. Daß sie mit Schlangenzungen reden. Daß der Beweis erbracht ist, da die Sprache sie verrät und in Widerspruch verwickelt.

Was sprechen sagen will

Ihre Sprache? Griechisch natürlich. Wie ich schon sagte, hat die ganze Geschichte keinen Sinn, wenn man kein Griechisch versteht. Nichts rechtfertigt dann das Urteil Daniels, nichts erklärt sein Wissen über das, was tatsächlich im Garten geschah. Das Drama, das sich dort abspielt, ist ein sprachliches Drama oder ein Drama des mit der Sprache ringenden Begehrens.[46]

«Unter was für einem Baume sahst du sie miteinander buhlen?» fragt Daniel den einen.

«Ich? Unter einem Mastixbaum – unter einem σχῖνος (schinos)», lautet die Antwort.

«Recht gelogen hast du auf dein eigenes Haupt», erklärt daraufhin Daniel. Und das stimmt in vielfältigem Sinn. Der falsche Zeuge redet doppelzüngig. Denn in dem σχῖνος steckt gut hörbar σχίσις, die *schize*, die Spaltung, von der sein Doppelwesen herrührt, und σχίσμα, das Schisma, der Riß, durch den die Wahrheit dieses obszönen, nach keuschen Spalten schielenden Voyeurs dringt. Wenn man überdies weiß, daß σχῖνος, *Mastixbaum*, auch *Meerzwiebel* bedeutet, und daß σχινοκέφαλος, meerzwiebelköpfig, für einen Griechen etwa bei Plutarch bedeutet, einen *Schädel, dick und länglich wie eine Meerzwiebel* haben, muß man schon sagen, daß Tintoretto, um seinen Alten im roten Mantel so zu malen, wie er es getan hat, wohl ein beschlagener Hellenist gewesen sein muß. Aber greifen wir nicht vor.

«Unter was für einem Baume ertapptest du sie miteinander buhlend?» fragt Daniel den anderen.

«Ich? Ich sah sie mit eigenen Augen unter einer immergrünen Steineiche – unter einem πρῖνος (prinos)», behauptet dieser.

«Recht hast auch du auf dein eigenes Haupt gelogen», erklärt Daniel abermals. Und abermals stimmt es in vielfältigem Sinn. Der Alte verplappert sich, schneidet sich ins eigene Fleisch,

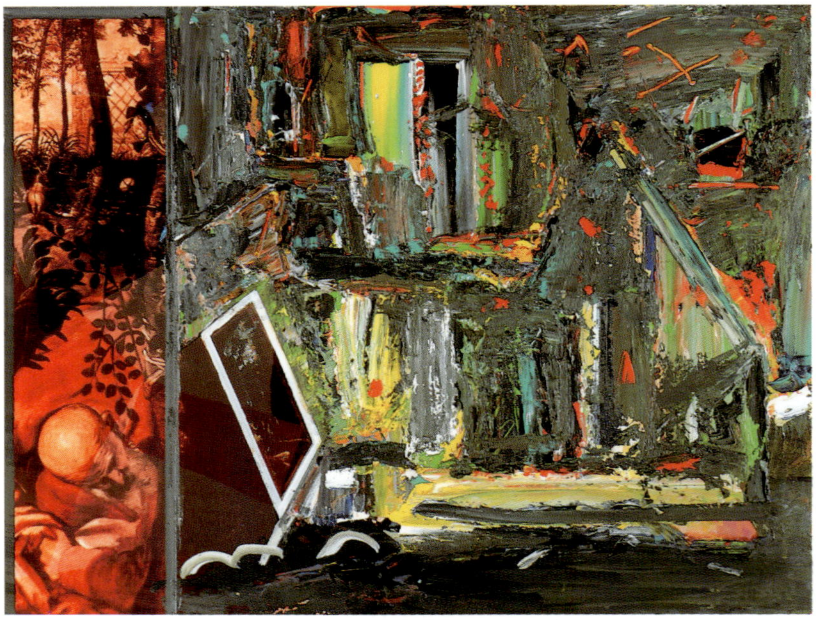

S[43] 67. *Der Richter und die Malerei II*, 1988, Acryl auf Cibachrom, 50,3 x 66,5

46. Dieser Garten, so babylonisch er auch sein mag, ist ein *Garten der griechischen Wurzeln* (Titel eines berühmten Griechisch-Handbuchs für Kinder aus dem 17. Jahrhundert, das in französischen Kollegien bis Mitte des 19. Jahrhunderts in Gebrauch war).

und jetzt sieht man endlich klar in diesem greisen Kopf, liebeswund von lüsternen Gedanken, die den guten Mann lange genug die Zähne knirschen ließen. Denn in den Ohren dessen, er die Sprache versteht, macht dieser Signifikant ein Geräusch wie von einer Säge: den Stamm eines Baums absägen heißt auf griechisch πριεῖν (priein), was bei Hippokrates auch *den Schädel durchbohren* und bei anderen wütendes oder trotziges *Zähneknirschen* bedeutet. Im Mittel also: *wund sein, sich quälen.*

Doch diese Qualen, wird man sagen, sind nichts gegen die, die ihn und seinen Intimus erwarten. Denn vor Daniel verrät die Zunge sie nicht nur als Sklaven eines unsäglichen Begehrens, sondern sie verurteilt sie auch, quält sie, indem sie sie – im voraus und aus eigenem Munde – selbst das verdiente Urteil sprechen läßt. Der eine kündigt an, daß der Engel Gottes ihn mitten durchspalten, der anderen, daß er ihn quer durchschneiden wird.

Die Wunde und der Stahl

Wird? Aber haben sie sich diese furchtbare Strafe, in sich geteilt, von sich selbst getrennt zu werden, nicht ohne ihr Wissen schon durch die Tatsache zugefügt, daß sie Susanna begehrten? Und dadurch, daß sie vor Gericht logen, um Susanna zu verunglimpfen, zu verleumden? Gewiß, ihre Freude, sie entschleiert und in Tränen zu sehen, war ein sadistischer Genuß. Aber haben sie nicht auch, unentwirrbar mit diesem Genuß verquickt, eine andere, masochistische Lust gesucht, zu deren Erfüllung der Prophet Daniel ihnen Gelegenheit gab? Man braucht sie nur reden zu lassen. Wenn man genau interpretiert, was sie sagen, wird klar, daß Daniel ihren Worten alles entnehmen konnte, ihr Begehren, ihre Lüge, ihre Strafe, und daß sie sich diese Strafe in dem Moment, in dem sie den Mund aufmachten, selbst zugefügt haben. Gelegentlich kommt auch der Engel Gottes einmal zu spät: nach der Schlacht. Wie Baudelaires *Heautontimorumenos*, dem es gefällt, sich selbst zu quälen, ist unser Richter mit zwei Köpfen, von denen der eine den anderen parodiert, längst gespalten und gevierteilt. Unwiderruflich zweideutig geworden, seufzt *mein Ich* (sag ich *mein* Ich, mein ich *sein* Ich) hämisch grinsend:

«Wie Schiffe sich ins Weite wagen,
Dein Schluchzen, das mich trunken macht,
Erdröhnt in meines Herzens Schacht.»

Arme Susanna!

«Bin ich denn nicht das Ärgernis
im Fug von Gottes reinen Tönen...»

Ich Ärmster, ich!

«Ich bin die Wunde, bin der Stahl,
Ich bin der Streich und bin die Wange,
Ich bin das Glied und bin die Zange
Und bin der Quäler und die Qual!»[47]

Nach der Revue: Wiedersehen mit Susanna

Auf den ersten Blick ist die Wiener *Susanna* ebenso klar und einfach, wie ihr Vorbild, die biblische Geschichte, beim ersten Durchlesen erscheint. Allerdings glaube ich gezeigt zu haben, daß der Verfasser des Textes sich durch sein Spiel mit

47. A. d. Ü.: Ch. Baudelaire, «Der Heautontimorumenos», in: *Die Blumen des Bösen*, übers. von C. Schmid, Frankfurt am Main 1976, S. 118.

Doppeldeutigkeiten, und indem er die Möglichkeiten sprachlicher Mißverständnisse ausschöpft, in seinem Fach als Amateur des Clair-obscur erweist.

Tintoretto ist auf seinem Gebiet mehr als ein Amateur. Er ist ein Könner. Ein großer Meister. Auch begnügt sich seine gemalte *Susanna* in der Überlagerung mit ihrer geschriebenen Geschichte nicht damit, deren Licht zu empfangen und sich wie durch ein Kirchenfenster von ihr beleuchten zu lassen. Sie erstrahlt in ihrem eigenen Glanz, der sich in der biblischen Quelle spiegelt und sie unvermeidlich in einem neuen Licht erscheinen läßt. Indem das Gemälde den Sinn und die Logik des Textes in Formen und Farben umsetzt, verleiht es ihm ein Relief, eine Tiefe, die er ohne es nicht hätte. Es entwickelt ihn im photographischen Sinne des Wortes. Und zugleich entwickelt, enthüllt und offenbart sich eine Art wunderbares optisches Bildgefüge.

Das Bildgefüge

Um den Aufbau verstehen und die Wirkungen ermessen zu können, die Tintorettos *Susanna* auf jeden ausübt, der ihrem *Ruf* folgt, sich ihr nähert, sie betrachtet und sich ein Urteil über sie erlaubt, empfiehlt es sich, einen kurzen Überblick über die Kulissen des Dramas zu geben.

Der auf dem Gemälde dargestellte Raum bringt drei Bereiche in Verbindung: ein Außen, ein Innen und ein Inneres des Innen.

1) *Das Außen* ist der Raum jenseits des Kreuzgitters. Zwei ganz verschiedene Gegenden: auf der einen Seite ein wilder, unberührter, unbewohnter Wald; auf der anderen, links, eine Stadt mit ihren Häusern, ihren Tempeln, ihren Türmen, wo Männer und Frauen miteinander leben. Hier Natur. Dort Kultur.

2) *Das Innen* ist ein Garten. Ein Privatgrundstück, ein «Landgut» nahe der Stadt, am Waldrand gelegen. Zwischen Natur und Kultur. In einer subtilen Mischung gleichermaßen vom einen wie vom anderen geprägt.

Kein Park *à la française*, ausgeklügelt und skizziert von irgendeinem Geometer im Stil eines Lenôtre. Nein, alles andere als das. Aber doch

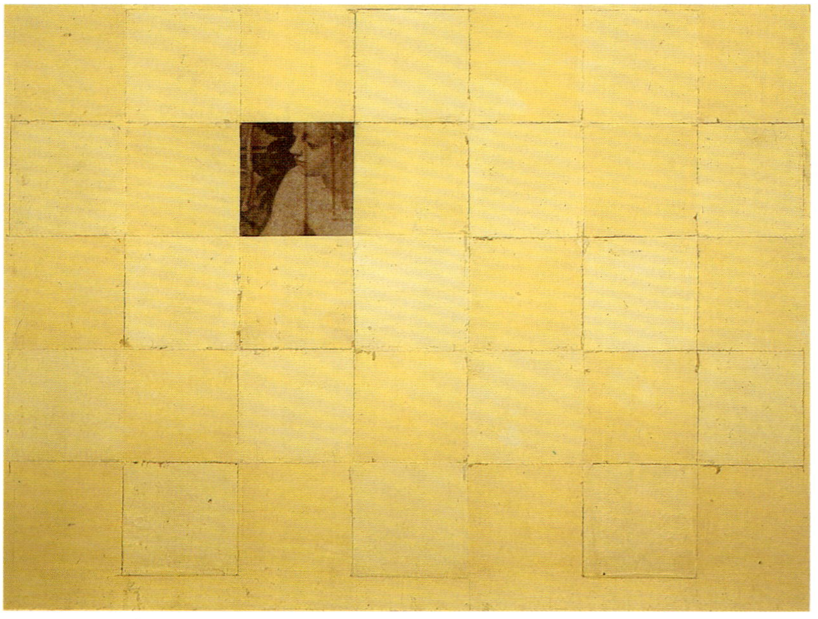

S[18] 42. *Susanna oder die Heimsuchung durch Monochromie*, 1987, Gold und Acryl auf Cibachrom, 50,3 x 66,5

ein Garten, kein Brachland, das von einem nachlässigen Herrn vergessen worden wäre.

Kultur also, die aber die Illusion von Natur erzeugt, vermittelt durch die Wirkung einer kaum als solche in Erscheinung tretenden Kunst, die man allenfalls diskret – zwei Statuen – im Hintergrund bemerkt...

Garten heißt auf griechisch παράδεισος. Ein Paradies, dieser Garten? Ja. Aber ein künstliches Paradies. Eine mögliche Falle also. Auch wenn sie nur gemalt ist. Gerade weil sie gemalt ist, und gemalt von Tintoretto.

Das Innere des Innen oder das *Intime*[48] ist ein Raum im Zentrum des Gartens, vertikal begrenzt durch die rechteckige Fläche einer Hecke und horizontal durch das (ebenfalls rechteckige und mit einem Steinrand umgebene) Becken eines Brunnens, gespeist von einem Rinnsal klaren Wassers.

Alle drei Orte sind durch Barrieren getrennt. Aber seltsam, bei Tintoretto haben diese Barrieren eines gemein: sie sind leicht zu überwinden.

Wer von außen kommt, aus der Stadt oder aus dem Wald, hat zwei Möglichkeiten, in den Garten zu gelangen.

– Entweder durch die Öffnung in der Mitte: einen Grünbogen ohne Tür, an den sich rechts und links das Kreuzgitter anschließt.

– Oder durch den seitlichen Durchgang, der sich links an der Stelle öffnet, wo das Kreuzgitter aufhört.

Einmal im Garten, ist auch der intime Ort leicht zu erreichen. Gewiß, auf der einen Seite stellt die Hecke eine dichte Barriere dar. Und gegenüber der Hecke scheint das wuchernde Gebüsch keinen Durchlaß zu gewähren. Aber nichts behindert den Zutritt von einer der beiden anderen Seiten.

In diesem Dekor siedelt der Maler das Trio jener drei Personen an, die im Bild und durch das Bild eine Szene wiederholen sollen, deren Schilderung wir im Bibeltext nachlesen können.

Nur entspricht das, was Tintoretto malt, offenbar nicht dem, was geschrieben steht.

1) Im Text ist das Gartentor geschlossen. Bei Tintoretto steht es offen, doppelt offen.

2) Im Text halten die beiden Alten sich versteckt und warten, bis die Mägde gegangen sind. «*Sobald nun die Mädchen hinausgegangen waren, erhoben sich die beiden Alten und eilten zu ihr hin...*» Bei Tintoretto verharren sie reglos in ihrer Beobachtung, wie aufgehalten von einem unüberwindlichen Hindernis. Obwohl ihre Beute dem Anschein nach denkbar leicht zu erreichen wäre.

3) Auch wenn es naiv erscheinen mag, will ich einen weiteren Aspekt hinzufügen:

Im Text sprechen die Alten. «*Das Tor des Gartens ist geschlossen, und niemand sieht uns. Wir brennen vor Verlangen nach dir...*», sagen sie. Bei Tintoretto sprechen sie natürlich nicht, weder um ihre Begierde zu sagen, noch um Susanna ihren erpresserischen Vorschlag zu machen. Und natürlich werden sie gesehen. Von wem? Von mir, dem Betrachter, der sie zeigen sieht, was sie nicht sagen, und es in Kenntnis des Textes an ihrer Stelle sagen könnte. An ihrer Stelle, oder vielmehr *von der Stelle aus*,

48. Dieser Ort ließe sich ebensogut als *haram* qualifizieren, ein Wort, das in den semitischen Sprachen den Ort des unberührbaren Heiligtums bezeichnet. Den Ort des Anderen. Die Heilige Stätte der Heiligen im Tempel. Den Harem im Serail. Einen Ort also, den zu betreten oder auch nur zu sehen dem profanen Menschen im Prinzip verboten und nur dem Hohenpriester gestattet ist. Oder der jedem Mann verboten ist, außer dem Herrn und seinen Eunuchen, den eifersüchtigen Wächtern seines Schatzes.

die der Meister mir als Platz zugewiesen hat. Also von einem bestimmten Standpunkt aus, der mir einen spezifischen Blick auf die Szene und das Drama, das sich dort abspielt, erlaubt – vom Maler absichtlich so gewollt und eingerichtet, um mir seine eigene Sicht der Dinge aufzuzwingen.

Eine Sicht, die am Text gemessen offenbar entstellend, verfälschend, wenn nicht gar verlogen ist. Sollte Tintoretto *falsch* sehen und mich zu täuschen versuchen, wie die beiden Alten falsch gegen Susanna aussagen und das versammelte Publikum täuschen? Und wenn er falsch sieht, hat er vielleicht den Text nicht richtig gelesen? Weil er einen Splitter im Auge hätte?

Tintoretto, ein schlechter Richter? Schon bin ich wieder mißtrauisch, wie eben – und zu Unrecht – gegenüber Daniel. Wenn ich auch diesmal im Unrecht wäre? Wenn ich, der Betrachter, einen Balken im Auge hätte? Besser noch: wenn der Maler mir diesen Balken absichtlich ins Auge gesetzt hätte, um mir eine gute Lektion zu erteilen? Um mich zu lehren, zweimal hinzuschauen, ehe ich ein Urteil über sein Gemälde fälle?

Sehen wir genauer hin. Was sehe ich von meinem Platz aus? Ich sehe die drei oben beschriebenen Orte, in der Tiefe abgestuft. Doch außer dieser Aufteilung gibt es eine andere, über die Breite des Gemäldes. Oder vielmehr *zwei*.

1) Wenn ich meinen Blick geradeaus richte, sehe ich die zentrale Öffnung des Gartens. Dahinter den Wald. Rechts daneben eine Statue. Links daneben, gewissermaßen als Pendant zur Statue, einen aufrecht stehenden Alten. Verlängere ich die vertikale Linie, die mit dem kleinen Baum auf der linken Seite des Grünbogens beginnt, so teilt das Bild sich in zwei Hälften mit deckungsgleicher Oberfläche. In der linken Hälfte: Susanna. In der rechte Hälfte: die beiden Alten. Ich bemerke, daß der hinten stehende Alte sich genau *an der Grenze* zwischen der rechten und der linken Hälfte befindet, eng angelehnt an die imaginäre Vertikale, die Mittelaxe des Gemäldes.

2) Doch eine andere senkrecht verlaufende Achse – stark hervorgehoben durch den vorderen Rand der hochgewachsenen Hecke – teilt die Szene ebenfalls in zwei, diesmal ungleiche Teile. Unten im linken Teil, einem recht schmalen Streifen, sieht man den anderen Alten, liegend. Auch er befindet sich an einer *Grenze*, eng an dem Heckenrand.

Zwei Teilungen also. Die eine, die das Bild in zwei gleiche Hälften zerlegt: eine Hälfte «Alte», eine Hälfte «Susanna». Die andere, die die Szene in zwei ungleiche Teile spaltet und in meinen Augen die durch die erste hergestellte Symmetrie stört.

Genauer gesagt: die das Bild anders auslotet. Zu dem geometrischen, statischen Gleichgewicht, das durch die Teilung in zwei gleiche Hälften entsteht, gesellt sich ein anderes Gleichgewicht, das ich dynamisch nennen würde. Gewiß, der Oberfläche nach stellt der linke Streifen nur ein Viertel des Gemäldes dar. Aber dieses Mißverhältnis wird kompensiert durch den intensiven großen roten Fleck, aus dem der in der Sonne glänzende Kahlkopf her-

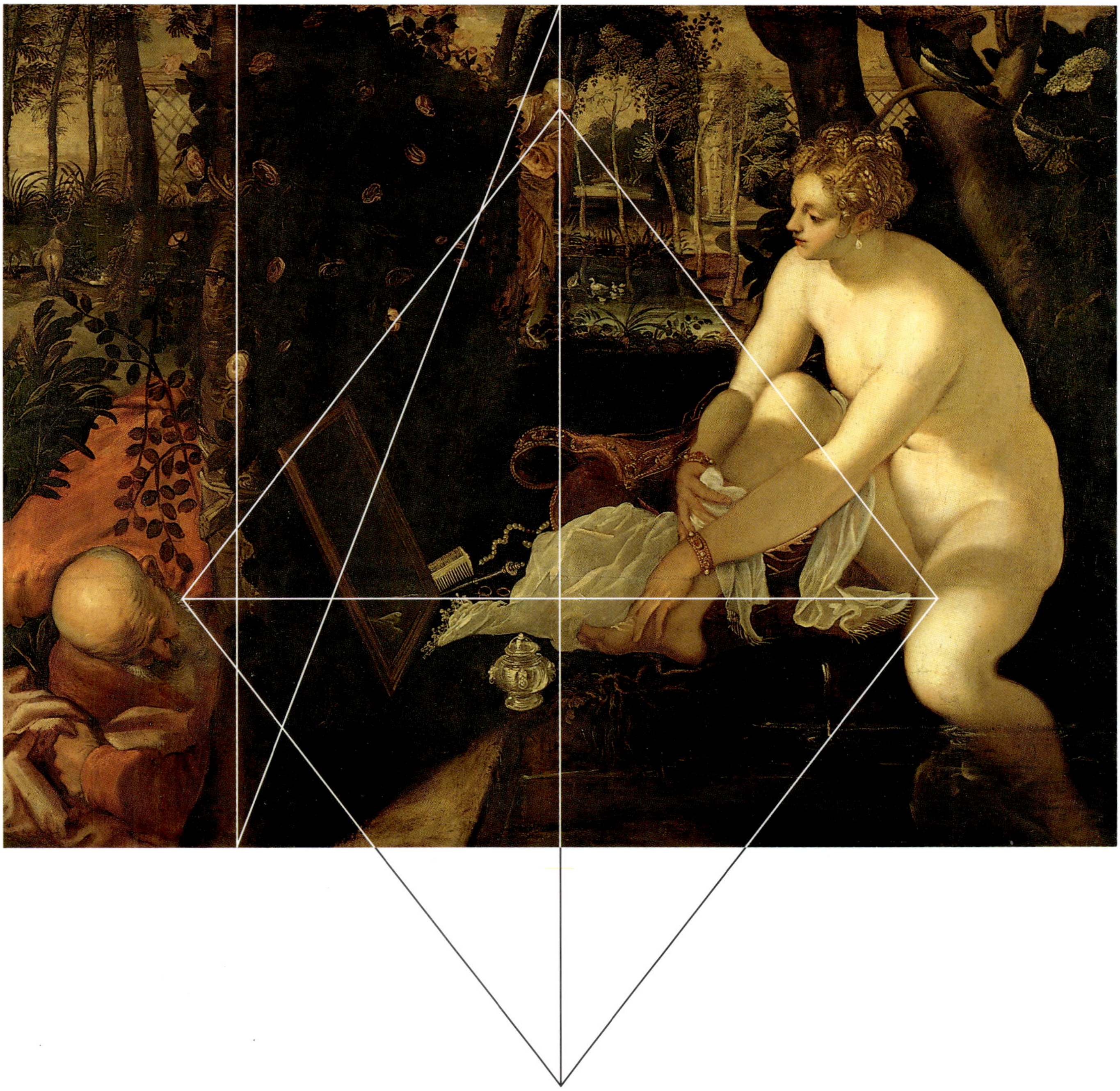

ausschaut. In Kontrast zu dem dunklen, fast schwarzen Grün der Hecke, fesselt dieser leuchtende Farbfleck mein Auge, das sonst gewiß eher zu dem größeren rechten Teil abschweifen würde, angezogen nicht vom Glanz der Farben, sondern von den körperlichen Reizen Susannas, der keuschen Ehefrau Jojakims.

Ich sagte: mein Auge. Zu Unrecht, denn ich habe *zwei* Augen. Die Theoretiker der Perspektive haben oft so getan, als reduziere sich das betrachtende Subjekt auf einen abstrakten geometrischen Punkt, ein einziges vom Körper abgelöstes Auge: das genaue Äquivalent des kartesianischen Subjekts im Bereich der Beobachtungstechnik. Gewiß, wenn mir etwas gezeigt wird, sehe ich es von einem einzigen Blickpunkt aus. Aber ich sehe es mit beiden Augen. Und in manchen Fällen habe ich guten Grund, der göttlichen Vorsehung zu danken, daß sie mir zwei gegeben hat. Ein linkes und ein rechtes. « *Wer eine Frau ansieht, ihrer zu begehren, der hat schon mit ihr die Ehe gebrochen in seinem Herzen* », heißt es im Evangelium. « *Wenn dir aber dein rechtes Auge Ärgernis schafft, so reiß es aus und wirf's von dir. Es ist dir besser, daß eins deiner Glieder verderbe und nicht der ganze Leib in die Hölle geworfen werde.* »[49]

Ein solches Opfer verlangt Tintoretto mir nicht ab. Doch er spielt bewußt und gekonnt mit der Tatsache, daß ich zwei Augen habe. Und er malt sein Bild so, daß ich es nicht vergesse, wenn ich das Gemälde von dem mir zugewiesenen Blickpunkt aus betrachte.

Wo aber hat er mich plaziert, damit ich genau das sehe, was er mir zeigt? Die hier konstruierte Perspektive läßt keinen Zweifel: ich stehe im Inneren des Gartens, an einer Ecke des Steinrandes, der das Brunnenbecken einrahmt. Gegenüber dem Alten, der da hinten nahe der Hecke steht. Und an einem Platz, der symmetrisch zu dem seinen ist, wenn man den an der Hecke lehnenden Spiegel als Bezugspunkt nimmt. So daß ich die vierte Spitze einer Art Rhombus einnehme, während Susanna und die beiden Alten die drei anderen besetzen.

Von hier aus blickend, sind meine Augen von dem Phänomen betroffen, daß sie gewissermaßen doppelt schielen, gleichzeitig versucht, zu divergieren und zu konvergieren. Beim Auswärts-Schielen wird das linke Auge auf den roten Fleck und den glänzenden Kahlkopf gelenkt, das rechte dagegen auf Susannas Körper. Diese Spannung verschwindet beim Einwärts-Schielen in Richtung

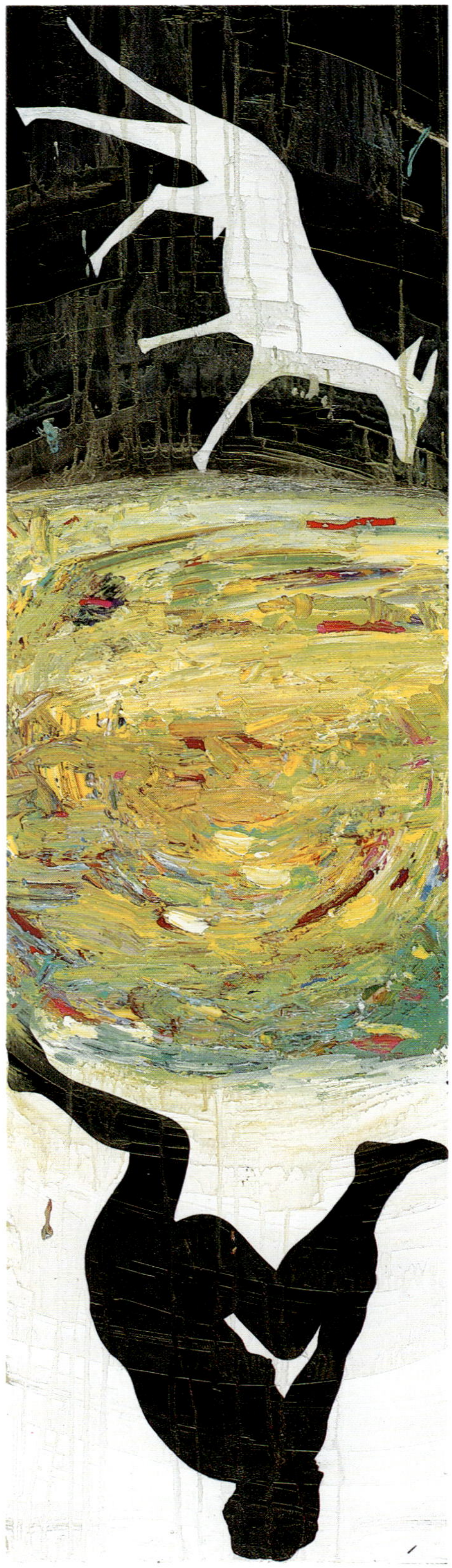

S[78] 105. *Voyeur III*, 1989, Acryl, 125 x 35,6

auf den stehenden Alten, was aber zur Folge hat, daß ich sowohl den anderen Alten als auch Susanna, an die Peripherie meines Blickfeldes gedrängt, nur noch verschwommen wahrnehme.

49. *Matthäus* 5, 28-29.

Diese doppelte Tendenz zum Auswärts- und zum Einwärts-Schielen läßt sich schematisch durch zwei Winkel darstellen, von denen der eine sich öffnet und der andere sich schließt. Genau wie zwei andere Winkel sich öffnen und schließen: die der unteren linken und der oberen rechten Ecke des Spiegels in dem Rhombus, den wir bilden – die beiden Alten, Susanna und ich, der Betrachter.

Ich weiß jetzt, von wo aus ich sie betrachte. Aber ich stelle fest, daß ich bei der Antwort auf die Frage « *Wo* bin ich ?» zumindest ansatzweise auch auf ein « *Was* bin ich, ich, der ich dieses Gemälde betrachte ?» geantwortet habe. Ich bin nicht *ein* Auge, sondern ein *Paar* Augen mit der Neigung, im Vordergrund auswärts, im Mittelgrund einwärts zu schielen und...

Was ? Sollten die Kreuzgitter im Hintergrund etwa ein Hinweis sein, ein diskreter, aber vielsagender Graph, um mir zu bedeuten, daß auch ich, der Betrachter, gezeichnet bin von jener Sequenz 1-2-1..., die weiter oben im Zusammenhang mit der Subversion des Subjekts und der Dialektik des Begehrens eingeführt worden ist, und von der ich gezeigt habe, daß sie die biblische Geschichte der Susanna von vorn bis hinten strukturiert ?

Wäre das Betrachten des Gemäldes also mehr als ein passives und gleichmütiges Teilnehmen an der reglosen Darstellung *eines* Moments dieser Geschichte ? Werde ich das Bild, von ihm bewegt, in dem Maße, in dem mein Blick es durchdringt, in dem meine Diachronie in seine zwangsläufige Synchronie eindringt, derart in Bewegung bringen, daß es mich veranlassen könnte, eine Geschichte zu erzählen, von der es ohne mein Wissen sämtliche Momente enthielte ? Was ? Sollte der Ruf, den diese *Susanna* an mich richtet, eine Einladung sein, mich in ihre Geschichte einzuführen und einzubeziehen, so daß ich, der ich mich aufgemacht hatte, mein Urteil über ein Bild zu fällen, mich schließlich, am Ende einer Serie aufeinanderfolgender Interpretationen [50], seinem Urteil ausgesetzt sähe, geteilt unter sein Gesetz fallend ? Sollte das der Fall sein, wäre die Falle großartig, wirklich.

Aber greifen wir nicht vor. Wenn es eine Falle gibt, ist es zunächst die, in der die beiden Alten auf dem Gemälde stecken. Versuchen wir, aufzuzeigen, was für eine Falle es ist und wie sie zustandekommt.

I. Akt: Jeder in seiner Ecke

Sehen wir genauer hin, angefangen bei der linken Hälfte des Gemäldes. Diese Hälfte («Alte») ist ihrerseits durch den vorderen Heckenrand in zwei Teile geteilt, deutlich unterschieden durch den Gegensatz Licht/Schatten, der den Kontrast zwischen den beiden Komplementarfarben rot/grün verschärft.

Erste Feststellung : Obwohl gemeinsam in derselben Bildhälfte untergebracht, erscheinen die beiden Alten voneinander getrennt. Man möchte sogar meinen, daß Tintoretto die größtmögliche Trennung gesucht hat. Nicht nur, daß er sie *jeden in seiner Ecke* malt, sondern die Ecken, die er ihnen zuweist, befinden sich an den

50. Erbegnisse eines doppelten Spiels imaginärer Substitutionen und Verschiebungen. Diese Interpretationen, untereinander verschieden, ohne deshalb widersprüchlich zu sein, haben, was Tintorettos Gemälde betrifft (und mit welcher Arroganz sie auch vorgetragen werden), keinerlei Anspruch auf objektive Wahrheit oder der Weisheit letzten Schluß. Es handelt sich weder um Selbstanalyse noch um «angewandte» Psychoanalyse, sondern eher um eine Form der «umgewandten» Psychoanalyse aus der Sicht dessen, der in das analytische Geschehen einbezogen ist.

beiden äußersten Enden einer Linie, die sich diagonal durch das Viereck der perspektivisch dargestellten Hecke zieht.

Obendrein sieht man den einen liegend im Vordergrund, den anderen dagegen weit hinten, in aufrechter Haltung. Der eine befindet sich gerade noch diesseits des Hindernisses, das die großflächige Hecke darstellt. Der andere hat es weitgehend überwunden, ohne jedoch die Bildmitte zu überschreiten, ohne also die Hälfte «Susanna» zu betreten. Kurz, er steht *gerade jenseits* einer bereits überschrittenen ersten Grenze und *gerade diesseits* einer zweiten, die er noch nicht überschritten hat.

Unter dem Vorwand, den Moment der Geschichte darzustellen, in dem die beiden Komplizen sich wie ein Mann auf ihre Beute stürzen werden, scheint Tintoretto also *auch und zugleich* den vorhergehenden Moment zu illustrieren, in dem unser Richter sich in zwei alter ego spaltet, heuchlerisch vereint, aber insgeheim getrennt, da jeder dem anderen seine Realität als ein durch sein Begehren geteiltes und folglich vor Scham zerrissenes Subjekt ($) zu verbergen sucht.

Eins steht jedenfalls fest: auf dem Gemälde sind die beiden einander verborgen. Und sie schämen sich, das sieht man auf den ersten Blick. Denn warum sollte der Alte, der hinten steht, den Kopf so senken, wenn nicht vor Scham? Und was den anderen betrifft, kann von bloßer Scham kaum noch die Rede sein: er ist derart mit Scham bedeckt, daß er rot angelaufen ist.

Gehen wir also davon aus, daß sie sich schämen. Aber wofür? Vor wem?

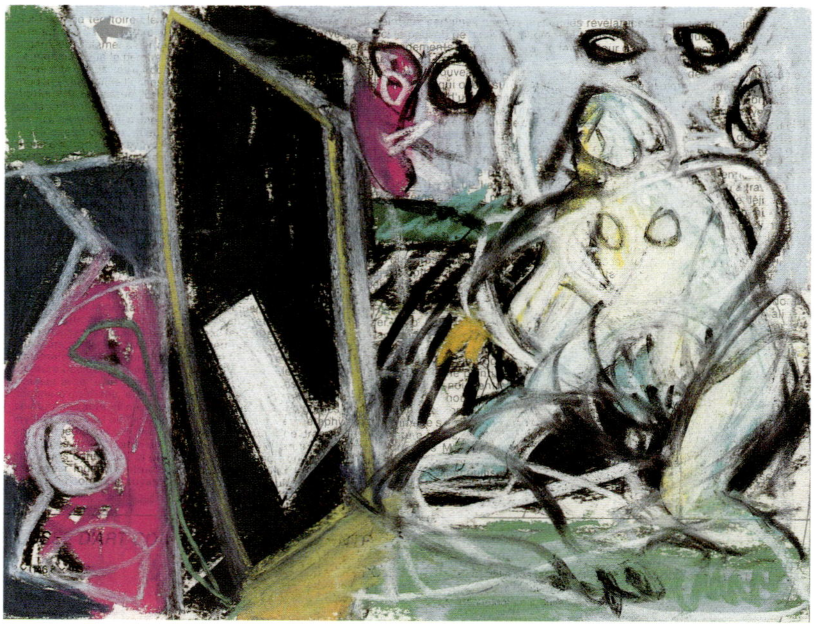

S[79] 106. *Babelisierung Susannas*, 1989/90, Mischtechnik auf Papier, 21 x (28 x 32)

Schließlich wären sie nicht zusammen im Garten, wenn sie einander ihr frevelhaftes Begehren noch nicht gestanden hätten. Die Scham, die einer vor dem anderen empfand, ist schon nicht mehr vorhanden. Und statt für den anderen die Rolle des strengen Richters, der er sein müßte, zu spielen, verurteilt jeder das Begehren des anderen so wenig, daß er es nicht nur billigt, sondern sogar unterstützt, ihm Gesetzeskraft verleiht. Es in einen Imperativ verwandelt: *«Erfülle deine Lust an IHR, du mußt es tun.»*

Demnach müßte Tintoretto uns eigentlich zeigen, wie die beiden Alten sich gemeinsam auf Susanna stürzen, um sich ihrer zu bemächtigen und schamlos ihre Lust an ihr zu erfüllen. Aber nein. Er präsentiert uns die Szene ganz anders. Er trennt und unterscheidet die beiden, er bringt sie in Gegensatz und verbirgt sie voreinander, obwohl doch alles in diesem Moment sie treiben müßte, sich einander zu nähern, sich zusammenzutun, zusammenzuschließen, sich zu vereinigen.

Warum diese vorsätzliche Trennung durch den Maler, wenn nicht aus dem einfachen Grunde, daß er den beiden in dem Drama zwei verschiedene Rollen zuweisen will? Welche Rollen?

Beobachten wir sie nacheinander. Versuchen wir dann, die Art der Beziehung, die zwischen ihnen entsteht, zu definieren. Um schließlich zu untersuchen, wie diese duale Beziehung das Verhältnis zwischen ihnen und der Anderen bestimmt: Susanna.

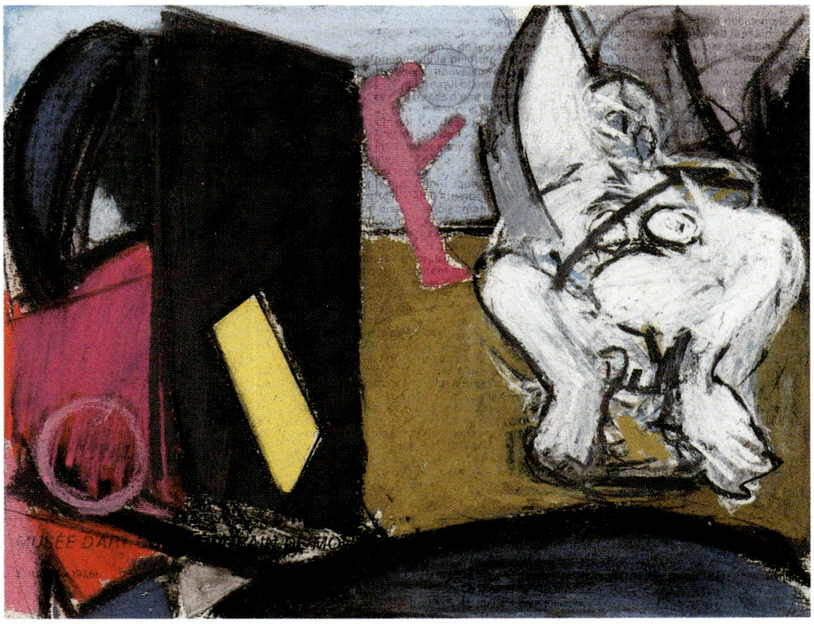

S[80] 107. *Was Susanna in ihrem Spiegel sieht*, 1989/90, Mischtechnik auf Papier, 21 x (28 x 32)

Beginnen wir mit dem stehenden Alten, mir gegenüber. Er kommt gerade hinter der Hecke hervor, die ihn bisher gehindert hat, Susanna, das Objekt seiner Begierde, zu erblikken. Nun hat er sie also gesehen. Von ferne, aber er hat sie gesehen. Dennoch sieht er sie nicht mehr an. Er senkt den Kopf, schaut nach unten, scheint vor seinen Füßen auf den Boden zu starren. Zeichen der Scham? Wahrscheinlich. Das sich aber ebensogut als Zeugnis einer tiefen Ehrfurcht interpretieren ließe. Einer Ehrfurcht, die bei ihm mit jener Art «Scham» einherginge, wie ich sie vor etwas oder vor jemandem empfinde, das oder den ich bewundere, verehre. Und in dessen Angesicht ich, mir meiner eigenen Wenigkeit voll bewußt werdend, kleinlaut sagen würde: «Armer Alter, dem bist du nicht gewachsen, *das* ist für dich unerreichbar.» Zumindest in der Realität. Denn träumen kann ich immer...

Und wenn der reglose Alte mit den gesenkten Augen vor mir in tiefe Träumerei versunken wäre? Durch ein, in einem *Phantasma* erstarrt?

Vor dem Hintergrund der theoretischen Bemerkungen, die dem Leser weiter oben zugemutet wurden, und mit Rücksicht auf den Vorschlag, die Geschichte der Susanna als Apolog zu interpretieren, ist diese Hypothese durchaus haltbar.

Der Imperativ, der den Alten in diesem Augenblick im Garten bedrängt, ist nicht mehr: *«Laß ab von deinem Begehren, verzichte auf SIE!»*, sondern im Gegenteil: *«Laß nicht ab von deinem Begehren, erfülle deiner Lust an IHR!»*. Vorher hatte er sich geschämt, weil er sich der Pflicht entzog, die ihm befahl, von seinem Begehren abzulassen, auf SIE zu verzichten. So voll der Scham, daß er jedes Schamgefühl verloren hat, hat er es nun gewagt, dieses Gesetz im Namen derer, die ihm sein Begehren auferlegte, zu überschreiten. In solchen Fällen ist es der erste Schritt, der zählt. Er hat ihn getan: ein Fuß und die Hälfte des Körpers sind auf *der anderen Seite* der Hecke. Er hat gesehen, was er nie hätte sehen dürfen. Und er hat zuviel davon gesehen, um den Schritt wieder zurücknehmen zu können. Aber alles sieht danach aus, als wäre er nicht imstande, den nächsten Schritt zu tun, in die andere Hälfte des Bildes einzudringen, die Hälfte der Anderen, den Bereich Susannas; unfähig, zur Tat zu schreiten, seine Lust real an ihr zu erfüllen.

Er hat seinem Begehren *nachgegeben* und kann nicht mehr zurück. Jetzt *läßt* er *ab* von seinem Begehren und kann nicht mehr voran. Er sitzt fest. Steckt in der Falle. Was tun? Eins von beiden: *entweder* zurückweichen, auf seine Lusterfüllung an IHR verzichten, umkehren und sich dem Gesetz des Einen durch ein endgültiges Ablassen von dem durch dieses Gesetz verdammten Begehren gänzlich unterordnen. *Oder* weitergehen, das Gesetz rundweg überschreiten, nicht ablassen von seinem Begehren, es durch reale Lusterfüllung an IHR realisieren. Aber er tut *weder* das eine *noch* das andere. Schuldig vor dem Gesetz, macht er sich auch vor dem Begehren schuldig. Daher seine Scham, diesmal jedoch angesichts *der Sache*, die ihn unwiderstehlich anzieht, der er sich jedoch nicht genügend nähern kann, um sich mit IHR zu vereinigen.

Er geht nicht vor und nicht zurück. Er ist schon nicht mehr unschuldig und noch nicht vollends schuldig. Unfähig, zwischen einem *Entweder dies... oder jenes* zu wählen, gefangen in einem *Weder dies... noch jenes*, das ihn festhält und ihn lähmt, bleibt ihm als Lösung nur ein Kompromiß, der ihm erlaubt, gleichzeitig vor- *und* zurückzugehen, nicht real, sondern imaginär. Die Lösung besteht darin, sein Begehren auf einer anderen Bühne zu realisieren, seine Lust *trotzdem* an IHR zu erfüllen, aber im Traum. Einem Traum, der sich um ein Phantasma spinnt.

Ein Phantasma welcher Art?

Die perverse Phantasie, so lehrt uns Freud[51], ist die typische Phantasie des Zwangsneurotikers beziehungsweise eines Subjekts, das immer wieder Schlägen zum Opfer fällt, die es sich selbst im Namen eines Gesetzes, dem es sich unterworfen hat, zufügt, ohne das Gesetz je zu erfüllen oder sich je zu befriedigen. So gesehen sind wir alle mehr oder weniger Zwangsneurotiker. Aber die schönsten Fälle, und das wird jeder Analytiker bestätigen, trifft man bei jenen Subjekten, denen die Funktion zukommt, als Vertreter eines – moralischen, religiösen oder bürgerlichen – Gesetzes Recht zu sprechen und im Namen dieses Gesetzes zu urteilen. Kein Wunder also, wenn das Phantasma unseres Richters ein perverses wäre.

Und das ist es. Man sieht es. Gleich im Vordergrund... Scheint mir. Das jedenfalls ist der Eindruck, den ich als Betrachter habe. Warum?

Wenden wir uns dem anderen Alten zu.

Ich habe Tintorettos Absicht festgestellt, die beiden Alten zu trennen und einander gegenüberzustellen. Tatsächlich wirkt der Alte in Rot, der im Vordergrund nahe bei IHR hinter der Hecke liegt, in mancherlei Hinsicht ganz anders als der erste, der im

51. S. Freud, «Ein Kind wird geschlagen», in: *op. cit.*, Bd. XII, S. 197 ff.

Mittelgrund, weit von IHR entfernt, vor der Hecke steht. Aber ich behaupte, daß er nur darum anders wirkt, weil er hier seine Rolle *als anderer im Phantasma des ersten* spielt. Demnach wäre der zweite Alte ein imaginäres alter ego, vom ersten gerufen, ihm beizustehen, sein Begehren zu verwirklichen und seine Lust trotzdem auf der Bühne und nach dem Modus eines perversen Phantasmas zu erfüllen. Das aber setzt voraus, daß der erste sich im zweiten wiedererkennen kann. Daß also trotz der sie unterscheidenden Züge *wenigstens ein Zug* ihre Identifikation erlaubt.

Dieser identifizierende Zug existiert. Er besteht in einer besonders bezeichnenden *Gebärde*. Der Geste, die sie beide, genau gleich, mit dem *linken Arm* machen.

Kehren wir zu dem hinten stehenden Alten zurück. Den linken Arm angewinkelt, die Hand unsichtbar, aber gleichsam an den Rand der Hecke fassend, nimmt er ganz die Haltung dessen ein, der eine verbotene Tür ohne Erlaubnis einen Spalt geöffnet hat und ein Schauspiel gewahrt, das ihn zögern läßt, sie wieder zu schließen und davonzulaufen, oder sie gänzlich zu öffnen und einzudringen. Der Türflügel dieser schweren, breiten Tür, deren Scharniere im Vordergrund an der Leinwand des Bildes selbst befestigt scheinen, ist die Hecke. Das verbotene Schauspiel ist Susanna, die nackt ihrem Bad entsteigt. Doch unser Mann beeilt sich, beim Anblick dieses Schauspiels die Augen zu senken, einen Schleier, einen Vorhang herunterzulassen.

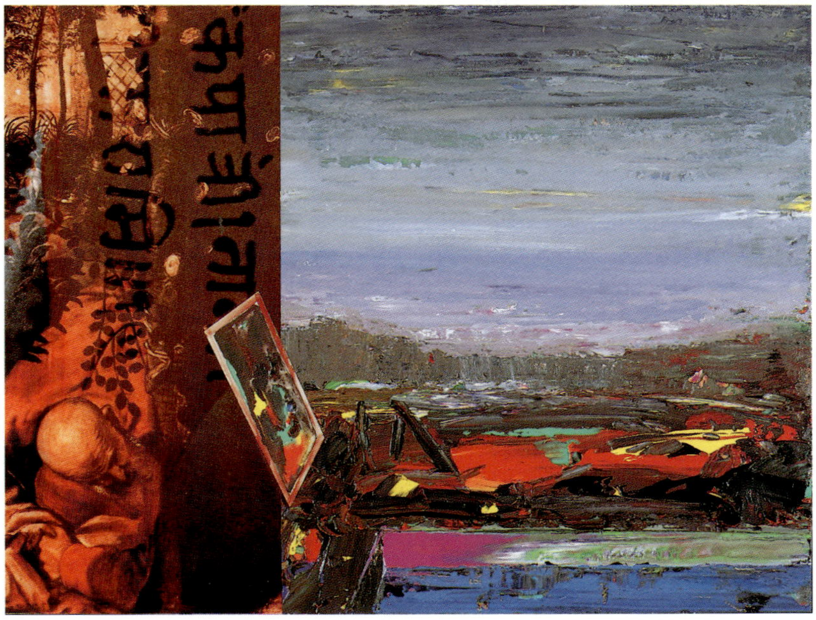

S[45] 69. *Der Richter und die Malerei IV*, 1988, Acryl auf Cibachrom, 50,3 x 66,5

Eben diesen Schleier, diesen Vorhang, durch den der erste Alte sich blind macht, scheint der zweite *mit der gleichen Geste des linken Arms* für ihn aufzuheben oder auszureißen. Wenn man den ersten Alten nimmt, ihn wie einen Zinnsoldaten in den Vordergrund gerückt hinter die Hecke legt, ihn so kleidet, wie seine Rolle es verlangt, und das Rampenlicht auf ihn richtet, verwandelt er sich in einen Akteur, der in seinem eigenen Phantasma Position bezieht. Eine schmutzige Position. Eine *kritische* Position.

Der erste Alte, sagte ich, steht eingeengt zwischen zwei Grenzen. Der einen genau hinter ihm, materialisiert durch die Hecke. Der anderen genau vor ihm, unüberwindlich obwohl unsichtbar, die sich aber durch die Vertikale, die das Bild in zwei Hälften teilt, sichtbar machen ließe.

Aber auch sein Sekundant steckt zwischen zwei Barrieren. Der flächigen Hecke einerseits. Und jener anderen Barriere, die unsichtbar bleibt, aber dennoch sehr real ist – materialisiert durch *die Fläche des Bildes* –, die den fiktiven Raum, in dem er sich befindet, von dem Raum trennt, in dem ich als Betrachter stehe. An einem Platz, von dem aus ich, meine Augen – oder wenigstens mein linkes Auge – auf ihn senkend, *seinen Blick sehe*, während seine Hand ein Stück rosa Schleiertuch umklammert, das (auch wenn es ein Stück seiner Tunika ist) ein herausgerissener, zerrissener Fetzen eines Vorhangs sein könnte.

Was sieht er? Susanna? Nein. Unmöglich, Susanna aus seiner Lage heraus zu sehen. Damit er sie sähe, müßte man sich irgendeinen unwahrscheinlichen Schlitz oder Durchbruch in der dichten Heckenfläche vorstellen. Und selbst dann... Selbst wenn es diese Öffnung gäbe, stieße sein Blick auf den Rücken des gegen die Hecke gelehnten Spiegels, der ein zweites Hindernis darstellt.

Er kann Susanna nicht sehen. Obwohl er gern würde: mit gerunzelter Stirn und hochgezogener Augenbraue strengt er sich sichtlich an, einen Blick zu erheischen. Unmöglich. Er steckt in der Klemme, behindert sowohl durch die Hecke, als auch durch die für meine Augen transparente Leinwand.

Zwischen diesen beiden Hindernissen – an der nicht ganz dichten Verbindungslinie, dem Scharnier zwischen unserer «Tür», der Hecke, und der fensterartigen Leinwand, die seinen Raum von meinem trennt – muß ich einen schmalen Schlitz vermuten, einen Spalt, der das Bild von oben bis unten durchzieht.

Durch diesen Spalt versucht er zu sehen. Mit aufgerissenen Augen. Ja sogar mit aufgerissenen Ohren, würde ich hinzufügen. Denn sein Ohr sieht gewissermaßen mit, insofern das Geräusch, dem es lauscht (vielleicht das einzige in der Stille dieses Gartens), das kristalline Murmeln des Rinnsals ist, dessen klares Wasser das Becken speist, an dem Susanna reglos sitzt. Ohne dieses fließende Bächlein wäre die Wasseroberfläche vollkommen glatt – ein einziger *Spiegel*. So aber bilden sich kleine Wellen, die sicher dazu beitragen, die Runzeln auf der Stirn des Alten zu verstärken.

Denn sie trüben, zerstückeln, verzerren das, was der Alte von Susanna zu sehen bekommt: einen eitlen Widerschein, ein ungewiß schillerndes Trugbild, einen ungreifbar, gleich einem hauchdünnen Schleier auf dem Wasser schwimmenden Anschein von Susannas Knie.

S[52] 76. *Die Gärten der Susanna VII: unter einer Akazie*, 1988, Acryl, 50,3 x 66,5

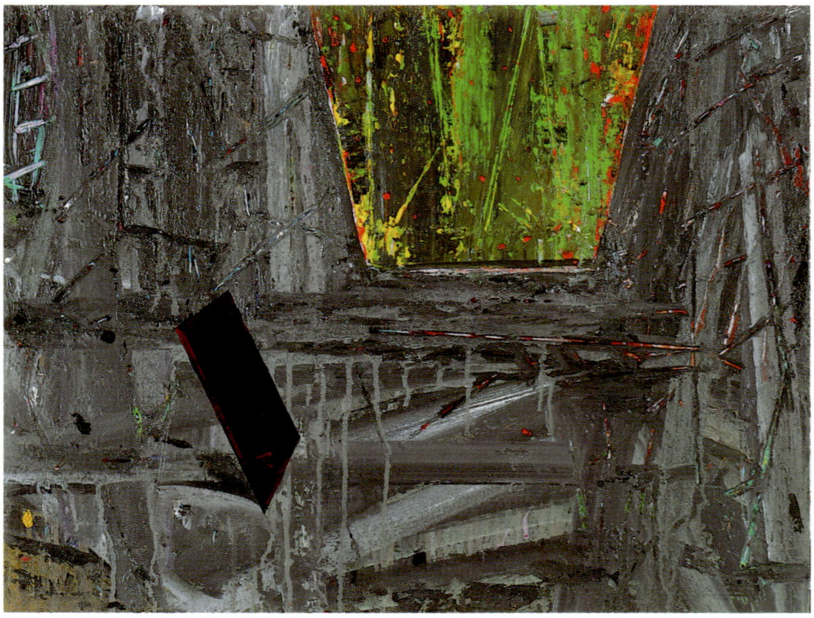

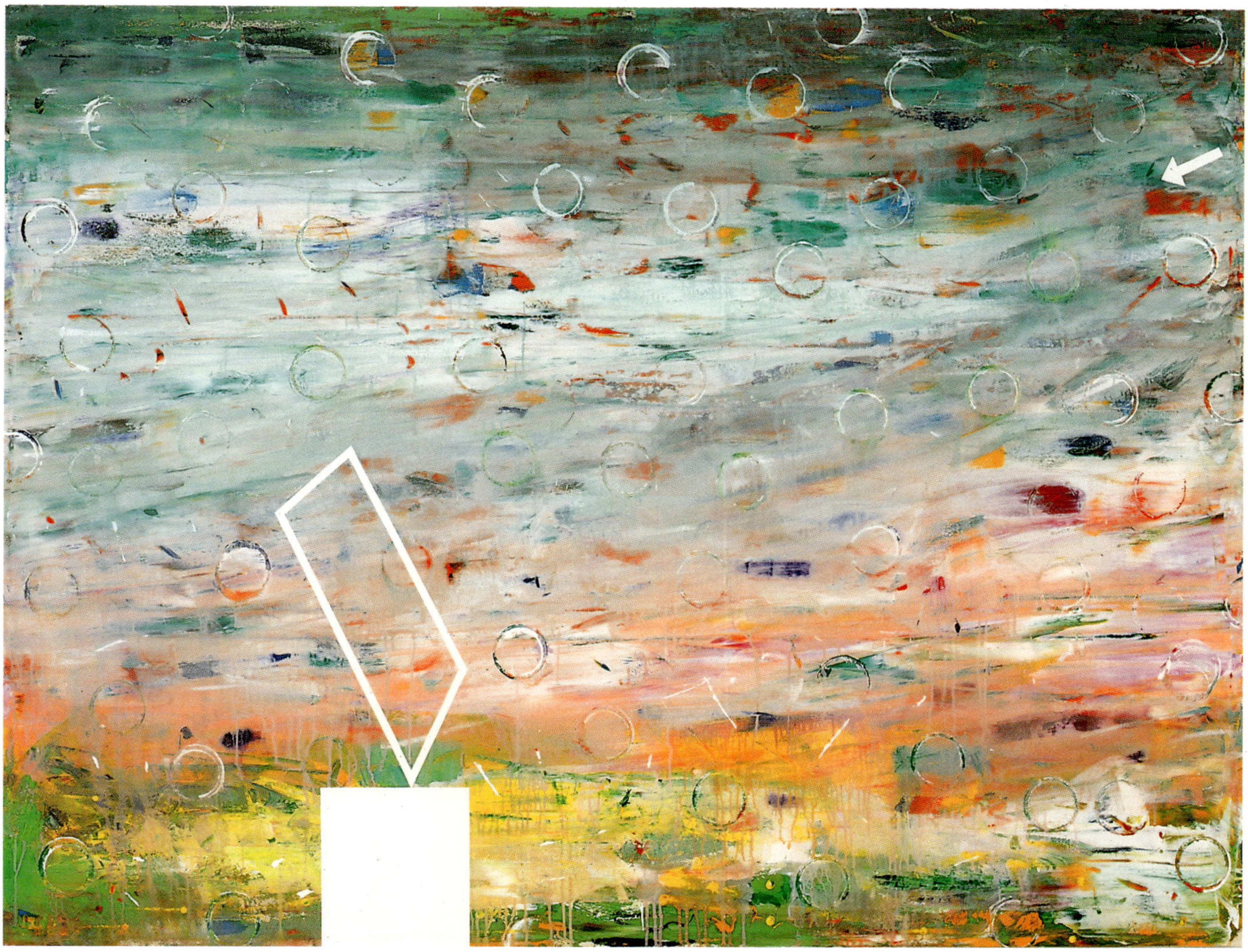

S[24] 24. *Denkmal für Susanna*, 1986, Acryl auf Leinwand, 146,6 x 193,6

Dennoch: das Wenige, das er sieht, setzt ihn in Flammen. Sein roter Mantel bedeckt ihn mit Scham, aber er ist beim Teufel zu rot – so rot, daß Mephistopheles persönlich eifersüchtig würde –, um nicht zugleich auch sein Genießen zu verraten. Ein durch den Blick des anderen ertapptes und als pervers ertapptes Genießen. Das Genießen des *Voyeurs*.

Inwiefern ist das *Genießen* des Voyeurs pervers, inwiefern unterscheidet es sich von der einfachen *Lust*, zu sehen? Ich würde sagen: insofern, als *der Spalt* wesentlich dazugehört und eine determinierende Rolle spielt[52].

Mit Spalt meine ich hier die *Struktur eines Spalts* (ein Schlüsselloch, ein Schlitz in einem Kleidungsstück oder ein halb geschlossenes Augenlid wären ebenso geeignet), das heißt: das Vorhandensein eines *Blicks (regard)* oder einer *Öffnung (regard)* in irgendeinem undurchsichtigen Feld, das dem Auge als Schirm dient.

Beim Voyeur geht es in erster Linie um den Blick *(regard)* im Sinne einer Öffnung (*regard* = Lichtloch, Einsteigeloch bei der Kanalisation und vor allem Guckloch bei hydraulischen Maschinen). Wenn er sein Auge gegen das Loch, gegen den Spalt preßt, um zu sehen, *ist* er dieser Blick, dieses Loch, dieser Spalt selbst. Ein Zwischending. Aber wird er es ganz? Nein, nicht ganz. Denn ein Zwischending zu sein, durchlöchert, spaltet, teilt ihn, und diese *schize* öffnet ihn dem Begehren als einen, der nicht eins ist.

Begehren wonach? Begehren, das Schauspiel, das irgendein schönes, seiner Schleier entblößtes Objekt

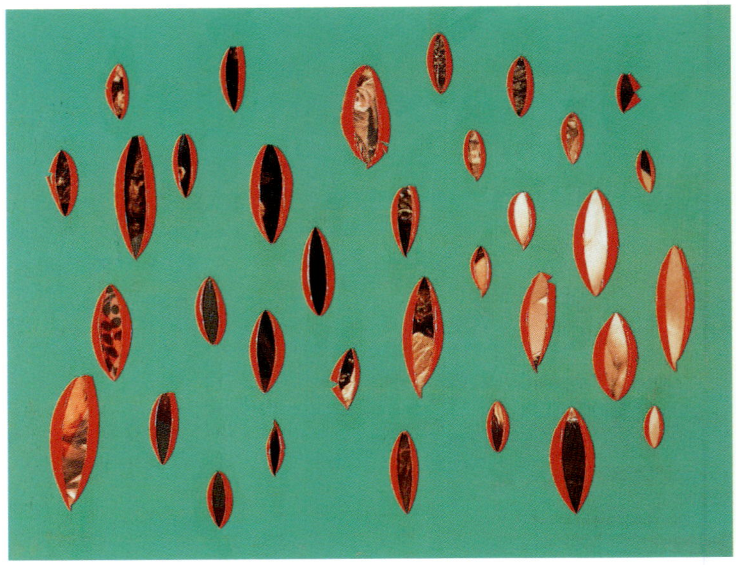

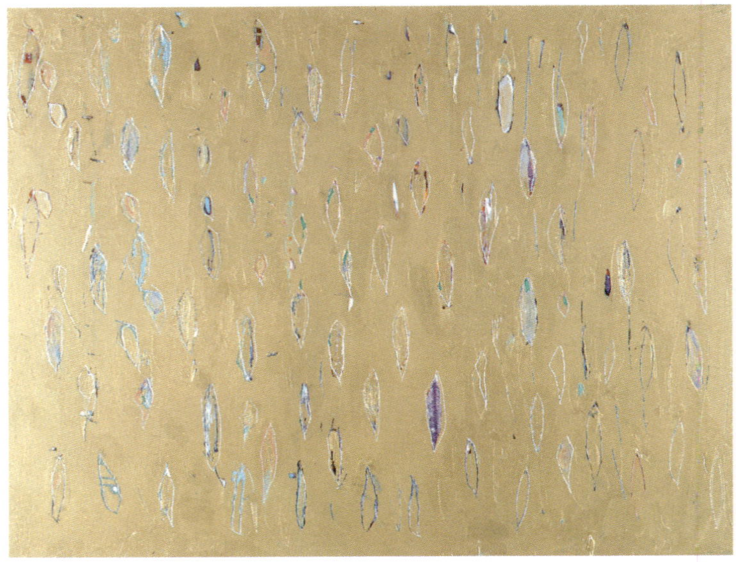

52. Vgl. die Seiten in *Das Sein und das Nichts*, die Sartre der Phänomenologie des Voyeurs widmet. Oder besser noch, die Analysen von Jacques Lacan, der sich seit den frühen Schriften über das «Spiegelstadium» (*Schriften I*, S. 61 ff.) in seinen *Seminaren* fortwährend mit der Funktion des *Blicks* beschäftigt hat.

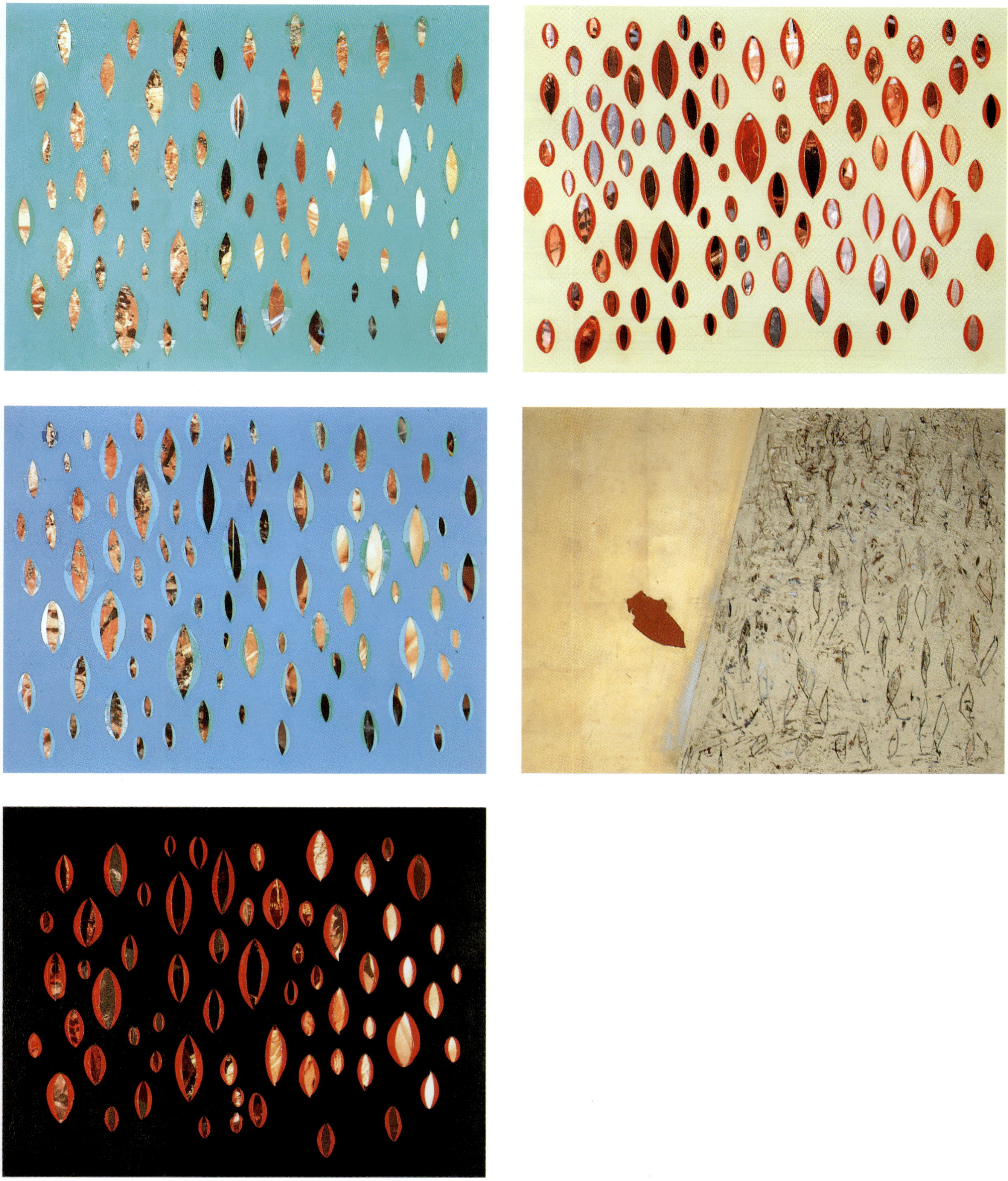

S[36] 60. *«Das Zeichen ist ein Riß, der sich immer nur zu einem anderen Zeichen öffnet»*, 1988, Acryl und Gold auf Cibachrom, Polyptychon, 7 x (50,3 x 66,5)
150,9 x 199,5

ihm darbietet, zu sehen und sich die Augen daran zu weiden? Ja und nein. Denn das Objekt, das sein Begehren verursacht, ist nicht jener Körper, der sich sehen läßt, und den der Voyeur verstohlen mit Blicken verschlingt, sondern das, was sich darunter verbirgt und sich seinen Blicken entzieht. Kurz, das, was am Ort des Anderen durch seine Abwesenheit glänzt, ein verborgener und als solcher von dem Anderen ohne dessen Wissen zur Schau gestellter Schatz. Derart, daß der Andere, da ihm der Besitz des Schatzes unterstellt wird, in den Augen des Voyeurs in einem ganz besonderen Licht erstrahlt...

Lacan kennzeichnet eben dieses Objekt von paradoxer Struktur als «Objekt *a*», Ursache des Begehrens. Unsichtbar für das Auge, *sieht* es mich nur um so eindringlicher *an*. Der Voyeur will sehen, erklärt Lacan, verkennt aber, was er dunkel in dem sucht, was er zu sehen findet, und was ihn blind macht durch den Glanz seiner Schönheit selbst. *«Das ist es, was ihn am innigsten berührt, was in ihn hineinsieht und ihn in der Faszination des Voyeurs derart erstarren läßt, daß er selbst leblos wird wie ein Bild.»*[53] Man muß dem Paradoxon Rechnung tragen: was der Voyeur durch einen Blick zu erheischen sucht, ist ein anderer Blick. Ein Blick des Anderen. Oder ein Blick *im* Anderen. Denn dieser Blick kann durchaus von keinem lebenden Auge ausgehen. Eine leere Augenhöhle genügt. Oder ein Fleck, eine Falte, ein Loch. Ein Spalt. Und seien sie nur vorgetäuscht, nur täuschend echt gemalt.

Proust hätte uns viel zu sagen über solche Blicke, die uns ansehen, ohne

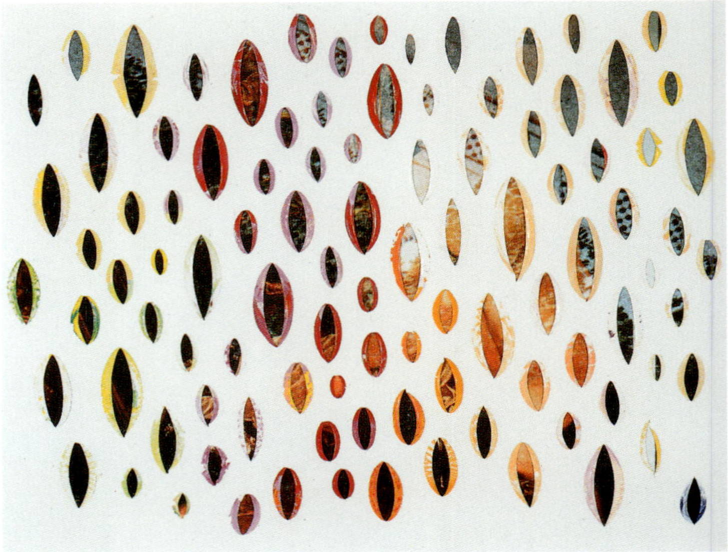

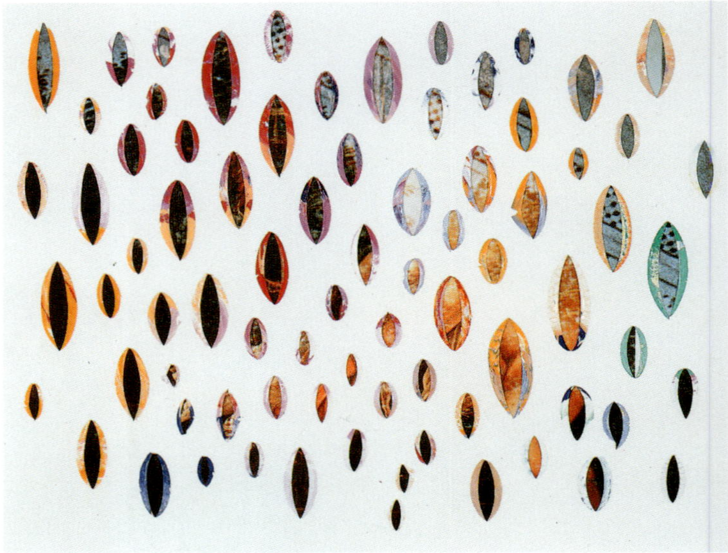

53. J. Lacan, aus dem unveröffentlichten Seminar über die *Logik des Phantasmas*, Vorlesung vom 25. Januar 1967.

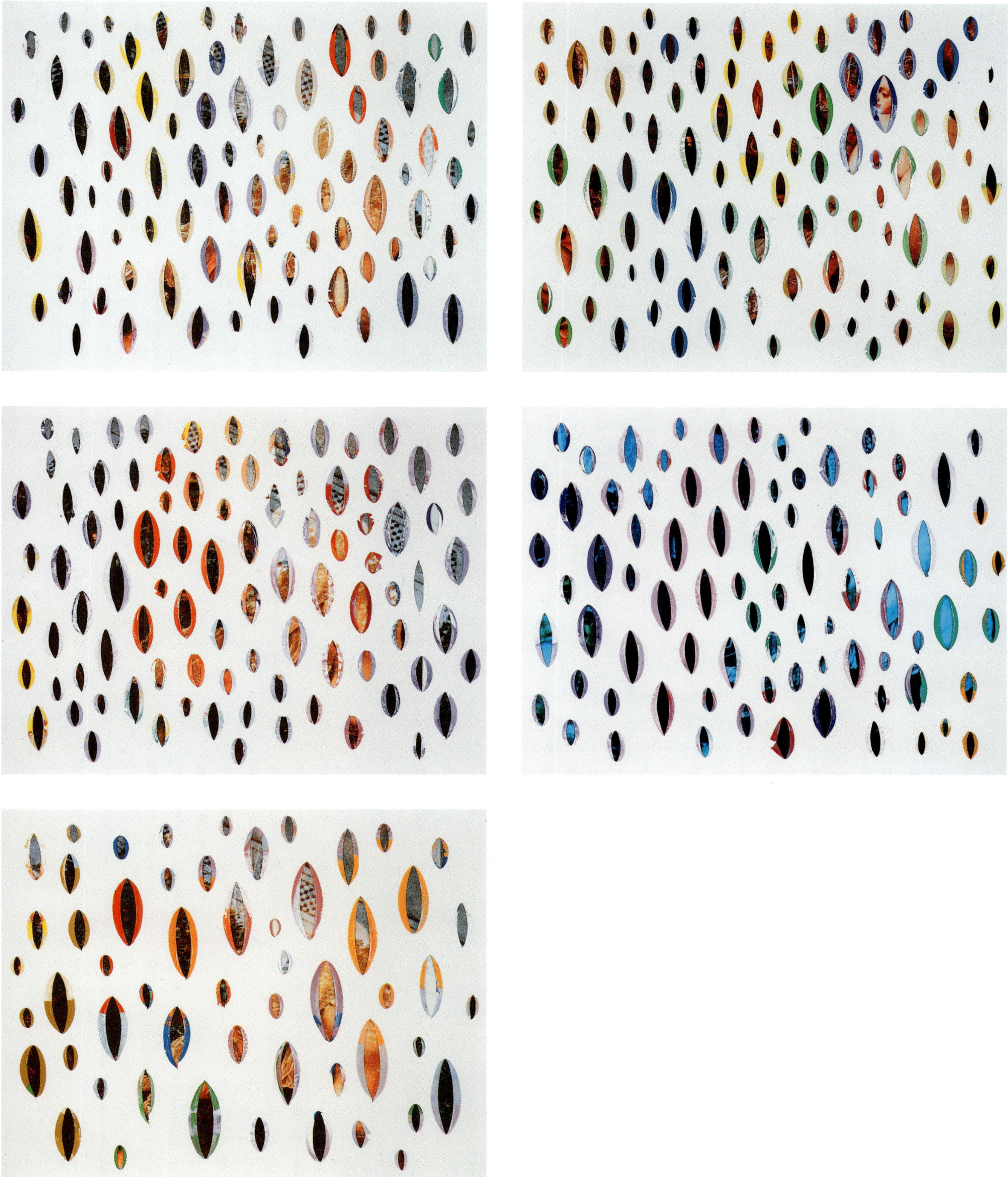

S[38] 62. *Am Mastixbaum spalten oder die Steinigung der Alten*, 1988, Acryl auf Cibachrom, Polyptychon, 7 x (50,3 x 66,5) 150,9 x 199,5

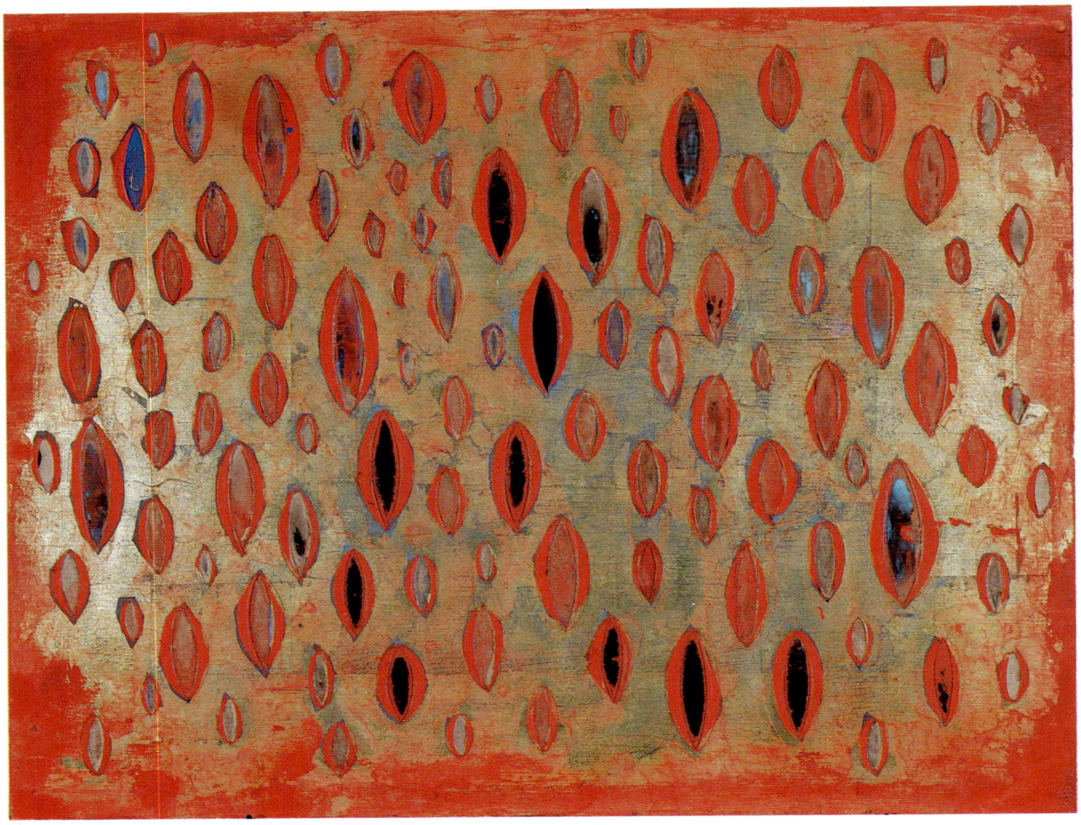

S[61] 85. *Nichts ist Susanna ferner als Susanna*, 1988, Acryl und Gold, 50,3 x 66,5

uns zu sehen. In der *Suche nach der verlorenen Zeit* ist es ein tödlicher Blick – ein kleines Stück gelber Mauer –, der den alten Bergotte vor einem Gemälde von Vermeer durchzuckt. Ein lebenspendender Blick dagegen trifft den alten Ruskin, den seine Gouvernante *«zu den Rembrandts führte, wie sie einen anderen Alten zum Zuschauen beim Kartenspiel geführt oder ihm ein paar Trauben angeboten hätte»*, erzählt Proust, wohlwissend, daß der impotente kranke Greis, der ein Alter erreicht hatte, in dem man, fast schon tot, *«für einen noch so erlesenen Genuß nicht mehr so viel gibt»*, nur deshalb hartnäckig zu diesen Rembrandts wollte, weil *irgend etwas*, ein Geheimnis, *«eine der Realitäten, die den Tod beherrschen»*, und die er sein Leben lang bei dem Maler zu erfassen und zu begreifen versucht hatte, noch und immerfort den Blick auf ihn gerichtet hielt, vom Grund dieser Rembrandts wie vom Grund der Zeiten zu ihm aufsteigend, ihn rufend, ihn ansprechend, einen Blick, der ihn *«gewissermaßen fragte "Ist es das?" oder sagte "Siehe da!" – den milden und verstehenden Blick Christi auf die Ehebrecherin..., jenen Blick, der alles Elend sieht, der alle Zärtlichkeiten in sich birgt, der vor den Tränen ist»*[54], der im Schatten und im Licht sanft unter den Farben des großen Meisters schimmert.

II. Akt: Es ist eine Frau darunter

Kommen wir wieder zu Tintoretto und zu unserem Alten. Von Susanna erheischt er nur ein zitterndes Trugbild, eingerahmt von der Oberfläche des Beckens. Zweifellos

54. Vgl. M. Proust, *Contre Sainte-Beuve*, Paris (Pléiade) 1971, S. 661-664.

ist er selbst auf dem Bild so «leblos wie ein Bild» und verhalten wie ein Abbild. Wie sollte es auch anders sein, wenn man auf einem Bild nur abgebildet ist? Wäre er an meiner Stelle… Ja, dann sähe die Sache natürlich anders aus! Aber dafür müßte er den Rahmen der Darstellung verlassen. Worum er sich sichtlich bemüht.

Ich muß nun daraus schließen, daß *ich* als Betrachter besser in der Lage bin, die Rolle zu spielen, die der erste Alte dem anderen in seinem Phantasma zuweist. Es sieht so aus, als wäre es an mir, dem Subjekt *der* Darstellung, sein Begehren, das Begehren des Subjekts *in der* Darstellung, zu realisieren. Als würde der Alte aus dem Hintergrunde des Gemäldes sein angebliches Recht auf Lusterfüllung gebieterisch an mich delegieren und mir zeigen, wo ich das Objekt zu suchen hätte, das diese Lusterfüllung erlaubt, und das erlaubt, sie wie im Traum zu genießen – der Perverse.

Der Perverse… Dahinten steht er, mir gegenüber. Im Augenblick kann ich nicht umhin, ihn in der Position eines eifrigen Dieners zu sehen (wie ein Mephistopheles sie vor Faust einnehmen würde), der seinem Herrn soeben weit die Tür zur verbotenen heiligen Stätte geöffnet hat, an der sich das Idol, die Sache selbst, befindet. Und warum würde er sie mir öffnen, wenn nicht, um mich zum Komplizen eines Verbrechens zu machen, das er feige abwartet, mich an seiner Stelle und für ihm begehen zu sehen?

«Seit wann, o Herr, betritt man diese Gefilde,
[die zu sehen uns verboten war?
Ein baldiger Tod wäre einst solcher Kühnheit
[gefolgt.»

Diese Worte (aus dem Anfang von Racines *Bajazet*) würde ich zu ihm sagen, wenn er mich hören könnte…

Aber er hört mir nicht zu. Im Gegenteil, mit gesenktem und leicht nach links geneigtem Kopf, die Augen vor sich auf den Boden gerichtet, scheint er mir den Punkt zu zeigen, auf den ich die meinen richten soll, um zu sehen, was er nicht sehen kann. Mich wortlos (und dieses Schweigen sagt viel) befragend, mich gewissermaßen fragend: Ist es *das*? Sieh doch hin, sieh es dir an!

S[35] 59. *Ahnung vom Ende Susannas für Thérèse*, 1988, Mischtechnik, Acryl auf Spiegel, 58 x 48

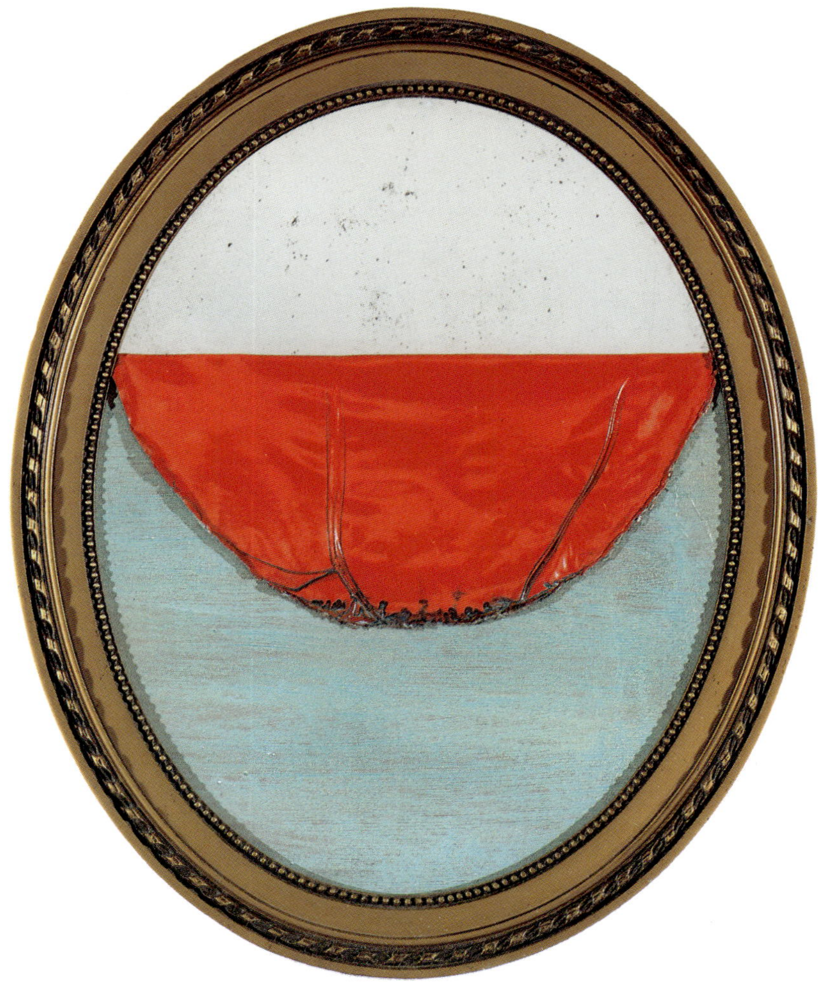

Ich gehorche, der Augenbewegung ebenso blind folgend, als wäre ich sein Spiegelbild – oder er das meine. Und was sehe ich zu meiner Rechten?...

«Ich schwöre Euch, hochwürdigster Herr, kein Mensch vermöchte so scharf zu sehen und zu urteilen, daß er sie nicht für lebendig hielte. Niemand könnte durch die Jahre so erkaltet oder im Charakter so verhärtet sein, daß sein Blut sich bei ihrem Anblick nicht erwärmte, erweichen ließe und in Wallung geriete...»

schreibt Ludovico Dolce[55] in einem Brief an Alessandro Contarini über...

– ... Tintorettos *Susanna*?

– Nein, über eine *Venus* von Tizian, seinem Meister, der im Zusammenhang mit ihr...

– *Susanna*?

– Nein, mit seiner *Venus*, 1554 an den künftigen König Philipp II von Spanien schrieb: *«Und weil die* Danae, *die Eure Majestät von mir erhielt, ganz von vorn zu sehen war, wollte ich in dieser zweiten Poesie variieren und Euch die andere Seite zeigen, um das Gemach, in dem sie weilen soll, anmutiger zu gestalten.»* Bei dieser Opfergabe, die allein manch einem den Kopf hätte verdrehen können, bleibt es nicht. Tizian kündigt seinem Herrn die Entstehung einer weiteren Komposition an, einer...

– *Ariadne*?

– Nicht ganz: einer *Andromeda* (mit Perseus, Danaes Sohn), *«die eine noch andere Ansicht bieten wird als jene»*, und der sich weitere hinzugesellen werden.

So daß der Monarch, allein mit all diesen himmlischen Schönheiten, ganz umgeben sein wird von Venus in vielzähligen Variationen, oder, besser gesagt, welchen Namen man ihnen auch geben mag, umgeben von der FRAU – dem einzigen Thema der mannigfältigen Variationen –, die sich ihm in all ihrer Herrlichkeit unter allen Blickwinkeln und allen Gesichtspunkten darbietet. Wie ein Mond, den dieser privilegierte Beobachter dank des prächtigen Planetariums, das Tizian für ihn erfunden hat, mit einem Blick nicht nur in allen Phasen, sondern auch von der verborgenen Seite her umfassen könnte.

– Vorausgesetzt, daß er, auf wundersame Weise von dem herrlichen Schauspiel emporgetragen, die Füße schon nicht mehr auf der Erde hat...

– Auf ein Wunder mehr oder weniger kommt es Tizian nicht an... Im übrigen hört unsere alte Erde in dem besagten Jahr 1554 gerade auf, der Mittelpunkt der Welt zu sein. Die erste Ausgabe des *De revolutionibus orbium coelestium* erschien 1543. Einige Alte hatten schon früher behauptet, daß die Venus sich um die Sonne dreht. Pythagoras hatte die Erdrotation bejaht, und Philolaos hatte vertreten, daß die Erde eine Bahn um die Sonne beschreibt. Bestärkt durch diese Autoritäten, trägt Kopernikus seine Hypothese eines neuen Weltsystems vor. Was dazu führt, daß Philipp II sich nun am Platz der Sonne wähnen kann. Eine Anmaßung, gewiß! Aber ist es nicht das Privileg eines großen Königs, das ihn mit Leibniz' Gott gleichsetzt, daß er über das Recht eines absoluten Blicks auf das Schönste in der Kreatur der Welt aller Welten verfügt?

55. Vgl. M. W. Roskill, *Dolce's «Aretino» and Venetian art theory of the Cinquecento*, 1968, zitiert bei J. C. Lebensztein, «Florilège de la nonchalance», in: *Critique*, Oktober 1986, Nr. 473, S. 1035 f.; aus dieser Quelle stammt auch die folgende Passage aus dem Brief Tizians.

– Während ein einfaches Subjekt wie ich…

– Richtig. Ich habe, was Susanna betrifft, nur einen einzigen Blickpunkt. Doch wäre es undankbar, mich darüber zu beklagen. Die Ansicht ist einzig…

Mir gegenüber auf dem steinernen Brunnenrand sitzend, das linke Bein noch halb im Wasser, ist Susanna dem Bad soeben entstiegen. Sie gönnt sich einen Augenblick Besinnung, ehe sie mit der Toilette beginnt und das bestickte Kleid anzieht, dessen purpurnes Mieder in seinen hohlen Rundungen die Formen ihres Körpers ahnen läßt. Dann wird sie sich mit dem Perlenkollier schmükken, das sie, wie es scheint, nachlässig ins Gras geworfen hat, an den Fuß jener Hecke, hinter der (was sie nicht weiß) die beiden hundsgemeinen alten Schweine lauern.

– Ihr schlagt harte Töne an!

– Kennt Ihr das Evangelium? «*Ihr sollt das Heilige nicht den Hunden geben, und eure Perlen sollt ihr nicht vor die Säue werfen, auf daß sie dieselben nicht zertreten mit ihren Füßen und sich wenden und euch zerreißen.*»[56] Das kennt jedes Kind auswendig! Es sind geflügelte Worte geworden. Um zu bedeuten, daß man die heiligen Mysterien nicht vor der Welt bloßstellen, oder, allgemeiner, daß man das Schöne, das Wunderbare, das Erhabene nicht unwürdigen Blicken aussetzen soll, sagte man früher: «*Man soll keine Margareten vor die Säue werfen.*»

– Margareten?

– Ja natürlich. Das war das übliche Wort für Perlen. Man findet es auch auf italienisch, auf spanisch. Im griechischen Urtext spricht Matthäus von *margarítes*, wahrscheinlich dem Persischen entlehnt… Die Margarete, mit der unsere beiden Säue hier liebäugeln, ist jedenfalls Susanna. Und man muß sagen, sie ist die schönste Perle ihres Kolliers. Sie hat es gar nicht nötig, sich mit dem Kollier zu schmücken, um sich im Spiegel schön zu finden… Obwohl… Wenn man die mit einigen *margarítes* besetzten Armbänder sieht, die sie an den Handgelenken trägt… Seltsam ist nicht so sehr, daß sie sie beim Baden anbehalten hat, sondern vielmehr, daß sie die Fingerringe vorher ablegte… Denn sie trug zwei Ringe: da liegen sie, gleich neben dem silbernen Stäbchen, von dem ich nicht weiß, was Susanna damit anfangen sollte, das mir aber für den Maler sehr nützlich erscheint, um den Neigungswinkel des Spiegels genau anzuzeigen…

– Das sollen Ringe sein? Merkwürdig, ich habe einen Zwicker darin gesehen!

– Euer Blick trübt sich, werter Kollege. Seid Ihr sicher, daß Eure Weitsichtigkeit behoben ist? Nein, von den beiden nebeneinander liegenden Ringen ist der eine ganz offensichtlich ein Verlobungsring mit einem Stein und der andere ein Ehering. Geschenke Jojakims an seine keusche und treue Frau. Kein Zweifel, daß Susanna sie trägt, wenn sie sich ihrem glücklichen Gemahl zeigt und darbietet. Aber im Moment ist die Sache so, daß sie sich uns ohne diese Embleme der beispielhaften Verbundenheit zeigt. Als hätte Tintoretto sie nicht als Ehefrau Jojakims malen wollen, sondern lediglich als

56. *Matthäus* 7, 6.

Tochter Hilkijas, noch frei von jeder anderen Verbindung als der frommen Vereinigung mit Gott – ohne noch zu wissen, was ein Mann ist, ohne die geringste Ahnung von jenem Begehren, das nur zwei Schritt von ihr entfernt hinter der Hecke, jenseits des Spiegels, bedrohlich aufflammt und glühend errötet...

– Immerhin ist sie frisiert wie eine große Dame. Der Maler hätte sie malen können, wie sie sich vor dem Spiegel malerisch das Haar kämmt. Ein Thema, das damals in der Malerei sehr verbreitet war... Aber nein, er hat sie frisiert gemalt, kunstvoll frisiert! Darin steckt wohl ein wenig von seiner eigenen Koketterie, seiner *manieristischen* Seite. Man beachte die verschlungenen Zöpfe des goldenen Haars, die das Ohr freilassen...

– Oh! Dieses Ohr... Ein Schneckenhaus, eine Blütenkrone, eine Muschel, so rosa und so wohlgeformt, daß es aussieht wie, wie soll ich sagen, wie eine...

– ... eine jener Blumen, nicht wahr? mit denen der Maler das Grün der Hecke bestreut.

– Ja, eine Wand mit Ohren, möchte man meinen...

– Was in diesem Fall tatsächlich ein wenig der Fall ist... Als wenn diese Wand Susanna auf vielfältige Art verstehen könnte...

Denn einzig, wie ihre legendäre Keuschheit sie erscheinen läßt, und keusch, wie sie sich gibt, scheint auch Tintorettos Susanna das Double einer Venus zu sein. Wie A. Pallucchini bemerkt, findet man in ihr eine Reminiszenz oder gar eine unzweifelhafte Anspielung auf ein damals sehr beliebtes, durch Stiche weit verbreitetes Motiv: *Venere che si asciuga un piede*. Und man könnte sich dabei ertappen, sich vorzustellen, daß die gespannte Aufmerksamkeit, mit der Susanna sich dem kleinen rechtwinkligen vor ihr ihm Schatten lehnenden Rahmen zuwendet, eben daher käme, daß er ein Exemplar eines solchen Stichs von einer sich den Fuß abtrocknenden Venus enthielte. Demnach würde sie sich darin üben, dieses ideale Modell nachzuahmen, seine Pose genau zu imitieren, seine Lektion zu repetieren. Aus Tintorettos Sicht eine subtile Methode, uns zu bedeuten, daß seine Susanna, einmütig als beispielhaft zitiert und später nachgeahmt, selbst schon ein *Zitat* und sein Sujet eine Imitation ist. Daß man sich folglich einige Freiheiten mit ihr herausnehmen kann. Daß sie ihren Ruf als «Rosenmädchen» nicht verdient. Alles in allem wäre diese angeblich reine Perle, dieser Ausbund an biblischer Keuschheit, nicht ganz ohne Sünde, vom rechten Wege soweit abgekommen, daß sie einer heidnischen Gottheit huldigt und womöglich davon träumt, wie diese irgendeinen hübschen im Gebüsch verborgenen Adonis zu verführen. Was, ich fabuliere? Aber ist die Geschichte der Susanna nicht die Erfindung eines hellenisierten Juden? So daß man Susanna ruhig ein wenig hellenisieren...

– Sie als Schöne Helena sehen darf.

«Sag, Venus, was macht es dir nur solche Lust...»

– Genug! Schluß mit diesen gemeinen Anspielungen... Überlassen wir sie den verfluchten Alten, setzen wir uns nicht wie sie dem Urteil

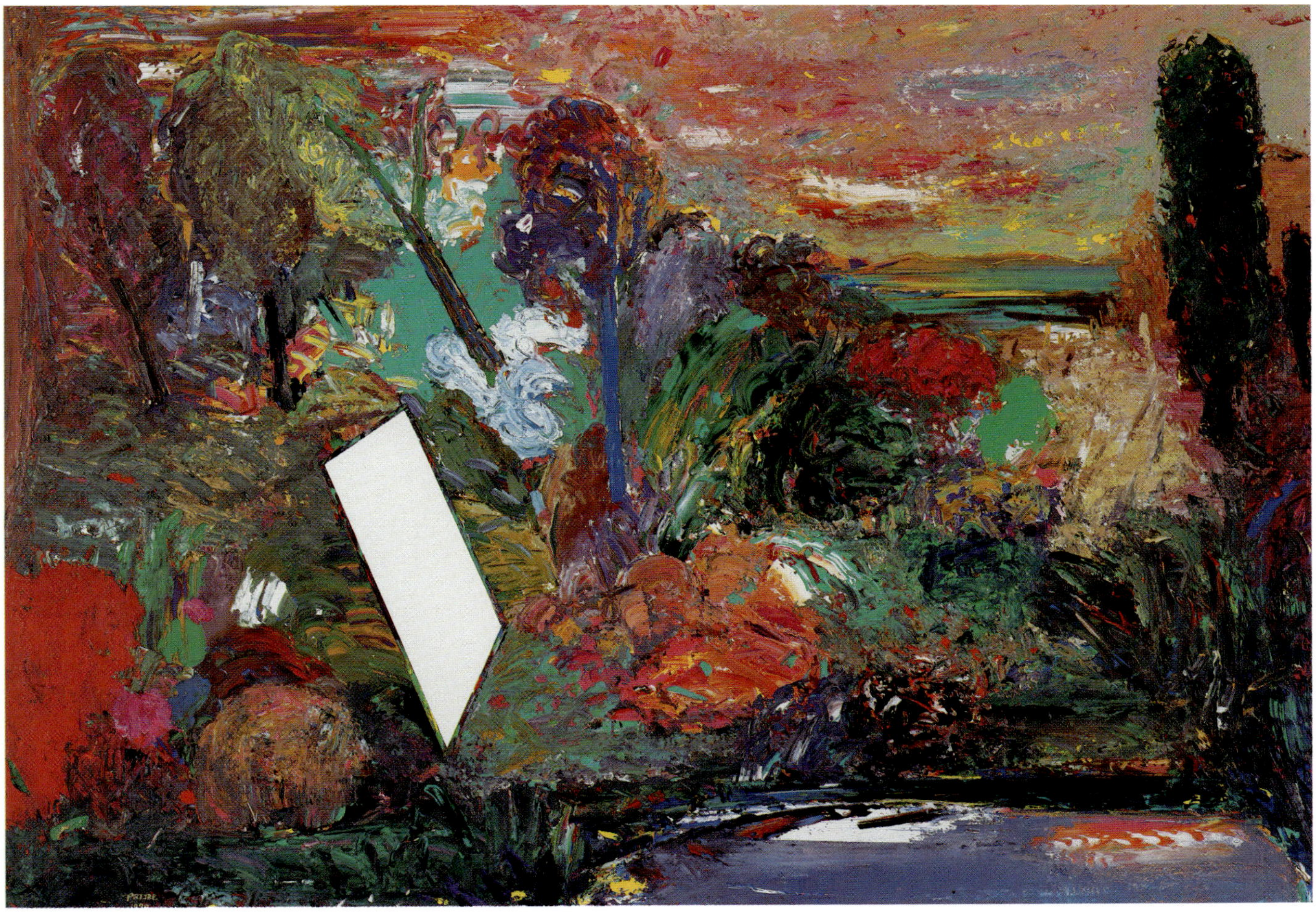

S[32] 112. *Susanna wie ein afrikanisches Ufer*, 1990, Acryl auf Leinwand, 114 x 164

Daniels aus. Furchtbar, was? Stellt Euch nur vor! Der Engel mit seinem Schwert, drauf und dran, einen von uns mitten durchzuspalten, von oben nach unten. Oder den anderen auf Nabelhöhe durchzuschneiden. Seht Ihr Euch vielleicht so, Auge in Auge, das eine hier, das andere dort?

– Oder Ihr, den Kopf hier, und Euren... wie soll ich sagen?... Euren *uccello* dort?

– Und unsere Kollegen, stellt Euch die Gesichter vor, wenn sie uns so sähen, den einen vollkommen schizo, den anderen als Dame ohne Unterleib! Ich weiß wohl, daß diese furchtbare Strafe nur eine Sache von Worten ist, daß ihr Erfinder sich den Spaß machen wollte, mit der Sprache zu spielen. Aber trotzdem. Die Sprache kann einem übel mitspielen. Und *ich kann nicht leicht vergessen, daß sie mich nach Belieben machen läßt, was ihr gutdünkt.* Mit Worten ist nicht zu spaßen. Vor allem nicht, wenn der liebe Gott sie ernst nimmt... Also Vorsicht, verehrter Kollege, Vorsicht.

– Ich würde sogar sagen: Vorsicht. Sprechen wir leise!

– Stellen wir lediglich fest: was sich in dem Rahmen vor Susanna zeigt, ist das klare Wasser eines Spiegels, wie das, was sich zu unseren Füßen im Rahmen des Brunnenrandes zeigt, der Spiegel eines klaren Wassers ist.

– Aber der Maler hat es nicht für gut befunden, uns Narziß spielen zu lassen. Dank seiner Kunst haben wir etwas Schöneres zu betrachten als unser eigenes Abbild. Denn alles hier – die sinnlichen Formen des weiblichen Körpers, seine elfenbeinerne Fleischlichkeit, dieser Schritt in der Sp...

– O diese Spalte im Schritt, die das Auge durch eine köstliche Schattierung zu ihren geheimsten und intimsten Freuden lenkt, bis zum Eingang dieses Gartens...

– Schade, daß das Tor geschlossen ist...

– Geschlossen? Seht nur genauer hin! Öffnet der Maler es uns nicht durch die verspielte Vermittlung der sinnlichen Falten des weißen Schleiertuchs, das sich am oberen Ende sehr kompliziert darbietet, das sich so glücklich einrollt und einstülpt, so suggestive fransenbesetzte Lippen bildet, die wollüstig auseinanderklaffend den Schenkel im Schritt berühren, daß man schon blind sein müßte, um in dieser verschleierten Metonymie nicht das zu erkennen, was der andere zu erspähen sucht, der kleine Betrachter des...

– Verschleierte Metonymie vielleicht, aber Metonymie eines Lochs, einer Abwesenheit. Eines Nichts. Eines Nichts, das Susanna sich selbst verschleiert, und zwar durch die Geste, die sie sich im Spiegel mit der rechten Hand ausführen sieht. Diese Verschleierung hat freilich den Effekt, daß sie meinen Augen etwas enthüllt: den Fuß, den sie mit der rechten Hand anfaßt...

Wenn ich die Blickrichtung des mit gesenkten Augen mir gegenüberstehenden Alten wie im Spiegel verfolge, fällt mein Blick genau auf diesen Fuß. Aber bleibt er an ihm hängen? Nein, er wandert hin und her, von dem kurvenreich drapierten Tuch auf den Schlitz gelenkt, wo ich nichts sehe, kein Objekt außer dem Schlitz selbst, um dann zurückzuwandern, bis er wieder dort anlangt oder ruhen bleibt, wo ihre Hand hinlangt: auf dem Fuß – diesem *Etwas*, das sie mir neben dem oder vielleicht im Austausch für das *Nichts* enthüllt, das sie sich selbst verhüllt.

Muß ich daraus nicht zumindest vorläufig schließen, daß das Objekt, das ich von meinem Platz aus mühelos erblicke, das aber der hinten stehende Alte ebensowenig sieht, wie sein durch die grüne Heckenmauer blind gemachter Sekundant es ihn sehen lassen kann, das Objekt, das sie ansieht, ohne daß sie es fassen können, eben dieser Fuß ist?

Erinnern wir uns an den Schluß von Balzacs Erzählung *Das ungekannte Meisterwerk*: Vor dem vollendeten Gemälde der «Belle Noiseuse» (einer Frau, lebendig und ergreifend, wie es in der Malerei keine zweite gibt, hat ihr Maler Frenhofer verheißen) kamen Poussin und Porbus, die endlich sehen durften, was ihnen bis dahin verboten und verborgen war, aus dem Staunen nicht heraus.

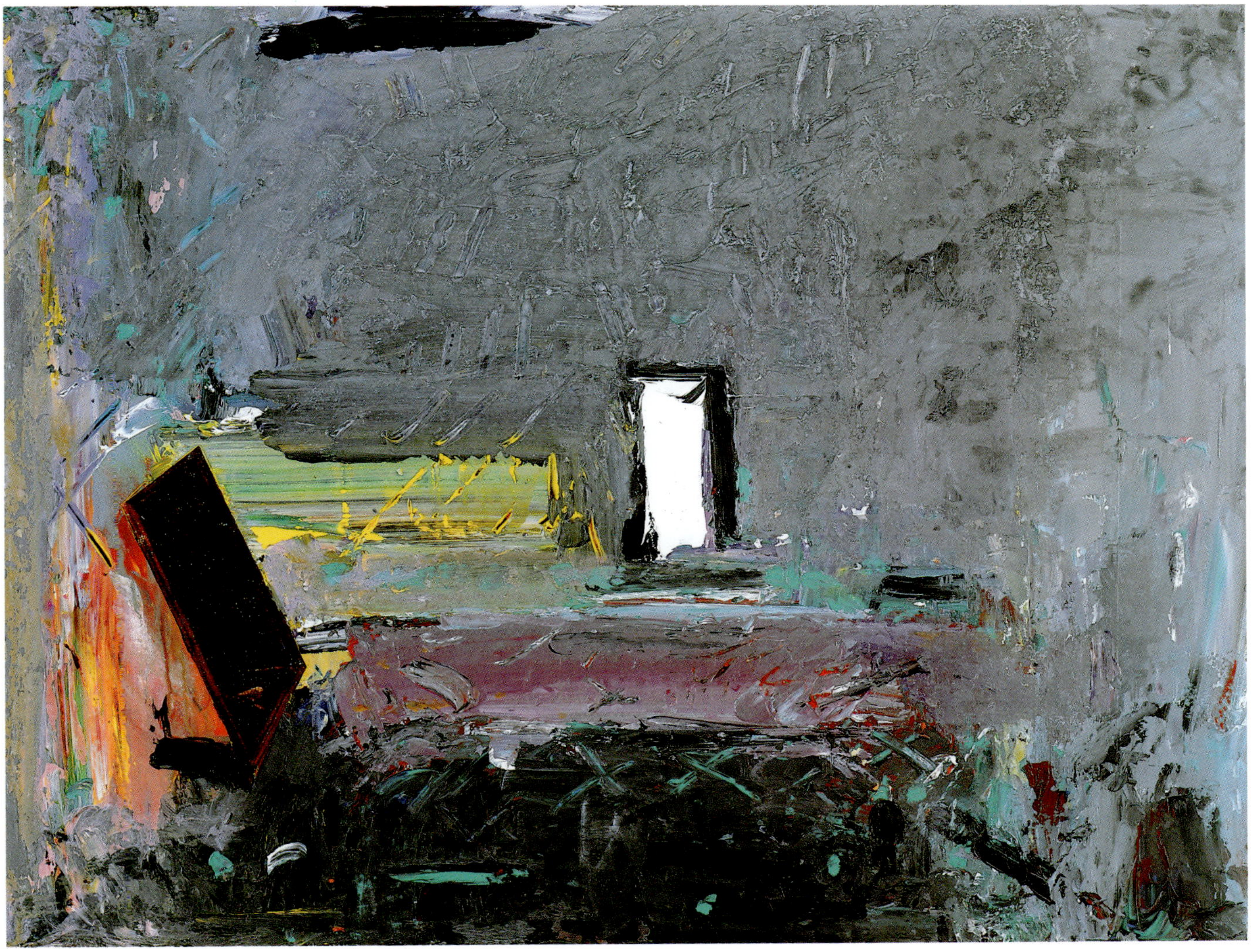

S[59] 83. *Die Gärten der Susanna XIII*, 1988, Acryl, 50,3 x 66,5

«"Bemerkt Ihr irgend etwas?" fragte Poussin den Porbus.

"Nein... und Ihr?"

"Nichts!...

... Ich sehe da nichts als Farben, die in wirrem Durcheinander massiert sind und von einer Fülle bizarrer Linien zusammengehalten werden – eine Mauer aus Malerei stellt das dar!"

"Nein, wir täuschen uns, seht doch...", versetzte Porbus.»

Was er sieht und den anderen sehen läßt, ist ein nackter Fuß, der aus dem Chaos herausragt.

«Sich nähernd, entdeckten sie... einen entzückenden, einen lebenden Fuß! Versteinert vor Bewunderung standen sie vor diesem Fragment, das einer unglaubwürdigen, einer langsamen und fortschreitenden Zerstörung hatte entschlüpfen können. Dieser Fuß erschien wie der Torso irgendeiner Venus aus parischem Marmelstein, der aus den Ruinen einer zu Asche gebrannten Stadt sich erhebt.

"Es ist eine Frau darunter!" schrie Porbus...»[57]

Sollte ich berufen sein, dem Begehren des anderen Beistand zu leisten und es zu befriedigen, indem ich für ihn sehe, was die Hecke ihm verbirgt: einen Fuß? Und hinzufüge (aber weniger als Enthüllung denn als Warnung), *es ist eine Frau dahinter?* Eine Frau, ja, die schönste aller Frauen, eine Traumfrau, die dennoch nichts als eine Frau ist und diesen entzückenden Fuß anbietet, in Ermangelung von etwas anderem, was ihr fehlt – was wir aber haben, beruhigen wir uns... Sollte ich, um meine Rolle in dem perversen Phantasma zu erfüllen, das sein, was virtuell jeder Voyeur ist: der *Fetischist* vom Dienst?

Wenn die Haltung eines Fetischisten darin besteht, die Realität eines Mangels zu verleugnen und das Loch mit irgendeinem Ersatz zu stopfen, bin ich in Wahrheit auf ganz andere Weise Fetischist, und das sehr viel radikaler. Mein Fetisch ist nicht dieser metaphorisch-metonymische Fuß, sondern Susanna als solche.

Denn was sehe ich von ihr? Nicht mehr und nicht weniger als ein Trugbild, das so, wie es sich mir eingerahmt auf dieser Leinwand unter dem äußeren Schein des strahlenden Körpers darbietet, nur ein Köder ist. Ein Gemälde. Ein schönes Gemälde von einer Frau, einer schönen Frau, gewiß, aber eben ein Gemälde. Nur ein Gemälde. Auf einer Leinwandfläche, die für mich in Wirklichkeit einen ebenso undurchsichtigen Schirm darstellt wie die Heckenfläche für den Alten auf der linken Seite, dem jede Sicht auf das Idol genommen ist.

Ich weiß wohl, daß hinter dieser bewundernswerten «Mauer aus Malerei», die meine Augen betört, nichts ist als eine Mauer, eine Wand, an der die Leinwand hängt. Ich mag noch so nahe herangehen, sie mit den Händen berühren, ich werde immer zugeben müssen: *es ist keine Frau dahinter.*

Ich weiß wohl, aber trotzdem...

Zeuxis, heißt es in einer von Plinius überlieferten Legende, malte eines Tages so perfekt nachgeahmte Trauben an eine Mauer, daß die Vögel sie für echt hielten und sich den Schnabel daran zerbrachen. Stolz auf diesen Effekt, der ihm durch seine Kunst gelungen war, lief Zeuxis in

57. A. d. Ü.: H. de Balzac, *Das ungekannte Meisterwerk*, übers. von H. E. Jacob, Zürich 1977, S. 231 f.

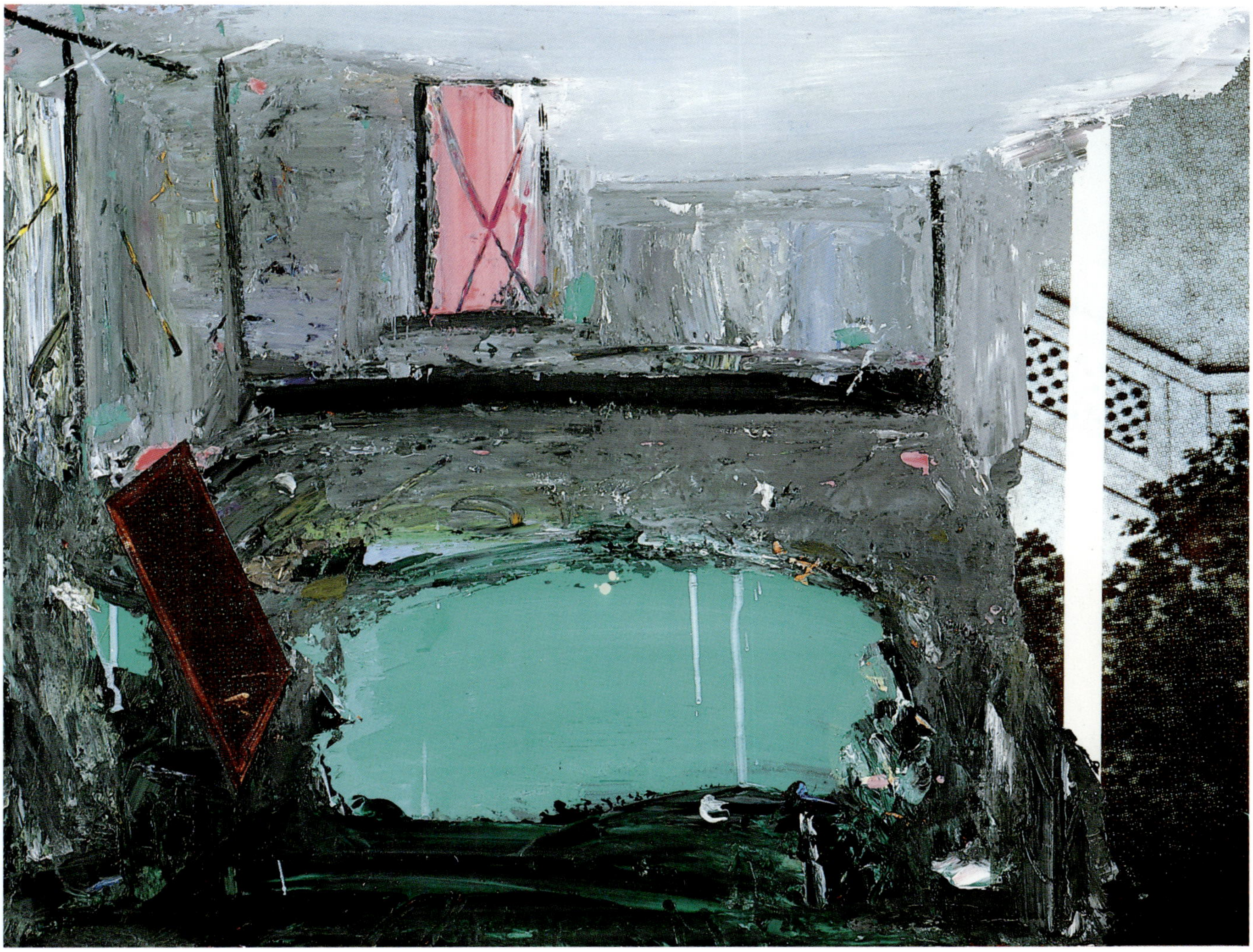

S[58] 82. *Die Gärten der Susanna XII*, 1988, Acryl, 50,3 x 66,5

die Stadt, um alle Welt herbeizurufen.

Während seiner Abwesenheit aber malte sein Rivale, der Maler Parrhasios, einen täuschend echten Vorhang über das Bild. Als Zeuxis wiederkam, bemerkte er den Vorhang, trat näher und schickte sich an, ihn zu öffnen, womit er Parrhasios natürlich in die Falle ging.

So mußte er den Rivalen wohl oder übel als seinen Meister anerkennen. Denn er hatte lediglich die Vögel täuschen können. Während es Parrhasios gelungen war, seinesgleichen, ihn, Zeuxis, einen Fachmann der Illusion, hereinzulegen. Und wie? Durch bloße Augentäuschung, den Anschein eines Schleiers.

Parrhasios hatte geahnt, daß die beste Art, einen Menschen in die Falle zu locken, nicht die ist, den Appetit dieses seltsamen Vogels anzuregen, indem man ihm ein vorgetäuschtes Objekt vor Augen führt, sondern die, sein Begehren durch das Objekt, das man ihm verbirgt, zu verursachen. Oder vielmehr: das man vortäuscht, ihm unter dem Schleier verborgen zu zeigen, und das ihn, eben weil er es als verborgen unterstellt, nur um so mehr reizt.

In dieser Hinsicht zeigt Tintoretto sich raffinierter als Zeuxis und Parrhasios zusammen. Es sieht alles danach aus, als hätte er eine Augentäuschung nach Art der Zeuxis auf einen Vorhang nach Art des Parrhasios gemalt. So daß die Augentäuschung (hier: Susanna an Stelle der Trauben) mein Auge insofern täuscht, als sie ihm den Vorhang, das Bild *Susanna*, das ich eingerahmt vor mir habe, unsichtbar macht.

Daß ein Gemälde das Auge des Betrachters täuschen soll, indem es ihm durch überraschende Effekte die Klarsicht nimmt, ist an sich nichts Besonderes: es ist typisch für die große klassische Malerei, die sich, gegründet auf das sakrosankte Prinzip der Nachahmung, als eine Kunst der Illusion versteht. Im Bewußtsein der Macht, die dieser Kunst innewohnt, haben viele Maler sie mittels ihrer Kunst in Kunstwerken dargestellt. Es gibt zahllose Bilder, auf denen die Malerei sich, ohne mit dem Spiel der Augentäuschung aufzuhören, in großartiger Weise als das verrät, was sie in Wahrheit ist: *eine Blickfalle* – zu verstehen sowohl im Sinne eines Blickfangs, einer Falle *für* den begehrlichen Blick, als auch im Sinne einer Spähanlage, bei der ein verborgener Blick die Falle *ist*. Das setzt ein Bildgefüge voraus, in dem die vorgetäuschte Enthüllung mit einer Verschleierung einhergeht, die mich, indem sie meinen Blick fängt, fragen läßt: was ist das, was mich da drinnen so ansieht?

Nun will das Genie Tintoretto mir hier aber nicht nur in Form von Augentäuschung vorführen, wozu seine Kunst imstande ist. Er zeigt mir die Blickfalle, die er den beiden Alten stellt, die eigentlich nicht zwei sind, sondern einer, da der erste in meinen Augen das perverse Phantasma produziert, das der zweite in meinen Augen realisiert. Aber die Falle, von der er mir zeigt, wie sie auf dem Bild funktioniert, funktioniert auch für mich, den Betrachter des Bildes: *die Falle auf dem Bild und das Bild als Falle haben die gleiche Struktur.*

Anders gesagt, für mich ist *Susanna*, was Susanna für den Alten ist, den in sich gespaltenen Alten, geteilt durch das Objekt, das sein Begehren verursacht. Sie hat auf mich, den Betrachter des Gemäldes, die gleiche Wirkung wie auf ihn, mein Spiegelbild in dem Gemälde.

Ich sehe sie, trete näher. Ich sehe, daß er sie gesehen hat, daß er aber nichts mehr sieht, daß er den Kopf senkt, daß es so aussieht, als hätte er einen Schleier vor den Augen, der sie ihm verbirgt. Er träumt, sage ich mir, und stellt sich vor, wie er auf dem Bilde zu ihr hinkriecht, während er durch die Augen seines perversen alter ego einen Blick auf sie zu erheischen sucht. Und was sieht sein alter ego? Hinter dem Vorhang, den er allem Anschein nach gerade zerrissen hat, sehe ich genau, daß er durch einen Spalt nur den Fetzen eines Widerscheines von Susanna sieht. Wohingegen ich von meinem Platz… Aber da bin ich auch schon in der Falle. Indem ich dem zweiten Alten Schützenhilfe leiste, realisiere

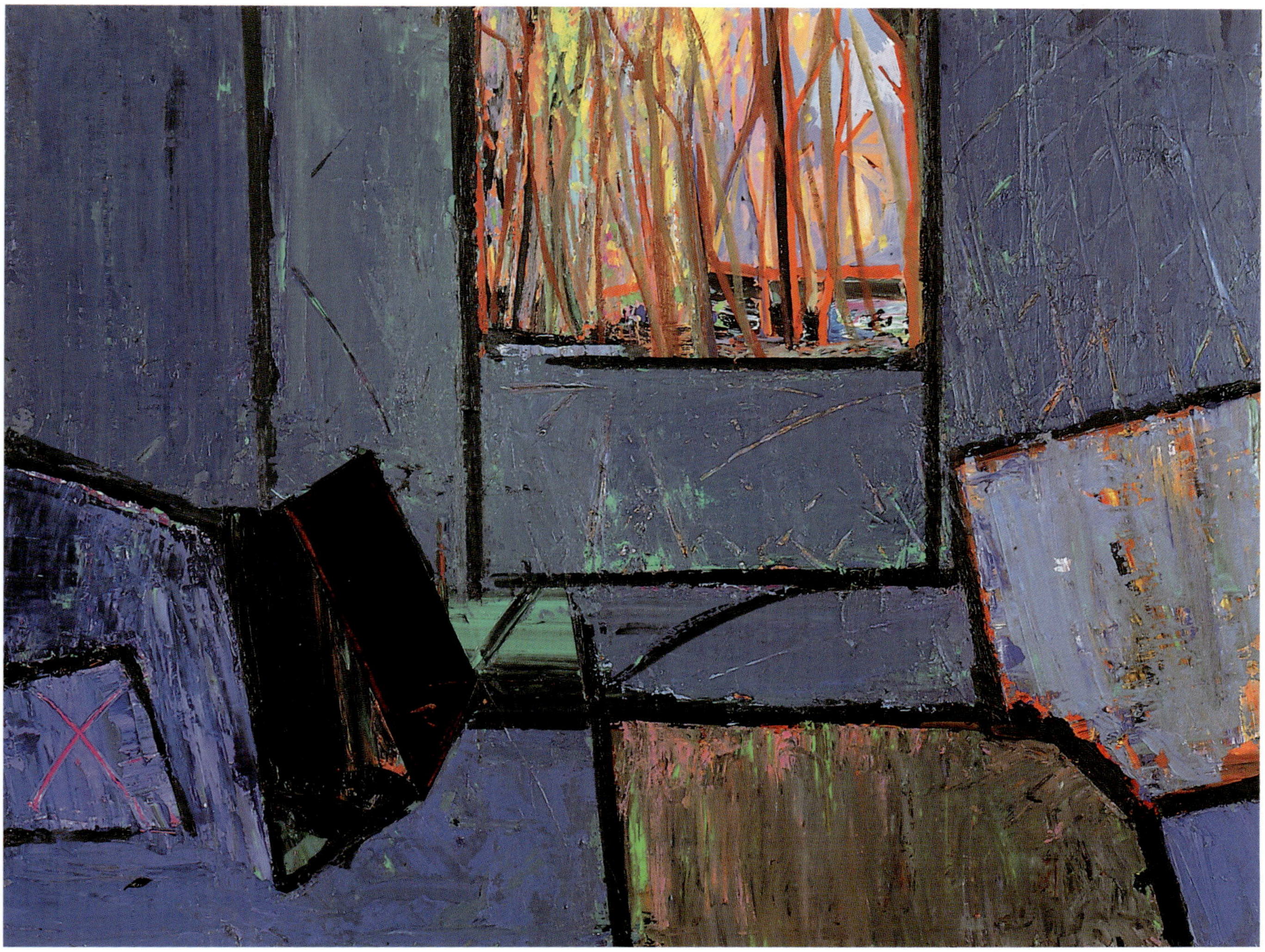

S[54] 78. *Die Gärten der Susanna VIII*, 1988, Acryl, 50,3 x 66,5

ich das Begehren des ersten: ich sehe für ihn und genieße für ihn, ich fetischisiere diesen Fuß, den Susanna mir enthüllt, und der sie mir ganz enthüllt.

Ganz? Nein, eben nicht. Ich sehe, daß mir noch ein Teil von ihr entgeht, *verborgen in ihrem Spiegel.*

Hier sehe ich in der Tat nicht mehr als das, was der Alte zu meiner Linken im Spiegel des Beckens erblickt: ein verschwommenes Trugbild, eine Art weißlichen Fetzen am inneren Rand des Rahmens. Man möchte meinen, der Maler hätte ihn nur dort hingemalt, um in mir die gleichen Qualen zu erzeugen, wie man sie dem Alten zu meiner Linken von der zerfurchten Stirn ablesen kann. Bin ich nicht vor diesem auf die bemalte Leinwand gemalten Spiegel in der gleichen Lage wie er hinter seiner Hecke?

So treibt mich denn alles, sein Verhalten nachzuahmen, als könnte die rechte Seite des Bildes für mich das gleiche sein, was für ihn das Heckenrand ist, als böte sie mir einen Zwischenraum, einen Schlitz, einen Spalt, ein Guckloch, um einen Blick zu erheischen.

Genau an diesem Platz und nicht, wie ich glaubte, an dem, den ich einnehme, würde ich das Begehren des anderen, der mir gegenübersteht, voll realisieren. Dieses Begehren, zuerst, auf dem Gemälde, von dem zweiten Alten übernommen, dessen Stirn gegen die Innenseite der Leinwand stößt, dann, außerhalb des Gemäldes, an mich delegiert, hat mich derart eingenommen, daß es mich treibt, einen dritten Platz in der oberen rechten Ecke zu beziehen, symmetrisch zu der Position des Alten in der unterern linken Ecke. Hinter Susanna also, irgendwo in ihrem Rücken. Es ist, als ginge ein begehrlicher Blick gepaart mit dem Begehren nach Einblick vom Hintergrund des Gemäldes aus – wo der stehende Alte sich mit gesenkten Augen gerade von ihm trennt –, um alsdann in einer *kreisförmigen Bewegung* von Platz zu Platz zu wandern und sich schließlich irgendwo in Susannas Rücken niederzulassen.

Ich bin sicher, daß der Maler bewußt mit dem Gedanken einer kreisförmigen Bewegung spielt. Stellt der schmuckvolle Kristallbehälter am Brunnenrand nicht in gewisser Weise den Drehpunkt dar? Sind die drei Reliefs, die man als seine Verzierung erkennt, nicht so ausgerichtet, daß eines dem Alten auf der Linken zugewandt ist, das andere dem Punkt, an dem ich mich befinde, und das dritte der rechten Seite, wo ich (aus Spielerei) so brennend gern wäre?

S[56] 80. *Die Gärten der Susanna X,* 1988, Acryl, 50,3 x 66,5

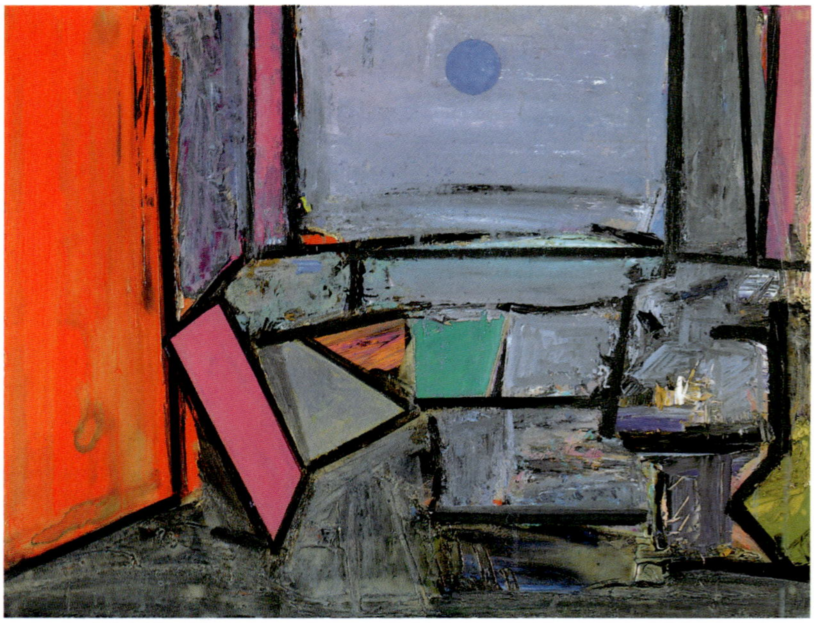

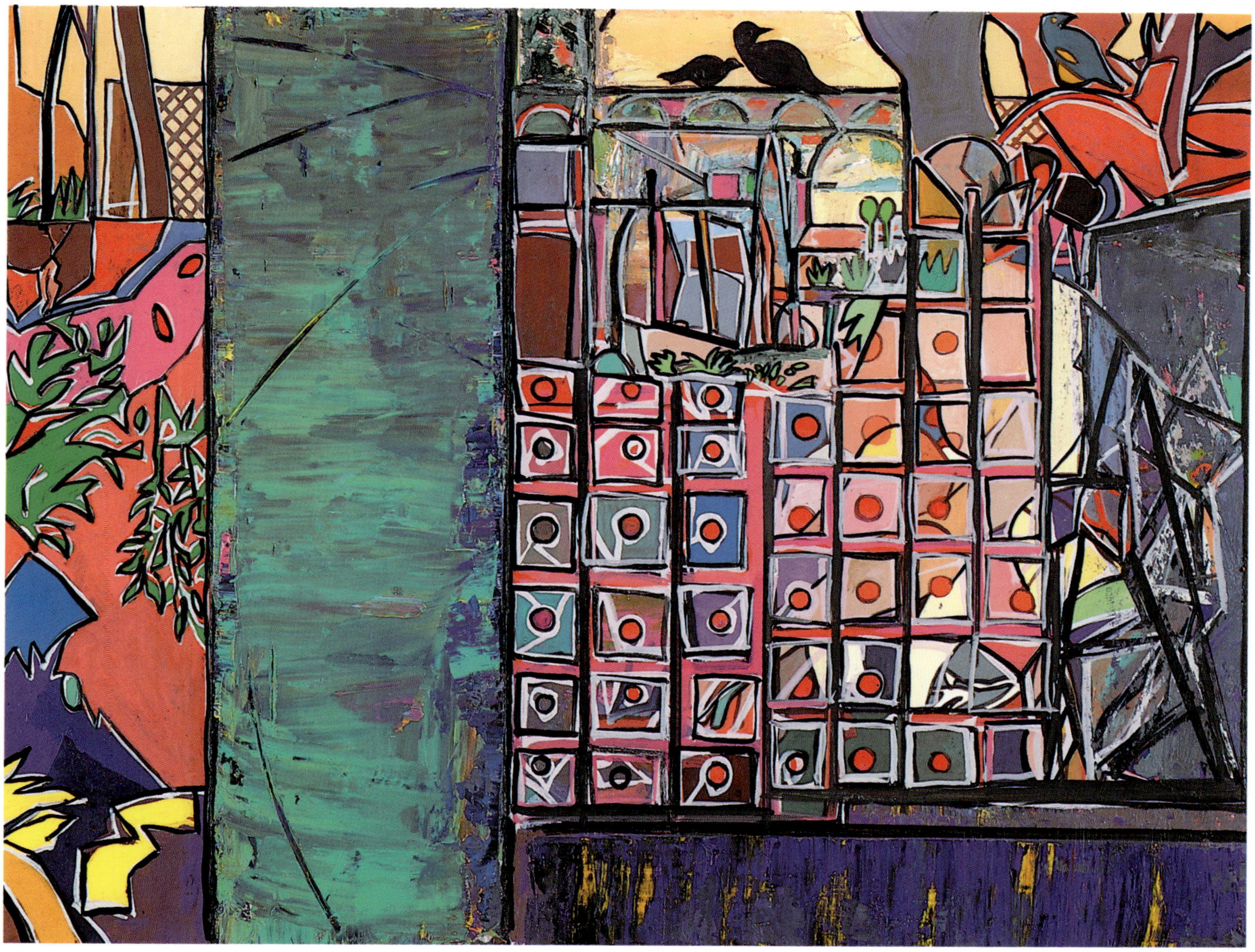

S[55] 79. *Die Gärten der Susanna IX: das Tor des Gartens war aufgestoßen*, 1988, Acryl, 50,3 x 66,5

Nun fange auch ich an zu träumen. Ich teile mich. Mit Hilfe eines anderen Ich selbst, geformt nach dem Bild des ersten, stelle ich mir vor, wie ich über den Brunnenrand zu ihr hinkrieche, bis in die Ecke des Gemäldes gelange, den Schleier lüfte, den Vorhang zerreiße und endlich erfasse... ja, was eigentlich? Nichts, außer, wenn ich mein Äußerstes gebe, daß Tintoretto ein großer Maler ist.

Damit könnte die Geschichte zu Ende sein. Welche Geschichte? Eine Geschichte, die ich mir als Betrachter des Gemäldes nach und nach zu eigen mache.

Indem ich mich nähere, trete ich ohne mein Wissen in die Geschichte ein. Das Bild gibt mir zu denken. Durch meine Reflexionen reflektiere ich es. Indem ich es reflektiere, beziehe ich mich ein, und dies um so mehr, als ich es erkläre. Um es zu erklären, analysiere ich es, und indem ich es analysiere, analysiere ich mich, ich erzähle von mir, und indem ich dies tue, teile ich mich. Indem ich mich aber teile, spiele ich die Geschichte von «Susanna und den beiden Alten» wieder von vorn.

Ich habe angefangen. Machen wir weiter. «*Gib dich uns hin!*» drängen die Alten. «*Sonst sagen wir als Zeugen gegen dich aus*, ein Jüngling sei bei dir gewesen...»

III. Akt: Der Vogel im Spiegel

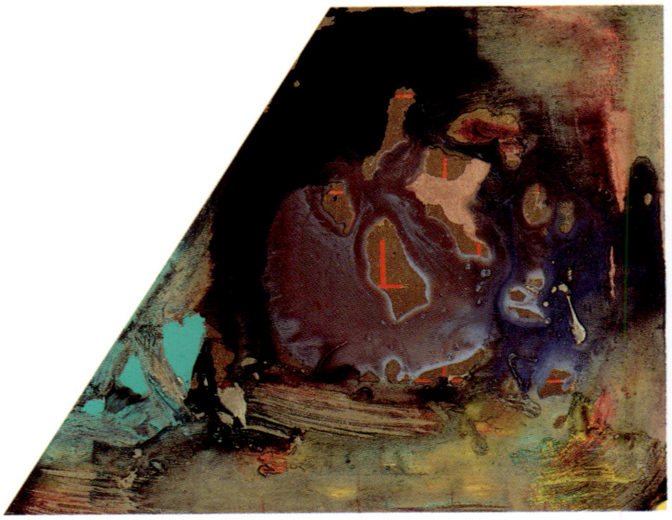

«Ich hielt mich ihr gegenüber...», erzählt der alte Rousseau in seinen *Bekenntnissen*. SIE war ein hübsches Fräulein aus der großen piemontesischen Familie der Solar. Jean-Jacques, einfacher Fußknecht in dem hohen Hause, war schnell in Bewunderung für sie entbrannt. Ein Idol, diese kleine Solar, ein leuchtender Stern am Himmel des Knaben, der sie, an seinen Platz verbannt und in der Rolle des schweigenden Dieners erstarrt, nicht mehr aus den Augen ließ, der sich irgendein Zeichen von ihr erhoffte, und wenn es nur ein Blick gewesen wäre. *«Aber nein! Ich erfuhr die Kränkung, für sie nicht vorhanden zu sein; sie bemerkte nicht einmal, daß ich da war.»*[58]

Gekränkt, für sie nicht vorhanden zu sein: genau das bin ich gegenwärtig an dem Platz, auf den Tintoretto mich verbannt hat, gegenüber Susanna, die vor ihrem Spiegel sitzt.

Strahlend, erhaben, geschmückt mit diesem *Ich-weiß-nicht-was*, mit dieser *sprezzatura*, an der man die Herren und Meister ebenso erkennt wie die Werke großer Meister, schließt sie mich aus von der geschlossenen Welt, in der sie sich einschließt und die mir nur scheinbar offensteht. Ganz auf sich selbst bezogen, ist sie offenbar erfüllt von dem, was sie in ihrem Spiegel findet.

Was aber findet sie darin?

Ihren Fuß?

Nein. Diesen Fuß, den sie mir enthüllt und den ich hemmungslos fetischisiere, diesen Fuß *sieht sie selbst nicht, und sie sieht sich ihn auch nicht anfassen.*[59] Geneigt, wie er vor ihr lehnt, die sie vor ihm sitzt, läßt der Spiegel es nicht zu.

Dafür läßt er sie etwas anderes sehen, was sie unverkennbar entzückt und vollauf befriedigt.

Eine narzißtische Befriedigung? Mag sein. Aber Narziß hat vor seinem Spiegelbild nicht Susannas ruhige Heiterkeit. Im Gegenteil. Hin und her gerissen zwischen sich und einem anderen, der ebenfalls er selbst ist, den er aber als solchen nicht erkennt, bemüht er sich verzweifelt, die beiden zu *vereinen*. Umsonst. Jede Bewegung, die er macht, um sich zu fassen, entzweit ihn nur um so mehr mit dem Objekt seines Begehrens. Sobald er sich berührt, ob mit der Hand oder mit den Lippen, verschwindet er, verliert er sich. Schließlich geht er hoffnungslos und zweigeteilt daran zugrunde.

Sie nicht. Dabei ist es sehr wohl ihr Bild, das sie im Spiegel ansieht und das sie ansieht. Aber wie, mit was für einem Blick? Wenn ich doch nur *hineinsehen* könnte!

58. J.-J. Rousseau, *Bekenntnisse*, übers. von A. Semerau, Frankfurt am Main 1961, S. 80.
59. Der Leser mag dies, wie ich es getan habe, experimentell überprüfen.

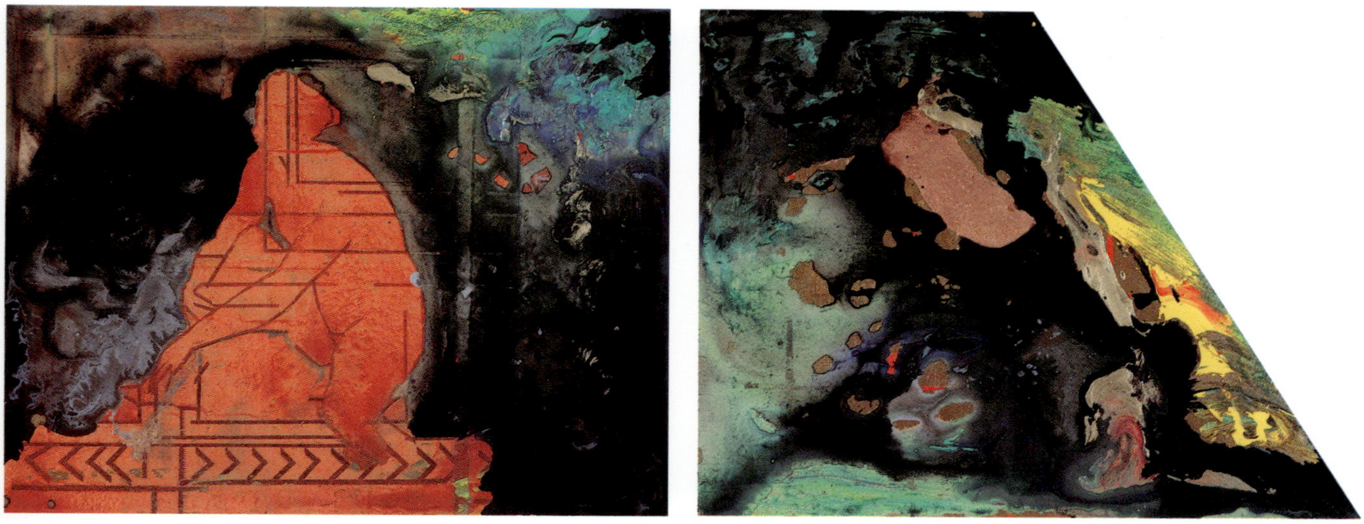

S[62] 86. *Wenn sich das Volk zurückzog um die Mitte des Tages, betrat Susanna…*, 1988, Acryl, 3 x (50,3 x 66,5) 50,3 x 199,5

Hineinsehen: lateinisch *invidere*. Daher das Wort *invidia*, das sich mit Eifersucht übersetzen läßt (ist der Eifersüchtige nicht gern Voyeur, wie der Voyeur gern eifersüchtig ist?), das aber vor allem *Neid* bedeutet, jene Leidenschaft, deren Träger das Auge ist. Ein böser, neidischer Blick, der zuerst und vor allem der Blick eines Kindes ist.

Eines Kindes ja, aber nicht der, mit dem unser Jean-Jacques sein Fräulein Solar betrachtet. Eher der eines kleinen Jungen, über den andere *Bekenntnisse* berichten: Da stand ich nun, erzählt der hl. Augustinus, stumm, kreidebleich, mit bitterbösem Blick, vergiftet... von was? Dem Anblick seines an der Brust der Mutter hängenden kleinen Bruders, der sich an ihr befriedigt wie sie sich an ihm, beide in höchster Glückseligkeit.

So ist der wahre Neid beschaffen, kommentiert Lacan[60] – der ursprüngliche Neid, der «*vor dem Bild einer in sich geschlossenen Erfüllung*» entsteht, deren Objekt die beiden vereint, sie zu einem Ganzen und einem *ganz Anderen* macht, die Lust aus sich selbst schöpfend, ohne *mich*, der von dem Spiel ausgeschlossen bleibt, angehängt an das Objekt, das mir um so grausamer fehlt, als ich weiß, daß es für mich auf immer verloren ist.

Wenn ich mich vor Susanna gekränkt fühle, so weniger, weil ich für sie nicht vorhanden bin, als wegen der Rolle des vor Neid erblassenden Ausgeschlossenen, die ich innehabe. Bietet Susanna mir nicht das reine Bild einer in sich geschlossenen Erfüllung, deren Objekt nicht die Brust, sondern *ein Blick* ist?

Und nicht nur ihr eigener Blick, den sie, sich betrachtend, allein mit sich selbst für sich behielte. Denn sie ist zwar allein, aber mit dem Bild eines anderen, der, auf dem Grund des Spiegels und daher für mich unsichtbar, virtuell vorhanden ist.

Gut sichtbar dagegen erscheint mir der andere dort oben, in der rechten Ecke des Gemäldes...

Hinter Susanna erheben sich zwei Bäume. Von einem sehe ich nur den Stamm, der senkrecht über Susannas Kopf aufragt. Aber der andere Baum läßt mich etwas sehen. Sein Stamm gabelt sich in zwei Äste, die den gleichen Winkel bilden wie unten die Falten in Susannas Leisten, und ihn in der oberen Etage auf seltsame Art wiederholen. Und in der Gabel sitzt etwas: ein Vogel.

Was sieht er von dem Platz aus, an dem er sich befindet? Er sieht alles. Und vor allem: er sieht Susanna, die sich dabei betrachtet, ihm im Spiegel zuzusehen, wie er sie ansieht.

Bei meinen Spekulationen über Susannas Entzücken bin ich daher versucht, zu fragen: befindet sich das Bild dieses Vogels, der so ideal in der Gabel – *am Ausschnitt* – zwischen den beiden Ästen sitzt, in ihren faszinierten Augen nicht genau an der Stelle des Fußes, den sie sich nicht fassen sieht? Den sie aber dennoch anfaßt und zärtlich berührt, während ihr Blick zärtlich den Vogel berührt, der sie anblickt und sie zum Träumen verleitet, der sich gewissermaßen für ihren Traum hergibt? Erlaubt dieser Vogel – vom Himmel gefallen, um ihren Augen die klaffende Öffnung zu verbergen, die sie in meinen

60. J. Lacan, *Das Seminar, Buch XI*, übers. von N. Haas, Olten 1978, S. 122 f.

Augen als Frau bezeichnet – ihr nicht, ihre angeborene anatomisch Unvollständigkeit imaginär zu vervollständigen, sich etwas vorzuspiegeln? Sich sich als *ganz* vorzustellen? Ist er nicht das Werkzeug einer Lusterfüllung, deren Organ der Fuß wäre, den sie sich verbirgt? Der wiedergefundene Knopf, das kostbare Kleinod am Schluß einer *Geschichte*, die in jeder Hinsicht und für alles offen ist, besonders für die Blicke solcher Herren, die nichts anderes im Kopf haben, als sich in die Sache einzuführen und sie mit ihrem eigenen Organ zu deuten? Dient diese Frauengeschichte ihnen nicht als Vorwand für tausend Geschichten nach Art der *Indiskreten Kleinode*? Oder, in ganz anderer Art und scheinbar seriöser, als Quelle serienmäßiger Artikel über die weibliche Sexualität, den Männlichkeitskomplex – den «Penisneid», um ihre Sprache zu gebrauchen?

Sie hätten gewiß keine Hemmungen, aufzuzeigen, daß sich hinter dem kleinen Vogel, den der Maler im Baum versteckt hat, ein anderer, großer Vogel namens Phallus verbirgt: Emblem des großen Geheimnisses, das vom Anderen Geschlecht bei beiden Geschlechtern entdeckt wird. Kein Wunder also, daß er seit jeher Objekt eines universell geteilten Kults war. Die Alten verehrten ihn abgöttisch, mit Flügeln ausstaffiert. Und Freud fand den so beflügelten Phallus in Jensens *Gradiva* in den verschiedensten Erscheinungsformen wieder: als Fliegenschwarm oder zwitschernden Kanarienvogel, ja sogar in Gestalt des *Archäopteryx*, eines auf immer verschwundenen, unauffindlichen Vogels, von dem wir sehr *wohl wissen*, daß er tot ist, der uns *aber trotzdem*, weil er in unserer Vorgeschichte gelebt hat, in den Köpfen herumspukt: der immer noch im Schoß der vollkommenen, der allmächtigen, der unvergeßlichen Urmutter nistet, die, ohne Fehl und Tadel, die Königin unserer Nächte ist, an die – unbewußt – zu glauben kein Mann je aufhören wird. Und keine Frau: man denke nur an die in stille Betrachtung versunkene Dora vor Raffaels Gemälde der *Sixtinischen Madonna* in Dresden[61].

Sollte die keusche Susanna sich also hier mit Unschuldsmiene als phallische Madonna präsentieren, imaginär mit jenem Vogel ausgestattet, der ihr real fehlt, wie er ihresgleichen, ihren Schwestern fehlt – den Frauen?

Aber dieser Mangel ist durchaus zu beheben, versichern die Herren Spezialisten: einmal Mutter geworden, kann die Frau den Kult des verlorenen Objekts auf ihren Säugling übertragen, ihren kleinen Engel, in dem verköpert sie es widerfindet, und der den Tausch um so bereitwilliger annimmt, als die Rolle ihm schmeichelt. Sich zum Werkzeug der Lusterfüllung der Anderen zu machen, der fehlende Phallus der Mutter zu sein, sie unter zärtlichen Blicken sagen zu hören: «Wie hübsch du bist, mein Vögelein, wie lieb ich dich habe, du meines Herzens Cherubim!» ist wohl das Schönste, was der arme kleine Spatz sich vorstellen kann. Bis zu dem Tage, an dem er zugeben muß, daß niemand unersetzlich ist, und daß ein anderer den Platz eingenommen hat.

61. Vgl. S. Freud «Bruchstück einer Hysterie-Analyse», in: *op. cit.*, Bd. V, S. 259. «*Auf die Frage, was ihr an dem Bilde so gefallen, wußte sie nichts Klares zu antworten. Endlich sagte sie: "Die Madonna".*» Die um 1513 von Raffael gemalte Madonna steht aufrecht mit dem Jesuskind im Arm vor einem geöffneten Vorhang. Zu ihrer Rechten ein Alter, der sie bewundernd betrachtet. Zu ihrer Linken eine betende Frau, die den Kopf umwendet. Unten sieht man zwei kleine Engel. Zu diesem Punkt im «Fall Dora», siehe die Analyse von P. L. Assoun, «Le moment esthétique du symptôme: le sujet de l'interprétation chez Freud», in: *Cahiers de psychologie de l'art et de la culture*, Paris 1987, Nr. 12, S. 141-158.

62. Beaumarchais, *op. cit.*, I, 7, S. 116.
63. *Ibid.*, S. 101.

Dann sieht die Sache anders aus… *«Oh, ich garantiere Ihnen, in drei bis vier Jahren sind Sie der größte Nichtsnutz!»*[62] erklärt Suzanne dem Cherubim in *Figaros Hochzeit*. Mit seinem locker um die Schultern geworfenen blauen Mantel und mit seinem Federhut ist er noch der bewundernswerte Pfau, *so, wie jede Mutter im Grunde ihres Herzens sich vielleicht ihren Sohn wünscht*, sagt Beaumarchais und fügt hinzu: *«obwohl sie dabei sehr leiden würde»*.[63]

Es gibt in der Tat nichts Schlimmeres als einen gefallenen Engel. Aus Ärger wird er früher oder später danach trachten, sich an DER zu rächen, die ihn nicht mehr sieht, in deren Augen er gewissermaßen nicht mehr ist und doch sehr wohl noch etwas gelten will. Indem er gelegentlich diese oder jene Nachfolgerin an die Stelle der unersetzlichen Ersten setzt, überträgt er auf sie den ganzen Haß seiner verlorenen Liebe. Um sie schlecht zu machen, sagt er ruchlose Dinge über sie: daß sie eine scheinheilige Hure, ein leichtes Mädchen ist; daß er auf ihre Schliche nicht hereinfällt; daß sie im übrigen nicht die einzige ist, daß alle es so treiben; daß er mit eigenen Augen gesehen hat, wie sie hinten im Garten mit einem seltsamen Vogel entfleuchte…

Kurz, der süße kleine Engel droht sich mit zunehmenden Alter in einen bösen Dämon, einen häßlichen Teufel in rotem statt blauem Gewand, einen lüsternen, perversen Kahlkopf mit bösem Blick zu verwandeln. Verlogen wie kein anderer…

Verlogen? Aber ich lasse ihn nur sagen, was wir sehen. Und was sehen wir? Eine Frau. Eine nackte Frau, die nicht nur ihr Kleid abgelegt hat, sondern auch ihre beiden Ringe, Symbole der geschworenen Treue, die nun am Brunnenrand liegen. Nur noch mit perlenbesetzten Armreifen geschmückt, stellt sie sich frei von jeder Verbindung zur Schau. Unmerklich lächelnd. Aber nur deshalb lächelnd, weil sie sich so schön in ihrem Spiegel sieht? Ist dieses Lächeln noch das der treuen und keuschen Ehefrau Jojakims? Nein, das ist es nicht mehr. Das ist nicht mehr die keusche Susanna. Die Scheinheilige, sie weiß genau, daß sie unter diesen beiden Bäumen nicht allein ist. Wir sehen doch, daß ein anderer da ist, versteckt. Sie liebkost ihn mit Blikken, vereinigt sich mit ihm. Ist das etwa eine Lüge?

Eine Lüge, nein. Aber eine Vision, durch die der Maler mich endgültig in die Blickfalle lockt, mit der er uns ködert.

S[49] 73. *Die Gärten der Susanna IV: unter einer Eiche*, 1988, Acryl, 50,3 x 66,5

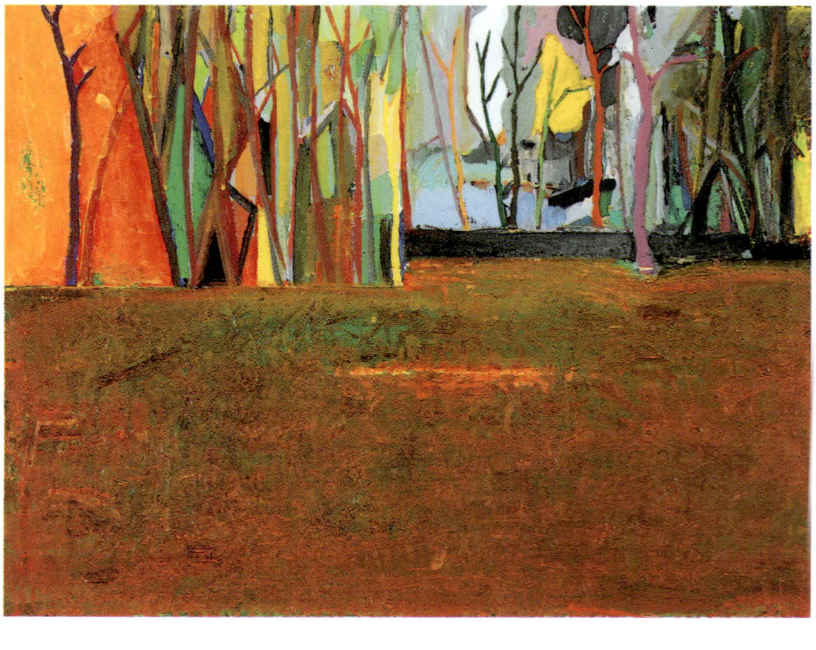

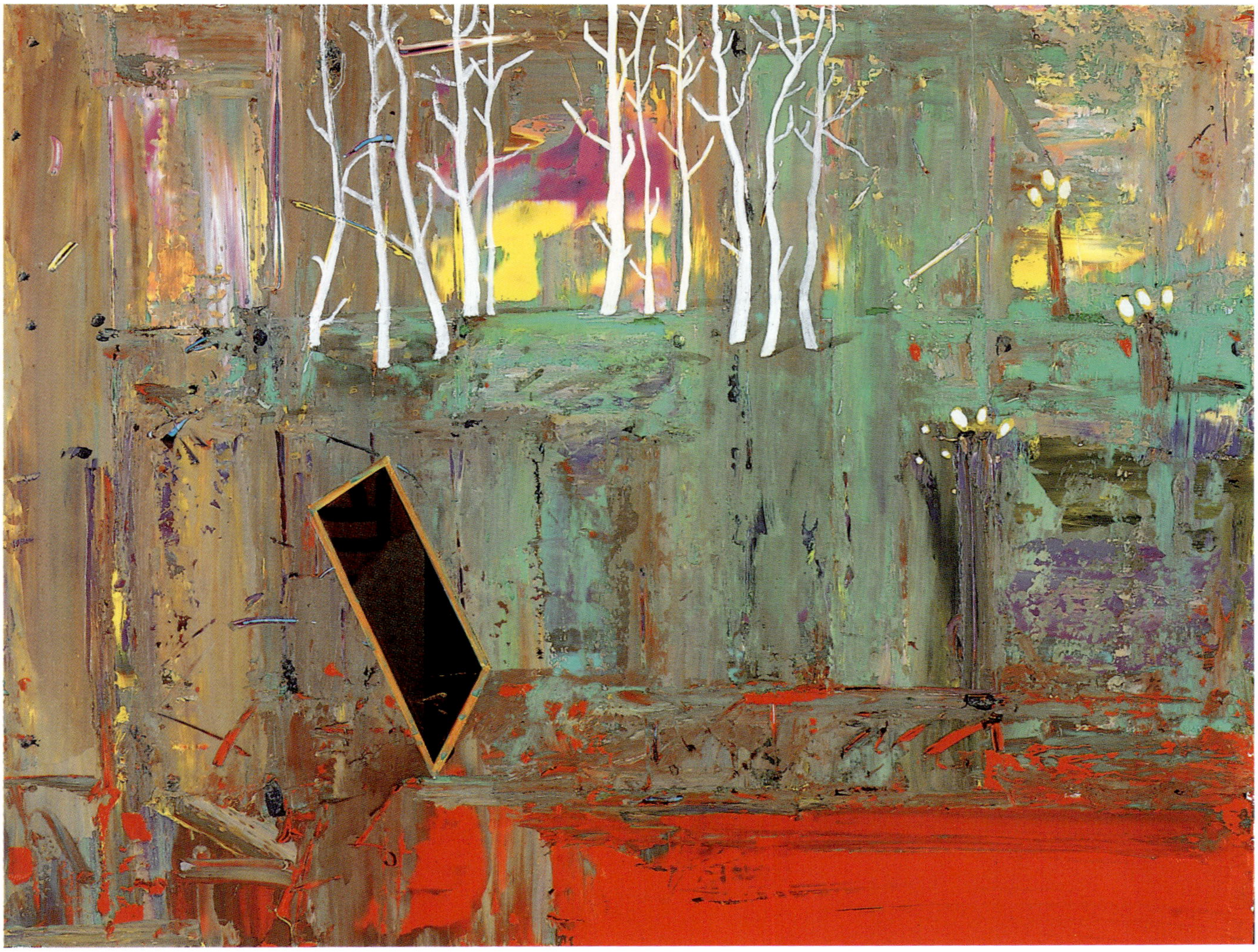

S[46] 70. *Die Gärten der Susanna I*, 1988, Acryl, 50,3 x 66,5

Seine Marionette bin ich längst. Es sieht alles danach aus, als wolle Tintoretto mich, den schon lange etwas pervers, zum Voyeur und Fetischisten gewordenen Betrachter, um mich mehr über die Wahrheit sagen zu lassen, die in Susannas Geschichte steckt, nun zum *Visionär* machen. Insofern nämlich, als er mich, indem er Susanna so vor ihrem Spiegel malt, wie er sie gemalt hat, in die Rolle dessen drängt, der einen gewissen Blick auf sie hat. Einen bösen Blick. Der daher schlecht beurteilt, was er sieht. Und der mich treibt, die schlecht zu beurteilen, die ich sehe, wie sie einen anderen ansieht, der sich ansieht, wie sie sich ansieht. Denn an dem Platz, an dem ich mich befinde und den die Perspektive mir zuweist, muß ein solches Bild – eine so in sich geschlossene Erfüllung – unfehlbar meinen Neid erregen.

Meinen Neid um den Platz des anderen. In der Gabelung des Baumes. Den Platz des Vogels. Den besten Platz. Einen idealen Platz. Ideal für mich insofern, als er genau der Platz meines *Idealichs* ist, Phantom des Cherubim, der ich schon lange nicht mehr bin. Ideal aber auch, weil er mir unerreichbar ist.

Außer im Traum. In dem ich mich in Illusionen wiege und mich der Phantasie hingebe, mich dort zu sehen, wo ich einst war – in IHREM Schoß geborgen, unter ihrem liebkosenden Blick, zu ihrer und zu meiner Lust –, und wo der Vogel in meinen Augen ist.

Dort muß auch der beflügelte Jüngling gewesen sein, den die von Daniel befragten Alten in Susannas Armen gesehen haben wollen.

Sie haben gelogen? Aber wer weiß, ob sie nicht, was sie betrifft, unbewußt die Wahrheit sagten, auch wenn sie, was ihn betrifft, bewußt gelogen haben? Ob sich nicht – in ihrem Traum – tatsächlich irgendein hübscher Jüngling in Susannas Nähe vor ihren Augen verbarg? Einer, der kein Beliebiger war...

«Wir haben versucht, ihn festzunehmen», erzählen sie, «aber er entwich...» Und fügen, auf Susanna verweisend, hinzu: «*Diese jedoch faßten wir und fragten sie:* "Wer war der junge Mann?" *Sie wollte es uns aber nicht verraten.*»

Wer war der junge Mann? In der Geschichte will Susanna es nicht sagen, und das aus gutem Grund. *Susanna* dagegen gibt es uns zu verstehen, auf ihre Art. Sie zeigt ihn uns, den fraglichen Jüngling, den beflügelten Liebesdiener, der von ihnen gesehen wurde: dieser Vogel, das sind sie selbst. Von ihm könnte jeder der beiden sagen – und da das Bild mich ihre Rolle spielen und es mich von meinem Platz aus wagen läßt, an ihrer Stelle zu sprechen, fühle ich mich aufgefordert, es für sie zu sagen:

«Das bin ich. Aber nicht *ich selbst.* Ein Phantom von mir, ein erträumtes, ideales Ich, ganz anders als mein reales Ich. Um mich davon zu überzeugen, müßte ich mich nur in einem Spiegel sehen. Hier, das eingerahmte Wasserbecken gleich vor meinen Augen kann mir als ein Spiegel dienen. Und da ist es auch schon, ein schönes Bild!, mein wahres Bild: dieser meerzwiebelförmige Schädel, dieses zerfurchte, verzerrte Gesicht eines graubärtigen Alten... Ein hübscher Cherubim muß das gewesen sein!

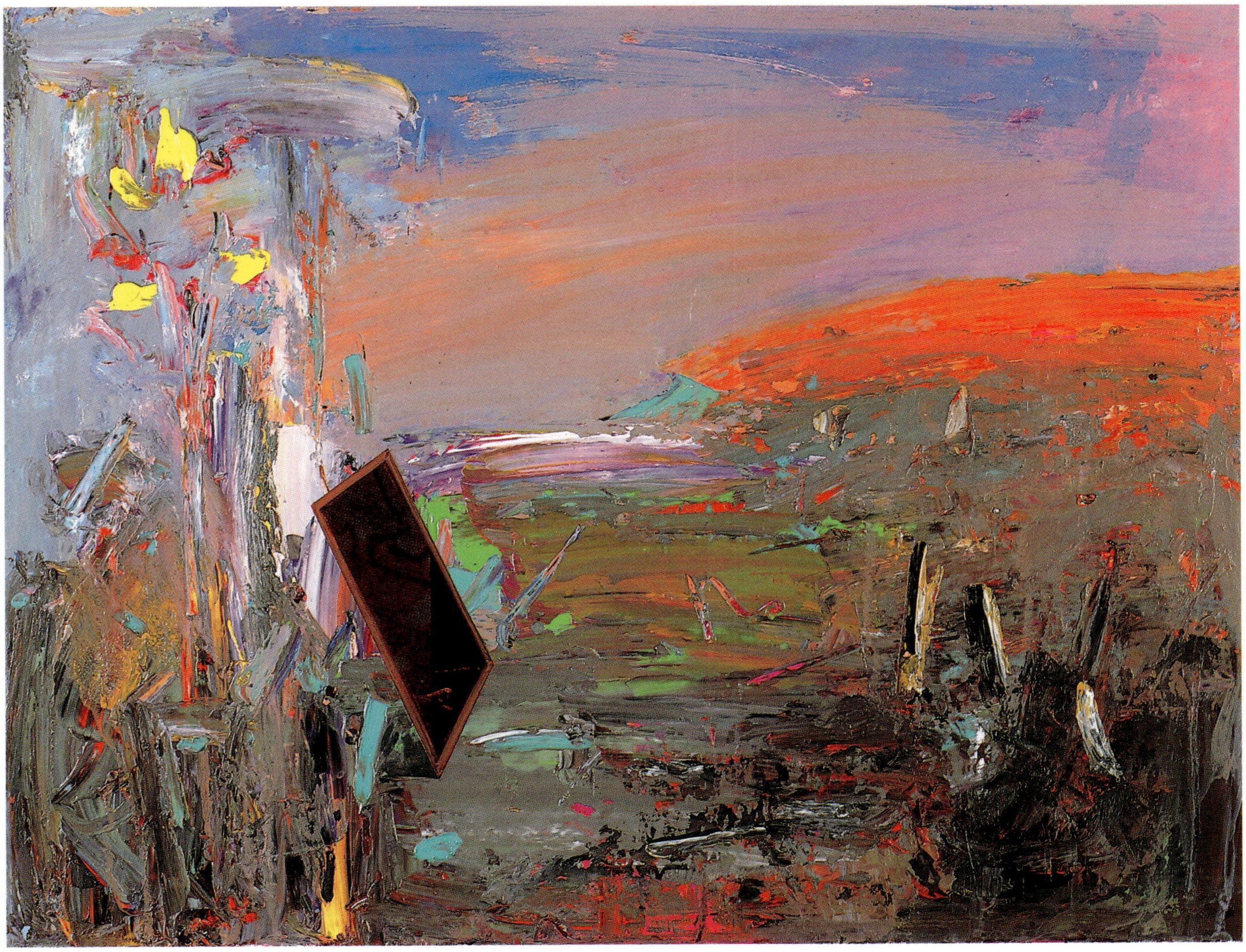

S[47] 71. *Die Gärten der Susanna II*, 1988, Acryl, 50,3 x 66,5

Ich weiß wohl, aber trotzdem...

In meinem Glauben, dieser Cherubim zu sein, muß ich schon daran glauben, und zwar so fest, daß ich glaube, *ihn* gesehen zu haben und *sie* gesehen zu haben, wie sie einander liebend ansahen. Ich bin voller Begierde nach ihr: aber was ich von ihr begehre, ist ihr Begehren nach ihm. Ich lauere ihr auf: aber was ich erheischen will, ist ihr Blick für ihn. Ich verberge mich hier, hinter der gemalten Grünwand, aber nur, um anderswo besser zu erscheinen, in der schmeichelhaften Gestalt jenes anderen Ich selbst. Ich liebe mich zu sehr in ihm, als daß ich bereit wäre, ihn zu verlieren. Und ich würde ihn verlieren, wenn ich vor mir und der Öffentlichkeit zugäbe: «Was ich gesehen habe, war nur ein Traum».

Ich würde also sagen (auf Kosten meiner Glaubwürdigkeit, um mir meinen Glauben zu erhalten), daß ich ihn gesehen habe, mit eigenen Augen gesehen, wie er mit Susanna buhlte. Ich weiß wohl, daß ich sie durch diese Lüge verliere. Aber lieber verliere ich *sie*, als daß ich *mich* verliere. Schließlich hätte sie «ja» sagen können, meinem Begehren entsprechen, mir in meinen Traum folgen oder mich in ihrem empfangen können. Aber sie hat «nein» gesagt. Ihrem Bilde treu und sittsam wie ein Bild, hat sie die keusche Susanna bleiben wollen, die beispielhafte Ehefrau, die Einmalige. Schade um das schöne Bild! Was? Das Volk, mein Publikum, erträgt nicht, daß man es zerstört? Aber wieso denn? Hat es mich nicht selbst zum Richter erwählt? Ich werde ihm Susanna an die Wand malen, ich werde sie ihm so enthüllen, daß es sie beurteilt, wie es uns gefällt.

Da sind wir uns doch einig, wir beide? Aus einem Munde werden wir sprechen, nicht wahr, verehrter Kollege?»

Wenn ich mich so sehe, wie ich dort hinten, ihm gegenüber, den Kopf senke, kann ich nur auf ein Ja schließen. Eine ausgemachte Sache also.

Nicht ganz...

Im Text blickt Susanna unter Tränen gen Himmel, sie ruft ihren Gott an, den Ewigen Gott dort oben, «*der das Verborgene kennt und alles weiß, bevor es noch geschieht*». Und Gott erhört Susannas Ruf. Und sein Geist erleuchtet den Propheten Daniel. Und Daniel trennt die beiden Komplizen, er richtet sie und entscheidet: du sollst mitten durchgespalten werden, von oben nach unten. Und du, du sollst quer durchgeschnitten werden.

Was zeigt das Gemälde?

Susanna ohne Schleier vor ihrem Spiegel. Aber auf ihren Lippen sehe ich nicht mehr jenes Lächeln, das ich dort eben noch zu ahnen glaubte. Sie wirkt eher ernst, besorgt, fast traurig. Kurz vor den Tränen? Das würde ich nicht zu behaupten wagen. Obwohl... Dieser Tropfen, diese Träne, die von ihrem linken Ohr perlt, senkrecht über dem Wasserstrahl, der sich unten ins Becken ergießt... Sind die winzigen Sprenkel, die ich dort sehe, nur eine Wirkung des Rinnsals?

Hinter Susanna die zwei Bäume. Auf einem der beiden jener Vogel, dessen Bild sie auf dem Grund ihres Spiegels betrachtet, der aber auch über ihrem Kopfe wacht. Im Herzen

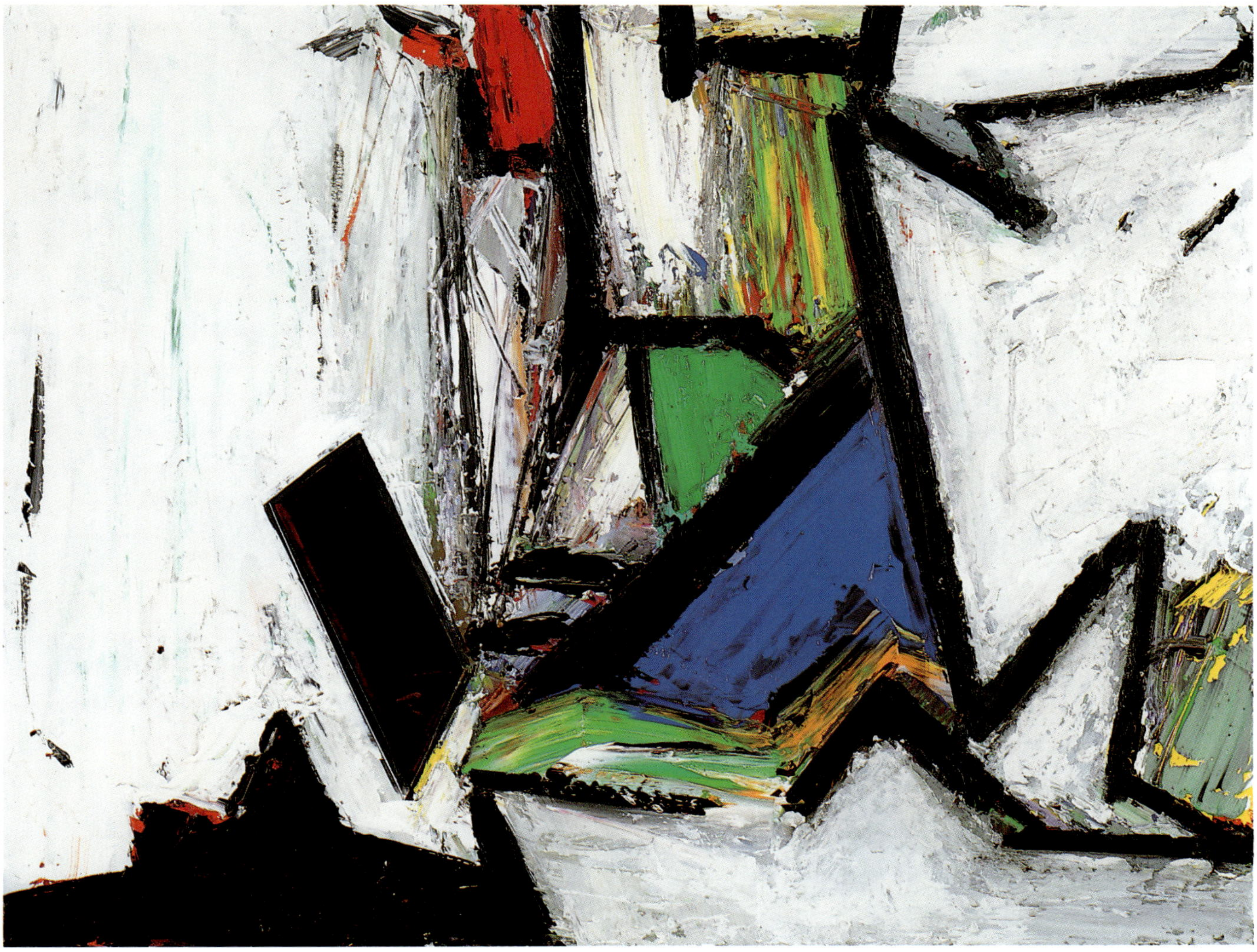

S[51] 75. *Die Gärten der Susanna VI: für Coca*, 1988, Acryl, 50,3 x 66,5

weiß sie wohl, daß er von dort oben alles sieht. Alles, was verborgen ist.

Und man möchte meinen, daß er nicht nur alles sieht, was auf dem Gemälde im Garten verborgen ist, sondern auch das Verborgene außerhalb des Gemäldes, jenseits der Leinwand: dort, wo ich aufrecht vor *Susanna und den beiden Alten* stehe.

Wie durch einen Fensterrahmen sieht er mich an, dieser Vogel. Mit seinem einzigen Auge sieht er meinen nach rechts hinüberschielenden Blick, meinen Blick auf Susanna, die ihn auf dem Grund ihres Spiegels betrachtet. Und er sieht einen anderen schielenden Blick, den des Alten zu meiner Linken, der den Widerschein Susannas im Spiegel des Beckens betrachtet. Er sieht, wie meine beiden Augen einwärtsschielend auf den stehenden Alten gerichtet sind, mein Pendant, mein Spiegelbild in dem Gemälde. Mit dem Unterschied, daß er die Augen senkt, und daß ich sehe, daß er mich nicht sehen kann. Oder daß er mich nicht sehen *will.* Wie einer, der etwas zu verbergen hat.

Aber was sollte er mir noch verbergen, was ich nicht schon wüßte, der ich doch ganz im Vordergrund alles gesehen habe, was ihm durch den Kopf geht? Weiß ich nicht mehr über ihn als er selbst, zumal ich ihm durch die Rekonstruktion seines Phantasmas gerade eben sein Begehren gedeutet habe? Zugegeben, er hat mir sehr dabei geholfen. Denn ohne ihn wäre die undurchsichtige schwere Jalousie, die offenbar jede Sicht auf den Susanna reservierten Ort verwehren soll, geschlossen gebliegen. Hat er sie mir nicht höflich weit geöffnet und mir durch die große Fenstertür Zugang zu der Sache selbst gewährt, dem einzigen Objekt seiner Qual, das er nicht fassen kann oder nicht fassen will? Hat er mich dadurch nicht dringend aufgefordert, es für ihn zu tun?

Wohlwissend, daß eine Scheibe mich hindert, Hand an selbiges Objekt zu legen. Und daß ich, selbst wenn diese Fenstertür keine Scheibe hätte, von dem *Ding* nie mehr zu fassen bekäme als einen äußeren Schein, seine täuschend echt auf eine Oberfläche gemalte Darstellung.

Ist es das, was er mir scheinheilig verbirgt: daß es mir ebenso unmöglich ist wie ihm, das Ding zu fassen – was er mich aber wohlweislich nicht wissen läßt, damit ich mir die Zähne daran ausbeiße, ihm auf den Leim gehe, mich in die Falle locken lasse, die er mir stellt?

Aber seine Falle funktioniert nicht mehr. Denn wenn ich eben noch das Spiel seines Sekundanten spielte, wenn ich mich daran berauschte, mich Illusionen hinzugeben, mir vorzustellen, selbst nach seinem Ebenbild am Boden zu kriechen, mit der gleichen Geste wie er den Vorhang herunterzureißen, den seine Hand umklammert, vergeblich bemüht, dahinter durch einen Spalt die Sache selbst zu sehen, ganz, nackt, in Reichweite, mache ich mir doch inzwischen keine Illusionen mehr. Nachdem ich es genossen habe, in Scheinbarkeiten zu lustwandeln, mich nach Lust und Laune zu irren, zu verirren, zu teilen und von mir selbst zu trennen, bin ich brav auf den Platz zurückgekehrt, den die Darstellung mir nach dem Gesetz der Perspektive zuweist.

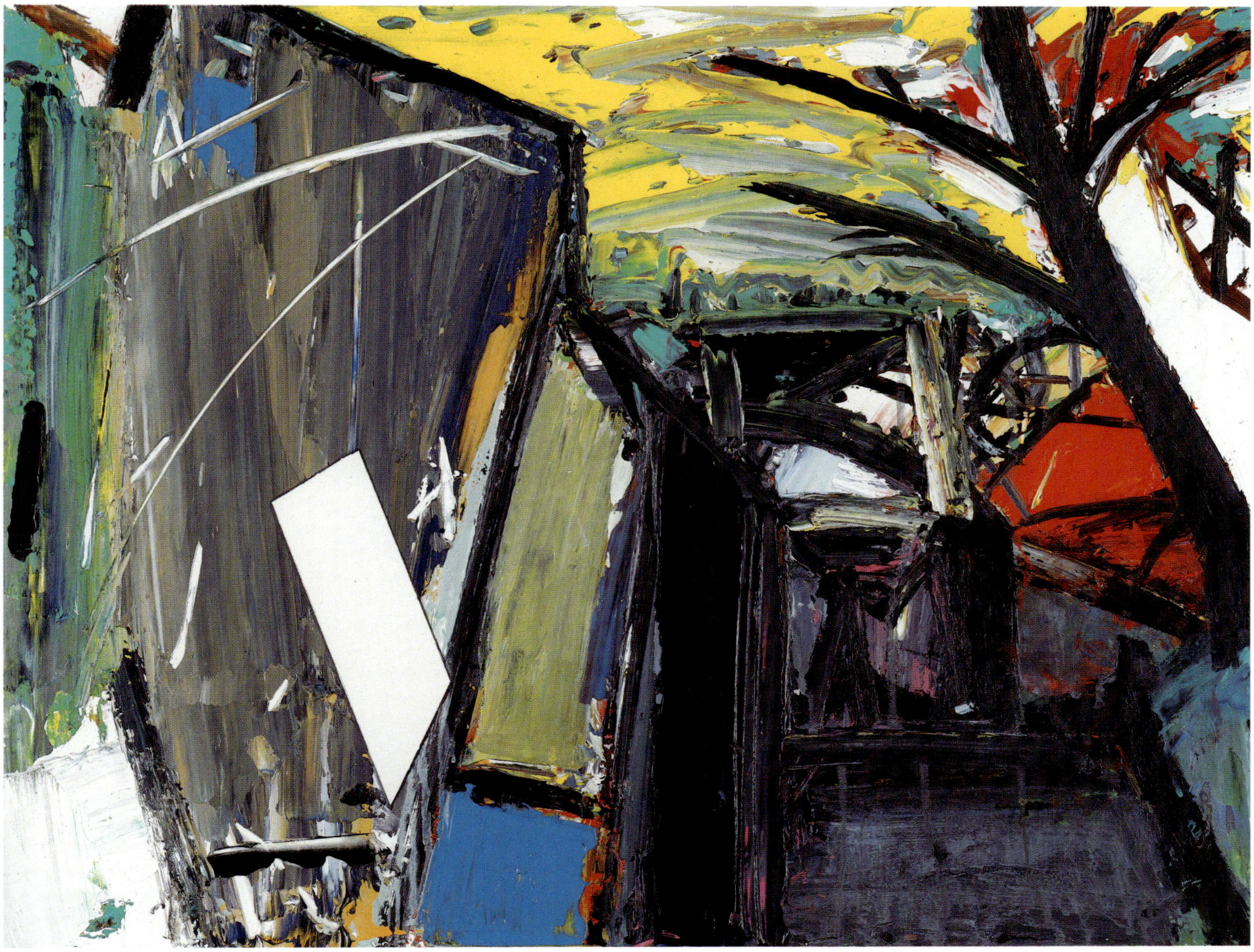

S[60] 84. *Da seufzte Susanna auf und klagte*, 1988, Acryl, 50,3 x 66,5

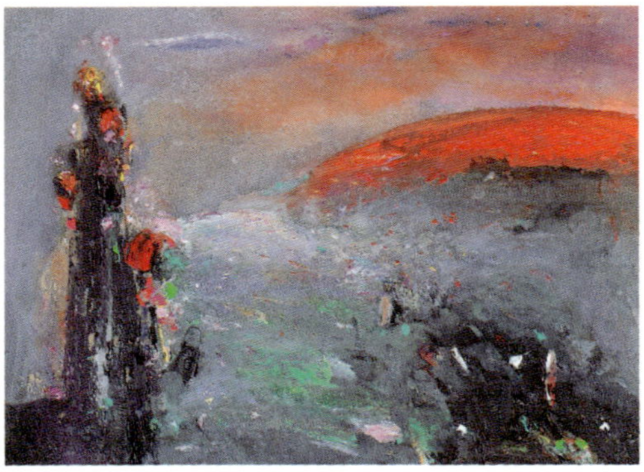

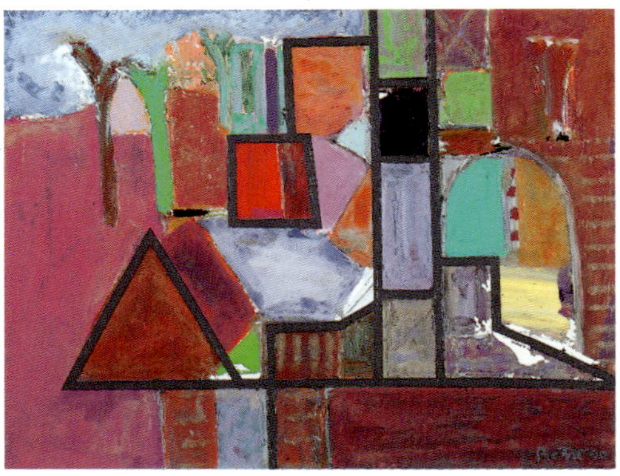

IV. Akt: Das Urteil Daniels

Ich habe dieses Gesetz nur überschritten, um verstehen und aufzeigen zu können, in welcher Weise er, der schlechte und bösartige Richter, das seine gebrochen hat. Ich wußte, daß ein Verbrechen vorlag. Und daß sein Dossier niederschmetternd war. Trotzdem gab es noch einige obskure Punkte. Aus kriminologischer Gewissenhaftigkeit und mit dem lobenswerten Ziel, eine – natürlich verlorene – Sache bis ins letzte Detail zu untersuchen, habe ich mich an den Tatort begeben und versucht, das Geschehen zu rekonstruieren, unter Einsatz meiner ganzen Person, ohne zu zögern, mein Bestes zu geben, sowie unter Hinzuziehung von Zeugen und angesehenen Sachverständigen. Manche werden finden, daß ich zuviel des Guten tat. Daß alles seine Grenzen hat. Daß Tizian wohl noch am Platze war, der hl. Augustinus dagegen schon recht weit hergeholt, ebenso Balzac, Marcel und sein Ruskin oder Jean-Jacques und seine Solar. Daß aber Freud und sein Jacques hier wirklich nichts zu suchen haben. Daß Wien kein ausreichender Vorwand ist, um die Psychoanalyse in meine dadurch endlos werdende Analyse einzubeziehen. Daß eine Überführung vor Gericht keiner und erst recht keiner unkontrollierten Übertragung bedarf...

Mögen sie sagen, was sie wollen. Ich gehöre nun einmal zu denen, die vor nichts zurückschrecken, um die Wahrheit ans Licht zu holen. Und man sieht es doch, sie kommt ans Licht! Und man sieht auch, daß mit mir, dank meiner, die Gerechtigkeit

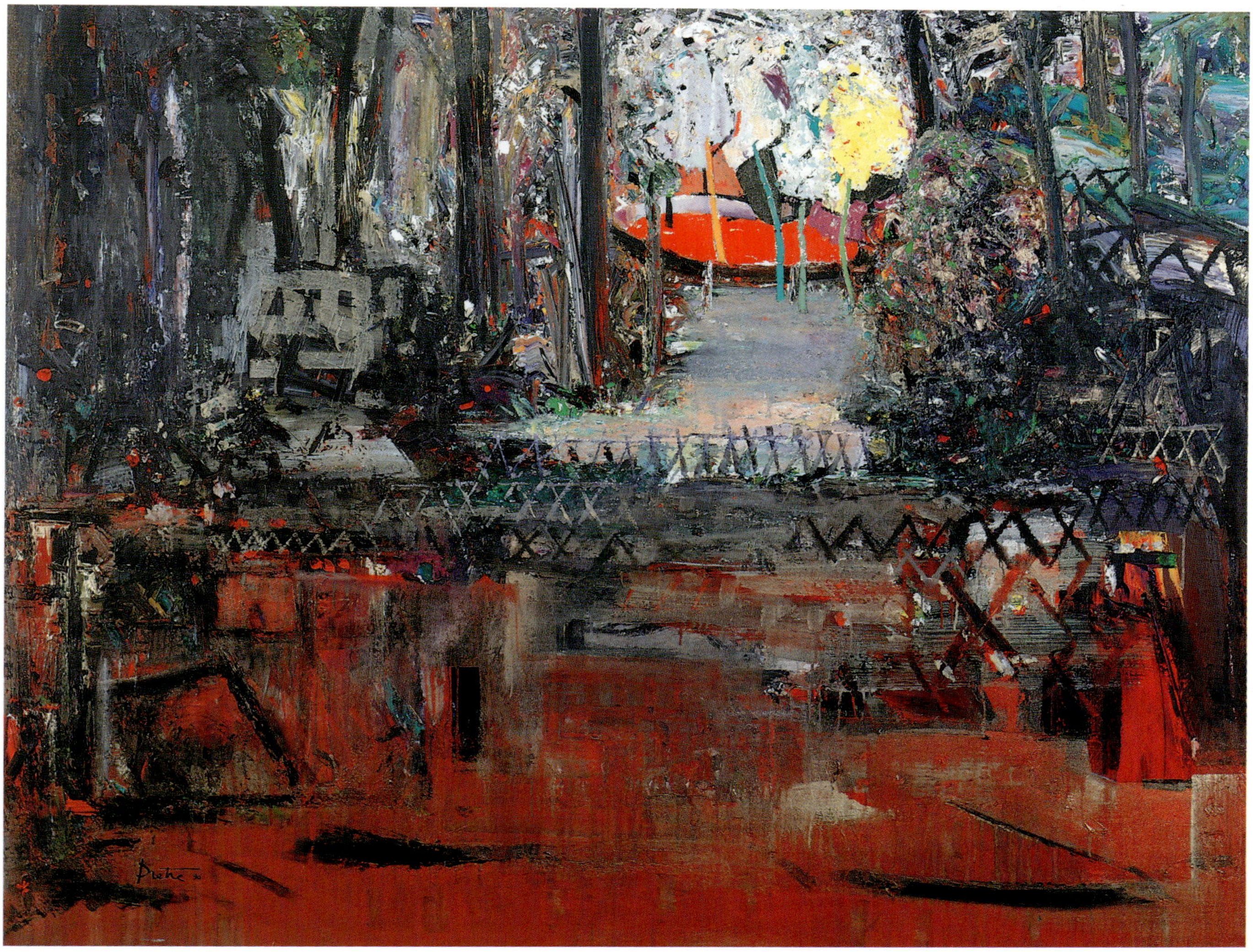

S[85] 118. *Die ganze Wahrheit über Susanna*, 1990, Mischtechnik, 1 x 21 (66 x 103) et 1 x 21 unterschiedliche Formate, Detail 1, Pastell, 28 x 32

obsiegt! Seht ihn euch an, diesen schlechten, bösartigen Richter. Wer gäbe da nicht zu, daß ich ein gutes Urteil hatte, als ich, um ihn zu verwirren, seine verdorbene Perspektive übernahm. Denn jetzt kann ich in voller Kenntnis des Sachverhalts mein Urteil über ihn fällen. Das Gesetz der Perspektive versetzt mich wieder in die Perspektive des Gesetzes. Und von diesem Standpunkt aus ist er offensichtlich schuldig.

Schuldig, sage ich? Verdammt. Besser noch: genau wie bei *Daniel* ist er es selbst, der sein eigenes Urteil spricht und an sich vollstreckt. Hier wie dort kann der Engel Gottes sein Schwert ruhig wieder in die Scheide stecken. Denn hier wie dort erweist sich sein Opfer als sein eigener Henker.

Erinnern wir uns an den Text des *Buches Daniel*: indem der doppelte Richter in der Rede Position bezieht und eine erlogene Vision für wahr erklärt, läßt er sich beim Wort nehmen, widerspricht er sich, spricht er mit *zweischneidiger* Zunge. Da das, was er sagt, nicht auf taube Ohren stößt, braucht Daniel diesen sprachlichen Akt nur noch zu den Akten zu nehmen und die Botschaft an den Absender zurückzugeben. Du sprachst zweischneidig? Dann sollst du in zwei geschnitten werden.

Auch bei Tintoretto schneidet sich der doppelte Richter ins eigene Fleisch. Nur spricht er dabei eine andere Sprache, die einzige, in der er sich ausdrücken kann. Schweigend. In Bildern. Diese Sprache ist nicht weniger täuschend als die andere, aber sie täuscht das Auge, nicht das Ohr. Und auch dem Diskurs der Augentäuschung kann gelegentlich ein Lapsus unterlaufen – für den, der Augen im Kopf hat, nicht weniger aufschlußreich als ein *lapsus linguae*.

Ein *Lapsus* im ursprünglichen Sinne ist das Ergebnis eines Falls. Ein – etwa infolge eines Schnitts – heruntergefallenes Stück von etwas. Und genau diese Art Lapsus provoziert der Maler, indem er mir das Bild des mir gegenüberstehenden Alten vorführt und ihn an dieser Stelle Position beziehen läßt.

Ich habe richtig geahnt, als ich vermutete, daß der Alte mir etwas verbirgt. Was verbirgt er mir? Ganz offensichtlich eine Hälfte seiner Person. Von meinem Platz aus sehe ich ihn – zeigt er sich – genau so, wie am Ende der Geschichte angekündigt: zweigeteilt, von oben nach unten durchgeschnitten.

Ich sehe, daß er mir eine Hälfte seines Körpers verbirgt. Aber ich sehe auch die Hälfte, die er mir verbirgt.

Und dieser entfallene, fallengelassene Teil ist der andere, der zweite Alte. Ebenfalls durchgeschnitten, nur quer. Mitten durch den Rumpf. Von ihm sehe ich nur Kopf und Schultern. Der Rest ist ein großer roter Fleck, eine Blutlache.

Alles sieht danach aus, als repräsentiere der zweite den Lapsus des ersten, als führe er mir dessen verborgene Wahrheit vor Augen. Eine Wahrheit, die der erste sich selbst verbirgt, da er an seinem Platz nichts von dem intriganten Manöver des zweiten gewahrt. Ich würde sogar sagen, daß es eine ihm zum Teil unbewußte Wahrheit ist, die er hinter die Hecke, in die untere Ecke des Bildes verdrängt.

Sicher ist er sich seines Begehrens vollkommen bewußt, ebenso wie der Tatsache, daß dieses Begehren dem Gesetz widerspricht. Er weiß, oder er glaubt zu wissen, *wen* er begehrt, und er weiß, daß er, indem er diesem Begehren nachgab, gegen ein Verbot verstieß. Aber er bleibt auf halbem Wege stecken. Unmöglich, noch einen Schritt voran zu tun. Als hätte er, als er Susanna – diejenige, von der er weiß, daß er lüstern nach ihr ist – von Ferne erblickte, einen *Augenblick* jene Andere wahrgenommen, von der er nicht wußte, daß er sie in ihr begehrte: die Sache selbst, das *Ding*. Die Unvergeßliche. Die zutiefst Verbotene, weil Ursprüngliche, die ERSTE, nach der alle folgenden – und wäre er der gefürchtetste Don Juan, den Babylon je gesehen hat – immer nur ein Ersatz, nur zweite sein konnten. Er ist alt. Am Lebensabend angelangt. Aber das Feuer des Begehrens brennt noch in ihm. Diese Susanna ist so schön, sie macht ihn wahnsinnig, er muß sie haben und er wird sie haben! Ob mit List oder mit Gewalt, er wird sie haben! Noch eine, wenigstens eine, die letzte vielleicht in der langen Serie der zweiten. Sie ist zu jung und er zu alt? Sie könnte seine Tochter sein und er ihr Vater? Dann erst recht: mit seinem Bart wird er sie einwickeln. Bei Gott, er wird es schaffen, Hand an sie zu legen!

Er nähert sich: und siehe da, an die Stelle dieser letzten zweiten sieht er vor seinen Augen... welche Wonne, welcher Hochgenuß!... eine dritte treten, unter deren Zügen er die Erste wiedererkennt. Aber die Erste unter den Zügen... O Graus! Nein! Lieber nichts mehr sehen, lieber blind sein als...

In dem Aufsatz über *Das Motiv der Kästchenwahl*[64] untersucht Freud zwei Szenen von Shakespeare, die sich wechselseitig erhellen: eine komische Szene aus dem *Kaufmann von Venedig* und eine tragische, die letzte Szene von *König Lear*.

Lear ist ein alter Mann, schreibt Freud. Aber er ist nicht nur ein Alter, sondern auch ein Sterbender. Die Stunde des großen Abschieds ist gekommen, und somit die Stunde, seinen ganzen Besitz zu verteilen, um ihn anderen zu überlassen. «*Dieser dem Tode Verfallene will aber auf die Liebe des Weibes nicht verzichten, er will hören, wie sehr er geliebt wird.*»[65] Da er nicht mehr das Alter des Sohnes hat, der es als kleines Kind von der MUTTER, der Ersten, dem einzigen Objekt seiner Liebe gesagt bekam, läßt er, das große, Vater gewordene Kind, es sich von seinem bei dieser Gelegenheit MUTTER werdenden Kinde sagen. Von seiner kleinen letzten – der dritten seiner Töchter –, der liebreizenden, reinen und keuschen Cordelia. Was aber bedeutet sie ihm in dem Augenblick, da er sie in der Schlußszene in seinen Armen hält, wie seine unvergeßliche Geliebte ihn einst in ihren Armen hielt? Es ist Cordelias Leichnam, den er auf die Bühne trägt, aber damit ist es auch sein eigener. «*Cordelia ist der Tod*», schreibt Freud. Sie ist *sein* Tod. Seine MUTTER und der TOD. Oder seine MUTTER TOD. Sie ist die Erste, die unter den Zügen der Parze zurückkehrt, einer jungen Parze, aber der furchtbarsten, der Unabwendbaren:

64. S. Freud, «Über das Motiv der Kästchenwahl», in: *op. cit.*, Bd. X, S. 24-37.
65. *Ibid.*, S. 36.

der dritten, die den von den beiden anderen gesponnenen und zugeteilten Lebensfaden durchschneidet. Alle drei – Atropos, Lachesis und Klotho – symbolisieren die drei für den Mann unvermeidlichen Beziehungen zur Frau, das heißt: «*Die Gebärerin, die Genossin und die Verderberin. Oder die drei Formen, zu denen sich ihm das Bild der Mutter im Laufe des Lebens wandelt: Die Mutter selbst, die Geliebte, die er nach deren Ebenbild gewählt, und zuletzt die Mutter Erde, die ihn wieder aufnimmt. Der alte Mann aber hascht vergebens nach der Liebe des Weibes, wie er sie zuerst von der Mutter empfangen; nur die dritte der Schicksalsfrauen, die schweigsame Todesgöttin, wird ihn in ihre Arme nehmen.*»[66]

Um ihn, nun wieder ihr Engelchen geworden, in jenes Paradies emporzutragen, das der Herr den Gerechten verheißen hat? Um mit ihm in den siebten Himmel aufzusteigen, erfüllt von ihm, dem von ihr Erfüllten, für alle Ewigkeit in geschlossener Einheit mit ihm vereint? Manche können sich zu Recht in dieser Hoffnung wiegen. Mein Alter nicht. Indem er hinter der Hecke hervortrat, setzte er einen Fuß ins Vorzimmer des Todes. Er hat sie gesehen. Sie war da. Sie war es tatsächlich. Die Mutter? Die Mutter Tod? Die eine und die andere: die Sache selbst. Wie sie *nicht* fliehen? Unmöglich, real kann er sie nicht *nicht* fliehen. Also flieht er sie gewissermaßen mit gesenktem Kopf, um sie anders als Ganz Andere wiederzufinden.

Eine Vogel-Strauß-Politik, die Tintoretto in eine Enten-Politik verwandelt. Ist es Zufall, daß er diese Entenfamilie so dicht neben den Alten gemalt hat? Vor der Mutter mit ihren fünf (warum fünf?) Kleinen, hat der Enterich den Kopf verloren, unter die Oberfläche getaucht, um in den schwarzen Tiefen des Tümpels wer weiß was – wahrscheinlich einen Leckerbissen, ein Gedicht für die Mutter – zu suchen.

Genauso macht es der Alte. Wie angenagelt steht er mit gesenktem Kopf an seinem Platz und träumt sich anderswo. Unfähig, zu fliehen, schafft er es immerhin, sich halbwegs unsichtbar zu machen. Da er nicht fort kann, verteilt er sich auf beide Seiten der Hecke, was ihm erlaubt, sich eines Teils seiner selbst zu entledigen. Er läßt eine Hälfte von sich fallen, und der verborgene Teil seiner selbst stürzt unbewußt auf eine andere Bühne im unteren Teil des Bildes, wo ich ihn als Subjekt in einem Phantasma Position beziehen sah.

Indem ich die Rekonstruktion dieses Phantasmas vollende, begreife ich jetzt seinen tödlichen Ausgang.

Tintoretto hat die Position des Subjekts in seinem Phantasma genauso gemalt, wie Lacan sie schreibt:

$$\not{S} \diamond a \ (\not{A})$$

Links: das geteilte Subjekt, der halbe und abermals halbierte Alte.

Rechts: das Objekt *a* als Ursache seines Begehrens. Dieses Begehren ist das Begehren der Anderen, die in der Tat da ist, in Schönheit erstrahlt. Aber nicht für ihn. Für ihn gestrichen. Nicht-ganz. So gut wie gar nicht. Ein Fetzen des Widerscheins, der von ihr aufs Wasser fällt, verschwommen wie der Überrest irgendeines alten Schiffbruchs, ein jäm-

66. *Ibid.*, S. 37.

merliches Trugbild, das aber ausreicht, seine Augen zu betören.

Zwischen Subjekt und Objekt, im Feld der Anderen, eine Art Raute, oder vielmehr zwei (wenn man die perspektivisch dargestellten Vierecke als Rauten betrachtet):
- ein großer Rhombus: die Heckenfläche;
- und ein kleiner Rhombus in dem großen: der Rahmen des Spiegels, in den Susanna schaut. In den sie ihren Blick versenkt, der sich aber in Wirklichkeit hebt. Denn das, was sie im Spiegel findet, ist das Bild des oben auf dem Baum sitzenden Vogels. Ihn dort in der Astgabel zu sehen, entzückt, erfüllt sie. Ein göttlicher Vogel, ein von der Vorsehung entsandtes Objekt, das sie ins Paradies entschweben läßt.

Auf der anderen Seite des Spiegels, jenseits der Hecke dagegen ist die Hölle. Warum?

Vergleichen wir die Position des Alten mit der Position Susannas. In gewisser Hinsicht besteht eine Analogie. Denn auch er stellt die Beziehung zu seinem Objekt über einen Spiegel her, den Spiegel der Quelle, in den er – ganz wie sie – seinen Blick versenkt.

Dabei befindet er sich in einer perversen Position: der des Voyeurs. Aber wenn man ihn so sieht, mit qualvoll verzerrtem Gesicht, brennend wie ein Teufel, wird einem klar, daß diese Position ihn nicht befriedigt. Er ist sichtlich und nach Kräften bemüht, seine Lage zu verändern. Unmöglich. Sein Kopf stößt gegen ein Hindernis, das zwar unsichtbar, aber ebenso unüberwindlich ist wie das, das den anderen Alten mir gegenüber aufhält.

Was sucht er eigentlich? Er sucht ein Problem zu lösen, das in der *Anpassung des Auges an den Blick* besteht. In einer anderen Sicht dessen, was sein Begehren im Rahmen des Phantasmas in den Blickpunkt rückt. Anders gesagt: er sucht einen anderen Platz im Raum. Er möchte als wahrnehmendes Subjekt eine Position beziehen, die geeignet wäre, seine Beziehung zum Objekt dahingehend zu verändern, daß er es im Rahmen seines Phantasmas lustvoll ergreifen und seinem Phantasma so einen vollauf befriedigenden Inhalt geben könnte.

An eben diesem Platz bin ich. Da der Inhalt des Phantasmas unbewußt ist, kann ich ihn als solchen auch nicht sehen. Ich muß den Rahmen des Phantasmas also füllen, indem ich (wie Freud es dem Analytiker in einem bestimmten – entscheidenden – Moment der Kur empfiehlt) seinen Inhalt *konstruiere*. Ich habe mich darum bemüht. Das Ergebnis ist eine ganz vom Begehren besetzte Vision. Vom Begehren eines Kindes. Eines kleinen Kindes. Eines Vögelchens. Eines Säuglings. Dessen Begehren einzig durch das Begehren der Anderen bestimmt und reguliert wird. Einer ursprünglichen Anderen: der Mutter, durch das Begehren für ihr Kind zum absoluten Gesetz erhoben, solange ein anderes, im *Namen des Vaters* verkündetes Gesetz seinen Anspruch noch nicht angemeldet hat.

Was ist es nun, was diese ursprüngliche Andere begehrt? Ein Objekt, das ihr fehlt, und das sie von ihrem Kind erwartet. Erfülle meine Lust!, teilt sie ihm zärtlich, aber gebieterisch mit. Als Überich der Lusterfüllung. Das arme Vögelchen indessen ist zu klein, um dieses Objekt – Ursache des Begehrens und Instrument der Lusterfüllung der Anderen – zu *haben*. Aber groß genug, um es zu *sein*.

Durch die Andere determiniert, wird sein Begehren sich folglich als das Begehren realisieren, *jenes Objekt zu sein, das der Anderen fehlt* und ihre Lust erfüllen wird.

Ein Begehren, das in der Realität immer unbefriedigt bleibt. Denn wie sollte man dieses hoffnungslos verlorene Objekt sein, ohne aufzuhören, man selbst zu sein – ein Subjekt? Das einzig vertretbare Verhalten in dieser Situation besteht also darin, daß man vortäuscht, es zu sein, und seine Rolle so gut wie möglich spielt: die Rolle des doppelten Schein-Seins in dem Traum, der durch das Begehren der Anderen entfacht worden ist.

Was dies betrifft, ist es wohl das Größte, den kleinen Vogel zu spielen. Es ist schon wunderbar, ein Cherubim mit Engelsflügeln und lieblicher Stimme zu sein. Aber ein kleiner Vogel – das ist noch besser. Das ist ideal. Ein Traum.

Darum ist Susanna im Paradies.

Und der Alte in der Hölle.

Er möchte der Vogel sein, der Susanna erfüllt: so sieht er sich in seinem Phantasma. Und so bemüht er sich vergeblich, in den Augen der Anderen zu erscheinen. SIE aber sieht ihn nicht. Und selbst wenn sie ihn sähe…

Sie kann ihn gar nicht sehen. Damit sie ihn sähe, müßten zwei Voraussetzungen erfüllt sein. Erstens müßte sich im Rahmen ihres Spiegels eine durchsichtige Scheibe befinden, so daß der Spiegel ein Fenster würde. Und zweitens müßte aus der Hecke ein Rechteck ausgeschnitten werden, das sich wie ein Fensterladen öffnen ließe. Dann – man verfolge ihre Blickrichtung –, ja dann würde sie ihn von dem Platz aus sehen, an dem sie sich mit dem Vogel in ihrer ganzen Schönheit betrachtet. Ihn, den Vogel, der zu sein dieser kahlgeschorene Cherubim sich trotzdem und trotz allem in den Kopf gesetzt hat, trotz seines Alters und Susannas Jugend, obwohl er sie verheiratet, keusch und ihrem Ehemann treu ergeben weiß, obwohl das Gesetz, das Gesetz des Vaters, ihm ein striktes Nein! entgegensetzt – ja, sie würde ihn sehen: in seiner ganzen Scheußlichkeit.

Eine Höllenvision, geeignet, sie mit verschleiertem Gesicht in die Flucht zu treiben oder ohnmächtig werden zu lassen. Denn er zeigt sich in der Position des Voyeurs, er *läßt sich blicken*, er enthüllt sich, stellt sich mit seinem länglichen meerzwiebelförmigen Schädel zur Schau, dieser *schinokephallische* phallusköpfige Vogel mit dem obszönen Äußeren eines was? Man verzeihe mir den Ausdruck: eines Nüllenkopfs.

Was er nicht ist. Was er nicht sein kann. Was ich aber schwören würde, auf mein Haupt schwören würde, wenn ich mich auf das Bild des seinen verließe. Ein täuschendes, verlogenes Bild natürlich. So daß ich mit Daniel sagen könnte: «*Recht gelogen hast du wider dein eigenes Haupt*: *denn der Engel Gottes steht mit dem Schwert bereit, dich mitten durchzuschneiden.*»

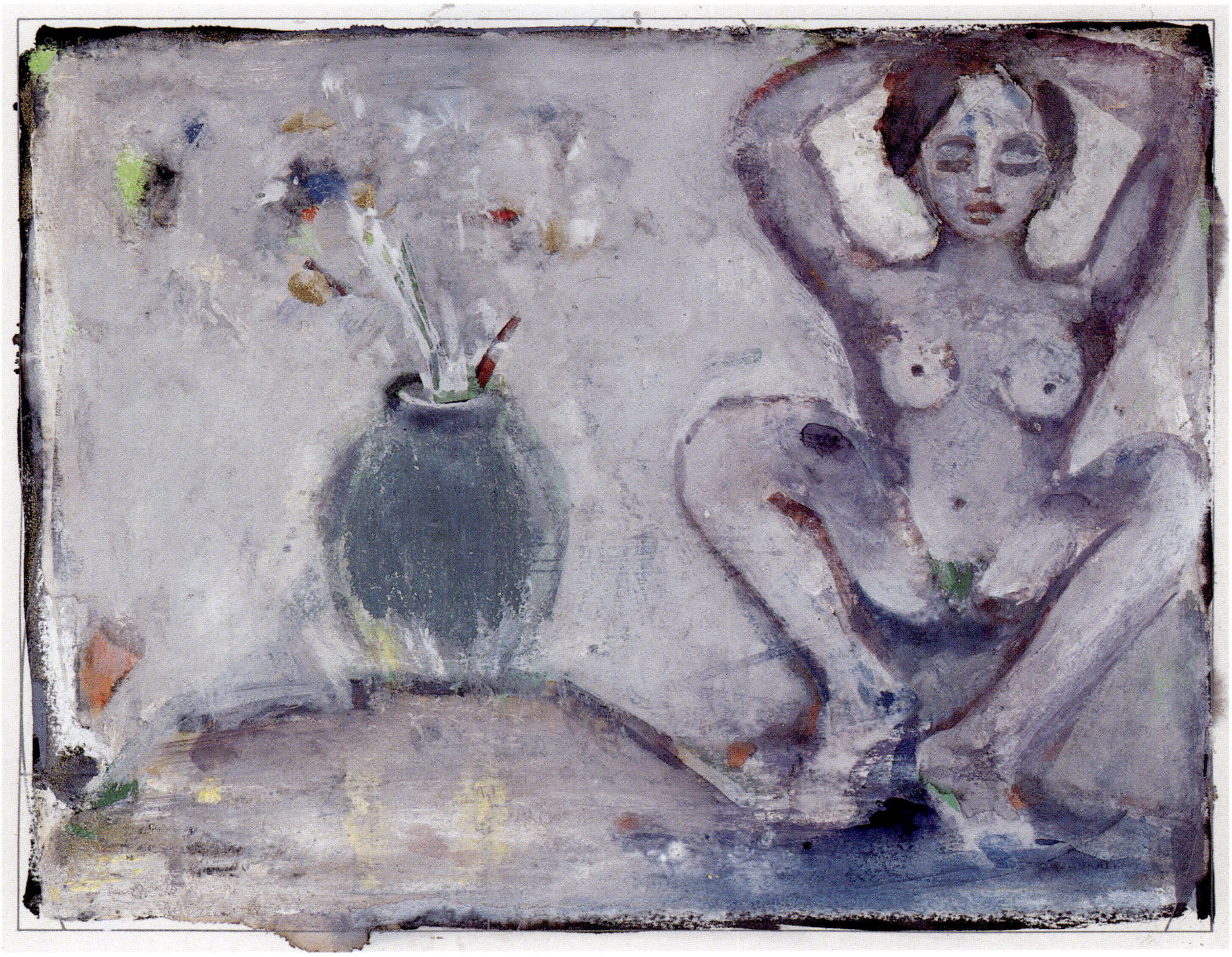

S[80] 107. *Was Susanna in ihrem Spiegel sieht*, 1989/90, Mischtechnik auf Papier, 21 x (28 x 32)

Überflüssig: Tintoretto, der ihn hinten schon von einer Hälfte seiner selbst getrennt und ihm die andere abgeschnitten, ihn von der Anderen abgeschnitten hat, läßt ihn sich diesmal so ins eigene Fleisch schneiden, daß er alles verliert und sich ganz verliert.

Mag er sich noch so sehr anstrengen, in die Kindheit zurückzufallen, um als das Objekt zu erscheinen, das er perverserweise *sein*[67] möchte – er ist es nicht. Es ist ein auf immer verlorenes Kind. So will es, für alle gültig, das Gesetz des Vaters: man muß akzeptieren, sich als Kind zu verlieren, um ein Mann zu werden, oder um das Objekt, das man von Gesetzes wegen nicht sein darf, zu *haben* und es einer anderen als der Anderen darzubieten.

Nun ist aber der verlorene Sohn, den ich zu meiner Linken sehe, auch kein Mann. Er war es. Er ist es nicht mehr. Am Rumpf abgeschnitten wie ein Baumstumpf, abgeschnitten durch den Baumstumpf, um den sich die Hecke windet – ein fatales Hindernis, das zum Werkzeug seiner Marter selbst geworden ist –, hat er nichts mehr von einem Mann. Denn ist ein Rumpf-Mann noch ein Mann? Nein, da er alles verloren hat, was einen Mann ausmacht, ist er ein Verlorener.

67. «*Die ganze Frage der Perversionen besteht darin, zu begreifen, wie das Kind in seiner Beziehung zu der Mutter – eine Beziehung, in der Analyse nicht gebildet wird durch seine vitale Abhängigkeit, sondern durch seine Abhängigkeit von ihrer Liebe, das heißt, durch das Begehren nach ihrem Begehren – sich mit dem imaginären Objekt dieses Begehrens identifiziert, sofern die Mutter selber es im Phallus symbolisiert*», schreibt Lacan, *Schriften II, op. cit.*, S. 87.

So fehlt er nicht nur, das Objekt zu *sein*, das der Anderen fehlt und das sie erfüllen würde, sondern er fehlt auch, es zu *haben*. Erinnern wir uns an die erpresserische Wahl, vor die er Susanna, mit griechischen Worten spielend, stellen wollte: *entweder* meine Hände, meine schmutzigen Hände im reinsten Sinne des Wortes, *oder* meine Hände, die nicht weniger schmutzigen Hände meiner Gerechtigkeit im übertragenen Sinne. Für sie war das wie «dein Geld oder dein Leben». Im Namen des Einen, den sie anbetet, entschied sie sich, ihren Schatz, ihr Haben, zu bewahren und ihr Leben, ihr Sein, zu verlieren. Sie drohte alles zu verlieren: ein Schatz ist für einen Toten nichts mehr wert. Könnte sie genießen, ihn zu haben, wenn sie nicht mehr wäre? Aber Gott ist wachsam und schickt ihr den kleinen Daniel. Der seine Sache so gut macht, daß sie schließlich alles bewahrt: *sowohl* den Schatz ihrer Keuschheit, *als auch* ihr Leben, das dadurch beispielhaft und ewig wird.

Tintoretto hat das genau erkannt: genießt Susanna, sein Modell, nicht auf seinem Gemälde und durch sein Gemälde ein ewiges Leben? Strahlend, hinieden schon im Paradies, ganz bei sich selbst. Eins mit ihrem Haben, und obendrein noch so schön anzusehn!

Für den doppelten alten Richter dagegen ist es die Hölle. Der Meister hat ihn in die düstere Bildhälfte verbannt, und dort sehe ich ihn, zerstükkelt. Das Großartigste aber besteht darin, daß sein Verbrechen seine Strafe selbst ist. Durch eine jener Verdichtungen, wie man sie in Träumen findet, und dank gewisser *Verschiebungen* (wie man sie ebenfalls in Träumen findet), deren Agent oder vielmehr Akteur ich bin, sehe ich ihn mehrfach geteilt gleichzeitig vor, während und nach seinem Verbrechen, voller Schuldgefühle (beschämt), schuldig werdend (Voyeur, Fetischist, Exhibitionist, kurz: poymorph-pervers) und als schuldig (Lügner) erkannt.

So daß der Alte mir gegenüber allen Grund hat, den Kopf zu senken – zum Zeichen des tiefsten Respekts natürlich. Eines allerdings wird mir erst jetzt klar: ich bin derjenige, vor dem er so ehrfurchtsvoll den Hut zieht. Sehe ich nicht alles Verborgene? Weiß ich nicht alles, bevor es noch geschieht? Wie Gott, den Susanna anrief?

Wie Gott... Nein. Sagen wir, etwas bescheidener, wie sein Prophet. Und da der Schöpfer in diesem Fall Tintoretto ist, bin ich nicht mehr und nicht weniger als der Daniel eben dieses Herrn und Meisters. Seine Absichten, seine Entwürfe sind für mich nicht undurchschaubar. Habe ich es nicht verstanden, den Platz zu nutzen, den seine erhabene Perspektive mir zugewiesen hat, und die Rolle seiner göttlichen Vorsehung zu erfüllen? Ist es mir nicht gelungen, die Heuchelei aufzudekken, einem geblendeten Publikum die Augen zu öffnen und seiner *Susanna* endlich Gerechtigkeit widerfahren zu lassen?

Wieder einmal könnte die Geschichte an dieser Stelle aufhören. Und in der Bibel hört die Geschichte der keuschen Susanna tatsächlich hier auf: nach den vierten Akt. Dem Urteil Daniels.

Aber Daniels Geschichte geht weiter. Folglich auch die meine, da ich doch Daniel bin, der hellsichtige Traumdeuter, Ausleger der Rätsel, durch die der große Herr und Meister sich seinen Geschöpfen kundtut.

Meine *Susanna* wird also einen fünften Akt haben. Fünf Akte in einem einzigen Bild – etwas viel, wird man sagen. Wäre ein einziger Akt in fünf Bildern vielleicht besser? Das ergäbe dann eine komische Oper, wenn nicht gar eine Farce. Von Offenbach oder von Labiche. Aber warum eigentlich fünf, warum nicht zwanzig oder hundert oder hunderteinundzwanzig Bilder, wie man sie angeblich im Theater gewisser Moderner sieht...

Nein, ich liebe die Klassiker. Corneille und seine Intrigen. Racine und seine geschlossenen Einheiten. Ich brauche fünf Akte. Das ist die Regel für die große Tragödie.

Fünf Akte in einem einzigen Bild also.

V. Akt: Der arme Mann, der Gute...

Kommen wir zum fünften Akt, dem Moment der Auflösung. Anders, technischer ausgedrückt, in Übereinstimmung mit der *Poetik* von Aristoteles und den Erklärungen von Abbé d'Aubignac, dem Moment der Katastrophe: *«Einer Umkehrung der ersten Anlagen des Stücks, dem letzten Schicksalsschlag, und einer Rückkehr der Ereignisse, die allen Anschein der Intrigen in das Gegenteil dessen verkehren, was man erwarten mußte.»*[68]

Eines Nachts hatte der König Nebukadnezar einen Traum[69]. Doch als er erwachte, hatte er alles vergessen, außer daß er *etwas* gesehen hatte, was unerträglich anzusehen war. Zauberer, Sternseher, Weise und die besten Traumausleger, die Chaldäer, werden herbeizitiert.

> *«Ein Traum ist's – mußte mich ein Traum erschrecken? –, was ruhelos an meinem [Herzen nagt»,*[70]

so ungefähr erklärt der König ihnen. Und fügt hinzu: Offenbart mir, was ich gesehen habe, denn *«es ist mir entfallen. Werdet ihr mir den Traum nicht anzeigen und ihn deuten, so sollt ihr in Stücke zerhauen werden...»* Sie zerbrechen sich den Kopf, finden keine Antwort. Der König ist nicht zum Spaßen aufgelegt. Schäumend vor Wut will er alle diese intellektuellen Nichtsnutze in Stücke hauen lassen. Es herrscht Panik in Babylon. Als plötzlich

> *«ein Kind in langem glänzendem Gewande, wie man der Hebräer Priester gekleidet [sieht»,*[71]

die Bühne betritt. Es ist Daniel. Der wahre, der authentische Daniel.

Der andere Daniel, der kleine Grieche, hat eine Heldentat vollbracht, als er die Vision der Alten (oder die Visionen eines Alten) deutete. Aber eine Heldentat mit dem Stellenwert Null, da sie ein *Zusatz* und obendrein apokryph ist. Seine erste wirkliche Heldentat wird er erst hier und jetzt vollbringen. Ihm bietet sich die Gelegenheit, seine Prophetenkarriere auf einem königlichen Wege zu beginnen.

Der kleine Jude genoß schon lange die Verehrung des obersten Kämmerers, der Kämmerer und der Dienerschaft des Hofes. Doch vor dem König der Könige übertrifft er sich selbst. Dank Gottes natürlich:

68. Abbé d'Aubignac, *La pratique du Théâtre*, Paris 1657.
69. *Daniel*, 2-3.
70. Racine, «Athalia», in: *Sämtliche Werke*, Berlin 1846, Bd. I,. 2. Buch, II, 5, S. 26.
71. *Ibid.*, S. 27.

des Gottes seiner Väter, den er anbetet und der ihn erleuchtet. Hat dieser Gott Daniel nicht das Geheimnis der königlichen Vision enthüllt? Und wie? Durch eine spiegelbildliche Vision, ein «Gesicht», in dem Daniel das Ding sehen konnte, das der König im Traum gesehen hat und vor dem er beim Erwachen rasch die Augen schloß, um es wieder zu vergessen. Daniel dagegen hält die Augen offen, Tag und Nacht. *Er vergißt nicht.* So kann er dem anderen beschreiben, was Gott ihm hingemalt, und die obskure Botschaft, nachdem er sie entziffert hat, in Klartext an den Adressaten zurückgeben.

«Du König sahest, und siehe, ein großes und hohes und sehr glänzendes Bild stand vor dir, das war schrecklich anzusehen...»

Warum schrecklich? Weil der Glanz dieser Schönheit nur ein Köder war, weil sich dahinter eine Wahrheit verbarg, von der man versteht, daß der selbstgerechte König, dessen Traum es war, sein Reich über die ganze Erde auszudehnen und ihr alleiniger Herrscher zu sein, angebetet wie der Einzige, wie Gott selbst, nichts davon wissen wollte. Was aber sagte ihm Daniel, der Prophet seines Unglücks? Wir erfahren es im Bibeltext.

Aber warum die Bibel lesen, das *Buch Daniel*? Warum nicht lieber meinen Text, wo ich doch Daniel bin? Ein besserer Daniel sogar. Er sah nur *eine* Statue. Ich dagegen bekomme von Tintoretto, meinem Herrn und Meister, *zwei* Statuen vorgeführt.

Genau genommen handelt es sich um zwei Exemplare der gleichen Statue. Der gleichen? Nein, *fast* der gleichen. Trotz ihrer scheinbaren Identität weisen die beiden Exemplare einen kleinen, in meinen Augen aber bezeichnenden Unterschied auf. Vielleicht sogar einen spezifischen Unterschied, wie man es in der *Schule* nennt. Jenen Unterschied, der einem erlaubt, die Spezies *Mensch* im Sinne eines sprachfähigen Wesens von einem *Tier* seiner Art zu unterscheiden. Oder jenen, mit dem der Mann sich, wenn er spricht, und insbesondere wenn er von Liebe spricht, so gern hervortut, um sich von den *Frauen* seiner Art abzugrenzen.

Zwei Statuen also, in Stein gehauen. Zwei Produkte der menschlichen Kunst, von der diesem künstlichen Paradies, welches der Garten ist, sonst nichts anzumerken ist. Die eine rechts, die andere links hinter dem mir gegenüberstehenden Alten im Mittelgrund, der die Augen vor dem, was im Vordergrund geschieht, zu verschließen scheint, während ein vom Himmel fallendes Licht es mir enthüllt, mir, der ich mit offenen Augen an meinem Platz außerhalb des Bildes alles sehe, was sich auf dem Bild verbirgt.

Die Statue zu meiner Rechten befindet sich, gut beleuchtet, in der Bildhälfte «Susanna». Vor dem Seitenpfosten des zentralen Eingangs (oder Ausgangs), markiert sie den Anfang (oder das Ende) des rechts hinten erkennbaren Kreuzgitters. Was stellt sie dar? Sagen wir: eine Art Mensch. Denn sie hat zwar ein durchaus menschliches Gesicht, sonst aber nur einen Rumpf, der sich ohne Arme und ohne Beine auf einem Sockel erhebt.

Sagen wir, um genauer zu sein: eine Art Mann. Denn eine Art Frau

S[84] 117. *Was Susanna in ihrem Spiegel sieht*, 1990, Serigraphie und Katalog, 21,5 x 28, 121 Exemplare

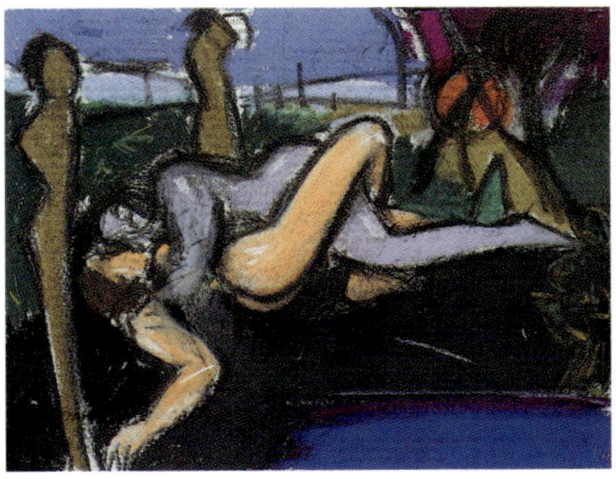

kann dieses vielsagend zu Stein erstarrte Stillgestanden in der Tat nicht sein. Davon zeugt der Knoten mit dem langen Ende, der offenbar den Lendenschurz ersetzt. Bei genauerem Hinsehen sieht dieses Ding aus wie ein dicker Schmetterling mit ausgebreiteten Flügeln. Aber was erzähle ich da von einem Schmetterling? Ein Phallus ist das, Gott im Himmel! Ein super Spezimen von beflügeltem Phallus!... Sind wir wirklich in Jojakims Garten? Oder in Pompeji, bei der Villa dei Misteri?

Die andere Statue befindet sich links, in der Bildhälfte «Alte». Genauer gesagt: in dem Teil dieser Hälfte - einem schmalen Streifen -, der durch den Heckenrand vom Rest des Bildes abgeschnitten ist. Mit dem Rücken gegen das Kreuzgitter gelehnt, von dem auch sie einen Anfang (oder ein Ende) markiert, wartet sie am seitlichen Eingang (oder Ausgang) des Gartens: an dem Weg, der zur Stadt führt, die man ganz hinten in Goldstaub versinken sieht.

Teilweise von einem Baumstamm verdeckt und durch den Halbschatten etwas verdunkelt, scheint diese Art steinerner Mensch, der ohne Arme und ohne Beine auf einem Sockel steht, zunächst nur der Zwillingsbruder des anderen zu sein. Genauer gesagt: sein *verweiblichter* Bruder. Zwar sehe ich auch an ihm eine Art Knoten, aber verschwommener und vor allem schlaffer, weniger steif. Man möchte meinen, der beflügelte Phallus wäre ihm davongeflogen. Diese Art Mensch wäre also eher eine Art Frau. Was die Büste bei näherer Betrachtung bestätigt: statt einer Männerbrust meine ich zwei vorgewölbte, wenn nicht gar hängende Brüste zu erkennen.

Aber vielleicht ist das, was den Unterschied zwischen den beiden ausmacht, auch nur das Alter. Rechts, am grünenden Waldrand, prangt die Jugend, strotzend vor männlicher Kraft. Links, unter den düsteren großen Bäumen, sieht man den Niedergang, den Verfall, das ungute Fett, das der Körper zwischen laufenden Affären und Geschäftsessen ansetzt – städtischen Affären, die nicht immer sauber sind und oftmals Folgen haben, Prozesse vor dem ehrwürdigen Herrn Richter, einem frommen Mann, gewiß, aber so überlastet in der letzten Zeit, der arme Mann, daß er den Kopf woanders hat, der Gute, daß er einen Augenblick Luft schnappen mußte, um sich ein wenig zu entspannen, frische Landluft in der freien Natur, denn er liebt sie, der Gute, er liebt sie leidenschaftlich, die Natur mit all den Blumen, all den zwitschernden Vögelchen... Der Beweis: betört von ihrem süßen Duft hat er den Garten betreten und sich der Hecke genähert. Ohne an etwas Böses zu denken, der Gute. Ohne natürlich zu wissen, ohne sich auch nur eine Sekunde vorzustellen, daß einen Schritt weiter ein böser Fall...

Der arme Mann, der Gute! Diese Worte, die Molière ironisch für seinen Tartuffe gebraucht[72], lassen sich auf den unseren mit der gleichen Treffsicherheit anwenden. Um der Stadt als gottesfürchtig zu erscheinen, ist er nicht weniger mannhaft, das Herz in seiner Brust ist nicht aus Stein, und dies versteht er wohl, der Frau des Jojakim, indem er sich ihr nähert, zu beweisen. In der gleichen Weise wie Tartuffe der Gattin des Orgon[73]. Das heißt, durch eine doppelzüngige Rede. Zuerst, dort oben, verneigt er sich demütig vor dem blendenden Glanz ihrer himmlischen Schönheit. Er verehrt in dieser Frau nicht die Frau, sondern einzig ihren Schöpfer, und erweist ihr seine Huld als das

> *«... schönste Denkmal, das er sich selber [setzte.»*

Sicher hat er einen Augenblick befürchten müssen (denn auch der *böse Feind* versteht etwas von Malerei), daß die glühende, durch den bloßen Anblick dieses Bildes in seiner Seele entbrannte Liebe mit irgendeiner schändlichen Sinneslust durchsetzt wäre:

> *«Ich argwöhnte zunächst, daß meine Schwär- [merei*
> *Ein schwarzer Hinterhalt des bösen Feindes [sei,*
> *Schon war mein Herz entschlossen, Sie und [dies Haus zu meiden,*
> *Aus Angst, ich könnte Schaden an meiner [Seele leiden...»*

bedeutet er ihr oben. Während man weiter unten hört:

> *«*ELMIRE: *– Wo greifen Sie denn hin?*
> TARTUFFE: *– Ich fühl' Ihr Kleid! Was für [ein schöner Stoff, so glatt und seidenweich...»*

Zu Dorine sagte er oben, indem er ihr sein Brusttusch reichte:

> *«Ich kann den Ausschnitt Ihres Kleides nicht [ertragen;*
> *Verhüllen Sie sich! Dergleichen verunreinigt [die Seele*
> *Und macht, daß unser Denken sich ketzerisch [verfehlt...»*

Kein Zweifel, daß sein Denken die Verfehlung schon begangen hat, so

72. Molière, *Tartuffe*, übers. von H. Weigel, Zürich 1967, I, 4, S. 17 ff.
73. *Ibid.*, III, 3, S. 54-60. Dieser Szene sind auch die folgenden Zitate entnommen.

S[80] 107. *Was Susanna in ihrem Spiegel sieht*, 1989/90, Mischtechnik auf Papier, 21 x (28 x 32)

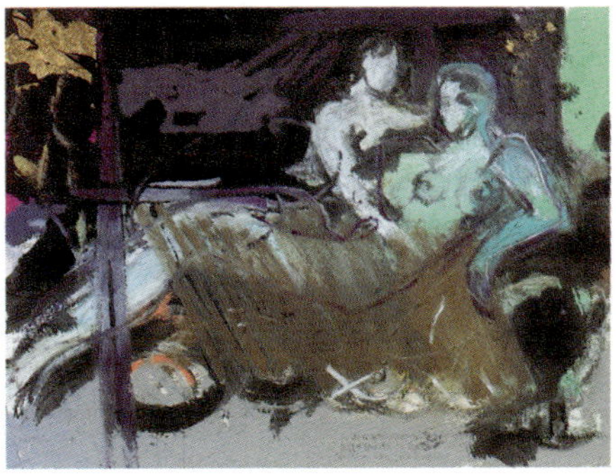

wie ich ihn hier unten hinter seiner Hecke sehe, den Blick vergeblich auf dergleichen geheftet, als würde er jeden Moment aufschreien: Enthüllt mir diesen Fuß, den ich nicht sehen kann…

«Doch kann erkannte ich, o Schöne, Liebens- [werte,
Daß diese Leidenschaft mich nicht mit Schuld [beschwerte;
Da mein Gewissen sich im Einklang mit mir [weiß,
Geb' ich mein Herz nun Ihrem Herzen [preis…»

fährt er oben, die Hand auf dem Herzen, mit lauter Stimme fort.

«Gewiß, es scheint vermessen, vielleicht sogar [gefährlich,
Sich derart darzubieten, so unverhohlen ehr- [lich…»

Vor allem, wenn man sieht, in welch obzöner Erscheinungsform dieses Herzchen sich unten darbietet.

«Doch baue ich in allem auf Ihre große Güte,
Daß sie mich schwaches Wesen geleite und [behüte.
In Ihnen ruht mein Hoffen, mein Segen und [mein Heil,
An Ihnen liegt's, wird Leid, wird Freude mir [zuteil.
Mein ganzes Schicksal hängt an Ihrem Rich- [terspruch:
Ein Wort, und ich bin selig – ein Wort, mich [trifft der Fluch.»

Die Gemahlin des Orgon, Elmire, findet die richtigen Worte, um Tartuffe ihren Spruch kundzutun. Desgleichen die Frau des Jojakim, jedenfalls im Text. Nur auf dem Gemälde schweigt Susanna. Aber bedarf sie der Worte Elmires? Mit ihrem Spiegel sagt sie alles und sogar noch viel mehr: sie braucht sich nur darin zu spiegeln, in erhabener Verachtung, um den Schuldigen durch ihren Spruch nicht nur zu bannen, sondern ihn das Urteil selbst verkünden und an sich selbst vollstrecken zu lassen, wovon er sich nicht mehr erholen wird, *der arme Mann, der Gute...*

Ich hatte den fünften Akt einer Tragödie angekündigt, mit dem wahren Daniel als Protagonisten, und bin doch allem Anschein nach mit dem falschen – dem Griechen – und seinen Wortspielen mitten in einer Komödie gelandet. Aber dieser Umweg durch die Niederungen war nötig, um mich besser zu einem würdigen, der tragischen Situation angemessenen Stil erheben zu können. Denn etwas Tragisches ist, wie Freud uns eben noch in Erinnerung rief, an jeder großen Komödie im Sinne einer *menschlichen* Komödie. *Der arme Mann, der Gute*, kann einen bei Molière zum Lachen bringen, oft lacht man sogar Tränen über ihn. Doch sobald die Ironie fehlt, hört das Lachen auf, bleiben die Tränen. *Der arme Mensch*, der Ärmste – ist es nicht das, was man den Chor bei Sophokles hundertmal seufzen und wiederholen hört?

Kehren wir zu dem offenbar sehr tief gefallenen armen Mann auf dem Gemälde als unserem Ausgangspunkt zurück. Sein lauschendes Ohr berührend, stechen zwei sich überkreuzende, aus der Rosenhecke herauswachsende Zweige dunkelgrün von dem leuchtenden Rot seines Mantels ab. Warum hat Tintoretto, wie der Gott Daniels Schöpfer einer Welt, in der nichts grundlos ist – warum hat er sie dort hingemalt? Natürlich um seinem Propheten, wenn schon nicht den goldenen Zweig, der Äneas eine Orientierung in der Unterwelt verschafft, so doch zumindest einen Leitfaden zu geben, der ihm helfen kann, die Bedeutung des rätselhaften Paars der Statuen zu entschlüsseln.

Auf was aber verweisen die Zweige, so wie der Maler sie dargestellt hat? Hier auf eine Rose, und dort (man verzeihe mir den Ausdruck) auf das polierte Hinterteil eines Hirsches. Eines nicht mehr ganz jungen Hirsches, ich würde sogar sagen, eines alten Hirsches, wenn man nach der bezeichnenden Geweihauslage oder nach der Zahl der Enden geht.

Obwohl der Hirsch durch lange Tradition zum Symbol der sexuellen Kraft geworden ist, scheint ihn die Hindin, die zu seiner Linken friedlich äst oder ihren Durst stillt, nicht über die Maßen zu interessieren. Nein, er betrachtet etwas anderes. Und was? Das, was er vor Augen hat: die Statue. Beziehungsweise das verunstaltete, verstümmelte, versteinerte Bild eines Tieres seiner Art, aber nicht seiner Spezies, angesichts dessen selbst das Tier sich zu sagen scheint: *der arme Mensch!*

Denn das Tier, in unserem Fall der Hirsch, hat keine Probleme mit der Hindin, seiner Gefährtin. Der reine Instinkt treibt sie zur Paarung, die sie in den von der Natur vorgesehenen Zeiten vollziehen, ohne eine Scham überwinden zu müssen, ohne eine Schuld auf sich zu laden, ohne sich einander zu verhüllen oder zu enthüllen. Wenn sie zur Quelle gehen, tun sie es aus Notwendigkeit, um zu trinken, nicht aber um der eitlen Freude willen, ihr Bildnis zu betrachten, und schon gar nicht, um den hoffnungslosen Widerschein, die ungreifbaren

Spuren irgendeines verlorenen Paradieses darin zu suchen. Während der Mensch, der ärmste...

Schneidet man den schmalen Streifen ab, in dessen unterem Teil der arme Mensch gefangen ist, und faltet ihn in der Mitte derart, daß der untere Teil den oberen bedeckt, erscheint er – bei gegebener Transparenz – so wie das Begehren der Anderen ihn in sich pervertiert: erstarrt, gefesselt, ohne Hände, die etwas fassen, ohne Arme, die umarmen könnten, fettsüchtig und ohne erkennbares Geschlecht – ein Schreckensbild ewiger Ohnmacht...

Der arme Mann! Sollte er am Ende und das seine letzte Wahrheit sein?

Sollte die andere Statue dort stehen, um uns seine erste, weniger unerträgich anzusehende Wahrheit kundzutun? Sie zeigt in der Tat etwas mehr Stolz. Es ist die gleiche, ohne Arme und Beine, aber in Jünger, in Männlicher. Also auch eine Art Mann – mit dem Unterschied des erigierten Phallus, des vogelähnlichen Steinknotens, den diese hier besitzt.

Hinzu kommt, daß sie sich in der *rechten* Bildhälfte erhebt. Und diese rechte Hälfte ist der Teil, der Susanna vorbehalten ist, ihr abgeschlossener Bereich. Das Feld der Anderen, des Anderen Geschlechts, in dem sich das Ding, die Sache selbst befindet. Niemand kann ihrem Ruf widerstehen, niemand kann widerstehen, sich ihr zu nähern. Doch kaum hat der Mann mir gegenüber eine Annäherung gewagt, stellt sich ihm ein unsichtbares, unüberwindliches Hindernis entgegen: er kann keinen Schritt mehr tun, um sie zu fassen. Geblendet, mit Blindheit geschlagen, erstarrt und versteinert er, allein mit seinem Begehren und seinem hervorstehenden Emblem, von dem er nicht weiß, was er damit beginnen soll. Außer wenn er, indem er sich teilt, in einen Traum verfallend die Augen schließt und sie erst vor dem Schirm eines Phantasmas wieder öffnet, in dessen Rahmen er nur ein Trugbild von IHR zu fassen bekommt, ein Nichts, das ihn zu diesem Nichts macht, dem alles fehlt, einem verzweifelten Säugling, der sich am Ende in jene Art Mann mit steinernem Herzen verwandelt.

Susanna dagegen, ganz bei sich, die Augen auf den Spiegel gesenkt, um zum Himmel aufzublicken, ist mit ihrem Traumanteil vollauf zufrieden. Einem verlorenen und wiedergefundenen Anteil ihrer selbst, den kein realer Mann ihr je bieten könnte. Es sei denn, er verwandelte sich in einen Spiegel, jenen Spiegel, von dem zu bemerken ist, daß er sich in der linken Bildhälfte befindet, dem Feld also, das für sie das Feld des Anderen Geschlechts darstellt – dem Gefängnis aller verstoßenen Engel.[74]

«Auf, schöner blauer Vogel, singen Sie Madame Ihre Romanze vor», fordert Suzanne den Cherubim in *Figaros Hochzeit*[75] auf. In den *Nozze* ergibt sich daraus das wunderbare «*Voi, che sapete*... Ihr, die Ihr wißt...», gesungen von einem Mezzo, das heißt von einem Mädchen, das mit Knabenstimme spricht. Während sie singt, sagt er, wie er vor Begehren schier wahnsinnig wird: «*Ricerco un bene fuori di me*... Ich suche ein Gut, das nicht in mir ist, das ich nicht habe. Doch weiß ich weder, wer es hat,

74. Hier könnte man Tintorettos Gemälde und Lacans Schaubild der geschlechtlichen Beziehungen überlagern; vgl. J. Lacan, *Das Seminar, Buch XX*, übers. von N. Haas u. a., Weinheim, Berlin, 1986, S. 85.

75. Beaumarchais, *op. cit.*, II, 4, S. 137.

noch was es ist...» Alles, was er weiß, ist, daß er brennt, es blind zu fassen – aber *es* ist nie das Richtige. Ich entzünde mich, so ich es umarmen will, doch *«in un momento torno a gelar»*, im nächsten Moment werde ich wieder zu Eis.

Zu Eis. Einem Spiegel aus Eis.

> *«Vergebens kommt dein Bild zu mir...»*

singt Aragons *Fou d'Elsa*, ihr alter Cherubim:

> *«Du wirst, dich zu mir wendend,*
> *an der Mauer meines Blicks*
> *nur einen Traum von deinem Schatten finden.*
> *Ja, ich bin dieser Unglücksmensch,*
> *vergleichbar blanken Spiegeln,*
> *die widerspiegeln, doch nicht sehn.*
> *Mein Auge ist so leer wie sie*
> *und wie sie bewohnt,*
> *beseelt von deinem Fehlen,*
> *das seine Blindheit macht.»*

Lacan, der diese Verse zitiert[76], bringt ihren Tenor an anderer Stelle auf die Formel: *«Es gibt kein Geschlechtsverhältnis.»*[77] Was nicht heißen soll, daß es keine Beziehung zwischen den Geschlechtern gäbe. Aber diese Beziehung, wie immer man sie nehmen, in welche Position man sie bringen, wie man sie sagen, beschreiben oder malen mag, wird nie so beschaffen sein, daß sie zwei komplementären Elementen erlauben würde, *eins* zu werden. Jedem der beiden Geschlechter fehlt das, was nötig wäre, um das Andere Geschlecht zu vervollständigen. Für diesen Mangel, der eine sich spiegelnde Leere zwischen den beiden entstehen läßt, kann natürlich durch ein imaginäres Objekt Ersatz geschaffen werden. Allerdings würde man dieses Objekt – die Schraube, die (wie in Diderots Traum) in die Mutter paßt – vergeblich im Werkzeugschrank des Vaters suchen, wie dieser es vergeblich in dem des Großvaters. Sofern man es nicht gleich vorzieht, im Speicher der Erinnerung zu kramen, empfiehlt es sich eher, das Nähkästchen der Großmutter zu öffnen. Ein Knopf wird sich darin schon finden. Um ihn dort anzunähen, am Ausschnitt. Und immer wieder anzunähen, weil mit durchsichtigem Garn genäht. Durchsichtig wie die Brautkleider. Oder die Romane, die ein gutes Ende nehmen – etwa der, den die glücklich Vermählten, ehelich Verbundenen, beide überzeugt, die passende Schuhgröße gefunden zu haben, am liebensten gemeinsam schreiben würden, nicht jeder für sich, sondern jeder als «wir»... Glücklich verbunden? Glücklich vielleicht. Aber – ohne den ersten Stein auf sie werfen zu wollen – *verbunden*? Wirklich? Als wäre es möglich, durch eine Hochzeit Feuer und Wasser zu verbinden...

Oder Eisen und Ton, aus denen die Füße der riesengroßen, schrecklichen Statue bestanden, die im Traum gesehen zu haben der König Nebukadnezar vergessen hat. *«Solches sahest du, bis daß ein Stein herabgerissen ward ohne Hände; der schlug das Bild an seine Füße, die Eisen und Ton waren, und zermalmte sie»*, verkündet Daniel. Und die ganze Statue, ihr Haupt aus feinstem Golde, ihre Arme aus Silber, ihr Bauch aus Erz, alles zerbrach in Stücke, alles wurde zermalt. *«Und der Wind verwehte sie, daß man sie nirgends mehr finden konnte...»* Das also ist es, was der König der Könige gesehen hat. Und was der mächtigste Mann der Welt da gesehen hat, ist seine Unfähigkeit, die Elemente seines Reichs für immer eins werden zu lassen.

76. J. Lacan, Das Seminar, Buch XI, *op. cit.*, S. 85.
77. Dies ist ein Leitmotiv des Seminars *Encore* (Buch XX, *op. cit.*). Vgl. etwa S. 157: *«Es gibt kein Geschlechtsverhältnis, weil der Genuß des Anderen, aufgefaßt als Körper, stets inadäquat ist – pervers auf der einen Seite (der Seite "Mann"), sofern der Andere sich reduziert auf das Objekt a – und auf der anderen (der Seite "Frau"), ich würde sagen, verrückt, rätselhaft. Ist es nicht aus der Gegenüberstellung zu diesem Umweg, zu dieser Unmöglichkeit, woraus ein Reales sich abgrenzt, daß die Liebe auf die Probe gestellt ist?»*

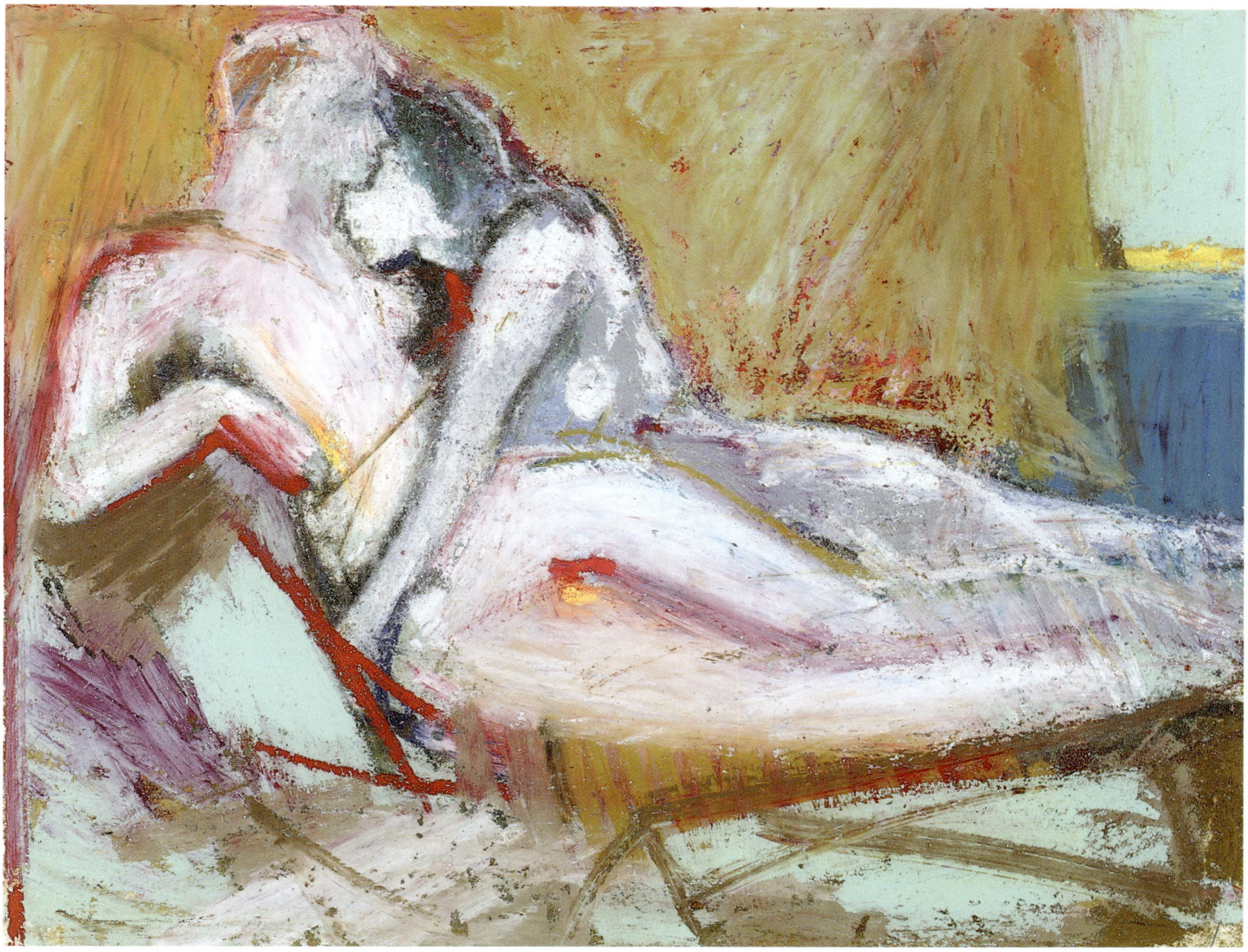

S[80] 107. *Was Susanna in ihrem Spiegel sieht*, 1989/90, Mischtechnik auf Papier, 21 x (28 x 32)

Die Zeit ist nahe, da die künstliche Einheit dieses gigantischen Körpers in immer schwächere Königreiche zerfallen wird. Das vierte, zu heterogen, um das Gewicht einer Geschichte zu tragen, die ihr, du und deine Nachkommen, vom Vater auf den Sohn ohne Gott und gegen seinen Willen verewigen wolltet, wird euch alle in den Abgrund stürzen. «*Daß du gesehen hast Eisen mit Ton vermenget: werden sie sich wohl nach Menschengeblüt untereinander mengen, aber sie werden doch nicht aneinander halten, gleichwie sich Eisen mit Ton nicht mengen läßt.*» Und den Stein, den du im Traume sahst, warf Gott mit eigener Hand, um dir zu zeigen, daß er diese menschlichen, nur allzu menschlichen Verbindungen zerschlagen wird. Alsdann «*wird der Gott des Himmels ein Königreich aufrichten, das nimmermehr zerstört wird*».

Fertig. «*Also hat der große Gott dem König gezeigt, wie es hernach gehen werde, und der Traum ist gewiß, und die Deutung ist recht*», sprach Daniel, der Prophet, zu dem mächtigsten Mann der Welt. «*Da fiel der König Nebukadnezar auf sein Angesicht und betete an vor dem Daniel...*»

Im Namen Tintorettos, meines Herrn, sage ich dir, armer Mann vor meinen Augen: es gibt kein Geschlechtsverhältnis! Beide Geschlechter werden sterben, und zwar jedes für sich.

Nun? Ich warte. Warum fällt er nur halb auf sein Angesicht? Was ist denn, daß er halb stehenbleibt? Habe ich nicht alles Verborgene gesehen? Habe ich als Deuter im Dienste meines Herrn und Meisters, als erleuchteter Analytiker der Vision, die er mir hingemalt hat, nicht allem Rätselhaften Sinn verliehen? Es sei denn...

Sollte da noch etwas zu entdecken sein, was dieser scheinheilige Richter mir verbirgt? Was ich nicht sehen kann, nicht sehen will?

Ja. Da haben wir die Katastrophe. Den letzten Schicksalsschlag. Schluß, aus mit der Heuchelei. Terminus.

Die beiden Statuen, von denen ich sprach, sind zwei *Termini*. So nämlich heißen die in Stein gehauenen Standbilder des antiken römischen Gottes der Gärten und der Felder, *Terminus* – Sockelfiguren ohne Arme, die nur aus einem Kopf und einem gleichsam eingeschnürten Rumpf bestehen. Im alten Rom stellten die Großgrundbesitzer solche Standbilder an den Grenzen ihrer Gärten oder Felder auf, um jene Linien zu markieren, die nicht überschritten werden durften. Dem Übermütigen, dem Waghalsigen, dem Ahnungslosen, der sich anschickte, zu nahe heranzukommen, um einen Blick hineinzuwerfen, sollten diese Termini Auge in Auge bedeuten: «Halt! Privatgrundstück. Zutritt verboten! Keinen Schritt weiter und keine Berührung! Sonst, Unglücklicher, fällst du unter das Gesetz, das ich verkörpere, und dessen Wirkungen ich dir, versteinert, verstümmelt, ohnmächtig, wie ich bin, vor Augen führe!»

Es ist natürlich anzunehmen, daß die reichen Kaufleute von Venedig solche Statuen, Nachahmungen der antiken Termini, zur Zeit der Renaissance nur noch als dekorative Elemente in ihren Gärten am Rand der Lagune oder an den Ufern der Brenta aufstellten. Ich bin mir nicht ganz sicher, ob dies auch für den Garten gilt, den Tintoretto uns gemalt hat.

Anfangs war ich erstaunt über den deutlichen Widerspruch zwischen Tintorettos Darstellung und dem Bibeltext, der doch sagt, daß das Gartentor geschlossen war, als Susanna in dem Moment, da sie sich allein wähnte, ihre Schleier lüftete, um ihr Bad zu nehmen. Auf dem Gemälde scheinen die beiden Eingänge im Hintergrund offen zu sein. Sie sind es tatsächlich. Doch bei näherer Betrachtung stellen sich diese weit geöffneten Eingänge als *geschlossene Ausgänge* dar. Symbolisch geschlossen. An jeder der beiden Öffnungen wacht ein Terminus, aufmerksam wie ein Eunuch vor dem Palast des großen Königs. Doch beide wenden ihren Blick dem *Inneren* des Gartens zu.

Wenn ihre Funktion darin besteht, etwas zu verbieten, verbieten sie also nicht das Hineingehen, sondern das Hinausgehen.

Einmal im Garten, diesem Gemisch aus Natur und Kultur, kommt man nicht wieder heraus. Weder vorn noch an der Seite. Weder durch den Grünbogen, der zu dem wilden Wald hinführt, noch über den Weg zu der fern in der Sonne gleißenden Stadt. Wer hier eingeschlossen ist, in diesem künstlichen Paradies, mag sowohl den Wald als auch die Stadt am Horizont entdecken, aber es scheint, daß sie für ihn auf immer Horizonte bleiben: die einzigen von ihm begehrten

Paradiese, nach denen er sich sehnt, seufzend, daß er sie verloren hat, oder daß er sie in diesem Leben nie wird erreichen können.

Somit wäre dieser Wald ähnlich dem mythischen Wald, von dem Rousseau in seiner *Abhandlung über den Ursprung und die Grundlagen der Ungleichheit unter den Menschen* spricht: dem ursprünglichen Wald, in dem der Mensch des Naturzustands allein, glücklich, frei, ohne sich um seinesgleichen zu bekümmern, ja sogar ohne sich eines Geschlechtsunterschiedes bewußt zu sein, da es noch kein Wort gab, ihn zu benennen oder zu beklagen, einen ewigen Frühling im Schoß der Mutter Natur erlebte, die alle seine Bedürfnisse erfüllte, die ihm nichts zu wünschen übrigließ. Bis zu dem Tag, da die Trennung von dieser Mutter erfolgte, da alle Menschen sich versammelten, da sie sich als ihresgleichen erkannten, gleichzeitig aber ihre Unterschiedlichkeit gewahrten. Eins in der Art, teilte die Menschheit sich nach dem Geschlecht in zwei, und so war jede Hoffnung auf eine Vereinigung in der Versammlung dahin. Trotz des menschlichen Gesetzes. Wegen ihm. «*Der erste, welcher ein Stück Landes umzäunte, sich in den Sinn kommen ließ, zu sagen:* das ist mein (oder die Frau, die er geschwängert hatte, für seine Frau erklärte), *und einfältige Leute antraf, die es ihm glaubten*»[78] – oder schwache Kinder, die sich dieses symbolischen Gewaltakts nicht erwehren konnten –, brachte ewiges Unglück über sich und begründete das Unglück aller. In Widerspruch zu dem guten ursprünglichen Gesetz gewährt das menschliche Gesetz dem Einzelnen Privateigentum an dem, was vormals allen gehörte. Es läßt den Wald in lauter geschlossene Felder zerfallen, auf denen Natur in Kultur verwandelt wird, es teilt das Gemeinschaftsgut in Güter, die mein Gut, dein Gut oder das Gut eines Dritten sind: seine keusche Ehefrau zum Beispiel, die wir begehren, ich und du, mein alter ego, mein Bruder, und bald auch mein Komplize. Gegen ihn. Wegen ihr...

«*Wieviel Laster, wieviel Krieg, wieviel Mord, Elend und Greuel*», fügt Rousseau hinzu, «*hätte einer nicht verhüten können*», der es gewagt hätte, den ersten Graben aufzuschütten, die ersten Pfähle auszureißen, die erste Hecke niederzutreten. So sind wir Unglücklichen denn zum Leben in einer Welt verurteilt, in der es überall Hecken gibt, die uns trennen, teilen und zerreißen, selbst wenn es Rosenhecken sind.

Und nun? Wenn es nicht mehr möglich ist, in die reine Natur zurückzukehren, können wir unser Glück vielleicht auf dem Weg suchen, der zur Stadt hinausführt? Aber zu welcher Stadt? Nach Babylon, der Stätte des Exils und des Verderbens? Zu jenem Dschungel, dem finsteren und unheilvollen Gegenteil des ursprünglichen Waldes, als das Rousseau die Stadt ansieht? Ist das das schwarze Trugbild, das dort hinten am Horizont in Tintorettos Licht erstrahlt? Ist das nicht eher ein Widerschein des himmlischen Jerusalem, ein Vorort der Stadt Gottes? Oder der *città del sole*, deren utopisches Glück Campanella einige Jahre nach Tintorettos Tod beschrieb? Ein Anderswo, eine Traumstadt Venedig, in der die wiederauflebende Zivilisation ein neues

78. A.d.Ü.: J.-J. Rousseau, «Abhandlung über den Ursprung und die Grundlagen der Ungleichheit unter den Menschen», in: *Schriften*, hrsg. von H. Ritter, Wien 1978, Bd. I, S. 230.

Goldenes Zeitalter entdeckt hätte? In der Frieden und Gerechtigkeit herrschten, und in der die Menschen beiderlei Geschlechts, nachdem sie ein Zaubermittel für bessere Verhältnisse erfunden hätten, in vollkommener Harmonie lebten, jeder eins mit sich selbst und mit dem Anderen, umgeben von lauter Schönheiten, prachtvollen Schätzen, die begnadete Künstler vor ihren Augen erschaffen hätten?

Schätzen, wie man sie hier findet. In diesem Museum. In dem ich bin. Vor *Susanna und den beiden Alten*. Mit ihnen in Susannas Garten.

Ich sprach von zwei Toren. Als gäbe es nicht noch ein drittes. Durch das ich eingetreten bin. «*Klopfet, so wird euch aufgetan*», sagt das Evangelium. Offenbar als bunter Hund verschrien, brauchte ich nicht einmal zu klopfen. «Bitteschön, kommen Sie doch herein, fühlen Sie sich wie zu Hause. Wir haben nur auf Sie gewartet! Endlich ein guter Richter, der uns sagen kann, wer wir in Wirklichkeit sind. Sehen Sie, uns fehlt der Sinn, und das ist furchtbar. Geben Sie uns einen, erleuchten Sie uns. Deuten Sie. Sind Sie nicht Prophet, nach allem was man hört?» scheint Tintorettos Alter mir zu bedeuten, indem er mich einläßt, mir dieses dritte Tor öffnet. Weit öffnet. Zu weit.

Ich hätte ihm nicht trauen sollen. «*Gehet ein durch die enge Pforte*», sagt wiederum das Evangelium. «*Denn die Pforte ist weit und der Weg ist breit, der zur Verdammnis führt; und ihrer sind viele, die darauf wandeln.*»[79]

Durch sie bin ich gekommen, als ich in der Rolle eines Daniel eingetreten bin, ohne noch daran zu denken, daß das Evangelium gleich danach mit den Worten fortfährt: «*Sehet euch vor vor den falschen Propheten, die in Schafskleidern zu euch kommen, inwendig aber sind sie reißende Wölfe.*»[80] Ohne es zu wissen, war ich einer dieser verkleideten Wölfe. Und der Alte, der ebenfalls einer ist (davon zeugt die frühe Ikonographie), hat es sogleich bemerkt. Das aber hat er mir verborgen. Es war ihm eine Freude, mich voller Eifer in die Falle laufen zu sehen.

Indem ich mich, wie ich glaubte, nur um der Sache willen mit ihm identifizierte, und um aufzuzeigen, daß seine Sache wirklich und wahrhaftig eine verlorene Sache war, spielte ich die Rolle des bösartigen Richters seiner Susanna doch nur, um besser als guter Richter dieser *Susanna* erkannt und anerkannt zu werden. Ohne mir den geringsten Widerstand entgegenzusetzen, hat er sich in Stücke gerissen, um mir zu gefallen, hat sich den geringsten Suggestionen gefügt, sich allen meinen Launen gebeugt, sich in die Klemme begeben, sich geteilt, hingelegt, mitten durchgeschnitten und kastriert wann und wo es mir genehm war. Nur einem hat er sich verweigert: er ist vor mir nicht auf sein Angesicht gefallen wie Nebukadnezar vor Daniel. Dabei habe ich seine Analyse zu Ende geführt, und zwar glänzend. Seine ganze Wahrheit habe ich gesagt, und nichts als sie...

Seine Analyse? Dummes Zeug! Seine Wahrheit? Unsinn!

Er war es, der die ganze Zeit den Platz des Analytikers innehatte – ohne einen Ton zu sagen, durch sein Schweigen selbst. Und seine Wahrheit war die meine, die er mir bis zum

79. *Matthäus* 7, 13.
80. *Ibid.*, 15.

Schluß verheimlicht hat. Was verbirgt er mir dort, wo er ist, und wo er nichts sieht, da er die Augen schließt, während er mir dieses Tor öffnet, mir, der ich mich hier, wo ich bin, brüsten kann, alles zu sehen, was in dem Garten oder gar in seinem Kopf verborgen ist, alles beurteilen und über alles die Wahrheit sagen zu können, da ich doch alles mit den erleuchteten Augen eines neuen Daniel sehe, alles – nur eben nicht das, was mich angeht und mir diese Wahrheit als die meine zurückgibt, meine Wahrheit als schlechter Richter und falscher Prophet, die sich hinter seinem Rücken verbirgt?

Ja, dort verbirgt sie sich: hinter dem Alten. Und wie zufällig verbirgt er sie mir ausgerechnet, indem er mir das Tor öffnet, indem er mir gewissermaßen bedeutet: schau, mach die Augen auf, sieh es dir an, dieses köstliche Schauspiel. So verdeckt er sie mir, und so läßt er mich vergessen, daß er sie verdeckt. So macht er mich blind und läßt mich vergessen, wie blind ich in Wirklichkeit bin, wenn ich behaupte, alles zu sehen und kraft meines Wissens alles, was ich sehe, durch mich und mit mir Sinn annehmen zu sehen; weil ich alles begreife, erfasse ich alles, entgeht mir nichts, lege ich Hand an alles, was dieses Gemälde enthält: *Susanna*, von Tintoretto.

Hinter dem Alten, dessen Hände man nicht sieht – verborgen, auf einem Sockel, aus Stein, ohne Arme –, *ist* eine Statue. Ich bin mir ganz sicher: die Symmetrie verlangt es. Aufrecht am linken Pfosten des Grünbogens, stellt sie das Pendant zu der anderen Statue dar, die sich vor meinen Augen am rechten Pfosten erhebt. Aber sie entspricht auch jener, die auf der linken Seite den Abschluß des Kreuzgitters bildet.

Ein Terminus. Der *dritte*. Eine Art Mann oder eine Art Frau? Unmöglich zu entscheiden. Doch eines ist gewiß: versteinert, gefesselt, verstümmelt, starren seine blinden Augen geradeaus, zu mir, dem der Blick auf ihn verstellt ist.

Mir ist er unsichtbar. Wie ein Schirm steht das Spiegelbild des Alten zwischen mir und ihm. Damit er für mich sichtbar würde, müßte der Alte auf sein Angesicht fallen und mich als guten Richter und großen Propheten anerkennen. In meinem Glauben, dies von ihm erwarten zu dürfen, habe ich eben noch geträumt, er täte es. Doch das, was ich sähe, wenn er mir meinen Traum erfüllte, wäre mein Alptraum. Ebenso quälend wie der, den der König der Könige schleunigst vergaß, als er bei Tageslicht die Augen aufschlug.

Denn wessen unerträgliche Wahrheit könnte dieser dritte Terminus wohl repräsentieren, wenn nicht meine? Und wem könnte er sie offenbaren, wenn nicht mir, der ich rede und rede? Die beiden anderen haben längst ihre Verwendung gefunden. Dieser hier hat seine Stunde abgewartet. Den Moment, in dem ich ihn, mich am Ende meiner Analyse wähnend, gerade im Begriff, meinen Triumph zu genießen, plötzlich auf die Bühne kommen und sich im Hintergrund aufstellen sähe wie das steinerne Standbild des Komturs vor Don Juan. Aber Don Juan fürchtet sich nicht. Sganarell schon. Er ist ein Feigling. Er will fliehen.

Ein Verführer wie der eine, jedoch feige wie der andere, würde ich mich für die Flucht entscheiden, wenn sie nur möglich wäre. Lieber tausendmal meinen Traum vergessen, nichts von dem wissen, was mich angeht, mich weiterhin in Hinblick auf mich selbst in Illusionen wiegen. Ja, aber ich sitze schon im Boot. Es ist zu spät. Ich weiß, was ich nicht, wovon ich nichts wissen will: ich bin der König Nebukadnezar vor Daniel. Na schön. Seien wir gute Verlierer. Da ich vor *Susanna und den beiden Alten* unbedingt den Daniel spielen wollte, spielen wir das Spiel zu Ende. Möge der Deuter sich selbst deuten, nachdem er die anderen gedeutet hat. Möge er sich widersprechen, sich ins eigene Fleisch schneiden, sich schuldig sprechen und sich seinerseits zum eigenen Henker machen. Denn sein Verbrechen ist das gleiche.

In beiden Fällen trägt das Opfer – eine unberührbare Schönheit – denselben Namen: Susanna. Aber es handelt sich natürlich nicht um dasselbe Opfer.

Im ersten Fall ist es eine Frau namens Susanna, Tochter des Hilkijas. Familienstand: verheiratet, Ehefrau des Jojakim. Nationalität: Jüdin. Herkunft: Palästina (Juda). Wohnort: Babylon (Assyrien). Derzeit verstorben.

In meinem Fall ist es ein Gemälde namens *Susanna*. Ein Werk des Jacopo Robusti, genannt Tintoretto. Gemalt 1557 in Venedig. Maße: 146,6 mal 193,6. Derzeit im Kunsthistorischen Museum Wien (Österreich).

Anders gesagt, und mit Spinoza gesprochen, gleichen sich *Susanna* und Susanna wie das Sternbild *Hund* und das bellende Tier Hund[81]. Nur daß zu der frommen und keuschen Ehefrau Jojakims besser *treu* als *bellend* passen würde. Zumal das bellende Tier hier wohl der Hund von Richter ist, der sich, weil er sie hinreißend findet, wie ein reißender Wolf gebärdet, um sich dann, schwarz vor Ärger, daß er der Beute nicht habhaft wird, in einem häßlichen Raben zu verwandeln, der schließlich alles verliert, da er das ergatterte Stück Meister Daniel, dem schlauen Fuchs, vor die Füße fallen läßt.

Meine *Susanna* dagegen ist, auf ihre Art, ein Sternbild: ein Gravitationsfeld mit einer Sonne, umgeben von Kometenbahnen. Wie nicht anders zu erwarten, ist die, auf der mein Auge kreist, eine elliptische Bahn. In einem der beiden Brennpunkte steht ein strahlendes Gestirn, dem mich zu nähern ich nicht widerstehen kann, obwohl ich fortwährend von ihm abgestoßen werde. Mir dreht sich der Kopf. Schwindelerregend. Im anderen Brennpunkt: das schwarze Loch des Spiegels. Das macht mich wahnsinnig. Und dieser Wahnsinn treibt mich zum Verbrechen.

Zur gleichen Art Verbrechen an *Susanna* wie das, dem Susanna zum Opfer fiel, und dessen Zeuge ich durch das Gemälde werde.

Nicht daß ich, in Fleischeslust für diese dem Bade nackt entstiegen dargestellte Frau entbrannt, davon geträumt hätte, sie zu fassen und mich sexuell mit ihr zu vereinigen. Nein, die Andere, die mich quält, ist *Susanna*. Nicht eine schöne Frau, ein schönes Gemälde.

81. Vgl. B. Spinoza, *Ethik*, Frankfurt am Main 1972, 17. Lehrsatz, Anmerkung, S. 49.

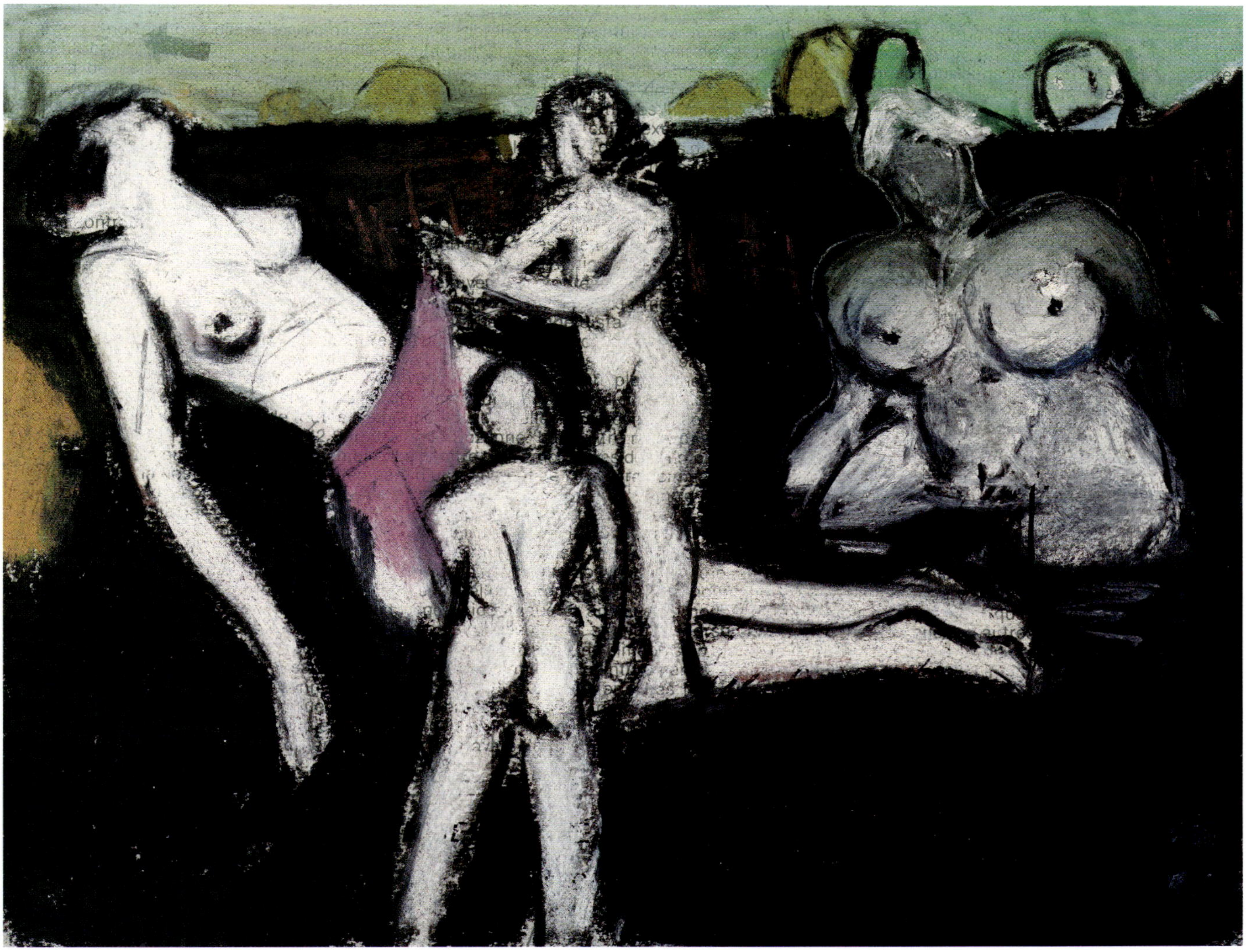

S[80] 107. *Was Susanna in ihrem Spiegel sieht*, 1989/90, Mischtechnik auf Papier, 21 x (28 x 32), Nr. 13

Als einfacher Betrachter des Schauspiels, das *Susanna* ist und darstellt, hätte ich sie in Ruhe ansehen können, befriedigt, mit dem Gefühl der reinen Freude ohne beigemischte Qual – zum bloßen Wohlgefallen, meine Augen an dem schönen Schein zu weiden, mit dem sich mich erquickt. Ich hätte einfach vor ihr stehenbleiben können, reglos, ohne ein Wort zu sagen. Oder nur: «Sie ist schön.» Ich hätte mir ein Geschmacksurteil in dem Sinne bilden können, in dem Kant es versteht, wenn er sagt: «Geschmack ist das Beurteilungsvermögen eines Gegenstandes oder einer Vorstellungsart (...) *ohne alles Interesse*»[82], das heißt, von allem abstrahierend, was dieser Gegenstand Angenehmes, Nützliches, Gutes für mich haben könnte. Nur unter dieser Bedingung ist es zulässig, daß ich von einem Gemälde nicht nur sage: «ich finde es schön», sondern: «es ist schön», absolut. Nicht nur: «mir persönlich gefällt es sehr», sondern: «es bereitet mir Wohlgefallen, weil ich annehmen kann, daß es jedem anderen vernunftfähigen Wesen wie mir Wohlgefallen bereitet».

Ja, ich hätte mich damit begnügen können, einfach zu sagen: «Das ist schön!»

Ich hätte können... Aber nein, ich konnte nicht. Dabei ist *Susanna*, wie Kant sagt, nur eine *Vorstellungsart*, die aber folgende Besonderheiten hat:

82. I. Kant, «Kritik der Urteilskraft», in: *Werke*, Darmstadt 1963, Bd. V, S. 288.

1) Ihr Inhalt selbst enthält nicht *eine* Vorstellungsart, sondern *zwei*, die miteinander verquickt sind. Ein geteiltes Subjekt (von dem ich weiß, daß es ein Richter ist) hinter einer Hecke stellt sich vermittelt über einen Spiegel (den Spiegel der Quelle) Susanna vor, die sich vermittelt über einen Spiegel sich selbst vorstellt.

2) Diese Vorstellung der Vorstellung – der Inhalt von *Susanna* – wird mir in einem optischen Bildgefüge vorgestellt, das mich anregt, mir Susanna nicht nur als ästhetischen Gegenstand vorzustellen, der mich lediglich in meiner Eigenschaft des unabhängigen Richters ohne jedes Interesse interessiert, befugt, ein Geschmacksurteil des universellen Rechts über sie zu fällen, sondern als einen Gegenstand anderer Art, der mich als interessierten und an diesem Gegenstand so sehr interessierten Richter interessiert, daß ich ihn nicht beurteilen kann, ohne parteiisch zu sein. Wer aber zugleich Richter und Partei ist, ist, um welche Sache es auch gehen mag, ein schlechter Richter. Selbst wenn er Partei für das Opfer ergreift. Und wie sollte man für Susanna nicht Partei ergreifen? Das Drama ist, daß ich, wenn ich für sie Partei ergreife, nicht nicht gegen *Susanna* Partei ergreifen kann. Und in diesem Fall bin ich nicht nur ein schlechter, sondern auch ein bösartiger Richter, darauf bedacht, sie als etwas auszugeben, was sie nicht ist, genau wie der, den ich schuldig und mitten durchgeschnitten vor ihr sehe, und der folglich die gleiche entsetzliche Zweiteilung verdient.

Und warum das alles? Weil ich vor *Susanna* meinem Begehren, meinem Trieb nachgegeben habe. Jenem *Wißtrieb*, von dem Freud in seiner Studie über Leonardo da Vinci sagt, daß er sich immer nur um ein und dieselbe ursprüngliche Frage nach dem Ursprung dreht. Eine Frage, die jedes Kind einmal stellt: Mama, wo kommen die Kinder her, wo bin ich herausgekommen, welches ist mein Ursprung, *meine Quelle*?

Diese Frage nach der Quelle würde es der Quelle nicht stellen, wenn es sich nicht von ihr getrennt fühlte. Von außen, wo es ist, kann es nach dem Innen fragen, wo es nicht mehr ist. Hier, wo ich bin, und wo ich unwohl bin, da ein unbefriedigtes, wißbegieriges Subjekt, wird sie mir fragwürdig, diese Quelle, der Ort der Anderen, in deren Schoß ich war, wohl und geborgen, als ich für sie noch jenes Objekt war, das sie erfüllen konnte. Ihr Vögelchen.

Doch wer die Quelle befragt und dabei nicht auf eine Wand stößt, an der er sich den Kopf einrennt, trifft auf einen Spiegel, der ihm statt einer Antwort das eigene Rätsel zurückgibt, damit er es alleine löst (oder anderen vorlegt, die dafür bezahlt werden). Wie der Spiegel der Quelle in *Susanna* dem Alten, der ihn befragt, das seine zurückgibt. Dem Alten, der schließlich eine Antwort findet, indem er sich im Rahmen eines Phantasmas an der Stelle des Objekts am Grunde jenes Spiegels sieht, den Susanna befragt, und in dem sie beglückt eine Antwort, eine vollauf befriedigende Antwort auf das Rätsel ihres eigenen Begehrens findet. Das Bild eines Vogels an der Stelle dessen, was ihrem Bild fehlt, erfüllt sie – in meinen Augen.

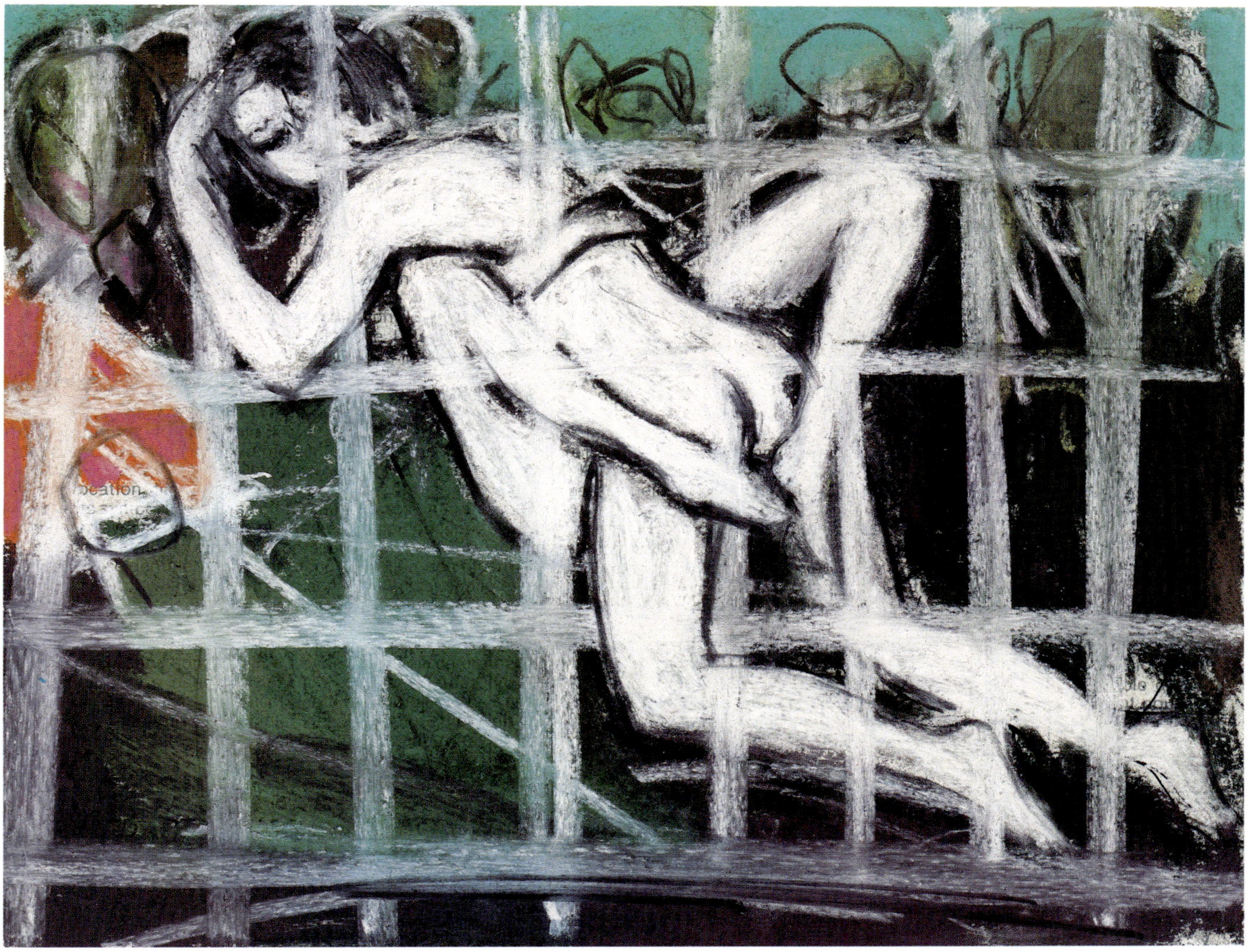

S[85] 118. *Die ganze Wahrheit über Susanna*, 1990, Mischtechnik, 1 x 21 (66 x 103) et 1 x 21 unterschiedliche Formate, Detail 1, Pastell, 28 x 32

In meinen Augen? Nein. Denn in Susannas Spiegel, wie ich ihn gemalt sehe, wird mir gar nichts vorgestellt. Und eben dieses Nichts an Vorstellung in der Vorstellung, die *Susanna* ist, hat mich im Rahmen dieses Gemäldes *etwas* suchen lassen. Etwas, was mir, als ich es endlich fand, die Befriedigung verschaffte, nicht nur das Warum des Entzückens zu verstehen, das Susannas Lippen so verführerisch umspielt, sondern auch das Warum der Faszination dessen, der sich in der Absicht, sie zu verführen, im Rahmen seines Phantasmas als ihr Entführer in Gestalt des Vogel sieht, der sie erfüllt. Eine Vision, an die er sich mit seinem ganzen Narzißmus klammert, und die mir – als zusätzliche Befriedigung – erlaubt, das Warum der Lüge (wir haben dich mit einem Jüngling buhlen sehen) zu verstehen, die, wenn man nur die Textquelle befragt, ein Rätsel bleibt, sich aber aufklärt, wenn man Tintorettos *Susanna* sieht. Durch diese Lüge nämlich – diese steif und fest für wahr erklärte phantasmatische Vision – wird das Verbrechen vollendet, dessen der doppelte Richter sich schuldig bekennet und für das er sich mit zweischneidigen Worten bestraft. Von mir befragt, erhellt *Susanna* mir die dunkle Antwort der Quelle. Meine Befriedigung ist vollkommen.

Um diese meine Befriedigung zu erlangen, mußte ich *Susanna* also befragen. Befragen? Das bedeutet, daß sie mir von außen, wo ich war, fragwürdig erschien. Fragwürdig als Vorstellung, weil ihr in meinen Augen etwas fehlte. Was? Ein Nichts: ein Bild, das sich mir im Rahmen ihres Spiegels entzog. Dieses Nichts quälte mich. Es hinderte mich, sie vollständig zu erfassen. Sie zu verstehen, sie *ihren ganzen Sinn* annehmen zu sehen. Ich habe gesucht. Mit der Lupe in der Hand den Detektiv gespielt. Ich habe sogar etwas von mir hineingelegt, und siehe, da fand ich diesen Vogel, rechts oben im Rahmen. Und nun schenke ich ihr diesen Vogel, durch den *ich sie mit Sinn erfülle*. Und ich fühle mich erfüllt, bereit, wie der andere bei den allmächtigsten Göttern zu schwören, daß diese Vision von *Susanna* die wahre ist, da sie mir ideal erlaubt, mich in ihr zu begreifen. Und ich werde dabei bleiben wie der andere bei seiner Lüge. Auch wenn sie um Hilfe schreit! Aber sie wird nicht schreien. Sie ist sprachlos. *Mir* wird man glauben. Mir, dem guten Richter, der ihrem bösen Richter die Zunge löst. Mir, ihrem Daniel.

Dir, ihrem Daniel? Aber sieh doch, wenn du es wagst, sieh dir doch an, wie du, der sich so schmeichelhaft in ihr begreift, wie du dich in ihr wiederfindest! Begriffen schon, aber von ihr inbegriffen, von ihr in die Falle gelockt und als reißender Wolf denunziert, als Lügner, Fabulierer, falscher Prophet. Du wolltest für sie sprechen? Da hast du es: nun bist du stumm. Du rühmtest dich, sie zu erfassen? Jetzt hast du keine Arme mehr. Sie zu erfüllen? Da ist er, dein Knoten. In ihren Schoß wiederaufzuleben? Aber du bist nur ein toter Mann.

Das ist die Strafe des unvorsichtigen Deuters[83]. Man spielt nicht ungestraft den großen Propheten. Man glaubt, als Gewinner aus dem Spiel hervorzugehen, und ist doch immer der Verlierer.

Wirklich? Bin ich der Verlierer? Verloren? So sicher ist das nicht. Denn auch dies gehört zu meiner Deutung.

Entweder sage ich meine Wahrheit, indem ich mich als schlechter Richter und falscher Prophet denunziere, oder ich sage sie nicht.

Wenn ich nicht meine Wahrheit sage, indem ich mich als schlechter Richter und falscher Prophet denunziere, lüge ich. Wenn ich aber lüge, indem ich das sage, bin ich in Wahrheit ein guter Richter und glaubwürdiger Prophet.

In beiden Fällen bin ich der Gewinner. Ein perverses Spiel. Das Spiel eines Perversen, der stets irgendeine Ausflucht findet, um seine subjektive Teilung zu verbergen. Der seine Zeit damit verbringt, das Monument seines Narzißmus zu verputzen. Der sich klaren Entscheidungen verweigert, weil er nichts verlieren will. Freud würde sagen: weil er die Kastration verleugnet, von der er sich sehr wohl gezeichnet weiß.

Das ist wahr. Aber trotzdem... Warum sollte man mir nicht glauben? Schließlich hat man in der Sache Leonardo doch auch Freud geglaubt. Wer außer einigen Miesmachern ist nicht auf diese Vogelgeschichte abgefahren, diesen beflügel-

83. An dieser Stelle soll daran erinnert werden, daß die Standbilder des Terminus oft mit *Hermen* verwechselt werden, ähnlich aussehenden Statuen, die Hermes, den Gott der Deutung, darstellen. «*Der Hermes ist eine männliche Figur ohne Arme, bis zu den Hüften eingeschnürt, die den Gott Hermes darstellt. Die Hermen dienen als Stützpfeiler oder Endpfosten monumentaler Gitter, oder man verwendet sie zur Dekoration von Gärten, Balustraden, Grundmauern...*», heißt es in *La sculpture, méthode et vocabulaire*, Paris 1978, S. 529.

ten Milan, der mit seinem Gefieder den Leib der Mutter bedeckt, und durch den Leonardo als Maler Antwort auf die Kinderfrage gab, die er als wißbegieriger Mann der Wissenschaft nicht aufhörte, der Welt zu stellen?

Warum sollte man ihm glauben und mir nicht? Warum sollte man seinen Milan, den er übrigens zu Unrecht für einen Geier hält, ernst nehmen, und meinen Vogel nicht? Meinen Vogel? Den Vogel, der ich bin, müßte ich sagen. Den Deuter-Vogel, der alles sieht und das Verborgene erahnt. Der das geistige Licht über der Finsternis symbolisiert. Der des Nachts, wenn alle schlafen, die Lektion aus der Geschichte des Tages zieht. Der der unzertrennliche Begleiter der göttlichen Athena ist, ihr heiliges Tier: die Eule, der griechische Vogel *par excellence*. Seht ihn euch an. Seht mich an. Bin ich dort oben nicht genau am richtigen Platz, am Ausschnitt, um meiner *Susanna* ihren ganzen Sinn zu geben?

Eine Eule? Habe ich es nötig, Eulen nach Athen zu tragen? Mein Gott, das ist doch eine Elster!

Die Elster

Eine Elster. Ein Rabenvogel. Aus der Familie der Raben, und wie sie ein Schwarzrock – ich weiß wohl –, aber *trotzdem* mit ein bißchen Weiß: so sieht der Vogel auf dem Gemälde aus. Halb Rabe und halb Taube? Eine weiße Taube – Symbol des Heiligen Geistes – im Gewand eines Raben? Oder ein Lästermaul, das versucht, sich als Himmelsbote auszugeben? Ein Vogel jedenfalls, der *seinen Mantel nach dem Winde trägt*: eine Elster...

Um sich über jemanden lustig zu machen, der sich einer ungeheuren Entdeckung brüstete, sagte man früher: «*Er hat die Elster im Nest gefunden.*» Und da die Elster oben in den Wipfeln hoher Bäume nistet, bedeutete «*im Nest der Elster sein*», den höchsten Aufstieg, den höchsten Grad an Rum und Reichtum erlangt zu haben.

Wenn dem so ist, wenn es eine Elster ist, die ich im Nest gefunden habe, und wenn ich die Elster bin, steht mir ein tiefer Fall bevor. Denn sie hat einen schlechten Ruf, die Elster. Mit Adleraugen späht sie durch die Zweige, an allem interessiert, was schimmert oder glänzt, und natürlich ist es Schmuck, was sie begehrt. Der Schmuck der anderen. Insbesondere der, den die Damen tragen, sei es, um ihre eheliche Treue zu bezeugen – in diesem Fall sind es Ringe –, sei es, um vor dem Spiegel schön zu sein und ihrem Liebhaber zu gefallen – in diesem Fall sind es eher Perlen: Margareten, und auf sie ist die Elster besonders erpicht. Sie wartet auf die erste Gelegenheit, die Diebin, um sie wegzustehlen und sich anzueignen. Das ist sicherlich der Grund, warum sie, als übles Subjekt mit dem Objekt identifiziert, das ihr Begehren verursacht, den Rufnamen Margot trägt. Bei La Fontaine[84] zum Beispiel:

> *«Der Aar, der Lüfte Fürst, und die Elster*
> *[Margot (...)*
> *überflogen einst ein Stück Heide.*
> *Der Zufall will's, daß an entleg'nem Ort sie*
> *[sich treffen...»*

Und in dem Glauben, Seiner Hoheit zu gefallen, beginnt die Elster

84. La Fontaine, Fabel XII, 11: *L'aigle et la pie* (Der Adler und die Elster).

zu plaudern. Und zu schwatzen, denn geschwätzig ist sie auch, vor allem die einäugige Elster. Aber sie ist nicht nur geschwätzig: sie lügt und lästert obendrein. Verleumderisch wie ein Bazile, dessen Gewand sie trägt. Aber schlimmer noch als er, da sie die Unschuld vom Lande mimt. Eine Doppelagentin, die behauptet, alles gesehen zu haben, am Hof wie in den Gärten. Und die sagt, das seien ja schöne Geschichten, die sich da im Spiegelsaal... Und erst im Garten... Kaum eine Stunde sei es her, daß sich bei dem rechteckigen Becken, hinter einem Taxus oder einem...

Aber der Meister schneidet ihr das Wort ab:

> *«Leb wohl, Klatschmaul, da kein Gehör für*
> *[deine Stimme*
> *an meinem Hof zu finden ist:*
> *Solche Naturen sind zu schlimme!»*

sagt er und läßt sie stehn.

Das hat gesessen, jetzt hat sie es dir heimgezahlt, wird man mir sagen. Doch wer das glaubt, der kennt mich schlecht. Eigentlich bin ich schon unterwegs. Ich fahre nach Venedig. Das *Danieli* sucht einen Privatdetektiv, habe ich mir sagen lassen. Eine Goldgrube. Und alles für mich. Her mit den Ehebrechern, *in flagranti* werde ich euch erwischen, selbst unter Frischvermählten. Ganz abgesehen von den Museen. Und den Gondelfahrten. Ich werde euch das erzählen... Auf bald!

– Moment! Und der dritte?

– Der dritte?

– Der dritte aus dem *Geheimnis des Einhorns*. Drei Brüder vereint... Der erste: der Grieche, der die «Geschichte der Susanna» schrieb. Der zweite: der venezianische Meister der Wiener *Susanna*. Und der dritte? Da fehlt doch einer...

– Prêtre? Oh! Der ist weit weg von hier. Es ist lange her, daß er die Schatzinsel entdeckt hat...

– Und das Geheimnis? Hatte er den Schlüssel?

– Möchte man meinen.

– Durch was für ein Wunder?

– Kein Wunder. Er hat gesucht, mit dem Pinsel in der Hand. Und er hat gefunden.

– Aber was?

– Holt ihn ein, dann werdet ihr's erfahren.

– Wie denn? Über welchen Weg?

– Ihr habt die Wahl. Für mich kommt jedenfalls nur eins in Frage: ab durch die Mitte!

– Was, du läßt uns einfach stehen?

– Ich habe euch wirklich genug erzählt. Schluß jetzt. Ich gehe. Ich mache die Mücke, wie man so sagt. Ich räume das Feld. Nichts in den Händen, nichts in den Taschen. Ciao! Und viele Grüße an Susanna.

La Castafiore: *«Himmel, mein Geschmeide!»*

Ich kann nicht vergessen...

Der Vogel ist davongeflogen. Was ist geblieben?

Susanna. Aber was von Tintorettos *Susanna* ist in Prêtres *Susanna mit Spiegel für Tintoretto* geblieben? Susanna vor ihrem leeren Rahmen in einem leeren Rahmen.

Allein. Endlich allein? Leider allein? Der Rand ihrer Augenlider ist gerötet. Hat sie geweint? Wird sie weinen? Daß sie Ströme von Tränen vergossen hat, ist gewiß: man hat ihr soviel zuleide getan! Man hat sie gekränkt, verleumdet, mit Scham bedeckt, als Ehebrecherin geschmäht, mit dem Finger auf sie gezeigt und zur Hinrichtung geschleift... Aber das alles ist vorbei, endgültig vorbei, der gnädige Gott hat sie gerettet. In Zukunft kann sie ruhig baden, ohne Furcht. Kein Lebewesen mehr am Horizont. Keine Menschenseele, niemand. Wo sollte man sich auch verstecken, um ihr aufzulauern, seit das, was ihr üppiger babylonischer Garten war, nur noch ein wüster, verlassener Orient ist? Ein Vorort von Nirgendwo im Licht der Apokalypse?

Verflüchtigungen

Sollte dies das wahre Paradies sein? Dieses Stilleben ohne Künstlichkeit, ohne irgendeine Illusion, ja sogar ohne die Quelle einer Illusion, ohne Becken und Spiegel und ohne das, was am Grund dieses Spiegels als das Bild des...

> *«Nein laß!... Laß dies in Frieden, laß die [Reminiszenz!*
> *Du finstere, du Lilie! Du düster-himmel- [haft!»*

Der Vogel ist fort, Susanna, davongeflogen.

> *«Doch wie, wär er gekommen, hätts weich ihn [hier empfangen!*
> *Denn ich, ich Jungfrau lag hier, ich lag mit [Gliedern schlanken.*
> *im Schatten, hingegeben, geopfert, darge- [bracht. (...)*
> *Inmitten meiner Arme, da wandelte ich mich [(...).*
> *Mein Name: welche Muschel nennt neu ihn [welchem Ohr? (...)*
> *Die meinen tiefen Schlaf beraubt um seinen [Sinn?»*[85]

– Wer hat dich um den Sinn beraubt? Es war der Vogel, keusche Susanna, derselbe Vogel, der ihn dir gegeben hatte, indem er das verlorene Objekt, das er dir zu sein und zu erstatten schien, bei seinem wahren Namen nannte. Weine, Susanna! Er wird nicht wiederkommen. Solange er bei dir war, konntest du träumen, dir in deinen Augen als die Verkörperung der Einen zu erscheinen. Der Einzigartigen, der Ursprünglichen. Der Allerersten, der Ersten von allen. Von nun an wirst du immer nur die Zweite sein. Eine glänzende Zweite, gefolgt von einer Serie anderer. Doch eben nur die Erste der Zweiten.

Der Vogel ist davongeflogen. Du wirst um ihn trauern müssen...

Die Trauer ist kein Zustand, sondern eine Arbeit, lehrt uns Freud[86]. Keine Tatsache, sondern ein Tun. Man hat ein Liebesobjekt verloren. Die Parze hat den Faden durchgeschnitten, der *es mit mir* verband. Soweit die Tatsache. Aber sie hat nicht jenen Faden durchgeschnitten, der *mich mit ihm* verband und noch verbindet. Das muß ich selber tun, indem ich selbst die Parze spiele. Ich muß den Toten (oder die Tote) töten, der (oder die) für mich noch lebt. Solches jedoch widerstrebt mir, und dies um so mehr, als das verlorene Liebesobjekt – das stets einen Teil Narzißmus enthält – zu einem Teil ich selber war. Ich hatte etwas von mir hineingelegt.

Wie sollte ich nun nicht den Wunsch hegen, mit diesem verlorenen Teil meiner selbst, der doch – abwesend wie anwesend – in meiner Vorstellung fortbesteht, verbunden zu bleiben? Verliere ich nicht ein wenig mich selbst, wenn ich ihn als verloren anerkenne? Obendrein ist die Trauerarbeit eine mörderische

85. P. Valéry, *op. cit.*, S. 29-31.
86. Vgl. S. Freud, «Trauer und Melancholie», in: *op. cit.*, Bd. X, S. 428-446.

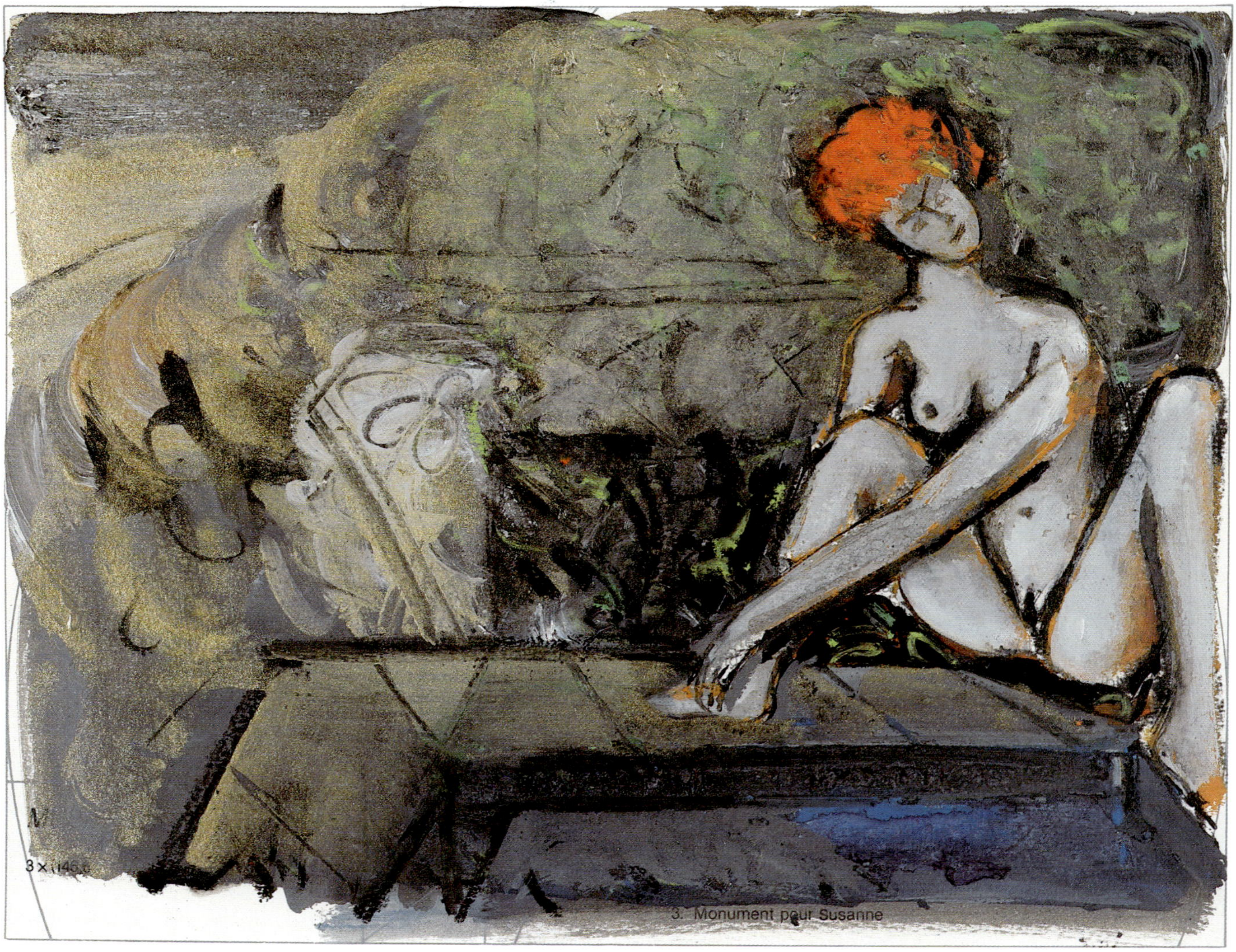

S[80] 107. *Was Susanna in ihrem Spiegel sieht*, 1989/90, Mischtechnik auf Papier, 21 x (28 x 32), Nr. 3

Arbeit, die bis zum Selbstmord gehen kann, wenn ich mich dem Objekt wie einem anderen Ich selbst verbunden fühle, in meinem ganzen Wesen mit ihm identifiziert. In diesem Fall bleibt mir nichts anderes übrig, als dem Schicksal des verlorenen Objekts zu folgen, mich mit ihm zu verlieren: melancholischer Selbstmord.

Auf Tintorettos Gemälde sieht man einen Zweig, eine Art Liane, die den in der Astgabel sitzenden Vogel, an dessen Fuß sie wie ein Faden befestigt scheint, mit Susannas Zopfgeflecht verbindet.

Auf Prêtres erster *Susanna* ist von all dem nichts mehr da. Der Baum, der Vogel, der Faden, alles ist verschwunden. Leer der Rahmen des Spiegels, in dem Susanna das Bild ihrer Bindung betrachten konnte. Kein Bild mehr in diesem Rahmen, nichts, ein Nichts an Vorstellung, an dem sie dennoch hängt, mit dem sie durch den Faden ihres Blicks hartnäkkig verbunden bleibt. Wie ich schon anfangs bemerkte, sieht alles so aus, als würde der Verlust dieser Vorstellung von ihr, der in ihren Augen und im Rahmen des Spiegels erfolgt, einen entsprechenden Verlust in unseren Augen und im Rahmen des Gemäldes mit sich bringen, bezogen auf die Vorstellung, die Tintoretto uns von ihr gegeben hat. Auch der

Strich, der die Konturen ihres Körpers zeichnete, ist weitgehend erloschen, zeichnet nur noch unvollständig diesen Körper, der selbst als oberflächliche Tünche erscheint, ein Schleier von Weiß (durchsichtige Gaze, möchte man an manchen Stellen meinen), von demselben Weiß wie ihr Schleier, der das Bild ihres Körpers mit Schleiereffekten – im photographischen Sinne des Wortes – überzieht.

Fast sähe ich von ihr statt des Bildes, das meinen Augen bei Tintoretto so voll zur Illusion gereichte, nur noch jenen vagen Widerschein der Sache selbst, den der Alte im Rahmen des Beckens entdeckt, und den ich als weißlichen Fetzen im Rahmen des Spiegels zu erahnen glaubte. Gewiß gibt Susanna, gemalt von Jean-Claude Prêtre, in meinen Augen noch ein *Bild* ab, aber es scheint, als täte sie es widerstrebend. Und wenn sie sich noch weiß wie eine Lilie zeigt, tut sie es ohne Illusionen und ohne noch irgend jemandem Illusionen machen zu wollen. Abgesehen von der blaß schimmernden Träne an ihrem Ohr trägt sie keinen Schmuck mehr. Und selbst wenn sie als weiße Blume aufersteht, ist sie virtuell abwesend von jedem Strauß, bereit, sich gegebenenfalls in das zu verwandeln, was von einer Blume übrigbleibt, wenn sie verschwunden ist: ihren Duft. Etwas nüchterner würde ich sagen, daß sie sich in Gestalt eines Körpers zeigt, der im Begriff ist, in einen gasförmigen Zustand überzugehen. Sich zu verflüchtigen. In der Sprache der Chemie nennt man diese Art Verflüchtigung Sublimation.

Von allen Bildern, die Tintorettos *Susanna* enthielt, ist Susanna natürlich nicht das einzige, das sich verloren hat. Der Vogel, der keine Zuflucht mehr im Spiegel fand, ist davongeflogen und hat auf seinem Flug nicht nur Susannas Schmuck entführt, sondern fast alle Reichtümer des Bilderschatzes, den Tintoretto so meisterhaft in seine *Susanna* eingeschlossen hatte. Mit dem Vogel und dem Vogel gleich fliegt alles davon, verflüchtigt sich alles. Nur auf andere Art als Susanna: denn sie zersetzt und verflüchtigt sich durch Sublimation, indem sie ihre Züge, ihre Form, ihre Farben verliert. Auch die Welt um sie zerfällt, jedoch in einen Schwarm unsteter Elemente identischer Struktur, die sich verflüchtigen: bloße Striche in Bunt, gebrochene geometrische Linien, ebenfalls bunt.

Nichts ist mehr wie vorher. In der Welt der Vorstellung schlägt alles mit den Flügeln, alles verfliegt. Hier Susanna: ein Inhalt, der die Linien verliert, die ihm seine Form gaben. Dort die Umgebung: Linien, die keinem Inhalt eine Form mehr geben.

Der Spiegel als Richter

In beiden Fällen fehlt der Darstellung etwas, um das zu sein, was ein klassischer Maler unter einem *Bild* verstehen mochte: die täuschend echte Imitation einer unterstellten Wirklichkeit. Eine Imitation, die Anspruch auf solche Vollkommenheit erhob, daß sie sich mit dem Ebenbild in einem Spiegel messen konnte, der im 15. und 16. Jahrhundert gewissermaßen zum Emblem der malerischen Kunst wurde. Malen bedeutete, mit einem Spiegel zu rivalisieren. Narziß, so sagte man[87], war der Erfinder dieser Kunst. Was ist Malen in der Tat, wenn nicht der Versuch, die Wasseroberfläche einer Quelle, den Widerschein in einem Spiegel wie Narziß zu fassen? Nur daß Narziß es im Mythos vergeblich versucht. Er kann die Malerei nur erfinden, indem er akzeptiert, Trauerarbeit um die Sache selbst zu leisten und nichts zu bewahren als eine Vorstellung von ihr. Im übrigen sollte das Bestreben des Malers weniger darin liegen, ein Narziß mit Spiegel zu sein, als darin, der Spiegel des Narziß zu werden: *«Die Seele des Malers»*, schreibt Leonardo da Vinci[88], *«sollte einem Spiegel gleichen, der stets das Licht annimmt, das auf ihn fällt, und sich mit ebensoviel Bildern füllt, wie es Gegenstände vor ihm gibt.»* In seiner Eigenschaft als Spiegel vermag er dann durch seine Kunst Spiegel hervorzubringen, die, wunderbarer noch, seine Gemälde sein werden. Denn *«wenn du siehst, wie der Spiegel durch Linien und Licht und Schatten die Illusion räumlicher Tiefe erzeut, du, der du in deinen Farben Licht und Schatten findest, die in ihrer Wirkung stärker sind als die des Spiegels, wird auch dein Werk, so du sie zu kombinieren weißt, der in einem großen Spiegel gesehenen Wirklichkeit gleichen.»*

Ja, aber welcher Wirklichkeit? Gesehen von wem, mit welchen Augen, in welcher Perspektive? Und in was für einer Sorte Spiegel? Indem sie anstrebt, der in einem großen Spiegel gesehenen Wirklichkeit zu gleichen, verurteilt die Malerei sich selbst, niemals der eigentlichen, der wahren Wirklichkeit zu gleichen: der, von der Platon (der obligatorische Referent der damaligen Zeit) lehrt, daß sie sich unseren sterblichen Augen entzieht, verborgen hinter dem Schirm des Sichtbaren, dessen trügerischer Schein uns blind macht für das reine Wesen der Sache selbst, das irgendwo auf der anderen Seite jenseits des Schirms erstrahlt, erkennbar nur für die Augen des Philosophen, die Augen der Seele, nicht aber für die des Körpers. Als Widerschein einer Wirklichkeit, die selbst nur ein Widerschein ist, Schein eines Scheins, wird die Malerei, so getreu und exakt sie auch nachahmen mag, immer nur der scheinbaren Wirklichkeit einer Vorstellung gleichen.

Tintoretto, der sich besser als jeder andere in der Lage weiß, uns in Platons Höhle zu sperren, übt seine Macht in der *Susanna* als großer Meister aus. Aber als Meister, der seine Macht nicht nur demonstriert, sondern sie mit großartiger Kunst darauf verwendet, uns ihre Grenzen erfahrbar zu machen.

Seine *Susanna* ist ein großer Spiegel. Der was spiegelt?

Eine geschriebene Vorstellung, die «Geschichte der Susanna», nachträglich in den Rahmen des *Buchs Daniel* eingefügt: eine zusätzliche Quelle oder Zusatz einer Quelle, ein in dem größeren Spiegel enthaltener kleiner Spiegel, welcher das unechte, aber erbauliche Bild des kindlichen Propheten zeigt, der, obwohl noch ein Kind (oder weil noch ein Kind), die wahre Wirklichkeit einer beispielhaften Frau vor den Augen einer getäuschten Öffentlichkeit enthüllt

87. Alberti zum Beispiel (*De Pictura*, II, 26).
88. Zitiert bei P. Georgel und A.-M. Lecoqu, *La peinture dans la peinture*, Dijon 1983, S. 223 f.

– getäuscht durch den Schleier der Lüge, mit dem ein doppelzüngiger Richter und falscher Zeuge sie bedeckt hatte, nachdem sein Versuch gescheitert war, Susanna nackt zu fassen.

So steht es zu lesen, vorgestellt im Spiegel der Textquelle.

Der Spiegel, der Tintorettos *Susanna* ist, begnügt sich nicht damit, nur einen Teil, einen Moment dieser Vorstellung (in der die Vorstellung der Wirklichkeit und die Wirklichkeit der Vorstellung vermittels der Dialektik des Verhüllens und Enthüllens laufend thematisiert werden) widerzuspiegeln. Ich habe aufzuzeigen versucht, daß er sie *ganz* reflektiert, in einem einzigen Tableau. Aber er reflektiert sie nicht nur für die Augen, sondern er spiegelt auch Reflexionen wider, die mich zu eigenen Reflexionen über sie anregen: «Hat diese von einem Griechen erzählte jüdische Geschichte nicht den Stellenwert eines Apologs?» frage ich mich. Und indem ich Reflexionen über sie anstelle, reflektiere ich sie in mir: dieser Apolog erscheint mir wie das Echo auf eine andere, eine griechische Geschichte, erzählt von einem Juden. Der Jude ist Freud. Und die Geschichte die des Ödipus – lehrt mich Freud, der neue Daniel –, also auch meine Geschichte. So daß ich in dem Spiegel, den *Susanna* mir vorhält, und der mir die Geschichte der Susanna darstellt, mein eigenes Abbild gewahre: bin ich nicht im Begriff, das *noli tangere*, das der doppelzüngige Alte überschreitet, Richter und Partei (wie Ödipus) in einem Verbrechen, das er vor Gericht behandelt, ohne zu wissen, daß die Sache von vornherein verloren ist – bin ich nicht im Begriff, es selbst zu überschreiten?

Und dies ausgerechnet in dem Augenblick, in dem ich angesichts dieser Mauer aus Malerei wie vor einem Spiegel versuche, einen Blick ins Jenseits zu werfen, um das wirkliche Wesen, die Wahrheit der Sache selbst zu schauen? Doch von der Sache selbst erfasse ich nur einen eitlen Widerschein, dessen ich mich bemächtige, um über sie zu spekulieren, verloren in dem Traum, ein Verhältnis mit ihr einzugehen, obwohl es sich doch nur um eine von Grund auf perverse Beziehung handelt. Sowenig es ein Geschlechtsverhältnis gibt, kann es ein kritisches *Verhältnis* geben. Allenfalls eine *Beziehung*, die mich – wie Jean Starobinski gezeigt hat – im hermeneutischen Kreis einschließt und mich dazu verurteilt, in meiner unbequemen Lage auszuharren: in der gleichen *kritischen* Position, in der ich den Alten sehe, der vergeblich das Ohr aufsperrt (selbst wenn man ihm das Ohr eines Analytikers zuspricht) und vergeblich in den Spiegel der Quelle starrt, der immer fehlen wird – was er auch sagen mag und wie er es sagen mag und mit welchem Recht er es zu sagen beansprucht –, sich die unterstelle Wahrheit des Werks zu eigen zu machen. Die Wahrheit der Sache selbst. Die Wahrheit der Anderen: die Wahrheit Susannas, die, so gesehen, in Tintorettos *Susanna* die Malerei selbst vor ihrem Richter repräsentiert.

Aber ihr wahrer Richter ist nicht dieser unglückliche Voyeur, dieser schlechte, bösartige, verlogene, verleumderische Richter. Ihr wahrer Richter ist der Spiegel.

So sehr ein Maler, so sehr der größte Meister mit einem Spiegel rivalisieren mag, wird er doch nicht aufhören, ihn in letzter Instanz als seinen Meister zu betrachten und zu konsultieren. Daher der Rat, den Leonardo da Vinci gab: das Bild, das man von einem Gegenstand gemalt hat, stets mit dem Spiegelbild dieses Gegenstandes zu vergleichen und genau zu prüfen, «*ob beide Bilder des Gegenstands sich gleichen*».

Tintoretto gibt ihn sich und zeigt ihn mir, diesen Spiegel, den idealen Richter der Vollkommenheit seiner *Susanna*: es ist der kleine Spiegel vor Susanna, den er in den großen Spiegel, der seine *Susanna* ist, hineingemalt hat. Hinter dem Rahmen dieses Spiegels: ein Auge. Und ein Ohr. Beide verborgen: sie gehören dem schlechten Richter, der alles falsch sieht und versteht und schließlich davongeht, um Märchen zu erzählen. Alles sieht so aus, als wollte der Maler mir auf diese Weise bedeuten: du bist nicht der, den meine Susanna ruft. Du mühst dich vergebens, den Platz ihres Richters einzunehmen. Der einzige Richter, der würdig ist, ihren Ruf zu hören und ihr zu antworten, der einzige, der imstande ist, ihr Gerechtigkeit widerfahren zu lassen und sie sich selbst in ihrer ganzen Wahrheit darzustellen, ist er – dieser Spiegel. Ein Spiegel, der im Grunde sowohl für die Susanna der Malerei als auch für die in *Susanna* verkörperte Malerei ein Stellvertreter jenes Gottes ist, den die Susanna der erzählten Geschichte anruft: «*Ewiger Gott, der das Verborgene kennt und alles weiß, bevor es noch geschieht: Du weißt...*»

Der Spiegel weiß. Und er läßt es Susanna wissen. Aber was weiß er? Ich weiß nicht. Mir ist kein Wissen unterstellt, außer dem, daß er weiß. Und ich sehe, daß das, was er weiß, eine Wahrheit über Susanna ist, die mir unzugänglich bleibt, da meinen Augen in seinem unergründlichen Abgrund verborgen.

So erklärt sich der Eindruck tiefer Religiosität, ich würde fast sagen: der heilige Schrecken, der von diesem Gemälde ausgeht, obwohl es doch den Moment darstellen soll, in dem ein Verbrechen, eine niederträchtige Vergewaltigung unmittelbar bevorsteht. Die geöffnete Tür ist nicht die eines Harems, sondern die eines Tempels, der in seinem Innersten das Allerheiligste beherbergt. Und das, was sich darbietet, ist ein Mysterienspiel, so wunderbar, so feierlich, daß man auf der Schwelle wie gebannt die Augen schließt, den Kopf senkt und nicht «wie schön!» murmelt, sondern: «Das ist erhaben!»

Ein erhabenes Schauspiel, in der Tat – Susanna allein vor dem Tabernakel, das ihre Ikone enthält. Ähnlich wie die kleine Esther, auch sie eine große Verbannte, allein vor ihrem Gott:

> «*Allmächt'ger Gott, zu dir*
> *heb' zitternd ich den Blick, denn hülflos steh'*
> *[ich hier.*
> *In zarter Kindheit tat mein Vater schon mir*
> *[kund,*
> *daß du mit uns beschworst vor Zeiten einen*
> *[Bund...*»[89]

Doch der Bund ist zerbrochen. Die Arche ist leer. Das Tabernakel verwaist. Gott ist tot. Prêtre teilt es Susanna durch seine *Susanna* mit und gibt es uns durch sie zu verstehen.

89. J. Racine, *Esther*, übers. von O. Kampf, Frankfurt am Main 1879, I, 4, S. 25.

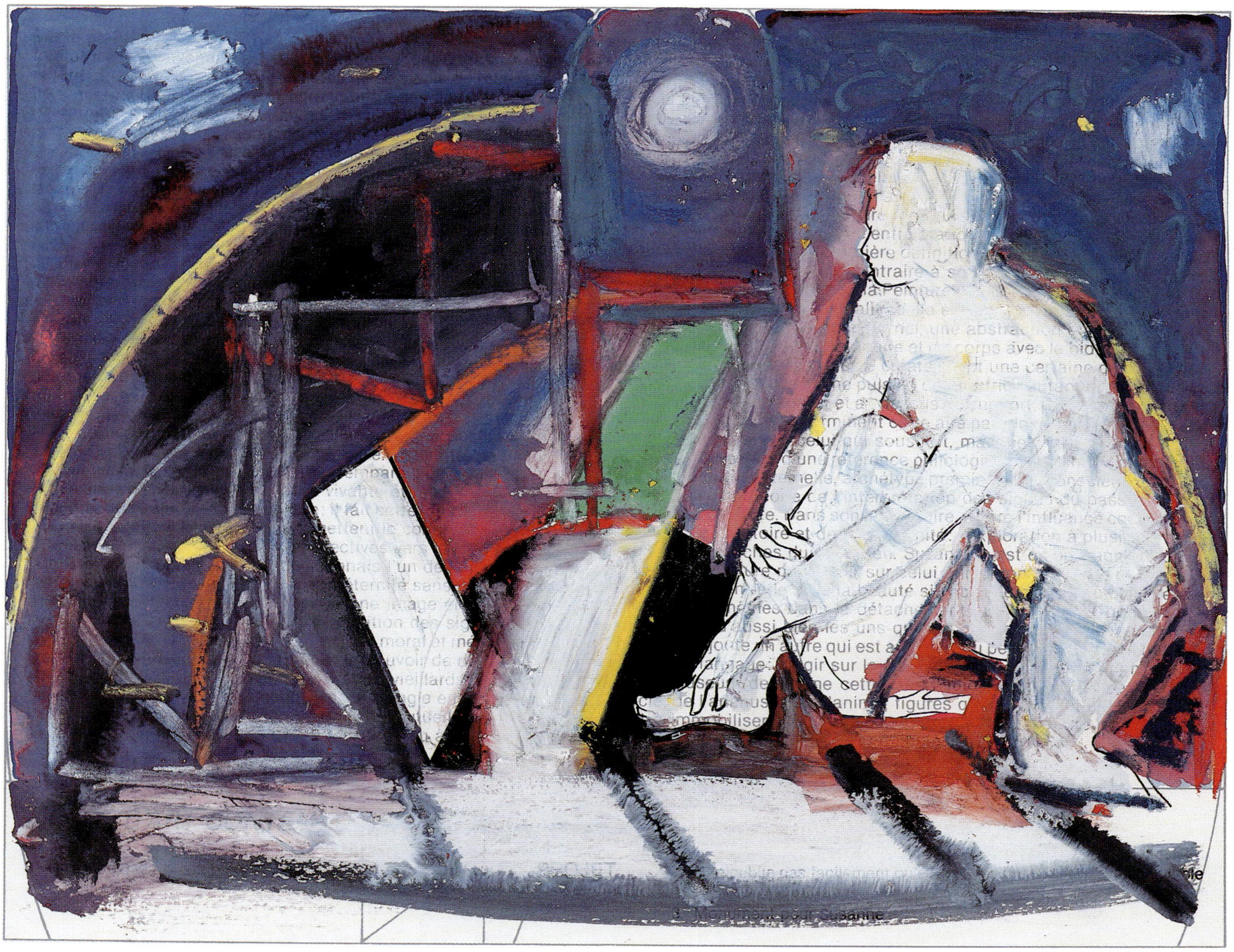

S[79] 106. *Babelisierung Susannas*, 1989/90, Mischtechnik auf Papier, 21 x (28 x 32), Nr. 4

Anders gesagt: für den Maler und in der Welt der Malerei hat der Spiegel keine Macht mehr, weder als Gott noch als Meister. Das Idol, die Ikone hat ausgedient. Die Ära der Mimesis ist vorbei. Keine Wirklichkeit, welche es auch sein und wo immer man sie ansiedeln mag – ob Ideal des Schönen, homerische Helden, Heilige oder Märtyrer, ob schlachtgekrönte Ruhmesstunden der Geschichte, holländische Kühe oder sturmbewegte Segelschiffe, ob Stilleben oder lebende Natur –, keine Realität mehr kann Anspruch auf ihre Würdigung durch ein gemaltes Ebenbild erheben. Die Repräsentation, der die Maler sich triumphierend unterwarfen, ist nicht mehr das Maß aller Dinge. Ein Traum ist geplatzt. Er ist es, den Susanna Stück um Stück davonfliegen, verschwinden sieht.

«Adieu, dachte ich, ICH, sterbliche Schwester,
[Lüge…»

Gewiß, die Nachricht war längst bekannt. Vermittelt über Velázquez hatte Foucault schon alles über das Zeitalter der Repräsentation gesagt, das Warum und das Wie des Endes ihrer Herrschaft erklärt und ihr die

S 22. 23. 24bis. *Projekt für das Museum für zeitgenössische Kunst in Montreal*, 1985, Serigraphie, 28,5 x 39 ▷

S[79] 106. *Babelisierung Susannas*, 1989/90, Mischtechnik auf Papier, 21 x (28 x 32), Nr. 19, 1, 2, 3, 20, 5, 21, 17, 9, 8, 10, 15, 16, 11, 12, 14, 13 schönste Grabrede gehalten. Prêtre weiß das wohl, aber trotzdem... Er ist Maler.

Und was malt er? Eine Art beharrliche Darstellung der unmöglichen Trauer um die Darstellung: siebenmal Susanna. Siebenmal dieses Bild – das Bild der Malerei selbst als Repräsentation –, das sich nach und nach im Rahmen leerer Bilder verliert und auf dem Susanna doch nicht abläßt, die Leere jenes Rahmens zu fixieren, in dem das Bild ihres Traums gewesen war. Durch den Faden eines Blicks mit ihm verbunden, nur durch diesen Faden noch am Dasein hängend, möchte man meinen, aber eben noch an ihm hängend. Gläubig gegen alle Vernunft, unbeirrbar treu ihrem totgesagten Gott, der sie nach seinem Ebenbild erschaffen hat.

Liegt sie im Sterben? Unmöglich:

> «*Vergebliches Warten, vergeblich... Sie kann [nicht sterben,*
> *die vor ihrem Spiegel weint, um sich zu [rühren...*»

Und schließlich, bei der siebten (es ist die Malerei, die spricht):

> «*Geheimnisvolle ICH, doch lebst du noch!*
> *Der dünne Faden, blindlings verfolgt, der dir*
> *zurückgeführt das Leben an dieses Ufer hier.*»

Sie lebt wieder. An einem anderen Ufer. In einer anderen Welt, in der ihr Spiegel sich ihr immer noch in Form einer etwas deformierten Raute darbietet, aber diesmal als ein weißer Schirm.

Eine weiße Leinwand. Ja. Aber *tabula rasa*, um von nun an ungestraft alles, egal was und egal wie, auf diese Wand zu malen? Nein.

Susanna erfüllen

In Prêtres *Susanna* Nr. 1 bis 7 sah ich das Ende einer Welt, repräsentiert in sieben Bildern, die zu betrauern ist. Das Ende dieser Welt der Repräsentation ermöglicht die Genese einer anderen, in der Susanna – in Frage gestellt als Bild eines Gemäldes, welches das Bild in Frage stellt – ein neues Leben lebt. Doch bei Prêtre wie in der Bibel läßt das Neue das Alte nicht vergessen. Ganz im Gegenteil. «*Ihr sollt nicht wähnen, daß ich gekommen bin, das Gesetz oder die Propheten aufzulösen; ich bin nicht gekommen aufzulösen, sondern zu erfüllen*»[90], sagt das Evangelium. Wie aber soll man der Serie von Jean-Claude Prêtre gerecht werden? Ich schlage Folgendes vor: indem er das, was in Tintorettos *Susanna* prophezeit wird (vier Akte zuzüglich eines fünften in einem einzigen Bild), aufzulösen scheint, *erfüllt* er es (ein und derselbe Akt, der sich in 121 Bildern wiederholt).

Er erfüllt *Susanna*. Damit meine ich keineswegs, daß er sie im Sinne einer Vollendung fertigmacht. Und erst recht nicht, daß er sie fertigmacht, wie man Leute fertigmacht. Prêtre gehört sicherlich zu den von Malerei Besessenen. Aber nicht, daß er sich für einen neuen Frenhofer hielte. Und auch nicht, daß er wie manche Fanatiker in die Museen ginge, um einer Mona Lisa die Augen auszustechen oder Madonnen aufzuschlitzen. Wenn ich sage, daß er *Susanna* erfüllt, meine ich, daß er sie entwickelt, daß er erklärt, was in ihr steckt, was sie impliziert. Er verwirklicht ihre Möglichkeiten, aktualisiert,

90. *Matthäus* 5, 17.

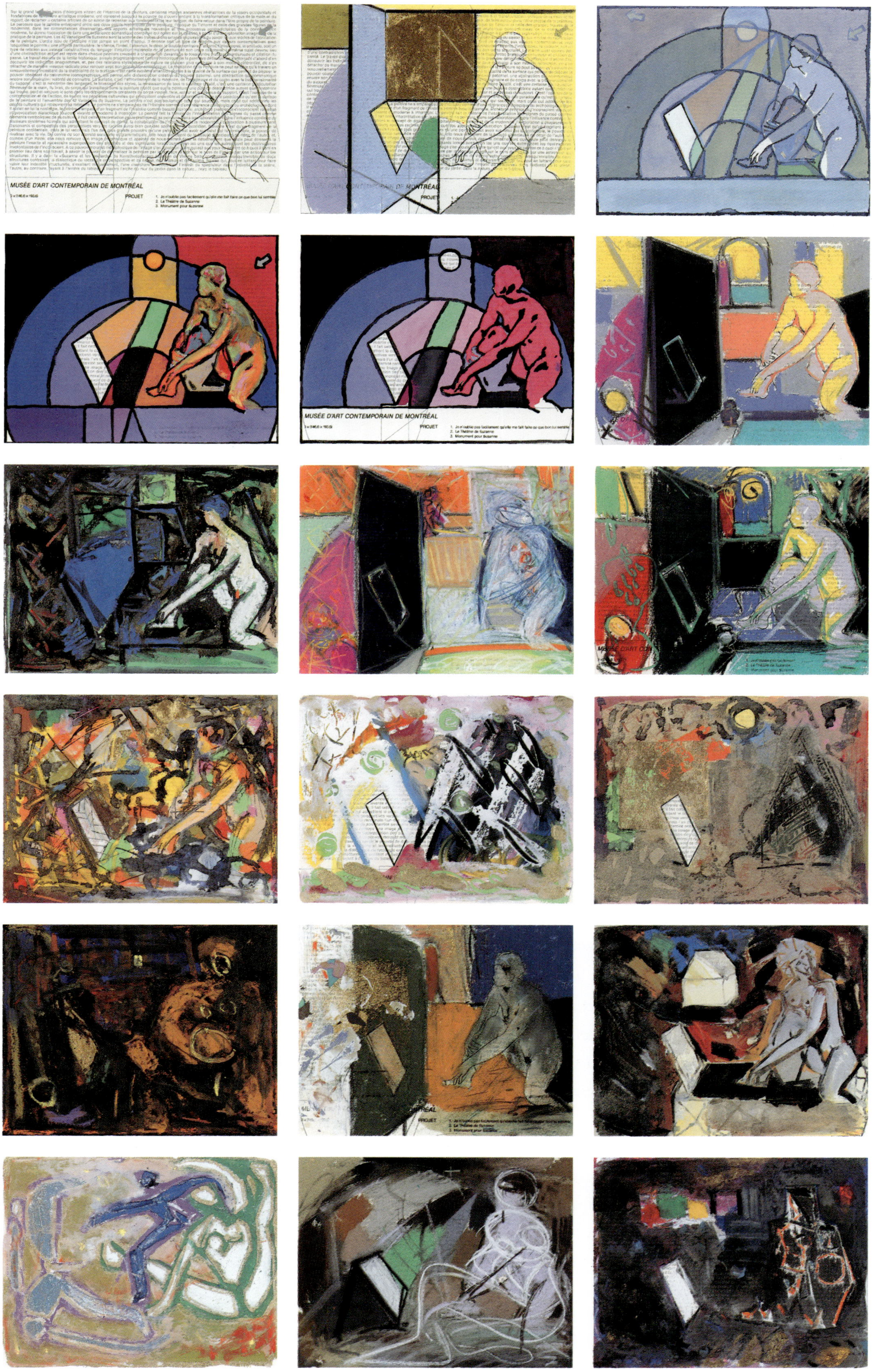
MUSÉE D'ART CONTEMPORAIN DE MONTRÉAL
PROJET
MUSÉE D'ART CONTEMPORAIN DE MONTRÉAL
PROJET

was virtuell vorhanden ist. Er setzt sie in Bewegung. Er versetzt sie in die Zeit, die vergänglich ist, und die besagt, daß die Vergangenheit die Gegenwart für eine Zukunft determiniert, in der nichts mehr ganz genauso sein wird wie zuvor, ohne darum ganz neu zu sein. Er führt Susanna wieder in die Geschichte, und er führt sich in ihre Geschichte ein.

Das Erhabene an der Wiener *Susanna* ergibt sich aus der Spannung einer schwebenden Bewegung, aus dem Eindruck, daß man schon nicht mehr dort ist, wo man noch gar nicht ist, aus dem Gefühl eines unsicheren Gleichgewichts, flüchtig und bedroht wie ein Spiegelbild im Wasser – wie der Vogel auf dem Ast. Ein Nichts, so möchte man meinen, könnte den Anstoß geben, daß alles anders wird, daß die Dinge sich zutragen, wie es geschrieben steht, daß sie sich in der nächsten Sekunde zutragen werden.

In *einer* Sekunde. Es ist *weniger eine*, aber die nächste, die unmittelbar bevorsteht, läßt immer auf sich warten. Und wenn sie auf sich warten läßt, so weil alles schon vollbracht ist, oder vielmehr – denn hier muß man wohl in der Gegenwart sprechen –, weil alles in diesem nicht enden wollenden Augen-Blick vollbracht wird. Ein Innehalten vor dem Bild, durch das Bild, in dem Bild. Als bedürfte es einer Ewigkeit, um das zu verstehen, was sich hier und jetzt zeigt, als schöbe es den Augenblick des Schließens um wer weiß wie viele Lichtjahre hinaus. Des Schließens jener Tür, die der Alte uns zu diesem Garten der Wonne und der Qual geöffnet hat – der Alte, der nicht sterben will und uns doch mit gesenktem Kopf zu sagen scheint: «es wird gebeten, die Augen zu schließen», während er uns gleichzeitig einlädt, mit offenen Augen zu schauen, wieder und wieder.

Auf Susanna zu schauen, glückselig und ernst vor diesem Spiegel, der den geheimnisvollen Schwerpunkt des Gemäldes bildet, den Rahmen, an dessen Grund das Geheimnis seines wunderbaren Gleichgewichts zu ruhen scheint. Man spürt genau, daß Susanna dieses Gleichgewicht ohne ihren Spiegel – wie in der Geschichte ohne ihren Gott – nicht lange würde halten können, daß sie zu leicht wöge gegen die, die da sind, die sich irgendwo hinter etwas verbergen, die sie heimlich beobachten und ihr auflauern, fest entschlossen, um jeden Preis mit ihr zu machen, was ihnen beliebt. Aber der Spiegel ist ihre Festung und ihr Quell. Ihre Verzükkung selbst bestrickt die Lüsternen, zwingt sie in ihre Posen, hält sie auf respektvolle Distanz. Hände weg, Augen auf! wie man zu Kindern sagt.

Prêtres *Akt* besteht darin, daß er es gewagt hat, Hand an den Spiegel zu legen. Um ihn zu leeren. Indem er das tut, setzt er die ganze Spannkraft frei, die Tintoretto in die großartige Blickfalle, die sein Gemälde ist, hineingelegt hat. Und schon sieht man…

«So wie man es in den Grotten und den Fontänen in den Gärten unserer Könige sehen kann, daß allein die Kraft, mit der das Wasser sich bewegt, wenn es aus der Quelle entspringt, hinreicht, um dort allerhand Maschinen in Bewegung zu versetzen oder sogar einige Instrumente spielen oder einige Worte aussprechen zu lassen, je

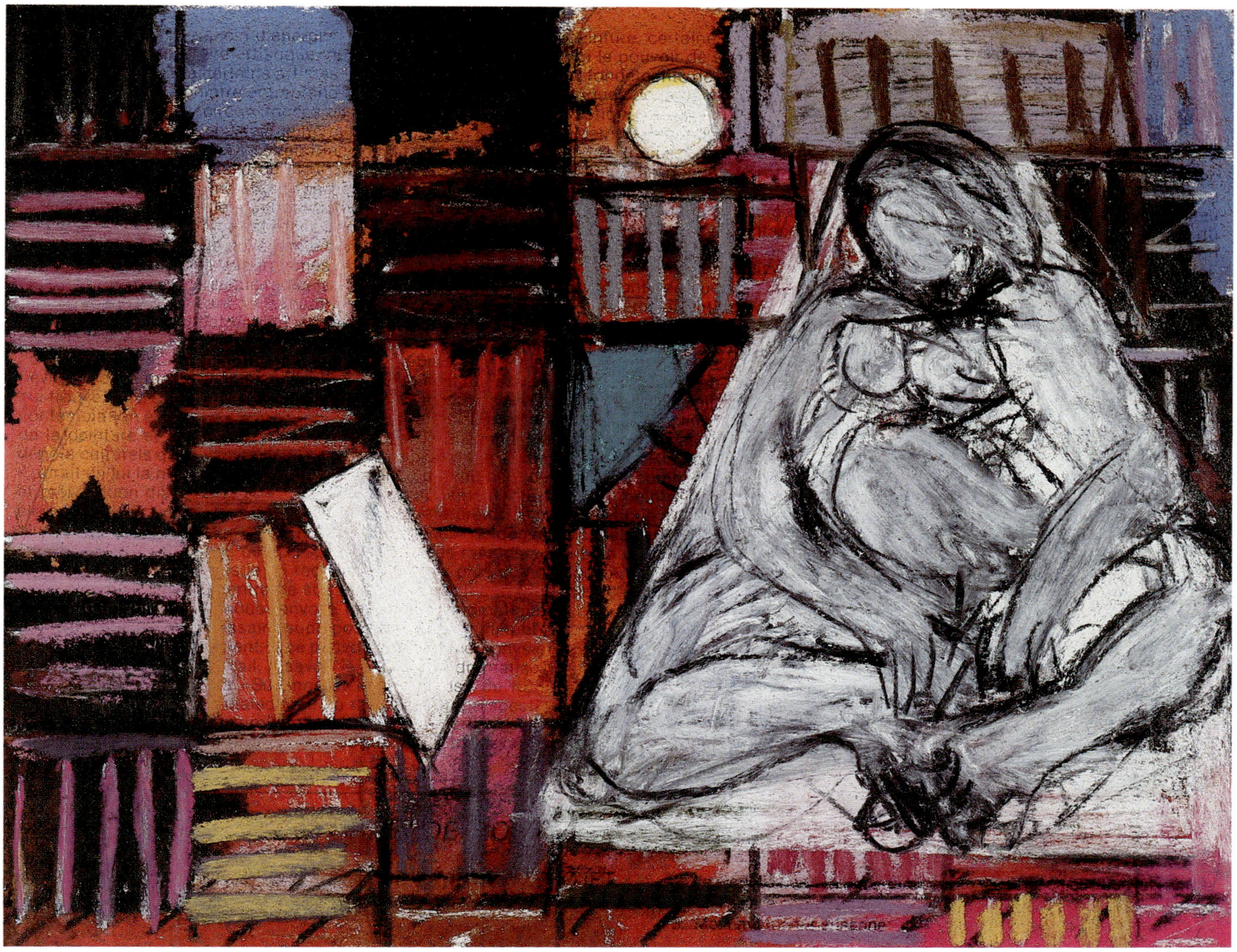

S[80] 107. *Was Susanna in ihrem Spiegel sieht*, 1989/90, Mischtechnik auf Papier, 21 x (28 x 32), Nr. 8

nach der verschiedenen Anordnung der Röhren, durch die das Wasser geleiten wird», schrieb Descartes 1633 in seiner Abhandlung *Über den Menschen*, in der er unsere eigene «Maschine» mit einem dieser wunderbaren hydraulischen Automaten vergleicht. *«Die Objekte der Umwelt, die allein durch ihre Anwesenheit auf die Sinnesorgane einwirken und sie (unsere Maschine) dadurch veranlassen, sich auf verschiedene Weise zu bewegen, ... sind wie Besucher, die bei ihrem Eintritt in einige Grotten mit diesen Fontänen, ohne daran zu denken, selbst die Bewegungen verursachen, die sich da in ihrer Gegenwart abspielen: denn sie können dort nur über bestimmte Steinfliesen eintreten, die durch ihre Lage verursachen, daß eine badende Diana, der sich die Besucher nähern, sich im Schilf versteckt. Und dringen sie weiter vor, um sie zu verfolgen, dann verursachen sie, daß ein Neptun auf sie zukommt und sie mit seinem Dreizack bedroht. Oder wenn sie in irgendeine andere Richtung gehen, veranlassen sie, daß dort ein See-Ungeheuer hervortritt, das ihnen Wasser ins Gesicht speit oder ähnliche Dinge, je nach dem Übermut des Technikers, der sie (die Fontänen) erbaut hat. Und wenn schließlich eine vernunftbegabte Seele in dieser Maschine sein wird, wird sie ihren Hauptsitz im Gehirn haben und dort wie der Quellmeister sein, der den Verteiler, an dem alle Röhren dieser Maschine zusammenkommen, bedienen muß, wenn er in irgendeiner Weise ihre Bewegungen beschleunigen, verhindern oder ändern will.»*[91]

Die Maschine ist *Susanna*. Der Techniker: Tintoretto. Und der Quellmeister: Jean-Claude Prêtre. Nur daß Descartes in diesem Quellmeister seine *vernunftbegabte Seele* nicht wiederfinden würde. Eher die Seele eines Kindes. Nicht die des Quellmeisters, sondern die seines Sohnes. Ein neugieriges Kerlchen, allzu neugierig, wie Kinder es in diesem Alter sind. Der Vater ist abwesend oder schließt die Augen. Und da steht es nun, das Wunderding, und rührt sich nicht, dort, gleich neben der Quelle, von der es heißt, daß die bloße Kraft ihres Wassers genügen soll, es in Bewegung zu versetzen. Wie sollte man da nicht in Versuchung kommen, sich leise heranzuschleichen, nur um ein bißchen zu spielen, um zu sehen...

Und was man dann sieht...

Ein Band wäre nötig, um es in angemessener Weise zu beschreiben und zu analysieren. Ich möchte nur sagen, daß das ganze von Tintoretto so kunstvoll konstruierte Bildgefüge in Bewegung gerät und sich belebt. Seine wichtigsten Bestandteile, die vertikalen, horizontalen, schrägen Ebenen – transparente, undurchsichtige, durchbrochene, schillernde Flächen –, verrutschen, gleiten ab, kippen um, schieben sich übereinander. Die Perspektive geht verloren. Rund um das Parfümfläschchen, das die Rolle einer *Laterna magica* spielt, finden Revolutionen statt: der Imagination entspringen andere Gärten, bewässert von anderen Quellen, die andere Himmel spiegeln, und bepflanzt mit anderen Gewächsen, die lieblichere oder herbere Düfte verströmen. Doch Susanna nimmt unbeirrt ihr Bad...

Mag der Hintergrund in den Vordergrund rücken, das Kreuzgitter enger werden oder die Struktur von Mückenaugen unter einem Mikroskop annehmen. Mag die Hecke sich wieder schließen, gespickt mit seltsamen Blumen, die statt Blütenkronen Löcher haben. Ich weiß, Susanna ist da, irgendwo, vor ihrem Spiegel...

Sie verschwindet unter Ergüssen von Acryl? Nur um besprenkelt mit allen Regenbogenfarben wieder aufzutauchen. Ob sie sich schattenhaft vor Rolläden, Jalousien oder Paravents abhebt, ob sie sich unter Gazen oder Spitzen mit Luftlöchern durchsiebt, ob sie sich zwischen Falten aus feinstem Damast oder hinter Vorhängen aus Pfauenfedern verbirgt, ob sie sich halb mit goldenen oder ebenhölzernen Schachbrettern bedeckt, ob sich sich in Metamorphosen oder in Anamorphosen zeigt, in Lang oder in Breit oder nur stückchenweise, ob sie sich mondrianisiert, baconisiert, artnegrisiert, japanisiert, kandinskysiert, ob sie sich matissiert, manetisiert, picassiert oder sich à la Klee darbietet... Irgendwo ist sie da, Susanna, vor ihrem Spiegel.

Immer dieselbe, immer eine andere. Nacheinander oder gleichzeitig. Triptychon. Polyptychon. *Panoptikum*: das Schauspiel, das Tizian dem König von Spanien versprach, wird vorgeführt, auch wenn wir nur als erste Kammerdiener eingeladen sind, gehalten, es von außen zu betrachten, durch ein Knopfloch, das sich glücklicherweise in dem Stoff befindet, aus

91. R. Descartes, *Über den Menschen*, übers. von K. E. Rothschuh, Heidelberg 1969, S. 56 f.

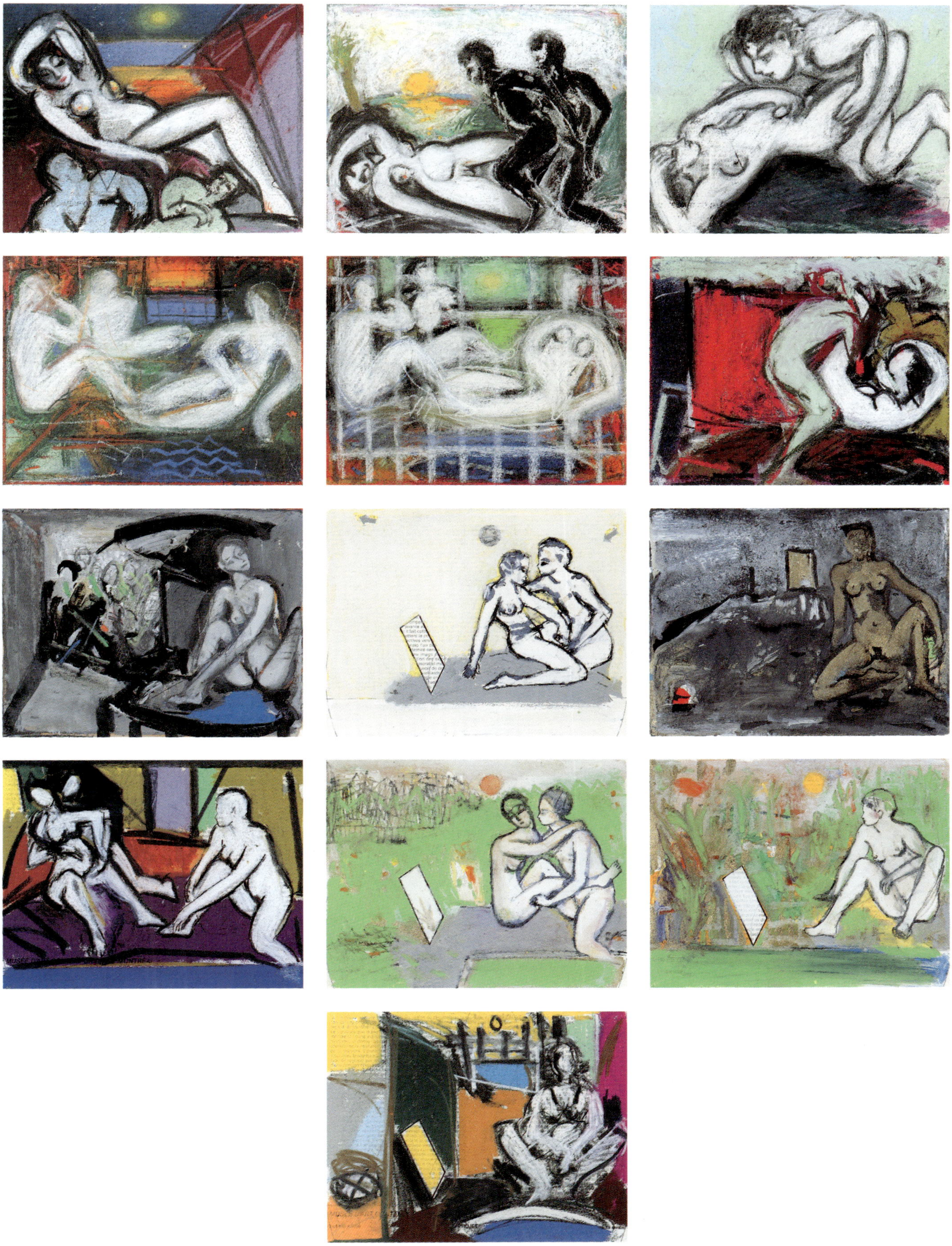

S^{80} 107. *Was Susanna in ihrem Spiegel sieht*, 1989/90, Mischtechnik auf Papier, 21 x (28 x 32), Nr. 17, 15, 16, 19, 18, 20, 2, 3, 1, 12, 5, 6, 11

dem die Wände der kosmischen Voliere bestehen, in deren Innerem Susanna, leuchtend wie tausend sich spiegelnde Sonnen, einer himmlischen Konstellation aus Luftspiegelungen gleicht. Was sagte ich? Ein unendliches Universum, dessen Zentrum überall und dessen Umfang nirgends ist. Eine hyperbolische Erfüllung neben anderen, verschiedenartig parabolischen. Aber ist Susanna nicht seit der Zeit, da sie von sich Reden macht, seit der Zeit, da sie gemalt wird, ein unerschöpflicher Stoff sowohl für Parabeln als auch für Hyperbeln geworden? Hat man sie je besser in ihrer Einzigartigkeit erscheinen lassen als durch diese Verfremdungen, die jeder Quelle den Boden entziehen, diese Wechselbäder, denen wir Susanna bei Jean-Claude Prêtre ausgesetzt sehen?

Diese Verfremdungen sind es, die 121 mal in die Rahmen der 121 *Susannen* hineinprojiziert werden und sich in ihnen abbilden. Doch von welch freier Erfindungskraft jede dieser Schöpfungen auch zeugen mag, das Prinzip, nach dem Prêtre Susanna im Laufe des Prozesses in Vergessenheit geraten läßt, nach dem sie neu erfunden, gesucht und wiedergefunden wird, war (in meinen Augen jedenfalls) durch die Konstruktion des Tintoretto-Gemäldes bereits vorgegeben und gewissermaßen vorgeschrieben. Offenbar bereit, sich allen Launen zu fügen, der Willkür ihres neuen Herrn und Meisters derart ergeben, daß dieser die gleiche absolute Macht über sie zu besitzen scheint, die Sade in seinen *120 Tagen* den vier Schurken unterstellt, hat sie das Spiel, das Prêtre in der Malerei mit ihr spielt, in Wirklichkeit 121 mal fest in der Hand.

Er weiß das wohl, und so könnte der Titel, den er seiner Nr. 22 gibt, als Motto über der ganzen Serie stehen: *Ich kann nicht leicht vergessen, daß sie mich nach Belieben machen läßt, was ihr gutdünkt.*

Sie. Wer, sie?

Die, von der eine alte, eine uralte von einem Griechen erzählte jüdische oder von einem Juden erzählte griechische Geschichte uns berichtet, daß dieser oder jener wegen ihr den Kopf verlor, so außer sich geriet, daß er alles für erlaubt hielt (daß er glaubte, sich gar wie ein Kind benehmen zu dürfen) und darüber vergaß, daß das, was ihm gutdünkte, vor dem Gesetz nicht gut, sondern das schlimmste Verbrechen war?

Oder die – eine gewisse Idee von der Malerei –, die Tintoretto, als er 1557 seine *Susanna* schuf, machen ließ, was ihm gutdünkte: sie spiegelbildlich darzustellen, wie sie sich selbst im Spiegel repräsentiert und sich darin so ideal, so geheimnisvoll schön erblickt, von so absoluter Schönheit, daß niemand, weder innerhalb noch außerhalb des Bildes, sich für würdig halten könnte, sich ihr zu nähern oder seine Lust anders an ihr zu erfüllen als vermittels eines schattenhaften, durch einen Spalt, auf einem Schirm, hinter einem Hindernis nur andeutungsweise erkennbaren Widerscheins?

Oder die eine und die Andere zugleich? Diejenige, die man, wenn man sie einmal gesehen hat, nicht so leicht wieder vergißt, und die einen von der ersten bis zur letzten Sekunde, von der ersten bis zur letzten Zweiten

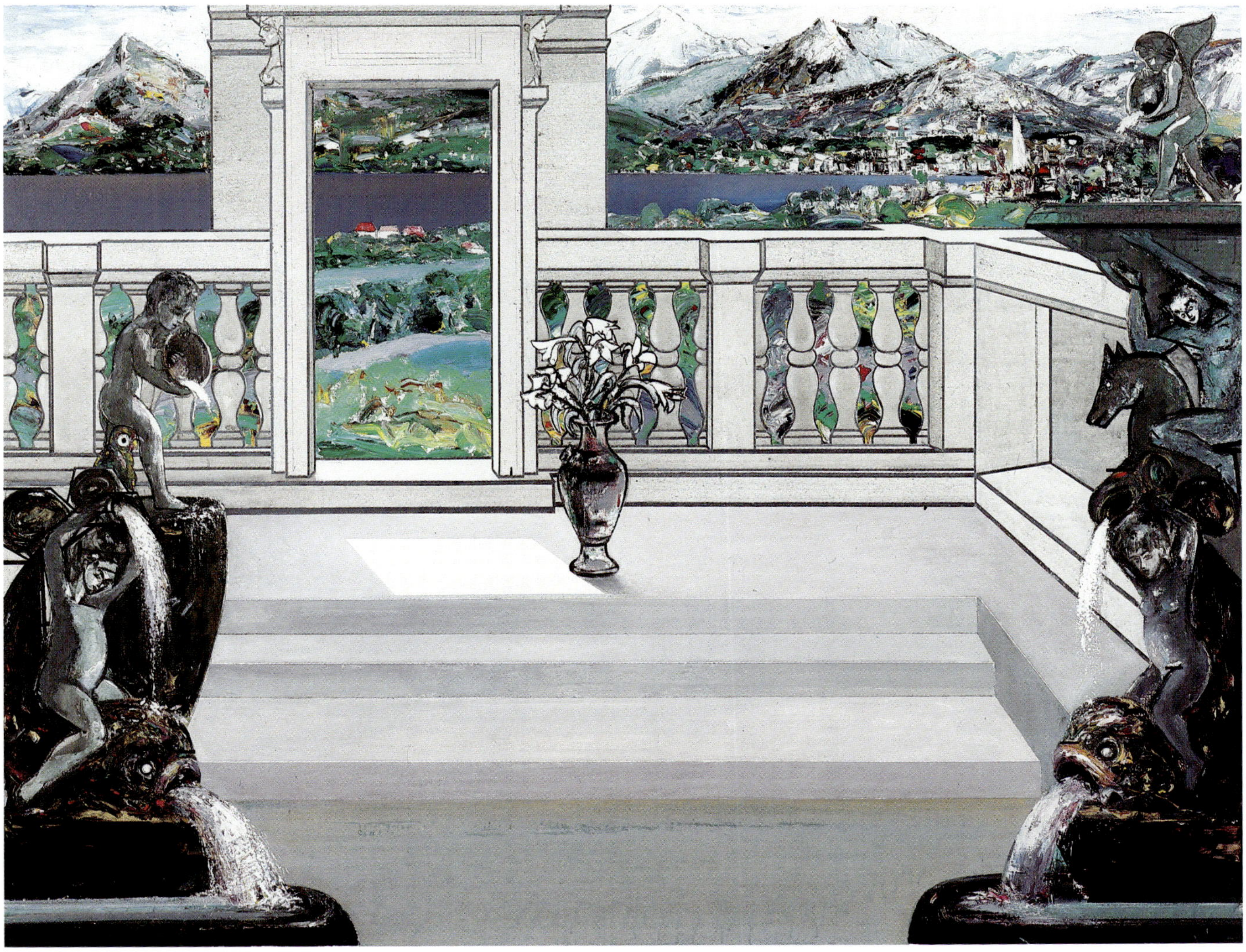

S[30] 110. *Susanna von Genf aus gesehen I*, 1990, Acryl auf Leinwand, 146,6 x 193,6

alles machen läßt, was ihr gutdünkt, damit man nicht vergißt, daß sie die Erste, die Ursprüngliche, die Einzige ist und bleibt?

Ich kann nicht vergessen. Macht und redet was ihr wollt, *ich vergesse nicht.* Das ist das Thema, eingeführt durch das *Buch Daniel,* vorgetragen im Duett: von Susanna und ihrem Obersten Richter, wie aus einem Munde.

Tintoretto greift dieses Duett auf und stellt es in den Mittelpunkt eines stummen Konzerts, eines Septetts (denn die Partitur bezieht auch den Betrachter und die Termini mit ein), das der Vogel zu dirigieren scheint. Doch obwohl alles von dem gleichen Echo – *ich kann nicht vergessen* – widerhallt, erreicht die Polyphonie nicht jenen vollkommenen Einklang, der nichts zu wünschen übrigließe. Tintoretto «rettet die Dissonanzen nicht», um in der Sprache der Musiker seiner Zeit zu sprechen. Seine *Susanna* endet endlos mit einem *vollkommenen* Mißklang, mit dem Punkt eines Fragezeichens statt mit einem Orgelpunkt. *«Warum teilen wir die Welt?»* fragte Cézanne, ein großer Bewunderer des Wiener Meisters.

Das Thema *ich kann nicht vergessen* taucht bei Jean-Claude Prêtre wieder auf. Siebenmal kehrt es in seinen ersten *Susannen* wieder, siebenmal daran erinnernd, daß es sich vergißt,

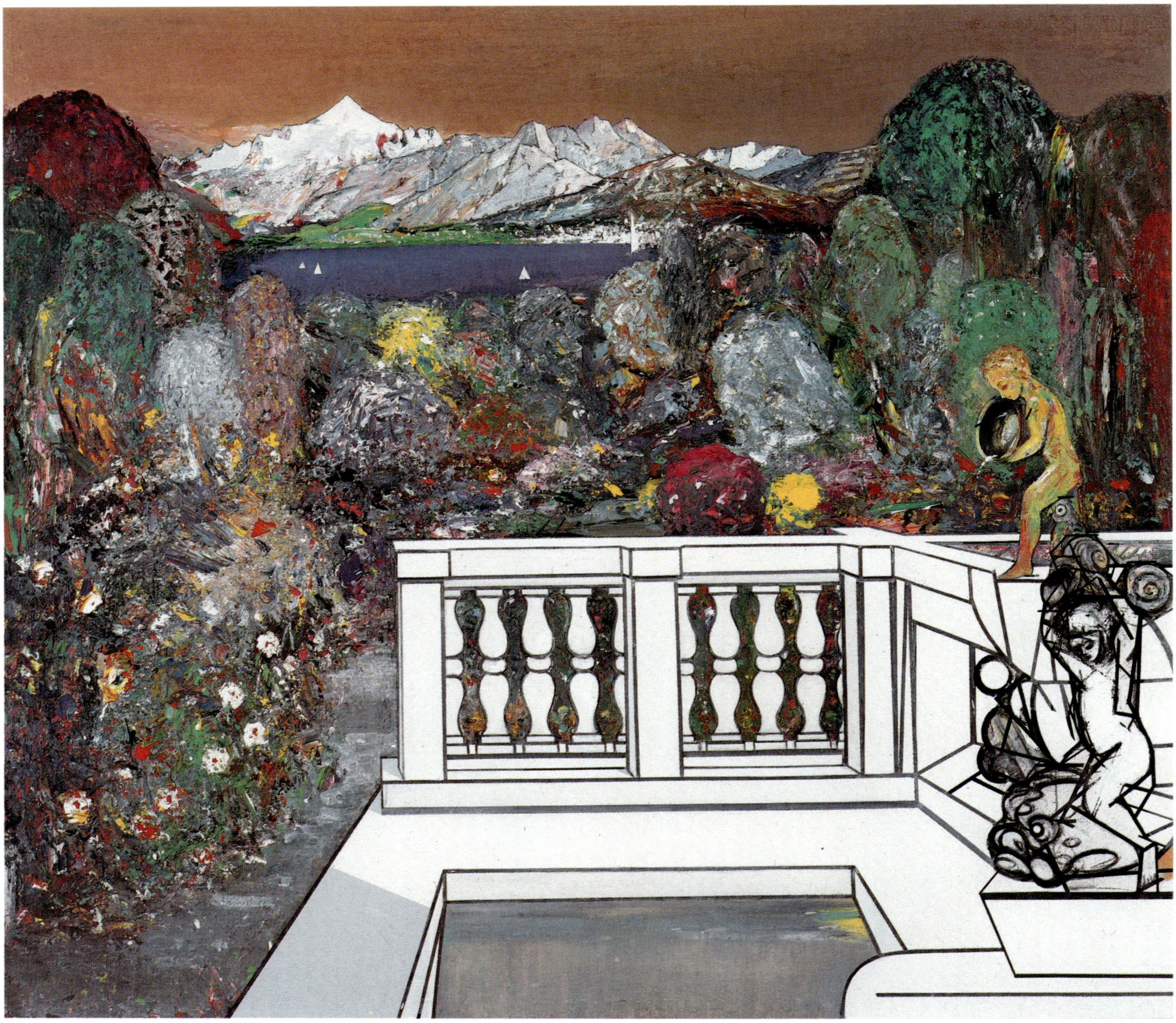

S[31] 111. *Susanna von Genf aus gesehen II*, 1990, Acryl auf Leinwand, 180 x 207

S[82] 115. *Susanna von Genf aus gesehen I und II*, 1990, Serigraphie, je 250 Exemplare

daß es schwächer wird, in die Ferne rückt, erlischt wie *«ein Gesicht aus Sand am Ufer des Meeres»*. Bei der siebten: ein weißer Schirm ohne Bild. Vergesse ich alles? Fange ich wieder bei Null an? Nichts ist mehr dort, wo ich mir vorgestellt hatte, etwas zu sehen. Ich weiß wohl. Aber trotzdem. Ich kann nicht vergessen. Unmöglich. So sehr ich auch versuchen mag, sie machen zu lassen, was mir gutdünkt, kann ich doch nicht vergessen, daß sie mich nach Belieben machen läßt, was ihr gutdünkt. Daß mein Begehren das Begehren des Anderen ist. Daß die Ursache meines Begehrens darin liegt, mich zum Objekt ihres Begehrens machen zu wollen. Wie eifrig ich auch versuchen mag, den Schleier des Vergessens über sie zu werfen – sie ist immer da, selbst unter dem Schleier gegenwärtig. Und so ich den Schleier mit Malerei bedecke, entdekke ist sie gemalt wieder. Entdecke ich sie aber gemalt wieder, entdecke ich sie in der Malerei und in ihr die Malerei wieder. *«Man muß den Wünschen der gekrönten Toten folgen...»*

Ich kann nicht vergessen: ein Thema, gefolgt von Variationen auf das Motiv *nicht leicht*, ebensooft variiert, wie es variiert werden muß, um das Vergessen zu bannen und die Erinnerung zu diversifizieren. Ein Thema mit zusätzlichen Verfremdungen, lauter Arten, die Erste in der Serie ihrer Zweiten zu suchen, die Einzige mit Hilfe ihrer Doppelgängerinnen wiederzufinden, unter Wahrung des nötigen Abstands an die Quelle zu gelangen. Lauter Fluchten. Lauter Spiele des einen mit dem Anderen oder des anderen mit der Einen. Lauter Versuche, *eins* zu sein, gewiß, aber trotzdem *zwei*, obwohl am Ende doch wieder *eins*.

Wir kennen das berühmte Spiel, das Freud in *Jenseits des Lustprinzips*, wo er über den Wiederholungszwang den Todestrieb einführt, beschreibt und analysiert. Ein kleiner Junge in dem Alter, in dem ein Kind entdeckt, daß es nicht das einzige Objekt der Anderen, der Mutter, ist, läßt eine mit einem Bindfaden umwickelte Holzspule hinter dem Rand seines Bettchens verschwinden: *«fort!»* ruft er, ehe er sie im nächsten Moment mit einem erfreuten *«da!»* wieder erscheinen läßt. *Fort-da-fort-da*, etc.: eine minimale signifikante Sequenz, die ihm (dies ist nur eine mögliche Erklärung) erlaubt, einen realen Verlust in die Ordnung des Symbolischen einzuschreiben und ihn bei gleichzeitiger Verleugnung zu wiederholen. Das verlorene, außerhalb der Repräsentation befindliche Objekt zu der Sache selbst zu erheben, wiedergefunden in der und durch die Repräsentation.

Ein Spiel des *Raus-da* gewissermaßen. Von Maupassant wissen wir, wie teuer einen dieses Spiel zu stehen kommen kann, vor allem dann, wenn man es vor einem Spiegel spielt. Aber ist es nicht genau das Spiel, dem der Maler sich als Maler hingibt? Auf die Gefahr hin, sich wie Frenhofer darin zu verlieren, wenn er vergißt, daß es nur ein Spiel ist?

Jean-Claude Prêtre vergißt es nicht.

Ich übrigens auch nicht. Denn natürlich habe ich aus diesem Kinderspiel, das er mit Susanna spielt, hier mein eigenes Spiel gemacht.

Mit dem Unterschied, daß er Maler ist und ich nicht. Daß er es mit Farben spielt, ich dagegen schwarz auf weiß. Auf was für einem Weiß? Mein Gott – auf dem, das sich am besten eignete: auf dem Weiß des weißen Papiers, das (warum nicht?) Susanna, seiner siebten, den Spiegel ersetzt, und das ich in Ermangelung malerischer Fähigkeiten auf den vorliegenden Seiten mit Buchstaben geschwärzt habe. Alles, was mir gelungen ist, ist ein dunkler Tinten-Spiegel, in dem sich, wie ich mir denken kann, weder die siebte noch irgendeine andere der 121 Susannen wiedererkennen wird, obwohl jede oder fast jede, während ich diese Seiten schrieb, mehr als einmal davorgestanden hat – zumindest als Titel. Aber verfremdet hoch drei! Vorgeführt in den geheimsten Figuren, und weniger in Gärten denn in Kindergärten. Disparat auf separaten Bühnen, hier mit dem Alten im Rükken, dort mit dem Alten ohne Sicht, und vor was für einem Richter!

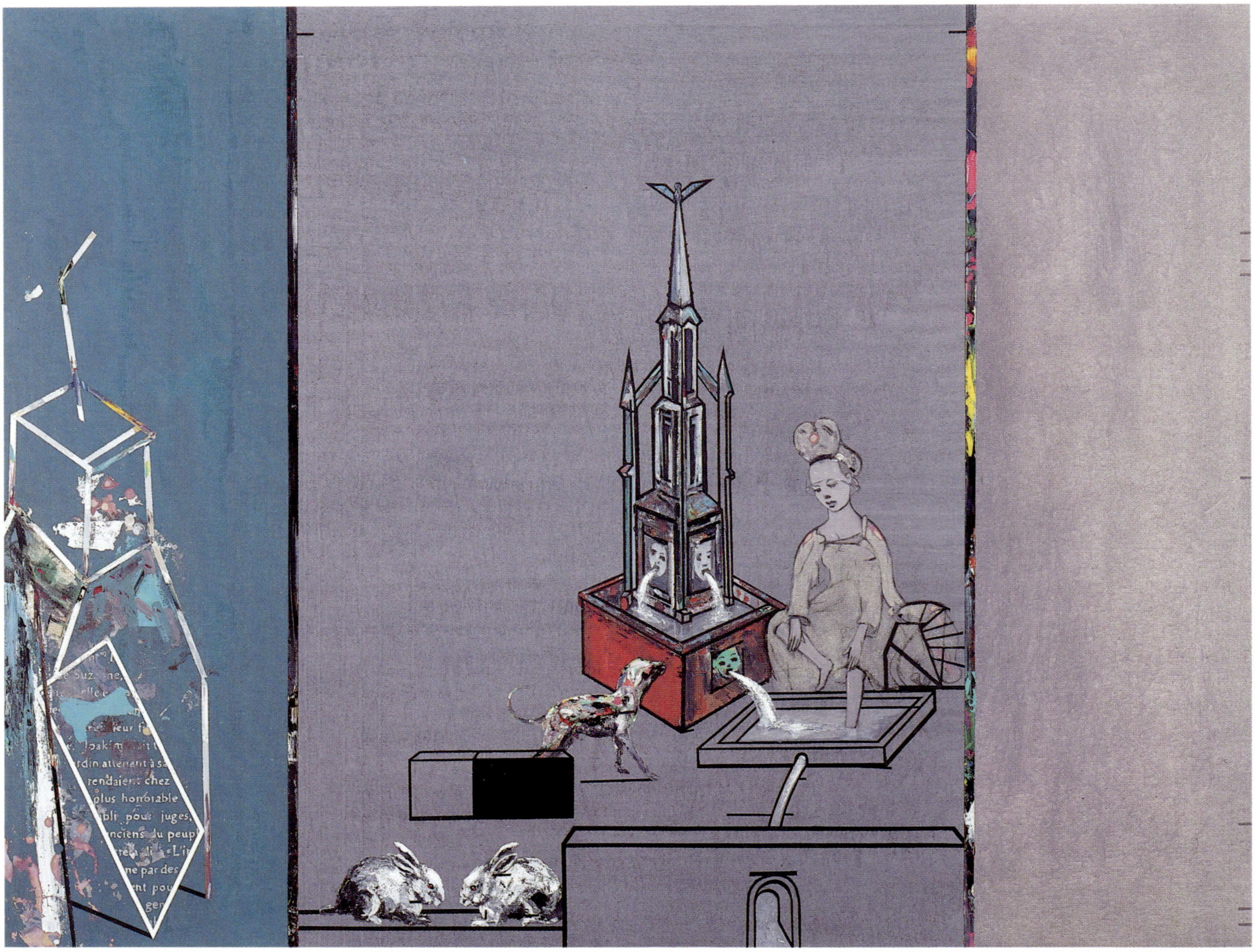

Denn auch mein Spiegel wollte *Susannas* Richter sein. Wen wundert es da, daß er so trübe ist, schwarz von schwarzem Humor[92] und finsteren Launen, in tausend Stücke zersplittert? Ich habe es so gewollt. Es war mein Spiel, wie ich es spielen wollte. Wenn es mir dabei gelungen ist, tatsächlich etwas widerzuspiegeln, so mich selbst: verärgert, kein Maler zu sein, und innerlich zerrissen, daß ich, um ein Bild zu würdigen, nur über eine Feder und Tinte verfüge. Eine Feder? Ich habe viele benutzt, Federn, die mir nicht gehören, um aus der Geschichte der Litteratur das gleiche herauszuholen, was Jean-Claude Prêtre aus der Geschichte der Malerei herausgeholt hat. Ich habe mich mit fremden Federn geschmückt und sogar ein Pfauenrad geschlagen, um Susanna zu gefallen. Ich habe gezwitschert, so gut ich konnte, um mir bei ihr Gehör zu verschaffen. Vergebliche Mühe. Wenn ich ihr Vögelchen bin, so nur, um falsche Töne anzuschlagen. Nein, ich bin nicht ihr Cherubim. Nicht einmal ihr Papageno. Verloren am Grund der tausend Splitter meines Spiegels, bin ich nur eine Elster, das heißt, ein Rabe, der einen Papagei nachäfft.

Quiproquos

– Mein armer Jacques! Aber du hättest auch anders an die Sache herangehen müssen…

92. Freud schreibt in «Der Humor», *op. cit.*, Bd. XIV, S. 386-389: «*Wenn wir uns an die Situation wenden, daß sich jemand gegen andere humoristisch einstellt, so liegt die Auffassung nahe, die ich auch bereits im Buch über den Witz zaghaft angedeutet habe, er benehme sich gegen sie wie der Erwachsene gegen das Kind, indem er die Interessen und Leiden, die diesem groß erscheinen, in ihrer Nichtigkeit erkenne und belächle. Der Humorist gewinne also seine Überlegenheit daher, daß er sich in die Rolle des Erwachsenen, gewissermaßen in die Vateridentifizierung begebe und die anderen zu Kindern herabdrücke. Diese Annahme deckt wohl den Sachverhalt, aber sie erscheint kaum zwingend. Man fragt sich, wie kommt der Humorist dazu, sich diese Rolle anzumaßen?*

Aber man erinnert sich an die andere, wahrscheinlich ursprünglichere und bedeutsamere Situation des Humors, daß jemand die humoristische Einstellung gegen seine eigene Person richtet, um sich solcherart seiner Leidens-

S[28] 108. *Susanna zur Erinnerung*, 1990, Acryl auf Leinwand, Triptychon, 3 x (146,6 x 193,6)

S[81] 114. *Susanna zur Erinnerung*, 1990, Serigraphie, 3 x (57 x 77), 250 Exemplare «es stand geschrieben, es stand geschrieben...

– Jacques der Fatalist?

– ... im Unbewußten stand es längst geschrieben.» Der, für den mein Begehren das Begehren des Anderen ist, welches mir die Zunge spaltet, mich in Widerspruch verwikkelt, mich sagen läßt, was ihm gutdünkt...

– Der Analytiker?

> «JACQUES: *Lieber Herr, das Leben geht unter Quiproquos dahin. Es gibt die Quiproquos der Liebe, die Quiproquos der Freundschaft, die Quiproquos der Politik, der Geldwirtschaft, der Kirche, der Verwaltung, des Handels, der Frauen...*[94]

– Der Frauen?

– Der Frauen. Das Leben geht unter Verwechselungen, unter Wortspielen dahin. Man nimmt ein Wort für das andere, das uns dies für jenes halten läßt. Warum nicht eine Frau für eine andere?

– Zum Beispiel?

Es war auf einem Hochzeitsfest, erzählt Jacques seinem Herrn. Auf einmal höre ich, wie zwei Männer ihren Frauen weismachen, ich sei...

> *«... noch so unberührt, so völlig unberührt wie ein neugeborenes Kind; was ihre beiden Frauen nicht weniger verwundert als ihre Männer. Am nächsten Tag gab mir Suzanne ein Zeichen und sagte zu mir: "Jacques, hast du nichts zu tun?"*
>
> *"Nein, Nachbarin; womit kann ich Euch dienen?"*
>
> *"Ich wünschte... ich wünschte", und indem sie 'ich wünschte' sagte, preßte sie meine Hand und sah mich so sonderbar an; "ich wünschte, daß du unsere Hippe nimmst und mir im Gemeindewald beim Reisigbündeln hilfst, für mich allein ist diese Arbeit zu schwer."*
>
> *"Sehr gerne, Madame Suzanne..."*
>
> *Ich nehme die Hippe, und wir gehen... Wir kommen an. Das Gelände war abschüssig. Suzanne lagert sich der Länge nach an der höchsten Stelle, die Beine gespreizt und die Arme über dem Kopf verschränkt. Ich war unterhalb und hieb mit der Hippe ins Unterholz, und Suzanne zog die Beine an sich, die Fersen gegen ihre Hinterbacken; ihre aufgestellten Knie ließen die Röcke hochrutschen, und ich hieb immer weiter ins Unterholz, ohne recht darauf zu achten, wo ich hinschlug, und schlug oft daneben. Endlich sagte Suzanne zu mir: "Jacques, bist du nicht bald fertig?"*
>
> *"Wann Ihr es wünscht, Madame Suzanne."*
>
> *"Siehst du denn nicht", sagte sie leise, "daß ich darauf warte?..." So hörte ich auf, schöpfte Atem und hörte abermals auf, und Suzanne...»*[95]

– Ich sehe nicht recht, wo ist denn da das Quiproquo?

> *«... Einige Zeit darauf mußte Dame Marguerite, die Frau des anderen unserer Spaßvögel, Getreide mahlen lassen... Dame Marguerite geht; ich folge ihr...*
>
> MARGUERITE: *Setz dich zu mir, und laß uns ein wenig plaudern... Wie! In deinem Alter solltest du nicht wissen, was eine Frau ist?*
>
> JACQUES: *Vergebung, Dame Marguerite!*
>
> MARGUERITE: *Und was ist denn eine Frau?*
>
> JACQUES: *Eine Frau!*
>
> MARGUERITE: *Ja, eine Frau!*
>
> JACQUES: *Wartet... Eine Frau ist ein Mann, der einen Rock, eine Haube und dicke Brüste hat.*
>
> DER HERR: *Ah, Schurke!*
>
> JACQUES: *... Meine Antwort ließ Dame Marguerite in schallendes Gelächter ausbrechen, das nicht enden wollte; ganz verdutzt fragte ich sie, was es denn zu lachen gäbe. Sie lache über meine Einfalt, sagte Dame Marguerite. "Was! In deinem Alter ist das alles, was du davon weißt?"*
>
> *"Ja, Dame Marguerite... Ah, Dame Marguerite, belehrt mich, ich bitte Euch, ich wäre Euch ewig dankbar dafür, belehrt mich..." Indem ich sie so anflehte, preßte ich ihre Hände, und sie preßte die meinen... Dame Marguerite gab keine Antwort...*
>
> *Sie ergriff aufs Neue eine meiner Hände und führte sie ich weiß nicht wohin, aber Tatsache ist, daß ich ausrief: "Da ist ja nichts! Da ist ja gar nichts!"*
>
> DER HERR: *Schurke! Abgefeimter Schurke!*
>
> JACQUES: *Tatsache ist, daß sie nur sehr wenig anhatte und ich ebenfalls. Tatsache ist, daß ich immer meine Hand da hatte, wo nichts bei ihr war, und daß sie ihre Hand dahin gebracht hatte, wo es sich bei mir keineswegs so verhielt. Tatsache ist, daß ich mich unter ihr fand und sie sich folglich auf mir... Tatsache ist, daß sie sich meiner Belehrung mit so großem Eifer hingab, daß ein Augen-*

94. *Ibid.*
95. *Ibid.*, S. 258.

blick kam, wo ich glaubte, sie würde ihr Leben lassen. Tatsache ist, daß ich, meiner Sinne ebensowenig mächtig und ohne zu wissen, was ich sagte, ausrief:

"Ah! Dame Suzanne, wie gut Ihr mir tut!"

DER HERR: Du willst sagen, Dame Marguerite.

JACQUES: Nein, nein. Tatsache ist, daß ich die Namen verwechselte; und anstelle Dame Marguerite zu sagen, sagte ich Dame Suzon. Tatsache ist, daß ich Dame Marguerite gestand, Dame Suzon habe mir das, worüber sie mich eben zu belehren glaubte, bereits vor drei Tagen, wenn auch ein wenig anders, beigebracht. Tatsache ist, daß sie zu mir sagte: "Was, es war Suzon und nicht ich?..."

DER HERR: Und du hast diese Frauen nicht wiedergesehen?

JACQUES: Mit Verlaub, mehr als einmal...

DER HERR: Du lachst.

JACQUES: Jedesmal, wenn mir der kleine Mann in den Sinn kommt...

DER HERR: Und wer ist dieser kleine Mann? Der Mann von Dame Suzon?

JACQUES: Nein.

DER HERR: Der Mann von Dame Marguerite?

JACQUES: Nein... Immer dasselbe: es hängt ihm an, solange er lebt!

DER HERR: Wer ist er dann?

Jacques gab auf diese Frage keine Antwort, und der Herr setzte hinzu: "Sag mir nur, wer der kleine Mann war."...»[96]

– Und wer war der kleine Mann?

– Der kleine Mann? *Ihr* fragt mich, wer der kleine Mann war? *Ihr...?*

– Der kleine Mann! Der kleine Mann!

– Ihr, der Meister der *Jungen Frau mit kleinem Betrachter*?

A. G. >

Aus dem Französischen von
Grete Osterwald

96. *Ibid.*, S. 261-268.

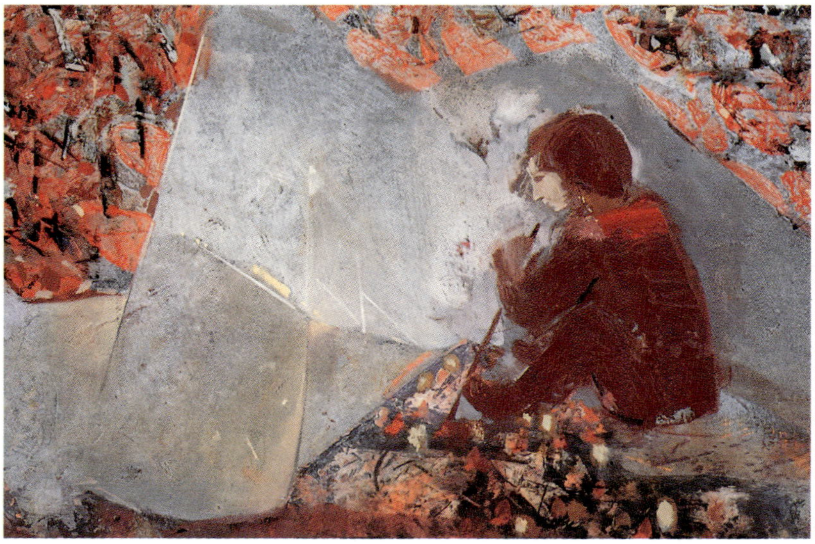

Verzeichnis der Abbildungen

S^{1} 1. *Susanna mit Spiegel für Tintoretto*, 1984, Acryl auf Leinwand, 114 x 164
Sammlung Andreas und Dimitri David, London

S^{2} 2. *Harmonie des Abends*, 1984, Acryl auf Leinwand, 114 x 164
Sammlung Yvette Selz, Vésenaz, Schweiz

S^{3} 3. *Einladung zur Reise*, 1984, Acryl auf Leinwand, 114 x 164
Sammlung Guy Joos, Genf

S^{4} 4. *Susanna und Cupido!*, 1984, Acryl auf Leinwand, 114 x 164
Sammlung Léon Burrus, Boncourt, Schweiz

S^{5} 5. *Kleine Susanna auf der Insel*, 1984, Acryl auf Leinwand, 60 x 50
Sammlung Jon und Laurence Pinoesch, Gland, Schweiz

S^{6} 6. *Der Spiegel im Wasser*, 1984, Acryl auf Leinwand, 51 x 61
Sammlung Bernard Kretz, Gland, Schweiz

S^{7} 7. *Susanna so keusch in ihrem Spiegel*, 1984, Acryl auf Leinwand, 114 x 164
Privatsammlung, London

S^{8} 8. *Susanna mit Strauß*, 1985, Acryl auf Leinwand, 180 x 207
Privatsammlung, London

S^{9} 9. *Susanna mehr als einmal*, 1985, Acryl auf Leinwand, 114 x 164
Sammlung Robert und Françoise Fehlmann, Genf

S^{10} 10. *Susanna im Vollmond*, 1985, Acryl auf Leinwand, 114 x 164
Sammlung Philippe und Patricia Dubois, Monte Carlo, Monaco

S^{11} 11. *Susanna in Giverny*, 1985, Acryl auf Leinwand, 114 x 164
Sammlung Jon und Laurence Pinoesch, Gland, Schweiz

S^{12} 12. *Susanna auf dem Fauve-Hügel*, 1985, Acryl auf Leinwand, 180 x 207
Sammlung Pierre-Yves Firmenich, Genf, Schweiz

S^{13} 13. *Susanna in der Morgendämmerung*, 1986, Acryl auf Leinwand, 170 x 245
S^{14} 14. *Susanna in der Abendröte*, 1986, Acryl auf Leinwand, 170 x 45
Sammlung Société de Banque Suisse, Genf, Schweiz

S^{15} 15. *Susanna mit zunehmendem Mond*, 1986, Acryl auf Leinwand, 114 x 146
Sammlung Carlos und Caty Esteve, Belmont, Schweiz

S^{16} 16. *Susanna mit rotem Wandschirm*, 1986, Acryl auf Leinwand, 55 x 75
Sammlung Dominique d'Huissier, Genf, Schweiz

S^{17} 17. *Kleine Susannen*, 1986, Mischtechnik auf Leinwand, Papier, Aluminium
1) *Kleine Susanna für J.*, 1986, Acryl und Zeichnung, 9 x 9
Sammlung Julie Vaisy, Genf, Schweiz
2) *Geschriebene Susanna I*, Serigraphie, 121 Exemplare
3) *Geschriebene Susanna II*, Cibachrom auf Aluminium
4) *Blau wie Susanna*, 1986, Acryl auf Leinwand, 55 x 75

S^{18} 18. *Susanna im Smaragdsee*, 1986, Acryl auf Leinwand, 114 x 146
Sammlung Antonio und Patricia Bravo, Vésenaz, Schweiz

S^{19} 19. *Susanna mit Schmuck*, 1986, Acryl auf Leinwand, 114 x 146
Sammlung Fred und Ingrid Lindgren, Collonge-Bellerive, Schweiz

S^{20} 20. *Denn ich liebe eine keusche Susanna*, 1986, Acryl auf Leinwand, 114 x 146
Sammlung Albert Maret, Genf

S^{21} 21. *Die Bühne der Susanna I*, 1986, Acryl auf Leinwand, 114 x 46
Sammlung Jean-Claude Pittard, Genf

S^{22} 22. *Ich kann nicht leicht vergessen, daß sie mich nach Belieben machen läßt, was ihr gutdünkt*, 1986, Acryl auf Leinwand, 146,6 x 19
Sammlung Soli und Francine Pardo, Puplinge, Schweiz

S^{23} 23. *Die Bühne der Susanna II*, 1986, Acryl auf Leinwand, 146,6 x 193,6
Sammlung Jean-Franklin Woodtli, Genf

S[24] 24. *Denkmal für Susanna*, 1986, Acryl auf Leinwand, 146,6 x 193,6
Sammlung Jean-Daniel Demierre, Genf

S 22. 23. 24bis. *Projekt für das Museum für zeitgenössische Kunst in Montreal*, 1985, Serigraphie, 28,5 x 39
Sammlung Galerie Graff, Montréal, Canada

S[1] 25. *Susanna neu machen*, 1986, Cibachrom, 13 Exemplare, Polyptychon, 7 x (50,3 x 66,5) 150,9 x 199,5

S[2] 26. *Erste Verfremdungen*, 1987, Acryl auf Cibachrom, Polyptychon, 4 x (50,3 x 66,5) 50,3 x 266
Sammlung Andrea Sladek, Villars, Schweiz

S[3] 27. *Erste Verfremdungen mit Grundfarben*, 1987, Acryl auf Cibachrom, Triptychon, 3 x (50,3 x 66,5) 50,3 x 199,5
Sammlung Göhner S.A., Genf

S[4] 28. *Erste Verfremdungen mit Schachbrett*, 1987, Acryl auf Cibachrom, 50,3 x 66,5
Sammlung Jean-Luc Honegger, Bernex, Schweiz

S[5] 29. *Erste Verfremdungen V*, 1987, Acryl auf Cibachrom, 50,3 x 66,5
Sammlung des Künstlers, Genf

S[6] 30. *Erste Verfremdungen VI*, 1987, Acryl auf Cibachrom, 50,3 x 66,5
Sammlung Marianne Pidoux, Lausanne, Genf

S[7] 31. *Die Bühne der Susanna III*, 1987, Acryl auf Cibachrom, 50,3 x 66,5
Sammlung Jules F. und Geneviève Auer, Genf

S[8] 32. *Susanna mit Buddhas*, 1987, Gold auf Cibachrom, 50,3 x 66,5
Sammlung Antonio und Patricia Bravo, Vésenaz, Schweiz

S[9] 33. *So lauerten sie täglich um die Wette, sie zu sehen*, 1987, Gold und Acryl auf Cibachrom, 41,4 x 146,6
Sammlung des Künstlers, Genf

S[10] 34. *Der Gegensatz*, Gold und Acryl auf Cibachrom, 50,3 x 66,5
Sammlung André Magnenat, Genf

S[11] 35. *Susanna auf blauem Hintergrund*, 1987, Acryl auf Papier meta-aramid Nomex und Acryl auf Cibachrom,
247 x 1640 et 50,3 x 66,5
Sammlung Union de Banques Suisses, Bourse, Confédération Centre, Genf

S[12] 36. *Der Richter und die Malerei*, 1987, Acryl auf Cibachrom, 50,3 x 66,5
Sammlung Yves Christe, Genf

S[13] 37. *Susanna in ihren geheimen Figuren I*, 1987, Acryl und Gold auf Cibachrom, 50,3 x 66,5
Sammlung Charles Palfi, Genf

S[14] 38. *Susanna in ihren geheimen Figuren II*, 1987, Acryl auf Cibachrom, 50,3 x 66,5
Sammlung Geoffrey und Meimei Lipman, Founex, Schweiz

S[15] 39. *Disparate Susanna*, 1987, Gold auf Cibachrom, Diptychon, 2 x (50,3 x 66,5) 50,3 x 133
Sammlung André L'Huillier, Genf

S[16] 40. *Holt mir nun Öl und Balsam und verschließt das Tor des Gartens, daß ich mich baden kann*, 1987, Gold und Acryl auf Cibachrom, 50,3 x 66,5
Sammlung Albert Azoulai, Genf

S[17] 41. *Die Zähmungsgewalt der Großen*, 1987, Acryl auf Cibachrom, 50,3 x 66,5
Sammlung Raymond Jourdan, Genf

S[18] 42. *Susanna oder die Heimsuchung durch Monochromie*, 1987, Gold und Acryl auf Cibachrom, 50,3 x 66,5
Sammlung Michael Drieberg, Genf

S[19] 43. *Susanna mit einem Alten im Rücken*, 1987, Cibachrom, 28 x 32
Sammlung des Künstlers, Genf

S[20] 44. *Susanna mit einem Alten ohne Sicht*, 1987, Gold auf Cibachrom, 50,3 x 66,5
Sammlung Jean-Claude Mocellin, Mies, Schweiz

S[21] 45. *Das Unergründliche, daher die Ufer des Bildes*, 1987, Acryl auf Cibachrom, Diptychon, 2 x (50,3 x 66,5) 50,3 x 133
Sammlung Gilles und Fabienne Robert, Genf

S[22] 46. *Susanna und die Erwecker*, 1988, Acryl auf Cibachrom, 50,3 x 66,5
Sammlung Jean-Jacques Perrin, Nyon, Schweiz

S[23] 47. *Das Sanfte ist unten geteilt*, 1988, Acryl und Gold auf Cibachrom, 50,3 x 66,5
Sammlung Paul Piguet, Cheserex, Schweiz

S[24] 48. *Susanna und das Erscheinen einer Demoiselle d'Avignon*, 1988, Acryl und Gold, 50,3 x 66,5
Sammlung Jean-Franklin Woodtli, Genf

S[25] 49. *Susanna vom Gold schimmernd wie Danae und Ariadne dunkler als die Nacht*, 1988, Acryl auf Cibachrom, Diptychon,
2 x (50,3 x 66,5) 50,3 x 133
Sammlung des Künstlers, Genf

S[26] 50. *Susanna benutzt nach der Gewohnheit Öle, die die Kraft der Sonne mildern*, 1988, Acryl auf Cibachrom, Triptychon, 3 x (50,3 x 66,5) 50,3 x 199,5
Sammlung Geoffrey und Meimei Lipman, Founex, Schweiz

S[27] 51. *Die Lilie*, 1988, Acryl, 50,3 x 66,5
Sammlung Albert Maret, Genf

S[28] 52. *In Babylon lebte ein reicher Mann mit Namen Jojakim. Er hatte eine Frau genommen von großer Schönheit*, 1988, Acryl und Gold auf Cibachrom, 66,5 x 50,3
Sammlung Guy Mathez, Genf

S[29] 53. *East River Susanna*, 1988, Acryl auf Cibachrom, 50,3 x 64,3
Sammlung Jean-Louis Küpfer, Genf

S[30] 54. *Susanna in deinen Spiegel-Inseln glänzen*, 1988, Acryl auf Cibachrom, 50,3 x 64,3
Sammlung André Magnenat, Genf

S[31] 55. *East River Susanna II*, 1988, Acryl auf Cibachrom, 50,3 x 64,3
Sammlung Jean-Jacques Perrin, Nyon, Schweiz

S[32] 56. *Susanna Dinosor*, 1988, Gold auf Cibachrom, 66,5 x 50,3
Sammlung Tarass Hawrylyshyn, Genf

S[33] 57. *Die Unschuldige*, 1988, Gold auf Cibachrom, 50,3 x 66,5
Sammlung Pat'O'Genick, Loisin, Frankreich

S[34] 58. *Anamorphose der Lilie I und II*, 1988, Cibachrom, Diptychon, 145,6 x 47,8 et 125 x 41
Sammlung Göhner S.A., Genf

S[35] 59. *Ahnung vom Ende Susannas für Thérèse*, 1988, Mischtechnik, Acryl auf Spiegel, 58 x 48
Sammlung des Künstlers, Genf

S[36] 60. *«Das Zeichen ist ein Riß, der sich immer nur zu einem anderen Zeichen öffnet»*, 1988, Acryl und Gold auf Cibachrom, Polyptychon, 7 x (50,3 x 66,5) 150,9 x 199,5
Sammlung des Künstlers, Genf

S[37] 61. *«Das Zeichen ist ein Riß, der sich immer nur zu einem anderen Zeichen öffnet II»*, 1988, Acryl auf Cibachrom, 50,3 x 64,3
Sammlung des Künstlers, Genf

S[38] 62. *Am Mastixbaum spalten oder die Steinigung der Alten*, 1988, Acryl auf Cibachrom, Polyptychon, 7 x (50,3 x 66,5) 150,9 x 199,5
Sammlung des Künstlers, Genf

S[39] 63. *Susanna der Praetextat*, 1988, Acryl und Gold auf Cibachrom, Polyptychon mit 2 Wölfen aus bemaltem Aluminium, 6 x (50,3 x 66,5) 150,9 x 250
Sammlung Robert und Françoise Fehlmann, Genf

S[40] 64. *Anamorphose der Lilie III*, 1988, Cibachrom, 125 x 24,3
Sammlung André Magnenat, Genf

S[41] 65. *Anamorphose der Lilie IV*, 1988, Acryl, 125 x 35,6
Sammlung des Künstlers, Genf

S[42] 66. *Anamorphose der Lilie V*, 1988, Acryl, 146,4 x 29
Sammlung Michael Drieberg, Genf

S[43] 67. *Der Richter und die Malerei II*, 1988, Acryl auf Cibachrom, 50,3 x 66,5
Sammlung Jean-Louis Sunier, Genf

S[44] 68. *Der Richter und die Malerei III*, 1988, Acryl auf Cibachrom, 50,3 x 66,5
Sammlung des Künstlers, Genf

S[45] 69. *Der Richter und die Malerei IV*, 1988, Acryl auf Cibachrom, 50,3 x 66,5
Sammlung Jean-Louis Sunier, Genf

S[46] 70. *Die Gärten der Susanna I*, 1988, Acryl, 50,3 x 66,5
Sammlung Albert Azoulai, Genf

S[47] 71. *Die Gärten der Susanna II*, 1988, Acryl, 50,3 x 66,5
Sammlung Jean-Louis Sunier, Genf

S[48] 72. *Die Gärten der Susanna III*, 1988, Acryl, 50,3 x 66,5
Sammlung Albert Azoulai, Genf

S[49] 73. *Die Gärten der Susanna IV: unter einer Eiche*, 1988, Acryl, 50,3 x 66,5
Sammlung Municipalité de Delémont, Schweiz

S[50] 74. *Die Gärten der Susanna V*, 1988, Acryl, 50,3 x 66,5
Sammlung Bernard Kretz, Gland, Schweiz

S[51] 75. *Die Gärten der Susanna VI: für Coca*, 1988, Acryl, 50,3 x 66,5
Sammlung Michel Butor, Bonne, Frankreich

S[52] 76. *Die Gärten der Susanna VII: unter einer Akazie*, 1988, Acryl, 50,3 x 66,5
Sammlung Soli und Francine Pardo, Puplinge, Schweiz

S[53] 77. *Susanna in ihren geheimen Figuren III*, 1988, Acryl und Gold, 50,3 x 66,5
Sammlung Maude Mocellin, Genf

S[54] 78. *Die Gärten der Susanna VIII*, 1988, Acryl, 50,3 x 66,5
Sammlung Alain Grosrichard, Genf

S[55] 79. *Die Gärten der Susanna IX: das Tor des Gartens war aufgestoßen*, 1988, Acryl, 50,3 x 66,5
Sammlung Jon und Laurence Pinoesch, Gland, Schweiz

S[56] 80. *Die Gärten der Susanna X*, 1988, Acryl, 50,3 x 66,5
Sammlung Antonio und Patricia Bravo, Vésenaz, Schweiz

S[57] 81. *Die Gärten der Susanna XI: ein gut bewässerter Garten*, 1988, Acryl, 50,3 x 66,5
Sammlung Pierre-Louis und Nancy Chardier, Genf

S[58] 82. *Die Gärten der Susanna XII*, 1988, Acryl, 50,3 x 66,5
Sammlung Municipalité de Delémont, Schweiz

S[59] 83. *Die Gärten der Susanna XIII*, 1988, Acryl, 50,3 x 66,5
Sammlung Hugues Boillat, Genf

S[60] 84. *Da seufzte Susanna auf und klagte*, 1988, Acryl, 50,3 x 66,5
Sammlung des Künstlers, Genf

S[61] 85. *Nichts ist Susanna ferner als Susanna*, 1988, Acryl und Gold, 50,3 x 66,5
Sammlung Sandra Grandjean, Chavannes des Bois, Schweiz

S[62] 86. *Wenn sich das Volk zurückzog um die Mitte des Tages, betrat Susanna...*, 1988, Acryl, 3 x (50,3 x 66,5) 50,3 x 199,5
Sammlung des Künstlers, Genf

S[63] 87. *Emblem der Susanna*, 1988, Metallfarbe auf Aluminium, 60 x 100
Sammlung des Künstlers, Genf

S[64] 88. *Anamorphose VI*, 1988, Serigraphie, 99 Exemplare, 120 x 40

S[65] 89. *Anamorphose VII*, 1988, Cibachrom, 13 Exemplare, Polyptychon, 4 x (146,6 x 41,4) 146,6 x 165,6, 1/13
Sammlung Yves Thévenoz, Genf

S[66] 90. *Anamorphose VIII*, 1988, Cibachrom, 13 Exemplare, Polyptychon, 4 x (146,6 x 41,4) 146,6 x 165,6

S[67] 91. *Anamorphose IX*, 1988, Cibachrom, 13 Exemplare, Polyptychon, 7 x (125 x 35,6) 125 x 249,2

S[68] 92. *Spiegel I*, 1988, Cibachrom, 3 Diptycha, 2 x (42 x 29,7), 2 x (42 x 29,7), 2 x (29,7 x 42), Ausschnitt
Sammlung Du Pont de Nemours, Genf

S[69] 93. *Spiegel II*, 1988, Acryl auf Papier meta-aramide Nomex, Polyptychon, 9 x (60 x 42) 180 x 126
Sammlung Du Pont de Nemours, Genf

S[70] 94. *Spiegel III*, 1988, mixed media, 210 x 125 x 125
Sammlung Du Pont de Nemours, Genf

S[71] 95. *Spiegel IV*, 1988, Cibachrom, Triptychon, 2 x (146,6 x 18,4), 1 x (146,6 x 41,4) 146,6 x 78,2
Sammlung Lorentz und Inge Nordback, Crans/Céligny, Schweiz

S[72] 96. *Spiegel V*, 1988, Serigraphie, 250 Exemplare, 56 x 76
Sammlung Du Pont de Nemours, Genf

S[73] 97. *Susanna und die Erwecker*, 1988, Serigraphie, 150 Exemplare, 76 x 56
Sammlung Tavelli-Noverraz, Genf

S[25] 98. *Susanna mit Strauß II*, 1988, Acryl auf Leinwand, 114 x 146
Sammlung Tavelli-Noverraz, Genf

S[26] 99. *Susanna in ihren geheimen Figuren IV*, 1989, Acryl und Gold auf Leinwand, 55 x 75
Sammlung Christian Perrin, Nyon, Schweiz

S[27] 100. *Der Engel Gottes wird dich mitten durchspalten*, 1989, Acryl und Gold auf Leinwand, Diptychon, 2 x (55 x 75) 55 x 150

S[74] 101. *Anamorphose X*, 1989, Acryl, 125 x 35,6
Sammlung Michel Knapp, Hermance, Schweiz

S[75] 102. *Anamorphose XI*, 1989, Acryl, 125 x 35,6
Sammlung Yves und Claudine Rytz, Nyon, Schweiz

S[76] 103. *Voyeur*, 1989, Acryl, 125 x 35,6

S[77] 104. *Voyeur II*, 1989, Acryl, 125 x 35,6
Sammlung Valentina Anker, Bernex, Schweiz

S[78] 105. *Voyeur III*, 1989, Acryl, 125 x 35,6

S[79] 106. *Babelisierung Susannas*, 1989/90, Mischtechnik auf Papier, 21 x (28 x 32)

S[80] 107. *Was Susanna in ihrem Spiegel sieht*, 1989/90, Mischtechnik auf Papier, 21 x (28 x 32)

S[28] 108. *Susanna zur Erinnerung*, 1990, Acryl auf Leinwand, Triptychon, 3 x (146,6 x 193,6)
Sammlung Fonds cantonal de décoration et d'art visuel, Genf
Hôpital cantonal, Genf

S[29] 109. *Susanna in so wenig Schrift*, 1990, Acryl auf Leinwand, 146,6 x 193,6
Sammlung Doris Holy, Gingins, Schweiz

S[30] 110. *Susanna von Genf aus gesehen I*, 1990, Acryl auf Leinwand, 146,6 x 193,6
Sammlung Fonds cantonal de décoration et d'art visuel, Genf
Salon d'honneur du Conseil d'Etat (V.I.P.) de l'aéroport de Genf, Cointrin, Schweiz

S[31] 111. *Susanna von Genf aus gesehen II*, 1990, Acryl auf Leinwand, 180 x 207
Sammlung Fonds national de décoration et d'art visuel, Genf
Salon d'honneur du Conseil d'Etat (V.I.P.) de l'aéroport de Genf, Cointrin, Schweiz

S[32] 112. *Susanna wie ein afrikanisches Ufer*, 1990, Acryl auf Leinwand, 114 x 164
Sammlung Alain Balestra, Genf

S[33] 113. *Susanna in ihren geheimen Figuren V*, 1989, Acryl und Gold auf Leinwand, 55 x 75

S[81] 114. *Susanna zur Erinnerung*, 1990, Serigraphie, 3 x (57 x 77), 250 Exemplare

S[82] 115. *Susanna von Genf aus gesehen I und II*, 1990, Serigraphie, je 250 Exemplare

S[83] 116. *Babelisierung Susannas*, 1990, Serigraphie und Katalog, 21,5 x 28, 121 Exemplare

S[84] 117. *Was Susanna in ihrem Spiegel sieht*, 1990, Serigraphie und Katalog, 21,5 x 28, 121 Exemplare

S[85] 118. *Die ganze Wahrheit über Susanna*, 1990, Mischtechnik, 1 x 21 (66 x 103) und 1 x 21 unterschiedliche Formate, Detail 1, Pastell, 28 x 32
Sammlung des Künstlers, Genf

S[86] 119. *Studie für das Portrait eines beim Abtrocknen des Fußes überraschten jungen Mädchens, das sich als Susanna und Venus träumt, nach dem Vorbild des Dornausziehers*, 1990, Katalog mit Originaleinband und 13 Originalwerken: Photographie und Mischtechnik auf Papier, 13 x (18 x 27,5)

S[87] 120. *Studie für das Portrait eines jungen Mädchens als Susanna «Tochter der Lilien»*, 1990, Katalog mit Originaleinband und 13 Originalwerken: Photographie und Mischtechnik auf Papier, 13 x (18 x 27,5)

S[88] 121. *Susanna*, Katalog

Dokumentation

Kurzbiographie und Ausstellungen

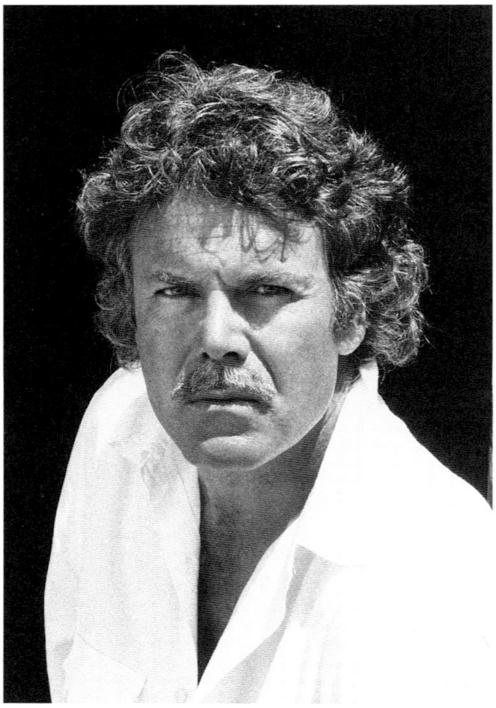

E: Einzelausstellung
G: Gemeinschaftsausstellung

1942 Geboren am 21. Dezember im Kanton Jura, Schweiz

1963 Klassisches Abitur, Saint-Maurice

1964 E. Galerie Carrefour des arts, Sion
G. Galerie 5, Genf

1965 Preis des VIII. Salon des Jeunes, Athénée, Genf
G. Palais de l'Athénée, Salle Crosnier, Genf

1966 E. Rathaus, Delémont

1968 Diplôme E.N.D. Beaux-arts, Genf
E. Galerie Forum (mit G. Mazliah), Porrentruy

1969 Preis des XI. Salon des Jeunes, Athénée, Genf

1970 Staatliches Stipendium, Helmhaus, Zürich
E. *Dix ans de peinture*, Abbaye de Bellelay, Bellelay

1972 Graphikstipendium, Genf
E. Musée d'art et d'histoire (mit G. Bregnard), Fribourg
E. Galerie contemporaine, Genf

1973 Preis des XLVIII. Wettbewerbs Calame, Athénée, Genf
G. Palais de l'Athénée, Salle Crosnier, Genf
E. Galerie Bettie Thommen, Basel
E. Galerie Forum, Porrentruy
G. *1. Biennale der Schweizerischen Kunst*, Kunsthaus, Zürich

1974 Staatliches Stipendium, Palais de Beaulieu, Lausanne
Preis der romanischen Malerei 1974, Musée Jénisch, Vevey
G. Musée des arts décoratifs, Lausanne
G. Galerie im Kornhaus, Baden
E. Galerie des arts décoratifs, Lausanne
G. Galerie contemporaine, Genf
E. Art 5'74, Basel

1974 G. Musée d'art moderne, Paris
G. Musée Jénisch, Vevey
G. *Le Groupe des Corps-Saints a 30 ans*, Musée Rath, Genf

1975 Gastaufenthalt im Centre international d'expérimentation artistique Marie-Louise Jeanneret, Boissano, Italien
Freies Jahresstipendium des Conseil des arts du Canada
Arbeitet bei Graff, Centre de conception graphique, Montréal
E. Galerie Bettie Thommen, Basel
G. Galerie Graff, Montréal

1976 Aufenthalt in Montréal
G. Galerie Graff, Montréal
G. *2. Biennale der Schweizerischen Kunst*, Lausanne
G. *Alliance culturelle romande*, Fribourg und Lausanne

1977 Aufenthalt im Centre international d'expérimentation artistique Marie-Louise Jeanneret, Boissano, Italien

1978 E. *Polaroid Série*, Palais de l'Athénée, Salle Crosnier, Genf
G. *Le dessin en Suisse 1978 – La nouvelle génération*, Musée Rath, Genf
E. *Polaroid Série*, Galerie Bettie Thommen, Basel

1979 G. *Artistes de Genève 1980*, Musée Rath, Genf

1980 G. Ausstellung der Originale des Buches *SX70 Art* von Ralph Gibson, Lustrum Press, New York: Galerie Polaroid, Paris; Work Gallery, Zürich; Salford University, England

1981 E. *Japon 81 Série*, Galerie Graff, Montréal

1982 Wandgemälde für die Schul- und Sportanlage von Vailly, Genf
Gast von Polaroid, Cambridge, U.S.A., für Forschungsarbeiten mit der Kamera 50 x 60
Stipendium der Stiftung Lachat des Kantons Jura, Delémont
E. *Art contemporain jurassien*, Museum von Porrentruy

1982 G. *Collections passion*, Musée d'ethnographie, Neuchâtel

1983 E. *Offenbach Série*, Centre culturel Totentanz, 20. Jahrestag der Regio Basiliensis, Basel
G. *Offenbach Série*, Art 14'83, Galerie Bettie Thommen, Basel
G. *Szene Schweiz*, Galerie Koppelmann, Köln
G. *In Grand Perspective*, Photographers Gallery, London
G. *Polaroid Collection*, Nikon Galerie, Zürich

1984 G. *International Contemporary Art Fair*, Olympia, Brompton Gallery, London
G. *Boris Oumansky Preis 1984, Collection André L'Huillier*, Palais de l'Athénée, Salle Crosnier, Genf
G. *Art 15'84*, Galerie Graff, Montréal (mit Pierre Ayot), Basel
G. *A travers cinq siècles de reliure*, Bibliothèque universitaire, Salle Lullin, Genf
G. *Les lauréats de la Fondation Joseph et Nicole Lachat*, Musée jurassien des beaux-arts, Moutier
G. *Ariadne, Danae, Susanna*, Galerie Marie-Louise Jeanneret – Art moderne, Genf

1985 G. *2nd International Contemporary Art Fair*, Olympia, Brompton Gallery, London
E. *Recent paintings*, Brompton Gallery, London
G. *10 ans d'activité 1974-1984* des Centre international d'expérimentation artistique Marie-Louise Jeanneret, Boissano, Italien

1985 G. *Art 16'85*, Galerie Graff, Montréal, Basel
G. *5. Biennale der Schweizer Kunst*, Kunstmuseum, Olten

1986 G. *Des espaces, des artistes*, Musée Rath, Genf
G. *Art 17'86*, Galerie Graff, Montréal, Basel
G. *Graff 1966-1986*, Musée d'art contemporain, Montréal

1987 G. *Art 18'87*, Galerie Graff, Montréal, Basel

1988 G. *Art 19'88*, Galerie Graff, Montréal, Basel
E. *Die Gärten Susannas und Anamorphosen*, Galerie Paul Bovée, Delémont

1989 Mitglied des Instituts für Wissenschaft, Literatur und Kunst des Kantons Jura
G. *Art 20'89*, Galerie Graff, Montréal, Basel
G. *Collection jurassienne des Beaux-Arts*, Saint-Ursanne
G. *Le mois de la photo*, Galerie Graff, Montréal
G. *Michel Butor und seine Maler*, The Seibu Museum of Art, Tokyo
G. *Hundert Bücher von Michel Butor*, Halle Sud, Genf

1991 G. *«Vraiment faux»*, Fondation Cartier, Rotonda, Mailand
G. *«Vraiment faux»*, Fondation Cartier, Villa Stuck, München
E. *Susanna*, Museum Moderner Kunst, Palais Liechtenstein, Wien

Bibliographische Hinweise

Einige ausgewählte Artikel und Aufsätze in Zeitungen, Zeitschriften und Ausstellungskatalogen.

MICHEL TERRAPON: *Gérard Bregnard-Jean-Claude Prêtre* im Katalog des *Musée d'art et d'histoire*, Fribourg, 1972

ARNOLD KOHLER: *Gérard Bregnard und Jean-Claude Prêtre oder der Blick hinter den Spiegel*, in *Coopération* Nr. 21, Genf, 18. Mai 1972

MADY EPSTEIN: *Peinture*, in *Impact* Nr. 54, Genf, Dezember 1972

Katalog der *Galerie des Arts Décoratifs*, Lausanne, 1974

CHARLES GOERG: *Polaroid-Serie*, im *Katalog* des *Palais de l'Athénée, Salle Crosnier*, Genf, 1978

PHILIPPE MATHONNET: *Développement instantané - Jean-Claude Prêtre*, in *Journal de Genève*, 22. November 1978

CHARLES GOERG: *Le dessin en Suisse 1978 - La nouvelle génération*, im Katalog des Musée Rath, Genf, 1978

RENÉ BAUMEISTER: *Polaroid-Serie*, in *Les Services publics*, 8. Februar, Lausanne, 1979

RALPH GIBSON: *SX-70 Arts*, in *Livre*, Lustrum Press, Inc., New York, 1979

VALENTINA ANKER: *Bernex à la recherche de son identité et L'école dans l'école en images d'Epinal*, im Katalog *La Commune de Bernex*, Genf, 1982

ALEXANDRE VOISARD: *Das Lachat-Stipendium für Jean-Claude Prêtre*, in *Le Pays*, Porrentruy, 22. Januar 1983

MICHEL BUTOR: *Les Nourritures de la Lumière, für Jean-Claude Prêtre*, im *Katalog Offenbach-Serie*, Galerie Bettie Thommen, Art 14'83, Basel, 1983

Szene Schweiz, im *Katalog Pro Helvetia*, 1983

ACHILLE BONITO OLIVA: *Atelier de l'Histoire*, im *Katalog* der Galerie Marie-Louise Jeanneret - Art moderne, Genf, Dezember 1984

MICHEL BUTOR: *Trois femmes enlacées, für Jean-Claude Prêtre*, im *Katalog* der Galerie Marie-Louise Jeanneret - Art moderne, Genf, Dezember 1984

MARC LE BOT: *Le visible, par défi*, im *Katalog* der Galerie Marie-Louise Jeanneret - Art moderne, Genf, Dezember 1984

VALENTINA ANKER: *A Canticle for Leibowitz*, im *Katalog* der Galerie Marie-Louise Jeanneret - Art moderne, Genf, Dezember 1984

MARC LE BOT: *Au centre du centre*, im *Katalog* der Galerie Marie-Louise Jeanneret - Art moderne, Genf, Dezember 1984

Graff 1966-1986, im *Katalog* des Musée d'art contemporain von Montréal, 1986

Le monde selon GRAFF *1966-1986*, im *Katalog* der Editions Graff, 1987

La Collection jurassienne des Beaux-Arts 1979-1989, im *Katalog*, 1989

Michel Butor und seine Maler, im *Katalog* des Seibu Museum of Art, Tokyo, 1989

Dieses Buch, das zum erstenmal alle Werke der *Susanna*-Serie von J.-C. Prêtre als Ensemble zusammenfaßt, wurde anläßlich der *Susanna*-Ausstellung im Museum Moderner Kunst, Palais Liechtenstein in Wien (24. Mai-16. Juni 1991) gedruckt. Teile des Gesamtwerkes wurden in Einzel- oder Gemeinschaftsausstellungen gezeigt in der Galerie d'art contemporain, Montreal, 1986; Musée Rath, Genf, 1986; Galerie Paul Bovée, Delémont, 1988.

Die aus 121 Werken bestehende *Susanna*-Serie ist ein Polyptychon. Der vorliegende Katalog, in dem es präsentiert wird, ist zugleich ein Teil davon, er stellt die 121. und letzte *Susanna* dar.

173 Exemplare wurden als Vorzugsansgabe gedruckt:

1 Exemplar hors commerce bereichert um 9 Gouachen mit Blattgold, numeriert S121. 1/1 und signiert;

1 Exemplar hors commerce, Künstlereinband mit Zeichnungen auf den Vorsatzblättern, numeriert I/I und signiert;

1 Exemplar hors commerce, ergänzt durch diverse Unterlagen (Skizzen, Photographien, Photokopien, Briefe) gekennzeichnet A/A und signiert;

7 Exemplare hors commerce, vermehrt um ein einziges Werk und einen Künstlerabzug einer Serigraphie (S117. *Was Susanna in ihrem Spiegel sieht*, 1990, 21 x 26, BFK Rives 250 gm^2, 121 Ex.), gekennzeichnet A-G und signiert, bestimmt für die Autoren und den Künstler;

21 Exemplare hors commerce, in Leder gebunden, mit einem einzigen Werk und einer Serigraphie (S117. *Was Susanna in ihrem Spiegel sieht*, 1990, 21 x 26, BFK Rives 250 gm^2, 121 Ex.), numeriert von I/XXI bis XXI/XXI, bestimmt für die Mäzene;

121 Exemplare mit einer Serigraphie (S106. *Babelisierung Susannas*, 1990, 21 x 26, BFK Rives 250 gm^2, 121 Ex.), numeriert von 1/121 bis 121/121.

Außerdem sind die drittletzte und die vorletzte Nummer der *Susanna*-Serie Exemplare mit Originaleinband und Originalwerken: S^{86} 119: *Studie für das Portrait eines beim Abtrocknen des Fußes überraschten jungen Mädchens, das sich als Susanna als Venus träumt, nach dem Vorbild des Dornauszichers*, 1990, Katalog mit Originaleinband und 13 Originalwerken: Photographien und Mischtechnik auf Papier, 13 x (18 x 27,5); S^{87} 120: *Studie für das Portrait eines jungen Mädchens als Susanna «Tochter der Lilien»*, 1990, Katalog mit Originaleinband und 13 Originalwerken: Photographien und Mischtechnik auf Papier, 13 x (18 x 27,5);

499 Exemplare sind reserviert für die spätere Kassette *Ariadne, Danae, Susanna*, signiert und numeriert von I/CCCCLXXXXIX bis CCCCLXXXXIX.

Außerdem wurden 250 Sonderdrucke des Textes *Susanna schwarz auf weiß* von Alain Grosrichard mit zwei Serigraphien hergestellt, numeriert von 1/250 bis 250/250 und vom Autor und Künstler signiert.

Die Originalausgabe umfaßt 5000 Exemplare, davon 1000 Exemplare in deutscher Sprache.

Exemplar Nr.

ISBN 2-85047-174-7
Verlag: La Bibliothèque des Arts, Paris

Konzeption: Jean-Claude Prêtre, Genf
Fotografien: Philippe Prêtre, Corseaux
Fotolithos: Ast + Jakob AG, Bern
Fotosatz: Typelec SA, Genf
Druck: Christian Braillard und Imprimerie Genevoise SA
Buchbinderei: Schumacher SA, Schmitten

Genf, 1. Mai 1991